자유하게 하는 율법
The law of liberty

자유하게 하는 율법
살리는 영

초판 1쇄 발행 2021년 7월 30일

지은이 이재민
펴낸이 장길수
펴낸곳 지식과감성#
출판등록 제2012-000081호

교정 오현석
디자인 박예은, 정윤솔
편집 정윤솔
검수 정은지, 윤혜성
마케팅 고은빛, 정연우

주소 서울시 금천구 벚꽃로298 대륭포스트타워6차 1212호
전화 070-4651-3730~4
팩스 070-4325-7006
이메일 ksbookup@naver.com
홈페이지 www.knsbookup.com

ISBN 979-11-6552-980-2(03230)
값 28,000원

• 이 책의 판권은 지은이와 지식과감성#에 있습니다.
• 이 책 내용의 전부 또는 일부를 재사용하려면 반드시 양측의 서면 동의를 받아야 합니다.
• 잘못된 책은 구입하신 곳에서 바꾸어 드립니다.

지식과감성#
홈페이지 바로가기

살/ 리/ 는/ 영
자유하게 하는 율법
The law of liberty

이재민 지음

지식과감성#

야곱의 꿈

빗줄기 소리
창살에 흐르면 문을 닫고
침묵은 시간을 접습니다

부지깽이로 맞은 영혼
아린 가슴 부비면
어두움이 전하는 말이
너는 이제 없다고

신음이라도 지울 수 없을까
내가 쉴 곳 어디인지
저기에서 여기로
닳도록 구겨진 인생
걸어온 길이 아련한데

비로소 거친 언덕을 넘을 때
벧엘에다 두신
별을 봅니다

그래서 나는
꿈꾸는 자로
향기로움에 가득 터트릴
꽃망울로 영글고

돌을 벤 까만 밤에
꿈꾸기 위하여
한 폭의 수채화를
밤새워 그렸습니다

2019. 08. 01. 태풍이 불던 날에

목차

머리말 이 책을 출간하면서 14

제1부
개혁이 필요한 기독교회

01. 그리스도인이 갖고 있는 내적인 갈등	18
02. 전통적인 교리와 신앙생활의 모순	20
03. 종교적인 자기기만	26
04. 이 글을 읽으면서 주목해야 하는 부분	27
05. 용어에 대한 설명	31

제2부
영원하신 하나님의 계획

01. 빛과 어둠	34
02. 자연계에 감추어진 의미	36
03. 에덴동산	38
04. 사람을 지으신 목적	40
05. 하나님의 형상	44
06. 동산 중앙에 있는 나무의 실과	47
07. 아담이 시험을 받아야 하는 이유	48
08. 공중(空中)이라고 불리는 영계	52
09. 선악과와 사탄의 유혹	63
10. 선악과의 본질과 속성	65
11. 누룩 섞은 양식(선악과)	73

12. 타락 이후의 상태 변화   75
13. 성경적인 죄의 개념   77
14. 사탄의 유혹에 대한 분석   82
15. 원초적인 죄의 유전   86
16. 인간의 영에 대하여   90
17. 육신과 영   94

제3부
육체로 오신 예수 그리스도

01. 인성을 가진 예수   106
02. 육체로 죽임을 당하신 예수   110
03. 예수님이 받으신 세례   112
04. 예수 그리스도 육체의 고난   114
05. 골고다 언덕(보이는 뜰)   116
06. 그리스도의 몸   118
07. 참된 성찬   120
08. 완전한 속죄 제사의 완성   124
09. 독생자   125
10. 시험을 받으시는 예수   128
11. 두 감람나무   133
12. 하나님의 구속사적 예정   137
13. 성탄의 참된 의미   148

제4부
감추어진 보화의 발견

01. 율법의 참된 의미   156
02. 율법이 주어진 이유   158
03. 인간의 양심   161
04. 행함에 대한 해석의 차이   165

05. 율법의 두 가지 차원 169
06. 예수와 율법 172
07. 율법의 완성과 마침 175
08. 지켜야만 하는 계명 180
09. 두 아들 182
10. 소출이 많은 부자 184
11. 율법과 두 돌판 186
12. 영광을 수건으로 가린 모세 189
13. 여자가 가르치는 것 192
14. 모세의 얼굴에 수건 194
15. 사라와 리브가 197
16. 박하와 회향과 근채 203
17. 의인 노아와 세상의 타락 206
18. 재물 210
19. 가인과 아벨 212
20. 로마서 214

제5부
공허와 흑암

01. 사탄의 실체와 활동 영역 220
02. 세상을 속이는 자의 행위 225
03. 악한 영의 대적 227
04. 독사의 자식 229
05. 성전을 깨끗하게 하심 232
06. 성령을 훼방하는 죄 235
07. 부정한 짐승 237
08. 세상의 본성 239
09. 온갖 더러운 것 242

10. 반복되는 실패와 고통의 원인	244
11. 사역자 간의 갈등	247
12. 종이 된 것에 대하여	250

제6부
치유와 안식

01. 병 고치심과 치유	254
02. 죄의 자백	256
03. 안식일에 병을 고치신 의미	257
04. 중풍 병자	259
05. 십자가 위에서 죽은 불법(죄)의 권세	261
06. 질병과 귀신 들림 그리고 약한 것에 대하여	264
07. 성전같이 보이는 무덤	266
08. 야곱의 우물	269
09. 안식일에 대하여	272
10. 각종 나병 환부	275
11. 피를 먹지 말라	276
12. 마음의 고통	278

제7부
나사로의 부활

01. 거듭남에 대하여	282
02. 인간의 영과 혼, 그리고 육체	286
03. 부활하신 예수 그리스도	290
04. 하늘에 속한 자의 형상	292
05. 부활의 상태와 차이	295
06. 먹을 것과 입을 것	298
07. 성령의 열매 1	301

08. 만나와 메추라기   303
09. 성전 문 앞에 앉아 있는 사람   306
10. 나사로의 부활   307
11. 알곡과 가라지   309
12. 연보의 의미   312
13. 성령의 열매 2   314
14. 고린도전서 13장과 사랑   316
15. 계보로 본 생명의 의미   319
16. 왕이 입는 옷   321
17. 이기는 자가 되는 것   324

제8부

행함과 실천의 진리

01. 선한 사마리아인   328
02. 유다와 다말   332
03. 벳새다의 오병이어   333
04. 행함이 없는 믿음   335
05. 예수 그리스도의 대속과 구원에 대한 확신   338
06. 형제의 의미   343
07. 바리새인과 세리   347
08. 진리를 소유하는 것   353
09. 성전세를 바침   355
10. 약속의 성령으로 받는 인   357
11. 어린아이   360
12. 택하심을 입은 자   363
13. 씨 뿌리는 비유   367
14. 위에 있는 권세   372
15. 다른 영과 다른 예수   375
16. 아나니아와 삽비라   377

17. 열 처녀	382
18. 영적인 간음에 대하여	385
19. 가룟 유다의 영혼과 타락	393
20. 에서의 타락	397
21. 거짓 사도	400
22. 아이 밴 자와 젖 먹이는 자	404
23. 선악과로 밝아진 눈	406
24. 라오디게아 교회	408
25. 구원을 받는 조건	413
26. 해산하는 고통	417
27. 풍랑이 오는 이유	419
28. 시험을 참는 자	422
29. 육과 영의 더러운 것	425
30. 처음보다 더 심한 나중의 형편	428

제9부

참된 자유와 누림

01. 그리스도인의 자유	432
02. 기한 전에 떨어지는 과실	438
03. 은밀한 골방에서의 기도	441
04. 향유 한 옥합	445
05. 먹는 자와 먹지 않는 자	450
06. 믿음이 연약한 자	454
07. 제사를 드리는 문제	457
08. 하나님 앞에서의 고백	464
09. 술 취함에 대하여	471
10. 영과 진리로 드리는 예배 1	476
11. 요셉의 삶에 보여진 영과 진리	481
12. 생수의 강	486

13. 영과 진리로 드리는 예배 2 … 491
14. 근심과 염려 … 493
15. 원수를 사랑하라 … 497
16. 죄의 자백 … 500
17. 유다의 자살 … 502

제10부
그리스도의 군사

01. 갈멜산 대결에서 보이신 것 … 506
02. 사람의 원수인 집안 식구 … 510
03. 진리를 향한 공격 … 514
04. 칠십 인의 권능 … 516
05. 하나님의 군사와 일꾼 … 519
06. 반드시 해야 할 순종 … 526
07. 요시야의 개혁 … 529
08. 다윗과 용사들 … 532
09. 포도원의 품꾼 … 534
10. 원수의 의미 … 536

제11부
해와 달과 별

01. 진동치 못할 나라 … 540
02. 달과 같은 여자, 해와 같은 남자 … 545
03. 천국영계 … 549
04. 다윗의 성전 설계도 … 552
05. 사람의 공력 … 554
06. 안식과 큰 안식일 … 556
07. 성도를 섬기는 방법 … 560

08. 죄에 대하여 죽고 의에 대하여 살게 하심　565
09. 비밀의 경륜　567
10. 양과 염소　568
11. 하나의 심판　572
12. 초청을 받은 자들　577
13. 맡겨진 달란트　579
14. 보이는 것과 보이지 않는 것　582

부록 1 **성막의 구조**　584
부록 2 **영적 상태 변화**　585
부록 3 **하늘과 땅의 개념**　586

머리말
이 책을 출간하면서

"성경에서 하나님이 말씀하시는 의와 이 세상의 의는 어떤 차이가 있는 것일까"
이러한 질문은 지각이 있는 자라면 누구나 가질 수 있는 고민일 것이다. 그 이유는 성경에서 말씀하는 선(義)의 개념이 세상과 같은 것처럼 보이기도 하지만 때로는 전혀 다른 차원으로 보이기 때문이다.

필자는 오래전부터 모순이 있어 보이는 성경 말씀에 대하여 의문을 가지고 명확한 해답을 찾고자 오랜 세월 동안 탐구를 하였다. 그 후 조금씩 베일이 벗겨지며 성경 속으로 들어가기까지는 많은 일들과 자신과의 싸움의 과정을 겪어야 했다. 이 글은 외국에서 외딴 섬에 있는 것같은 고독을 안고 지내는 동안 깨닫게 된 내용을 2019년 5월부터 8개월간 초고를 작성하고 이를 다듬어 한 권의 책으로 펴내게 된 것이다.

성경은 세상 어디에나 있지만 사람들의 영혼에서 빛으로 발산하게 되는 일은 하나님의 역사하심 속에서만 가능한 일이다. 진리는 친히 하나님께서 드러내 주시지 않으면 세상은 하나님을 발견할 수 없기 때문이다. 오래전부터 내 영혼에는 조금씩 지각이 열리면서 진리에 대한 사고(思考)와 상념(想念)들이 서로 맞추어지고 점차 그 감응(感應)이 커지기 시작하였다. 이로 인하여 성경은 단지 인간의 언어로 기록이 된 것 외에 세상에 관한 교훈은 단 한 구절도 없을 뿐 아니라 세상이 알고 있는 지식으로는 보이지 않는 감추어진 비밀이라는 사실을 알게 되었다. 성경의 주제와 중심은 천국영계와 공중(空中)에 대한 비밀을 드러내는 것이며 창조하신 모든 형상과 형체, 피조물들은 영계에 속한 것들임을 세상에 계시해 주고 있었다.

그리고 내 영혼의 성전에다가 세상이 가져다가 늘어놓은 기구^{막11:15}나 물건(이론과 교훈)^{단12:11}들을 불사르는 작업을 여덟 달 동안이나 경험하게 되었다. 이 과정을 통하여 하나님을 영으로 만난다고 하는 것이 어떤 것인지도 경험을 하게 되었다. 이 책을 읽는 분들도 끝까지 하나님을 영으로 만나 뵙게 되기를 바란다. 오직 하나님께 영광을 드리며 출판이 되기까지 도와준 가족들과 물질로 도움을 주신 고마운 분들께 깊은 감사를 드린다.

고전2:10 오직 하나님이 성령으로 이것을 우리에게 보이셨으니 성령은 모든 것 곧 하나님의 깊은 것이라도 통달하시느니라

자/유/하/게/하/는/율/법
The law of liberty

제1부
개혁이 필요한 기독교회

| 01 |
그리스도인이 갖고 있는 내적인 갈등

1) 한순간도 멈추지 않는 사탄의 역사

　인류는 창세 이래로 지금까지 바벨탑을 쌓아 왔는데 인간이 쌓은 모든 것은 불완전한 것이므로 결국 무너지게 된다. 모든 인생의 결말은 불완전한 세상의 선과 악으로 인하여 인간을 비참하게 만들고 공허와 허무에 시달리게 만든다. 인간은 자기가 높이 쌓아 올린 만큼 기뻐하겠지만 오히려 높이 쌓은 만큼 더 비참해지게 된다. 원인은 세상을 속이며 지배하고 있는 공중 권세자가 세상을 장악하고 있기 때문이다.

　불법(성경에서 육신이라고 지칭되고 있으며, 보이는 세상개념의 율법을 말한다)은 인간으로 하여금 육신(몸)뿐만 아니라 영혼까지 고통스럽게 하고 절망하게 만들어 버린다. 이를 위하여 사탄은 이 세상에서 선악을 알게 하는 법칙을 세상 사람들의 영 안에 결합시켜 놓고 창세 이래로부터 세상을 지배해 왔다. 지금도 사탄은 사람들의 배후에서 비웃음을 지으며 사망으로 끌고 가지만 안타깝게도 세상은 그런 실체가 존재하는지조차 까맣게 모르고 있다. 이 세상은 사탄이 가져다 던져 주는 표면적으로 보이는 아름다움과 선, 명예와 같이 보이는 것들을 소유하려고 발버둥을 치게 되는데 이는 인간의 영이 타락한 세상의 영인 불법과 결합되어 있기 때문이다.

2) 삶에서 지킬 수 없는 율법

만약 성경에서 말씀하시는 하나님의 의(義)가 이 세상의 윤리적인 선(善)과 동일한 것이라면 율법을 지키려는 바리새인들이나 유대인들에게 예수님께서는 왜 독사의 자식이라고 진노를 하셨을까? 그 이유는 바리새인들이 지키고자 하였던 표면적인 율법은 그리스도의 율법이 아니기 때문이다. 그런데 오늘날에도 세상 율법을 이용하여 정죄를 받는 자리로 이끌고 있는 이유는 무엇인가? 설교자들은 세상을 향하여 계명들과 교회의 법에 순종을 하라고 가르치지만 교인들은 율법을 지킬 만한 능력이 없다.

오늘날 대부분의 설교들은 영적인 진리와는 상관이 없는 인본주의적인 사상에 근거한 가르침들이 많다. 설교자들은 세상의 율법(불법)을 교인들에게 지키라고 하지만 이것을 따라가게 되면 정죄를 당하여 사망으로 처해지게 될 것이 뻔한 일이다.

오늘날 대부분의 교회들은 변화나 개혁을 거부하거나 시대의 흐름에 적응을 하지 못하고 있는 답답한 실정이다. 영과 진리를 깨닫지 못한 설교자들이 외칠 수 있는 것은 정신적인 위로를 안겨 주거나 사람의 의를 강조하는 교훈일 뿐이다. 길을 잃은 양 떼들은 어쩔 수 없이 죄를 지을 수밖에 없는 현실 속에서 죄(불법)의 고통을 짊어지고 허덕이고 있다.

기독교인들은 이러한 비현실적인 가르침에 지쳐 있고 '물 없는 구름'유1:12과 같이 말라 버린 교훈들에 대하여 충분히 염증을 느끼고 있다. 이제 기독교회는 교파를 초월하여 참 개혁을 하여야만 하는 중대한 기로에 도달하였다. 기독교회는 변화하여야 하며 영혼들로 하여금 영과 진리이신 주의 말씀을 전해야 할 책임이 있으며 지친 영혼들에게 참된 치유를 경험케 하여야 한다.

02

전통적인 교리와 신앙생활의 모순

1) 죄의 본질에 대한 이해

오늘날 기독교회에서 가르치고 있는 죄의 개념이 과연 성경에서 말씀하는 것과 같이 올바른 개념인지를 고찰하여야 한다. 일반적인 교리에 의하면 예수 그리스도를 믿을 때에 원죄와 자범죄를 용서 받았다고 가르친다. 그러나 사람들은 교리화된 것들을 그대로 받아들이게 되면 사람의 영혼을 어지럽게 만들어 버린다는 사실을 모르고 있다.

선악과(불법)에 의하여 거짓의 영(죄와 사망의 법칙)이 아담의 영 안에 들어와 있는데 이것이 바로 죄(불법)의 실체이다. 다시 말하면 겉으로 보이는 어떤 행위(결과)를 죄라고 말하는 것이 아니라 인간을 조종하고 있는 거짓의 법칙을 죄라고 규정하고 있다. 그러나 온 세상은 사탄에 속아 죄의 법칙에 지배를 받으며 종살이를 하고 있다.

2) 그리스도인이 율법을 지켜야 거룩해질 수 있는가

어떤 이들은 주장하기를 인간은 율법을 지킬 수가 없으나 도와주시면 지킬 수가 있다고 말한다. 그러나 정작 그렇게 주장을 하는 사람들 중에서 율법을 다 지킬 수 있는 단 한 사람도 없다. 그들은 세상의 빛과 소금이 되어야 한다고 외치고 있지만 세상의 율법을 지키는 것은 불가능한 일이다. 설사 세상에 속한 율법을 다 지켰다고 하더라도 그 의는 땅에서 난 것이기에 하나님의 의(義)로 인정을 받을 수 없다.

그렇다면 이렇게 율법을 다 지킬 수 없음에도 불구하고 성경에서는 왜 하나님을 사랑하는 자는 계명을 지켜야 한다고 기록이 되어 있을까?

요14:21 나의 계명을 가지고 지키는 자라야 나를 사랑하는 자니

골1:28에서는 "그리스도 안에서 완전한 자로 세우려 함이니"라고 말씀하고 있다. 심지

어 고후5:10, 롬14:10에서는 그리스도인이 그리스도의 심판대에서 선악 간에 심판을 받게 된다고 말씀하셨다. 그런데다가 야고보서에서는 '**행함이 없는 믿음**'은 죽은 믿음이라고 말씀하셨기에 성경을 표면적으로만 해석한다면 그리스도인들이 율법을 범하거나 거역을 해서는 안 되는 실정이다.

> 고후7:1 그런즉 사랑하는 자들아 이 약속을 가진 우리가 하나님을 두려워하는 가운데서 거룩함을 온전히 이루어 육과 영의 온갖 더러운 것에서 자신을 깨끗케 하자

이렇게 성경에서는 기독교인들은 반드시 율법을 지켜야 하고 하나님의 완전함에 도달해야 한다고 분명하게 말씀하고 있다.

> 요일3:9 하나님께로서 난 자마다 죄를 짓지 아니하나니 이는 하나님의 씨가 그의 속에 거함이요 저도 범죄치 못하는 것은 하나님께로서 났음이라

위의 말씀에 의하여 표면적인 해석을 한다면 죄를 짓고 있는 기독교인들은 하나님의 사람이 아니라는 결론이 된다. 그런데 성경에서는 이렇게 율법을 지켜야 함을 강조하면서도 그 반면에 율법을 지키고자 하는 인간의 행위에 대하여 인정을 하지 않고 있다. 그렇다면 **성경에 기록된 말씀은 모순을 내포하고 있다는 것인가**? 어떻게 이해하고 받아들여야 할 것인지 우리는 그 해답을 찾아야 한다.

대체 그리스도인이 죄를 범하지 않을 수가 있을까? 만약에 죄를 범하지 않을 수 있다면 죄를 짓지 아니하는 차원이나 방법은 무엇이란 말인가?

> 갈2:16 사람이 의롭게 되는 것은 율법의 행위에서 난 것이 아니요 오직 예수 그리스도를 믿음으로 말미암는 줄 아는고로 우리도 그리스도 예수를 믿나니 이는 우리가 율법의 행위에서 아니고 그리스도를 믿음으로서 의롭다 함을 얻으려 함이라 율법의 행위로서는 의롭다 함을 얻을 육체가 없느니라

3) 모순이 있는 것같이 보이는 성경 말씀

모두가 알다시피 '율법을 지킴'으로는 거룩하게 될 수가 없다는 것이 성경에서 말씀하시는 확실한 명제이다. 성경에서는 율법을 지키려고 하는 바리새인들에 대하여 불법에 속한

자라고 경고를 하시는 말씀이 기록되어 있기도 하지만 그와 반대로 계명을 지켜야 한다고 엄한 경고를 하시는 말씀도 있다.

그렇다면 도대체 그리스도인은 율법을 지켜야 하는가? 아니면 지키지 않아도 되는 것인가? 그러나 마5:18에서는 "율법의 일점 일획이라도 반드시 없어지지 아니하고 다 이루리라"라고 말씀하셨다. 과연 성경은 우리에게 무엇을 요구하시는 것일까? 이러한 문제에 대하여 기독교회는 그리스도인들에게 확실한 해답을 줄 수 있어야 한다.

율법으로 완전해질 수 있다는 모순

성경에서는 분명히 행함이 없는 믿음은 죽은 믿음이며 하나님께로 난 자는 죄를 범하지 않는다고 하였으며 하나님의 거룩에 도달하여야 한다고 기록되어 있다. 그러나 교회는 이렇게 앞뒤가 맞지 아니할 뿐만 아니라 도저히 지킬 수도 없는 율법을 지키라고 하는 교리적인 모순을 가지고 있다. 그야말로 오리무중(五里霧中)의 현실에 처해져 있음에도 이에 대한 답안을 기독교회가 내놓지 못하고 있는 현실이다.

빛과 소금으로 산다는 모순

대부분의 설교자들은 자기 스스로도 지키지 못하는 율법을 교인들에게 지키고 살아가라고 외치고 있는 상황이다. 더 큰 문제는 그렇게 열심히 충성과 봉사를 강조하며 빛과 소금이 되어야 한다고 주장하지만 그 최종적인 완성의 믿음은 어떤 상태인지를 자기도 알지 못한다. 이는 눈을 감고 허공을 저어 대는 것과 같이 하나님의 말씀에 순종하라고 소리를 질러 댈 뿐이다. 대체 어떻게 사는 것이 빛과 소금이 되는 걸까?

4) 영과 진리인 그리스도의 율법

아담의 범죄로 인하여 모든 사람의 영(인간의 영) 안에는 선악과(거짓의 영)가 들어와서 연합이 되었다. 그래서 보이는 세상의 선이나 악의 가치 기준을 가지고 있으면서 그런 것들에 의하여 지배를 받고 있다. 새 계명을 갖게 된 그리스도인은 불법(옛 구습)에 구속을 받아야 할 이유가 없으며 불법에서 해방을 받아 새 영을 가지고 살아야 한다.

이 부분을 이해하기 위하여 성경적인 죄의 개념과 이 세상이 말하는 죄의 개념이 차원이 다르다는 사실을 밝히고자 한다. 하나님께서는 이 세상의 언어, 문화, 도덕 또는 선과 악의 개념까지 사용하여 계시하였기에 표면적으로는 보이는 세상의 율법인 것처럼 기록이 되어 있다. 하나님께서는 육체(불법)가 되어 버린 이 세상에 **영과 진리의 율법**을 계시해 주셨던 것이다. 성경 속의 진리를 깨닫고 나면 이 세상 신이 강요하는 보이는 불법(세상 율법)의 권세로부터 해방이 되게 된다. 새 영을 받은 그리스도인은 이전의 율법(옛 구습)에 복종해야 하거나 그것을 지킴으로써 자기를 의롭게 하려고 노력할 이유가 전혀 없게 된다. 이와 같이 이 세상의 윤리와 도덕은 땅에 속한 불완전한 의일 뿐 하나님께 속한 완전한 의와는 아무런 상관이 없는 것이다.

이 세상에서 세상이 요구하는 법규를 지켜야 하는 것은 사회적으로 볼 때에 당연한 일이지만 그러한 것들이 하나님의 의와는 상관이 없는 것이다.

거듭난 그리스도인들은 위로부터 난 하나님의 영(의)을 소유하여야 하고 이 세상의 신이 요구하는 거짓된 의(법칙)를 소유해서는 안 된다. 만약에 기독교인들이 세상의 의에 집착을 하고 있다면 그는 거짓의 영에 노예가 되어 있는 상태이다. 그러므로 그리스도인은 무엇이 육체(불법)이며 영(법)인지를 먼저 분별하는 마음의 눈이 밝아져야 한다.

이스라엘 초대 왕 사울은 아말렉에 속한 모든 것을 진멸하라고 하신 하나님의 명령을 어기고, 살찌고 좋은 양이나 소를 남겨 두었는데 그가 내세웠던 명분은 하나님께 제사로 드리려고 남겨 두었다는 것이다. 이는 세상에 속한 거짓된 의를 선한 것으로 알고 하나님 앞에 가지고 나아갔던 이스라엘 백성들의 모습과 같은데, 이렇게 미련한 행실로 인하여 하나님께 버림을 받은 사울 왕의 결말을 상기하여 그와 같이 우둔한 죄를 범하지 않아야 한다. 무엇이 영(하나님의 의)이며 우리는 무엇이 육체(세상의 의)인지 분별하는 눈을 가져야 할 것이다.

사55:8 여호와의 말씀에 내 생각은 너희 생각과 다르며 내 길은 너희 길과 달라서

일반적으로 의롭게 보이는 것들이 오히려 하나님 앞에서는 악에 속한 더러운 것임을 알아야 한다. 그런데도 불구하고 기독교회는 성경에서 말씀하시는 깨끗함의 의미가 이 세상

의 개념과 전혀 다르며 그 차원이 영에 속한 것임을 모르고 있는 안타까운 실정이다. 오늘날에도 각종 종교들은 세상의 선을 인간이 추구해야 할 완전하거나 의로운 것으로 가르치며 그것이 완전한 진리인 것처럼 영혼들을 속이고 있다.

> 사55:2 너희가 어찌하여 양식 아닌 것을 위하여 은을 달아 주며 배부르게 못할 것을 위하여 수고하느냐 나를 청종하라 그리하면 너희가 좋은 것을 먹을 것이며 너희 마음이 기름진 것으로 즐거움을 얻으리라

5) 세상적인 교훈은 사망의 올무

야고보서에서 행함이 없는 믿음은 죽은 믿음이라고 말씀한 부분을 인용하여 오늘날 대부분의 설교자들은 그리스도인들이 이 세상에서 봉사나 구제, 선교, 헌신 등의 착한 일을 열심히 행해야 한다고 가르치고 있다. 제4부에서 야고보서 2장에서 말씀하시는 '행함'의 본질에 대하여 다시 밝히겠지만 그러한 가르침은 성경에서 본래 의도하는 의미와는 전혀 상관없는 거짓된 교훈이다. 이런 가르침으로 인하여 기독교인들은 보이는 율법을 준수해야 하는 것으로 받아들이고 결국에는 무거운 등짐이 되어 있는 현실이다.

6) 메말라 버린 믿음 생활

'열심'이 있는 기독교인들은 늘 자기 자신을 정죄하거나 회개의 기도를 드려 보지만 세월이 흘러가도 변화되지 않는 자신에 대한 자책과 원망은 그림자같이 마음속에 드리워지고 어떤 이들은 아예 자포자기를 하기도 한다. 이렇게 습관적인 종교 생활에 익숙해지다 보면 오래된 교회 생활이나 직분만이 자신을 형식적으로 지탱해 줄 뿐이다. 그래서 자연스럽게 교회는 사적인 목적을 추구하는 모임으로 변질이 되어 가거나 직분 장사를 하여 장로, 권사, 집사 등의 계급 사회로 고착화되고 그런 것들이 마치 믿음의 기준인 것처럼 변질되어 버리기도 한다.

대부분의 교인들은 늘 듣는 성경 말씀이 더 이상 자신을 새롭게 하거나 변화시킬 수 있는 능력으로 다가오지 않은 것을 이미 잘 알고 있다. 이러한 영혼들은 마치 빈집에 먼지

가 가득히 쌓인 것처럼 자기도 모르게 쌓인 습관화된 가르침들에 깊이 빠져들어 무의식중에 체질화가 된다.

오늘날 교회 안에서 그리스도인들이 변화되었다고 하는 차원은 급한 성격이 온순해지거나 나쁜 습관을 개선하거나 술, 마약 등에 취했던 이들이 그러한 것에서 벗어나게 하는 등의 것이다. 그리고 이렇게 누구나 다 알고 있는 보이는 선악의 기준으로 판단을 하고 그것들을 하나님의 능력으로 새롭게 되었다고 믿고 있다. 세상을 변화시킬 수 있다고 여기고 있는 대부분의 수준과 한계가 이런 것이다. 이렇게 인간적인 계몽을 통하여 문화를 개선하거나 국가나 사회의 공익을 추구하는 것에 대하여는 기독교회가 앞장서서 사회 정의를 부르짖고 선의 목소리를 높이고 있지만 궁극적으로 영혼이 공허한 것은 마차가지이다. 또한 그들은 가르치기를 죄에서 구원을 받아 자유롭게 되었다고 하지만 실제로는 흉악한 불법의 결박으로부터 해방시켜 주지 못한다.

7) 개혁이 필요한 기독교회

인간은 자아 중심적이기에 자신이 처한 상황이나 환경 또는 자기 이익의 유무에 따라 이 세상에 속한 선이나 악에 대한 기준이 달라지기도 한다. 인간이 가진 탐심은 그 본질이 공허하기에 이 세상에서는 그 어떠한 것(유·무형)을 소유하게 된다고 해도 참된 만족이 없다. 그래서 인간의 마음속에서 웅크리고 앉아 있는 탐심(선악과)은 때로는 자기의 이익을 위하여 선을 악이라 하기도 하고 악을 선이라고 뒤집어서 타협을 하기도 한다. 인간이 가진 선이나 악의 법칙은 진리가 아니기에 가변성이 있어서 자기 이익의 유무에 따라서 선과 악이 개념이 서로 대칭되기도 하고 서로 부딪히거나 충돌하기도 한다.

이러한 불법(탐심)의 특성은 자기만의 목적을 달성하기 위하여 선이라고 여기는 것을 이용하여 사상을 만들기도 하고 이에 반대되는 것에는 비판적인 자세를 취하되 자기만큼은 선하다고 믿는 이기적인 생각을 한다. 이것은 인간의 영 안에 불법(선악과)이 장악하고 있는 상태에서 나타나는 것으로 종교뿐 아니라 예술, 문화, 윤리, 도덕 등 전반에서 나타나는 현상이다. 이렇게 완전하지 않은 세상적인 선의 바탕 위에 기독교회마저 하나님의 말씀(영, 靈)을 세상에 속한 율법(육체, 肉體)의 개념으로 변개하여 덧씌우고 지키라며 강요를 하고 있으니 인생들이 얼마나 무거운 짐을 지고 있는가를 가히 짐작해 볼 수 있다.

그러므로 기독교회에 개혁이 필요하다고 공감을 하는 것은 어제 오늘의 일이 아니지만 어떻게 해야 참된 개혁을 할 수 있는 것인지에 대하여 답안이 필요한 상황이다. 부디 영혼을 결박시키는 불법에서 벗어나 영적인 자유를 소유하게 하는 일에 이 책의 글이 도움이 되기를 바랄 뿐이다.

| 03 |
종교적인 자기기만

인간은 존재 자체가 불법과 연합되어 있으므로 타인은 물론이고 자기 자신마저도 속이며 살아가는 데 매우 익숙해져 있다. 또한 자기는 항상 옳은 것을 추구하고 거짓된 것에는 동의하지 않는다고 여김으로써 스스로 의로운 사람이라는 착각 속에서 살아가기도 한다. 종교 안에도 이렇게 스스로를 속이는 '자기기만'의 행태가 일어나고 있음에도 불구하고 '자기만족'이란 본능이 신앙이라는 명분을 뒤집어쓰고 그러한 것을 가리고 있다.

그리고 그러한 자기 신념 안에서 나름대로의 의를 추구하며 살아가고 있는 이들에게 종교는 그런 것들을 부채질하고 있다. 그 결과 도리어 인간의 영(靈) 속에 숨어 있는 '거짓의 영'의 실체를 감추어 주게 되고 겉으로 보이는 세상의 선이나 의를 따라가게 하여 자기만족의 덧칠을 해 주고 있는 실정이다. 특히 오늘날 교회 안에서 행해지는 수많은 가르침은 실제로 앞뒤가 맞지 아니하고 현실적으로 삶에서 적용하기가 거의 불가능함에도 불구하고 가식적인 율법의 탈을 지속적으로 씌워 주는 일을 멈추지 않고 있다.

현 시대는 모든 학문과 기술이 발달되어 가면서 혁신을 거듭하고 있지만 기독교회만큼은 완강히 개혁을 거부하고 영과 진리인 성경 말씀을 육신(세상)의 개념으로 바꾸어서 낡고 진부한 가르침의 교리 안에 가두어 놓고 있다.

본서는 인간의 철학이나 사상을 초월하여 보이지 않는 영으로서의 말씀이 완전하고도 절대적인 가치임을 밝혀 준다. 또한, 세상에서는 어쩔 수 없이 인간적인 선이 필요하겠지만 그것을 추구하는 종교 생활은 완전한 생명이 아니다. 오히려 그것을 따르는 종교적인 신념은 자기기만의 특성을 갖고 있으므로 이에 속지 말아야 할 것이다. 기독교회는 반드시 개혁이 되어 복음으로 돌아가야 하는 중요한 시점에 도달하였음을 밝히는 바이다.

04
이 글을 읽으면서 주목해야 하는 부분

1) 구약 성경은 예수 그리스도의 말씀이다 요5:39

요5:46 모세를 믿었더면 또 나를 믿었으리니 이는 그가 내게 대하여 기록하였음이라

모세가 받은 율법조차도 실상은 예수 그리스도의 말씀이며 영으로서의 복음이다.

눅24:44 또 이르시되 내가 너희와 함께 있을 때에 너희에게 말한바 곧 모세의 율법과 선지자의 글과 시편에 나를 가리켜 기록된 모든 것이 이루어져야 하리라 한 말이 이것이라 하시고

특히 히브리서에서 증언하기를 모세가 그리스도를 위하여 능욕을 히11:26 견디었다고 함으로써 구약의 말씀이 영으로서의 예수 그리스도의 말씀이었음을 나타낸다.

2) 영과 생명인 말씀

영은 하나님을 가리키는데, 영이신 하나님께서는 피조물의 세계 안에 존재하는 시간과 공간의 한계를 초월하신다. 우리는 물리적인 시간이나 공간의 개념도 물질계 안에서만 존재하는 유한한 개념이다. 그러므로 예수님께서는 비록 육신을 입고 오셨으나 신성으로서는 진리의 영이시기에 그분의 말씀은 시간이나 공간을 초월하여 역사하신다. 신약 시대에 하신 예수님의 말씀은 구약 시대에도 모형적으로 옛사람들에게 동일하게 전파되었던 것이다. 그리하여 신·구약 시대를 막론하고 아브라함을 포함한 조상들도 예수 그리스도의 영과 진리로서의 말씀을 믿고 영생을 얻게 되었다.

이처럼 말씀이신 영은 인류의 역사와 시대를 초월하여 동시성(同時性)을 가진다. 어떤 이들이 주장하기를 구약 시대에는 율법으로 구원을 받고 신약 시대에는 은혜로 구원을 받는다고 하는데 이는 성경을 역사책 정도로 이해하고 있는 잘못된 시각이다마22:41-45.

갈3:8 또 하나님이 이방을 믿음으로 말미암아 의로 정하실 것을 성경이 미리 알고 먼저 아브라함에게 복음을 전하되 모든 이방이 너를 인하여 복을 받으리라 하였으니

3) 불법인 죄와 영적인 의

성경 말씀에 이 세상의 윤리나 도덕적인 언어나 규범, 풍습 등을 통하여 이 세상 사람이 알고 있는 선이나 악을 권장하거나 금하는 것으로 기록이 되었더라도 그것은 그 백성들이 알고 있는 개념으로 표현을 하시되 실상은 불법인 죄와 영적인 의를 드러내기 위한 것이다. 예수님은 세상이 이미 알고 있는 선이나 악을 강조하기 위하여 이 세상에 찾아오신 것이 아니다.

롬10:3 하나님의 의를 모르고 자기 의를 세우려고 힘써 하나님의 의를 복종치 아니하였느니라

4) 보이는 세상의 의와 보이지 않은 하나님의 의

마음 눈이 선악을 알게 하는 실과로 인하여 밝아진 이 세상은 모든 것을 육체(땅)의 법칙_{롬8:1-2}에 따라 분별하도록 조작이 되어 있는데, 성경에서 그 실례를 찾아볼 수 있다.

> 마27:11 예수께서 총독 앞에 섰으매 총독이 물어 가로되 네가 유대인의 왕이냐 예수께서 대답하시되 네 말이 옳도다 하시고

본디오 빌라도는 당시 로마의 법률에 따라 예수님에게 트집을 잡고자 하는 의도로 **"네가 이스라엘 나라의 자칭 왕이라고 생각하느냐"**라고 질문을 던졌는데 이는 세상과 육체에 속한 것이었다. 이에 대하여 예수님은 "네 말이 옳도다"라고 하셨는데 예수님은 자신이 영적인 하나님 나라의 왕이시라고 대답을 하셨다. 이와 같이 성경에서 보이는 것처럼 빌라도는 육체(세상)에 속한 질문을 하였고 예수님은 영(천국)으로서의 대답을 하셨는데 이렇게 서로 차원이 다른 질문과 대답을 하는 상황이 성경에서 자주 나타나게 된다. 따라서 보이는 땅에 속한 법칙으로만 성경을 바라보게 된다면 마치 빌라도가 눈앞에 계시는 진리를 보고도 볼 수 없었던 것처럼 하나님을 영원히 볼 수 없게 될 것이다.

5) 선악과인 세상의 율법

기독교회는 세상에 존재하고 있는 선이나 악을 분별하는 율법(기준)에 대하여 심각한 혼란을 가지고 있다. 어떤 이들은 가르치기를 참 그리스도인은 성령의 도우심을 받아 이 세상의 율법을 준수할 수 있다고 주장한다. 그러나 인간은 일시적으로는 율법을 지킬 수 있겠지만 궁극적으로 그것을 지킴으로써 완전해질 수는 없다.

> 갈3:21 그러면 율법이 하나님의 약속들을 거스리느냐 결코 그럴 수 없느니라 만일 능히 살게 하는 율법을 주셨더면 의가 반드시 율법으로 말미암았으리라

그런데 성경 말씀에서는 하나님께서 율법을 주신 이유가 우리를 살게 하시기 위함이며 그 율법을 통하여 의를 발견하게 된다고 하는 말씀을 하셨다. 사도 바울이 언급한 율법은 보이는 세상의 율법이 아니라 영으로서의 살게 하는 율법을 말하고 있다.

6) 지킬 수 없는 세상의 율법

만약에 유대인들이 하나님의 율법을 이 세상의 선과 악의 표준(선악과)으로 따르지 않고 살게 하는 율법으로 받아들였다면 하나님의 의를 얻게 되었을 것인데 본래 하나님이 주신 율법은 육체에 속한 세상의 의를 가지라고 요구하는 것이 아니라 **영에 속한 하나님의 의**를 소유하라고 비추어 주고 있다. 그래서 모세가 받은 율법은 진리의 영(하나님의 의)을 발견하게 하려는 그리스도의 율법이었으며 유대인들이 육체의 개념으로 받아들인 보이는 율법이 아니었다.

> 행7:38 시내산에서 말하던 그 천사와 및 우리 조상들과 함께 광야 교회에 있었고 또 생명의 도를 받아 우리에게 주던 자가 이 사람이라

즉, 모세는 그리스도의 율법을 받았지만 유대인들과 바리새인들은 하나님께 속한 의의 율법으로 받지 아니하고 저주 아래 있는 선악과의 율법으로 받아들이고 순종을 하였던 것이다.갈2:16 중요한 것은 갈2:19에 이른 바와 같이 율법을 영(자유하게 하는 율법)으로 깨닫게 되면 자기 영 안에서 자신을 사로잡고 있던 육체(세상)에 속한 율법의 권세가 죽게 된다. 다시 말하면 살게 하는 율법(생명과)에 의하여 정죄를 하는 율법(선악과)이 죽어야 하는데 이 글은 살게 하는 율법(영)을 이해할 수 있도록 돕기 위하여 성경을 해설해 놓은 것이다.

사탄은 이 세상의 공중 권세자로서 거짓말쟁이요, 살인자이다. 그는 하나님께서 세상에 율법을 주신 참된 의도를 세상으로 하여금 알지 못하게 하고, 그것을 이 세상의 보이는 율법으로 바꾸어서 오히려 세상을 정죄하고 그의 종이 되게 했다.

이 글에서는 영으로서의 율법의 중요성을 제시하여 독자들로 하여금 자유하게 하는 그리스도의 율법을 발견할 수 있도록 도울 것이다. 성경은 예수 그리스도에 대하여 여러 모양으로 반복적으로 말씀을 하고 계신다. 여기서는 인간의 철학, 사상, 이론, 학설에 얽매이지 아니하고 성경이 비추어 주는 대로 영과 진리로서의 율법을 반복적으로 설명을 하고자 한다. 이 글을 읽는 독자들이 자기 영 안에 있는 어둠과 싸우는 것을 돕고 이 과정을 통하여 그리스도의 의를 소유하고 이기게 하기 위함이다.

05
용어에 대한 설명

육체, 육신
불법인 죄와 사망의 법이 인간의 영 안에 연합이 되어 버린 상태를 성경에서 표현하기를 '육체'가 되었다고 하거나 '육신의 정욕'을 가진 자라고 한다.

공중영계
사탄이 천국에서 쫓겨나 내려와 있는 땅이라고 하는 곳은 '공중'엡2:2이라고 불리는 영계이며 사탄과 그의 추종 세력들이 주로 활동을 하고 있다. 즉, 창세기에서 말씀하고 있는 땅은 육체(불법)의 개념인 공중영계를 말하고 있으며 보이는 물질계는 공중영계 안에 속하여 있다.

땅(흙)
천국영계에서 쫓겨난 사탄이 활동하고 있는 공중이라고 하는 영계(靈界)를 성경에는 땅이라고 표현하고 있다.

선악과(善惡果)
동산 중앙에 하나님이 만들어 놓으신 두 가지 실과 중에서 아담이 사탄의 유혹에 속아 그와 연합을 하게 되었는데 이 실과가 바로, 보이는 선이나 악을 나타내는 죄와 사망의 법칙롬8:2인 선악과이다.

영(빛과 생명의 靈)

예수 그리스도의 말씀을 영적인 진리로 믿어 자기의 영 안에 연합하게 되는데 진리의 말씀을 '영'이라고 한다. 그 반대로 불법인 비진리는 '육체(육신)'라고 기록하고 있다. 인간의 영이나 거짓의 영은 영을 소유한 존재일 뿐 빛과 생명의 영을 소유한 존재는 아니다.

영생과 사망

육신이나 영혼이 오래 사는 것을 뜻하지 않고 인간의 영 안에 빛(하나님)이신 말씀이 연합되어 그 빛을 소유한 상태를 '영생'을 얻은 자라고 한다. 반면에 사망이라는 의미도 진리가 아닌 불법과 연합을 한 상태를 '사망'에 속한 자라고 한다.

율법

유대인들처럼 성경을 이 세상의 율법으로 받아들이게 되면 그들의 영이 영적인 사망에 계속 머무르게 된다. 그러나 자유하게 하는 그리스도의 율법으로 받게 되면 사탄의 거짓말(불법)을 드러내는 하나님의 율법이 된다.

불법

성경에서 육신이나 육체라고 지칭하고 있는데 이는 보이는 세상개념의 율법을 가리킨다. 또한, 보이는 이 세상의 선과 의를 따르게 하는 죄와 사망의 법롬8:2을 의미한다.

그리스도의 율법

인간의 영이 죄(불법)를 소유한 것을 알게 하고 완전하신 하나님의 의를 발견하게 하여 생명을 소유하게 하려고 주신 '하나님(영)의 율법'이다.

경륜

하나님의 섭리 속에 계획하신 것을 이루어 가시기 위하여 운영하시는 일을 일컫는다엡3:9, 골1:25, 딤전1:4.

제2부
영원하신 하나님의 계획

| 01 |
빛과 어둠

창1:5 빛을 낮이라 칭하시고 어두움을 밤이라 칭하시니라 저녁이 되며 아침이 되니 이는 첫째 날이니라

창세기에서는 천지 만물을 창조하신 내용이 기록되었는데^{히1:2} 이는 물리적인 창조에 관한 부분을 말씀하고자 하신 것이 아니다. 만약 물리적인 세상의 창조만을 기록한 것이라면 그것은 영으로서의 말씀이 아니라 자연과학에 속한 책에 불과할 것이다. 창세기에서 물질적인 창조에 관하여 하신 말씀들은 영과 생명이신 예수 그리스도를 드러내시기 위하여 계시해 주신 것이다. 창조에 관한 말씀을 영적으로 해석해야 하는 근거는 신·구약을 막론하고 그리스도의 말씀은 살리는 영(땅에 속하지 않는 하나님의 의)이시기 때문이다.

창1:3 하나님이 가라사대 빛이 있으라 하시매 빛이 있었고

그러므로 위의 말씀에서 '빛'은 물리적인 빛을 언급하고자 하신 것이 아니며 아울러 낮과 밤의 의미도 해가 뜨고 지는 물리적인 현상을 언급하신 것이 아니다.

살전5:5-7 너희는 다 빛의 아들이요 낮의 아들이라 우리가 밤이나 어두움에 속하지 아니하나니 그러므로 우리는 다른 이들과 같이 자지 말고 오직 깨어 근신할찌라 자는 자들은 밤에 자고 취하는 자들은 밤에 취하되

여기에는 진리의 빛을 '낮'이라 하고 비진리의 어둠을 '밤'이라고 기록하였는데 성경은 처음부터 빛과 어둠에 대한 실체를 밝히고 있다.

고후4:6 어두운데서 빛이 비취리라 하시던 그 하나님께서 예수 그리스도의 얼굴에 있는 하나님의 영광을 아는 빛을 우리 마음에 비취셨느니라

성경이 스스로 밝히고 있다시피 창세기에서 말씀하신 '빛'은 그리스도 예수 안에 있는 빛(생명)을 가리키는데 이 빛의 본질과 차원에 대하여는 점차 설명하기로 한다. 이와 같이 천지창조에 관한 말씀은 물리적 창조에 대한 것만을 드러내기 위한 목적이 아니다. 이에 대한 몇 가지 근거를 성경을 통하여 살펴보도록 하자.

창1:11-12 하나님이 가라사대 땅은 풀과 씨 맺는 채소와 각기 종류대로 씨 가진 열매 맺는 과목을 내라 하시매 그대로 되어 땅이 풀과 각기 종류대로 씨 맺는 채소와 각기 종류대로 씨 가진 열매 맺는 나무를 내니 하나님의 보시기에 좋았더라

셋째 날에 풀과 씨를 맺는 채소, 씨를 가진 열매 맺는 나무가 났다고 한다. 그런데 창1:14-18에서는 넷째 날에 해와 달과 별들을 만드셨다고 기록되어 있다. 그러면 해와 달과 별도 아직 창조가 되지 않았던 셋째 날에 이미 풀과 씨 맺는 채소와 씨를 가진 열매 맺는 나무가 나게 하셨는데 물질세계의 자연적인 섭리로 보아서는 앞뒤가 맞지 않은 순서이다. 이는 성경이 스스로 증명하기를 물리적인 창조를 말하고자 하는 것이 아니라 이를 통하여 영(진리)을 말씀하기 위한 것임을 드러내어 주고 있다.롬8:6. 만물이 창조된 과정을 통하여 아담의 영혼 안에 충만하게 채워져야 하는 것들을 모형적으로 보여 주신 말씀이다.

행14:17 그러나 자기를 증거하지 아니하신 것이 아니니 곧 너희에게 하늘로서 비를 내리시며 결실기를 주시는 선한 일을 하사 음식과 기쁨으로 너희 마음에 만족케 하셨느니라 하고

그리고 창세기에서의 빛은 그리스도 안의 생명을 말하고 사탄(마귀)이 활동하고 있는 공중영계는 어둠(흑암)인 것을 표현하고 있다.

02

자연계에 감추어진 의미

롬1:19-20 이는 하나님을 알만한 것이 저희 속에 보임이라 하나님께서 이를 저희에게 보이셨느니라 창세로부터 그의 보이지 아니하는 것들 곧 그의 영원하신 능력과 신성이 그 만드신 만물에 분명히 보여 알게 되나니 그러므로 저희가 핑계치 못할찌니라

하나님께서 처음에 창조하신 아담을 포함한 모든 피조물은 그 체질 자체가 지금 현재 우리의 눈에 보이는 만물처럼 썩어지거나 죽게 되는 물질로 창조된 것이 아니다. 그리고 천국에 있는 것들처럼 영원한 신성을 가진 완전한 체질과 속성으로 지음을 받은 것도 아니다. 그러나 비록 하늘이 아닌 땅에 속한 존재로 지음을 받기는 하였지만 그 형상과 형체들은 하나님 나라에 있는 것들의 본을 따라 지음을 받았기에 만물(피조물)은 하나님의 영원하신 능력과 하나님 나라에 대하여 그 실제적인 존재를 대신하여 드러내어 주고 있다.

창1:28 하나님이 그들에게 복을 주시며 그들에게 이르시되 생육하고 번성하여 땅에 충만하라, 땅을 정복하라, 바다의 고기와 공중의 새와 땅에 움직이는 모든 생물을 다스리라 하시니라

성경에 기록이 된 말씀이 하나님을 믿는 자에게 살리는 영(생명)이 되기 위해서는 이러한 창조와 관련한 말씀들을 일반적으로 알고 있는 물질적인 세계의 천지창조에 관한 내용으로만 국한하여 이해를 해서는 안 된다. 성경은 오직 우리의 영에 대한 생명과 사망의 실체에 대한 것을 드러내는 말씀일 뿐 단지 단순한 이스라엘 역사나 물질적인 천지창조를 말씀하시기 위한 역사서나 고고학, 물리학 책이 아니다.

어떤 이들은 에덴동산이 지리적으로 아라비아의 어느 곳이나 메소포타미아 유역으로 추정이 되는 실제 장소를 의미한다고 주장한다. 그러나 에덴동산이 진짜 어디에 있었는가 하는 실제적인 장소가 중요한 것이 아니다. 에덴동산은 하나님의 말씀을 상징하고 있는 생명나무가 서 있어야 하는 아담의 영을 의미하고 있으며 아담의 영은 성막으로 비유하면

하나님이 거하는 장소인 지성소이다. 그러나 인간의 영은 동산의 중앙에 있는 나무의 실과를 선악과로 먹어(연합) 땅(불법)에 속한 자가 되었다.

만약 생명 실과로 먹었다면 영생을 소유하여 하늘(진리)에 속한 자가 되었을 것이다. 그러므로 바리새인들처럼 모세의 율법을 이 세상의 의를 드러내는 세상의 율법으로 받아들이면 율법의 본질이 변개가 되어 결과적으로는 그것이 가리키는 불법과 연합을 한 인간의 영은 사탄이 주관하게 된다.

하나님께서 창조하신 피조물들 중에 나는 것, 기는 것, 헤엄치는 것들은 아담의 영 안에 창조된 온갖 경이롭고 신비한 아름다움을 외적으로 표현한 것이다. 이 모든 것을 아담에게 다스리고 정복하라고 말씀하신 이유는 이 모든 것이 전부 아담을 위한 것이며 아담 안에 속한 것이기 때문이다.

> 롬1:20 창세로부터 그의 보이지 아니하는 것들 곧 그의 영원하신 능력과 신성이 그 만드신 만물에 분명히 보여 알게 되나니 그러므로 저희가 핑계치 못할찌니라

눈에 보이는 모든 피조물은 아담의 영혼 안에 아름답게 존재하며 생명력으로 넘쳐나야 할 축복들을 나타내기 위하여 하나님께서 성경을 통하여 이를 인간에게 모형적으로 보여 주신 것이다.

> 롬1:23 썩어지지 아니하는 하나님의 영광을 썩어질 사람과 금수와 버러지 형상의 우상으로 바꾸었느니라

> 롬1:25 이는 저희가 하나님의 진리를 거짓 것으로 바꾸어 피조물을 조물주보다 더 경배하고 섬김이라

처음 창조된 모든 만물은 현재처럼 불완전한 상태의 물질로 창조된 것이 아니라 4차원 이상의 영체의 형질로 지음을 받았다. 그러나 사탄에게 순종한 결과 아담과 아담에게 속한 모든 피조물은 모두 악한 자의 불법 아래에 속하게 되었고 썩어질 형질로 변질되어 버렸다. 결국 아담이 다스리고 정복해야 할 아담의 영 안의 세계는 사탄의 권세 아래 내어 준 바가 된 것이다.

다시 자세히 설명을 하자면 하나님께서 아담 안에 신령한 세계를 만들어 놓으시고 그것을 아담에게 다스리고 충만케 하라고 하셨지만 도리어 거짓의 영인 불법에게 순종을 하였

고 아담의 영의 세계는 멸망받을 우상이 지배하게 되어 버렸다. 그와 동시에 그에게 속한 모든 자연계의 피조물도 불완전하여 썩어질 물질계의 육체(또는 불법)로 그 형질이 변해 버렸다.

그러므로 한 번쯤 하늘을 바라보고 땅의 만물을 자세히 바라보자. 하늘에서 땅에 비가 내리고 씨앗이 발아하여 생명의 싹이 트고 햇빛은 식물들이 결실을 하도록 합성작용을 하여 열매가 맺히는 현상이 인간의 영혼에 역사하시는 하나님의 말씀의 작용을 드러내고 있는 것이 아니면 무엇이겠는가? 모든 피조물들은 아담의 영이 진리의 말씀으로 생육하고 번성하여 충만하게 되어야 할 **인간의 영 안의 세계**가 아니라면 무엇 때문에 만물을 창조하셨겠는가?

롬8:22 피조물이 다 이제까지 함께 탄식하며 함께 고통하는 것을 우리가 아나니

또한 성경에서 아담의 타락이 발생한 이후로 모든 피조물들이 신음한다고 표현하고 있다. 불법에 사로잡히게 된 아담의 영 안에 있는 모든 고통과 괴로움을 이 세상의 보이는 만물들을 통하여 그대로 드러내어 주고 있다.

히6:7-8 땅이 그 위에 자주 내리는 비를 흡수하여 밭 가는 자들의 쓰기에 합당한 채소를 내면 하나님께 복을 받고 만일 가시와 엉겅퀴를 내면 버림을 당하고 저주함에 가까와 그 마지막은 불사름이 되리라

03

에덴동산

에덴동산은 완전한 곳인가

어떤 이들은 에덴동산을 완전한 하나님의 나라(천국)와 같이 이해하고 받아들이기도 한

다. 그러나 에덴동산은 결코 완전하지 않고 또한 학자들이 유추하고 있는 것처럼 지상세계에 보이는 물질로 창설된 것이 아니다. 에덴동산은 성경에서 공중이라고 지칭하고 있는 영계 안에 창설된 것으로 보아야 마땅하다. 왜냐하면 땅(공중영계 포함)에 있는 모든 것들은 불완전하여 잠시 존재하다가 없어지거나 그 형질이 변동될 수 있고 영원하지도 않기 때문이다.

사탄이 천국에서 쫓겨나 내려와 있는 '공중'_{엡2:2}이라고 불리는 곳은 사탄과 그의 추종 세력들이 주로 활동을 하고 있는 중간영계인데 성경에서는 이곳을 '땅'으로 지칭을 하고 있다. 그러므로 창세기에서 말씀하고 있는 땅은 사탄이 활동하고 있는 육체의 개념인 공중영계를 가리키고 있는데 하나님께서는 바로 이 공중영계 안에 에덴을 창설하셨다. 그러므로 에덴동산은 비록 영계(靈界)일지라도 천국영계와 같이 완전한 곳이 아니며 하늘에 있는 것들의 모형과 그림자로서 창설이 된 곳이다.

그러나 창세기에서 "보시기에 좋았다"고 하신 것은 창조의 목적상 좋았다는 의미로 해석하여야 한다. 에덴동산은 하나님이 영존하시는 천국과 같이 빛과 생명(영생)으로 충만한 영계가 아니라 땅(불법)의 개념인 공중 권세자인 사탄이 지배하고 있는 피조물의 세계이다_{사14:12}.

계20:2 용을 잡으니 곧 옛 뱀이요 마귀요 사단이라 잡아 일 천 년 동안 결박하여

공중영계는 용, 옛 뱀, 마귀 그리고 사탄이라 불리는 자가 활동하는 곳인데 그 불의의 영이 이 세상에서도 활동이 가능한 이유는 보이는 이 세상이 바로 공중영계 안에 속하여 있기 때문이다.

계12:8-9 이기지 못하여 다시 하늘에서 저희의 있을 곳을 얻지 못한지라 큰 용이 내어 쫓기니 옛 뱀 곧 마귀라고도 하고 사단이라고도 하는 온 천하를 꾀는 자라 땅으로 내어 쫓기니 그의 사자들도 저와 함께 내어 쫓기니라

천사였던 사탄이 하늘영계에서 있을 곳을 얻지 못하여 공중영계인 땅으로 쫓겨난 것은 천사로서의 타락과 불순종의 결과이다_{유1:6}. 겉으로만 보면 에덴동산은 처음부터 물질적인 형질로 지음을 받은 것으로 보이지만 실상은 사탄이 활동하며 첫 사람인 아담에 대하여 유혹과 시험을 할 수 있는 공중영계 안에 창설된 장소이었다. 아담은 땅에 속한 형체_{고전15:47}를 가진 존재로 지음을 받았는데 어떤 이들이 주장을 하는 것처럼 완전한 하나님의 의(영생)를 가진 존재(의인)로 지음을 받은 것이 아니었다.

현재 보이는 땅과 만물은 처음 창조를 할 당시에는 보이지 아니하는 공중영계 안에 창조를 받았다. 하지만 결국 아담이 타락하여 이 세상과 함께 만물까지도 썩어질 존재인 물질계의 상태로 변동이 되어 버렸다.

히12:26-27 그때에는 그 소리가 땅을 진동하였거니와 이제는 약속하여 가라사대 내가 또 한번 땅만 아니라 하늘도 진동하리라 하셨느니라 이 또 한번이라 하심은 진동치 아니하는 것을 영존케 하기 위하여 진동할 것들 곧 만든 것들의 변동될 것을 나타내심이니라

그러므로 어떤 이들이 에덴동산을 천국과 같이 완전한 영계로 잘못 이해하여 예수 그리스도를 믿게 되면 구원을 받아 에덴동산의 상태로 회복하게 된다고 주장하지만 이는 옳은 견해라고 보이지 않는다. 그리스도인에게 두 번째 에덴동산은 불필요하며 그리스도로 인하여 의롭게 된 영혼은 완전하고도 영원한 하나님의 나라(천국영계)에 들어갈 뿐이다.

이처럼 사탄의 유혹이 가능하였으며 결국 미처 완전함을 소유하지 않았던 아담의 타락이 발생하였을 뿐 아니라 만물의 형질이 변동될 수 있었던 불완전한(하나님의 의가 존재하지 않음) 영계의 장소인 에덴동산을 어찌 완전한 영역(영계의 장소적 개념)이었다고 말할 수가 있는가? 그러므로 에덴동산을 지상낙원인 것처럼 주장하여 영혼들을 미혹하는 일이 발생해서는 안 될 일이다. 그들이 주장하고 있는 제2의 에덴동산과 같은 낙원을 주신다고 기록하여 주신 말씀은 한 구절도 존재하지 않는다.

| 04 |

사람을 지으신 목적

시82:6 너희는 신들이며 다 지존자의 아들들이라

요10:34-35 내가 너희를 신이라 하였노라 하지 아니하였느냐 성경은 폐하지 못하나니 하나님의 말씀을 받은 사람들을 신이라 하셨거든

1) 사람을 지으신 목적

하나님께서 아담을 창조하신 목적은 자신의 형상과 모양을 따라 지음을 받은 인간(피조물)에게 온전한 순종을 통하여 하나님 자신 안에 있는 영생(빛)을 소유하게 하여 하나님께 속한 자녀가 되게 하기 위함이다. 사랑과 은혜가 충만하신 하나님께서는 자신 안에 있는 모든 것을 부여하실 뿐 아니라 보이지 않는 완전한 영계(천국)에 존재하는 만물들과 영들을 다스리며 왕으로 살아가게 될 의인(義人)을 얻기 원하셨던 것이다.

그리고 그것을 성취하기 위하여 아담을 창조하셨는데, 구약 성경에서 이스라엘 백성들에게 보여 주신 성막의 구조대로 보이는 육체(뜰)와 보이지 아니하는 혼(성소)과 그리고 영생이신 하나님을 만나야 하는 장소인 영(지성소)을 가진 존재로 지으셨던 것이다. 그러므로 사람이라는 존재는 하나님께서 창조하신 목적으로써 바라볼 때 한 영혼이 온 우주 만물보다 더 귀하다는 사실을 의미한다. 하나님께서는 진리의 말씀인 성경을 통하여 영광스럽고 축복스러운 영계로 세상의 모든 영혼들을 부르고 계신다.

2) 성막과 인간

구약 성경에서 나타나 있듯이 하나님께서 이스라엘을 만나 주시는 장소는 성막이었다. 이 성막은 진리 안에서 그리스도인의 영혼이 성숙해 가는 단계를 의미하기도 하고 보이지 아니하는 천국영계의 상태를 모형적으로 계시해 주기도 한다.

히 8:5 저희가 섬기는 것은 하늘에 있는 것의 모형과 그림자라 모세가 장막을 지으려 할 때에 지시하심을 얻음과 같으니 가라사대 삼가 모든 것을 산에서 네게 보이던 본을 좇아 지으라 하셨느니라

성막의 구조를 살펴보도록 하자. [부록1] 참조 동편에 있는 문으로 들어가면 보이는 뜰이 있고 성소와 지성소는 밖에서는 보이지 않게 앙장으로 덮여 있었다. 뜰에는 백성들이

들어가고 성소에는 제사장이 지성소에는 대제사장만이 들어갈 수 있었다. 성막의 제사법에서 보면 제사의 시작으로는 먼저 보이는 뜰에서 백성들의 죄를 사하기 위하여 속죄제물(어린양)이 대신 죄에 대한 전가의 안수를 받고 죽임을 당하여야 한다. 그리고 대제사장은 백성들을 위하여 어린양이 흘린 희생의 피를 가지고 하나님 임재의 영역인 지성소에 들어가서 공의를 만족시켜야만 제사가 완성이 되었다. 이는 모형적으로 보여 주신 속죄 제사인데 궁극적으로 속죄의 양으로 오신 예수님이 자기 백성들을 대신하여 죄를 지고 육체로서 죽임을 당하신 것을 말한다.

그러므로 죄를 가진 세상은 보이는 뜰에서 예수와 함께 저주를 받아 그 육체(불법)가 죽어야 하고, 또한 대제사장이 속죄의 공로(어린양의 피)를 가지고 지성소에 들어가 하나님을 뵈어야만 제사가 완성이 되는 것이다. 이는 인간의 영 안에 있던 불법이 죽고 그의 공로로 인하여 하나님의 의를 소유하게 하시는 것을 나타내신 것이다히9:11-12. 이를 통하여 하나님의 임재가 가능하였던 성막과 인간을 비교해 볼 때 성막의 지성소는 진리이신 하나님을 뵙고 연합할 수 있는 인간의 영을 모형적으로 나타내고 있다출30:6.

3) 성막과 천국영계

고후12:1-2 무익하나마 내가 부득불 자랑하노니 주의 환상과 계시를 말하리라 내가 그리스도 안에 있는 한 사람을 아노니 십사 년 전에 그가 셋째하늘에 이끌려 간 자라

천국은 하나님이 실존하고 계시는 영계이다. 성막을 통하여 비추어 주신 것과 같이 천국은 뜰의 영역과 성소의 영역과 지성소의 영역으로 구분이 된다. 영광의 빛이신 하나님이 운행하시는 하나의 천국이지만 지성소인 새 예루살렘이 하나님의 보좌가 있는 셋째하늘이라면 둘째하늘인 성소와 첫째하늘인 뜰은 만국에 해당한다계21:24.

그렇다면 천국영계는 성막에서 보인 바와 같이 한 개의 건물이 지어진 곳에 세 영역으로 구분이 되어 있다는 말인가? 당연히 천국은 물리적인 시공간의 제한을 받는 장소적 개념으로 존재하는 곳이 아니다. 그곳은 생명인 빛의 밝기에 따라 구분이 되는 영역이며 오직 자기 영의 상태에 따라 열리는 완전한 영의 세계이다. 우리가 알아야 하는 것은 만약 그리스도인이 진리를 깨닫게 되었다면 하나님으로부터 받은 그 의는 영원히 자신의 소유가 되어 천국에서 빛나게 된다. 우리의 의가 되어 주신 그리스도께서는 그의 의를 구하는 영혼들에게 그의 영(진리)을 충만하게 부어 주신다.

4) 지존자의 아들들

예수 그리스도의 피로 속죄함을 받고 하나님이 그를 통하여 주신 하나님의 의(진리)로 인하여 빛을 소유하게 된 영광스런 왕들의 모습을 상상해 보자. 그들은 곧 하나님과 같은 영생을 가진 자들이며 신이라 불린다고 성경은 기록하고 있다. 이렇게 아담을 창조하신 목적이 하나님과 같이 완전한 빛을 소유한 천국영계에 속한 의인의 완성에 있음을 알게 된 사탄은 이를 질투하여 결사적으로 아담을 미혹하였고 마침내 그의 영을 불법으로 죽였던 것이다. 악한 영인 사탄은 세상을 속여 지옥 불에 함께 들어가기 위하여 역사하고 있지만 하나님께서는 그 아들을 속죄의 양으로 내어 주사 그에게 저주를 대신 받게 하셔서 우리의 죄를 용서하시고 그의 보좌와 영광까지도 값없이 주시는 사랑이시다.

> 빌3:21 그가 만물을 자기에게 복종케 하실 수 있는 자의 역사로 우리의 낮은 몸을 자기 영광의 몸의 형체와 같이 변케 하시리라

위에서 언급한 것과 같이 천국에 있는 신령한 육체(몸)를 가진 영인들은 몸과 영혼이 완전한 결합을 하였기에 이후로는 육체와 영혼이 분리될 수 없는 완전한 사람이 된 것이다. 아울러 빛이 그 자신으로부터 발산이 되는데 실제로는 그 사람에게서가 아니라 하나님으로부터 발산이 되는 것이다. 왜냐하면 그 빛은 이 세상에 없는 진리의 빛이기 때문이다. 다만 사도 요한은 이상을 통하여 예수 그리스도의 형체를 보았는데 그리스도의 얼굴에서 "해가 힘 있게 비취는 것 같더라"라고 하였다. 이 모습이 곧 그리스도인들이 입게 될 신령한 영체의 완전한 몸이며 형체이다. 하나님이 최종적으로 완성하고자 하시는 인간의 완성은 에덴동산에 있었던 불완전한 아담의 모습이 아니라 하나님의 나라에 들어가서 신령한 몸과 결합이 된 하나님의 자녀를 얻는 것이다.

05
하나님의 형상

> 창1:26 하나님이 가라사대 우리의 형상을 따라 우리의 모양대로 우리가 사람을 만들고 그로 바다의 고기와 공중의 새와 육축과 온 땅과 땅에 기는 모든 것을 다스리게 하자 하시고

일반적인 시각으로는 '하나님의 형상'에 대하여 '하나님의 의'라고 이해하여 아담을 하나님의 영생(의)을 소유한 완전한 의인(義人)으로 창조하셨다고 주장한다. 그러나 이러한 견해를 따른다면 이는 성경 해석상 매우 심각한 오해를 일으키게 하는 시발점이 된다.

1) 하나님께서 아담을 의인(義人)으로 창조하셨는가

'하나님의 형상'을 '하나님의 의'로 이해하고 아담은 의인으로 창조되었다고 해석을 하게 되면 다음과 같은 모순이 발생한다.

의(義) 또는 죄(罪)는 아담이 자신의 의지에 따라 하나님의 말씀에 순종하거나 불순종한 것에 대한 결과로 그의 영에 연합을 하게 되는 법칙인데 하나님의 의지와 결정에 의하여 아담에게 일방적으로 주어지는 것은 아니다. 그러나 일반적인 교리에 의하면 첫 사람 아담이 타락하기 이전에는 죄를 범하지 않았으므로 의인이었다고 전제를 하고 있지만 엄밀하게 구분을 하면 아담은 무죄(無罪), 무의(無義)의 상태로 창조되었다.

만약 아담이 하나님의 의(義)를 소유한 의인(義人)으로 창조되었다면 그 '의'는 완전해야 하며 어떠한 시험을 받는다 해도 사탄에게 미혹되거나 범죄하지 않아야 한다. 그렇다면 에덴동산에서의 사건은 불필요할 뿐만 아니라 에덴동산 자체도 존재해야 할 이유가 전혀 없다. 그러므로 처음 아담을 완전한 의인으로 해석한다면 결과적으로 하나님께서는 불필요한 시험을 허락하셨다고 볼 수 있게 된다. 그리고 그 결과로 세상에 사망이 들어오게 된 것이라면 그 책임이 아담에게만 있는 것이 아니라 하나님께도 있게 되는 것이다.

또한 그들이 주장하는 견해에 따른다면 '어떻게 영생에 속한 자인 의인(義人)이 하나님께

불순종을 하여 타락을 할 수가 있다는 말인가?'라고 하는 문제가 발생한다. 아울러 '과연 하나님 안에 있는 의는 완전한 것인가?'라는 신학적인 난제가 발생한다. 여러분들도 이 부분을 깊이 생각해 보시기를 권한다.

2) 인간을 하나님의 형상대로 지으신 목적은 무엇인가 창5:1

"하나님이 자기 형상 곧 하나님의 형상대로 사람을 창조하시되 남자와 여자를 창조하시고"창1:27 에스겔은 보좌에 앉으신 하나님의 형상이 '사람의 모양' 같았다고 했으며 다니엘서에도 사람의 형상 같은 존재가 바로 하나님이셨음을 나타내고 있다.

> 겔1:26 그 머리 위에 있는 궁창 위에 보좌의 형상이 있는데 그 모양이 남보석 같고 그 보좌의 형상 위에 한 형상이 있어 사람의 모양 같더라

> 단10:18 또 사람의 모양 같은 것 하나가 나를 만지며 나로 강건케 하여

이처럼 천국에 계시는 영광이신 하나님의 모습이 **'사람의 모양'**과 같은 형상을 가지고 있으셨음을 밝히고 있다. 그렇다면 인간의 보이는 외모나 육체가 하나님의 형상대로 지음을 받았다는 것일까?

> 계1:14 그 머리와 털의 희기가 흰 양털 같고 눈 같으며 그의 눈은 불꽃 같고

요한은 천국영계에 계시는 예수 그리스도의 형상에 대하여 다음과 같이 증언하였다. 하나님의 형체와 형상은 비록 인간이 가진 육체의 체질과는 다르지만 형태나 모양이 인간과 같다고 기록한다. 위의 말씀에서와 같이 인간의 영혼의 형체와 모양은 하나님과 동일하게 창조되었으며 장차 영계에서 입게 될 완전한 영체(신령한 몸)의 그림자이다.

인간은 외적으로 형태를 가지고 있지만 실제로는 영혼도 형체를 가지고 있다. 좀 더 설명을 하면 영혼 자체가 형체를 가지고 있는데 육신인 몸과 결합을 한 상태로 살아가고 있다. 그런데 형체를 가진 영혼이 불완전한 육신(몸)에서 분리가 되고 나면 다시 영혼의 형체 상태가 되지만 이 상태는 영계에서 불안정한 상태이며 반드시 완전한 영체와 결합이 되어

야 완성의 상태가 된다.

이 상태가 되면 비물질인 영혼과 영체가 완전한 결합을 하여 더 이상 분리가 불가능하며 영원한 영인(靈人)이 된다. 이는 물질계에서 육신을 입고 있는 인간이 육체적인 형체와 모양을 가지고 있듯이, 천국영계에서 부활을 하게 되면 완전한 몸(영체, 靈體)과 결합하여 부활하신 예수 그리스도와 같은 형상(形象)을 입게 되는 것과 같은 것을 의미한다.

> 고후3:18 우리가 다 수건을 벗은 얼굴로 거울을 보는 것같이 주의 영광을 보매 저와 같은 형상으로 화하여 영광으로 영광에 이르니 곧 주의 영으로 말미암음이니라

얼굴을 가리던 수건을 벗으면 비로소 그리스도의 율법을 보게 되고, 그 율법이 가리키는 '주의 영광'을 발견하게 되어 연합하게 된다. 하나님이 인간을 하나님 자기의 형상과 모양을 본떠 지으신 이유는, 인간으로 하여금 말씀(생명과)을 먹고(연합) 하나님 안에 있는 영생(빛)을 소유하게 하고 하나님과 같이 되게 하시려고 인간을 창조하신 것이다^{고후4:4}.

그러나 아담은 빛이 아닌 어둠을 선택하였으니 결국 하나님이 창조하신 목적과 정반대로 떠나가 버린 결과가 되었다.

3) 타락 후 인간의 마음에서 돋아나오는 것은 무엇인가

> 창3:17 아담에게 이르시되 네가 네 아내의 말을 듣고 내가 너더러 먹지 말라한 나무 실과를 먹었은즉 땅은 너로 인하여 저주를 받고 너는 종신토록 수고하여야 그 소산을 먹으리라

> 히6:8 만일 가시와 엉겅퀴를 내면 버림을 당하고 저주함에 가까와 그 마지막은 불사름이 되리라

본래 아담은 씨를 맺는 채소와 과실을 먹어야 하고 그 마음(영)의 땅에서 영의 열매를 맺어야 했으나, 선악과로 인하여 땅(마음)이 저주를 받아 가시와 엉겅퀴만 돋아 올라오는 불행한 영혼이 되었다. 그 결과 인간의 마음(타락한 영)에서는 불법과 불의(不義)만이 연기처럼 피어오르게 되었다. 반대로 그리스도 안에서 영생을 소유한 자는 씨를 맺는 채소와 씨를 가진 과실을 내게 되는데 여기서 씨는 빛과 생명인 예수 그리스도의 말씀을 의미한다.

| 06 |
동산 중앙에 있는 나무의 실과

> **창2:9** 여호와 하나님이 그 땅에서 보기에 아름답고 먹기에 좋은 나무가 나게 하시니 동산 가운데에는 생명나무와 선악을 알게 하는 나무도 있더라

위의 말씀에 따르면 동산 중앙에는 생명나무와 선악나무가 있다고 하여 표면적으로는 마치 두 그루의 나무가 있었던 것처럼 보인다. 그러나 동산 중앙의 나무는 실제로는 하나이며 그 나무의 실과는 인간의 영 안에 연합이 되어야 할 법칙(롬8:2)을 가리키고 있다. 이 실과의 실체는 하나이지만 그것을 어떻게 바라보고 누구에게 순종하느냐에 따라 실과의 본질이 달라지는 것이다. 아담이 불법(육신)인 사탄에게 미혹되어 순종하게 된 결과, 선악과인 '**이 세상의 율법(육신)**'으로 눈은 밝아졌다.

그러나 만약 그와 반대로 하나님의 말씀에 순종했다면 나무의 실과(법칙)는 생명과, 즉 보이지 아니하는 '그리스도의 율법(영)'으로 보였을 것이다. 그리고 에덴동산 가운데에 나무의 실과가 있었다고 하는 의미는 아담의 영 안에 들어와야 하는 법칙을 가리키고 있다. 그러므로 동산의 실과를 예수 그리스도의 법(생명)으로 연합할 것인지 혹은 이 세상의 법(사망)으로 연합할 것인지에 따라 서로 다른 결과를 얻게 된다.

동산 중앙의 실과(율법)는 사탄의 유혹을 받아 그에게 순종하면 이 세상의 영(마귀)의 지배를 받게 되고 인간은 영의 눈이 이 땅의 율법(육체의 법)으로 밝아지게 된다. 그 결과 마귀가 스스로를 높이며 하나님과 같이 되려고 하였던 것처럼 불법을 소유하게 된 아담은 본질상 교만한 영의 자녀가 된 것이다. 만약 하나님의 말씀에 순종하여 그리스도의 온전한 율법으로 눈이 밝아졌다면 하나님의 아들과 같은 그리스도의 보좌에 앉게 되었을 것이다.

에덴동산에서 존재하였던 실과(율법)를 **영의 율법**으로 받아들이는가? 아니면 세상과 **육체의 율법**으로 받아들여 자기의 영에 연합을 하는지가 중요한 일이었다. 특히 로마서를 읽

을 때 사도 바울이 밝히고자 했던 '계명'이나 '율법'의 실체가 무엇을 말하고 있는지 들여다 본다면 쉽게 이해할 수 있다.

> 롬7:10-11 생명에 이르게 할 그 계명이 내게 대하여 도리어 사망에 이르게 하는 것이 되었도다 죄가 기회를 타서 계명으로 말미암아 나를 속이고 그것으로 나를 죽였는지라

07
아담이 시험을 받아야 하는 이유

> 창2:7 여호와 하나님이 흙으로 사람을 지으시고 생기를 그 코에 불어 넣으시니 사람이 생령이 된지라

아담은 생령(生靈)의 상태로 지음을 받았지만, 빛과 생명의 법칙을 소유한 상태는 아니었다. 그것은 말씀(진리)에 대하여 완전한 순종을 통해서만 아담의 영 안에 진리의 영이 연합할 수 있게 되는 것이다.

1) 무죄, 무의의 상태로 지음을 받은 아담

> 요4:24 하나님은 영이시니 예배하는 자가 신령과 진정으로 예배할찌니라

아담의 영은 무죄, 무의 상태의 생령으로서 영(생명)이신 하나님의 법(말씀)에 순종을 통하여 영생을 소유할 수 있도록 창조가 되었다. 이 세상 피조물 중에는 이 땅을 포함한 공중영계에서나 천국영계에서 하나님의 영생(의)을 가질 수 있는 존재는 하나님의 형상을 따라

지음을 받은 아담 이외에는 없다.

2) 영과 육의 성경적인 구분

성경에서는 오직 영과 진리의 말씀을 '하나님'이라 한다요일4:6.

요8:23 예수께서 가라사대 너희는 아래서 났고 나는 위에서 났으며 너희는 이 세상에 속하였고 나는 이 세상에 속하지 아니하였느니라

그러므로 이 세상(땅)에 속한 교훈이나 선악의 율법을 영(하나님의 의)이라고 인정하지 않고 있다. 이 세상은 죄(불법)로 말미암아 저주를 받아 육체(불의)에 속하였으므로 인간은 이미 날 때부터 육체에 속한 자이다.

요3:6 육으로 난 것은 육이요 성령으로 난 것은 영이니

일반적으로 이해하기로는 비윤리적이거나 부도덕한 행위들이 성경에서 경고하시는 육체에 속한다고 여기고 있지만 성경 말씀에서의 '육체' 또는 '육신'은 보이는 세상의 의를 따라가게 하는 불법(죄와 사망의 법칙)을 의미하고 있다.

3) 육신의 생각인 선악과의 본질 롬8:6

창2:17 선악을 알게 하는 나무의 실과는 먹지 말라 네가 먹는 날에는 정녕 죽으리라 하시니라

선악을 알게 하는 실과를 먹게 되면 "정녕 죽으리라"라고 하신 사망과 롬6:23에서 **"죄의 삯은 사망"**에서의 사망은 어떤 의미가 있는 것일까?

다시 말하여 여기서 말씀하시는 사망이 육체(몸)의 죽음을 말하거나 또는 영이 죽어서 소멸이 되는 것을 사망이라고 말하고 있는 것인가? 여러 의견이 분분하겠지만 결론적으로 성경에서 말하고자 하는 사망은 영적인 의미를 가지고 있다고 본다. 여기서의 '사망'이란 영혼이 죽어서 그 존재 자체가 영원히 소멸되는 것이 아니라 그의 영(영과 혼)이 불법(비

진리)과 연합되어 그의 노예가 되는 것을 '사망'에 속한 것이라고 말하고 있다.

그렇다면 **'육신의 생각'**롬8:6이란 무엇인가? 대부분의 기독교인들은 '육신의 생각'이란 윤리나 도덕적으로 볼 때 더러운 생각이나 사상이라고 여기고 있다. 심지어는 수많은 설교자들마저도 그렇게 해석을 하여 가르치고 있는 안타까운 실정이다. 그렇지만 로마서에서의 '육신의 생각'은 바로 아담 안에 사탄이 심어 놓은 죄와 사망의 법칙인 보이는 세상의 율법을 말하고 있다. 이는 세상이 다 알고 있는 선과 악의 개념이지만 실제로는 사탄이 심어 놓은 불법이다.

그러므로 아담의 후예인 세상 사람들은 제아무리 스스로 경건하게 살아간다고 하더라도 육신의 생각(죄와 사망의 법칙)에 매여 있지 않은 이는 있을 수 없다. 이렇게 불법에 속한 자는 사망의 권세자인 사탄의 자녀에 속하고 결국에는 정죄를 당하게 되는데 보이는 이 세상의 교훈이나 율법은 하나님께로부터 나온 '그리스도의 율법'이 아니며 육체일 뿐이다 고후3:6.

요6:63 살리는 것은 영이니 육은 무익하니라 내가 너희에게 이른 말이 영이요 생명이라

4) 일반적인 죄의 개념

일반적으로 '죄'에 대하여 정의한 것을 보면 '하나님과의 분리'라고 정의를 하지만 그 개념이 상당히 모호하고 불분명하다. 그들은 처음 지음을 받은 아담이 하나님과 대화가 가능했던 사실을 가지고 영생을 소유하였던 의인이었다고 주장을 한다. 그렇다면 사탄도 하나님과의 대화가 가능하였다는 사실로 보아 그도 영생(의)을 가지고 있었던 존재라고 보아야 하는가? 근본적으로 사탄에게는 의나 빛이 없으므로 전혀 그렇게 볼 수가 없다. 그럼에도 불구하고 사탄이나 하나님과 대화가 가능하였던 이유는 영계(천국이나 공중)에서 활동을 하고 있었던 천사들은 그들의 영이 서로 상응(相應)하여 자신들의 의사를 전달할 수 있었기 때문이다.

따라서 처음 지음을 받았던 아담이 하나님과의 대화가 가능했던 것은 공중영계(땅) 안에 속한 영체를 가진 무죄, 무의의 생령(生靈)으로 창조가 되었기 때문이다. 그리고 영생이나 의의 속성은 결코 하나님과 분리될 수 없는 완전함이기에 위에서 주장하는 바와 같이 첫

사람 아담은 하나님과 연합되어 영생을 가진 의인이었으나 타락 후에 하나님과 분리가 되었다고 주장하는 것은 적절치 않다. 오히려 이러한 주장은 타락 이전의 아담이 의인이며 영생을 가지고 있었던 것으로 잘못 이해하게 하거나 하나님께서 세상에 드러내고자 하시는 '하나님의 의'를 발견하지 못하도록 혼란스럽게 하는 역할을 하고 있다.

세상에 존재하는 율법에 의하여 판단이 된 인간의 의는 '하나님의 의'가 아니다. 또한 율법적인 죄를 범하지 않았거나 보이는 세상의 죄를 용서받은 상태를 의인이 되었다고 추켜세워 주는 교훈은 보기에는 아름다우나 여전히 선악과이며 죄와 사망의 법칙인 것을 알아야 한다. 아담 안에서 모든 인류는 무죄, 무의의 상태에서 동산 가운데에 있는 나무의 실과를 선악과의 율법(불법)으로 순종하여 불법의 노예가 되었고 썩어질 형상과 물질의 존재로 변하게 되었다. 그러므로 죄에 대한 정의는 단순히 잘못한 도덕적인 행위가 아니라 거짓의 영인 **'불법과의 연합'**이라고 보는 것이 더 타당하며 죄의 본질과 사탄의 정체에 대하여 정확히 파악할 수 있게 된다.

롬7:14 우리가 율법은 신령한줄 알거니와 나는 육신에 속하여 죄 아래 팔렸도다

이와 같이 아담의 자손들은 그들의 영 안에 하나님의 영(진리)이 거하지 아니하고 육신이라고 하는 불법(죄)이 거하게 되었고 세상 주관자인 사탄의 자식이 되었다.

5) 육체(불법)에 속한 아담 갈4:23

갈3:3 너희가 이같이 어리석으냐 성령으로 시작하였다가 이제는 육체로 마치겠느냐

그리스도의 진리 안에 들어왔다가 이 세상 불법으로 다시 돌아가는 자를 '육체로 마치다'라고 표현하고 있다.

롬8:13 너희가 육신대로 살면 반드시 죽을 것이로되 영으로써 몸의 행실을 죽이면 살리니

첫 사람 아담은 세상의 영(불법)에게 순종할 것인지, 하늘로부터 온 영(진리)에 순종할 것인지를 전적으로 자기의 의지에 따라서 선택을 하여야 했다. 그리고 동산 중앙에 있었던 실과는 현재에 물질계에 보이는 여러 과실들처럼 일반적인 과실을 말하는 것이 아니다.

공중영계에는 그리스도의 율법약1:25을 발견하게 하고자 하는 목적으로 실과(법칙)가 있었지만, 이 실과는 사탄에 의하여 죄와 사망으로 눈을 밝아지게 하여 세상을 정죄하고 죽게 하는 불법이 되어 버렸다. 이렇게 살리게 하는 영이어야 할 법(진리)이 죽음에 이르게 하는 육체와 땅의 율법이 되어 버렸다.

> 롬7:10-11 생명에 이르게 할 그 계명이 내게 대하여 도리어 사망에 이르게 하는 것이 되었도다 죄가 기회를 타서 계명으로 말미암아 나를 속이고 그것으로 나를 죽였는지라

하나님께서는 아담으로 하여금 동산 중앙에 있는 실과(율법)가 지시하고 있는 영이신 그리스도의 의를 소유하게 하려 하셨지만 영이신 하나님의 계명을 육체의 계명으로 받아들이고 사망과 연합한 자가 되어 버렸다. 이와 같이 하나님의 영(말씀)을 보이는 율법적인 가르침으로 변개를 시키고 그것을 이용하여 영혼들을 옭아매어 정죄받게 하는 자리로 내몰고 있는 실정이다.

08
공중(空中)이라고 불리는 영계

> 단10:13 그런데 바사 국군이 이십일 일 동안 나를 막았으므로 내가 거기 바사국 왕들과 함께 머물러 있더니 군장 중 하나 미가엘이 와서 나를 도와주므로

하나님으로부터 다니엘의 기도에 대한 응답을 가지고 내려오던 천사가 바사국 왕에게 붙잡혀 있다가 미가엘 천사장의 도움을 받은 후에야 비로소 바사국 왕의 훼방에서 벗어나 다니엘에게로 도착하였다는 내용이다. 이 말씀을 표면적으로 보면 역사적으로 존재하였던 바사(페르시아)에 관한 내용인 것 같으나 하나님의 일을 훼방하는 악한 영들이 공중영계(신학

적으로는 중간영계(中間靈界)라고도 한다)에서 활동하며 지상세계에 관여하는 활동을 하고 있음을 밝혀 주고 있다.

1) 하늘에 있는 악령들과의 영적 전쟁

천사는 현실 세계의 왕들이나 나라의 권세에 의하여 붙들리거나 방해를 받을 수 없으므로 성경에 기록된 바사국의 왕들은 그 지역의 물질계를 포함하는 공중영계에서 활동을 하고 있는 악한 영들임을 알 수 있다. 그러므로 눈으로 보이는 현실 세계는 보이지 않는 공중영계 안에 속하여 있고 악한 영들에 의하여 지배를 당하거나 영향을 받고 있음을 나타내고 있다.

> 엡6:12 우리의 씨름은 혈과 육에 대한 것이 아니요 정사와 권세와 이 어두움의 세상 주관자들과 하늘에 있는 악의 영들에게 대함이라

이 통치자들이나 권세자들이 이 세상 나라의 지도자들을 가리키는 것이 아니며 하늘에 있는 악한 영들이 세상의 권세를 가지고 조직적으로 이 세상을 조종하고 있지만 어둠 속에 있는 세상은 이러한 사실을 알지 못하고 인간의 지혜로 세상을 움직이고 있는 줄로 착각하고 있다.

2) 악의 영들이 활동하고 있는 하늘

악한 영들이 활동하는 '하늘'이라는 장소는 과연 어디에 있는 것인가?

공중은 분명히 영계이며 악령들도 그 영계[엡2:2]에 속한 존재이지만 그들이 물질계인 이 세상에 활동이 가능한 이유를 이해한다는 것은 성경 전반을 이해하는 데에 있어서 매우 중요하다. '사탄이 공중영계와 세상 사람들이 살고 있는 물질계 사이에서 사탄이 오가면서 활동하고 있는 것일까?'라고 생각을 할 수도 있다.

사탄은 천국에서 자기 지위를 떠난 후에 땅으로 쫓겨났는데[사14:12, 계12:8-9] 성경에서 가리키는 땅은 우리가 발을 딛고 있는 물질계의 땅을 의미하는 것은 아니다. 보이는 물질계인 이 세상은 성경에서 땅[계12:13]이라고 하는 공중영계(음부)에 포함되어 있기에 사탄이 이 세상

에서도 활동할 수 있는 것이다. 그러므로 사탄이 득세하고 있는 땅이라고 불리는 공중영계는 천국과 같이 완전한 곳이 아니며 또한 아담의 타락이 가능하였던 에덴동산도 공중영계 안에 속하여 불완전한 곳이었다. 하나님께서는 불법의 영이 활동하고 있는 공중영계에다가 에덴을 창설하셨기에 아담에 대한 사탄의 미혹이 가능하였던 것이다.

3) 성경에 나타난 공중영계의 근거

공중영계를 의미하고 있는 성경적인 근거들을 살펴보도록 하자.

한국의 사도신경에는 예수님께서 십자가에 못 박혀 죽으시고 사흘 만에 죽은 자 가운데서 부활하신 것에 대하여는 고백을 하고 있다. 하지만 예수님께서 죽으신 후에 음부에 내려가셨다고 하는 부분은 누락이 되어 있다.

> "…본디오 빌라도에게 고난을 받으사 십자가에 못박혀 죽으시고 (음부에 내려가셨다가) 장사한 지 사흘 만에 죽은 자 가운데서 다시 살아나시며 하늘에 오르사…"

그러나 예수님께서는 죽으신 후 사흘 동안 천국이나 지옥에 곧바로 들어가신 것이 아니라 음부(공중영계)에 가셨다고 기록하고 있다시30:3, 시86:13, 시89:48. 또한 행2:31에서는 예수님께서 음부에서 육신이 썩지 아니하셨다고 기록되었다.

> 행2:31 미리 보는 고로 그리스도의 부활하심을 말하되 저가 음부에 버림이 되지 않고 육신이 썩음을 당하지 아니하시리라 하더니

그렇다면 음부는 과연 어디인가

성경에는 음부라는 용어가 지옥을 지칭하고 있는 것으로 보이는 성경 구절도 있지만, 구약 성경에서는 의인이나 악인을 막론하고 죽은 자가 이 세상을 떠난 뒤에 들어가게 되는 곳을 음부라고 기록하고 있다.

> 창37:35 그 모든 자녀가 위로하되 그가 그 위로를 받지 아니하여 가로되 내가 슬퍼하며 음부에 내려 아들에게로 가리라 하고 그 아비가 그를 위하여 울었더라

시9:17 악인이 음부로 돌아감이여 하나님을 잊어버린 모든 열방이 그리 하리로다

위의 성경 말씀에서 보인 바와 같이 야곱이나 다윗도 죽은 후에는 음부로 내려가게 된다고 하는 사실을 시인하고 있다. 따라서 '**음부(陰府)**'는 성경에서 말씀하시는 지옥과는 다르게 구분이 되는 곳으로 보아야 한다.

음부가 지옥으로 지칭이 되는 이유는 무엇인가

성경 일부에서는 음부가 지옥으로 지칭이 되기도 하고 선인이나 악인을 막론하고 죽은 자가 들어가는 장소로 기록이 되기도 하여 약간의 혼란이 있음을 부인할 수 없다. 그러나 그 해답은 아주 간단하게 정리될 수 있다.

음부라는 용어가 중복적으로 사용된 이유는 음부(공중영계) 안에 무저갱[계20:3]이라는 지옥영계가 별도로 존재하고 있기 때문이다.

잠7:27 그 집은 음부의 길이라 사망의 방으로 내려가느니라

성경에서는 어떤 때는 지옥을 세부적으로 표현하지 않고 통칭하여 음부로 칭하기도 하였다[잠9:18].

4) 음부에서는 어떤 일이 있었는가

그렇다면 예수님이 음부(공중영계)에 들어가셔서 어떤 일을 하셨는가.

벧전4:6 이를 위하여 죽은 자들에게도 복음이 전파되었으니 이는 육체로는 사람처럼 심판을 받으나 영으로는 하나님처럼 살게 하려 함이니라

예수님께서는 세상이 불법과 연합한 죄를 대신 짊어지셔서 죽임을 당하시고 음부에 들어가셨을 때 그곳에 있는 죽은 자들에게도 복음(영)을 전하셨다. 조금 더 설명하면 예수님께서 단회적으로 복음을 전파하신 것이 아니라 이미 죽은 자들이 들어가게 되는 공중이라는 영계에서 복음을 듣지 못한 자들에게 전파하시고 계셨다는 사실을 확증하고 있다. 또한 여전히 육체(불법)에 속한 자는 사망에 처해질 것이고 영(의, 義)으로서의 그리스도를 영

접하여 믿는 자는 살게 하신다는 말씀이다.

5) 음부에서 복음이 전파된 성경의 증거

벧전3:18 그리스도께서도 한번 죄를 위하여 죽으사 의인으로서 불의한 자를 대신하셨으니 이는 우리를 하나님 앞으로 인도하려 하심이라 육체로는 죽임을 당하시고 영으로는 살리심을 받으셨으니

여기서 **"육체로는 죽임을 당하시고"**의 의미를 다시 한번 살펴보기로 하자. 예수께서 자기 육체에 형벌을 당하심으로 보이신 것은 세상 죄(불법)를 짊어지시고 대신 죽임을 당하신 것이다. 그러므로 예수 그리스도를 영접한 자는 **'육체라고 하는 불법'**에 대하여 예수 안에서 함께 저주를 받은 것이다. 이는 물질계의 시공을 초월하여 믿음 안에서 가능한 일이다.

벧전3:19 저가 또한 영으로 옥에 있는 영들에게 전파하시니라

성경에서 말씀하시는 '옥'은 죽은 자가 들어가 있는 영계인 음부를 가리키고 있는데 복음은 물질계의 시간이나 공간을 초월하며 동시적으로 영이신 하나님을 기준으로 하여 동시적으로 역사하실 수 있다는 사실을 증명하고 있다. 예를 들면 아브라함은 예수 그리스도를 모형적으로 나타내 주신 사건을 통하여 이미 복음을 전달받았던 것이다.갈3:8 그러나 복음을 모형적으로 나타내 주셨다고 하더라도 복음의 실체가 모형인 것은 아니다. 신약 시대뿐 아니라 구약 시대에도 영으로서 진리의 본질은 시대를 초월하여 모두에게 동일하게 적용이 되는 말씀이다.

히13:8 예수 그리스도는 어제나 오늘이나 영원토록 동일하시니라

영(말씀)은 물질계의 시대나 역사의 차이에 제한을 받지 않는 사실을 이해하고서 예수님이 음부에 있는 영혼들에게 복음(영: 하나님의 의)을 전파하셨다는 말씀을 살펴보아야 한다. 이 말씀을 통하여 하나님의 은혜로 죽은 자들에게 복음이 전해지는 영계엡2:2가 운영이 되고 있음을 알 수 있다. 예수님께서는 음부에 내려가셨을 당시에 그곳에 있었던 영혼들에게만 복음을 전파하신 것이 아니다. 공중영계를 운영하시는 하나님께서는 이미 구약 시대에 아브라함에게 모형적인 복음을 전파하셨던 것처럼 '**오는 세상**'마12:32에서도 복음을 듣지 못한 자들에게 전파해 오고 계셨던 것이다.

> 엡1:21 모든 정사와 권세와 능력과 주관하는 자와 이 세상뿐 아니라 오는 세상에 일컫는 모든 이름 위에 뛰어나게 하시고

하나님의 인간을 향한 사랑과 구원하시려는 섭리는 보이는 이 세상뿐만 아니라 오는 세상마12:32인 공중영계(음부)의 영역에서도 동일하게 역사하고 계신다. 다만 지금까지 그러한 사실을 알 수 없었던 것은 실존하고 있는 공중영계(음부)가 존재하지 않은 것처럼 속이는 영이 교리적 체계를 이용하여 교묘히 감추고 있기 때문이다. 그러므로 공중영계의 존재를 분명하게 드러내는 것은 기독교 영적 부흥을 위하여 매우 중대한 사안이 아닐 수 없다. 이로 보건대 이 세상을 포함하여 공중영계(음부)에 있는 모든 자들 중에서 종국적으로 복음을 듣지 못한 사람은 존재할 수가 없다. 모든 인간은 모형적인 복음이나 또는 완전하게 드러난 복음을 통하여 예수 그리스도의 이름을 전해 듣게 된다는 사실이다.

> 벧전3:20 그들은 전에 노아의 날 방주 예비할 동안 하나님이 오래참고 기다리실 때에 순종치 아니하던 자들이라 방주에서 물로 말미암아 구원을 얻은 자가 몇 명뿐이니 겨우 여덟 명이라

이것은 복음을 전해 듣지 못한다면 절대를 믿을 수 없으므로 누구에게만 한 번은 복음을 전해 듣게 하시는 하나님의 사랑과 공의가 드러나게 하는 내용이다.

> 롬10:17 그러므로 믿음은 들음에서 나며 들음은 그리스도의 말씀으로 말미암았느니라

> 롬10:14 그런즉 저희가 믿지 아니하는 이를 어찌 부르리요 듣지도 못한 이를 어찌 믿으리요 전파하는 자가 없이 어찌 들으리요

공중영계는 물질세계와 속성상 전혀 차이가 없고 보이는 물질계는 공중에 속해 있으므로 만약에 불법을 더 좋아하여 이 땅에서 복음을 거절한 영혼은 스스로의 결정에 의하여 공중이라는 내세(來世)에서도 복음을 영접할 수가 없다. 이는 구원에 있어서 하나님의 공의가 실현되는 곳인데 어떤 이들은 이러한 공중영계의 존재를 인정하기가 곤란하다고 말을 하기도 한다.

그들은 말하기를 "공중영계가 있다면 굳이 이 세상에서 예수님을 믿을 이유가 없고 음부에 들어갔을 때 믿으면 되지 않겠느냐"고 반문을 제기하기도 한다. 그러나 그런 일은 발생할 수 없다. 왜냐하면 이른바 성경에서 말하는 '모세와 선지자에게서 듣지 아니하는 자'는 천국에서 온 천사가 전한다고 하더라도 진리를 받아들이지 않기 때문이다.

다만 이 땅에서 살아가는 동안에 복음을 믿어야 하는 이유는 수많은 연단 속에서 진리를 깨달아 깨끗해지고 더 큰 영광을 소유할 수 있는 기회가 있기 때문이다. 공중영계(음부)에서 복음을 받게 된다면 영혼이 스스로 연단을 받아 성장을 할 수 있는 기회가 없다는 차이점이 있다.

6) 신·불신 간에 심판이 이루어지고 있는 영계

어떤 이들은 최후의 심판이 천년 왕국이 끝이 나고 심판이 존재할 것으로 알고 있다. 그러나 단7:9-10에서는 구약 시대에도 이미 심판이 이루어지고 있는 광경을 기록하였으며 계19:20-21에서도 **천년 왕국이 시작되기 전부터** 이미 심판을 받아 거짓 선지자와 적그리스도가 '불 못'으로 던져졌다고 기록되어 있다.

그러나 일반적인 교리에 의하면 천년왕국이 끝난 후에야 최후의 심판이 예정되어 있으므로 이미 세상을 떠난 사람들은 낙원이나 음부에 들어가서 기다리다가 심판이 끝나면 그 때에야 천국이나 지옥으로 들어가게 된다고 주장을 하고 있다. 하지만 이러한 해석들은 성경적인 지지를 얻을 수 없다.

위에서 언급하였다시피 죽은 자들에 대한 심판은 현재에도 공중(음부)에서 진행이 되고 있으며 천국과 지옥으로 분리가 되어 들어가고 있다.

다만 세상을 떠난 그리스도인들은 딤전5:24-25, 고후5:10, 롬14:10-12, 계2:23와 같이 정결케 하는 연단과정을 거친 후에 천국영계로 들어가게 된다. 그리고 그리스도인들이 받는 연단은 음부에서 이루어지게 되지만 정결함을 받은 후 하나님 나라에 들어가기 위한 준비 단계로서의 심판을 받게 된다.

어떤 이들이 주장을 하는 대로 죄성(불법)이 영에 있는 것이 아니라 몸(육체)에 있다면 세상을 떠날 때에 몸(육체)을 벗었으니 죄가 없다고 하는 영혼은 영계에서 정결케 하는 심판을 받아야 할 이유는 없을 것이다.

그러나 실제로 죄의 법칙은 인간의 영에 연합이 되어 있으므로 예수 그리스도의 은혜로 죄 사함을 받게 되면 용서를 받아 그 죄의 권세로부터의 해방을 받았을 뿐 그 불법 자체가 모두 씻긴 것은 아닌 것이다. 그러므로 각 개인의 영 안에 있는 불법은 육체(몸)를 벗었다고 하더라도 자기의 영에서 없어진 것이 아니다.

그것은 반드시 연단받아 정결함을 받아야 하는데[단12:10] 이 세상에서 스스로 연단을 받아 정결해진 만큼 하나님의 의를 소유하게 되고 그 의는 자기의 영원한 상급이 된다. 그러나 음부에 들어가서 강제적으로 씻김을 받은 후 천국에 들어가게 될 경우에는 자기의 상(의)이 될 수가 없는 차이가 있다. 그러므로 어떤 이들의 가르침대로 육체를 버리고 세상을 떠난 영혼은 죄가 없으므로 곧바로 천국에 들어갈 수 있다고 하는 것은 하나님의 말씀과 상관이 없는 내용들이다.

대부분의 기독교인들은 예수님께서 다시 오실 때에 공중에 재림하신다는 사실을 가지고 어느 나라의 상공에 나타나실 것으로 고대하고 있다. 그러나 예수님이 재림하실 때에 공중에 오시는 것도 역시 육안으로 볼 수 있는 하늘(sky)을 지칭하는 것이 아니다. 예수님이 부활하시고 승천하셨던 모습, 자체가 영계를 드러내고자 계시해 주신 말씀이라는 것을 이해하여야 한다. 이는 이 땅을 포함하고 있는 공중에 재림하시게 될 것을 계시하시기 위하여 현실적으로 보여 주셨던 것이다[살전4:17].

예를 들어 계1:7에서 그를 찌른 자들이 그를 보게 된다는 말씀은 바로 이러한 공중영계의 배경에서만 이해가 되는 말씀이다. '**그를 찌른 자**'는 실제로 예수님을 찔렀던 로마 병정을 뜻하는 것이 아니라 공중에서 바리새인과 권세자들을 조종하여 예수님을 저주하고 죽인 악한 영을 두고 하시는 말씀이다. 예를 들어 가룟 유다에게 말씀하실 때에 "네 하는 일을 속히 하라"[요13:27]라고 하신 것은 유다에게 하신 것이 아니라 가룟 유다의 영 안에 역사하고 있는 마귀에게 말씀하신 것과 같이 영적인 측면에서 하신 말씀이다.

7) 음부 안에 있는 '땅 깊은 곳'이라는 지옥영계

눅20:35 저 세상과 및 죽은 자 가운데서 부활함을 얻기에 합당히 여김을 입은 자들은 장가가고 시집가는 일이 없으며

마12:32 또 누구든지 말로 인자를 거역하면 사하심을 얻되 누구든지 말로 성령을 거역하면 이 세상과 오는 세상에도 사하심을 얻지 못하리라

성경에서는 음부라고 하는 공중영계를 '오는 세상(내세, 來世)'이라고 표현하고 있다. 성경에서는 '세상'이라는 단어를 천국에 대하여는 사용하지 않음을 유의하여야 한다. 다니엘서에서는 당시에 바사국(페르시아)이라는 국가가 있었지만 바사 왕국을 다스리는 왕(악령)들이 공중영계에 활동하고 있었음을 밝히고 있다. 그러나 이렇게 사탄과 그를 따르는 악한 영들이 활동을 하고 있는 영계일지라도 하나님의 권능 아래서 다스림을 받는 영계이며 심판이 이루어지는 곳이 있는가 하면 그리스도인들이 연단을 받게 되는 장소들도 있다. 다만 우리는 공중이라는 영계를 이해하기 위하여 그곳이 오늘날 물질세계인 이 세상에서와 같이 시간이나 공간에 제한을 받는 세계가 아님을 염두에 두어야 한다. 그리고 공중이라는 음부에는 이 세상을 떠난 사람들이 천국이나 지옥에 들어가기 전에 먼저 들어가게 되는 곳이며 이곳에서 불의한 자(육체에 속한 자)는 하나님의 심판을 받고 음부의 가장 깊은 곳인 무저갱(지옥)으로 들어가게 된다[마5:22]. 다시 말하여 땅이라고 지칭한 음부의 영계 안에 사망에 처해진 영혼들이 들어가게 되는 지옥영계가 별도로 존재하고 있으므로 성경에서는 지옥에 대하여 시63:9에서는 '땅 깊은 곳'으로도 표현하고 있다.

잠7:27 그 집은 음부의 길이라 사망의 방으로 내려가느니라

잠9:18 오직 그 어리석은 자는 죽은 자가 그의 곳에 있는 것과 그의 객들이 음부 깊은 곳에 있는 것을 알지 못하느니라

이처럼 음부(공중영계) 안에는 '깊은 곳'이라고 칭하는 영계의 영역이 별도로 존재하고 있으며 이곳은 하나님께서 불법에 속한 자들과 마귀를 던져 넣기 위하여 준비해 두신 지옥이라고 성경은 분명하게 밝히고 있다.

눅12:5 마땅히 두려워할 자를 내가 너희에게 보이리니 곧 죽인 후에 또한 지옥에 던져 넣는 권세 있는 그를 두려워하라 내가 참으로 너희에게 이르노니 그를 두려워하라

8) 악한 영들에 대한 영적인 싸움

골1:16 만물이 그에게 창조되되 하늘과 땅에서 보이는 것들과 보이지 않는 것들과 혹은 보좌들이나 주관들이나 정사들이나 권세들이나 만물이 다 그로 말미암고 그를 위하여 창조되었고

공중영계는 비록 그곳이 영계라고 하더라도 하나님이 창조하신 피조물에 속한 영역이며 현재 공중 안에 있는 것들은 하늘에 있는 것들의 모형으로 창조가 되었다. 그리고 공중에도 각 지역을 다스리는 왕들이나 주권자, 통치자인 악령들이 다스리고 있다엡2:2, 사31:3.

엡6:12 우리의 씨름은 혈과 육에 대한 것이 아니요 정사와 권세와 이 어둠의 세상 주관자들과 하늘에 있는 악의 영들에게 대함이라

그러므로 이 세상에 발생하는 모든 일들은 세상 사람들이 볼 수 없는 악한 영들의 계략에 의하여 조종을 당하거나 훼방과 공격을 당하며 살아가고 있다. 악한 영들은 인생들로 하여금 하나님의 진리를 발견하지 못하도록 혼미하게 만들어 버리고 거듭되는 실패를 경험하게 하여 결과적으로는 행복을 누리지 못하도록 만들어 버리는데 이것이 바로 악한 영들의 기쁨이요, 그들의 양식이다.

9) 영적인 실패와 불행과 저주의 연관성

신명기 28장을 보면 이스라엘 백성들이 여호와의 명령을 잊어버리고 불순종의 길로 갔을 때 여호와께서 보시기에 그들이 악하므로 저주를 내리셨다. 하나님의 말씀(생명의 영)을 저버린 결과 온갖 수고를 하여도 소득이 없게 되었고신28:33, 질병이 들끓어서 머리끝부터 발바닥까지 성한 곳이 없게 되었다.

그뿐만 아니라 씨를 뿌려도 메뚜기가 먹어서 추수할 것이 없게 되었으며신28:42 주변국으로부터 침략을 받아 포로로 끌려가게 되었다. 이러한 성경의 기록을 통하여 알 수 있는

것은 저주의 영이 임하게 되면 그가 모든 좋은 것을 빼앗고 죽이는 일을 자행하고 있다는 사실을 나타내어 주신 말씀이다^{신28:36}.

하나님께서는 자기 백성들에게 축복을 내려 주기를 원하시지만 그 축복이 임할 수가 없는 이유는 악한 영(불법의 법칙)들에게 지배를 당하는 만큼 현실적인 삶에서도 허무와 고통만 주어지도록 조종을 당하기 때문이다. 그러므로 먼저 확실히 알아야 하는 것은 인생에 발생하게 되는 온갖 불행한 일을 하나님이 주시는 것이라고 여겨서는 안 된다. 우리는 그러한 것들이 임하지 않도록 하기 위하여 진리의 영(말씀)으로 무장을 하여야 한다.

하지만 어리석은 자들은 불법(죄)에 순종을 하며 악한 영이 자기 땅(마음)의 결실을 다 빼앗아 가게 하고 더러운 영적인 질병이 들어올 수 있는 통로를 자기 스스로 열어 주고 있다. 이스라엘을 괴롭혔던 바빌론과 앗수르는 사탄의 손안에서 쓰임을 받는 공중영계 안에 있는 악령들을 상징하고 있다. 이러한 침략과 약탈의 사건은 현재만 아니라 이전부터 악한 영들이 공중영계 안에서 그와 같은 활동을 일삼고 있었음을 잘 드러내고 있다.

신28:60 여호와께서 네가 두려워하던 애굽의 모든 질병을 네게로 가져다가 네 몸에 들어붙게 하실 것이며

저 불법의 영들은 철저한 계략을 가지고 이미 충분히 세상을 속이고 있으며 불법에 미혹이 된 영혼들에게는 결과적으로 온갖 실패와 저주가 달라붙게 하는 일을 자행하고 있다.

09

선악과와 사탄의 유혹

1) 하늘에서 쫓겨난 자

사14:12 너 아침의 아들 계명성이여 어찌 그리 하늘에서 떨어졌으며 너 열국을 엎은 자여 어찌 그리 땅에 찍혔는고

사탄은 본래 '부리는 영'[히1:14]인 천사로 지음 받았기에 하나님 안에 있는 빛을 소유할 수 있는 존재는 아니었다. 그러나 사탄은 자기 스스로 영생이신 하나님의 자리에 오르기를 원하여 반역하여 자기 지위를 떠난 것이다[유1:6]. 그러므로 공중에 있는 사탄은 하나님 안에 있는 영생과 빛이 그 얼마나 영화롭고 아름다운지를 잘 알고 있다.

성경에서는 왜 구원받은 그리스도 예수 안의 사람들을 향하여 천사들이 흠모하는 자라고 하였을까? 천사들은 단지 섬기는 영으로 지음을 받았지만 그리스도인은 천사가 흠모하여 부러워할 수밖에 없는 영생을 소유할 수 있기 때문이다[히1:5].

2) 사탄이 죽여야 하는 아담

사탄과 그를 추종하는 천사들은 하나님께 대적한 결과로 땅(공중영계)으로 쫓겨났다[계12:12-13]. 그 악령들은 하나님께 대적하는 일을 절대로 포기하지 않는 저주받은 영들이다. 그런데 하나님께서 사탄과 그의 추종자들이 활동을 하고 있는 공중영계(땅) 안에 하늘에 있는 본체들의 모양과 형상을 따라 만물을 창조하셨던 것이다. 그리고 창조하신 에덴동산 안에는 하나님의 형상을 따라 아담을 지으셨으며 그 동산 가운데에는 아담이 먹어야 하는 실과(법칙)를 두셨다.

천사들은 하나님의 형상을 따라 지음을 받은 존재가 아니었다. 그렇다면 하늘에서 땅(공중영계)으로 쫓겨 내려와서 분노하고 있는 사탄이 보기에는 과연 하나님이 무엇을 성취하

시려고 아담을 창조하신 것으로 보였을까?

사탄은 공중영계 안에 하나님의 형상과 모양을 따라 아담을 창조하신 궁극적인 목적을 명확히 알고 있었다. 하나님의 계획을 사탄이 매우 잘 알고 있었다는 사실은 그가 불법으로 생명 실과(진리)를 감추어 놓고 아담에게 보이는 선악과가 진리인 것처럼 속이는 대목에서 알 수 있다. 그러므로 하나님을 대적하는 자인 사탄은 하나님의 형상대로 지음을 받아 장차 하나님의 영생을 소유하게 하려는 하나님의 계획을 망쳐 버리기로 작심을 한 것이다. 그리고 그 계획에서 가장 중요한 것은 자기가 가진 사망의 권세로 아담을 죽이고 자기의 종으로 삼아 버리는 것이었다.

3) 선악과와 사탄의 유혹

창3:5 너희가 그것을 먹는 날에는 너희 눈이 밝아 하나님과 같이 되어 선악을 알 줄을 하나님이 아심이니라

그런데 중요한 것은 하나님께서도 저 악한 영이 그저 방관만 하고 있지 않을 것이라는 사실을 이미 알고 계셨다. 그렇다면 저 악한 자가 아담에게 거짓말로 미혹을 할 것을 아시면서도 그가 활동하고 있는 공중영계에 아담을 창조하신 이유가 무엇일까?

훼방자인 사탄은 자기가 활동하는 영계 안에다가 하나님께서 자기 형상과 모양대로 아담을 창조하신 것을 보고는 하나님께서 피조물인 아담에게 영생을 주시려고 하신다는 사실을 눈치채어 이미 알고 있었다.

다시 반복하면 사탄은 자기가 하나님과 같이 동일한 존재가 되고 싶어서 자기 지위를 떠나 버렸고 그 결과 땅으로 쫓겨난 신세가 된 것이다. 그런데 하나님께서는 자기가 활동하는 영역인 공중에 흙(땅)으로 사람을 지으시고 하나님과 같이 영생을 소유한 자가 되게 하시려고 한 것이다. 그 악한 영은 하나님의 계획을 뒤엎어 버리려고 거짓말로 아담을 속여서 그의 영이 사망에 처해지도록 계략을 꾸민 것이다.

창3:4 뱀이 여자에게 이르되 너희가 결코 죽지 아니하리라

뱀(사탄)은 그 악한 목적을 이루기 위하여 먼저 여자인 하와(돕는 배필로 지음을 받은 여자)에게

다가가 거짓말로 선악과를 따서 먹으라고 미혹하였다. 사탄은 그의 본질이 거짓의 영이기에 요8:44 그에게는 진리가 전혀 없다. 물론 땅이라고도 하는 공중영계에서는 당연히 세상과 땅(육체)의 보이는 개념이 더 아름답고 진리인 것처럼 보였을 것이다.

> 창2:9 여호와 하나님이 그 땅에서 보기에 아름답고 먹기에 좋은 나무가 나게 하시니 동산 가운데에는 생명나무와 선악을 알게 하는 나무도 있더라

아담은 사탄의 새빨간 거짓말에 미혹이 되어 동산 중앙에 있는 실과를 그가 보여 주는 선악과(이 세상의 율법)로 받아먹고 불법과 연합하여 한 영이 되어 버렸다 고후11:4, 고전6:17. 이렇게 하여 세상 사람들의 영은 본질적으로 거짓인 불법의 조종을 받게 되어 모두 육체(불법)에 갇힌 빨간 눈의 소유자들이 되었다 창3:5.

> 잠23:32 이것이 마침내 뱀 같이 물 것이요 독사같이 쏠 것이며

| 10 |
선악과의 본질과 속성

아담은 사탄의 미혹을 받아 동산 중앙에 있었던 실과(법)를 선악을 알게 하는 실과(법칙)로 받아먹고 보이는 이 세상의 율법 아래 매이게 되었다.

1) 선택에 따라 순종의 대상이 결정이 됨

시내산에서 모세를 통하여 주신 영의 율법은 백성들을 살리시기 위한 법이었지만, 아담이 그러하였던 것처럼 유대인들도 세상을 정죄하고 죽이는 율법으로 받아 사탄의 종이 된 것이다.

롬7:10 생명에 이르게 할 그 계명이 내게 대하여 도리어 사망에 이르게 하는 것이 되었도다

율법(말씀)을 영적인 계명으로 받게 되면 예수 그리스도 안에서 완성하신 하나님의 의를 소유하게 된다. 그러나 이 세상에 속한 선악을 알게 하는 계명으로 받는 자는 불법의 노예가 되어 정죄를 받고 영적인 사망에 처해지게 되는 것이다. 결국 자기 스스로 선택한 법칙(실과)의 주관자에게 순종을 하게 되고 영생 혹은 사망의 결과가 주어지게 된다.

2) 사탄의 미혹이 에덴동산에서 필요한 이유

어떤 이들은 주장하기를 하나님께서는 일부러 아담을 타락하도록 조장을 하신 후에 예수 그리스도를 통하여 구원을 얻게 한 후에 그로 인하여 영광을 받고자 하셨다고 한다. 그러나 이는 하나님의 속성과 공의를 손상시키는 매우 위험한 주장이며 하나님께서는 공의가 훼손되는 일을 행하실 수 없는 분이라는 것을 놓치고 있다. 그들이 주장하는 바와 같이 구원을 받은 이들로 인하여 영광을 얻고자 하여 일부러 병 주고 약 주는 그러한 속성이 하나님 안에는 있을 수 없다.

그렇다면 에덴동산에서 왜 사탄의 활동과 유혹이 가능하도록 허락을 하셨을까?

그것은 외부로부터의 어떠한 간섭이나 제한을 받지 않은 상태에서 이루어지는 온전한 순종을 통하여 영생을 소유하게 되기 때문이다. 그리고 아담이 완전한 순종을 하기 위한 조건이 되기 위해서는 자신의 의지로 선택을 할 수 있는 생명과 사망이 동시에 함께 있어야만 한다. 그러므로 이렇게 **'완전한 순종의 조건과 환경'**이 조성이 되기 위해서는 영생이신 말씀과 어두움인 사망의 역할도 필요하였다. 하나님께서는 전능하시다고 하더라도 불법인 죄를 소유한 죄인을 창조를 하거나 그와 반대로 완전하신 하나님의 의를 소유한 의인을 창조할 수 없다. 만약에 아담이 일방적으로 의(영생)를 가진 상태로 지음을 받았다면 그 의는 아담 자신의 것이 될 수 없다. 가정을 해보는 것이지만 아담이 순종을 하지 않고도 영생을 가진 의인으로 창조가 되었다면(발생할 수도 없지만) 사탄은 당연히 하나님을 향하여 참소하였을 것이다. 왜냐하면 순종함이 없는 상태에서 완전한 하나님의 의를 소유한

의인의 완성이란 있을 수가 없기 때문이다 롬6:16.

3) 빛을 알게 하시려는 하나님의 경륜(섭리)

타락 이전의 처음 아담은 하나님의 빛과 영생이나 또는 그와 반대가 되는 어둠과 사망을 진정으로 아는(연합) 자가 아니었다. 왜냐하면 어떤 법칙과 연합을 하기 전에는 그 법을 알지 못한 상태인 것이다. 또한 어둠을 경험하지 못한 자에게는 빛이 무엇인지 알 수 없는 것과 같이 밤이 없다면 낮에 대한 개념도 알 수 없을 것이다. 그러므로 세상은 말씀(빛)을 깨달을 때만이 비로소 자기가 불법에 갇혀 있는 불쌍한 존재임을 깨닫게 되는 것이다.

비록 빛과 영생을 진정으로 알지 못했던 아담이 사탄에게 순종을 한 결과로 불법(사망)이 세상에 들어왔지만, 하나님께서는 예수님을 세상에 보내셔서 하나님의 말씀에 온전히 순종하여 의를 성취하게 하시고 죄의 대가인 저주를 대신 감당하게 하셨다.

우리는 이러한 사건을 통하여 '영생은 반드시 온전한 순종을 통해서만 얻을 수 있다'는 사실을 확인할 수 있다. 사랑이신 하나님께서 예수이 완성하신 완전한 의(영생)마4:1-11를 믿는 자들에게 값없이 거저 주시는 은혜의 선물이다. 그러므로 사탄으로 하여금 유혹을 허락하신 데에는 세상으로 하여금 그리스도의 빛을 경험하게 하고 깨닫도록 하셔서 완전한 영생을 얻게 하시려는 하나님의 더 크신 섭리가 있었던 것이다.

4) 사탄에 대한 저주와 심판을 하시기 위한 계획

사탄의 운명은 땅이라는 공중영계로 쫓겨난 바가 되었지만 그는 불법으로 아담을 비롯한 세상을 죽였으며 그로 말미암아 무죄한 예수 그리스도를 죽였다. 그는 예수 그리스도를 죽이는 데 성공을 하면 세상에서 자기가 영원히 하나님 행세를 하게 될 것이라고 여기고 그가 가진 최고의 궤계를 사용하여 미혹을 하였다. 그러나 예수 그리스도는 사탄의 유혹을 이기셨으며 음부에 처해진 상태에서도 그가 진리에 속하였으므로 부활하실 것을 어둠인 사탄은 알지 못한 것이다.

히4:15 우리에게 있는 대제사장은 우리 연약함을 체휼하지 아니하는 자가 아니요 모든 일에 우리와 한결 같이 시험을 받은 자로되 죄는 없으시니라

거짓의 영인 사탄이 불법으로 활동하여 비참하고 처참한 실패를 아담에게 안겨 주었지만, 하나님께서는 이 세상에서 난 여자의 후손(그리스도의 율법을 가진 자)으로 하여금 뱀(사탄)의 머리를 상하게 하셨다.

창3:15 내가 너로 여자와 원수가 되게하고 너의 후손도 여자의 후손과 원수가 되게 하리니 여자의 후손은 네 머리를 상하게 할 것이요 너는 그의 발꿈치를 상하게 할 것이니라 하시고

여기서 '여자의 후손'은 불법을 따르는 사탄의 자식이 아니라 그리스도를 가리키기도 하지만 그리스도의 율법(약속을 가진 여자)을 따라 하나님이 주시는 의를 소유하게 된 자들을 포함하고 있다. 그러므로 하나님의 영을 소유한 성숙한 그리스도인들을 추수하기까지는 사탄이 활동하는 공중이라는 영계는 잠시 필요하겠지만 연단을 받은 성도들을 천국에 들여보내고 나면 이 땅을 포함한 공중이라는 음부는 불로 심판을 받게 된다.

5) 공중영계에서의 상태

동산 안의 실과는 물질계에 존재하는 과실이 아니라 영이며 법칙이듯이 아담이나 피조물들도 영체의 상태로 에덴동산 안에 창조가 되었던 것이다. 만약 공중영계 안에서 영체로 지음을 받지 아니하고 현재와 같이 썩어질 몸을 입고 물리적인 시공간의 제한을 받는 상태로 지음을 받았다면 하나님이나 사탄과의 대화는 불가능했을 것이다. 에덴동산 안에 창조된 환경이나 피조물들은 현재의 물질세계에 있는 수준이나 체질의 상태로 지음을 받은 것이 아니라 4차원의 세계처럼 초현실적이지만 실제 존재하는 것으로 지음을 받았었다. 그리고 현재 보이는 물질계와 보이지 않는 공중영계가 땅(육체)이라는 속성으로는 동일한 개념으로 존재하되 마치 귤의 껍질과 속 알맹이가 하나인 것처럼 서로 결합되어 있는 것과 같다 고전15:46-47. 그러므로 이 세상에는 공중 권세를 잡은 자나 그가 부리는 영들이 활동할 수 있으며 천사들도 하나님으로부터 보냄을 받아 일하기도 한다.

6) 불법의 속성과 활동

악한 영인 사탄은 늘 자기가 하나님인 것처럼 의로운 모습으로 행세를 하고 있지만 이 세상의 의(義)로 위장을 하였을 뿐 그 영에게는 진리가 티끌만큼도 없다. 사탄은 그가 장악하고 있는 공중영계 안에 이 세상이 속해 있다는 사실과 세상을 향한 하나님의 엄청난 계획을 세상이 알지 못하도록 철저하게 감추어 버린다.

사탄은 불의(불법)이기에 그가 지배하는 이 세상은 공허만이 존재하고 진리 안에 있는 거룩한 충만함이 없다 창1:2. 땅이 '공허'하다는 것은 영적으로 진리가 없기에 비어 있다는 것이며 사탄은 그 빈 것을 채우기 위해 도둑질하고 속이고 빼앗고 죽이는 것을 멈추지 않는데 그것이 바로 불법이 가지는 속성이다. 사탄은 절대로 진리나 생명을 소유할 수 없고, 오직 불법으로 영혼을 속여 종살이를 시키고 불법(선악과)에 시달리게 하는 것이 그의 기쁨이며 그가 먹는 양식인 흙(세상)이다 창3:14. 이처럼 사탄은 한순간도 끊임없이 세상의 영혼들을 사망에 매이게 하여 공허, 정죄, 좌절, 수치를 가지게 하여 절망의 늪에 빠지게 하고 있다.

언급한 바와 같이 사탄의 본질은 공허이지만 하나님께서는 '충만'하시기에 골1:19 무엇이 부족하시거나 사람이나 천사들로부터 일부러 영광을 받으셔야만 채워지시는 분이 아니다. 또한 세상 사람들의 손에서 헌신이나, 헌물, 충성을 받으시려고 그것을 요구하시는 분도 아니다 행17:25. 우리가 알아야 할 것은 이 세상이나 땅에서 난 그 어떤 좋은 것들을 드린다 해도 하나님을 기쁘시게 할 수 없다는 것이다. 하나님께서는 진리를 소유한 영혼에게서 성숙되어진 하나님이 주신 완전한 의를 보시고 그것만을 열납하신다. 왜냐하면 그 의는 하늘로부터 내려온 깨끗한 것이며 하나님 자신이시기 때문이다. 그리스도인들이 물질적으로 드리는 헌신은 자기가 의롭게 보이기 위한 수단으로 드리는 것이 아니며 우리를 의롭게 하심에 대한 감사의 표현일 뿐이다.

7) 양심이라고 불리는 선악과

이 세상 사람들의 마음속에 있는 양심을 별처럼 빛나는 것이라고 노래를 하고 추켜세우지만 그것이 바로 인간의 영 안에 존재하고 있는 선악과의 법칙이다.

인간이 본성적으로 가지고 있는 양심은 유대인들이 율법을 받기 이전에도 모든 사람의 마음속에 뿌리박혀 있었기에 율법을 따라가는 유대인들이나 율법이 없는 이방인들이나 모두 다 율법을 받은 것과 전혀 다를 바 없다고 하였다.

롬2:14-15 율법 없는 이방인이 본성으로 율법의 일을 행할 때는 이 사람은 율법이 없어도 자기가 자기에게 율법이 되나니 이런 이들은 그 양심이 증거가 되어 그 생각들이 서로 혹은 송사하며 혹은 변명하여 그 마음에 새긴 율법의 행위를 나타내느니라

그들이 따라가는 보이는 세상의 율법은 에덴동산에서 사탄이 아담을 속여서 먹인 선악과와 동일한 것이기에 그것에 기초한 양심이라면 빛깔만 좋은 개살구에 불과하다. 그러므로 그리스도인은 진리 안에서의 영(하나님의 의)의 양심을 회복하여야 한다.

8) 인간이 가진 선악과의 이중성

인간이 가진 양심은 시대, 민족, 역사, 문화, 연령에 따라 변동이 되기도 하지만, 어느 시대이든 개인이나 집단 이익의 여부에 따라 선과 악의 기준이 뒤바뀌어지기도 한다. 사탄이 먹여 준 선악과는 공허하기에 자기의 욕구를 만족시켜 줄 경우에는 선이라고 여기지만 반대의 경우에는 악이라고 여긴다. 그러므로 인간은 타락한 자기 자신의 자아가 이 모든 선과 악을 판별하는 기준이 되고 있다. 그래서 사탄이 선악과를 먹으면 하나님같이 된다고 거짓말을 했던 것처럼 타락한 모든 인간은 자기 스스로 하나님의 자리에 올라앉아 있는 교만한 상태이다창3:5.

이처럼 세상 사람들은 하나님의 진리를 부인하는 교만한 자가 되어 있는데 자기 스스로는 마치 왕이 된 것처럼 자존심으로 가득 찬 상태로 살아가고 있지만 실제로는 자신이 사탄의 노예인 줄 까맣게 모르고 있다.

그리고 세상이 실체를 알지 못하는 상태에서 부지중에 신으로 모시고 있는 사탄은 하나님 행세를 하기 위하여 여러 가지 종교의 옷을 갈아입고 나타나거나 기독교의 성전에 앉아서 세상의 계명(보이는 율법)을 가르치고 있다.

참 안타까운 것은 대다수의 기독교인들은 이러한 불법(불의한 영)의 정체를 제대로 알지 못하고 있다. 아울러 일반 교리적인 가르침에 의하여 도리어 그 불법의 정체를 감추어 주

는 역할을 하고 있는데 그들은 가르치기를 예수를 믿으면 보이는 율법(불법)을 범한 죄가 사라지게 되어 구원을 받은 자가 되었다고 믿게 하고 있다.

예수님께서 바리새인들에게 책망을 하셨던 그때와 같이 사탄은 그의 종들을 통하여 아름다운 고운 옷(좋아 보이는 가르침)을 입고 성전에 앉아 있는데 보이는 성전(교회)뿐 아니라 사람들의 영 안에 들어가 한 영이 되어 앉아 있다. 그러므로 회칠한 무덤이 된 인간의 영은 영적인 간음과 영적인 살인과 폭력, 비방을 날마다 범하고 있지만 겉으로 보면 자신이 의롭게 보이기에 죽음의 덫에 걸려 있음을 알지 못하고 있다.

롬2:21-22 그러면 다른 사람을 가르치는 네가 네 자신을 가르치지 아니하느냐 도적질 말라 반포하는 네가 도적질 하느냐 간음하지 말라 말하는 네가 간음하느냐 우상을 가증히 여기는 네가 신사 물건을 도적질하느냐

유대인들은 겉으로 세상의 율법을 범하는 죄를 범하지 않았기에 스스로 의롭다고 여기고 있었지만 실제로 그들의 영은 불법에 속하여 모든 영의 율법을 범하고 있었던 것이다. 이것이 바로 '회칠한 무덤'(마23:27)이며 하나님께 반역을 하였던 사탄이 얼마나 간교하게 죄를 숨기고 있는가를 먼저 깨달아야 한다. 성경에서 말씀하시는 죄의 개념을 흔히 알고 있듯이 보이는 개념의 음주, 폭행, 살인 간음 등이라고 생각해서는 안 된다. 그러한 가르침들은 역사 이래로 수천 년 동안 인류가 많은 종교들을 통하여 이미 귀에 못이 박히도록 가르쳐 왔던 낡은 교리가 아닌가? 사탄은 세상 사람들로 하여금 불법이 바로 영적인 죄라는 사실을 깨닫지 못한 채로 살아가기를 간절히 바라고 있다.

9) 선악과에 대한 세상의 반응

광야에 있던 이스라엘 백성들은 애굽에서 바로 왕에게 종살이하며 얻어먹었던 부추, 파, 참외, 고기 국물을 잊지 못하였다. 그 이유는 그들이 이전에 바로 왕 아래서 종살이를 할 때에 먹었던 음식에 길들여져 그 맛이 하늘에서 내려 주시는 만나보다 더 맛이 있기 때문이다. 결국 그들은 이전에 애굽에 속한 것들을 잊지 못하여 그것들 때문에 불순종을 하다가 광야에서 하나님으로부터 버림을 받았다. 필자는 독자들께 질문을 한 가지 드리고 싶다. 하나님을 믿는 그리스도인들이 진리와 불법 중에 어느 것을 더 좋아하고 있는

가? 하는 것이다. 물론 대다수는 진리를 더 좋아할 것이라고 대답하겠지만, 이스라엘 백성들이 보여 준 바와 같이 이스라엘 백성들이 좋아하는 것은 진리(만나)가 아니라 애굽에서 이전에 먹었던 고기 국물과 참외와 부추이었다민11:5-6.

출16:2-3 이스라엘 온 회중이 그 광야에서 모세와 아론을 원망하여 그들에게 이르되 우리가 애굽 땅에서 고기 가마 곁에 앉았던 때와 떡을 배불리 먹던 때에 여호와의 손에 죽었더면 좋았을 것을 너희가 이 광야로 우리를 인도하여 내어 이 온 회중으로 주려 죽게 하는도다

그러므로 오늘날에도 그렇게 맛이 있는 것들을 먹여 주는 곳에는 언제나 수많은 사람이 메추라기를 담는 광주리를 들고 찾아 들끓는다. 마치 그 옛날 메추라기를 주워 먹고 이튿날에 저주를 받아 죽는 자들처럼 동일한 행동을 하고 있다.

민11:32-33 그들이 자기를 위하여 진 사면에 펴 두었더라 고기가 아직 잇사이에 있어 씹히기 전에 여호와께서 백성에게 대하여 진노하사 심히 큰 재앙으로 치셨으므로

만나는 하늘에서 내려온 반면에 메추라기는 땅에서 난 것이며 세상을 상징하는 바다에서 날아온 것이다. 그러므로 절대로 그리스도인들이 먹어서는 안 되는 것들을 의미한다. 하지만 사탄은 세상에서 보이는 개념의 건강, 취직, 승진, 성공을 미끼로 복 잔치를 벌이며 맛 좋은 메추라기를 배가 터지도록 먹여 주면서 조용히 어두운 곳으로 데려가고 있다.

그러니 이를 어쩌면 좋겠는가? 사람들은 듣기에 좋고 자기 마음에 감동을 받는 설교라면 모두 다 하나님의 말씀이라고 여기고 있다. 그러나 생명을 살리는 물은 맛이 없는 것처럼 영적인 양식은 별로 특별한 맛이 없는 것이 특징이다. 일반적으로 사람들은 자기가 감동을 받게 되면 은혜를 받았다고 인식을 하고 있지만, 따지고 보면 '은혜'란 오직 그리스도 예수를 통하여 값없이 우리의 죄를 사하시고 그를 믿는 자를 구원하시는 것이 진정한 '하나님의 은혜'인 것이다. 실상 사람들이 받는 감동은 얼마든지 자아 중심적으로 받아들일 수 있으므로 먼저 그 교훈이 영에 속한 것인지를 분별해야만 한다.

렘5:30-31 이 땅에 기괴하고 놀라운 일이 있도다 선지자들은 거짓을 예언하며 제사장들은 자기 권력으로 다스리며 내 백성은 그것을 좋게 여기니 그 결국에는 너희가 어찌 하려느냐

2차 세계대전 당시에 유대인들을 학살하기 위하여 아우슈비츠 수용소로 이동을 할 때

유대인들에게 다른 수용소로 이동을 한다고 거짓말을 했던 불행한 역사가 있다. 오늘날에도 메추라기와 부추, 양파, 참외를 팔고 있는 곳에는 성전을 돌로 아름답게 꾸미고 돈 바꾸는 자들과 매매하는 자들과 소나 양을 파는 자들이 조직적으로 움직이고 있다. 이렇게 규모 있고 웅장한 모양새를 갖추고 있으며 사회적으로 인정을 받고 있는 겉모양은 메추라기가 만나보다도 더 진리인 것으로 보이게 하는 데 한몫하고 있다.

> 막11:15-17 저희가 예루살렘에 들어가니라 예수께서 성전에 들어가사 성전 안에서 매매하는 자들을 내어쫓으시며 돈 바꾸는 자들의 상과 비둘기 파는 자들의 의자를 둘러 엎으시며 아무나 기구를 가지고 성전 안으로 지나다님을 허치 아니하시고 이에 가르쳐 이르시되 기록된바 내 집은 만민의 기도하는 집이라 칭함을 받으리라고 하지 아니하였느냐 너희는 강도의 굴혈을 만들었도다 하시매

사탄은 선과 악의 율법을 앞세워 죄(불의)를 팔고 성전에 앉아 있는데 세상의 눈으로는 그가 깨끗하고 의로운 하나님인 것처럼 보인다. 그리고 그에게 속한 자식들은 아름다운 제물(세상의 선이나 의)을 그에게 드린다고 극진히 제사를 드리고 있는 상황이다.

그렇다면 이 시대에 성전 안에 있는 더러운 것들을 어떻게 정결케 해야 할 것인가? 이것이 하늘의 의를 사모하는 자들이 해야 하는 고민이며 이에 대하여 성경은 오직 진리의 말씀이신 예수 그리스도를 통해서만이 정결케 할 수 있다.

| 11 |
누룩 섞은 양식(선악과)

사탄은 인간의 영이 범하고 있는 죄의 정체를 알지 못하도록 감추기 위하여 어린아이들도 다 알고 있는 보이는 율법을 위반하면 그것이 바로 죄라고 인식하도록 하는 법칙을 심

어 놓고 그 그물에 걸려들면 여지없이 정죄를 한다. 그리고 이것을 더 철저하게 감추고자 성경을 이용하여 말하기를 이 세상의 보이는 율법을 위반한 세상의 죄를 위하여 예수님이 십자가에서 죽임을 당하셨다고 한다. 그렇게 거짓말을 하여 인간의 영 안에 연합된 불법(거짓의 영)이라는 죄의 실체는 드러나지 않게 하고 겉으로 보이는 악한 행실이 죄의 실체인 것처럼 보이게 만들어 버렸다. 그러나 불법과 한 영이 된 인간의 영은 겉으로 보이는 그 어떠한 행실과 상관없이 그의 영으로 간음, 살인, 거짓, 폭행, 음란 등의 모든 영적인 죄를 범하고 있다. 따라서 하나님께서 주신 모세의 율법은 아담 이후로 인간의 영에 숨어 있는 이 죄(불법)를 세상으로 하여금 깨닫게 하기 위하여 주신 영(진리)의 율법이다.

그래서 예수님께서는 자신이 율법을 폐하러 온 것이 아니라 완성을 하러 오셨다고 말씀하셨다마5:17-18. 예수님은 세상을 정죄하고자 사탄이 장악한 선악과의 율법을 완성하러 오신 것이 아니다. 영이신 하나님의 율법(그리스도의 율법)에 대하여 인간으로서 온전한 순종을 하셔서 의롭다 하심을 받으시고 믿는 자에게는 완전한 하나님의 의(영)를 소유하게 하시려는 것이다마4:1-11. 따라서 믿음으로 예수 그리스도의 진리 안에 들어가면 영과 생명으로서의 그리스도의 율법은 예수 그리스도 안에서 저절로 온전하게 지켜지게 된다. 예수께서 순종을 하셔서 이루신 완전한 하나님의 의를 믿는 자에게 선물로 주시니 복음은 이렇게 쉽고 가벼운 것이다.

그렇기에 그리스도의 율법이란 어떤 것은 지키고 어떤 것은 지키지 않을 수도 있는 세상 율법과는 다르며 만약 어느 하나라도 범한다면 이는 그리스도의 율법을 전부 다 범하는 것과 같다.

사탄은 하나님께서 예수 그리스도를 통하여 우리 인간에게 주시고자 하는 '영적인 하나님의 의'를 사람들이 발견할 수 없도록 하기 위하여 역사 이래로 보이는 세상의 선이 '하나님의 의'라고 떠들어 온 것이다. 그리고 이렇게 세상을 속이기 위하여 영으로 주신 율법마저도 보이는 육체의 율법으로 변개하여 그 본질까지 바꾸어 버렸다.

거짓 영인 사탄은 말하기를 보이는 '세상의 율법'을 범한 죄는 이미 용서를 받았으니 이제는 천국에 들어갈 수 있을 것이라고 거짓 위로와 평안을 주고 있다. 그러나 이 같은 사탄의 가르침의 특징은 반드시 인간의 마음에서 선악 간에 충돌이 발생하게 하고 그로 인하여 발생한 죄의식을 자기의 양식으로 삼고 세상을 정죄하고 있다.

성경에 기록이 된 뱀(사탄)의 교훈은 그 본질은 하나이지만 두 가지로 혀가 갈라지는 것 같이 서로 상반된 이중성을 가지고 있는데 이것이 보이는 세상의 선과 악의 형태를 가르쳐 준다. 그러나 그 선은 불완전한 것이기에 본질이 악 자체이며 결국에는 사람을 물어 죽이고자 하여 내뿜는 뱀의 독이다. 그러므로 거짓 가르침에 의하여 세뇌를 받아 자신이 구원을 받은 의인이 되었다고 기뻐하며 속아 살아온 것은 아닌지 뒤돌아보아야 한다.

만약 그리스도의 율법을 깨달아 영적인 빛(하나님의 의)이 마음에 비췬 적이 없다면 아직 참되신 하나님을 만나지 못한 것이다. 그렇다면 이 세상이 이렇게 혼잡스럽고 포악, 간음, 살인, 거짓 등이 나타나는 원인은 무엇인가? 그것은 세상으로 하여금 종노릇하도록 속이기 위하여 심어 놓은 거짓된 선과 악이 인간의 영 안에서 충돌을 하고 있기에 발생하고 있다. 이처럼 불법인 거짓의 영은 보이는 세상개념으로 볼 때에는 완벽하게 보이기 때문에 이것이 거짓의 영(사탄)이라고 알아낼 수 없으나 오직 영과 진리의 말씀만이 그 거짓 영의 실체를 들추어 낼 수 있다.

| 12 |
타락 이후의 상태 변화

인간은 언제부터 영혼과 육체(몸)의 분리가 가능한 상태가 되었을까? 이 세상에서는 육체(몸)가 죽는 것을 '죽음', '사망'이라고 부르지만 이는 육체와 영혼의 결합이 해체되어 몸은 흙으로 돌아가고 영혼은 공중(음부)에 들어가게 되는 상태를 말한다. 그렇다면 겉으로 보이는 몸과 영혼의 분리는 무엇을 예표하고 있을까? 그 해답은 역시 창세기의 말씀에서 찾아볼 수 있다.

1) 흙으로 지음을 받은 아담

성경에서 처음 아담의 몸은 흙으로 지음을 받았다고 기록되어 있는데 실제로는 현재 우리가 보고 만지는 물질계의 흙을 의미하는 것이 아니다.

성경에서는 이 흙, 땅의 개념에 속하는 공중이라고 하는 영계를 음부라고 호칭하기도 했다 사14:11. 창세기에서의 땅(공중 권세)은 사탄이 권세를 가지고 있는 공허한 상태로 표현이 되고 있다. 창1:2에 보면 **"땅이 혼돈하고 공허하며 흑암이 깊음 위에 있고"** 라고 기록을 하여 이를 뒷받침하고 있다. 그러므로 인간이 흙으로 창조가 되었다는 의미는 불법의 주관자인 사탄이 활동하고 있는 땅(불법)인 공중영계에 속한 상태의 피조물로 지음을 받았다는 것이다.

골1:13 그가 우리를 흑암의 권세에서 건져내사 그의 사랑의 아들의 나라로 옮기셨으니

아담은 처음 창조가 될 때에 하나님의 모양과 형체를 따라 지음을 받았지만 완전한 하나님의 의와 영생을 가진 상태는 아니었다. 그렇지만 지금 현재와 같이 노화하거나 병들거나 또는 시공간의 제한을 받는 물질로 된 인간의 몸으로 창조된 것이 아니었고 땅의 속성이 존재하는 공중영계 안에서 영혼체를 가진 상태로 창조가 되었다.

2) 타락 이후의 상태 변화

첫 사람 아담은 무엇이 본질적으로 어둠(사망)이고 빛(영생)인지 알지 못했다. 그러므로 하나님은 아담이 온전한 순종으로 빛을 깨닫길 원하셨지만 사탄으로 인하여 실패하였다. 결국 아담의 영은 불법과 연합하게 되어 영적 사망에 속한 자가 되고 동시에 현재와 같은 육(물질계에 속한 단계)의 상태로 변동(變動)이 되었다. 다시 말해 처음 아담은 공중영계 안에 영혼체(靈魂體)의 상태로 지음을 받았었지만 타락 후에는 아담을 비롯하여 그가 다스려야

할 모든 피조물들은 불완전하여 썩게 되는 형질로 변동이 된 것이다.

3) 공중 권세 아래에 있는 인간

그러므로 타락 이후의 인간은 죄인이며 이미 하나님의 저주 아래에 있다. 사탄은 하나님이 아름답고 영화롭게 하고자 지은 인간을 거짓말로 속이고 자기의 소유로 삼고자 훔쳐 갔으며 불법 아래에 가두어 놓고 자기가 하나님인 것처럼 왕 행세를 하고 있다. 그리고 인간의 양심 속에 선과 악의 법칙을 심어 놓고 그것을 따라가도록 하고 있는데 사람들(세상)은 그것이 거짓의 영인 것을 새까맣게 모르고 있다. 그런데다가 이 세상은 자기를 창조하신 참되신 하나님을 알지 못하며 자신이 장차 입어야 할 몸인 완전한 영체(靈體)에 대하여도 전혀 관심이 없이 살아간다.

| 13 |
성경적인 죄의 개념

요일3:4 죄를 짓는 자마다 불법을 행하나니 죄는 불법이라

성경에서는 진리를 '법'이라고 하고 진리가 아닌 거짓 교훈에 대하여는 '불법'이라고 한다. 그러므로 아담이 죄를 범하여 죄인이 되었다고 하는 정확한 성경적인 의미는 거짓 영의 교훈을 받아들여 불법(죄의 법칙)과 연합이 되어 한 영이 된 상태를 말한다.

1) 죄에 대한 일반적인 해석

일반적으로 죄의 개념조차도 보이는 율법적인 시각으로 해석하여 아담이 처음 범한 죄를 '원죄'라고 하고 그 후에 범한 행위적인 죄를 '자범죄'라고 분류하고 있다. 이는 보이는 인간의 행위적인 잘못만을 언급할 뿐 보이지 않는 불법이 인간의 영에 연합되어 있는 실체를 명확하게 밝히지 못하고 있다. 그러한 정의에 의하면 아담이 최초로 하나님의 명령을 불순종을 한 그릇된 행위가 바로 원죄라고 하여 초점이 '행위'에 맞춰져 있다. 이렇게 죄의 근원이 보이는 육체의 행위에서 발생하는 것으로 판단하였기에 육체(몸)가 연약하여 죄를 범하게 된다고 주장을 한다. 심지어 죄를 짓게 하는 죄의 본성은 육체(몸)에 있으므로 육체(몸)가 연단을 받으면 정결하게 된다고 가르치기도 한다.

그러나 이는 인간의 영은 깨끗하지만 육체(몸)가 부정하다고 하는 이원론적인 사고를 갖게 할 가능성이 있는 논리이다. 또한 인간의 영 안에 있는 죄(거짓의 영)의 정체를 숨겨 주게 되어 인간이 겉으로 보이는 행위적인 것을 죄라고 잘못 판단하도록 부채질하게 된다 요일3:4. 이러한 견해에 의하여 성경을 보이는 율법적인 개념으로 보면 땅의 진리로 보여질 것이다. 그러나 불법과 연합한 인간이 보이는 세상의 율법을 다 지킨다고 하더라도 그 율법 자체가 불법이기에 진리(참)에 속한 의는 전혀 있을 수 없다. 따라서 불법과 불의를 소유한 인간에게서 나올 수 있는 것은 가시와 엉겅퀴 같은 것밖에 없다. 그럼에도 불구하고 죄의 본성이 육체(몸)에 있기에 육체적인 수양을 하는 것이 하나님께 속한 경건이라고 가르친다면 어찌 이것을 불법이라고 말하지 않겠는가?

요8:34 예수께서 대답하시되 진실로 진실로 너희에게 이르노니 죄를 범하는 자마다 죄의 종이라

만약 아담이 처음 불순종한 '행위' 자체만을 원죄라고 한다면 논리적인 모순이 발생하게 된다. 아담이 스스로 선택을 하여 잘못한 행위, 그 자체만으로 인하여 모든 세상 사람들이 함께 저주를 받고 심판을 받아야 한다면 하나님의 공의적인 측면에서 볼 때 이해가 되지 않게 된다. 왜냐하면 원죄라고 하는 것이 아담 개인이 처음으로 잘못을 한 행위일 뿐이라면 그것은 그의 후손들과는 아무런 연관성이 없게 되므로 성경에서 말씀하기를 아담 안에서 모든 사람이 죄를 지었다고 선언을 하고 있는 내용과는 정면으로 충돌이 된다. 이처럼 겉으로 보이는 잘못된 행위로 본다면 롬5:12에서 한 사람으로 인하여 모든 사람이 죄를 지었다고 하시는 성경의 선언과 맞지 않은 모순이 발생하기 때문이다.

> 롬5:12 이러므로 한 사람으로 말미암아 죄가 세상에 들어오고 죄로 말미암아 사망이 왔나니 이와 같이 모든 사람이 죄를 지었으므로 사망이 모든 사람에게 이르렀느니라

그러한 교리로는 첫 사람 아담으로 인하여 죄가 유전이 되어 모든 세상 사람들 속에 들어왔다고 말할 수 있는 명제가 성립이 될 수가 없게 된다. 이는 아담이 잘못한 행위적인 선택의 결과가 모든 사람에게 유전이 되었다고 볼 수가 없기 때문이다. 이러한 교리는 아담의 영이 불법(죄의 법)과 연합이 되어 한 영이 된 사실과 그 죄의 본성(죄와 사망의 법칙)이 유전이 되고 있다는 사실을 도리어 발견하지 못하게 하는 것이다. 그러므로 이제 우리는 성경을 통하여 죄에 대한 정의를 다시 살펴볼 필요가 있다.

> 롬7:5 우리가 육신에 있을 때에는 율법으로 말미암는 죄의 정욕이 우리 지체 중에 역사하여 우리로 사망을 위하여 열매를 맺게 하였더니

실과(법)를 선악과(이 세상의 율법)로 먹고 눈이 밝아지고 보니 죄와 사망의 법 아래 갇힌 바가 되어 하나님 앞에서 부끄러운 수치를 가진 자가 된 것을 알게 되었다. 아담의 영 안에 불법(거짓의 영 또는 법칙)이 연합이 되었고 그의 후손들에게는 이미 사망을 가진 상태의 한 영이 되어 지속적으로 유전이 되었다. 그러므로 죄인이 되었다는 의미는 아담이 한 선택의 '**행위**'를 말하는 것이 아니라 불법과 연합을 하여 한 영이 된 '**결과**'를 말하고 있다.

2) 성경적인 죄에 대한 정의

영생(생명나무)인 진리를 버리고 선악과의 불법을 따라가 사탄이 조종을 하는 대로 속아서 살아가는 모든 결과들이 전부 죄에 속한 것이다. 이 세상의 선이든 악이든 불법에 속하지 않은 것이 전혀 없다. 그럼에도 불구하고 보이는 율법을 지키고 윤리와 도덕에 속한 죄를 짓지 말라고 하는 교훈이 과연 인간의 영을 완전하게 할 수 있다는 말인가? 그래서 성경에서는 진리를 믿지 않는 것 그 자체가 불법이요, 죄라고 한다. 그러므로 진리(하나님의 의)를 모르거나 믿지 아니하는 자는 그의 영이 진리로서의 '**보이지 않은 율법**'을 이미 모두

범하고 있는 죄인인 상태이다. 즉, 보이는 율법의 일부를 지키고 안 지키고 하는 것과 하나님의 영적인 의와는 아무런 상관도 없는 것이다.

> 요일3:4 죄를 짓는 자마다 불법을 행하나니 죄는 불법이라

불법은 인간의 영적인 음행과 영적인 더러움, 영적인 호색, 영적인 우상 숭배, 영적인 술수, 영적인 시기와 질투 등이 있는데 겉으로는 보이는 선악과의 선의 율법을 전혀 범하지 않고 깨끗한 사람으로 보일지라도 그의 영은 보이지 아니하는 영(진리)의 율법을 이미 범한 것이며 단지 영의 눈이 어두워서 자신이 인지하지 못하고 있을 뿐이다. 따라서 이 세상에 보이는 선이나 악은 땅에서 난 것으로 하나님의 완전한 진리와는 전혀 상관이 없는 가시와 엉겅퀴다욥35:6-8. 사람이 아무리 세상개념으로 선하게 살아가려고 노력을 한다고 해도 하나님께서 그 땅에서 난 행위들을 의로운 것으로 열납하지 않으신다. 이 세상에서 선하거나 악하다고 하는 것들은 보이는 세상이나 좋아하고 판단할 일이다. 그렇다면 오늘날에 세상적인 율법의 선을 가지고 그런 것들이 하나님의 의라고 가르치는 자들은 과연 누가 보낸 종들인가?

> 고후11:13-14 저런 사람들은 거짓 사도요 궤휼의 역군이니 자기를 그리스도의 사도로 가장하는 자들이니라 이것이 이상한 일이 아니라 사단도 자기를 광명의 천사로 가장하나니

사탄은 세상 사람들이 다 알고 있는 뻔한 내용의 거짓말이나 읊어 대는 정도의 악령이 아니라 온 세상을 모두 속일 만큼 간교한 거짓의 영이다.

사람들은 이 세상 공중 권세를 잡고 있는 사탄에 대하여 머리에 뿔이나 달린 모습으로 상상을 하겠지만 실제로는 그렇게 단순하게 어쭙잖은 존재가 아니다. 사탄은 자기가 하나님이나 신(神)인 것처럼 행세하기 위하여 성경이나 기타 종교의 경전을 인용하여 교리적인 체계를 갖추고 각양각색의 모습으로 세상을 속여 왔다.

죄(불법)인 사탄은 하늘에서 빛과 영생인 하나님과 같이 되려고 하다가 땅(공중)으로 쫓겨났으나 아담을 속이고 그의 영에 들어가 앉아서 세상 영광을 독차지하고 있다. 그런데 그를 따르는 이 세상도 그 아비를 닮아서 하나같이 동일한 행동을 하고 있다. 인간은 교만하여 늘 높아지기를 좋아하고 그 자리에 오르기 위하여 자기의 의를 쌓고 이것을 방해하

는 자는 적대적 세력으로 간주하기도 한다.

이렇게 불법의 이론과 교훈을 세상의 빛과 소금인 것으로 믿고 자기 자신이 의롭다며 잘난 체를 하고 살아가는데 그 이유는 인간의 영이 근본적으로 공허하기 때문이다. 그래서 인간은 명예와 권력, 선행 같은 것들로 자신만의 울타리를 쳐 놓고 있으나, 인간의 영은 붉은 죄의 뿌리가 땅속 깊은 곳까지 뻗어 내려가 있는 상태이다.

그 뿌리는 죄의 법칙이기에 자신의 의가 짓밟혔을 때에는 깊은 모멸감과 상실감을 경험하게 되고 분노하게 된다. 그러므로 불법의 뿌리에서 나오는 것은 경멸, 증오, 질투, 분노와 같은 것인데, 결국 그 땅에서 먹기에 좋아 보였던 선악과는 결과적으로 세상을 비참하게 만들어 버린다.

3) 죄의 법에 대한 그리스도인의 태도

마17:24-27의 말씀에 나타난 바와 같이 예수님은 유대인들이 바치는 성전세의 영적인 의미의 본체이기에 자기 땅에 오셔서 굳이 표면적인 성전세를 납부해야 할 이유가 없다. 그러나 표면적인 율법 안에 감추어진 참된 의미를 모르고 유대인들은 예수님께 성전세를 바치라며 요구하고 있다. 이에 대하여 예수님은 베드로에게 납세를 하게 하시되 바다에서 나온 것으로 납부를 하게 하셨다. 여기서 '**바다**'는 이 세상을 의미하는 것으로 이는 이 세상의 영(죄의 법칙)이 요구하는 것에 대하여는 이 세상에 속한 것으로 건네주라는 의미이다.

예수님께서는 **"가이사의 것은 가이사에게, 하나님의 것은 하나님께 바치라"**고 하셨는데 '세상에 속한 율법적인 의'는 이 세상 권세자에게나 던져 주라고 하시면서 그것들은 하나님께서 받으시는 하나님의 의와는 상관이 없음을 말씀하신다.

그리스도인은 이 세상의 율법(선악과)에 대하여 어떤 자세를 가져야 하는 걸까?
진리가 아닌 이 세상의 율법이 요구하는 것에 집착하여 자기의 의로 삼거나 그 법을 하나님의 의로 삼아서는 결코 안 된다. 다만 나로 인하여 타인이 실족하는 일이 발생하는 것을 방지하기 위하여 세상이 요구하는 것들을 어느 정도는 충족시켜 주어야 하겠지만 하나님께서는 그런 더러움에 속한 것들을 완전한 의로 삼고 있는지를 지켜보고 계신다. 그러므로 세상의 불법이 자신의 영혼을 주관하지 못하도록 하는 것이 곧 자기의 영혼을 지키는 일이다. 그러므로 그리스도인들은 세상에 줄 것은 세상에 주되 그것을 하나님께 드리려고 하는 어리석음을 가져서는 안 된다.

> 잠25:28 자기의 마음을 제어하지 아니하는 자는 성읍이 무너지고 성벽이 없는 것 같으니라

그러므로 세상에서 빛나는 선의 행동을 하였더라도 그것이 완전한 의가 아님을 기억해야 하며 반대로 이 세상의 율법을 범하였다면 그것은 보이는 이 세상을 지배하고 있는 세상 주관자의 판단에 맡길 문제이다.

그러므로 그리스도인이 선악과에 속하여 율법적인 시각으로 판단을 하고 선악과의 악을 영적인 악이라고 착각하여 타인이나 스스로를 정죄하는 어리석은 자가 되지는 말아야 한다. 이 세상의 어리석음과 죄는 그리스도의 율법과 하나님의 의를 모르고 있는 것이다.

| 14 |
사탄의 유혹에 대한 분석

> 창3:5 너희가 그것을 먹는 날에는 너희 눈이 밝아 하나님과 같이 되어 선악을 알 줄을 하나님이 아심이라

1) 진리같이 보이는 선악과의 법칙

'선악과의 본질과 속성' 편에서 밝힌 것처럼 사탄은 하나님께서 아담을 지으신 계획과 목적을 잘 알고 있었다. 사탄은 동산 중앙의 실과를 선악과(선과 악의 율법)로 먹게 하려고 하와에게 유혹을 하였다. 선악과를 먹으면 선악으로 눈이 열리고 하나님같이 된다고 하는 교묘한 유혹이 있었는데 이렇듯 선악과의 법칙은 이 세상의 관점에서 보면 하나님의 의로 보일 만큼 의롭고 아름답게 보인다는 것이다.

2) 거짓 선과 악에 대하여 눈이 밝아짐 창3:7

보이는 선이나 악에 눈이 밝아진 것은 육체인 세상에 속하게 된 결과이며 그 불법과 일체가 된 것이다. 바꾸어 말하면 선과 악에 대하여 이 세상적인 개념으로만 알게 되고 동시에 그 법의 지배를 받게 된 것을 의미한다.

> 롬5:19 한 사람의 순종치 아니함으로 많은 사람이 죄인 된 것같이 한 사람의 순종하심으로 많은 사람이 의인이 되리라

그러므로 죄라는 것은 인간의 불순종한 행위만을 가리키는 것이 아니라 아담이 받아들인 불법 자체가 성경에서 말하는 '죄'이다. 이 죄의 본질은 사탄이며 곧 마귀의 영이다. 그래서 사탄의 영과 일체가 된 사람을 성경에서 '죄인'이라고 한다. "죄를 짓는 자마다 불법을 행하나니 죄는 불법이라"요일3:4 그러므로 그리스도 밖에서는 의로운 자가 없으며 모두 다 어두움의 영에 속하여 있다.

3) 죄의 눈으로 밝아진 세상

아담 이후의 인간의 영은 사탄(거짓의 영)의 눈으로 세상을 보게 되었다. 자세히 살펴보면 뱀의 혀는 목 안으로부터 널름거리며 쭉 뻗어 나오는데 그 끝은 두 갈래로 갈라진다.

이 세상 사람들은 제각각 옳은(옳아 보이지만 절대적일 수 없는) 말을 하고 자신의 의견을 정당화하기를 좋아한다. 또한 남들에게 보이기 위하여 윤리와 도덕의 옷으로 자기를 열심히

가리고 있지만 그것은 완전하지 못하여 그림자가 드리워지고 있다.

그리고 세상은 자아를 충족시키기 위하여 종교적인 체계와 이론을 갖추고 적용을 하며 살아가고 있다. 그러나 그 모든 산물은 하늘에서 주신 것이 아니라 땅에서 난 것이므로 불완전하고 공허하다. 그래서 땅의 법칙은 그 법을 따르는 세상으로 하여금 결과적으로 불행하게 만들어 버린다.

마찬가지로 선악과로 인한 인간의 양심은 자신 안에 있는 선과 악이 서로 고발하거나 정죄하거나 변명을 하는 작용을 하기도 한다. 그런데 이것을 모르는 세상 사람들은 자기 양심이 불완전한 법칙인지도 모르고 마치 양심적으로 사는 것이 하나님의 진리 가운데 속하는 줄로 알고 있다.

> 롬3:4 그럴 수 없느니라 사람은 다 거짓되되 오직 하나님은 참되시다 할찌어다 기록된바 주께서 주의 말씀에 의롭다 함을 얻으시고 판단받으실 때에 이기려 하심이라 함과 같으니라

4) 진리처럼 보이는 거짓 교훈

선악과는 보이는 세상의 선과 악의 두 얼굴을 가지고 있다. 사탄은 세상(육체)의 선을 하나님의 의로 보이게 만들었으며 그것을 수많은 영혼에게 먹이고 있다. 그리고 그것이 그리스도인들이 지켜야 하는 율법이라고 둘러대는 말을 하고 있다.

그러나 인간이 보이는 세상의 율법(세상의 초등 학문)을 지켜서 하나님으로부터 의롭다고 인정을 받을 수 있다고 믿는 것은 그야말로 착각일 뿐이다. 그 이유는 그 율법 자체가 썩어질 땅에 속한 조문이며 하나님께 속한 영의 율법이 아니기 때문이다. 또한 세상이 좋아하는 율법적인 선은 불완전하기에 한편이 선에 속하면 그 반면의 다른 한편은 악하게 보이도록 된 것이 보편적인 이치이다. 이 세상 어디에도 어두움과 부정적인 측면을 동반하지 않는 '완전한 선'은 없다. 보이는 선의 본질이란 겉으로는 아름답게 보이지만 그 속성 안에는 진리가 없기에 비어 있어 공허하기 때문이다. 그러므로 세상의 선이 하는 역할은 세상으로 하여금 하나님 안에 있는 완전한 의를 발견하지 못하게 하고 계속적으로 불법을 소유하게 하여 불법으로 지배를 하는 것인데 이것이 사탄의 궁극적인 목적이다.

5) 거짓 선과 의가 주는 기쁨

사탄은 어떤 때는 의롭다고 추켜세워 주기도 하고 이 세상의 명예와 영광을 안겨 주기도 하는데 사람들은 이런 것들을 하나님께서 주신 것이라고 굳게 믿고 있다. 그렇게 자기의 행위로 인하여 주어지는 사람의 의는 잠시 동안 기쁨과 보람을 안겨 주기도 한다. 그러나 이는 사탄이 던져 주는 미끼나 마찬가지이며 때가 되면 거짓의 영이 그를 따르는 자들에게 안겨 주었던 기쁨과 보람, 영광은 온데간데없이 사라지고 오히려 그런 것들 때문에 절망을 더 크게 느끼도록 만들어 버린다.

구약 시대에 이삭을 시기하여 쫓아다니면서 우물물을 흙으로 메워 버리던 블레셋 족속들처럼 지금도 영의 말씀을 발견할 수 없도록 분탕질을 해 버리고 오히려 세상의 율법으로 바꾸고 복(福) 장사를 하는 이들이 많다. 그런데 그러한 교훈을 전하는 자들은 영혼들을 살리는 것이 아니라 오히려 결박하여 죽이는 데로 끌어가고 있는 자들이다. 비록 그들의 입에서 성경을 인용하여 외치고 있지만 대부분은 진리와 전혀 상관없는 세상의 교훈들이다. 땅에서 난 육체(불법)에 속한 교리들이 어떻게 인생들에게 참된 자유를 줄 수 있단 말인가? 그래서 기독교회뿐만 아니라 각종 종교들은 육체(불법)의 한계 안에 갇혀 있으며 제각기 색깔이 다른 옷을 입고 출현할 뿐 세상의 영혼들을 자유롭게 하지는 못한다. 그런데 안타까운 것은 각종 종교와 교리에 미혹이 된 영혼들은 자기의 열심과 정성이 하늘에 닿을 것으로 믿고 충성을 다하며 살아가고 있다. 그러나 지극한 열심과 정성을 가지고 의롭게 보인다고 하더라도 땅에서 난 것들을 하나님께 속한 완전한 의인 것으로 믿어서는 안 된다.

| 15 |
원초적인 죄의 유전

모든 생물이나 식물에는 씨가 있는데 그 속에는 여러 형질을 결정하는 유전자가 DNA 속에 담겨 대를 이어 유전이 된다. 그리고 그 씨는 수천 년이 지나도 씨가 가진 특성을 그대로 지니고 있으며 종의 변동이 불가능하다. 이와 같이 아담에게 속한 모든 인류는 아담으로부터 물려받은 죄성을 그대로 가지고 태어나게 되고 자신과 동일한 상태로 후손에게 유전을 하게 된다.

인간의 외적인 형체와 신체적인 특징뿐 아니라 심지어는 습관이나 품성까지도 유전이 되어 후대로 전해지게 된다. 그리고 이렇게 물질계에 속한 형체, 특성만 유전이 되는 것이 아니다. 아담의 영 안에 연합이 된 불법(죄)은 이 세상의 모든 사람에게 유전이 되고 있기 때문에 아담 안에서 모든 사람이 함께 사망에 처해지게 된 것이다.

1) 죄의 근원

롬5:19 한 사람의 순종치 아니함으로 많은 사람이 죄인 된것 같이 한 사람의 순종하심으로 많은 사람이 의인이 되리라

롬5:12 이러므로 한 사람으로 말미암아 죄가 세상에 들어오고 죄로 말미암아 사망이 왔나니 이와 같이 모든 사람이 죄를 지었으므로 사망이 모든 사람에게 이르렀느니라

"죄가 세상에 들어오고"의 말씀에 대하여 자칫 세상 사람들이 범하게 되는 실수나 잘못을 말하는 것으로 이해할 수도 있다. 그러나 여기서 말하는 '죄'는 윤리나 도덕적인 선이나 악을 말하는 것이 아니라 겉으로 보이는 모든 충돌과 혼란을 야기하는 죄의 법칙이며 인간의 마음속에 들어와 있는 불의의 영(불법)을 일컫는다.

그러므로 죄(거짓의 영)는 세상 사람들의 영 안에 자리 잡고 있는 마귀의 영이며, 사망과

어두움의 본체인데 인간은 세상에 날 때부터 이 법칙을 가지고 태어난다. 그러므로 엄밀하게 성경에서 말씀하시는 근원적인 죄의 실체는 인간이 잘못한 행위를 말하는 것이 아니라 세상을 속여서 인간의 영 안에 들어온 사탄의 영을 가리키고 있는 것이다. 그리고 이러한 죄는 인간의 영에서 뿌리를 뻗어 내리고 영과 정신과 삶을 지배하게 되므로 겉으로도 거짓과 술수와 교만을 속성으로 하는 어둠의 열매를 맺게 된다. 이렇게 거짓의 영인 불법(의)의 법칙은 인간을 정죄하고 세상을 지속적으로 속이기 위해 보이는 사람의 의를 요구하는 각종 종교의 형태로 분화(分化)하기도 한다.

2) 불법의 특성과 역할

인간은 본성적으로 죄를 가지고 태어났지만 세상을 살아갈 때에는 그 수치를 감추기 위해 양심(무화과 나뭇잎 옷)이라는 옷을 입고 있다. 이 죄의 법칙은 모든 것을 자기중심적으로만 흡수하게 하되 온갖 갈등, 번뇌, 분노, 거짓, 폭력 등의 열매가 맺히게 한다. 이러한 결과는 개인의 성격, 품성, 습관 때문이 아니라 그렇게 만들어 버리는 영적인 공허가 가장 근본적인 원인이다. 그리고 부지중에도 자기 자신이 속았거나 무시를 당하고 있는 것 같은 실패 의식이 이미 자기를 괴롭히고 있는 것은 그의 영이 아담 안에서 거짓의 영에게 속았기 때문이다.

그러므로 인간의 영 안에 연합된 죄는 진리가 아니며 불의(不義)의 영이기에 불법인 이 세상에 속한 모든 사상, 이론, 교훈 안에는 영적인 생명이 있을 수 없다. 이를 감추기 위한 사탄의 기만 전술은 마치 속이는 자들이 거짓말을 할 때 '당신이 나쁜 사람들에게 속았으니 내가 도와주겠다'고 하며 접근하는 것과 같다. 이처럼 사탄은 죄의 본질을 숨기기 위해 인간의 영 안에 겉으로 보이는 선이나 악이 발생이 되도록 법칙을 심어 놓고 그 결과와 행위에 대하여 죄라고 하면서 정죄하고 있다.

3) 정체를 감추는 사탄의 기만 전술

인간의 마음에서는 세상개념의 선도 나오고 악도 나온다. 그러나 성경에 이른 바와 같이 어떻게 샘이 한 구멍에서 단물과 쓴물을 낼 수 있겠는가?

약3:11 샘이 한 구멍으로 어찌 단물과 쓴물을 내겠느뇨

인간의 영은 죄와 사망의 법칙과 연합이 되어 있기에 그의 영에서 맺히는 모든 열매는 불법에 속한 것이다요일3:4. 오늘날에 성경을 세상의 육체에 속한 교훈으로 가르치고 있지만 인간의 영 안에 있는 불법(죄)을 죽이지 못한다면 무슨 소용이 있겠는가?

역사적으로 세상에 잠깐 출현하였던 교훈들은 모두 세상의 율법을 지키라고 하지만 결코 완전한 자유를 가져다줄 수 없는 것들이다. 자세히 보면 죄의 본질은 감추어 놓고 선악과의 선으로 살면 하나님이 축복하실 것이라는 현세적 보상에 대한 미끼로 속이고 있는 것이다. 이와 같이 세상 교훈은 겉을 철저하게 포장을 하여 그 본질이 어두움이라는 사실을 감추어 버린다.

4) 불법의 함정에 갇혀 빠져 있는 세상

죄의 씨로부터 자라 나오는 허무, 공허의 기운은 그 나무가 자라나면서 자연적으로 선과 악의 열매들을 맺기 시작한다. 인간의 모든 행위는 불완전하여 어느 면에는 선으로 보이지만 다른 면에서 보면 그 선이 오히려 악으로 보이는 그림자가 드리워져 있다. 다시 말해 자기중심적인 시각으로는 선하다고 느껴지나 타인이 볼 때에는 악한 것으로 보일 수도 있다. 이처럼 세상이 모순에 빠진 것은 인간이 본성적으로 본질이 거짓인 악한 영에 속해 있기 때문인데 눈이 가려진 이 세상은 이 모순된 불법의 정체를 알지 못한다. 만약 아담의 영에 완전한 진리가 들어왔다면 불완전한 선이나 악의 개념이 있을 수 없고 선이 변하여 악이 되는 일도 없었을 것이다.

약1:17 그는 변함도 없으시고 회전하는 그림자도 없으시니라

인간은 무의식중에 자기 영에 숨어 있는 죄의 실체를 감추기 위해 악이라고 여기는 것들을 억제하거나 수치스럽게 생각하고 자기 자신을 언제나 옳은 것을 선택하는 사람이라고 여기고 있다. 또한 본능적으로 자기 실체의 모습을 밖으로 드러내지 않기 위해 대문을 닫아 놓는다. 이렇게 본능적으로 자기방어를 하는 이유는 자기 영 안의 불법이 드러나게

되는 것을 매우 두려워하고 있기 때문이다. 그러므로 인간의 영 안에는 자연적으로 허무와 공허가 쌓이면서 그 압력이 증대되기 시작한다. 그런데 스스로를 속이는 생각을 한다.

이와 같이 인간은 자기가 악에 속해 있다는 것을 인정하지 않으려 하는데 그 이유는 자기의 영 안에 선이라는 탈을 쓴 또 다른 자기가 존재하고 있기 때문이다. 거짓된 법칙에 조종을 당하는 세상은 선하게 살고자 하는 자아의 모습도 있지만 그 선의 개념으로 인하여 드리워지는 악을 추구하는 자아와 한집에서 함께 공존하게 되어 있다. 이 두 가지의 개념은 사실상 모두 다 거짓의 영이 심어 준 속성이기에 비록 서로 다르게 보이지만 실제로는 그 본질은 하나이다. 결국 그가 따라가는 선은 자기 자신을 정죄하게 되는 결과를 초래하게 될 것이며 이것이 바로 불법인 사탄이 사람의 영에서 자기기만을 일으키게 하는 계략이다.

> 사1:3 소는 그 임자를 알고 나귀는 주인의 구유를 알건마는 이스라엘은 알지 못하고 나의 백성은 깨닫지 못하는도다 하셨도다

이 세상은 스스로를 지혜롭다 여기고 있지만 자기를 만드신 이가 누구인지조차 알지 못하기에 결국 아무것도 알지 못하는 우둔한 처지에 있는 것이다. 그러므로 인간을 불행하게 만든 근본적인 원인인 불법의 정체를 밝히지 못하고 조공을 요구하는 인간적인 가르침이나 종교적 교훈이 무슨 의미와 가치가 있겠는가?

5) 근본적인 영혼의 치유

인간이 가지고 있는 선악의 기준은 절대적일 수 없으며 영과 생명으로서의 가치는 티끌만큼도 없다. 따라서 자기 행위를 타인과 비교하는 것은 의미가 없게 된다. 진리를 깨달으면 그동안 자신이 불법에 속아 살아온 것을 알고 선악과의 모순을 인식하기에 자기 자신이나 남에 대하여도 정죄하지 않게 된다. 또한 자기를 부질없는 이 세상의 의로 높이려 하거나 남에게 보이는 삶을 살지 않게 되고 오직 진리의 말씀만을 소유하게 되는 것으로 참된 만족과 충만함을 얻을 수 있게 된다.

이 세상에서는 겉으로 선하게 보이는 것이 완전한 하나님의 선이 아니며 겉으로 악하게

보이는 것도 불의의 영인 불법의 실체가 아니다. 보이는 선이나 악은 사탄이 인간을 속이기 위하여 인간으로 하여금 불완전한 육체(불법)의 개념으로 지각의 눈이 열려지게 한 결과물이다. 그러므로 이와 같은 공허와 흑암에서 벗어나는 길은 불법을 죽이고 법(진리)인 예수 그리스도의 완전함을 소유하게 되는 것이 진정한 치유의 시작이다. 마음의 상처와 고통에 대하여 정신과 치료나 상담을 하는 것은 근원적으로 인간의 영을 치료하는 것이 아니라 혼적이며 임시적인 것이다. 그래서 잠시 도움이 될 수는 있으나 인간의 영 안에 있는 불법(선악과)을 씻어 내지 않는 한 마음에 또 다른 독버섯이 자라날 수밖에 없다. 그러므로 진리의 말씀을 깨달아 불법에 대하여 죽고 자기의 영이 다시 태어나야만 한다. 진리의 빛을 인간의 영에 비추어 준다면 비로소 그 영을 지배하던 어둠은 죽게 되고 영혼은 참 자유를 얻게 될 것이다.

| 16 |
인간의 영에 대하여

고전6:17 주와 합하는 자는 한 영이니라

살전5:23 평강의 하나님이 친히 너희로 온전히 거룩하게 하시고 또 너희 온 영과 혼과 몸이 우리 주 예수 그리스도 강림하실 때에 흠없게 보전되기를 원하노라

인간의 구성은 비물질인 영혼과 물질로 조성이 된 육체가 결합이 되어 있다. 그러나 육체인 몸은 흙으로 구성되어 있기에 육체와 영혼의 결합은 불완전한 결합이며 언제든지 육체가 깨어지면 그 결합이 해체된다.

1) 처음 지음을 받은 아담

첫 사람 아담이 창조가 될 때에 하나님께서 생기를 불어넣으셔서 생령이 되었는데 이는 피조물 중에서는 유일하게 영이 있는 생물체로서 영의 법칙(진리 또는 비진리)과 결합할 수 있는 존재였음을 의미한다.

고전15:46 그러나 먼저는 신령한 자가 아니요 육 있는 자요

만약 첫 사람 아담이 하나님 안에 있는 '생명의 성령의 법'롬8:1-2을 이미 소유한 상태로 지음을 받았다면 사탄의 유혹에 빠져 사망에 속하게 되는 일은 발생하지 않았을 것이다. 창세기에서 죄로 말미암아 아담이 사망에 처해졌다는 것은 육체(몸)와 영혼이 분리를 말하는 것이 아니다. 여기서 말하는 사망이란 죄의 법이 영혼의 지성소에 들어와 앉아 하나님 행세를 하고 아담의 영은 종노릇을 하게 된 상태를 말한다.

롬6:16 너희 자신을 종으로 드려 누구에게 순종하든지 그 순종함을 받는 자의 종이 되는 줄을 너희가 알지 못하느냐 혹은 죄의 종으로 사망에 이르고 혹은 순종의 종으로 의에 이르느니라

롬5:14 그러나 아담으로부터 모세까지 아담의 범죄와 같은 죄를 짓지 아니한 자들 위에도 사망이 왕노릇하였나니 아담은 오실 자의 표상이라

2) 불법이 숨어 있는 장소

기존의 교리들에서 주장하고 있는 논리를 잠시 인용하여 죄의 본성(죄의 법칙)이 어디에 숨어 있는지를 살펴보고자 한다.

죄의 법칙이 인간의 혼에 있다고 보는 견해

어떤 교리에서는 주장하기를 아담이 죄를 범하는 순간 그의 영은 죽어 소멸이 되었기에 그 후의 인간들은 혼적으로 살아가게 되었다고 한다. 그리고 살면서 범하게 되는 모든 죄는 인간의 영과는 상관이 전혀 없고 단지 혼이 더럽기에 죄를 범하게 된다고 주장을 한

다. 물론 이들이 생각하고 있는 죄라는 개념은 보이는 세상의 율법을 위반한 행위를 죄라고 판단하여 말하고 있다.

죄의 법칙이 인간의 육체(몸)에 있다고 보는 견해

또 다른 견해에 따르면 로마서에서 기록이 된 '육체'라는 단어를 실제적인 인간의 몸(육체)로 해석을 하여 죄의 본성은 육체(몸)에 있으며 모든 죄를 범하게 하는 근본적인 원인이라고 보았다. 그러므로 예수를 믿은 그리스도인은 죽었던 영(소멸)이 다시 살아나서 그들의 영은 죄를 범할 수 없으므로 깨끗하다고 주장을 한다. 그래서 그들은 죄를 가진 육체는 땅에 남겨져 썩어지지만 죄가 없는 예수를 믿는 사람의 영은 죄가 없으므로 천국에 들어갈 수 있다고 믿고 있다. 이들의 주장은 보이는 세상에서 범하는 모든 죄는 몸(육체)이 짓는 것일 뿐 사람의 영에는 죄가 없다는 주장이다.

이러한 논리들은 다음과 같은 문제들을 야기한다.

첫째, 만약 그들이 주장에 따른다면 인간의 영이 죽어 소멸이 되었기에 **'영(soul)이 존재하지 않은 상태의 인간'**이 진리의 영과 연합을 할 수 있는가? 하는 문제가 발생한다. 더 나아가 **'인간의 영이 과연 소멸이 될 수 있는 존재인가?'** 하는 궁극적인 문제에 당면하게 된다. 인간이 천하보다도 소중한 것은 하나님, 천사, 사탄 등의 존재들처럼 영계에서 존재할 수 있도록 영을 소유한 상태로 창조가 되었다는 점이다. 그러므로 인간의 영은 소멸이 불가능한 것인데 그것을 부정하고 있는 논리가 된다.

인간의 혼은 지, 정, 의라는 기능이 있어서 분별하거나 판단을 하고 의지적으로 받아들이는 작용은 할 수 있으나 혼이 영적인 생명과 연합을 하는 기능을 가진 것은 아니다. 이는 하나님을 모시는 성막에서 보인 바와 같이 인간은 육체(뜰)와 혼(성소)의 단계를 지나 영(지성소)으로 깨달아 진리와 연합을 하게 되는 것이다.

둘째, 만약 영이 죽고 소멸되어 혼으로 산다면 영이 없고 혼만 있는 짐승과 별 차이가 없다는 결과가 된다.

셋째, 인간의 영과 혼이 절대로 분리가 불가능하다는 사실을 간과하고 있다. 성막에서 보인 바와 같이 보이지 않은 성소와 성막은 하나의 텐트로 덮여 있었지만 들어가 보면 구분이 되어 있었다. 이처럼 인간의 영과 혼은 하나로 결합이 되어 있기에 분리가 불가능하며 언제나 '영혼'으로 불리지만 구체적인 기능을 살펴보면 그 역할이 다르다.

넷째, 불법(죄의 본성 또는 죄의 법칙)이 인간의 영에 있는 것이 아니라 육체(몸)에 있다고 하는 주장은 인간의 영 안에 있는 죄의 법칙(사탄)을 숨겨 주는 역할을 하는 교리이다. 이런 교리들은 그리스도인들로 하여금 보이는 율법(불법)을 위반하는 것이 죄라고 인식하게 하여 세상 율법을 따라가게 하는 거짓말들이다. 그들이 열렬히 주장하는 것처럼 혼이나 육체인 몸 자체에 죄성이 있다고 주장을 하는 것은 모두 다 보이는 세상의 율법을 위반한 행실이 죄라고 주장을 하게 하는 기반이 된다.

이러한 가르침 자체는 세상으로 하여금 불법 안에 가두어 놓게 되는 무서운 결과를 초래한다. 죄의 본성이 육체에 있지만 이미 예수를 믿어 죄 사함을 받았으며 사람의 의 영은 죄를 범하지 않고 깨끗하여 구원을 받는다는 주장은 잘못된 교리이다.

확실한 것은 인간의 영은 보이는 세상의 죄에 대하여 용서받아야 완전한 의인이 되는 것이 아니다. 그들이 말하는 죄는 인간의 영 안에 연합되어 있는 불법(죄의 법)이 그리스도와 함께 십자가에 못 박힌 것을 말하는 것이 아니다. 아담이 지은 죄로 영이 소멸되고 혼적으로 살다가 예수를 믿으면 다시 살아난 영은 죄가 없으므로 의인이라고 추켜세워주는 이론이다.

그러나 구원을 받기 위해서는 영의 율법을 위반한 죄(불법)가 예수와 함께 십자가에서 죽고 하나님의 의를 소유하여야 의인(영을 소유한 자)이 되는 것이다. 그들이 말하는 대로 보이는 세상의 죄를 용서받아 의인이 되었다고 하는 것은 영혼들을 멸망으로 데리고 가기 위하여 만들어 놓은 올가미들이다.

그러므로 사탄의 권세를 깨뜨리기 위해서는 사탄의 영이 어디에 은신하고 있는지를 분별하는 것에서부터 시작이 되어야 한다. 인간의 육체(몸, Body)에 죄성이 있다고 하는 가르침은 거짓말이며 그것을 따르게 되면 세상의 율법을 지키라고 강요하게 될 것이 불을 보듯 뻔한 일이다.

인간의 영 속에는 불법이 뱀처럼 도사리고 앉아 있지만 그리스도의 말씀으로 비추어 그 정체를 드러내면 그의 권세는 순식간에 사라지게 된다. 항상 거짓말이란 그 말에 속임을 당하는 자에게나 위력을 발휘하는 것이다. 예수님은 '니골라당의 교훈'을 주의하라고 하셨는데^{계2:15} 이 교훈은 죄성이 육체(몸)에 있으며 인간의 영은 선하다고 보았던 것이다.

그러나 진리의 말씀으로 인간의 영에 비출 때 죄가 드러나게 되고 죄(불법)를 가진 죄인이었음을 깨닫게 되면 불법으로부터 벗어나게 되는 출발점이 된다.

이처럼 거짓의 실체는 드러내어야만 물리칠 수가 있는데 이러한 싸움에서는 예리한 검처럼 정확한 하나님의 말씀을 가지고 있어야 한다^{엡6:17}. 좌우를 명확히 분별하지 못하는 무딘 검으로는 승리를 할 수 없으며 오히려 대적에게나 이롭게 할 것이다.

성경에서 증거하는 죄 사함과 거듭남

예수를 믿게 되면 불법과 결합이 되어 육체가 된 죄인의 영이 십자가 위에서 저주를 받아 예수와 함께 육체로 죽고(법적으로 무죄, 무의의 상태) 그와 동시에 예수께서 친히 순종하셔서 얻으신 완전한 의를 소유하게 된다. 그러므로 인간의 영 자체는 소멸이 되었다가 다시 생겨날 수 있는 그런 존재가 아니다.

| 17 |
육신과 영

롬6:23 죄의 삯은 사망이요 하나님의 은사는 그리스도 예수 우리 주 안에 있는 영생이니라

1) 사탄이 세상에 주는 것의 정체

사탄은 사망 권세자이기 때문에 세상을 향하여 어두움과 공허밖에 줄 수 없으나 그의 종들을 통하여 던져 주는 가르침이나 교훈에서는 늘 축복과 생명을 준다고 읊어 대고 있다. 아담 이후로 이 세상에서는 거짓 교훈이 진리인 것처럼 존중을 받고 있으며 그렇게 불법(거짓의 영)을 전하는 자들이 이 세상의 명예와 영광을 쟁취하고 누리고 있다. 사탄은 자기가 지배하는 세상을 계속 속이기 위하여 몇 가지의 미끼를 이용하고 있는데 그가 세상에 줄 수 있는 것들을 요일2:16에서 밝히고 있다.

> 요일2:16 이는 세상에 있는 모든 것이 육신의 정욕과 안목의 정욕과 이생의 자랑이니 다 아버지께로 좇아 온 것이 아니요 세상으로 좇아 온 것이라

성경에서 말씀하는 '육신의 정욕'이란 인간의 육체(몸)나 인간이 가진 본성적인 욕구를 지칭하는 것이 아니다. 이는 불의를 좋아하는 불법의 속성을 말하며 더 구체적으로는 땅(불법)이 가지는 죄의 욕구이다. 그러므로 남녀 간에 가지는 감정이나 욕망으로 해석을 하게 되면, 하나님이 말씀하고자 하시는 본질을 알 수 없게 되고 오히려 불법(세상 율법)을 조장하게 된다. '안목의 정욕'은 불법인 탐욕의 눈이 열리는 것을 말하고, '이생의 자랑'은 세상의 선과 의를 자기의 의로 삼아 스스로 의롭다고 여기는 것을 말한다. 이렇게 이 세상은 하나님의 성전이 되어야 할 인간의 영 안에 뱀(사탄)이 하나님 행세를 하며 앉아 있으며 인간은 그의 지배를 받아 자기 애착과 탐심(공허)의 눈으로 교만의 자리에 앉아 있다살후2:4.

> 창3:5 너희가 그것을 먹는 날에는 너희 눈이 밝아 하나님과 같이 되어 선악을 알 줄을 하나님이 아심이니라

> 창3:6 여자가 그 나무를 본즉 먹음직도 하고 보암직도 하고 지혜롭게 할 만큼 탐스럽기도 한 나무인지라 여자가 그 실과를 따 먹고 자기와 함께한 남편에게도 주매 그도 먹은지라

이 실과는 에덴동산 가운데에 있었지만 본질적으로는 아담의 영 안에 있는 그리스도의 율법을 의미한다. 그러나 아담이 사탄의 유혹에 빠져 그 실과를 이 세상 율법으로 받아먹고 보니 세상의 육체(불법)로 눈이 밝아지게 되었고 자기가 왕의 자리에 앉아 있는 교만한 자가 되었다. 그러므로 요일2:16과 창3:6은 같은 차원의 말씀이며 사탄이 미혹을 할 때

동일하게 사용하는 불법의 미끼를 나타낸다. 즉, 창세기에서 아담을 유혹하였던 자와 예수를 시험하였던 마귀는 공중영계에서 역사하고 있는 사탄이다.

2) 육신에 대한 문자적 해석의 오류

어떤 이들은 요일2:16의 말씀을 인용하여 이 세상의 문화, 예술, 도덕의 타락이 기독교인들의 타락을 부채질하는 원인이라고 주장한다. 그래서 세속화된 문화나 풍습, 예술 등을 멀리해야 한다고 하여 기독교인들을 율법의 철장 안으로 들여보내고 가두어 버린다. 이들은 죄성이 인간의 육체(몸) 속에 있으므로 윤리나 도덕을 위반한 죄를 범하게 된다고 생각한다. 그러면서도 "마음에는 원이로되 육신이 약하도다"라는 말씀을 인용하며 육신(몸)이 연약하기에 인간은 완전할 수 없다고 스스로를 합리화하기도 한다. 이러한 견해는 성경에 기록이 된 '육신'이라는 단어를 문자적으로 해석을 하여 성경을 선악과의 율법으로 이해하고 있기 때문이다.

그러나 문화나 예술, 풍습 등이 인간의 영을 깨끗하게 하거나 더럽힐 수 있는 것이 아니다. 그리고 문화나 예술은 표면적으로 잠시 필요한 것들일 뿐 영에 속하거나 영원한 개념이 아니다. 교인들 중에는 비기독교적인 문화를 접하게 되면 그런 것들이 마귀적인 문화라고 정죄하고 죄악시하기도 한다. 그러나 진짜 우상은 바로 자신 안에 숨어 있을 수 있으며 겉으로 보이는 신상이나 형상은 인간의 영을 죽일 수 있는 거짓의 영이 아니다. 이런 측면에서 그리스도인들은 다양한 문화와 예술을 포용하거나 있는 그대로 수용하고 누릴 수 있는 자유를 가져야 한다. 결국 성경에서 말씀하시는 육체에 대하여 어떻게 해석을 하였는가에 따라 모든 시각이 달라지게 된다.

> 렘13:23 구스인이 그 피부를, 표범이 그 반점을 변할 수 있느뇨 할 수 있을찐대 악에 익숙한 너희도 선을 행할 수 있으리라

이 세상의 선은 불완전하기에 비록 진리의 빛처럼 보이더라도 동시에 그림자를 가지고 있으며 상황에 따라 변해 버리는 가변성(可變性)이 있다. 그러므로 이 세상에서 율법적인 행위가 인간을 거룩하게 할 수 없는데도 불구하고 대부분의 종교에서는 어떤 특정 부분을

금기시 하거나 참과 거짓으로 구분하여 가르치고 있다. 그러나 그런 가르침들은 사람들을 율법의 창살 안에 가두어 놓을 뿐 참된 자유와 안식은 조금도 주지 못하고 있다. 도리어 살아가는 사람들로 하여금 죄책감만 쌓이게 하고 죄의 멍에를 짊어진 노예가 되게 할 뿐이다딤전4:4.

3) 진리인 영과 불법인 육체

요6:63 살리는 것은 영이니 육은 무익하니라 내가 너희에게 이른 말이 영이요 생명이라

성경에서 말씀하시는 죄가 윤리나 도덕적인 율법을 범한 수준을 말하는 것이 아니라 불법과 연합을 한 것이라면 '사망'도 육체(몸)의 죽음을 의미하지 않고 인간의 영이 어두움에 속하게 된 것을 말한다. 성경에서 "육은 무익하니라"라고 하신 것은 세상에 있는 그 어떠한 교훈이나 종교적인 선으로도 사람을 의롭게 할 수가 없으므로 무가치 하다는 말씀이다골2:22-23. 또한 세상에 있는 가지각색의 문화나 예술, 풍습 등이 인간을 선하게 하거나 악하게 할 수도 없다. 이러한 것들은 어떤 영(법칙)을 소유하여 바라보고 이해하느냐에 따라서 그 결과가 달라진다고전1:15, 롬14:14. 예를 들자면, 고린도에서는 신전에 있는 우상에게 드렸던 고기를 시장에 내다 팔기도 하였는데 진리를 소유한 그리스도인들이 그 고기를 먹는 것에 전혀 거리낄 것이 없다고 사도 바울은 밝히고 있다. 진리(영)로 깨끗하게 된 사람은 이 세상에 있는 문화, 예술, 사상, 음식 등 그 어떠한 것들로도 그의 영을 더럽힐 수 없기 때문이다.

요6:63 내가 너희에게 이른 말이 영이요 생명이라

따라서 예수 그리스도의 말씀을 영으로 믿는 것 이외에 모든 육에 속한 가르침에 대하여는 가치 있는 것으로 여길 이유가 전혀 없다.

4) 육체와 영의 뿌리와 열매

로마서에 기록된 육신과 육체에 대하여 어떻게 이해를 해야만 할까?
아래의 그림을 통하여 순서에 따라 설명을 하고자 한다.

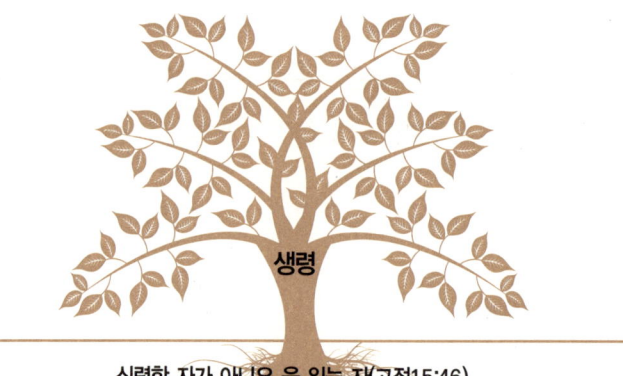

〈그림 1〉

〈그림 1〉은 첫 사람 아담이 산 영(생령)으로 지음을 받은 상태인데 이 상태는 하나님의 법에 불순종을 한 죄인이 아니며 순종을 한 의인도 아니다. 따라서 무죄(無罪), 무의(無義)인 이 상태에서는 생명인 성령의 법칙과 연합할 수도 있고 그와 반대인 죄와 사망의 법칙과 연합하여 사망의 열매를 맺을 수도 있다.

〈그림 2〉

〈그림 2〉는 만약 아담이 하나님의 법에 순종하여 생명나무의 실과를 먹었다면 진리로 눈이 밝아져서 그리스도의 의(영)를 소유한 의인이 되었을 상태를 나타낸 것이다. 성경에서는 이렇게 생명 실과를 먹고 그리스도의 의를 소유한 상태를 하늘에서 온 '**영**'을 소유한 자라고 하는데 세상에서는 볼 수 없고 알 수도 없는 영적인 열매들을 저절로 맺게 된다 고후9:10.

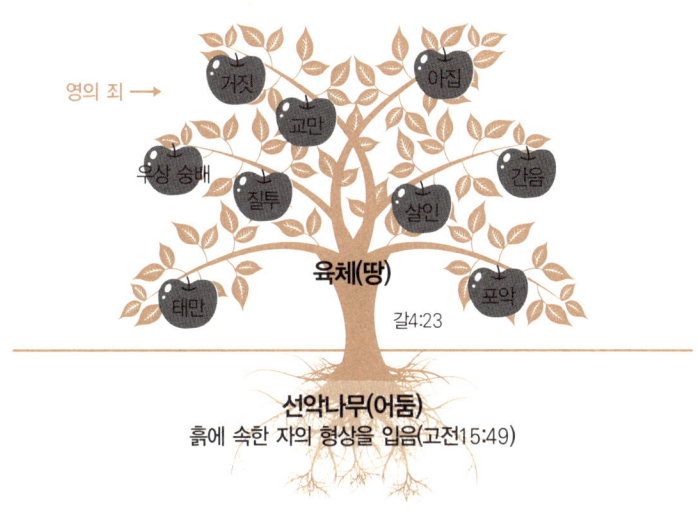

〈그림 3〉

〈그림 3〉은 아담이 거짓의 영(불법)을 먹음(연합)으로써 육체(불법)가 되었고 그 영혼에는 온갖 더럽고 가증한 것들이 가득 차 있게 되었다. 그리고 성경은 사탄의 속성과 교훈을 '육체'라고 표현하는데 일곱 가지의 속성이 있다고 한다 잠26:25. 인간의 영 안에 불법이 들어와 있으므로 항상 인간은 사탄이 심어 놓은 법칙에 따라 생각하고 말과 행동을 하며 살아가고 있다.

그런데 진리(말씀)를 알지 못하는 상태에서는 이러한 자신의 상태를 전혀 인지할 수 없으므로 자신이 하나님 앞에서 죄(불법)를 소유한 자임을 알 수도 없다. 이 상태가 바로 사탄과 연합이 되어 죄를 가진 죄인이 된 상태이다. 즉, 죄를 가진 죄인은 이 세상에서 보이는 죄를 하나도 범하지 않았다고 하더라도 이미 그의 영은 죄를 가진 자이며 모든 것이 더러운 죄인이다 딛1:15.

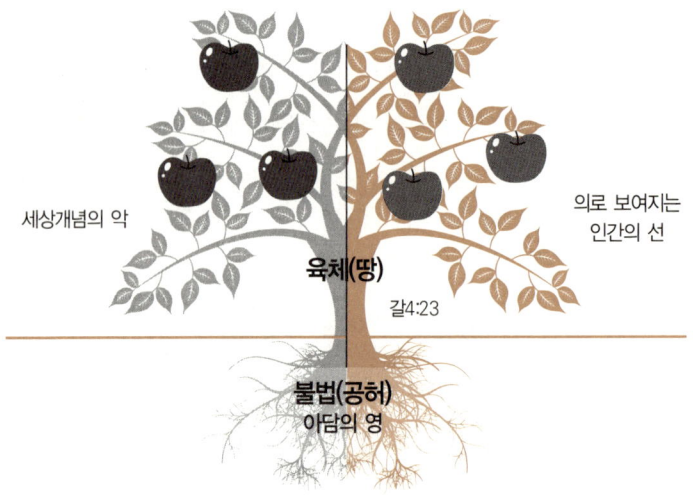

〈그림 4〉

〈그림 4〉는 〈그림 3〉에서 나타내는 죄의 정체와 〈그림 2〉의 **'하나님께 속한 의'**를 마치 존재하지 않은 것처럼 감추기 위하여 선악과를 먹이고 겉으로 보이는 선이나 악을 따라가도록 세상에 가르쳐 놓은 세상 교훈을 표현한 것이다. 사탄은 이 세상 율법으로 어둡게 판단되는 것을 악이라고 인지하게 하고 그와 반대인 선으로 보이는 것을 하나님의 의라고 속이고 이런 것들이 마치 〈그림 2〉에서 나타내고자 하시는 하나님의 의인 것처럼 실체를 바꾸어 버렸다.

그리고 이러한 세상의 의를 하나님께서 받으시기를 원하시는 의로운 것이라고 속이고 있으며 그 교훈을 받은 이 땅(인간)은 열심히 가시와 엉겅퀴(불법)의 소출을 내고 있다. 이와 같이 사탄은 불의의 영인 자기 정체를 감추어 버리고 세상으로 하여금 영이신 하나님을 발견하지 못하도록 거짓된 교훈(그림 4)으로 사람들의 마음을 혼미하게 만들어 버렸다. 〈그림 4〉에서의 선의 열매를 종교, 도덕, 윤리, 철학 등을 통하여 가르치게 하고 또한 그것을 믿고 따르는 자들로부터 세상의 의를 조공으로 거두어들인다. 그러나 그 선이나 악의 본질은 모두 동일한 불법이며 어두움이다.

5) 육체를 따라야 할 의무가 없게 됨

그러나 〈그림 2〉를 보면 단번에 사탄이 거짓말쟁이인 것이 드러난다.롬7:7. 다시 반복하지만 모세의 율법은 세상이 〈그림 3〉의 상태에 처해 있음을 밝혀 주기 위하여 그리스도께서 세상에 주신 '자유하게 하는 온전한 율법'약1:25이다. 그러므로 율법의 참된 의미를 깨닫고 나면 그리스도인들은 불법에 속한 거짓 가르침에 순종해야 할 이유가 전혀 없음을 알게 된다.

롬7:10 생명에 이르게 할 그 계명이 내게 대하여 도리어 사망에 이르게 하는 것이 되었도다

하나님께서는 모세를 통하여 살리게 하는 법(영)을 주셨지만 이를 사탄이 바꾸어 놓은 세상의 교훈(육체)으로 먹는 바람에 도리어 '사망'에 이르게 되었다는 말씀이다. 롬8:6에서 **"육신의 생각은 사망이요"**의 **'육신'**은 인간의 몸을 말하는 것이 아니라 비진리인 사탄의 영과 가르침을 의미한다.

롬7:14 우리가 율법은 신령한줄 알거니와 나는 육신에 속하여 죄 아래 팔렸도다

6) 죄와 연합이 된 상태

창세기에서 에덴 가운데에 있었던 율법(실과)이 아담의 순종의 대상에 따라서 그 결과가 영생이 되기도 하고 사망이 되기도 하였다.

누군가는 한 번쯤 사탄이 도대체 어떻게 생겼는지 궁금하여 육안으로 체험해 보고 싶을 수도 있을 것이다. 그러나 자기의 영 안에 연합이 된 불법의 영이 바로 사탄이므로 멀리서 찾을 필요가 없다. 반대로 한 번쯤 하나님을 육안으로 만나고 싶은 사람도 있을 것이다. 그러나 충만으로 가득 찬 진리의 영은 진리(말씀)를 깨닫는 자에게는 이미 들어와 계시므로 자기의 영으로 하나님의 임재를 경험할 수가 있게 된다.

그러므로 성경에서 죄를 범하지 말라고 하신 것은 인간의 윤리, 도덕의 행위를 절제하라는 금욕을 말씀하시는 것이 아니라 거짓의 영과 연합하거나 불법에 순종하지 말라는 의미이다. 각종 종교 경전들의 가르침은 선하게 보이지만 결국은 보이는 세상(육체)에 속한

교훈들이다. 결과적으로 세상이 영(생명)을 발견할 수 없도록 사탄이 진열해 놓은 수많은 선악과 중 하나일 뿐이다.고후11:4.

고후4:18 우리의 돌아보는 것은 보이는 것이 아니요 보이지 않는 것이니 보이는 것은 잠간이요 보이지 않는 것은 영원함이니라

롬8:7 육신의 생각은 하나님과 원수가 되나니

7) 영에 의하여 소멸되는 육체의 권세

롬7:25 우리 주 예수 그리스도로 말미암아 하나님께 감사하리로다 그런즉 내 자신이 마음으로는 하나님의 법을, 육신으로는 죄의 법을 섬기노라

그리스도인들이 진리를 깨달았다고 해도 어떤 때는 육신의 법을 따르고 어떤 때는 영의 법을 따르기도 한다. 그러나 확실한 것은 믿는 자들에게는 예수 그리스도의 십자가의 공로 안에서 불법이 권세를 상실해 버렸으므로 더 이상 합법적인 지배를 할 수 없게 된 것이다.골2:14. 그러므로 예수 그리스도를 믿게 되면 법적인 신분이 바뀌어 그리스도의 소유가 되고 사망의 권세는 왕 행세를 할 수 없게 된다.롬8:9.

사31:3 애굽은 사람이요 신이 아니며 그 말들은 육체요 영이 아니라 여호와께서 그 손을 드시면 돕는 자도 넘어지며 도움을 받는 자도 엎드러져서 다 함께 멸망하리라

위의 말씀을 통하여 육체, 육신의 의미와 영의 의미를 명백하게 이해할 수 있을 것이다. 그러므로 그리스도인은 육신과 사망인 불법의 영과 가르침에 속지 말고 또다시 미혹이 되어서는 안 된다.롬8:12.

롬8:13 너희가 육신대로 살면 반드시 죽을 것이로되 영으로써 몸의 행실을 죽이면 살리니

육신 또는 육체의 의미를 잘못 이해하여 세상에 있는 문화, 예술, 풍습을 사탄에게 속한 것이라고 하고 중세 시대처럼 수도원 생활을 해야만 육신을 이기는 것이 아니다. 그러한 믿음의 기준은 영혼을 자유롭게 하는 것이 아니라 율법 안에 가두어 버리는 결과를 가져

오게 된다.

> 요11:43-44 이 말씀을 하시고 큰 소리로 나사로야 나오라 부르시니 죽은 자가 수족을 베로 동인채로 나오는데 그 얼굴은 수건에 싸였더라 예수께서 가라사대 풀어 놓아 다니게 하라 하시니라

죽은 나사로는 온몸이 베로 동인 채로 무덤 속에 있었는데 무덤을 막고 있던 돌이 옮겨진 뒤 예수님의 음성(진리)을 듣고 살아서 나오게 되었다. 이는 땅에 속한 율법에 묶인 채로 죽어 있던 세상(나사로)이 진리(영)이신 말씀을 듣고 살아나게 되는 것을 드러내고 있다. 율법에 묶여서 죽어 있던 자가 영(말씀)을 듣고 살아났으므로 풀어 놓아 다니게 하시는데 이것이 바로 진정한 영혼의 해방이다. 당시 나사로의 얼굴은 수건으로 싸여 있었는데, 이는 영의 율법을 보지 못하고 사망의 율법에 얽매여 있는 세상의 상태를 잘 드러내는 말씀이다.

> 고전3:1 형제들아 내가 신령한 자들을 대함과 같이 너희에게 말할 수 없어서 육신에 속한 자 곧 그리스도 안에서 어린 아이들을 대함과 같이 하노라

> 고전3:3 너희가 아직도 육신에 속한 자로다 너희 가운데 시기와 분쟁이 있으니 어찌 육신에 속하여 사람을 따라 행함이 아니리요

고린도 교회도 성숙하지 못한 자들이 진리의 말씀에 대하여 수건으로 가려져서 겉으로 보이는 율법인 육신(옛 구습)에 속하여 교회를 시끄럽게 하는 행동을 하고 있었다. 그리고 갈라디아서에서도 말씀(진리)을 듣고 성령으로 시작하였다가 다시 율법으로 돌아가려는 자들이 있었다[갈3:3].

> 갈4:21 내게 말하라 율법 아래 있고자 하는 자들아 율법을 듣지 못하였느냐

오늘날의 수많은 교회와 종교에서는 얼굴이 수건으로 가려져서 보지 못하는 자들이 오히려 남을 가르치는 선생이 되어 진리를 육체와 사람의 교훈으로 가르치고 있는 실정이다. 그러므로 두려운 마음으로 말씀을 듣고 자신이 불법과 육체에 속한 자인지 되돌아보아야 한다.

자/유/하/게/하/는/율/법
The law of liberty

제3부
육체로 오신 예수 그리스도

| 01 |
인성을 가진 예수

마1:16 야곱은 마리아의 남편 요셉을 낳았으니 마리아에게서 그리스도라 칭하는 예수가 나시니라

1) 사람이 되신 예수

유다 지파에 속한 다윗의 자손(믿음의 계보)인 요셉과 정혼한 마리아는 정혼한 때부터 이미 요셉과 결혼한 것과 같은 동등한 관계를 가진다. 마리아를 통해 성령으로 잉태하여 태어난 예수께서는 본래 하나님이시기에 신성(神性)이 있으시지만 백성들을 구원하시기 위해서는 철저하게 인성(人性)으로 오셔야 했기에 인간의 몸을 입고 땅(공중)으로 찾아오신 것이다. 다음은 예수 그리스도의 인성적 사역에 대하여 고찰을 해 보도록 하자.

요1:14 말씀이 육신이 되어 우리 가운데 거하시매 우리가 그 영광을 보니 아버지의 독생자의 영광이요 은혜와 진리가 충만하더라

2) 무죄한 사람에게 죄를 짊어지게 하다

하나님께서는 이 세상이 모르는 중에도 세상의 죄를 대속하는 구속의 사역마3:15을 예비하시기 위하여 선지자이자 제사장인 세례 요한을 먼저 세상에 보내셨다눅1:57-66. 그리고 훗

날 예수님이 요한에게 다가가서 세례를 받으시려 하자 요한은 다음과 같이 제지하였다.

마3:14 내가 당신에게 세례를 받아야 할 터인데 당신이 내게로 오시나이까

이에 예수께서는 "이제 허락하라 우리가 이와 같이 하여 모든 의를 이루는 것이 합당하니라"마3:15라고 하시며 그로부터 세례를 받게 되셨다. 이 상황을 좀 더 깊이 생각해 볼 필요가 있는데 예수께서는 죄가 없으시므로 죄를 씻기는 세례를 요한에게 받으실 이유가 전혀 없다. 그 이유는 후면에서 밝히도록 하겠다.

눅1:17 저가 또 엘리야의 심령과 능력으로 주 앞에 앞서 가서 아비의 마음을 자식에게, 거스리는 자를 의인의 슬기에 돌아오게 하고 주를 위하여 세운 백성을 예비하리라

누가복음에서는 이사야서의 예언의 말씀을 인용하여 세례 요한의 사역을 밝히고 있다. 이로 보건대 세례 요한을 세상에 보내신 것은 어린양 예수의 속죄사역을 준비하는 자로 보내심을 받은 것이다.

마11:10 기록된바 보라 내가 내 사자를 네 앞에 보내노니 저가 네 길을 네 앞에 예비하리라 하신 것이 이 사람에 대한 말씀이니라

또한 요한에 대하여 **'주의 길을 예비하는 자'**로 보냄을 받았다고 하였는데 주의 길을 예비한다는 것은 대체 어떤 일을 감당하는 것을 의미할까? 이 질문에 대한 답은 예수께서 십자가의 대속을 통한 인류의 구속사역과 상관된 것으로 보아야 한다. 세례 요한은 자기 앞에 나타나신 예수를 보고 제자들에게 이르기를 "보라 세상 죄를 지고 가는 하나님의 어린 양이로다"요1:29라고 증언을 한 것이다. 그리고 세상이 모르고 있는 하나님의 어린양을 세례 요한을 통하여 증언하게 하고 그를 통하여 세례를 받으신 것이다.

요1:34 내가 보고 그가 하나님의 아들이심을 증거하였노라 하니라

요1:31 나도 그를 알지 못하였으나 내가 와서 물로 세례를 주는 것은 그를 이스라엘에게 나타내려 함이라 하니라

그렇다면 예수님이 요한에게 세례를 받으신 이유는 무엇일까?

그 해답은 구약 성경에 나오는 제사법에서도 해답을 찾을 수 있는데 이스라엘 백성들의

속죄를 위하여 성막의 제사를 드릴 때 대제사장 아론은 다음과 같은 절차를 행하여야 했다. 그것은 희생의 제물인 염소의 머리에 손을 얹고 이스라엘 백성이 범한 모든 죄를 고하여 그 죄가 염소의 머리에 전가가 되게 한 것이다 레16:21. 그리고 일 년 이내의 어린 염소 두 마리를 희생물로 사용하게 되는데 이렇게 죄를 짊어진 염소 한 마리는 뜰에서 죽임을 당하게 되었다. 또 다른 한 마리는 그 머리에 죄를 지고 다시 돌아올 수 없는 광야에서 버려졌다. 이는 예수님이 백성의 죄를 대신 짊어지고 죽임을 당하여 그 죄를 다시는 기억하지 않으시겠다는 것을 의미하고 있다. 그러므로 예수님은 주의 길을 예비하는 자인 세례 요한으로부터 하나님의 속죄물로 백성의 죄를 짊어지는 전가(轉嫁)의 안수를 받으셨던 것이다.

마3:15 이제 허락하라 우리가 이와 같이 하여 모든 의를 이루는 것이 합당하니라

앞서 언급했듯이 구약에서는 염소가 모형으로 세상 죄를 짊어졌으나 신약에서는 어린양으로 오신 예수님이 육체가 되어 버린 세상 죄를 대신 짊어지셨다. 즉, 예수님이 죄인이 되셨다는 의미가 아니라 무죄한 자로서 자기 백성의 죄(불법)를 대신 짊어지셨음을 의미한다. 그러므로 예수께서 사람으로서 오신 것이 **"말씀이 육신이 되어"** 요1:14라고 기록이 되었던 중요한 이유이다. 단순히 흙으로 된 몸을 입으신 것만을 지칭하는 것이 아니라 우리의 죄(육체, 육신)를 대신 짊어지시는 것을 포함하여 말씀하신 것이다.

3) 사람으로서 시험을 받으심

첫째 아담은 하나님의 말씀에 불순종하여 의를 소유하지 못하였고 오히려 불법과 연합하여서 육체에 속하게 되었다. 그러나 둘째 아담인 예수 그리스도는 첫째 아담과는 달리 사탄의 시험 마4장에 대하여 하나님의 말씀에 온전히 순종하셔서 그로 하여금 그리스도를 믿는 자는 완전한 하나님의 의를 소유할 수 있는 권리를 완성하신 것이다.

딤전3:16 크도다 경건의 비밀이여, 그렇지 않다 하는 이 없도다 그는 육신으로 나타난 바 되시고 영으로 의롭다 하심을 입으시고 천사들에게 보이시고 만국에서 전파되시고 세상에서 믿은바 되시고 영광 가운데서 올리우셨음이니라

히5:8-9 그가 아들이시라도 받으신 고난으로 순종함을 배워서 온전하게 되었은즉 자기를

순종하는 모든 자에게 영원한 구원의 근원이 되시고

4) 사람으로서 고난을 받으심 마27:32-44

마27:28-29 그의 옷을 벗기고 홍포를 입히며 가시 면류관을 엮어 그 머리에 씌우고

가시 면류관과 홍포는 예수께서 쓰시고 입으셔야 하는 것들이 아니었다. 불순종으로 인하여 땅에서 난 가시와 엉겅퀴를 내도록 하였던 이 세상이 저주를 받아야 마땅한데 오히려 백성들은 예수님이 자기들의 죄를 대신 짊어지신 것을 모를 뿐만 아니라 십자가에 달리신 예수님을 향하여 저주를 하였다 마27:25.

사53:4 그는 실로 우리의 질고를 지고 우리의 슬픔을 당하였거늘 우리는 생각하기를 그는 징벌을 받아서 하나님에게 맞으며 고난을 당한다 하였노라

불법의 주관자인 사탄은 정죄하는 자리에 앉아 있고 예수님은 자기 백성들이 범한 죄(불법과 한 영이 됨) 때문에 자기의 육체로 대신 짊어지시고 죄인의 자리에 서 계셨던 것이었다. 그리고 이미 세상(육체)으로 눈이 밝아진 사람들은 더 진리같이 아름답게 보이는 육체(사탄)의 가르침을 따라갔으며 그들이 보기에 흠모할 만한 것이 없고 고운 모양도 없는 예수께는 더럽다며 저주를 하였다. 그러나 예수께서는 백성들의 저주와 야유 속에서 고난을 당하시면서도 십자가의 희생으로 구원을 받게 될 영혼들을 바라다보셨다.

5) 십자가의 대속은 표면적인 율법을 범한 죄를 대속한 것이 아님

오늘날 대부분은 아담이 처음 지은 원죄와 이후에 사람들이 보이는 율법을 범한 자범죄를 대속하기 위해 예수 그리스도께서 십자가를 지셨다고 가르치고 있다.

그렇다면 과연 예수님의 보혈의 피가 '**보이는 이 세상 율법(불법)을 위반한 행위**'의 죄를 속죄하기 위하여 희생하였다는 말인가? 이에 대하여 우리는 다시 한번 깊이 생각해 보아야 한다.

아담의 불순종으로 그 영 안에 들어온 불법으로 인하여 육체롬8:6가 되어 버린 세상을 대

신하여 예수께서 육체로 오셔서 십자가에 못 박히셨다. 그리고 성경에서 말씀하시는 죄의 실체는 인간의 영 안에 들어앉아 있는 불의한 영이다 요일3:4.

이 세상은 이렇게 감추어진 죄(불법)의 실체를 모르고 이 세상의 신이 가르쳐 주는 대로 율법을 범한 것만을 죄라고 한다. 또한 이런 가르침들은 이미 선악과에 속한 인간이 바라볼 때는 당연히 진리인 것처럼 보일 것이다. 그러나 이러한 모든 교훈은 그 본질과 속성이 모두 동일한 불법(사람의 의)의 가르침들인데 이것이 바로 우상의 제물들이다.

| 02 |
육체로 죽임을 당하신 예수

벧전3:18 그리스도께서도 한번 죄를 위하여 죽으사 의인으로서 불의한 자를 대신하셨으니 이는 우리를 하나님 앞으로 인도하려 하심이라 육체로는 죽임을 당하시고 영으로는 살리심을 받으셨으니

이 말씀을 표면적으로 보면 예수님의 육체(몸)가 죽임을 당하시고 영이 부활하셨다는 뜻으로 이해하기 쉽다.

육체에 죄를 짊어지신 이유

세상을 구원하시고자 예수께서 사람으로 이 땅에 오셨지만 그는 인성과 신성을 가지고 있다. 그러나 세상 죄를 속죄하는 일에 신성이 개입이 되면 안 되는 일이다. 그 이유는 인간이 하나님께 죄를 범하였고 그 죄에 대한 대가를 인간이 지불해야 하기 때문이다. 그러므로 예수께서는 인간으로 오셔야만 하셨고, 친히 그의 육체(몸)로 세상 죄를 대신 짊어지

셨다. 여기서 말하는 '죄'는 세상에서 보이는 율법을 범한 죄가 아니라 '육신'이라고 표현된 불법(죄와 사망의 법)과 연합이 된 것을 말한다.

> 엡2:14-15 그는 우리의 화평이신지라 둘로 하나를 만드사 중간에 막힌 담을 허시고 원수 된 것 곧 의문에 속한 계명의 율법을 자기 육체로 폐하셨으니 롬8:6 육신의 생각은 사망이요 영의 생각은 생명과 평안이니라

육체로는 죽임을 당하시고

표면적으로는 예수님의 육체(몸)가 십자가에 못 박혔지만 실상은 우리의 죄이며 '육신'이라고 표현을 하는 불법(불의, 不義)이 십자가에서 함께 저주를 받은 것이다.

> 롬8:6 육신의 생각은 사망이요 영의 생각은 생명과 평안이니라

여기서의 '육신'은 인간의 몸을 말하는 것이 아니라 아담에게 이 세상의 신이 가르쳐 주고 먹여 주었던 불법의 영을 일컫고 있다. 그러므로 '사망'은 육신의 죽음(영혼과 육체의 분리)을 의미하는 것이 아니라 인간의 영이 어둠(불법)과 연합하여 한 영이 된 것이다.

사도 바울은 하늘에서 온 진리가 아닌 땅에 속한 거짓의 영(불법)을 '육체' 또는 '육신'이라고 한다. "너희가 육신대로 살면 반드시 죽을 것이로되 영으로써 몸의 행실을 죽이면 살리니"롬8:13라고 하신 말씀에서 '몸의 행실'은 불법인 세상 율법의 교훈을 따르는 것을 지칭하고 있다. 그러므로 예수님의 몸이 죽으신 것을 보고 단지 몸이 죽임을 당했다고 이해를 하면 성경을 표면적인 율법으로만 받아들이게 된다. **"육체로는 죽임을 당하시고"**벧전3:18라는 것은 예수님의 육체에 불법(땅)과 한 영이 되어 육체(불법)가 된 세상 죄를 대신 짊어지시고 저주를 받으셨음을 말한다.

영으로는 살리심을 받으심

예수는 인성을 가지신 사람이었지만 하나님의 말씀에 순종하셔서 하나님의 의(영)를 가지셨기에 음부에서 썩지 아니하시고 영(진리와 생명)을 가지신 자로서 살리심을 받으셨다. 그러므로 예수께서는 죄에 대하여 죽으셨지만 의에 대하여는 살리심을 받으셨는데 그를 믿어 연합한 그리스도인들도 죄(육체)에 대하여 죽고 의(영)에 대하여 살게 하셨다벧전2:24.

> 벧전4:1 그리스도께서 이미 육체의 고난을 받으셨으니 너희도 같은 마음으로 갑옷을 삼으라 이는 육체의 고난을 받은 자가 죄를 그쳤음이니

예수 그리스도의 '육체의 고난'은 율법 조문을 따라가 순종하고 육체가 된 아담의 영이 십자가에서 저주를 받고 죽임을 당하는 것을 말씀하신 것이다.

03
예수님이 받으신 세례

> 눅12:50 나는 받을 세례가 있으니 그 이루기까지 나의 답답함이 어떠하겠느냐

일반적인 해석으로는 예수님이 요한으로부터 세례를 받는 것에 대하여 모범을 보이신 것이라고 말하지만 이는 명쾌한 해석이 아니다. 이 해석이 맞다면 '과연 동정녀에게서 탄생하신 예수님도 씻겨야 하는 죄가 있는가?'라는 문제가 발생하고 또한 죄가 없으시다면 왜 세례를 받아야만 했는가?'라는 의문점이 생기게 된다. 그렇다면 예수께서 받으신 세례의 진정한 의미가 무엇인지 살펴보도록 하자.

세례의 의미

일반적인 세례의 의미는 죄에 대하여 죽고 씻김을 받는 것으로써 세상 율법을 범한 죄를 예수 그리스도의 보혈로 사함을 받는 것으로 이해하고 있다. 그러나 성경에서 말하는 죄는 인간의 영 안에 들어앉아 있는 육체의 법칙이다. 그리고 그 법칙을 감추기 위하여 보이는 세상 율법으로 눈이 밝아져서 얽매이게 하고 고통을 주는 것이 사탄의 계략이다.

> 고전7:19 할례받는 것도 아무것도 아니요 할례받지 아니하는 것도 아무것도 아니로되 오직 하나님의 계명을 지킬 따름이니라

이 세상의 율법적인 죄와 의의 법칙은 세상 주관자인 사탄과 그를 따르는 세상이나 좋아하는 일이다잠20:23, 욥35:6-8. 그러므로 하나님의 심판을 받아야 되는 것은 세상을 속인 사탄과 그와 연합이 되어 육체(세상)에 속한 자들이다. 그 불법의 죄를 이어 받은 세상은 헤아릴 수 없을 만큼의 죄가 각 사람의 영(땅)에서 돋아나오게 되지만 정작 사람들은 그 죄의 본질을 인지하지 못하고 있다. 이러한 현상은 귤의 껍질이 귤(본질)을 감싸고 있는 상태처럼 사람들은 겉으로 보이는 죄는 인지하여 정죄하지만 실제로 그 영 안에 숨겨져 있는 본질적인 영의 죄에 대해서는 알지 못한다. 이는 마치 자기의 영 안에 있는 들보는 전혀 깨닫지 못하고 겉으로 보이는 세상 죄만을 악하다고 정죄하고 있는 것과 같다.

> 막10:38-39 예수께서 가라사대 너희 구하는 것을 너희가 알지 못하는도다 너희가 나의 마시는 잔을 마시며 나의 받는 세례를 받을 수 있느냐 저희가 말하되 할 수 있나이다 예수께서 이르시되 너희가 나의 마시는 잔을 마시며 나의 받는 세례를 받으려니와

예수께서는 불법으로 인해 사망과 연합되어 한 영이 된 세상의 죄를 대신 짊어지시고 십자가의 보혈로 세상의 죄(불법)를 씻는 영적인 세례를 완성하신 것이다.

> 레16:21 아론은 두 손으로 산 염소의 머리에 안수하여 이스라엘 자손의 모든 불의와 그 범한 모든 죄를 고하고 그 죄를 염소의 머리에 두어 미리 정한 사람에게 맡겨 광야로 보낼찌니

따라서 이 세상이 육체(땅의 교훈)에 속한 자가 된 결과로 예수께서 육체가 되어 오셨어야 했으며요6:3 세상 죄를 대신 짊어지신 예수께서는 골고다 언덕(뜰)에서 죽임을 당하셨다. 이는 사탄과 한 영이 되어 육체(불법)가 그리스도의 희생으로 깨어짐을 나타내고 있다엡2:14.

또한 여기서 '모든 불의와 그 범한 모든 죄'를 염소가 대신 짊어지게 하는 방법은 대제사장이 뜰에서 제물인 염소의 머리에 손을 얹고 육체(불법)의 죄를 전가하는 것이다. 이와 같이 예수 그리스도께서 불법의 죄를 대신 지시고 저주를 받으시므로 세상의 죄를 깨끗하게 하신 것이며 이것이 예수님이 우리를 대신하여 성취하신 영적인 세례이다.

> 막10:39 저희가 말하되 할 수 있나이다 예수께서 이르시되 너희가 나의 마시는 잔을 마시며 나의 받는 세례를 받으려니와

이와 같이 예수 그리스도를 믿는 자는 그의 죽으심과 함께 육체(불법)가 죽고 그의 의와 연합하여 그 의에 대하여 산 자가 되는 '영적인 세례'를 받게 된다. 그러나 오늘날 기독교회에서 행해지는 물세례는 진리의 말씀인 빛을 받은 자에게 행해져야 할 외적인 표현일 뿐이다. 단지 겉으로 보이는 물세례를 베풀면서 구원을 받았다고 하는 것은 마치 유대인들이 겉으로 행하는 할례를 받고 아브라함의 자손이 되었다고 하는 것과 다를 바가 없다.

| 04 |
예수 그리스도 육체의 고난

벧전4:1 그리스도께서 이미 육체의 고난을 받으셨으니 너희도 같은 마음으로 갑옷을 삼으라 이는 육체의 고난을 받은 자가 죄를 그쳤음이니

로마서에서 육신, 육체는 인간의 몸을 가리키는 것이 아닌 죄와 사망의 법칙과 이 세상의 의를 따라가는 존재가 된 세상의 상태를 의미한다. 그러므로 육신, 육체라는 단어가 단지 인간의 몸을 지칭하는 것이 아니다. 그리고 이 세상에 있는 모든 만물들이 스스로 선하거나 혹은 악한 것을 할 수 없는 것처럼 인간의 육체(몸)도 영적으로 스스로 악하거나 의로울 수 없다.

1) 죄가 어디에 들어 있는가

물질계에 살고 있는 인간의 몸과 영은 체질이 서로 다르며 인간의 몸은 영원한 연합이 불가능하고 언젠가는 몸과 영혼은 꼭 분리가 된다. 그러나 불법의 영은 사람의 영과 연합이 되어 있는데 이것이 발각되지 않기 위해 거짓 교훈들로 숨기도 있다. 그리고 교리적으로는 죄가 몸(육체)에 있는 것으로 이해를 하다 보니 영 안에 결합되어 있는 불법의 존재를 발견할 수 없게 하고 있다. 즉, 기독교리에서는 죄의 실체를 제대로 밝혀 주지 못하는 엄청난 잘못을 저지르고 있는데 이 사실조차 모르고 있다.

오늘날 기독교회는 보이는 이 세상 율법을 위반한 행위들을 하나님이 심판을 하시는 죄라고 가르치고 있다. 그러나 이미 불법으로 인하여 돋아난 것들에 대하여 하나님께서 그것이 선인지, 혹은 악인지를 심판하셔야 할 이유가 없다. 그런 것들은 이미 정죄를 받아 하나님의 저주 아래 있는 것들이며 세상 신이나 관여할 일이다. 그러므로 인간의 영 안에 숨어 있는 죄를 죽이지 못하게 되면 아무리 구원을 받았다는 확신을 가지고 있더라도 멸망으로 빠져 들어가는 길을 막을 수 없게 된다.

2) 인간이 육체(불법)가 되었기에 육체로 저주를 받으심

예수 그리스도는 이 세상이 육신과 육체(불법)가 되어 버린 것에 대한 죗값을 대신 짊어지시기 위하여 이 땅에 육체를 입고 찾아오셨다.

히4:15 모든 일에 우리와 한결 같이 시험을 받은 자로되 죄는 없으시니라

구약 성경에서 하나님께서 보여 주셨던 성막의 제사처럼 그분께서는 희생양으로서 세상이 육체(불법)가 되어 버린 죄를 대신 짊어지시고 십자가에서 죽임을 당하셔야 하기 때문에 예루살렘 성(성소) 안에서 죽임 당하시는 것이 아니라 영문 밖에 골고다 언덕(뜰)으로 끌려가셔서 그의 육체로 저주를 받아 죽으셨다.

롬4:25 예수는 우리 범죄함을 위하여 내어줌이 되고 또한 우리를 의롭다 하심을 위하여 살아나셨느니라

벧전2:24 친히 나무에 달려 그 몸으로 우리 죄를 담당하셨으니 이는 우리로 죄에 대하여 죽고 의에 대하여 살게 하려 하심이라 저가 채찍에 맞음으로 너희는 나음을 얻었나니

위에서 언급한 바와 같이 예수 그리스도의 육체의 죽음은 단순히 그의 몸이 저주를 받아 죽으신 것이 아니라 불법과 연합하여 육체가 된 이 세상이 못 박힌 것을 보여 주신 것

이다. 즉, 거짓의 영과 결합되어 땅과 육신에 속한 영혼들을 대신하여 십자가 위에서 저주를 받으신 것이다.히10:20

그리고 죄를 용서받았다는 차원은 바로 인간의 영혼 안에 있던 불법의 권세가 소멸이 되었음을 말하고 있다.

| 05 |
골고다 언덕(보이는 뜰)

요16:32 보라 너희가 다 각각 제 곳으로 흩어지고 나를 혼자 둘 때가 오나니 벌써 왔도다 그러나 내가 혼자 있는 것이 아니라 아버지께서 나와 함께 계시느니라

예수를 따르던 모든 자들은 흩어졌으며 예수께서는 십자가를 지시고 해골(골고다)이라고 하는 곳에 이르러요19:17 그곳에서 십자가에 못 박히셨다.

이때에 예수님을 따르던 떡을 함께 나눠 먹던 제자들과 군중들은 모두 그를 버렸으며 오히려 비난하고 헐뜯는 무리들이 달려 모였다. 이렇게 로마 병정에 의해 십자가에서 저주를 받으시게 된 어린양은 철저하게 세상에 홀로 버려지게 된 것이다. 이 부분을 이해하기 위하여 구약 성경에서 아브라함이 이삭을 제물로 드리는 사건을 통하여 십자가에 달리신 하나님의 어린양에 대하여 살펴보도록 하자.

창22:5-6 이에 아브라함이 사환에게 이르되 너희는 나귀와 함께 여기서 기다리라 내가 아이와 함께 저기 가서 경배하고 너희에게로 돌아오리라 하고 아브라함이 이에 번제 나무를 취하여 그 아들 이삭에게 지우고 자기는 불과 칼을 손에 들고 두 사람이 동행하더니

히11:18 네 자손이라 칭할 자는 이삭으로 말미암으리라 하셨으니

앞의 말씀에 보이는 것과 같이 아브라함은 하나님께 이삭을 드리게 되더라도 하나님께서 다시 살리실 것을 믿었으며 그 약속의 말씀을 믿고 순종하는 과정을 통하여 그는 하나님이 예비하신 어린양이 있음을 알게 된다. 그리고 장차 하나님이 예비하신 어린양을 통하여 세상을 위한 대속의 제사를 하나님께서 친히 드리게 될 것이라는 사실을 깨닫게 되었고 그는 믿음으로 말미암아 믿음의 조상이 되었다.

'내가 아이와 함께 저기 가서'창22:5의 말씀과 아브라함이 이삭을 제물로 드리게 되는 제사를 통하여 이 땅에 오신 예수께서는 그 무거운 십자가를 육체로써 지시고 혼자 골고다를 오르신 것으로 보인다. 하지만 실제로는 하나님께서 그 독생자와 함께 계셔서 세상을 구원하시기 위한 사랑을 실천하여 주신 것이다. 이를 통하여 진리이신 하나님께서는 행함이 있는 실천을 보여 주셨다.

> 창22:6 아브라함이 이에 번제 나무를 취하여 그 아들 이삭에게 지우고 자기는 불과 칼을 손에 들고 두 사람이 동행하더니

이 세상 육체의 관점으로 볼 때에 예수께서는 세상의 율법을 지키신 것도 아니며 강한 지도자의 모습도 아닌 연약한 모습으로 죽임을 당하심으로써 세상을 구원하시는 것에 실패한 것처럼 보이기도 한다. 그러나 자세히 들여다보면 세상을 구원하기 위한 속죄 제사에는 제물로 죽임을 당해야 하는 희생양이 필요하다. 그 희생양은 하나님께서는 저주받아야 할 죄인들을 위하여 이 세상 것으로 준비한 것이 아닌 하나님께서 직접 예비하신 어린양 예수인 것이다.

그리고 예수 그리스도는 하나님의 구속적인 계획에 온전히 순종을 하셔서 속죄를 위한 희생양으로써 저주를 받고 죽임을 당하셨다. 이와 같이 하나님께서 희생의 제물을 준비하심으로 이루어진 희생의 제사는 세상의 영혼들을 위하여 하나님이 친히 성취하신 것이며 이를 통해서 하나님께서 세상의 영혼들을 얼마나 사랑하시는지를 보여 주고 계신다. 그러므로 골고다 언덕으로 십자가를 지며 오르는 예수와 함께하셨던 하나님께서 그의 영을 소유한 자와 함께 동행하고 계신다는 것을 알아야 한다. 그 어떤 경우에도 세상이라는 언덕에 홀로 서 있는 것이 아니라 하나님이 항상 함께하신다.

> 신21:23 나무에 달린 자는 하나님께 저주를 받았음이니라

예수 그리스도는 우리가 받아야 할 저주를 대신 받으셨으며 그의 의와 생명을 우리에게 값없이 주셨다. 또한 그를 믿는 모든 사람은 그리스도의 의를 소유한 사람이 될 수 있게 허락해 주셨다.

| 06 |
그리스도의 몸 엡4:1-16

엡4:4 몸이 하나이요 성령이 하나이니 이와 같이 너희가 부르심의 한 소망 안에서 부르심을 입었느니라

1) 하나님의 나라는 한 몸과 같다

고전12:26-27 만일 한 지체가 고통을 받으면 모든 지체도 함께 고통을 받고 한 지체가 영광을 얻으면 모든 지체도 함께 즐거워하나니 너희는 그리스도의 몸이요 지체의 각 부분이라

천국은 빛과 생명 안에서 서로 연결된 교통, 사귐, 연합, 나눔의 세계로서 마치 하나님의 형상을 따라 지음을 받은 인체(몸)의 지체처럼 서로 다른 역할을 하지만 유기적인 한 몸으로 연결이 되어 이룬 것같이 생명으로써 서로 상응(相應)하는 세계이다.

고전12:13 우리가 유대인이나 헬라인이나 종이나 자유자나 다 한 성령으로 세례를 받아 한 몸이 되었고 또 다 한 성령을 마시게 하셨느니라

천국에서의 그리스도인들은 모두가 예수 그리스도의 영으로 채워진 영인(靈人)들로서 진리 안에서 한 영으로 서로 연결된 생명 공동체이다.

2) 하나님 나라에서 완성되는 그리스도의 몸

고전12:22-25 이뿐 아니라 몸의 더 약하게 보이는 지체가 도리어 요긴하고 우리가 몸의 덜 귀히 여기는 그것들을 더욱 귀한 것들로 입혀 주며 우리의 아름답지 못한 지체는 더욱 아름다운 것을 얻고 우리의 아름다운 지체는 요구할 것이 없으니 오직 하나님이 몸을 고르게 하여 부족한 지체에게 존귀를 더하사 몸 가운데서 분쟁이 없고 오직 여러 지체가 서로 같이하여 돌아보게 하셨으니

이 말씀은 교회 안에서 성도 간에 필요한 사역적인 역할이나 교제를 언급하고자 하였을 때 가르치는 말씀인데 그와 동시에 천국에서도 각 지체들의 역할이 존재하고 있음을 의미한다. 이는 영적인 생명을 가진 자들이 개인의 영적인 생명의 분량에 따라 각각 그 역할이 다르게 존재하고 있음을 알게 한다.

3) 장성한 분량에 도달하는 자 엡4:13

아담을 창조하신 목적은 그리스도의 진리로만 가득 채워진 온전한 생명을 소유한 인간이 되게 하는 것이다.

엡4:16 그에게서 온 몸이 각 마디를 통하여 도움을 입음으로 연락하고 상합하여 각 지체의 분량대로 역사하여 그 몸을 자라게 하며 사랑 안에서 스스로 세우느니라

이는 말씀이 내 영혼에 들어와서 살과 뼈를 이루며 머리와 허리, 다리가 조성이 되는 것을 의미하며 이와 같이 깨달아진 진리로 인하여 영이 더욱 성장되어 가는 것이며 하나님 나라에서 구원을 받은 그리스도의 지체들의 생명의 분량이 채워지게 되면서 그리스도의 몸(교회)이 완성이 되어 가고 있다.

엡3:18-19 능히 모든 성도와 함께 지식에 넘치는 그리스도의 사랑을 알아 그 넓이와 길이와 높이와 깊이가 어떠함을 깨달아 하나님의 모든 충만하신 것으로 너희에게 충만하게 하시기를 구하노라

| 07 |
참된 성찬 눅22:19-20

고전11:24 축사하시고 떼어 가라사대 이것은 너희를 위하는 내 몸이니 이것을 행하여 나를 기념하라 하시고

이 말씀의 의미는 주의 몸인 떡과 주의 피인 잔을 의미하는 말씀을 먹고 마시라는 의미이다.

고전11:25 내 피로 세운 새 언약이니 이것을 행하여 마실 때마다 나를 기념하라 하셨으니

1) 무죄(無罪), 무의(無義) 상태의 의미

어떤 이들은 성찬 의식을 할 때의 떡과 잔이 예수 그리스도의 몸으로 변한다는 화체설을 주장을 하거나 기념하는 것에 의미가 있다고 주장하기도 한다. 그렇지만 확실히 알아야 하는 것은 예수께서 우리의 죄를 짊어지시고 십자가에서 죽임을 당하심으로써 우리를 불법인 죄로부터 깨끗하게 하신 것이다.

히9:14 하물며 영원하신 성령으로 말미암아 흠 없는 자기를 하나님께 드린 그리스도의 피가 어찌 너희 양심으로 죽은 행실에서 깨끗하게 하고 살아계신 하나님을 섬기게 못하겠느뇨

일반적으로는 그리스도를 믿어 죄를 용서받으면 곧바로 죄가 없어졌기에 깨끗하므로 의인이 된다고 생각을 하겠지만 실제 영적인 법칙상으로 보면 전혀 그렇지 않다. 일단 죄(불법)를 용서받게 되면 아담이 범죄하기 이전의 상태로서 무죄(無罪) 상태와 무의(無義) 상태로 돌아가게 되는 것이다.

본래 아담이 의인이 되려면 무죄, 무의 상태에서 하나님께 완전한 순종을 하여야만 영생이신 하나님의 의가 그의 영에 연합하여 한 영이 되어 완전한 의인이 될 수 있다. 그러나 첫째 아담은 실패하였고 그로 인하여 그의 후손들도 이미 사망에 처해졌기에 생명과 사망을 선택할 수 있는 자격이 없어졌다. 또한 마귀의 유혹을 물리치는 능력과 하나님께

온전한 순종을 할 수 있는 능력이 전혀 없다. 그러므로 단순히 죄(불법)에 대하여 용서를 받았다고 해서 영적인 하나님의 의를 소유한 의인이 된 것이 아니다.

2) 그리스도의 말씀을 의미하는 떡

신약 성경에서 예수님이 말씀하신 떡은 인간의 영이 먹어야 할 참된 양식이며 아담이 에덴동산에서 먹었어야 하는 생명나무의 실과를 의미하고 있다.

인간은 반드시 자유 의지적인 선택과 순종에 의하여 완전한 '하나님의 의'와 연합해야 하는데 위에서 언급한 바와 같이 세상은 이미 아담 안에서 하나님께 순종하는 것에 실패하였고 순종할 만한 능력도 전혀 가지고 있지 않다. 그렇지만 예수께서는 우리를 대신하여 악한 자에게 시험을 받으셨는데 그는 말씀에 온전히 순종하시고 얻으신 의를 믿는 모든 자들에게 값없이 주셨다.

이와 같이 하나님께서는 예수님을 믿는 모든 자에게는 하나님의 의를 소유할 수 있도록 허락해 주셨다. 아무 공로가 없는 인간이라 할지라도 믿음으로 그리스도의 의를 소유함으로써 의인이 되는 것에 대하여 마귀가 참소를 할 수 없게 하신 것이다. 그러므로 보이는 선악의 율법(육체)을 범한 죄를 용서받게 되면 죄가 없으므로 의인이 되었다라고 부추기는 것은 예수님이 율법을 완성하신 완전한 의(영)의 개념을 모르고 있는 상태이다.

이처럼 하나님의 의(義)는 말씀이신 빛을 가리키는데 에덴동산에서 아담이 하나님께 순종하여 먹어야 했던 영으로서의 '영생'이기도 하다.

성경에서 "이것을 행하여 나를 기념하라"(고전11:24)라고 하신 말씀은 진리의 말씀(영)을 깨달아 먹고 마심으로써 생명 안에 머물러 있으라는 의미이다. 베드로 사도의 고백도 함께 들여다보도록 하자.

벧전2:24 친히 나무에 달려 그 몸으로 우리 죄를 담당하셨으니 이는 우리로 죄에 대하여 죽고 의에 대하여 살게 하려 하심이라 저가 채찍에 맞음으로 너희는 나음을 얻었나니

그러므로 인간의 영에 있는 불법에 대해서만 용서를 받는 상태라면 하나님의 의를 소유

한 의인이 된 것이 아니라 법적으로는 에덴에서 죄(불법)를 범하지 아니한 무의, 무죄 상태가 되는 것이다.

3) 떡과 잔을 합당하게 먹는 것에 대하여 눅24:27-30

어떤 이들은 성찬식에 참여할 때 일상에서 지은 죄를 회개하지 않고 성찬을 하게 되면 죄가 된다고 경고하기도 한다. 이런 경고를 듣게 되면 꺼림칙하고 두려운 나머지 성찬을 하기 전에 자기의 마음속으로 전에 범했던 행위(율법을 범한 행실)적인 죄들을 고백하기도 한다. 그러나 예수님의 살과 피를 먹고 마신다고 하는 진정한 의미는 실제 떡이나 포도주 자체를 먹는 것이 아니라 예수 그리스도의 대속하심으로써 우리의 죄를 깨끗하게 하심과 그분이 말씀께 순종하심으로 의로움을 얻으신 것을 우리의 영 안에서 연합하게 하기 위하여 믿는 것이 떡을 먹고 포도주를 마시는 참된 성찬의 의미이다.

> 고전11:29-30 주의 몸을 분변치 못하고 먹고 마시는 자는 자기의 죄를 먹고 마시는 것이니라 이러므로 너희 중에 약한 자와 병든 자가 많고 잠자는 자도 적지 아니하니

그렇다면 주의 몸을 분별하지 못하고 먹고 마시는 것은 자기의 죄를 먹고 마시는 것이라는 말씀의 의미는 무엇일까? 여기서 '주의 몸을 분변치 못하고'의 의미는 육체의 교훈과 영과 진리를 분별하지 못하는 것이며 죄를 먹고 마신다는 것은 육체인 세상의 교훈을 먹고 마시게 되는 것을 의미한다. 즉, 말씀을 올바르게 분별하지 못하면 주의 몸(생명의 양식)을 먹게 되는 것이 아니라 주의 몸같이 보이는 거짓된 복음갈1:8-9을 먹게 되는 것이다. 또한 그것을 받아먹은 결과로 그의 영은 약하게 되고 병들게 되며 심지어는 사망(잠자는 자)에 이르게 된다고 경고를 하고 있다.

> 요일3:4 죄를 짓는 자마다 불법을 행하나니 죄는 불법이라

위의 말씀에서 죄는 보이는 선악을 말하는 것이 아니라 아담의 영 안에 들어와 있는 불의(不義)의 영(육체)과 연합한 것을 가리키고 있다. 그러므로 오늘날 수많은 기독교회에서 먹여 주고 있는 양식들이 과연 예수님께서 나누어 주시는 진리인지를 뒤돌아보아야 한다.

4) 하나님의 이름으로 차려 주는 사탄의 성찬

만약에 보이는 선악의 율법을 범한 죄를 속죄하시기 위하여 예수께서 희생을 하셨다고 믿고 있다면 그는 하나님의 영(말씀)을 받은 것이 아니라 육체(땅)의 교훈을 받아서 거짓의 영인 죄를(불법) 먹고 마시고 있는 것이다. 그러므로 성찬에 참예하는 참된 의미는 포도주 잔이나 떡에 있는 것이 아니며 또한 화체설이나 기념설 같은 교리 안에 생명이 있는 것도 아니다.

먼저 우리는 그리스도의 희생으로 말미암아 불법의 죄가 씻겨졌으며 하나님의 말씀(진리)이 우리의 의가 되어 주셨다는 것을 확실히 믿어야 한다. 이러한 사실에 대하여 날마다 영혼 안에서 말씀으로 새롭게 하는 것을 성찬이라고 하는 것이다.

오늘날 사탄은 보이는 이 세상에서 윤리, 도덕의 착한 행실들이 하나님의 의에 속한 것이라고 가르치고 있지만 이 세상에 있는 어떠한 선이나 의도 하나님께 속한 것이 아니다. 이 세상의 선과 의는 모두 이 세상의 불법의 영에서 돋아나온 것이다. 그러므로 '주의 몸(말씀)'을 분별하지 못하면 이 세상 가르침인 '죄(불법)'를 먹고 마시게 된다는 사실을 잊지 말아야 하며 그러한 거짓 교훈들에 대하여 경계해야 한다.

08
완전한 속죄 제사의 완성

모형적인 속죄 제사 레16:3-28

레위기 16장의 대속죄 제사는 예수 그리스도로 말미암아 이루실 온전한 속죄 제사를 미리 보여 주시기 위한 모형이다.

역할	모형적인 대속죄 제사	완전한 속죄 제사
제물	염소 두 마리	어린양 예수 요1:29
대제사장	아론	부활하신 예수 히5:1-5
죄의 전가	두 뿔 사이에 전가의 안수	세례를 받으심 마3:13-17
희생(뜰)	동물의 피 히10:4	어린양의 피 히9:23
성막	모세가 지은 성막 히8:5	더 크고 온전한 장막 히8:2
속죄장소(지성소)	하늘에 있는 것의 모형	천국 지성소 히9:24

먼저 레위기 16장에 나타난 대속죄 제사를 간단히 살펴보면 속죄를 위한 어린 염소 두 마리를 준비하여야 한다. 여기서 두 마리의 의미는 예수 그리스도의 속죄를 위한 사역의 두 가지 측면을 드러내시기 위함이다. 그리고 해마다 대속죄를 하는 날에는 대제사장이 뜰에서 염소의 두 뿔 사이에 손을 얹어 백성들의 죄를 고백하여 전가를 한다. 그리고 희생의 제물인 어린양을 죽인 후 제물이 흘린 피를 가지고 성소를 지나 지성소로 들어가서 속죄를 하여야만 이 속죄의 제사가 종결이 된다.

이렇게 모형적으로 보여 준 속죄 제사를 완성하시기 위하여 육체를 입고 이 땅에 오신 예수님은 요한을 통하여 이 세상의 죄를 전가받으셨다. 그리고 성막 안에 뜰에서 백성들이 보는 가운데 어린양이 죽임을 당하였던 것처럼 영문 밖으로 끌려가 십자가 위에서 저주를 받으셨다. 그런데 예수님께서 죽임을 당하신 것은 단순히 영혼과 육체의 분리만을 뜻하는 것이 아니라 인간이 불법에 순종하여서 한 영이 된 죄에 대하여 대신 짊어지시고 저주를 받으신 것이다.

 이렇게 예수님께서는 자기 백성들의 죄를 대속하기 위한 희생양으로서 사탄에게 내어준 바가 되었는데 전인적(全人的)으로 저주를 받아야만 하는 인간 예수의 수난이 시편에 기록되어 있다시22:1-21.

> 시22:15-16 내 힘이 말라 질그릇 조각 같고 내 혀가 잇틀에 붙었나이다 주께서 또 나를 사망의 진토에 두셨나이다 개들이 나를 에워쌌으며 악한 무리가 나를 둘러 내 수족을 찔렀나이다

 앞의 도표에서 보여 주듯이 예수께서는 친히 속죄의 제물인 어린양으로서 희생이 되셨다. 이러한 완전한 제사를 종결하기 위해서는 완전한 대제사장이 완전한 희생의 피를 가지고 하나님이 계시는 하늘 지성소히8:2에 들어가셔서 속죄를 완성해야만 한다. 부활하신 예수 그리스도는 완전한 속죄 제사의 완성을 위하여 완전한 대제사장히5:5이 되어 주셨고 하늘 지성소(천국)에 들어가셔서 영원한 속죄를 완성하신 것이다. 이로써 세상의 죄(불법)를 속죄하는 제사는 십자가 위에서 완성이 된 것이 아니라 하나님이 계시는 천국에서 완성이 된 것이며 모든 인류를 위한 구원의 길이 열리게 될 것이다.

| 09 |
독생자 요1:14-18

> 요1:14 말씀이 육신이 되어 우리 가운데 거하시매 우리가 그 영광을 보니 아버지의 독생자의 영광이요 은혜와 진리가 충만하더라

 예수 그리스도는 창세전부터 하나님과 함께요17:5 말씀으로 계셨으며요1:1 하나님의 아들이

시며 창조자이시다 요1:10, 요17:14.

1) 하나님을 본다고 하는 것

"말씀이 육신이 되어"요1:14의 말씀처럼 예수님께서는 자기 백성들에게 의와 진리를 소유하게 하시려고 이 세상(땅)에 육신(몸)을 입고 찾아오신 것이다.

그렇다면 독자들이 생각할 때에 '예수 그리스도의 외적인 모습이 곧 하나님의 모습인가?' 하고 궁금해할 수도 있다. 여기서 하나님을 본다고 하는 것은 예수님의 육신(몸)이나 외적 형태를 말하는 것이 아니라 진리의 말씀을 깨닫게 될 때에 그의 영으로 만지며 보고 듣게 되는 것을 의미한다요일1:1. 그러나 영과 진리인 말씀을 깨닫지 못하게 된다면 눈앞에 계신다고 하더라도 만나 볼 수가 없다. 그러므로 엠마오로 내려가다가 예수님을 보게 되었던 두 제자처럼 말씀으로 영적인 지각이 열려야만 눅24:31-32 비로소 영이신 예수님을 보며 함께 동행하신다는 것을 알게 된다.

2) "육신이 되어"라는 뜻은 무엇인가

물론 문자적으로만 보면 예수께서는 세상이 보고 만질 수 있는 사람의 육체를 입고 자기 백성을 찾아오신 것이다. 그러나 말씀이신 하나님을 보이는 육체로 나타내어 주신 것은 더 깊은 영적인 의미가 있다. 이는 인간(세상)이 육체(불법)에 속한 '땅'이 되었기에 예수께서는 육체(불법)에 속한 죄를 속죄하기 위해서 이 땅에 오셔서 육체로 저주를 받아 죽임을 당하신 것이다. 이 놀라운 희생을 어느 누가 감히 상상이나 할 수 있었겠는가?

은혜와 진리가 충만한 예수 그리스도

요1:17 율법은 모세로 말미암아 주신 것이요 은혜와 진리는 예수 그리스도로 말미암아 온 것이라

본래 모세의 율법은 세상의 선과 악으로 정죄하고 죽이는 법조문으로 주신 것이 아니라 그리스도의 율법(영)을 통하여 완전한 의가 되신 예수 그리스도를 발견할 수 있도록 하시

려고 주신 것이다行7:38, 롬7:10.

만약, 구약 성경이 유대인들이 이해하고 있는 세상의 선이나 악을 지키라고 주신 율법이라면 신약 성경의 가르침과 정면충돌을 하게 된다. 이는 하나님께서 거짓말쟁이가 되거나 바리새인들이 주장한 것처럼 예수에게 귀신이 들렸거나 미쳤다고 하는 말이 맞는 결과가 되는 것이다.

그러나 구약 성경의 율법은 모형적인 진리의 영으로서 그리스도의 율법을 나타내고 있다. 이 율법은 모세를 통하여 미리 계시해 주셨으며 그리스도의 율법이 지시하는 것은 예수 그리스도 안에 있는 십자가를 통하여 이루어진 속죄(은혜)와 거저 안겨 주시는 하나님의 의(진리)를 나타내고자 하셨다갈1:17. 또한 영으로서의 모세의 율법에 의하여 숨겨진 죄의 정체가 드러나게 되고 예수 안에서 그 권세는 십자가에서 못 박힘을 당하게 됨을 나타내 주신 것이다마5:17-18.

> 골2:9 그 안에는 신성의 모든 충만이 육체로 거하시고

> 골1:19 아버지께서는 모든 충만으로 예수 안에 거하게 하시고

이 모든 것은 사람으로서 육체가 되신 예수 그리스도를 통하여 하나님께서 전부 이루신 것이며 그리스도를 믿는 자들에게는 하나님께서 이루셨던 그 속죄의 은총을 값없이 주신다. 이것이 바로 충만하신 하나님께서 믿는 자에게 거저 주시는 은혜라고 하는 것이다.

3) 충만한 은혜가 어떻게 나타났는가?

> 창22:2 여호와께서 가라사대 네 아들 네 사랑하는 독자 이삭을 데리고 모리아 땅으로 가서 내가 네게 지시하는 한 산 거기서 그를 번제로 드리라

충만하신 하나님께서는 이미 저주를 받은 이 세상을 구원하기 위하여 독생자 예수를 그 속죄양으로 주시고 그를 통해서 우리에게 찾아오셨다.

4) 하나님의 독생자, 예수

아브라함이 백 세에 낳은 이삭을 대하여 말씀하시기를 "네 아들 네 사랑하는 독자 이삭" 창22:2이라고 하셨으며 이삭은 장차 오실 예수 그리스도의 모형이었다. 이렇게 아브라함과 하나님의 언약을 믿는 자들의 계보에서 오시게 된 하나님의 아들이 바로 예수 그리스도이다.

구약 성경에서 아브라함과 이삭의 사건을 통하여 보여 주시는 것은 하나님께서 친히 백성들의 죄를 대속하기 위하여 어린양 예수를 예비하신다는 것을 보여 주신 것이다. 그리고 하나님의 사랑은 아브라함이 이삭을 드림과 같이 그 아들 예수를 번제로 드려 자기 백성들의 죄를 속죄하여 주실 것을 이미 창세전에 계획을 하셨다창22:7.

창22:10 손을 내밀어 칼을 잡고 그 아들을 잡으려 하더니

이와 같이 아브라함이 독자 이삭을 죽여 번제로 드리려 했던 사건은 하나님께서 예수 그리스도를 통하여 세상을 구원하시려는 십자가의 대속을 예표로 보여 주신 말씀이다. 하나님께서는 세상으로 하여금 영생을 소유한 자녀가 될 수 있게 하기 위하여 그 아들을 속죄물로 내어 주셨으며 예수께서는 그 아버지의 행하심에 대하여 온전하게 순종하시고 백성들을 위하여 십자가에 달리셨다.

| 10 |
시험을 받으시는 예수 마4:1-11

1) 첫째 아담의 시험

창2:9 그 땅에서 보기에 아름답고 먹기에 좋은 나무가 나게 하시니

이 세상의 땅의 눈으로 보았을 때에 사탄이 먹으라며 재촉하였던 선악과가 생명나무의 실과보다도 더 진리같이 보이고 또 아름답고 맛있어 보였던 것이다.

> 창3:6 먹음직도 하고 보암직도 하고 지혜롭게 할만큼 탐스럽기도 한 나무인지라 여자가

신약 성경에서는 이것을 **"이 세상이나 세상에 있는 것"**이라고 하였고요일2:15 구체적으로는 육신의 정욕, 안목의 정욕, 이생의 자랑이라고 하였다요일2:16.

어떤 이들은 이것을 인간의 의식주와 관련하여 발생하는 혼적인 속성이라고 이해를 하고 있으나 실제로는 인간을 속이고 있는 거짓 영의 속성이 육신의 정욕, 안목의 정욕, 이생의 자랑이다.

2) 육신의 정욕이라는 정체

하와는 거짓 영인 사탄의 말은 세상적으로 먹음직스럽고 보암직하여 탐스러워 보였기에 선악과를 따서 먹고는 그녀의 남편인 아담에게도 주어 그도 함께 먹었다. 아담이 선악과(죄)를 먹고 육체의 정욕을 따라 불의(세상의 의)와 연합하게 되었고 모든 인류는 멸망에 이르게 된 것이다.

> 약1:14-15 오직 각 사람이 시험을 받는 것은 자기 욕심에 끌려 미혹됨이니 욕심이 잉태한즉 죄를 낳고 죄가 장성한즉 사망을 낳느니라

> 창3:5 너희가 그것을 먹는 날에는 너희 눈이 밝아 하나님과 같이 되어 선악을 알 줄을 하나님이 아심이니라

동산 중앙의 나무(율법) 실과는 진리로 순종하면 생명으로 눈이 밝아지게 되고, 불법으로 순종하면 사망으로 눈이 밝아지게 되는데 사탄은 자기의 종이 되게 하려고 거짓말로 유혹을 하였다. 사탄은 돕는 배필로 지음을 받은 여자인 하와에게 그 실과(법)를 이 세상의 율법으로 받아들이도록 먼저 속이는 것에 성공을 하였다. 그리고 하와로 하여금 아담에게 주게 하여 사망의 자식이 되게 하였다.

만약, 여자인 하와가 아담을 돕는 배필로서 그 실과를 생명 실과로 받아먹고 아담에게

주었더라면 아담은 그리스도의 율법을 상징하고 있는 생명 실과를 먹고 영생을 소유하게 되었을 것이다. 그러나 선악과(거짓의 영)는 오직 육체(세상)에 대하여 이 세상의 것으로 탐욕을 갖게 하고 보이는 외적인 것만을 추구하게 만들어 버렸다.

3) 육신의 정욕을 따르는 세상

요일2:16 이는 세상에 있는 모든 것이 육신의 정욕과 안목의 정욕과 이생의 자랑이니 다 아버지께로 좇아 온 것이 아니요 세상으로 좇아 온 것이라

오늘날 많은 사람들이 '육신의 정욕'이라는 말씀을 율법적으로 해석을 하여 '육신'이라는 단어를 인간의 몸 그 자체로 이해를 하고 있는데 그것에 기초한 가르침들이 얼마나 어리석고 율법적인가를 짐작할 수가 있다.

사탄은 아담과 하와에게 선악과를 먹으면 눈이 밝아지고 하나님처럼 된다고 유혹하였는데 오늘날에도 이 세상의 보이는 선과 악으로 눈이 밝아진 자들은 사탄이 주는 것을 먹으면서 이 세상으로 눈이 더 밝아지려고 노력을 하며 살아간다.

4) 둘째 아담인 예수 그리스도의 시험

마4:1-3 그때에 예수께서 성령에게 이끌리어 마귀에게 시험을 받으러 광야로 가사 사십 일을 밤낮으로 금식하신 후에 주리신지라 시험하는 자가 예수께 나아와서 가로되

첫 번째 시험

첫 사람인 아담을 속이고 죽였던 사탄은 하나님께서 이 세상에 예수를 보내려고 하시자 곧바로 하나님의 계획을 알아차리고 이것을 훼방하고자 궤계를 세웠다. 그러나 하나님께서는 예수로 하여금 시험을 받게 하시고자 광야로 보내어 금식을 하시게 하셨다. 이에 사탄은 예수에게 "만일 하나님의 아들이어든 명하여 이 돌들이 떡덩이가 되게 하라"마4:3라고 말하며 첫 번째 시험을 한 것이다. 그리고 사십 일을 금식을 하신 예수께서는 이 모든 세

상을 대표하여 시험을 받으셨는데 성경에서는 성령의 이끌림을 받아서 이루어졌다고 밝히고 있다.

눅4:2 이 모든 날에 아무것도 잡수시지 아니하시니 날 수가 다하매 주리신지라

이 말씀에서 예수께서 금식을 하셨다고 기록되었는데 그것은 실제로 음식을 먹지 않으신 것은 사실이지만 영적인 의미로는 하나님과의 영적인 상응(相應)이 완전히 끊어진 상태를 말한다. 이는 예수께서 하나님의 개입이 배제된 상태에서 철저하게 인간으로서 시험을 받아야 하고 둘째 아담의 자리에서 생명이나 사망을 선택을 할 수 있는 공정한 조건에서 하나님의 말씀에 온전한 순종을 해야만 했기 때문이다.

즉, 예수께서 인간으로서 사탄의 시험을 이겨내고 하나님의 말씀에 순종하여서 하나님으로부터 의롭다고 인정을 받아야만 하기 때문이다. 에덴동산에서 아담을 시험하여 죽게 만들던 사탄은 세상을 구하기 위하여 세상에 찾아온 둘째 아담이신 예수에게 다가가 이 세상(땅)에 속한 육체의 정욕(탐심)으로 시험을 하였다.

마4:4 예수께서 대답하여 가라사대 기록되었으되 사람이 떡으로만 살 것이 아니요 하나님의 입으로 나오는 모든 말씀으로 살 것이라 하였느니라 하시니

위 말씀과 같이 예수께서는 하나님의 말씀만을 진리의 양식으로 여기어 온전한 순종을 성취하셨다. 이 시험은 영(생명)인 하나님의 말씀을 육(땅)의 것으로 변개를 시켜 둘째 아담 예수에게 먹이려고 한 사탄의 유혹이었다. 교활한 사탄은 세상을 대신하여 시험을 받으시는 예수를 속이기 위해서 굶주린 예수에게 이 세상의 떡(육체와 불법의 교훈)으로 먹으라고 신8:3의 말씀을 이용하여 유혹을 한 것이다.

사탄은 오늘날에도 그의 종들을 통하여 역사를 할 때 하나님의 말씀을 이용하여 속이고 있다는 사실이다. 그런데 이런 음모에 대하여 분별을 할 만한 안목이 없는 세상은 이것을 하나님의 말씀이라고 믿고 따라가고 있다. 그러나 사탄에게 시험을 받으시는 예수께서는 위로부터 내려오는 영의 말씀(진리)으로만 사는 것이라고 하며 땅의 교훈에 속지 않으셨던 것이다.

딤전3:16 육신으로 나타난 바 되시고 영으로 의롭다 하심을 입으시고

히5:8-9 그가 아들이시라도 받으신 고난으로 순종함을 배워서 온전하게 되었은즉 자기를 순종하는 모든 자에게 영원한 구원의 근원이 되시고

 사탄은 이렇게 예수를 통하여 세상을 구원시키기 위한 하나님의 계획을 망쳐 버리기 위하여 땅의 것으로 유혹을 하였지만 예수께서는 하나님의 말씀에만 순종을 하셨다. 중요한 것은 하나님께서 이러한 시험을 허락하신 이유가 따로 있는데 그 이유는 인간이신 예수께서 하나님께 온전한 순종을 성공해야만 의롭게 되고^{히4:15} 그를 믿는 자는 그로 말미암아 완전한 의를 소유한 자가 될 수 있기 때문이다.

두 번째 시험

마4:5 이에 마귀가 예수를 거룩한 성으로 데려다가 성전 꼭대기에 세우고

 사탄은 예수를 데려다가 시91:11-12의 말씀을 이용하여 말하기를 네가 하나님의 아들이라면 뛰어 내려서 사자(천사)들로 하여금 발이 상하지 않게 하는 모습을 보여 달라며 시험을 한 것이다. 이는 영의 말씀을 불법인 이생의 자랑거리로 만들어 버리려는 사탄의 술책이었다. 그러나 예수께서는 "주 너의 하나님을 시험치 말라"^{마4:7}라고 하시며 신6:16의 말씀과 같이 하나님의 말씀에 순종하셔서 이 시험에서 이기셨다.

세 번째 시험

마4:8-9 마귀가 또 그를 데리고 지극히 높은 산으로 가서 천하 만국과 그 영광을 보여 가로되 만일 내게 엎드려 경배하면 이 모든 것을 네게 주리라

 공중 권세를 잡고 있는 사탄은 신6:13에서의 말씀을 자기에게 이루어지게 하기 위하여 예수에게 육신과 안목의 정욕인 세상의 영광을 주겠다며 순종을 요구하는 시험을 하였다. 그러나 예수께서는 오직 하나님만을 경배하며 섬길 것^{마4:8}이라 말하며 사탄의 유혹을 물리치셨다. 이렇게 마지막 시험까지도 온전히 말씀에 순종하셔서 시험에서 승리하셨던 것이다. 첫째 아담과 그의 후손들은 이미 이 시험하는 자(사탄)에게 미혹이 되어 불법의 자식이

되어 버렸다. 그러므로 세상에서 이 시험을 이길 수 있는 자는 오직 사람으로 오신 예수님밖에 없으시며 믿는 자도 그를 통하여 함께 세상을 이기게 된 것이다.

| 11 |
두 감람나무 슥4:1-14

슥4:11 내가 그에게 물어 가로되 등대 좌우의 두 감람나무는 무슨 뜻이니이까 하고

슥4:14 가로되 이는 기름 발리운 자 둘이니 온 세상의 주 앞에 모셔 섰는 자니라 하더라

1) 미혹의 영들의 출현

각 시대마다 자기가 세상에 찾아온 감람나무라고 하며 세상을 어지럽히는 자들이 나타나기도 하는데 이는 감람나무의 의미를 악용하여 출현하고 있는 악한 자들이다.

이 세상은 신적인 존재나 영웅을 숭배하고자 하는 본성을 갖고 있는데 이는 인간의 영혼 속에는 애굽의 바로 왕 같은 존재가 도사리고 있어서 무의식적으로 그의 지배에 따르고자 하는 속성이 있기 때문이다. 이것을 알고 있는 사탄은 자칭 재림 예수라고 주장하는 늑대들을 시대별로 내보내고 있다. 이들은 주로 보이는 이적과 기적을 행하여 미혹을 하는데 사람들은 거짓말을 하는 영들에게 쉽게 미혹이 되어 버린다.

예수 그리스도의 속죄는 이미 완성되었기에 예수님이 썩어질 육체의 몸을 입고 또다시

이 세상(땅)에 오셔야 할 이유가 전혀 없다. 그러므로 이러한 거짓된 영들에게 절대로 속아 넘어가는 일은 없어야 한다. 그들은 예수님이 구름을 타고 오실 것이라고 성경을 문자적으로 이해하고 있지만 다시 오실 재림 예수께서는 보이는 이 세상을 포함하고 있는 공중이라고 하는 '영계'에 신부를 맞이하러 재림하게 되신다. 또한 재림하시는 예수님은 보이는 이 세상의 어느 나라의 하늘에 재림을 하시는 것이 아니며 또한 종교 지도자나 선지자로 재림하셔야 할 이유도 전혀 없으시다. 그러므로 자기가 재림 예수로 왔다고 하는 이들은 악한 자로부터 보냄을 받아 출현한 영이다.

2) 보이는 기적과 이적의 미혹

신약 성경에서 질병의 치유, 귀신의 축사 등에 대한 말씀들은 모두 영적인 진리를 세상에 드러내시기 위한 수단이었으며 방편으로서 기록이 된 것이다. 즉, 성경에서의 모든 질병의 치유, 귀신의 축사 등의 보이는 기적과 이적들은 진리의 말씀으로 치유하시는 것을 드러내기 위하여 사용하신 계시의 수단이었다.

그러므로 성경에 기록이 된 기적과 이적, 치유의 말씀은 오늘날 기도하다가 병이 낫는 등의 일상적인 몸의 치유와는 완전히 다른 차원이다. 그러므로 일반적인 질병의 치유와 귀신의 축사 같은 것들은 진리의 영(말씀)과는 아무런 상관이 없을 수도 있다는 것을 알아야 한다.

대부분의 기독교에서는 육체(몸)의 질병을 치유하는 것을 모두 하나님께서 역사하신 것으로 인식을 하고 있다. 물론 치유의 은사는 하나님께서 내려 주시는 선물일 수도 있으나 사탄도 얼마든지 위장하여 나타낼 수가 있다. 그러므로 불법인 죄를 씻거나 영혼을 치유하는 것을 제외하고 일반적인 치유들에 대하여는 별 다른 의미를 부여해서는 안 된다.

더 중요한 사실은 이러한 일반적인 육체(몸)의 치유나 기적은 미신, 신념, 종교 등에 의하여 얼마든지 나타날 수 있는 것이다. 이는 일부러 신유의 은사나 귀신을 내쫓는 사역을 멸시하고자 하는 것이 아니다. 큰 문제는 보이는 이적, 치유를 하나님이 역사하신 것으로 믿게 하고 교인들로 하여금 보이는 것을 추종하도록 유혹하고 있다는 사실이다.

만약, 사역자들이 진리의 영이신 하나님의 말씀을 제쳐 두고 귀신을 쫓거나 병을 고치려고만 한다면 차라리 교회가 아닌 병원을 개설하는 편이 훨씬 나을 것이다. 이런 것들이 오히려 영과 진리를 깨닫지 못하도록 눈을 어둡게 하고 불법의 교훈을 먹여 주는 수단이 되지는 않았는지 되돌아보아야 할 것이다.

3) 두 감람나무의 실체

슥4:14 가로되 이는 기름 발리운 자 둘이니 온 세상의 주 앞에 모셔 섰는 자니라 하더라

이 말씀에서 말하는 '기름 발리운 자'가 신이 아닌 사람이라는 것에 대해 확실한 이유를 성경을 통하여 설명하도록 하겠다.

이 감람나무를 이 세상의 모든 어떤 선지자나 천사, 대단한 사역자로 볼 수가 없는 이유는 하나님 앞에서 기름 발린(부음을 받은) 자는 예수 그리스도 외에는 단 한 명도 있을 수 없기 때문이다. 그러므로 감람나무는 예수 그리스도로 해석하여야 하는데 그렇게 되면 '왜 감람나무가 둘인가?' 하는 의문이 발생하게 된다. 결론부터 말하자면 그것은 예수 그리스도의 인성(사람)으로서의 두 가지 사역을 드러내고 있는 것이다.

이와 같이 해석을 하는 이유는 아래와 같다.

첫째는 두 감람나무는 성소에 있었으며 또 등잔대 곁에 있었다는 것슥4:2은 영적인 죄의 실체를 밝혀내는 그리스도의 율법의 역할과 관계가 있다. 여기서 등잔대는 불법과 어둠의 일곱 가지의 속성을 밝혀 주는 것을 의미한다사26:25.

둘째는 슥4:14에서, **"기름 발리운 자 둘이니"**라고 하였고 뒤에는 "온 세상의 주 앞에 모셔 섰는 자니라"라고 하였는데 만약, 두 사람을 나타내는 복수의 의미가 맞다면 **"주 앞에 모셔 섰는 자들이니라"**라고 기록이 되어야 하겠지만 여기서는 한 명을 의미하는 단수로써 기록이 되어 있다.

셋째는 "이는 힘으로 되지 아니하며 능으로 되지 아니하고 오직 나의 신으로 되느니라" 슥4:6. 이는 예수 그리스도를 의미하며 장차 예수께서 하시게 될 감람나무의 역할인 백성의 죄를 사하고 또 의롭게 하는 것에 대한 역할을 나타내고 있다.

4) 한 사람(예수 그리스도)의 두 가지 사역

슥11:7-15에는 두 가지 막대기가 등장하는데 하나는 은총이라는 막대기이며 다른 하나는 연락(연합)의 막대기이다. 이는 예수 그리스도께서 인성(사람)으로서 담당하셔야 하는 두 가지 사역을 의미한다.

은총의 막대기

슥11:10 이에 은총이라 하는 막대기를 취하여 잘랐으니 이는 모든 백성과 세운 언약을 폐하려 하였음이라

은총의 막대기는 불법의 속해 버렸던 백성의 죄를 대신 지시고 십자가에서 죽임을 당하신 하나님의 어린양이신 예수를 통하여 불법 아래에 가두어 정죄하게 하였던 율법 조문의 효력을 도말하신 것을 말한다. 이는 인성(사람)으로서의 속죄를 위한 십자가의 구속사역을 말씀하시는 것이다.

마27:6-7 대제사장들이 그 은을 거두며 가로되 이것은 피 값이라 성전고에 넣어 둠이 옳지 않다 하고 의논한 후 이것으로 토기장이의 밭을 사서 나그네의 묘지를 삼았으니

행1:18 이 사람이 불의의 삯으로 밭을 사고 후에 몸이 곤두박질하여 배가 터져 창자가 다 흘러나온지라

예수 그리스도는 이스라엘을 대신하여 속죄양으로써 죄를 짊어지시고 십자가에서 죽임을 당하기 위하여 가룟 유다에 의하여 팔리게 되었다. 그리고 대제사장은 예수를 배반한 대가로 유다에게 은 삼십을 달아 주었지만 결국 그는 스스로 목을 매어 자살을 하였다. 슥11:13의 말씀은 유다가 사탄이 조종하는 대로 예수님을 대제사장에게 넘겨주었던 사건을 조명해 주고 있다.

연락(연합)의 막대기

슥11:14 내가 또 연락이라 하는 둘째 막대기를 잘랐으니 이는 유다와 이스라엘 형제의 의를 끊으려 함이었느니라

연락(연합)의 막대기란 첫 사람 아담이 하나님께 대한 순종에 실패하였지만 마태복음 4장에서 밝혀진 것처럼 예수께서 하나님의 아들이심에도 불구하고 세상을 대신하여 시험을 받을 때에 오직 하나님의 말씀에게만 순종을 하셨다^{히5:8}. 그 순종하심으로 인해 완전한 의를 가지게 되셨고 또 그를 믿는 자에게 그와 동일한 하나님의 의를 주셔서 의인이 되게 하셨다. 이것이 바로 하나님의 의를 소유하게 하시려는 연합의 막대기로서 사역이다.

> 벧전2:24 친히 나무에 달려 그 몸으로 우리 죄를 담당하셨으니 이는 우리로 죄에 대하여 죽고 의에 대하여 살게 하려 하심이라 저가 채찍에 맞음으로 너희는 나음을 얻었나니

이는 세상이 절대로 할 수 없는 두 가지의 사역을 예수 그리스도께서 친히 담당하셨음을 말씀하신 것이며 자기 백성으로 하여금 죄에 대하여 씻음을 받고 그와 동시에 하늘의 의를 얻게 하신 것이다.

| 12 |
하나님의 구속사적 예정 롬9:8-13

> 롬9:13 기록된바 내가 야곱은 사랑하고 에서는 미워하였다 하심과 같으니라

어떤 해석에 의하면 야곱과 에서는 태어나기 전부터 이미 하나님의 의지에 의해서 개인적으로 야곱은 구원을 받도록 선택하고 에서는 선택하지 않고 미워하셨다고 한다. 그래서 모든 인간들은 하나님의 의지에 의하여 구원을 받도록 선택을 받았거나 또는 일방적으로 버림을 받도록 결정되었다고 주장하기도 한다.

1) 창세전에 하나님의 선택에 의하여 구원이 결정되었는가?

첫 번째 문제점

만약 창세전에 하나님의 주권에 의하여 선택을 받은 자들에게만 구원받을 수 있도록 결정된 것이라면 하나님께서는 인간의 자유 의지에 의한 어떠한 순종도 요구하실 필요가 없을 것이다. 더 나아가 이러한 논리는 복음을 영접하지 않았거나 미처 복음을 듣지 못하고 세상을 떠난 모든 사람들은 하나님에 의하여 창세전에 버려진 사람들이라고 하는 결론에 도달한다. 이러한 견해는 각 개인의 자유 의지는 존재할 수 없으며 설사 존재한다고 하더라도 예수 그리스도를 영접하거나 또는 영접하지 않는 것에서 전혀 영향을 줄 수 없다는 이치가 된다.

두 번째 문제점

그리고 하나님의 일방적인 선택에 의하여 개인의 구원이 결정된다면 예수 그리스도의 십자가의 대속을 믿는 '믿음'보다도 하나님의 무조건적인 '선택'이 더 중요한 중심점이 된다는 결론이 된다. 결국 **'창세전에 선택을 받음'**이 **'예수 그리스도의 십자가의 대속을 믿는 믿음'**보다도 더 중요한 구원의 핵심 요소가 된다는 것이다. 그리고 복음을 영접하지 않거나 거절한 자들의 행위도 하나님에 의하여 작정된 것이라고 보아야 하는 심각한 문제가 발생하게 된다. 이 논리에 의하면 기독교인들이 믿음을 갖게 되더라도 그것은 자유 의지적인 순종에 의한 것이 아니라고 하는 모순이 발생한다.

세 번째 문제점

이러한 견해를 주장하는 이들은 아담이 선악과를 먹고 불법과 한 영이 된 사건은 '자유 의지적인 결정'에 의하여 발생한 것이 아니라고 판단을 한다. 그들은 말하기를 아담의 타락은 우연히 발생한 것이 아니며 '하나님의 작정과 의지'에 의하여 발생한 것인데 아담으로 하여금 선악과를 따서 먹을 수밖에 없도록 '자유 의지'를 제한받았다고 주장을 한다.

다시 말하면 하나님께서 아담으로 하여금 일부러 선악과를 먹도록 아담의 의지를 조정해 놓았다는 이론이다. 그러나 이러한 논리에 의하면 아담에게서 난 모든 인간은 한 영이므로 역시 하나님에 의하여 **"제한을 받은 상태의 의지"**를 가지고 있다는 결론이 된다. 이러한 주장들은 결과적으로 하나님이 자기 목적을 성취하기 위하여 악한 일도 계획하고 실행할 수 있다고 하는 무서운 교리가 되는 것이다.

네 번째 문제점

또한 성경에서는 "누구든지 주의 이름을 부르는 자는 구원을 얻으리라"롬10:13라고 하셨는데 앞서 언급한 바와 같이 주장하는 이들은 '누구든지'라는 말씀을 창세전에 하나님이 선택한 사람들만을 가리키고 있다고 주장을 한다. 그러나 이 주장은 예수 그리스도께서 모든 사람(세상)을 위하여 돌아가셨다는 말씀과는 모순이 된다딤2:11.

다섯 번째 문제점

이러한 주장은 복음을 믿지 않거나 듣지 못한 자들에게 하나님께서 공의로운 심판을 하셔야 하는 이유에 대하여 적절한 해명을 제시하지 못하게 되고 하나님이 불신자들에 대한 심판을 하실 이유를 납득할 수 없게 된다.

이러한 견해와 교리들은 마치 하나님께서 먼저 병을 주고 나중에 약을 주는 것처럼 보이게 하며 사랑이신 하나님의 속성을 두 동강 내어버리게 된다. 개인에 대하여 구원을 받을 자와 받지 못할 자를 하나님께서 일방적으로 결정해 놓으셨다는 이론을 주장하는 이들은 다음과 같은 문제에 대하여 답변해 보기를 바란다.

Q1

그들의 주장대로라면 하나님께서는 무슨 이유로 선택받지 못한 자들을 세상에 태어나게 하시고 결국에는 지옥으로 들어가게 하시는가?

Q2-1

그들의 주장대로라면 에덴동산에서 하나님께 불순종을 한 아담은 창세전에 하나님에 의하여 **선택을 받은 자인가?** 아니면 **버림을 받아 지옥에 갈 자로 창조되었는가?**

Q2-2

만일 아담이 창세전에 구원받을 자로 선택을 받았다면 왜 타락하여 사망에 처해지게 되었는가? 그와 반대로 아담이 창세전에 멸망을 받을 자로 지음을 받았다면 하나님께서는 왜 가죽옷을 지어 입히셨을까?

Q3

만약 아담이 선악과를 따 먹도록 하나님의 주권에 의하여 결정되었고 선악과를 먹는 행위를 하게 하기 위하여 "제한을 받은 자유 의지"를 주셨다면 죄의 근원은 어디라고 보아야 하는가? 도대체 왜 하나님은 생명과를 따서 먹도록 하는 "제한받은 자유 의지"는 주시지 않으셨을까?

Q3-1

그들의 주장대로 아담이 제한받은 자유 의지를 가지고 창조되었다면 아담에게 속한 세상의 모든 인간들은 "제한을 받은 자유 의지"를 가지고 있다는 말인가?

Q3-2

그들의 주장대로라면 선악과를 따서 먹게 하는 제한받은 자유 의지에 대하여 과연 "자유 의지"라고 정의할 수 있는가?

2) 야곱을 사랑하시고 에서는 미워하신 이유

롬9:11 그 자식들이 아직 나지도 아니하고 무슨 선이나 악을 행하지 아니한 때에 택하심을 따라 되는 하나님의 뜻이 행위로 말미암지 않고 오직 부르시는 이에게로 말미암아 서게 하려 하사

이 말씀을 문자적으로 보게 되면 구원에 대하여 개인적 선택을 하신 것으로 보이기도 한다. 그러나 이 말씀은 율법을 지키므로 자신들이 의롭다고 확신하고 있는 유대인들과 바리새인들에게 세상의 율법을 지키는 것으로는 구원을 받을 수 없다고 말씀하신 것이다 롬9:32. 여기서 **"무슨 선이나 악을 행하지 아니한 때에"**라고 하신 것은 유대인들이 이해하고 있는 '율법적인 행위'가 구원을 받는 것과는 전혀 상관이 없음을 강조하신 것이다. 땅과 '육신'의 개념인 보이는 율법을 따라가면 육신에 속한 자(에서)가 되지만 비록 세상에 속한 율법적인 의가 없더라도 예수 그리스도의 약속을 믿는 자(야곱)들에게는 '약속의 자녀'가

될 수 있게 하신다는 말씀이다.

롬9:6-7 또한 하나님의 말씀이 폐하여진 것 같지 않도다 이스라엘에게서 난 그들이 다 이스라엘이 아니요 또한 아브라함의 씨가 다 그 자녀가 아니라 오직 이삭으로부터 난 자라야 네 씨라 칭하리라 하셨으니

이 말씀은 육신(불법)적인 혈통으로 선택을 받아 개인적인 구원이 결정이 되는 것이 아니라 그리스도의 약속을 붙잡아 '믿음'을 가진 자들을 아브라함의 자녀로 여기신다는 뜻이다. 이 해석에 대해 성경이 확실히 증명하고 있는데 에서는 장자의 권리(믿음의 계보)를 경히 여기어 팥죽 한 그릇에 팔아 버리므로 '육신(세상의 의)'을 선택하였지만 야곱은 그리스도의 계보의 소중함을 깨닫고 '영(진리)'을 붙잡은 것이다. 이것을 보면 개인의 구원은 하나님의 선택에 의하여 일방적으로 이루어지는 것과는 아무런 상관이 없음을 나타나고 있다.

롬9:8 곧 육신의 자녀가 하나님의 자녀가 아니라 오직 약속의 자녀가 씨로 여기심을 받느니라

하나님께서는 이 말씀을 하신 후에 에서와 야곱에 대하여 야곱은 사랑하고 에서는 미워하였다고 말씀하신 것이다롬9:13.

성경에서의 야곱은 붉은 팥죽창25:30으로 묘사가 된 육체(정죄하는 세상의 율법)를 버리고 오히려 자유롭게 하는 영인 '그리스도의 율법'을 발견하고 '하나님 의'를 차지하였던 대표적인 실례(實例)이다. 그러나 에서는 야곱과는 달리 믿음의 계보의 장자의 권리(하나님의 의)를 붉은 팥죽(육체) 한 그릇에 팔아 버리고 세상의 의(육신)를 따라가 버렸다.

이것이 바로 성경에서 말씀하시는 영적인 타락을 한 영혼의 대표적인 사례이다. 그러므로 이 세상 선과 악을 행하는 행위와는 상관없이 예수 그리스도 안에서 언약을 붙잡는 자(야곱의 믿음)만을 사랑하시며 육체(불법)에 속한 이 세상의 의(붉은 것)를 따라간 에서와 같은 사람은 미워하신다는 말씀이다. 그러므로 하나님께서 한 개인의 영혼을 창세전에 구원을 받도록 일방적인 결정을 하셨거나 그와 반대로 버림을 받도록 결정을 하셨다는 주장은 성경이 말씀하시고자 하는 목적과는 전혀 상관이 없다.

3) 에서는 유대인, 야곱은 이방인의 모형

로마서 8장에서 사도 바울은 유대인이 지키고 있는 율법은 영이 아닌 육체, 육신에 속한 것이라고 하였다. 이는 유대인들이 구약 성경에서 본래 믿음의 계보의 장자였던 에서가 장자권(진리의 영)을 경히 여기고 팥죽(불법의 육)으로 바꾸어 버린 것처럼 보이는 율법을 따라가는 유대인들도 이러한 상태이었음을 밝히고 있다. 또한 할례를 받지 않은 이방인들도 그리스도 안에 있는 '하나님의 완전한 의'를 발견하고 믿게 되면 그들도 예수 안에서 하나님의 자녀가 될 수 있다고 전하고 있다.

이와 같이 이방인들도 야곱처럼 언약 밖에 있었지만 믿음으로써 아브라함의 자녀가 되었다는 것을 말하고 있다. 사도 바울은 사람의 의를 좇는 세상의 율법이 중요한 것이 아니라 살리게 하는 그리스도의 율법을 깨닫고 하나님의 의를 소유하게 되는 믿음이 더 중요하다고 강조한 것이다.

> 롬9:31-32 의의 법을 좇아간 이스라엘은 법에 이르지 못하였으니 어찌 그러하뇨 이는 저희가 믿음에 의지하지 않고 행위에 의지함이라 부딪힐 돌에 부딪혔느니라

이는 유대인들이 하나님으로부터 모세를 통하여 살리게 하는 영의 율법을 받았음에도 불구하고 에서와 같이 이 세상의 육체의 율법으로 받아 버린 것을 사도 바울이 역설적으로 지적한 것이다. 그러므로 모든 말씀은 이 세상의 율법이 아니라 살리게 하는 영(그리스도의 율법)으로 깨달아야 하며 롬9:11, 13의 말씀에 대하여도 반드시 **'구속사적인 예정'**으로 해석을 하여야 한다. 여기서 구속사적인 예정이라는 것은 그리스도 예수 안에서 그를 믿는 자마다 구원을 얻을 수 있도록 창세전에 예정하셨다는 의미이다.

> 롬10:12-13 유대인이나 헬라인이나 차별이 없음이라 한 주께서 모든 사람의 주가 되사 저를 부르는 모든 사람에게 부요하시도다 누구든지 주의 이름을 부르는 자는 구원을 얻으리라

하나님의 역사하심과 사랑의 속성은 어느 누구에게나 조금도 차별이 없으며 시대를 막론하고 동일하게 적용이 되어 온 진리의 영(생명)이시다.

4) 토기장이 비유의 역설 롬9:19-24

롬9:21에서는 토기장이가 진흙 한 덩어리로 귀히 쓸 그릇과 천히 쓸 그릇을 만드는 것이 토기장이의 권한인 것처럼 모든 영혼들에 대한 권한이 하나님의 주권 아래 있다고 기록이 되었다. 이 말씀에서 토기장이가 가진 주권이란 야곱이 믿음으로 장자권을 얻게 된 것(긍휼의 그릇)과 같이 롬9:23 이방인들도 예수 그리스도를 통하여 구원을 받을 수 있게 하신 것 롬9:24 이 바로 '하나님의 주권'이라고 한 것 롬9:14 이다.

롬9:18 그런즉 하나님께서 하고자 하시는 자를 긍휼히 여기시고 하고자 하시는 자를 강퍅케 하시느니라

어떤 이들은 이 말씀에 대하여 하나님께서 바로 왕의 마음을 강퍅하게 하셨다는 말씀들을 근거로 사람을 악한 역할을 일부러 하게 하여 사용하신다고 하는 이상한 주장을 하기도 한다. 그러나 바로 왕은 이스라엘을 괴롭히고 고통을 주는 악한 영(사탄)의 본질을 나타내고 있는 것일 뿐 그들이 주장하는 대로 창세전에 하나님에 의하여 악한 자로 만들었다는 의미가 아니다. 즉, 어느 한 개인의 영혼이 창세전에 버림받은 것을 나타내시고자 하여 성경에 바로 왕을 기록한 것이 아니다.

하나님께서 처음부터 착하고 선했던 바로 왕(사탄)을 강퍅하게 만드신 것이 아니라 원수인 마귀의 특성을 계시하시기 위해 바로 왕을 등장시킨 것이다. 하나님께서는 바로 왕이 자기 욕심에 의하여 이스라엘 백성들을 괴롭히는 역할을 하도록 잠시 내버려 두시되, 적절한 때가 될 때에 자기 백성들에게 구원하시는 능력을 보이시고 그 악한 자를 멸망시키는 것을 나타내신 것이다. 이렇게 하나님께서는 악한 자의 활동을 통하여 오히려 이스라엘 백성들로 하여금 하나님을 발견하게 하고 깨닫게 하는 연단의 도구로 사용하신 것이다.

바로 왕과 같이 사탄으로부터 악한 영을 받은 자가 불법을 행할 경우 하나님께서는 그대로 내버려 두시되 그러한 행위마저도 그리스도인들을 연단하는 도구로 사용하신다.

5) '하나님께로서 난 자' 요일3:9 의 의미

요일5:1 예수께서 그리스도이심을 믿는 자마다 하나님께로부터 난 자니 또한 내신 이를

사랑하는 자마다 그에게서 난 자를 사랑하느니라

일방적인 선택을 주장하는 이들은 위의 말씀을 인용하여 창세전에 구원을 받기로 선택을 받은 이들이 바로 "하나님으로부터 난 자"라고 해석을 하기도 한다.

그러나 '**하나님께로서 난 자**'의 의미는 진리이신 그리스도를 믿음으로써 하나님으로부터 주시는 하나님의 의(그리스도의 영)를 소유하게 되어 위로부터 주신 생명을 가진 자가 되는 것을 말한다. 그렇다면 하나님의 은혜는 무엇인가?

엡2:8 너희가 그 은혜를 인하여 믿음으로 말미암아 구원을 얻었나니 이것이 너희에게서 난 것이 아니요 하나님의 선물이라

여기서 하나님의 '은혜'란 한 개인만을 선택하여 주시는 운명을 은혜라고 말한 것이 아니라 십자가의 대속과 함께 그리스도께서 순종하심으로써 얻으신 하나님의 완전한 의를 믿는 자에게 값없이 주시는 것을 하나님의 은혜라고 하는 것이다. 그러므로 어떤 이들이 주장하는 것처럼 "**하나님께로서 난 자**"라는 의미가 창세전에 운명적으로 구원을 받도록 선택을 받아 태어나게 된 자를 지칭하는 것이 아님을 알아야 한다.

6) 데살로니가후서 3:2의 번역

살후3:2 믿음은 모든 사람의 것이 아님이라

일부 성경에서는 번역이 잘못되어진 구절이 있는데, 대표적으로 데살로니가후서 3:2의 말씀이 있다. 이 말씀을 보면 구원을 받도록 창세전에 선택을 받은 자들에게만 믿음이 주어지는 것처럼 오해할 위험이 있다. 이러한 오역은 문자 그대로 믿고 받아들여서 개인적으로 구원을 받도록 선택을 받은 자라고 확신을 갖게 하는 데 일조를 하였다. 그리고 일방적인 하나님의 주권에 의한 구원을 믿는 이들은 구원의 선택을 받은 자들에게는 '믿음' 까지도 하나님께서 강제로 주시기에 그 '믿음'이 영원히 소멸되지 않거나 타락이 불가능하다고 주장한다. 또한 하나님께로부터 선택을 받지 않은 자는 아무리 예수 그리스도를 믿고 싶어도 하나님께서 '믿음'을 허락해 주시지 않기에 결코 구원을 받을 수 없다고 한다.

2TH3:2, KJV for all men have not faith

영어 킹제임스 성경의 살후3:2 말씀을 다시 들여다보자. 이를 직역하면 "**왜냐하면 모든 사람은 믿음을 갖고 있지 않기 때문이다**"라는 뜻인데 한글 성경에서는 이 구절에 대해 '**믿음은 모든 사람의 것이 아니다**'라고 번역을 하여 마치 그 '믿음'이 특정인에게만 주어지는 것으로 오인하도록 한 것이다.

사도 바울 당시에 갈라디아 교회 주변에는 믿음을 가진 형제들처럼 보이는 사람들이 있었지만 실제로는 교회를 해치고 핍박하려는 자들이 섞여 있었다. 이에 바울사도는 갈라디아 교회 성도들이 경계하라고 권면하기 위하여 '**모든 자들이 다 믿음을 가지고 있는 것이 아니다**'라고 한 것이었다. 그런데 믿음이 선택을 받은 이들에게만 주어지는 것처럼 오해하거나 특정인들에게만 운명적으로 주어지는 것처럼 가르쳐서는 안 된다.

7) 예수 그리스도 안에서 택하신 구속사적 예정

엡1:4 곧 창세전에 그리스도 안에서 우리를 택하사 우리로 사랑 안에서 그 앞에 거룩하고 흠이 없게 하시려고

에베소서 1장에서 "그리스도 안에서"라고 말씀하신 것은 구원은 개인이 예수 그리스도를 믿는 것을 강조하고 있는 말씀이다.

이전에 믿지 않을 때에 우리는 공중 권세를 잡은 자(사탄)를 따른 자였으며 본질상 진노의 자녀였다_엡2:3_. 또한 **그리스도 밖에 있었으며** 외인이었고 이 세상에서 **소망 없고** 하나님이 없었던_엡2:12_ 불법에 속한 자였다. 그러나 하나님께서는 불법에 속하여 있던 우리를 그리스도 안에서 살리셨고 그 대속의 은혜와 그리스도의 의로 인하여 하나님의 자녀가 되게 하셨다. 즉, 구원은 사람의 행위에서 나오는 것이 아니라 하나님께서 주시는 선물이다_엡2:8_. 그러므로 '**창세전에 그리스도 안에서 우리를 택하사**'의 의미는 누구든지 예수 그리스도를 믿는 자에게 하나님의 자녀가 되게 하는 것을 이미 창세전에 예정을 하셨다고 하는 것이다. **이것이 바로 구속사적인 예정이다.**

행13:48 영생을 주시기로 작정된 자는 다 믿더라

이 말씀은 '그리스도 안에서의 구속사적인 예정' 안에 믿음으로 들어가게 되는 자에 대하여 결과적으로 확증해 주시는 말씀이다.

> 롬8:29 하나님이 미리 아신 자들로 또한 그 아들의 형상을 본받게 하기 위하여 미리 정하셨으니

이 말씀에서 하나님께서 미리 아신다는 의미는 물리적인 시공간의 제한을 전혀 받지 않으시고 초월하신 분이시기에 가능한 일이다. 그러나 미리 결말을 아신다고 하는 전지성(全知性)이 예수를 믿게 하거나 믿지 않게 하는 행위를 하는 것은 아니다. 그러므로 어느 누구이든지 자유 의지적인 결정에 의하여 각각 생명과 사망으로 나뉘어 들어가게 되는 것이다.

8) 인간이 가진 자유 의지

이제 이 부분에 대하여는 둘째 아담으로 오신 예수께서 친히 마귀에게 시험을 받으신 말씀을 통하여 그 해답을 찾아 정리를 하고자 한다. 이미 예수께서는 시험을 당하실 때에 하나님의 공의를 완성하기 위하여 털끝만큼도 하나님의 신성이 관여하지 않은 공정한 상태에서 사탄의 시험을 이겨 내어야만 하였다. 사람이신 예수가 시험을 받을 때에 유혹을 이기도록 그가 가진 자유 의지에 대하여 창세전에 미리 제한을 하셨거나 영향을 미치신 것은 절대로 있을 수 없다.

위에서 언급을 했다시피 이 부분에 대하여 인정을 하지 않는다면 하나님에 대하여 반칙을 하시는 분으로 만들어 버리게 된다. 예수님은 제한을 받지 않은 상태에서 온전한 자유 의지를 가지고 온전한 순종을 이루어 내셨으므로 그를 믿는 자들로 하여금 온전한 하나님의 의를 소유할 수 있게 된 것이다.

그렇다면 우리는 다시 아담의 시험에 대하여 고찰을 해 볼 필요가 있다. 거슬러 올라가 첫째 아담이 에덴동산에서 시험을 받았던 조건과 둘째 아담이신 예수께서 받으셨던 시험의 조건은 차이가 있을 수 있는가? 하는 것이다.

만약에 그 조건이 다르거나 어느 쪽이라도 조작이 되었거나 자유 의지를 제한을 받았

다면 이 시험은 무효이며 하나님이 하시는 일에 대하여 사탄이 참소하지 않을 리가 없다. 한마디로 성경은 그 자체로 거짓말이 되고 마는 것이다. 그러나 중요한 것은 하나님께는 아예 반칙을 하는 속성 자체가 존재하지 않는다는 사실이다.

그러므로 첫 사람 아담이 하나님으로부터 **제한을 받은 자유 의지**를 가진 상태에서 선악과를 따 먹도록 조작이 되어 타락이 발생했다고 하는 주장은 한마디로 배짱이 대단한 이론이다.

다시 정리를 하면 첫 사람 아담은 둘째 아담으로 오신 예수님께서 사탄에게 시험을 받으신 것과 같은 동일한 조건에서 자기 자신의 **자유 의지**에 의한 선택으로 타락을 하였던 것이다. 그리고 타락 이후의 모든 인간은 창조가 된 당시로부터 온전한 '**자유 의지가 있는 상태**'로 창조가 되었으며 비록 타락을 하였더라도 그 자유 의지는 소멸이 되지 않고 그대로 가지고 있다는 사실이 중요하다.

이 때문에 오늘날에 어느 누군가가 하나님의 말씀을 듣고 그것을 받아들이든지 또는 거부하든지 하는 선택은 순전히 자기 영혼이 내리는 자유 의지적인 결정이며 그것은 하나님이나 사탄마저도 개입을 할 수 없는 인간이 가진 고유 영역이다. 그러므로 한 영혼이 진리를 거절하고 불의를 더 좋아하다가 하나님의 심판을 받고 멸망에 빠지게 된다면 그것은 그 영혼이 책임을 져야 하는 개인적인 일이다. 어느 누구도 자기가 믿지 않은 것이 하나님이 창세전에 이미 결정을 해놓았기 때문에 믿지 않은 것이라고 발뺌을 할 수 있는 것이 아니다.

13
성탄의 참된 의미 마1:18-25

요1:14 말씀이 육신이 되어 우리 가운데 거하시매 우리가 그 영광을 보니 아버지의 독생자의 영광이요 은혜와 진리가 충만하더라

구교인 가톨릭을 포함하여 개신교는 매년 12월 25일을 성탄절로 기념하고 있고 율리우스력을 사용하는 정교회에서는 매년 1월 7일을 성탄절로 지키고 있다. 대다수의 사람들은 성탄절을 기독교의 일 년 중의 절기와 연례행사의 하나로 여기며 즐기고 있다. 해마다 상업적인 흥행의 기회로 여기며 한바탕 떠들어 대는 기념일의 하나로 전락되어 버린 지 이미 오래되었다. 이는 기독교회들도 전혀 다를 바 없이 마찬가지로 연례행사로 여길 뿐 별다른 의미 없이 지나가 버린다.

오늘날에 성탄절을 기념하며 즐거워하는 것이 종교적인 의례의 하나일 뿐 과연 무슨 의미가 있을까? 하는 회의감마저 들게 한다. 이런 회의감이 더 가중되는 이유는 그리스도인들로 하여금 날과 절기에 연연하지 말고 그것을 지키는 초등 학문에서 벗어나라고 기록이 되어 있기 때문이다.

히6:1-2 그러므로 우리가 그리스도 도의 초보를 버리고 죽은 행실을 회개함과 하나님께 대한 신앙과 세례들과 안수와 죽은 자의 부활과 영원한 심판에 관한 교훈의 터를 다시 닦지 말고 완전한 데 나아갈찌니라

그리고 성탄절이 중요해서 그 절기를 지켜야 한다면 이는 성탄절뿐만 아니라 성경에서 엄격하게 규정을 해놓은 유월절과 초막절, 대속죄일, 안식일은 물론이고 월삭이나 일 년에 한 번씩 돌아오는 대속죄제와 큰 안식일도 무조건 지켜야 할 것이다. 그러나 오늘날의 교회는 임의적인 필요에 따라서 어떤 절기는 지키며 또 어떤 것은 지키지 않는 일관성이 없는 모습을 그대로 노출하고 있다.

1) 성탄절에 대한 이해

성경에서 "육신이 되어"요1:14라는 말씀에 대하여 많은 기독교인들은 나사렛에 목수 요셉의 아들로 태어난 예수가 단순히 우리 인간의 몸을 가지고 태어나신 것으로만 이해를 하고 있으며 아울러 속죄양이신 예수는 세상 사람들이 보이는 율법을 범한 죄에 대하여 그 육체(몸)로 저주를 받으신 것으로 알고 있다. 그리고 동정녀에게서 탄생한 것에 대해서는 성령으로 잉태가 된 것이므로 보이는 육체로서 첫째 아담으로부터 난 씨가 아니라는 것으로 이해를 하고 있다.

물론 성경을 표면적으로 보면 아기 예수가 인간들과 똑같은 몸을 입고 이 세상에 태어나신 것은 역사적인 사실로 분명하게 일어난 일이다. 그러나 성경에 이러한 일이 기록이 된 것은 그저 역사적인 일을 드러내기 위한 것이 아니라 진리의 영(靈)이신 하나님을 계시하시기 위하여 나타낸 것이다. 그러므로 성탄의 의미도 표면적으로만 이해하게 되면 성탄절도 일 년 중 지켜야 하는 하나의 절기로만 여기게 되며 예수 성탄의 사건은 그저 이 세상에 속한 감동적인 이야깃거리로 전락이 되어 버린다.

그렇지만 성경의 모든 말씀은 세상이 알지 못하게 감추어져 보이지 않는 영(진리)에 대한 말씀이다. 이를 계시하시고 성취하시기 위하여 하나님의 독생자이신 예수 그리스도께서 친히 육신(몸)을 입고 이 세상에 오신 것을 예수의 그리스도의 성탄이라고 하는 것이다. 그러므로 아기 예수의 탄생에 대한 성탄은 다음과 같이 이해를 하여야 한다. 예수 그리스도는 본래 진리의 영이시고 빛이시며 영생이시며 그리고 말씀 그 자체이시다. 요1:1에서 기록되었듯이 태초부터 말씀은 하나님과 함께 존재하고 계셨다고 밝히고 있다.

진리의 영(영생)이시며 빛이신 하나님께서 '육신이 되어' 이 땅에 오신 것을 단순히 인간의 몸을 입고 오셨다는 의미로만 이해를 한다면 중요한 의미를 놓치게 된다. 본래 영생이신 분이 사망의 자리로 내려오신 것의 의미는 하늘(영)에 속하시는 분이 땅(육체)에 속한 자가 되신 것을 의미한다. 그러므로 성탄은 단순하게 아기 예수의 탄생만을 의미하는 것이 아닌 진리의 영이신 하나님께서 육체(불법)가 되어 버린 자기 백성들을 구원하시려고 이 세상에 오신 사건이다. 그러므로 분명하게 알아야 하는 것은 예수 그리스도의 성탄은 이미 지나가 버린 과거의 사건이 아니라 언제나 각 시대에 따라 모든 그리스도인들에게 현재 진행형으로 적용이 되어야 하는 영적인 의미를 내포하고 있다.

그러므로 진정한 성탄이란 한 영혼이 자유하는 여자갈4:22를 발견하게 되었을 때에 그 율법이 지시하고 있는 '하나님의 의'를 발견하게 되어 그 의를 믿음으로 소유하게 되는 것을 말한다. 이로써 육신에 속한 옛사람이 죽고 예수 그리스도와 합하여 '하나님의 의'를 소유한 자로 다시 태어나게 되는 것을 의미한다. 이렇게 예수 그리스도의 성탄은 역사적으로 이뤄진 사실이지만 그리스도인의 영혼 안에서 진리로 잉태가 되어 새롭게 탄생하게 되는 사건은 개인의 영혼 속에서 이루어지는 진행형의 일들이다.

2) 구약 성경을 통하여 본 성탄의 의미

남자와 여자는 에덴동산에서 하나님으로부터 창조가 된 당시로부터 존재하게 되었다. 그리고 성경을 통하여 본 여자의 역할은 돕는 배필로서 남자와 연합을 하여 그 후손을 이어 주는 역할을 하는 것으로 나타나고 있다.

그중에서도 믿음의 조상으로 불리는 아브라함의 아내 사라에 관한 이야기는 매우 특별하고도 오묘한 영적인 의미를 드러내고 있다. 결과적으로 아브라함은 그 아내인 사라를 통하여 이삭을 낳게 되었지만 먼저는 애굽에서 데려온 하갈을 통하여 이스마엘을 낳게 되었다.

분명히 사라는 "사래는 잉태하지 못하므로 자식이 없었더라"창11:30라고 하여 아브람은 아내인 사래를 통해서는 자식을 얻을 수 없었다. 자식을 낳지 못하는 사래와는 달리 애굽 출신의 여종인 하갈은 아브람과 동침하여 자식을 잉태하여 낳게 되었고 그 후로는 자기 주인인 사래를 멸시하였다고 기록이 되어 있다창16:4.

이 사건을 신약적으로 해석하면 먼저 땅에 나타난 '보이는 세상 율법(육신)'이 후에 예수 그리스도 안에서 보이게 되는 '자유하게 하는 율법(영)'을 멸시하고 조롱을 하는 것과 같은 이치이다. 이렇게 본래 아브람의 가정은 아직 하나님 앞에 완전하지 아니한 상태였으며 아브람이 온전하게 하나님의 언약을 붙잡고 있지 않은 상태였음을 의미하고 있다.

그러나 하나님께서는 아브람에게 새 언약을 주시고창17:1-2 그의 이름마저도 아브라함(열국의 아비)으로 개명을 하게 하셨다. 그리고 그의 아내 사래도 사라(열국의 어미)라고 이름을 바꾸어 주셨다. 개명을 해 주신 의미는 그가 다시 언약을 붙잡아 하나님으로부터 믿음을 인정받은 상태를 나타내는 것이다. 또한 아브람이 아닌 아브라함에게서 난 자식으로 통하여 열국을 세우실 것을 약속하여 주셨는데 여기서 주목을 할 것은 바로 할례의 언약이다.

창17:14 할례를 받지 아니한 남자 곧 그 양피를 베지 아니한 자는 백성 중에서 끊어지리니 그가 내 언약을 배반하였음이니라

하나님께서 아브라함에게 약속한 열국의 백성들은 첫째 아담(아브람)의 씨로부터 끊어지고 약속의 할례를 받은 아브라함의 씨에 속하게 된 자들이며 하나님의 언약을 붙잡는 믿음의 백성들을 가리키고 있다. 그러므로 하나님의 언약을 붙잡고 있는 자는 민족과 혈통을 초월하여 모두 다 아브라함과 이삭의 자녀에 속한 약속의 자녀24:28인 하나님의 자녀이다.

이렇게 사라에게서 태어난 이삭은 사라가 약속(진리)을 붙잡았을 때에 하나님의 방법에 의하여 아브람이 아닌 아브라함의 씨로 잉태되어 출생하게 되었다. 이는 불법의 종인 육체(하갈)가 육체의 자식(이스마엘)을 낳는 것과는 달리 그리스도의 율법(사라)이 진리의 영이신 예수 그리스도(이삭)를 낳는다는 것을 예표하여 주시는 것이다. 이렇게 성경은 영혼 안에서 예수 그리스도가 잉태가 되는 것에 대하여 창세기부터 계시하여 주시고 계셨다.

사라는 언약을 붙잡고 믿음으로써 진리의 씨가 끊어지지 않게 언약을 믿는 후손을 이어 나갈 수 있도록 하는 사명을 담당하였던 한 사역자이다. 또한 구약 성경의 그리스도의 계보에 나타난 모든 여인들은 진리이신 예수 그리스도(하나님의 의)를 영혼 속에서 잉태하게 하는 역할을 담당하였던 '자유하게 하는 율법'의 그림자들이다.

그런데 영악하기 짝이 없는 사탄은 하와가 동산의 실과를 '자유하게 하는 율법'의 모형인 생명과로 먹고 아담에게도 주어 영생을 얻게 되는 것을 막기 위해 먼저 하와를 속인 것이다. 그 결과 하와는 실과를 먹고 '죽이게 하는 율법'의 모형이 되는 역할을 하였고 선악과를 그 남편에게도 주어 먹게 하여 사망(불법)을 낳게 하였던 것이다.

창3:15 내가 너로 여자와 원수가 되게 하고 너의 후손도 여자의 후손과 원수가 되게 하리니 여자의 후손은 네 머리를 상하게 할 것이요 너는 그의 발꿈치를 상하게 할 것이니라 하시고

이 말씀에서 말하시는 여자의 후손은 예수 그리스도를 의미하기도 하지만 사라와 같이 언약(자유하게 하는 율법)을 붙잡아 예수 그리스도 안에서 '완전한 하나님의 의(씨)'를 소유하게 된 자들을 말하고 있다.

이러한 영적인 씨를 이어 나가기 위해 사라와 하갈 사이에 영적 전쟁이 일어나게 되는데 사탄은 여자의 후손이 오는 것을 막기 위하여 먼저 선수를 치고 하갈을 이용하여 이스마엘을 낳았던 것이다. 이러한 일은 이스라엘에 대한 혼혈 정책을 사용하거나 언약의 씨를 죽이기 위하여 이스라엘 남자들을 죽였던 일들이 대표적인 것이다. 이러한 영적 전쟁에 대한 결말을 하나님께서 미리 성경의 창3:15에 기록하신 것이다.

여자의 후손인 예수께서 사탄의 머리를 상하게 하셨는데 이렇게 예수 그리스도가 여자의 후손으로 오시게 하는 역할을 한 여인들은 동정녀인 마리아뿐만 아니라 구약 성경의 믿음의 계보 안에 감추어진 여자들로부터 이미 시작이 되었던 것이다.

이와 같이 믿음의 계보에 속한 여인들은 돕는 배필로서 영이신 '하나님의 의'를 소유하게 하는 매우 중요한 역할을 해 온 것이다. 달이 캄캄한 밤하늘에 감추어진 태양의 빛을 받아 반사하듯이, 그들은 어둠에 갇힌 이 세상에 감추어진 진리의 빛을 발견하도록 가리킨다.

또한 성경에서는 이 여자의 후손의 역할인 '그리스도의 율법'을 '현숙한 여인'[잠31:10]으로 묘사하고 있다. 이렇게 성경 말씀을 영으로 이해하게 되면 이 여인은 돕는 배필인 '그리스도의 율법'을 상징하고 있다.

사도 바울은 "보이는 것은 잠간이요 보이지 않는 것은 영원함이니라"[고후4:18]라고 말하였다. 그러므로 '보이는 세상의 율법(하갈)'은 잠시 존재하는 것으로 세상을 정죄하고 죽이는 것이지만 보이지 않는 '그리스도의 율법(사라)'은 영원한 하나님의 의와 영생을 소유하게 하는 것이다[갈4:22-23].

또한 하나님께서 동정녀 마리아를 나타내신 이유는 그 여인의 개인적인 신앙의 위대함을 나타내시고자 하신 것이 아니다. 그것은 아담을 돕는 배필로서 본래 하와가 담당했어야 하는 자유하게 하는 여자의 역할(그리스도의 율법)을 나타내신 것이다.

이를 더 보충하면 영혼 안에서 그리스도의 율법을 상징하는 자유하는 여자(사라부터 마리아까지)가 이를 도와줌으로써 진리(하나님의 의)를 발견하게 하여 예수 그리스도를 잉태하게 되고 자신이 새롭게 거듭나게 되는 것을 말한다. 이로써 한 영혼의 집안에서 왕 노릇을 하고 있던 사탄의 권세가 죽게 되고 여자의 후손이 뱀의 머리를 상하게 하는 사건이 성취가 된 것이다.

성경에서 기록된 동정녀 마리아는 구약 시대의 사라를 비롯하여 영과 진리에 속한 계보를 잇게 한 모든 여인들과 같이 자유하게 하는 율법의 그림자였던 것이다. 그러나 오늘날에 이렇게 숨겨진 성경의 진리와는 상관없이 사람인 마리아를 신격화하고 있는데 이는 그야말로 자유하는 여자(자유하게 하는 율법)의 본질을 깨닫지 못한 처사이다. 그럴듯하게 보이는 종교적인 이론이나 개인을 우상화하여 인간을 지배하려는 것이 어제 오늘의 일이 아니지만 인간은 그 누구라도 율법적으로 완전해 지거나 거룩한 자가 없다는 것을 잊지 말아야 한다.

하나님께서 인간을 창조하실 때 남자와 여자로 창조하신 이유는 아담은 예수 그리스도의 모형이며 아담의 갈빗대를 취하여 창조한 하와는 그리스도의 율법의 모형이었다. 즉, 그리스도의 율법을 발견하여서 그 율법이 지시하고 있는 예수 그리스도에게 순종을 하여 연합하게 되면 그리스도의 의를 얻게 되어 하나님의 자녀가 되는 것을 모형적으로 계시하여 말씀해 주신 것이다.

본래 하나님의 영생을 소유한 자녀가 되게 하시려고 창조를 하셨지만 사탄의 유혹으로 실패하였다. 그러나 예수 그리스도께서 이 세상에 육체를 입고 오셔서 불법과 연합이 되어 버린 죄를 대신 짊어지시고 십자가 못 박히셔서 그 불법의 권세로부터 해방이 되게 하셨다.

그러므로 진정한 성탄은 처음부터 끝까지^{계22:13} 그리스도의 언약을 붙잡은 사람들의 영혼 안에서 언제나 진행되는 현재 진행형의 일이며 지금도 누군가의 믿음 안에서 일어나고 있는 거룩한 일이다.

자/유/하/게/하/는/율/법
The law of liberty

제4부
감추어진 보화의 발견

01
율법의 참된 의미

바리새인들이 지키고 있는 율법은 육체(땅)에 속하며 자유하게 하는 율법_{약1:25}은 영(하늘)에 속한다.

약2:12 너희는 자유의 율법대로 심판받을 자처럼 말도 하고 행하기도 하라

이 말씀에서 말하는 율법은 정죄하게 하는 세상의 선과 악에 대한 율법이 아니라 인간의 영혼을 '자유하게 하는 율법(그리스도의 진리)'이다.

고전9:21 율법 없는 자에게는 내가 하나님께는 율법 없는 자가 아니요 도리어 그리스도의 율법 아래 있는 자나 율법 없는 자와 같이 된 것은 율법 없는 자들을 얻고자 함이라

갈2:16 사람이 의롭게 되는 것은 율법의 행위에서 난 것이 아니요 오직 예수 그리스도를 믿음으로 말미암는줄 아는고로 우리도 그리스도 예수를 믿나니 이는 우리가 율법의 행위에서 아니고 그리스도를 믿음으로서 의롭다 함을 얻으려 함이라 율법의 행위로서는 의롭다 함을 얻을 육체가 없느니라

사도 바울은 자신을 "그리스도의 율법 아래 있는 자"라고 하였는데 이는 그리스도의 율법이 유대인들이 받아들인 이 세상의 율법(불법의 육체)과는 다르다고 말하고 있다.

롬10:5 모세가 기록하되 율법으로 말미암는 의를 행하는 사람은 그 의로 살리라 하였거니와

본래 모세가 하나님으로부터 받은 율법은 하나님의 율법_{호4:6}이었으나 이 율법을 유대인과 바리새인들은 보이는 세상의 선악의 기준으로 받아들였다. 그리고 세상의 율법은 보

이는 사람의 의를 요구하지만 사람의 행위로는 결코 의로워질 수 없다. 그래서 사도 바울은 생명의 도(행7:38)인 그리스도의 율법이 지시하고 있는 하나님의 의를 발견하고 또 그 의를 소유하여야 됨을 말하고 있다. 그리고 그리스도의 율법을 진리의 말씀으로 깨닫게 되면 말씀이신 빛이 영혼 안에 들어와 비치게 되면서 인간의 영 안에 숨어 있던 더러운 영(불법)들이 귀신처럼 소리 지르며 떠나가게 되며 '그리스도의 의'를 주어서 소유할 수 있게 하여 주신다. 그렇게 하늘로부터 내려온 '하나님의 의'를 소유하게 된 자를 성경에서는 거듭난 자이며 의인이라고 칭하는 것이다. 그러므로 이렇게 거듭난다는 것은 성경에서는 하나님의 영이 내 안에 거하신다고 한 것이며(롬8:9) 더 이상 육신(불법)에 속한 것이 아닌 영(진리)에 속한 자가 된 것을 의미한다.

> **롬8:11** 예수를 죽은 자 가운데서 살리신 이의 영이 너희 안에 거하시면 그리스도 예수를 죽은 자 가운데서 살리신 이가 너희 안에 거하시는 그의 영으로 말미암아 너희 죽을 몸도 살리시리라

예수 그리스도의 보혈을 보이는 세상의 율법(선악과의 죄)을 범한 죄를 사함 받았으니 의인이 되었다고 가르친다면 이는 예수 그리스도의 희생을 헛되게 만들어 버리게 되는 결과이며 성경에서 본래 말씀하시고자 하는 본질적인 의미를 전혀 깨닫지 못하고 있는 것이다. 또한 열심히 봉사하거나 그리스도의 이름으로 헌신을 한다고 할지라도 진리이자 영(靈)이신 그리스도의 말씀을 깨닫지 못하고 자기의 영 안에 소유하지 못한다면 그는 하나님의 의를 소유한 자가 아닌 것이다.

02
율법이 주어진 이유

롬5:13 죄가 율법 있기 전에도 세상에 있었으나 율법이 없을 때에는 죄를 죄로 여기지 아니하느니라

이 말씀에서의 율법은 육체가 아닌 자유하게 하는 '그리스도의 율법'을 말하고 있다. 첫 사람 아담은 땅(地)과 육체(肉體)의 주관자인 사탄과 연합하여 죄인이 되어 버렸기 때문에 그리스도의 율법(영)이 있기 전에는 이방인들도 유대인들처럼 보이는 선악의 법칙(양심)이 율법 행세를 하며 정죄를 하고 있었다. 인간은 타락하여 자기의 영 안에 불의의 영과 하나가 된 수치와 부끄러움을 가리기 위하여 무화과 나뭇잎(사람의 의)으로 만든 옷을 입었다. 그러나 불법과 한 영이 된 수치를 완전하게 씻을 수 있는 방법이 인간에게는 없다.

1) 말씀을 계시하기 위하여 쓰임을 받은 이스라엘

하나님께서는 장차 이 세상에 오실 예수 그리스도께서 하실 사역을 모형으로 계시하시기 위하여 이스라엘 민족을 선택하셔서 부르셨고 그 과정을 통하여 그리스도의 진리를 이 세상에 드러내 주신 것이다.

그리고 하나님께서 이스라엘 민족만을 구원하시려고 그들을 선택하신 것이 아니라 그 민족의 역사나 문화를 통하여 영과 진리의 말씀을 계시하려고 사용하신 것이다. 그러므로 출애굽의 과정이나 가나안을 정복해 가는 과정은 한 사람의 영혼 안에서 일어나게 되는 영적인 출생과 성장 과정 속에 하나님이 어떻게 인도하고 계시는가를 보여 주시는 말씀이다. 특히 단순하게 인간의 지혜나 노래를 읊는 것같이 보이는 잠언이나 시편도 역시 감추어진 영의 말씀을 표현하고 있다.

2) 세상에 속하지 않은 그리스도의 율법

사탄이 아담에게 선악과(불법)를 먹게 하여서 그로 인하여 모든 세상 사람들이 보이는 율법(선악과) 아래서 정죄를 당하고 있는 것을 아시는 하나님께서 모세를 통하여 정죄하게 하는 율법을 이스라엘 백성들에게 주실 까닭이 없다.

위에서 언급한 정죄하게 하는 세상의 율법은 사탄이 아담을 속여서 먹여 주었던 불법에 속한 선악과이다. 그것은 바로 세상 사람들이 흔히 알고 좋아하는 양심이다. 그렇기에 바리새인들(보이는 세상의 율법)이나 이방인들(양심)은 모두 동일하게 불법에 속한 세상의 율법(선악과)을 가지고 있었던 것이다롬1~2장.

> 롬5:13 죄가 율법 있기 전에도 세상에 있었으나 율법이 없을 때에는 죄를 죄로 여기지 아니하느니라

매우 심각한 신학적인 오해

오늘날 수많은 기독교인이 성경롬5:13에 대하여 이해하기를 모세의 율법이 있기 전에는 '보이는 세상의 죄'를 죄로 여기지 않았지만 하나님께서 모세에게 율법을 주신 후에야 비로소 그 율법에 의하여 죄라고 여기게 되었다고 믿고 있다. 그래서 보이는 세상의 율법을 범하는 죄(자범죄)가 율법이 있기 전에는 죄(보이는 율법을 범한 죄)로 여기지 않았다고 이해하고 있는데 이는 사도 바울이 말하고자 했던 의미가 아니다.

하나님께서는 굳이 보이는 이 세상의 율법을 통하여 선악과에 속한 윤리, 도덕적인 죄의 실체를 드러내거나 심판하실 리 없다. 왜냐하면 이미 세상은 그 불법 안에 속하여 있으므로 사망으로 심판이 되어 있는 상태이다. 그러므로 그리스도의 율법을 주신 참된 이유는 사탄이 세상을 속여서 인간의 영 안에 연합을 해놓은 불법(선악과)이 바로 본질적인 죄라는 사실을 깨닫게 하려고 주신 것이다. 그 사실을 깨닫고 불법에서 해방이 되어서 그리스도로 말미암아 그리스도의 의를 소유하게 하여 하나님의 자녀가 되게 하려고 하셨다. 이에 대해 제대로 이해하여야만 하나님을 올바르게 발견할 수 있게 된다.

다시 반복하지만 이 세상에 보이는 죄(선악과)에 대하여 굳이 하나님께서 다시 들추어내실 필요가 없으시며 보이는 죄는 그 율법을 주관하고 있는 사탄이나 정죄하며 관여할 뿐이다. 즉, 사탄은 정죄하는 율법을 이용하여 세상을 지배하고 정죄하고 있지만 그와 반대로 하나님께서는 우리의 영혼을 자유롭게 하며 '살게 하는 영의 율법'을 주신 것이다. 그러나 미련한 이스라엘 백성들은 이 '살게 하는 영의 율법'을 주신 이유를 제대로 이해하지 못하여 그것을 이 세상의 율법으로 받아들여 "우리가 다 준행하겠다"출24:3, 출24:7라고 큰 소리를 치며 야단을 떨었던 것이다. 그러나 정죄하는 세상의 율법을 어느 누가 지킬 수 있다는 말인가?

3) 죄의 법(사망)의 정체를 드러내는 하나님의 율법

하나님께서 영으로서 살게 하는 율법을 주신 이유는 인간의 영이 불의의 영과 연합하여 간음, 살인, 도둑, 거짓, 비방, 더러움 등과 같은 죄를 범하고 있는 죄인임을 깨닫게 하시려고 주신 것이다롬7:12-13. 그런데 불법이 된 인간의 영은 위에 언급한 죄를 모두 범하고 있지만 그 죄의 실체를 인식하지도 못하며 그것이 불법인지조차 모르며 살아가고 있다. 세상에 속한 모든 죄인들은 보이는 율법을 범한 것만을 죄라고 여기며 살아가고 있다.

> 롬7:12 이로 보건대 율법도 거룩하며 계명도 거룩하며 의로우며 선하도다 율법이 가입한 것은 범죄를 더하게 하려 함이라 그러나 죄가 더한 곳에 은혜가 더욱 넘쳤나니

하나님께서 주신 그리스도의 율법은 하늘로부터 온 진리이신 영(살리게 하는 영)으로, 거룩하고 선하며 의로운 것이라고 한다. 왜냐하면 정죄하고 죽이고자 하는 세상의 율법과는 달리 그리스도의 율법은 정죄하지 아니하고 땅의 조공을 요구하지도 않는다.

4) 예수 그리스도를 발견하게 하려는 것이다

누구든지 그리스도의 율법을 자신의 영에 비추어 보면 자기의 영이 불의(不義)를 가진 죄인이라는 사실을 깨닫게 된다.

롬5:20 율법이 가입한 것은 범죄를 더하게 하려 함이라 그러나 죄가 더한 곳에 은혜가 더욱 넘쳤나니

유대인들이 믿고 따르던 세상의 율법은 죽이고 정죄하며 죄를 가중시키는 것이지만 그리스도의 율법은 영적인 죄(불법)에서 해방하게 하고 그 율법이 지시하는 영생을 소유할 수 있도록 비추어 주는 역할을 하고 있다. 그래서 사도 바울이 "죄가 더한 곳에 은혜가 더욱 넘쳤나니"라고 말하였던 것이다.

| 03 |
인간의 양심

1) 양심에 대한 일반적인 견해

양심이란 동물과는 달리 인간에게만 가지고 있는 자기의 행위에 대하여 선과 악의 판단을 하는 의식이다. 이 세상은 그것을 기초로 한 도덕적인 선으로 사는 것을 추구하고 있다. 그리고 수많은 문학가와 예술가들은 인간의 양심에 대한 주제로 창작을 하기도 하며 또한 기독교를 비롯한 다른 종교에서도 양심을 바르게 하며 살아가라고 가르치기도 한다.

확실히 이 세상에서의 '양심'은 자기를 도덕적으로 옳고 그름을 판단하는 의식으로 알고 있다. 그렇지만 성경에서 밝히고 있는 양심의 정체와 본질에 대하여 들여다보도록 하자.

2) 인간이 가진 양심의 정체

롬2:14-15 율법 없는 이방인이 본성으로 율법의 일을 행할 때는 이 사람은 율법이 없어

> 도 자기가 자기에게 율법이 되나니 이런 이들은 그 양심이 증거가 되어 그 생각들이 서로 혹은 송사하며 혹은 변명하여 그 마음에 새긴 율법의 행위를 나타내느니라

이 말씀에서 알 수 있는 것은 인간의 본성 속에 있는 양심은 유대인들이 지켰던 율법의 기능과 같으며 이 세상의 선이나 악에 대하여 정죄하는 작용을 하고 있다는 것이다. 즉, 유대인들이 이해하고 받아들였던 세상의 율법은 첫 사람 아담이 타락한 후로부터 세상 사람들의 마음속에 있었던 양심과 완전히 동일한 것이다.

하나님께서 모세에게 주신 율법은 본래 살게 하는 율법이었다. 그런데 에덴동산에서 사탄이 아담과 하와를 속이고 실과를 선악과로 바꾸어 버린 것처럼 유대인들의 영의 눈을 가려서 이 세상의 보이는 율법으로 받아들이게 한 것이다. 유대인들이 지키는 이 세상의 율법(불법)은 사탄이 세상을 정죄하기 위해 사용하는 올가미이다. 결과적으로 보면 아담이 선악과(불법)를 먹고 육체(땅)가 되면서 보이는 세상의 개념으로 선과 악에 대하여 눈이 밝아진 결과가 바로 인간의 양심이다.

그래서 인간의 양심은 겉으로만 보면 아주 선하고 깨끗해 보이지만 실제로는 세상 율법이 하고 있는 기능을 그대로 드러내고 있다. 늘 자기중심적으로 판단하게 하고 자기와 타인에 대해 정죄하고 있는 역할을 하고 있다. 그러므로 인간의 양심은 빛 좋은 개살구일 뿐이며 사탄이 이 세상을 속이기 위하여 완전한 선이 있는 것처럼 포장하고자 심어 놓은 불법의 속성이다.

이처럼 인간의 영 속에 연합한 불법(사탄)은 바로 양심이라고 하는 보기 좋은 탈을 뒤집어쓰고 있지만 성경에서는 이를 더러운 것딛1:15이라고 밝히고 있으며 인간에게는 선한 것이 전혀 있을 수 없고 만물보다도 심히 부패하고 가증한 것이 인간의 마음이라고 하였다렘17:9. 그러므로 인간의 양심은 교활하기 짝이 없으며 간사한 마귀의 영을 그대로 닮았는데 사탄이 항상 선하고 아름다운 것으로 가장을 하는 것처럼 사람도 언제나 양심을 앞세워서 자기가 선한 사람인 것처럼 보이려고 행세를 한다겔28:44. 이것이 바로 죄인들이 즐겨 입는 사람의 의로 만든 무화과 나뭇잎 옷이다.

3) 인간의 양심이 가지는 함정

이 세상은 어두움(불법)과 연합이 되어 버렸고 그로 인해서 땅에 속한 선과 악으로 눈이 밝아진 것에 대한 결과가 바로 양심이다. 그것은 세상으로 하여금 사람의 의를 따라 살아가도록 인도를 한다. 또한 그 양심은 결국 그리스도 안에 있는 하나님의 의(영)를 발견하지 못하도록 인간의 마음을 혼미하게 하는 역할을 하고 있다. 양심이 하는 역할은 보이는 세상의 의와 하나님의 의는 다르지 않고 같은 것이라고 여기게 만들어 버린다. 그 본질 자체도 역시 사탄의 교활한 미소로부터 나온 것이다.

4) 그리스도인의 약한 양심

고전8:10 지식 있는 네가 우상의 집에 앉아 먹는 것을 누구든지 보면 그 약한 자들의 양심이 담력을 얻어 어찌 우상의 제물을 먹게 되지 않겠느냐

고전8:12 이같이 너희가 형제에게 죄를 지어 그 약한 양심을 상하게 하는 것이 곧 그리스도에게 죄를 짓는 것이니라

고린도전서 8장에서 그리스도인이 우상의 제물을 먹는 것에 대하여 믿음이 약한 자들이 그것을 보고 약한 양심 때문에 갖고 있는 믿음이 상할 수도 있다고 기록하고 있다. 여기서 '약한 양심'이라는 것은 그리스도를 믿기 이전에 사탄이 가르쳐 주었던 불법(우상의 제물)으로 인하여 스스로 자기를 정죄할 가능성이 아직 남아 있는 약한 상태를 표현한 것이다. 그러므로 양심이 약하다는 것은 진리를 깨달았지만 영혼 안에 아직 씻기지 못한 불법이 남아 있고 습관적으로 보이는 율법에 매여 있는 상태를 말하는 것이다.

5) 깨끗한 양심

딛1:15 깨끗한 자들에게는 모든 것이 깨끗하나 더럽고 믿지 아니하는 자들에게는 아무것도 깨끗한 것이 없고 오직 저희 마음과 양심이 더러운지라

예수 그리스도를 믿는 자는 진리(영)로 인하여 세상의 불법으로부터 해방이 되고 불의의 영에 속한 죄에 대하여 씻김을 받아 영(진리)에 속한 양심을 가지게 된다. 즉, 그리스도인들은 세상에 속한 양심을 갖게 되는 것이 아닌 진리 안에서 변화가 된 영적인 양심을 갖게 된다. 그리고 양심이 깨끗하게 된 것은 그리스도의 진리를 깨닫고 영과 진리 안에 들어가 불법이 씻긴 자이다.

그러므로 깨끗함의 기준은 진리의 말씀으로 씻겼는가에 달려 있는데 하나님의 의를 깨닫지 못했다면 거짓의 법(육체) 그의 마음속에 도사리고 앉아 있기 때문에 그 양심이 더러운 상태이다.

그런데 기독교회마저도 양심에 대하여 세상의 율법적인 기준으로 판단을 하고 있는데 그 원인은 무엇이 하나님의 의인지를 깨닫지 못했기 때문이다. 그래서 성경에서는 그리스도인들이 불법에서 벗어나 회복된 양심을 지키기 위해 주의하라고 말씀하셨다 딤전1:5, 딤전3:9.

고전10:27 너희 앞에 무엇이든지 차려 놓은 것은 양심을 위하여 묻지 말고 먹으라

딤전1:19 믿음과 착한 양심을 가지라 어떤 이들이 이 양심을 버렸고 그 믿음에 관하여는 파선하였느니라

예수 그리스도 안에서의 착한 양심은 하나님의 의를 발견하고 소유하게 하며 영으로서의 죄를 분별하여 더러운 불법을 따르거나 속아 넘어가지 않게 하는 기능을 한다. 이것이 바로 진리를 소유한 깨끗한 양심(믿음)이 하는 일이다. 그러므로 참 믿음과 깨끗한 양심은 분리하거나 따로 설명을 할 수가 없으며 깨끗한 양심을 버린다고 하는 것은 진리의 말씀과 하나님의 의를 버리고 세상 율법과 세상의 의로 돌아가는 것을 의미한다.

| 04 |
행함에 대한 해석의 차이 약1:25

> 약1:25 자유하게 하는 온전한 율법을 들여다보고 있는 자는 듣고 잊어버리는 자가 아니요 실행하는 자니 이 사람이 그 행하는 일에 복을 받으리라

야고보서에 대하여 대부분의 기독교인들은 세상에서 보이는 율법을 지키며 선하고 착한 행위를 해야 하는 것으로만 이해하고 있다. 그러나 이 야고보서의 전체적인 말씀은 인간의 선이나 행위를 강조하는 말씀이 아니라 세상 율법의 불법의 특성과 그 불법을 따라가는 자의 어리석음에 대하여 경고하고 있다. 그리고 '그리스도의 온전한 율법' 안에 믿음으로 들어간 자는 그리스도 안에서 하나님의 율법에 온전한 순종을 하여 의를 소유한 자가 된다약2:22.

후면에서는 야고보서 2장의 내용을 중점적으로 행함에 대한 의미와 그리스도의 율법의 속성과 세상 율법(불법)의 특성에 대해 상세히 살펴보도록 하겠다.

1) 행함이 없는 불법

> 약2:14 내 형제들아 만일 사람이 믿음이 있노라 하고 행함이 없으면 무슨 이익이 있으리요 그 믿음이 능히 자기를 구원하겠느냐

이 세상의 율법(불법)은 겉으로는 진리인 것처럼 아름답게 보이지만 결국에는 세상을 정죄하고 사망으로 끌고 가기만 할 뿐 근본적으로 인간의 영을 살게 하는 실천과 행함이 전혀 없다. 또한 오늘날 기독교회에서는 육체와 땅(불법)에 속한 죄의 짐을 짊어진 자들에게 "평안히 가라, 더웁게 하라, 배부르게 하라"약2:16라는 말씀을 언급하며 듣기에만 좋은 교훈을 늘어놓을 뿐 정작 그 몸에 쓸 것을 주지 못하고 있으며 또한 이 말씀에 대하여 잘못 가르치고 있는 실정이다. 즉, 이 세상에 존재하는 그 어떠한 종교적인 교훈은 겉으로만

아름다울 뿐 근본적으로 인간을 완전하게 하지 못하며 종교나 철학적인 이론에 근거하여 인생을 가두고 얽매이게 한다. 그러므로 지상에 존재하는 모든 종교는 인간이 본성적으로 가지고 있는 선악의 양심을 이용하여 지배하고 민족이나 문화의 옷을 갈아입고 나타나 먹여 주고 있는 우상의 제물들이다.

2) 행함과 실천이 있는 진리의 특징

예수 그리스도는 불법(육체)이 되어 버린 세상의 죄인들을 위하여 그들을 대신하여 십자가의 보혈로 속죄를 하셨으며 하나님께 순종을 하셔서 얻으신 '완전한 의'를 그를 믿는 자에게 값없이 부여하여 주셨다^{약2:18}. 이 '완전한 의'는 이 세상에 속하지 않는 것이기에 세상의 관점으로 보게 되면 진리가 아닌 것처럼 가난하게 보이거나 허름해 보이고 가치가 없어 보이기도 한다. 그러나 그리스도의 진리를 깨닫게 되어 보면 그 안에는 하나님의 은혜와 하늘의 온갖 풍성함과 충만함이 모두 다 들어 있는 것이다. 또한 그 하나님의 은혜와 하늘에서 내려오는 것들은 그리스도의 율법을 따르는 자가 예수 그리스도 안에서 행함으로 의로움을 인정받게 되면서 주어지는 것들이다. 그러나 세상 율법으로 눈이 밝아진 자는 열심히 보이는 율법을 지키는 삶을 살아가지만 결국에는 사람의 의(성경에서는 재물로 표현)이며 자기만족감을 채워 줄 뿐이다.

약2:24 이로 보건대 사람이 행함으로 의롭다 하심을 받고 믿음으로만 아니니라

야고보서 2장에서의 '행함'에 대하여 세상 율법(선악과)으로 행위로써 지켜야 한다고 하는 무지(無知)하고 어리석은 자가 되어서는 안 된다. 이 어리석은 자들은 이 '행함'을 열심히 세상 율법을 지키라는 것으로 이해하고 가르쳐서 사람들에게 세상의 죄(불법)로 덮어씌우는 죄를 범하고 있다. 여기서의 '행함'은 이 세상에 오신 예수께서 세상을 대신하여 저주를 받으신 것과 하나님의 율법(영)에 온전한 순종을 하셔서 하나님으로부터 완전한 의를 얻게 된 것을 말하고 있다. 그러므로 그리스도인이 예수 그리스도를 믿게 되면 예수께서 의로움을 얻으신 것과 같이 그 의를 우리에게 주셔서 완전한 의를 소유한 자로 인정을 받게 된다. 그렇게 되면 예수님이 하나님의 율법을 다 지키신 것처럼 믿음 안에 들어간 자는 예수 안에서 그 영의 율법을 전부 다 지키는 자가 된 것이다. 이렇게 그리스도인은 믿음으로 말미암아 영의 율법을 다 준행하여 **'행함이 있는 믿음'**을 가진 자가 된 것이다.

3) 서로 차별하게 하는 불법

이미 세상의 율법으로 눈이 밝아진 이 세상은 판단하며 정죄를 하는 것에 대해 매우 익숙해져 있다. 약2:1-6의 말씀은 언뜻 보기에는 사람에 대하여 차별 대우를 하지 말라는 것처럼 보인다. 그러나 이 말씀을 자세히 들여다보면 세상 사람들이 진리에 대하여 잘못된 시각으로 바라보고 있는 것에 대하여 경고하고 있는 말씀이다.

약2:2-3 만일 너희 회당에 금가락지를 끼고 아름다운 옷을 입은 사람이 들어 오고 또 더러운 옷을 입은 가난한 사람이 들어올 때에 너희가 아름다운 옷을 입은 자를 돌아보아 가로되 여기 좋은 자리에 앉으소서 하고 또 가난한 자에게 이르되 너는 거기 섰든지 내 발등상 아래 앉으라 하면

여기에서 '금가락지를 끼고 아름다운 옷을 입은 사람'은 이 세상에서 의롭게 보이며 영광스럽게 보이는 비진리(불법)로 표현하고 있으며 성경에서는 이를 '부자'로도 지칭하고 있다. 즉, 실제로는 악한 자인 사탄을 가리키고 있는 것이다. 이처럼 세상개념과 율법으로써 보이는 선의 교훈을 입고 나타나는 사탄은 언제 보아도 하나님의 진리인 것처럼 보인다. 그래서 이 세상이 불법의 가르침을 겉으로 보면 '부자'로 보이는 것은 당연한 일이다. 그러나 진리의 영을 소유한 자가 그 부자를 바라보면 부자가 아니라 더럽고 헐벗은 자로 보이게 되는 것이다^{계3:18}. 그래서 사도 바울은 자기가 이전에 미친 듯이 따르던 율법(육체인 보이는 율법)을 배설물로 여기고 무가치한 것이라고 고백한 것이었다^{빌3:8}.

약2:6 너희는 도리어 가난한 자를 괄시하였도다 부자는 너희를 압제하며 법정으로 끌고 가지 아니하느냐

궁극적으로 부자는 성전 안에 들어온 자들을 모두 다 사망으로 끌고 가려고 하는 음흉한 미소를 흘리는 음녀이다. 그러나 눈이 어두운 세상은 이러한 부자(육체)를 환대하지만 남루한 옷을 입은 가난한 자(영과 진리)는 괄시하며 푸대접을 한다. 그렇지만 하나님께서는

이 가난한 자를 택하사 믿음에 부요하게 하시고 그를 믿는 자에게 하나님 나라를 상속하게 하신다약2:5. 그런데 이 세상은 부자(거짓 복음)에게는 아첨하면서 자기에게 진정한 선(의)과 사랑을 베푸는 가난한 자(예수)는 박대하고 있다는 사실을 모르고 있다.

약2:9 만일 너희가 외모로 사람을 취하면 죄를 짓는 것이니 율법이 너희를 범죄자로 정하리라

세상에는 부자가 심어 놓은 불법(보이는 율법)이 있기에 '부자'를 더 좋아하고 따라간다. 그와 반대로 가난한 자를 보게 되면 무시하며 차별하고 하대하는 속성이 있는데 이는 심판의 날에 그리스도의 율법(영)인 예수 그리스도께서 세상의 불법(부자)은 환대하고 가난한 자를 핍박한 죄에 대하여 심판할 것이다. 그래서 이 말씀은 이 세상의 율법적인 시각과 안목으로 가난하고 하찮게 보이는 영(진리)에 대하여 무시하고 박대하는 것에 대하여 경고하시는 말씀이다.

약2:19 네가 하나님은 한 분이신 줄을 믿느냐 잘하는도다 귀신들도 믿고 떠느니라

또한 그리스도인들은 자기 자신이 하나님의 존재를 입으로는 시인하면서 세상 율법으로 준행하는 것을 참 믿음을 가진 것이라고 이해해서는 안 된다. 그러므로 야고보서 2장에서의 **'행함이 없는 믿음'**이란 사람의 의를 따라가는 '육체인 불법'에 근거한 것이기에 결국에는 모든 것이 헛되고 공허만이 남게 된다. 또한 세상 율법을 따라 인생을 허송하게 되면 기독교인은 결과적으로 보이지 않는 그리스도의 율법은 전혀 지킨 것이 없으므로 하나님의 의를 소유하지 못한 자가 되는 것이다.

마7:23 그때에 내가 저희에게 밝히 말하되 내가 너희를 도무지 알지 못하니 불법을 행하는 자들아 내게서 떠나가라 하리라

가난한 자인 예수께서는 영이신 진리의 율법에 대하여 순종하셔서 얻으신 완전한 의(세상의 의가 아님)를 그리스도인들에게 부여해 주셨으므로 그는 이미 행함과 실천을 완성하신 것이다. 그러므로 세상에서 보이는 의를 가지고 구원을 준다고 하는 가르침들은 사망 안에 속한 것이며 이를 따라가면 '행함이 없는 믿음'을 가진 자가 된다약2:26. 그러므로 야고보서에서 말씀하시는 '행함'은 보이는 세상의 율법을 지켜야만 구원을 받게 된다는 의미가 아닌 것이다.

05
율법의 두 가지 차원

> **롬2:25** 네가 율법을 행한즉 할례가 유익하나 만일 율법을 범한즉 네 할례가 무할례가 되었느니라

이 말씀은 하나님의 말씀을 영과 진리의 개념으로 받아 믿게 되면 영적 할례를 받게 되지만 세상의 율법으로 믿게 되면 육신적인 할례는 하나님의 의와 상관이 없다는 말씀이다. 그러므로 그리스도를 믿는 자들은 반드시 인간의 영 안에 있는 불법을 죽이고 하나님께서 인정하시는 마음의 할례를 받아야 한다_{행9:26}.

1) 표면적인 할례의 무의미함

> **롬2:29** 오직 이면적 유대인이 유대인이며 할례는 마음에 할찌니 신령에 있고 의문에 있지 아니한 것이라 그 칭찬이 사람에게서가 아니요 다만 하나님에게서니라

이는 세상 율법(불법에 속한 세상의 선과 악)을 따르는 자는 세상이 인정하는 표면적인 할례는 받을 수 있으나 영적인 할례는 불가능하다는 것을 의미한다.

마음에 받는 할례의 의미란 불법(선악과)의 영에 사로잡혔던 옛사람을 죽게 하고 새 영으로 다시 살게 하는 것을 마음(영)에 받는 할례라고 하는 것이다_{롬2:29,갈3:21}.

그리스도를 만나기 전의 사도 바울은 하나님께서 주신 율법을 보이는 이 세상 율법으로 믿고 또 그것을 철저하게 지키는 삶을 살았었다. 그러나 그리스도를 영접하고 나서 육체의 율법이 아니라 영의 율법을 주셨다는 사실을 깨달은 후로는 육체의 율법을 더러운 배설물로 여겼던 것이다_{빌3:8}. 세상의 율법은 곧 사람의 명령과 인간의 전통과 문화, 세상의 교훈들을 의미하며 모두 육체(불법)에 속한 것이다.

2) 어리석은 자들이 지키는 율법(선악과)

롬9:32 어찌 그러하뇨 이는 저희가 믿음에 의지하지 않고 행위에 의지함이라 부딪힐 돌에 부딪혔느니라

유대인들은 이 세상의 선이나 악의 기준(선악과)으로 보이는 세상의 죄를 판단하고 정죄하였다. 실제로는 그들의 영이 불법인 율법(육체)과 연합을 한 상태이지만 세상의 율법을 지키고 있으므로 자신이 의롭다고 믿고 있었던 것이다. 그들은 이렇게 세상 율법의 옷을 입은 신(사탄)에게 순종하였지만 그들은 눈이 어두워져서 자신들의 영으로 살인, 음란, 도둑질, 포악, 비방 등의 죄들을 범하고 있다는 것을 모르고 있었던 것이다. 사탄에게 속아서 세상 율법으로 받아들인 바리새인들과 유대인이 볼 때에는 보이는 선을 행하는 것이 하나님의 의라고 여겼기 때문이다. 그러나 그들이 선악과(불법)의 율법을 다 지킨다고 하더라도 그것은 '사람의 의'마7:22이며 '하나님 의'가 아니기에 하나님께서는 그것을 받지 않으시는 것이다.

3) 영으로서의 율법을 주신 이유

하나님께서는 세상의 의를 요구하시거나 그것에 근거한 충성과 헌신을 요구하시지 않으며 오히려 예수 그리스도 통하여 '하나님의 의'를 주시기를 원하신다.

롬3:20 그러므로 율법의 행위로 그의 앞에 의롭다 하심을 얻을 육체가 없나니 율법으로는 죄를 깨달음이니라

사람들은 '죄'라는 단어에 대해 세상개념의 '보이는 악'을 떠올릴 것이다. 그러나 정작 자기의 영이 마귀에게 속하여 본질적인 죄(어두움)가 숨어 있는 줄은 모르고 있다. 이처럼 예수님 당시의 바리새인들도 스스로 아브라함의 자녀라고 확신하였지만 그들의 영은 이미 사망에 속하여 있는 '회칠한 무덤'이었던 것이다.

성경에서는 그렇게 감추어진 죄에 대해 밝히기 위하여 '살게 하는 율법(생명의 도)'을 모세를 통하여 주셨지만행7:38 사탄은 이마저도 자기의 속한 율법으로 변개시켜 버렸다. 모세

가 하나님으로부터 율법을 받을 때에 시내산에 빽빽한 구름과 번개와 우뢰가 나타났는데 출19:16 이는 '살게 하는 율법'을 '죽이는 세상 율법'으로 변개하고자 사탄이 웅크리고 앉아 있었기 때문이다. 오늘날에도 성경을 철학, 윤리, 도덕, 교훈 등으로 둔갑하여 과연 생명 인지조차 분별하기가 어려울 정도가 되어 버린 것은 흑암이 온 세상을 품고 앉아 있기 때문이다. 성경을 육체의 선과 악이 아니라 영과 진리로 깨닫고 보면 육체를 따르는 죄에 대하여 책망하시고 있는 것을 알 수가 있다.

4) 의롭게 하는 그리스도의 율법

롬3:21 이제는 율법 외에 하나님의 한 의가 나타났으니 율법과 선지자들에게 증거를 받은 것이라

그렇다면 예수 그리스도께서 우리의 의가 되어 주실 수 있는 이유는 무엇일까?
첫째 아담은 생명이신 말씀에 순종하는 것에 실패하였지만 둘째 아담이신 예수께서는 생명이신 말씀에 순종하셔서 완전한 의를 가지게 되셨고 마4:1-11 또 그를 믿는 자에게는 하나님의 의가 되어 주셨기 때문이다.

갈3:21 만일 능히 살게 하는 율법을 주셨더면 의가 반드시 율법으로 말미암았으리라

하나님께서는 죽이고 정죄하는 율법을 세상에 주신 일이 없으시기에 절대로 세상 율법을 하나님의 진리라고 믿고 따라가지 말아야 한다. 이 세상의 선이라는 것도 사실상 악의 본질에 속하므로 하나님이 요구하시는 완전한 의와는 아무런 상관이 없다. 그리고 세상에서 보이는 율법에 관계한 모든 것은 세상의 주관자인 사탄이나 관여할 일이지 그것들은 영적인 하나님의 의와는 차원이 전혀 다르다. 그러므로 성경에서의 '육신과 육체'가 무엇을 의미하는지, '영(하나님의 의)과 진리'가 무엇인지를 올바르게 분별하여야 한다.

눅18:11 바리새인은 서서 따로 기도하여 가로되 하나님이여 나는 다른 사람들 곧 토색, 불의, 간음을 하는 자들과 같지 아니하고 이 세리와도 같지 아니함을 감사하나이다

이같이 수많은 기독교인 중에는 자기의 영이 불법인 세상 율법에 속하여 그의 영으로

죄를 짓고 있다는 사실을 모르고 있는 자들이 많다.

| 06 |
예수와 율법

마5:18 진실로 너희에게 이르노니 천지가 없어지기 전에는 율법의 일점 일획이라도 반드시 없어지지 아니하고 다 이루리라

사도 바울은 로마서나 갈라디아서에서 율법을 따르는 자들을 불법에 속한 자로 규정하였으며 그 율법으로는 의롭게 될 수가 없다고 하였다. 그는 어떤 때는 율법을 폐할 수가 없다고 말하고 롬3:31 어떤 때는 **"내가 너희에게 이르노니 너희 의가 서기관과 바리새인보다 더 낫지 못하면 결단코 천국에 들어가지 못하리라"** 마5:20 라고 말하여서 수많은 그리스도인에게는 상당한 혼란을 일으키고 있는 것은 사실이다. 이렇게 '율법'에 대하여 성경 말씀이 서로 모순 있는 것같이 보이는 까닭에 혼란과 갈등이 일어나면서 수많은 교회의 가르침들이 일관성이 없어지게 된 것이다.

1) 율법에 대한 기독교회의 견해와 인식

서기관과 바리새인들은 하나님의 율법을 이 세상 선악의 교훈으로 주신 것으로 받아들였다. 그렇다면 오늘날의 교회는 율법의 가르침에 대하여 서기관, 바리새인들이 갖고 있었던 관점과는 다른 시각으로 바라보고 있는지 묻고 싶다. 물론 기독교인들은 예수 그리스도를 믿고 있기에 유대인들과는 다르다고 생각을 하겠지만 그들을 비교해 보면 전혀 다를 바가 없다. 또한 기독교회는 '믿음으로 구원을 얻는다'고 가르치기도 하지만 어떤 때는 '행함이 없는 믿음은 죽은 믿음'이라고 윽박지르기도 한다. 이와 같이 한 우물에서 단물과 쓴물이 나오는 것 같은 모순을 갖고 있지만 이에 대한 명확한 해답을 주지도 못하고 있다.

2) 누룩과 섞여 버린 율법의 가르침

유대인들이 이해하고 받아들였던 율법은 누룩을 섞어서 이 세상의 선하고 의로워 보이는 교훈이 되어 버렸고 그 율법을 받아먹는 자들을 정죄하는 길로 들어서게 만들었다. 그렇다면 왜 이렇게 많은 사람들이 길을 찾지 못하고 헤매고 있는 것일까? 그 이유는 그들은 성경에 누룩을 섞어 부풀려진 율법으로 먹고 있기 때문이다. 또한 그것은 영혼을 채워 줄 수 있는 양식이 아니기에 영적인 기근을 해결해 주지 못한다. 특히 오늘날에는 성경을 보기에 좋고 먹기에만 좋은 세상 교훈으로 변개하여 조직화해 놓았기 때문이다. 많은 종교 지도자들은 자유를 준다고 가르치고 있지만 그 율법을 믿고 따르면 따를수록 믿는 자에게 더 큰 죄책감이 오게 되는 이유는 무엇일까? 사탄은 '하나님의 율법'을 땅의 것으로 바꿔서 하나님의 진리인 것처럼 위장을 하여 세상에 먹여 주었기(세상의 율법) 때문이다. 그 세상의 율법은 보이는 행위로써 사람의 의를 계속 요구하고 있는데 그 청구서를 들이대는 자가 바로 사탄이다. 그러나 그 세상의 율법은 전부 준행할 수도 없을뿐더러 설사 그것을 다 지킨다고 하더라도 그렇게 얻어진 세상의 의는 하나님의 의와는 아무런 관계가 없다.

3) 율법을 따르는 상태의 진실

롬7:10 생명에 이르게 할 그 계명이 내게 대하여 도리어 사망에 이르게 하는 것이 되었도다

세상의 눈으로 보면 유대인들은 세상의 윤리, 도덕의 죄를 절대 범하지 않고 금식, 구제, 선행, 헌금, 기도 등과 같은 행실과 열심으로 율법을 준수하여서 마치 의인처럼 의롭고 선하게 보인다. 하지만 이러한 열심(사람의 의)은 오히려 사망으로 끌고 가는 불법이다. 그렇기에 그의 영은 이미 사탄에게 속하게 되어 사실상 불법의 죄들을 모두 범하고 있는 것이다. 그러므로 성경 말씀을 이용하여 불법인 육체와 땅의 개념으로 사람들을 현혹하고 축복을 팔고 있는 장사꾼들의 죄가 얼마나 큰 것인지 알아야 할 것이다. 그들은 말씀을 이용하여 육체(몸)의 의식주에 관련된 것만을 가르치고 있으니 이 얼마나 답답한 현실인가?

4) 바리새인보다 더 나아야 하는 의

바리새인들은 긴 소매 옷을 입고 잔칫상에 앉아 있거나 늘 존경을 받는 곳에 있었으며 그들 스스로 선생이라는 자부심을 가지고 살아가고 있었는데 이는 불법의 특성이 세상 속에서 교만한 자리에 앉아 있는 것과 동일하다.

마5:20 너희 의가 서기관과 바리새인보다 더 낫지 못하면 결단코 천국에 들어가지 못하리라

이 말씀에 대하여 해석하기를 사람들이 보고 있을 때는 율법을 지키고 보지 않을 때는 지키지 않는 위선적인 행위를 하면 안 된다는 교훈으로 받아들이고 있다. 이러한 주장을 하는 이들은 사람들이 있을 때나 없을 때에도 열심히 율법을 지켜야 한다고 가르치는데 이는 완전히 잘못된 불법에 속한 가르침이다. 왜냐하면 인간이 아무리 진심으로 행하거나 열심을 가진다고 하더라도 그것은 사람에게서 난 세상의 의이기 때문이다. 또한 우리가 확실히 알아야 할 것은 오늘날에 어느 누가 그 열심을 다 쏟아부어도 그 옛날 유대인 중 바리새인들의 정성과 헌신, 열심을 초월할 수 있는 사람은 없을 것이다. 진심의 정도를 가늠하더라도 그들의 열심을 초과할 만한 사람은 그리 많지 않다.

마23:27 서기관들과 바리새인들이여 회칠한 무덤 같으니 겉으로는 아름답게 보이나 그 안에는 죽은 사람의 뼈와 모든 더러운 것이 가득하도다

그렇다면 왜 예수께서는 그렇게 열심히 율법을 준행하는 바리새인들을 향하여 "회칠한 무덤"마23:27이라고 하셨을까? 그들에게는 의로워 보이는 세상의 의는 있었지만 정작 그들이 지키고 있는 세상의 의가 이미 불법에 속하여 있는 죄라는 사실을 몰랐기 때문이다. 그러므로 이 말씀은 열심, 진심, 정성, 헌신의 부족이나 진실성의 결여에 대해 지적하시는 말씀이 아니라 그들이 가진 의가 땅에 속한 더러운 것이었음을 말하고 있다.

마5:13 너희는 세상의 소금이니

'소금'의 진정한 의미는 불법으로 썩은 이 세상에서 영과 진리로 지켜내는 것을 의미한다.

마5:16 이같이 너희 빛을 사람 앞에 비취게 하여 저희로 너희 착한 행실을 보고 하늘에 계신 너희 아버지께 영광을 돌리게 하라

'너희 빛'도 윤리, 도덕, 선행, 구제 등의 인간의 행위를 말하는 빛이 아니라 '그리스도 안에 있는 하나님의 의'이며 세상 사람의 마음을 밝히는 영적인 빛이다. 마찬가지로 '너희 착한 행실' 역시 인간의 선을 말씀하시는 것이 아니며 그리스도 안에 있는 의를 세상에 비추는 것을 '착한 행실'이라고 하신 것이다. 그러므로 세상에 속한 의가 전혀 없더라도 예수 그리스도 안에 있는 의를 붙잡는 믿음이 있다면 그는 바리새인보다도 더 나은 의를 소유한 자가 되는 것이다.

| 07 |
율법의 완성과 마침

롬10:4 그리스도는 모든 믿는 자에게 의를 이루기 위하여 율법의 마침이 되시니라

1) 일반적인 개념으로서의 율법과 죄, 구속의 의미

어떤 신학자들이 주장하기를 예수께서 십자가에서 육체(몸)로 죽임을 당하셔서 보이는 세상 율법으로 육체(몸)로 범한 죄에 대한 심판이 끝났으므로 세상 율법의 요구가 완성되었다고 믿고 있다. 그러나 이러한 견해는 흔히 알고 있는 윤리, 도덕에 관한 세상 율법의 행위를 위반한 것만을 하나님께서 심판하시는 죄라고 하는 결과가 된다. 또한 그들은 사람들의 영에 죄와 사망의 법칙(불의 영)의 죄에 대해 심판하신다는 사실을 감추어 주고 있는 것이다. 이는 '보이는 이 세상의 선과 악의 주관자인 사탄을 신의 자리에 올려놓고 세상 율법의 눈으로만 바라보게 하는 논리이다'살후1:8-9. 이러한 주장은 정작 하나님께서 심판하시고자 하는 불법(사탄)의 실체에 대한 것을 세상으로 하여금 발견할 수 없도록 교묘히 숨겨 주는 역할을 하고 있는 것이다.

이러한 교훈은 사람들에게 구원을 받았다며 일시적인 위로를 해 주며 거짓말로 하나님 행세를 하고 있을 뿐이다. 결국 예수 그리스도의 십자가 희생은 불법의 죄에 대한 희생의 제물이 되신 것이 아니라 보이는 세상 율법을 위반한 자에게 들이대는 사탄의 청구서에 의하여 심판을 받은 것으로 변개시켜 버린다. 이를 겉으로만 보면 아무런 문제가 없어 보이지만 실제 영으로는 불법의 요구를 들어주는 헛된 희생이 되게 만드는 것이다. 그러므로 보이는 세상 율법을 위반한 범죄에 대하여 예수님이 대신 저주를 받으셨다고 믿게 하는 것은 성경의 전체를 육체(불법)의 개념으로 받아들이게 하는 불법이다.

성경에서 말씀하시는 죄의 기준
'율법의 완성'이란, 하나님의 율법(영)의 요구대로 전부 지켜져야 하는데 그 율법은 이 세상의 보이는 선과 악에 대한 기준이 아니다. 그러나 하나님께서 말씀하시는 죄를 범하였다고 하는 기준은 인간의 영이 영의 율법(그리스도의 율법)을 위반하는 것을 의미한다. 그러므로 예수를 구주로 믿고 보이는 세상 율법을 범한 죄에 대해 용서를 받았으니 율법의 완성이 되었다고 가르치는 것은 겉으로 보이는 죄의 속죄를 하기 위하여 예수께서 희생하셨다고 믿게 하게 되는 잘못된 논리이다. 이러한 논리는 세상 율법의 주관자인 사탄을 하나님과 같은 자리에 올려 주는 것과도 같다.

오늘날 수많은 영혼에게 사탄이 가져다주는 붉은 포도주를 마시게 하여서 예수 그리스도의 희생을 헛되게 하고 있는데 하나님께서는 이들에 대해 영원한 죄의 심판을 하실 것이다. 그러므로 기독교회는 이 세상이 하나님의 영의 율법을 범한 죄에 대하여 예수 그리스도께서 희생이 되셨음을 깨닫게 해야 한다.

참된 율법의 완성이란

참된 율법의 완성은 사탄의 요구(세상의 율법)를 완성하는 것이 아니라 영으로 하나님의 율법(진리)에 순종하여 하나님으로부터 의로움을 인정받고 완전한 하나님의 의(영)를 소유하는 것이 진정한 영의 율법의 완전한 완성이다. 그리고 그 참된 율법(하나님의 의)을 성취하시기 위하여 예수 그리스도는 세상을 대신하여 시험을 받으셨지만 사탄의 유혹에는 미혹되지 않으셨다_{마4:1-11}. 오직 하나님의 말씀에 순종하셔서 의로움(하나님의 의)을 받으셨으며 또한 그 완전한 의를 그를 믿는 자들에게 값없이 주셨다.

2) 율법을 주신 이유

이 세상의 왕이자 주권자인 사탄은 세상으로 하여금 인간의 영 안에서 교만, 음란, 거짓, 포악, 질투 등의 악의 열매가 맺히게 만드는데 이 불법의 열매들은 세상에서 보이는 죄를 말하는 것이 아니라 인간의 영이 하나님께 대하여 저지르는 모든 불의를 의미한다. 이렇게 아담의 영에 연합이 되어 있는 불법인 '죄'는 사탄이 세상을 지속적으로 속이고 자기가 왕 행세를 하려고 본질적인 죄를 숨기고 있다.

그리고 속성 자체가 어두움과 공허인 불법은 그리스도의 진리를 깨닫게 되면 불법이 거짓의 영임을 알게 되어 그의 영 안에서 권세를 상실하게 되는 것이다. 즉, 거짓 교훈은 진리에 의하여 거짓임이 밝혀지는 순간 그 불법은 권세를 상실하게 된다. 모세의 율법은 자유하게 하는 그리스도의 율법으로 주신 것이며 그 율법으로 의를 행하는 사람은 그 의로 살리라_{롬10:5}라고 하셨다. 하나님께서 율법을 주신 이유는 인간의 영 안에 있는 죄를 들추어내고 그 불법의 권세를 도말하시기 위하여 주신 것이다_{롬7:7}.

3) 율법의 마침의 의미

예수 그리스도와 성경의 모든 말씀은 진리이기에 신·구약 성경 모두 육체가 아닌 영의 말씀이며 그 안에는 불의나 어두움이 조금도 없으시다. 그리고 그 말씀(공로) 안에 들어가는 자는 '죄(불법, 거짓의 영)'로부터 해방이 되고 예수께서 친히 성취하신 완전한 '하나님의 의'를 가짐으로써 '하나님의 율법'의 요구를 완성하게 되는데 이것이 바로 '율법의 마침' 롬10:4이다.

4) 진리를 소유한 자의 권리

> 마5:17-18 내가 율법이나 선지자나 폐하러 온 줄로 생각지 말라 폐하러 온 것이 아니요 완전케 하려 함이로라 진실로 너희에게 이르노니 천지가 없어지기 전에는 율법의 일점 일획이라도 반드시 없어지지 아니하고 다 이루리라

이 세상의 선에 대하여 '하나님의 의'라고 소리를 높여 지키라고 가르치는 사람의 교훈은 도리어 영혼을 죽이는 독이 되지만 그리스도의 말씀(영)으로 한 영이 되면 '하나님의 율법'은 완전하게 성취가 되면서 영으로 짓는 불법의 죄(영적 간음, 살인, 거짓, 도둑질 등)들은 범하지 않게 된다 요일3:6. 이로 인하여 세상의 선이나 악에 의하여 노예로 살아갈 필요가 없으며 세상의 율법(선악과)으로 정죄를 해 오던 사탄이 가진 권리는 상실하게 된다. 진리 안에서 세상의 율법(선악과)이 거짓이라고 드러났기에 그리스도인들이 불법을 배설물로 여기고 버리는 것은 당연한 처사이다.

> 롬13:9-10 간음하지 말라, 살인하지 말라, 도적질하지 말라, 탐내지 말라 한 것과 그 외에 다른 계명이 있을찌라도 네 이웃을 네 자신과 같이 사랑하라 하신 그 말씀 가운데 다 들었느니라 사랑은 이웃에게 악을 행치 아니하나니 그러므로 사랑은 율법의 완성이니라

이 말씀에서 사랑은 땅(육체)에 속한 인간이 이해하고 있는 사랑이 아니라 진리와 생명이신 예수 그리스도를 의미하고 있다.

> 골1:22 이제는 그의 육체의 죽음으로 말미암아 화목케 하사 너희를 거룩하고 흠 없고 책망할 것이 없는 자로 그 앞에 세우고자 하셨으니

> 요일4:18 사랑 안에 두려움이 없고 온전한 사랑이 두려움을 내어 쫓나니 두려움에는 형벌이 있음이라 두려워하는 자는 사랑 안에서 온전히 이루지 못하였느니라

고후3:17 주는 영이시니 주의 영이 계신 곳에는 자유함이 있느니라

사랑이신 '그리스도의 진리(道)' 안에 들어가게 되면 세상을 죄 아래 두고 정죄하고 억압해 오던 불법의 권세가 죽고 하나님의 율법의 요구가 완성이 되는 것이다.

그러므로 독자들이 아직도 그리스도인들이 보이는 이 세상의 율법을 범한 것에 대하여 심판을 받아야 된다고 믿는다면 다음과 같은 질문을 자기 자신에게 해 보기를 바란다.

질문: 이 세상 율법의 잣대로 볼 때 스스로 율법을 범하지 않고 깨끗하게 살아가고 있는가?

물론 이 질문에 대해 스스로 속이는 자는 죄를 범하고 있지 않다고 하겠지만 대부분의 경우 죄를 짓고 있다고 고백할 수밖에 없을 것이다. 그런데 성경에서는 말씀하기를 예수 그리스도 안에 거하는 자마다 죄를 범하지 않는다고 선언하고 있음을 주목해야 한다.

요일3:6 그 안에 거하는 자마다 범죄하지 아니하나니 범죄하는 자마다 그를 보지도 못하였고 그를 알지도 못하였느니라

그러므로 하나님께서 심판하시는 죄가 보이는 이 세상의 율법을 범한 것이라고 믿는 자가 있다면 스스로 하나님의 자녀가 아니라고 증명을 한 것이다. 왜냐하면 성경에서는 하나님으로부터 난 자는 '범죄하지 않는다'고 선언을 하고 위에서 보인 말씀과 같이 다른 율법(불법)을 따라간 사람들은 모두 죄 아래 속하여 있다고 말씀하기 때문이다.

요일3:9 하나님께로서 난 자마다 죄를 짓지 아니하나니 이는 하나님의 씨가 그의 속에 거함이요 저도 범죄치 못하는 것은 하나님께로서 났음이라

'하나님께로서 난 자'는 육신(세상)으로 난 자가 롬8:6-8 아닌 영(하늘)으로 난 자 롬6:63 인데 이는 자유하게 하는 율법에 의하여 하나님의 의를 소유한 자로 다시 태어난 자이다. 약1:25, 약2:12. 그리고 불법에 매여 노예로 살던 자신의 영이 간음, 포악, 거짓말, 살인, 절도 등과 같은 거짓 영에 속한 죄를 더 이상 짓지 않게 된다. 그 이유는 예수 그리스도께서 친히 순종하셔서 얻으신 하나님의 의를 믿는 자에게 주셔서 완전한 의를 가지게 하셨기 때문이다.

약2:11 간음하지 말라 하신 이가 또한 살인하지 말라 하셨은즉 네가 비록 간음하지 아니하여도 살인하면 율법을 범한 자가 되느니라

불법에 속한 것을 한 가지라도 범해도 하나님의 영의 율법을 전부 범하게 되는 이유는 불법에 속한 모든 죄는 죄의 죄명과 상관없이 그 본질은 하나같이 모두 동일하기 때문이다갈1:15. 그러므로 그리스도인은 이렇게 영으로 죄를 범하게 하는 불법이 들어오는 것을 조금이라도 용납해서는 안 된다. 구약 성경에서 부정한 것들에 대하여 만지지도 말라고 하신 것은 이런 것들이 사망에 속한 것이기 때문이다레11:8. 불법의 본질은 이만큼 악하고 더러운 것임을 알아야 한다.

| 08 |
지켜야만 하는 계명

마5:17-18 내가 율법이나 선지자나 폐하러 온 줄로 생각지 말라 폐하러 온 것이 아니요 완전케 하려 함이로라 진실로 너희에게 이르노니 천지가 없어지기 전에는 율법의 일점 일획이라도 반드시 없어지지 아니하고 다 이루리라

1) 세상 율법을 따라가게 하는 것은 불법을 행하는 것

위의 말씀에서 율법을 "완전케 하려 함이로라"라고 하신 말씀의 의미는 보이는 세상 율법이 아니라 하나님의 율법을 완성하시러 오신 것이다. 세상을 정죄를 하고자 하는 목적으로 사탄이 사용하고 있는 율법(땅)으로는 의롭게 되는 것 자체가 불가능한 것이다. 그 세

상 율법은 이 세상의 신(거짓의 영)이 먹여 주는 불법이기에 하나님께서 그 불법에 대하여 순종을 요구할 까닭이 전혀 없다. 예수 그리스도께서는 오히려 세상 율법을 따르는 자들에게 '불법을 행하는 자', '불의한 자'라고 하였다. 이렇게 '사람의 의(세상의 의)'로 스스로 의롭게 되려는 것이 바로 사탄을 따르는 죄(불법)라고 밝혀 주신 것이다.

2) 진리는 이 세상의 선과 악으로서의 율법이 아니다 요14:15-21

마5:17-18에서는 예수께서 율법의 일점일획까지 전부 완성을 하신다고 하셨는데 이 율법은 하나님께서 주신 율법으로, 보이지 않는 영의 율법이다. 그리고 예수 그리스도는 그 말씀대로 하나님의 율법에 순종하여 그 율법의 요구를 완성하셨다. 하나님께서 율법을 주신 이유는 인간을 죽이는 숨겨진 죄(불법)의 실체가 무엇인지 깨닫게 하시는데 그 목적이 있었다. 결코 이 세상의 개념으로 지키라고 주신 것이 아니다. 그런데 사탄은 '살게 하는 율법'을 죽이는 육체(세상)의 율법으로 바꾸어 가르쳐 마음의 눈을 가려 버린 것이다. 이것이 바로 귀신의 영이라고 하는 이 세상 신(고후4:4)이 하는 악한 소행이다(딤전4:1, 약3:15).

3) 생명의 율법을 지키는 자들에 대한 응답 요14:13-14

요14:13-14 너희가 내 이름으로 무엇을 구하든지 내가 시행하리니 이는 아버지로 하여금 아들을 인하여 영광을 얻으시게 하려 함이라 내 이름으로 무엇이든지 내게 구하면 내가 시행하리라

위의 말씀을 해석하기를 세상을 살아가는 데 필요한 것을 '예수 그리스도'의 이름으로 열심히 간구하면 다 이루어 주신다고 가르치고 있다. 이는 마치 하나님을 자신이 필요한 것을 채워 주는 도깨비의 요술 방망이로 받아들이게 하는 것과도 같다. 그리고 미신적인 신앙을 가지게 하는 요인이 되기도 하기에 이렇게 가르치는 것은 매우 큰 잘못이 아닐 수가 없다. 만약 어떤 사람이 땅과 세상인 선악과의 개념으로 성경을 이해하고 있다면 실제로는 불법이 인도하는 악한 영을 따라가고 있는 매우 위험한 상황인 것이다. 그리고 세상의 개념인 선악의 속성에 사로잡힌 상태에서 자기가 원하는 것을 얻기 위해 열심히 기도

를 드린다면 과연 하나님께서 그에게 무엇을 응답해 주실 수 있겠는가? 설사 그렇게 하여 응답이 되었다고 하더라도 그것은 이 세상 신이 그를 속이기 위하여 가져다 준 미끼들임을 알아야 한다.

앞의 말씀에서 '내 이름으로 무엇을 구하든지'의 의미는 그리스도의 의 안에서 간구를 한다면'의 의미이다. 이는 진리의 영에 속한 자가 간구하면 무엇이든지 시행을 하시겠다는 의미인데 이는 복음이 전파가 되는 과정에서 진리를 믿는 자들에 의하여 승리하는 것을 보증하시겠다는 말씀이다.

요16:24 지금까지는 너희가 내 이름으로 아무것도 구하지 아니하였으나 구하라 그리하면 받으리니 너희 기쁨이 충만하리라

예수님께서 "구하라 그리하면 받으리니 너희 기쁨이 충만하리라"라고 말씀하셨는데 이는 진리의 영을 소유한 자가 주님께 구하면 그 필요를 채워 주신다는 약속이다. 이와 같이 하늘의 것을 찾는 자는 하늘의 기쁨을 맛볼 수가 있으며 위에 속한 온갖 아름다운 것들로 그의 영혼 속에 채워 주신다.

| 09 |
두 아들 눅15:11-32

눅15:1-2 모든 세리와 죄인들이 말씀을 들으러 가까이 나아오니 바리새인과 서기관들이 원망하여 가로되 이 사람이 죄인을 영접하고 음식을 같이 먹는다 하더라

눅15:11-32에서 둘째 아들은 아버지가 준 재산을 가지고 먼 나라에 가서 허랑방탕하

여 살다가 나중에야 아버지의 사랑을 깨닫게 되어 집으로 돌아왔다. 이에 아버지는 돌아온 탕자를 위해 잔치를 열어 주었는데 여태껏 집안에서 열심히 일해 온 맏아들은 그 잔치를 지켜보다가 노하여 집에 들어가지 않았다는 내용이다.

이 비유에서 맏아들은 바리새인들을 의미하며 둘째 아들은 세리와 죄인으로 의미하고 있으며 둘째 아들이 돼지가 먹는 쥐엄나무의 열매를 먹었다는 의미는 사탄에게 종살이하며 더러운 것을 얻어먹어야 했던 상태를 표현하고 있다. 세리와 죄인들은 하나님의 진리의 법을 깨닫지 못한 상태였으며 누가 보더라도 부정한 존재로 여겨지는 사람들이었다. 이 사람들에게는 세상이 인정할 만한 의가 전혀 보이지 않았기에 저주를 받은 사람들처럼 보였다. 그렇지만 예수 그리스도는 그들과 함께 음식을 드셨는데 이는 진리이신 예수께서 죄인들을 깨끗하게 하여 구원하시는 것을 나타내고 있다. 세리와 창녀들에게는 세상의 의가 전혀 없고 오히려 더러움으로 가득 차 있어도 예수께서는 그들에게 단 한 번도 의롭지 못하다고 책망하신 적이 없으시다.

이렇게 세리와 창녀로 비유가 된 둘째 아들이 집에 돌아왔을 때 아버지는 그가 허비했던 재물을 다시 요구하거나 그가 잘못한 과거를 조금도 책망하지 않으셨다. 아버지는 그 둘째 아들이 아버지의 마음과 사랑(영)을 깨달은 것만으로 모든 것을 용서하고 받아들였고 아버지의 집에서 자녀가 누려야 할 특권을 모두 허락한 것이다눅15:22-24. 그러나 맏아들은 밭에 있다가눅15:25 동생이 집에 다시 돌아왔다는 사실과 또 그를 위하여 아버지가 큰 잔치를 열었다는 것을 듣고 노하여 집에 들어가기를 거절하였다눅15:28.

눅15:29 아버지께 대답하여 가로되 내가 여러 해 아버지를 섬겨 명을 어김이 없거늘 내게는 염소 새끼라도 주어 나와 내 벗으로 즐기게 하신 일이 없더니

사실 큰아들이 아버지께 섭섭해하고 동생에게 해 준 일에 대해서 화를 내는 것은 이 세상의 관점으로 보면 당연하게 보이기도 한다. 둘째 아들이 가지고 나갔던 재산을 모두 탕진하여 돌아왔으니 확실히 그가 잘못한 일이며 또 그로 인하여 온 집안이 걱정했을 것이기 때문이다. 그렇다면 성경에서 말씀하시는 맏아들의 잘못은 무엇일까?

눅15:29 내가 여러 해 아버지를 섬겨 명을 어김이 없거늘

맏아들은 상속받을 재산에 관심이 있었는데 동생이 다시 돌아오면서 자신이 상속받을 재산(세상의 의)이 줄어드는 것에 대한 우려하는 마음이 역력하게 드러나고 있다. 맏아들은 자녀를 향한 아버지의 마음에는 전혀 관심이 없고 단지 자기가 열심히 일을 했으니 아버지의 재산은 모두 자기의 것이라는 탐심이 있었던 것이다.

이는 바리새인들이 하나님께 충성하며 세상 율법(육체, 땅)을 열심히 지키고 헌신하는 행위적인 의를 가지고 당연히 축복을 해 주실 것이라며 믿고 있는 상태를 표현하고 있다. 그러기에 어쩌면 그들이 하는 말은 틀린 말이 없고 오히려 도리가 있으며 또 의롭게 보이기까지 한다. 이같이 맏아들의 행위로 표현된 것은 아버지의 마음(영)을 깨닫지 못하고 정죄하는 율법(육체)과 자기의 의(세상의 의)에 깊이 빠져 있는 바리새인들의 모습을 보여 주고 있다. 정리를 하면 세리와 죄인들은 세상의 의가 없어도 하나님의 의를 소유하게 되어 아버지의 집 안에 들어갔지만 그와 반대로 바리새인들은 세상 율법으로 세상의 의(재산)를 따라갔으므로 아버지의 마음(영과 진리)을 깨닫지 못하고 오히려 집 안에서 집 밖으로 나가 버린 것이다. 안타깝게도 성경에는 맏아들이 다시 집으로 돌아갔다는 기록이 없다.

| 10 |
소출이 많은 부자 눅12:13-21

이 성경 본문에 대해 가르치기를 이 세상의 물질에 대한 욕심을 갖게 되면 돈의 노예가 되어 버려 하나님을 잃어버릴 수 있다고 주장하기도 한다.

눅12:16 또 비유로 저희에게 일러 가라사대 한 부자가 그 밭에 소출이 풍성하매

눅12:19 또 내가 내 영혼에게 이르되 영혼아 여러 해 쓸 물건을 많이 쌓아 두었으니 평안히 쉬고 먹고 마시고 즐거워하자 하리라 하되

이 말씀은 자기의 인생을 돌아보아도 부끄럽지 않을 만큼 하나님을 위하여 나름대로 열심히 준비해 놓은 소출(세상의 의)이 많기에 염려 없이 즐거워하고 있는 바리새인들의 모습을 나타내고 있다.

눅12:20 하나님은 이르시되 어리석은 자여 오늘 밤에 네 영혼을 도로 찾으리니 그러면 네 예비한 것이 뉘 것이 되겠느냐 하셨으니

그 당시에 율법을 지키며 자기의 의와 자만심으로 가득 찬 바리새인들이 장차 당면하게 될 결말을 드러내는 말씀이다. 어느 날 갑자기 인생에 대하여 결산을 할 때에 그가 쌓은 소출(재물로 표현이 된 세상의 의)은 이 세상에 속한 의이므로 하나님께는 인정을 받을 수 없게 된다. 물론 그 부자는 이 세상에서 선교 활동을 비롯하여 구제, 봉사, 헌신 등의 행위로 사회적으로 볼 때에 성공을 하였을 것이다. 그러나 자기가 열심히 쌓아 온 의(義)가 하나님이 받으시는 완전한 의가 아니라는 사실을 깨달았을 때에는 이미 멸망의 문으로 들어서는 순간일 것이다. 결과적으로 보면 바리새인들은 이 세상의 주관자에게 재물(세상의 의)을 바치려고 평생에 노예살이를 한 것이다. 그들이 평생에 준비했던 것들은 모두 다 사탄이 기쁨으로 거두어 가고 하나님께서 받으실 만한 의(완전한 의)는 하나도 없게 된 것이다.

눅12:21 자기를 위하여 재물을 쌓아 두고 하나님께 대하여 부요치 못한 자가 이와 같으니라

이 말씀을 표면적으로 해석하여 세상의 물질에 대해 욕심이 많아 하나님께 헌금을 드리지 않는 것이라는 내용으로 받아들여서는 안 된다. "자기를 위하여 재물을 쌓아 두고"라는 의미는 본질이 교만인 불법을 따라가 세상이라는 땅에서 돋아난 선이나 사람의 의를 쌓아 두는 것을 말한다.

인간의 영이 진리와 연합이 되어 의롭게 된 자신을 드리는 것이 바로 하나님께 부요한 자가 되는 것이다. 하나님께서는 세상의 물질을 요구하시지 않을뿐더러 세상이 인정하는 사람의 의도 받으시지 않으신다. 왜냐하면 그것들은 이미 죄로 인하여 저주를 받은 이 땅에 속한 것으로 선한 것이 없기 때문이다. 그러므로 **"하나님께 대하여 부요치 못한 자"**라

는 말씀은 바리새인들이 준비한 세상의 의(재물)는 사탄이 거두어 가는 제물이 되기에 결과적으로 그들은 하나님께 부요하지 못한 자가 된 것이며 하나님의 원수가 된 자들이다.

| 11 |
율법과 두 돌판 _{출19:16-25, 출32:15-20}

출24:12 내가 율법과 계명을 친히 기록한 돌판을 네게 주리라

하나님께서는 시내산에서 모세를 통하여 이스라엘 백성들에게 율법과 계명을 기록한 두 돌판을 주셨다. 그런데 이스라엘 백성들이 금송아지를 만들어서 숭배하는 사건으로 인하여 모세가 돌판을 산 아래로 던져 깨뜨리게 되었다. 그 후에 모세는 다시 돌판을 다듬어 시내산에 올라가 사십 일을 금식한 후에 하나님께로부터 첫 번째와 동일한 말씀을 두 번째 돌판에 받아서 내려오게 되었다. 이러한 과정의 감추어진 의미가 무엇인지를 살펴보도록 하자.

이스라엘이 홍해를 건너 르비딤을 지나 시내산 앞에 이르게 되었다_{출19:2}. 하나님께서는 모세를 시내산 위로 부르시되 산 주위에 경계를 세워 백성들은 거룩한 산에 오르지 못하게 하였다_{출19:23}. 그리고 이스라엘 백성들을 가르칠 율법과 계명을 기록한 돌판을 주시겠노라고 말씀하셨다_{출24:12}.

1) 첫 번째 돌판의 사역적인 의미

시내산이 가리키는 영적인 의미

> **갈4:25-26** 이 하가는 아라비아에 있는 시내산으로 지금 있는 예루살렘과 같은 데니 저가 그 자녀들로 더불어 종노릇하고 오직 위에 있는 예루살렘은 자유자니 곧 우리 어머니라

시내산을 언급할 때에 "지금 있는 예루살렘과 같은 데"라고 하신 것은 동일한 지역의 위치를 말하는 것이 아니라 생명의 말씀인 진리를 하나님께서 주신 면에서 동일하다는 것을 말하고 있다. 이는 시내산에서 두 번의 율법과 계명이 나온 것을 의미한다.

첫 번째 주신 돌판은 진리의 말씀이신 예수께서 육신을 입고 세상(불법)의 죄를 대신 짊어지시고 하나님의 진노를 받아 깨어지게 될 사역을 미리 나타내고 있다. 그 돌판은 하나님께서 친히 기록한 영(말씀)이었지만 육체(불법)가 된 세상 죄를 지고 그 육체(불법)가 깨어져야 했기에 모세가 그 돌판을 들고 내려올 때는 광채가 나타나지 않았던 것이다.

출애굽기 32장에서는 금으로 만든 송아지 사건을 통하여 이스라엘 백성들이 영이신 그리스도의 율법을 범한 죄인이 된 것을 보여 주고 있다.

> **출32:8** 자기를 위하여 송아지를 부어 만들고 그것을 숭배하며 … 너희를 애굽 땅에서 인도하여 낸 너희 신이라 하였도다

여기서 금으로 만든 송아지는 애굽의 신을 의미하는 것인데, 이스라엘 백성은 이전에 따르던 세상(육체, 육신)의 신을 숭배하며 그 속에서 춤을 추며 뛰놀았던 것이다. 그래서 하나님께서는 진노하시며 이들을 위하여 첫 번째 돌판을 내려 주셨던 것이다. 그리고 **"하나님이 친히 쓰신 것이더라"**[출31:18]라고 하신 말씀은 영의 율법으로써 감추어진 인간의 영 안의 죄를 드러나게 하기 위해 주신 것이다.

2) 하나님의 진노와 중보

> **출32:10** 내가 그들에게 진노하여 그들을 진멸하고 너로 큰 나라가 되게 하리라

> **출32:14** 여호와께서 뜻을 돌이키사 말씀하신 화를 그 백성에게 내리지 아니하시니라

'**금으로 만든 송아지 사건**'으로 하나님께서는 진노하셔서 백성들을 멸하려 하셨지만 모세(예수 그리스도의 사역의 예표)는 이스라엘 백성들을 위하여 용서를 구하는 기도를 드렸다

출32:11-13. 즉, 모세는 하나님께서 진노하셔서 그 백성들을 죽이려 하시는 것을 막기 위해 용서를 위한 중보기도를 통하여 하나님의 진노가 백성에게 내리지 않게 하였던 것이다. 또한 모세가 산 아래로 돌판을 던져서 깨뜨린출32:19 이유는 하나님의 공의를 만족시키기 위해 인간으로 오시는 예수에게 저주가 퍼부어지고 그가 희생하여 깨어지는 것을 의미하고 있다. 즉, 예수께서 세상의 죄를 대신 지고 저주를 받아 그의 희생으로 불법의 권세가 깨지는 것을 나타내기도 한다. 그렇게 말씀(영)이신 이 돌판은 깨어졌고 백성들이 섬기던 금송아지를 불사르고 가루로 만들어 물에 뿌려 마시게 하고 악을 제하여 정결케 하였다출32:20.

3) 두 번째 돌판의 사역적인 의미

출33:21 너는 그 반석 위에 섰으라

출34:1 너는 돌판 둘을 처음것과 같이 깎아 만들라 네가 깨뜨린바 처음 판에 있던 말을 내가 그 판에 쓰리니

처음 돌판에 기록된 것과 동일한 말씀(영)을 주시려고 하시되 두 번째 돌판은 하나님이 친히 준비한 것이 아니라 모세에게 준비하도록 하셨다. 이는 사람(人性)으로 오신 예수께서 친히 하나님의 말씀에 순종하여 하나님으로부터 의롭다고 인정을 받게 되는 것을 예표하고 있다. 이 첫 번째 돌판이 예수 그리스도의 속죄의 사역을 나타낸다면 두 번째 돌판은 예수께서 순종으로 하나님의 율법의 완성하고 성취하는 사역을 나타내고 있다.

또한 첫 번째 돌판에 있던 말씀과 두 번째 돌판에 있던 말씀은 동일한 진리(예수 그리스도)를 의미하고 있다. 그리고 **"처음 판에 있던 말을 내가 그 판에 쓰리니"**라는 말씀은 둘째 아담으로 오신 예수께서 사십 일 금식 후 사탄에게 시험을 받을 때에 하나님의 말씀(법)에 순종하셔서 하나님의 율법의 요구를 완성하시는 것을 예표하고 있다. 정리를 하면 첫 번째 의로운 돌판이 깨어진 것의 의미는 진리의 율법을 세상의 율법으로 받아 죄인이 된 백성들을 위하여 그리스도께서 대신 저주를 받고 육체(불법)로 죽임을 당하실 것을 나타내고 있다. 그리고 두 번째 돌판은 사람이신 예수께서 하나님께 온전한 순종을 하여서 얻으신 완전한 '하나님의 의'를 인간의 영에 새기시겠다는 것을 나타내어 주신 것이다.

> 고후3:3 그리스도의 편지니 이는 먹으로 쓴 것이 아니요 오직 살아 계신 하나님의 영으로 한 것이며 또 돌비에 쓴 것이 아니요 오직 육의 심비에 한 것이라

그래서 사도 바울은 모세가 받았던 율법의 돌판은 유대인들이 받아들였던 세상 율법의 조문이 아니라 영(마음)으로 새기는 하나님의 '영의 율법'이라고 말하였다.고후3:6. 즉, 모세가 받았던 생명의 도(살게 하는 율법)행7:38는 하나님께서 자기 백성들에게 그리스도의 의를 주시기 위해 먼저 그 백성들이 이미 불법(죄) 안에 있음을 깨닫게 하고롬7:7 그 불법에서 벗어나서 '완전한 하나님의 의'를 소유하게 해 주시기 위해 주신 것이다.

| 12 |
영광을 수건으로 가린 모세 고후3:12-18

> 고후4:6 어두운데서 빛이 비취리라 하시던 … 하나님의 영광을 아는 빛을 우리 마음에 비취셨느니라

이 말씀은 하나님께서 주신 율법을 그리스도의 율법(영)으로 깨닫게 되면 예수 안에서 **하나님의 의**를 소유할 수 있도록 그 영의 율법이 비추어 주고 있다. 그래서 모세가 두 번째 돌판을 가지고 내려올 때에 얼굴에서는 광채가 났던 것이다. 그 돌판은 진리이신 예수 그리스도 안에서 하나님의 의를 소유하게 하는 사역의 모형이었다. 그러나 그 율법 자체는 하나님의 영광의 본체는 아니며 그 영광의 본체는 예수 안에서 보이게 되는 **하나님의 의**인 것이다.

> 고후3:13 우리는 모세가 이스라엘 자손들로 장차 없어질 것의 결국을 주목치 못하게 하려고 수건을 그 얼굴에 쓴 것같이 아니하노라

하나님께서 모세로 하여금 수건으로 얼굴을 가리게 하신 이유는 '그리스도의 율법'을 받은 모세의 얼굴에서 광채가 났을 때 이스라엘 백성들이 그 표면적으로 보이는 광채를 보고 그가 받은 율법을 광채의 본질로 받아들여 세상의 의로 받아들이는 것을 우려하셨기 때문이다. 이렇게 하나님의 율법을 받은 모세의 얼굴에서 나는 광채도 아론이 가까이 하기 두려울 정도로 출34:30 아주 밝았는데 하물며 그리스도의 율법이 가리키는 '하나님의 의' 안에 있는 본체의 영광은 어떠하겠는가?

만약, 바리새인들이 '의의 법'롬9:31을 '육신(땅)의 율법'으로 받아들이지 않았더라면 자기들의 눈앞에 찾아오신 그 영광의 본체를 발견하지 못하는 어리석음은 없었을 것이다. 그러므로 영광의 빛은 세상의 교훈에 속한 자들의 눈에는 절대로 보이지 않게 된다.

1) 하나님(영생)께서 왜 세상에 육체(세상 교훈)를 주시겠는가

모세의 율법을 이 세상의 선과 악에 관한 말씀으로 받아들이고 그것을 지키는 것에 열심을 내었었던 사울(바울의 옛 이름)은 예수 그리스도를 영접한 후로 이전에 믿고 따르던 세상 율법이 사망의 불법(선악과)임을 깨달았다.

그런데 모세를 통하여 주신 율법(영)이 세상의 윤리나 도덕처럼 보이는 이유는 이 세상이 이해할 수 있도록 비유나 계시, 예표를 통하여 나타내었기 때문이다. 성경에 기록된 모든 말씀은 실제로는 영의 율법과 그 율법이 지시하는 '하나님의 의'를 말씀하고 있다.

그러나 사탄은 죄(불법)는 보이지 않게 감추어 놓고 도리어 성경을 이용하여 윤리, 도덕적인 악을 죄라고 규정을 하였다. 또한 그것의 반대가 되는 선을 하나님께 속한 의라고 믿게 만들었다. 하지만 이것은 창세 이래로 가장 오랫동안 이 세상을 속여 온 거짓 영의 교훈이다. 그리고 보이는 선과 악으로 자기의 의(세상의 의)를 쌓고 살아가는 것은 사탄에게 속아 종살이를 하고 있는 상태이다.

이로 인하여 인간의 마음은 언제나 자기중심적이지만 불완전하기에 갈등과 혼란이 생길 수밖에 없다. 그 이유는 저주를 받은 땅(마음)에서 돋아나온 가시와 엉겅퀴는 언제나 어두운 그림자가 공존하고 있기 때문이다약1:17.

그러나 이 세상의 보이는 율법인 윤리, 도덕의 기준들은 사탄이 이 세상을 지배하기 위하여 어깨 위에 얹어 놓은 멍에라는 사실을 발견하게 된다.

이렇게 심각한 처지에 놓인 영혼의 상태를 알려 주시고 깨닫게 하기 위해 비추어 주신 진리가 예수 그리스도이시다. 그리고 예수께서는 그 말씀(영)을 믿는 자에게는 영생을 소유한 자가 되게 한 것이다 딤전3:16. 그래서 예수께서는 "내가 세상을 이기었노라" 요16:33라고 하셨으며 예수 그리스도 안에서 세상(사망)을 이기는 자가 되어진다.

> 딤전3:16 그는 육신으로 나타난 바 되시고 영으로 의롭다 하심을 입으시고

2) 예수 그리스도가 보이지 않은 이유

바리새인들은 이 세상의 '육체에 속한 자'이다 보니 수건으로 영혼의 눈이 가려져서 예수 그리스도 안에 있는 영광의 광채를 발견하지 못했던 것이다.

오늘날 영혼의 눈에서 수건이 벗겨지지 않은 자들이 성경을 이익을 얻기 위한 도구로 삼아 활동을 하는 이들이 많다. 또한 그들은 기독교회가 개혁이 되어야 한다며 같은 목소리를 높여 외치고 있는데 실상은 그 해답을 전혀 알지 못하고 있다. 그들은 선악과(불법)인 율법의 잣대를 들이대며 세상을 향하여 정죄를 하고 있지만 정작 그들 자신도 그 덫에 걸려 있는 줄을 모르고 있을 뿐이다. 이런 가르침들은 절대로 영혼에게 완전한 자유를 가져다줄 수 없다. 성경에서는 주의 영을 소유한 자만이 참된 자유를 갖게 됨 고후3:17을 말씀하신다.

> 요15:5 나는 포도나무요 너희는 가지니 저가 내 안에, 내가 저 안에 있으면 이 사람은 과실을 많이 맺나니 나를 떠나서는 너희가 아무것도 할 수 없음이라

또한 계명을 지킨다는 의미는 예수 안에서 그리스도의 의를 소유하게 되면서 그 영이신 계명은 저절로 완성이 되는 것을 말한다 요일2:5.

> 고후4:4 그중에 이 세상 신이 믿지 아니하는 자들의 마음을 혼미케 하여 그리스도의 영광의 복음의 광채가 비취지 못하게 함이니 그리스도는 하나님의 형상이니라

그러므로 자신의 눈에 뒤집어쓴 수건을 벗고 겸허한 마음으로 진리이신 성경의 모든 말

씀을 육체(세상 율법)가 아닌 영(자유하게 하는 율법)으로 깨닫고 그 진리를 소유하도록 하자.

| 13 |
여자가 가르치는 것 딤전2:11-15

딤전2:12 여자의 가르치는 것과 남자를 주관하는 것을 허락지 아니하노니 오직 종용할찌니라

이 말씀을 표면적으로 해석하면 그저 남자가 여자보다 우월하거나 여자는 남자보다 비천한 존재인 것처럼 이해하기 쉽다. 만약 이 해석이 옳다고 가정을 하면 오늘날 기독교회에서 여성을 목회자나 사역자로 인정하는 것은 이 말씀과 충돌되며 또 불순종을 하는 결과가 될 것이다. 그러나 이 말씀을 자세히 들여다보면 남자와 여자의 권위나 지위에 대한 차별을 말하는 것이 아니라 진리이신 말씀에 대한 본질을 강조하시는 말씀이다.

딤전2:13-14 이는 아담이 먼저 지음을 받고 이와가 그 후며 아담이 꾀임을 보지 아니하고 여자가 꾀임을 보아 죄에 빠졌음이니라

이같이 성경에서는 남자가 여자보다 먼저 창조되었으며 남자는 하나님의 형상과 영광_{고전11:7}이며 남자의 머리_{고전11:3}는 그리스도임을 말씀하시고 있다. 단순히 여기까지만 보게 되면 남자가 여자보다 우월하게 창조가 되었거나 남녀 간에 차별이 있는 것처럼 보이고 있다. 그래서 수세기 동안 기독교는 여자가 성직을 담당하는 문제에 대해 불허하거나 교회 안에서 지도자로서 활동하는 것을 탐탁지 않게 여겨 온 것이 사실이다. 그러나 성경에서의 남자는 그리스도이신 생명(하늘의 의)을 예표하고 있으며 여자인 하와가 아담을 돕는 배필이었듯이 여자는 생명이신 하나님의 의를 발견하도록 돕는 '그리스도의 율법'을 예표하고 있는 것이다.고전9:21.

고전11:6 만일 여자가 머리에 쓰지 않거든 깎을 것이요 만일 깎거나 미는 것이 여자에게 부끄러움이 되거든 쓸찌니라

이 '그리스도의 율법'약1:25은 하나님께로부터 받은 살리게 하는 영이기에 영광의 광채가 났지만 이 율법을 백성들이 보고 정죄하는 세상의 율법(음녀)으로 받아들이는 것을 막기 위해 모세는 수건으로 광채가 나는 얼굴을 가렸던 것이다. 그래서 성경에서는 여자(율법)에게 머리를 길게 하여야 하고 머리에 쓴 것을 벗지 말라고 한 것이다.

이 말씀에서의 여자는 살게 하는 율법갈3:21을 의미하는데 이는 죄(불법)를 드러내는 역할을 하고롬7:7 하나님의 의를 비추어 주지만 하나님의 의, 그 자체는 아니기에 자기의 얼굴을 가려야 하는 것이다.

고전11:14 만일 남자가 긴 머리가 있으면 자기에게 욕되는 것을 본성이 너희에게 가르치지 아니하느냐

그리고 이 말씀은 돕는 배필인 '그리스도의 율법(여자)'이 보이는 율법(음녀)으로 변개하여 활개치고 다니는 것에 대해 경고하시는 말씀이다.

고전14:34 여자는 교회에서 잠잠하라 저희의 말하는 것을 허락함이 없나니 율법에 이른 것같이 오직 복종할 것이요

또한 여자가 가르치는 것에 대해 허락하지 않거나딤전2:11-12 여자는 교회에서 잠잠하라고고전14:34 하신 의미는 여자에 대한 지위나 역할에 대한 말씀이 아니다. 이는 불법에 속한 '세상 율법(음녀)'이 진리인 것처럼 가르치는 것을 경고하는 말씀이다. 즉, '살리게 하는 영'으로서의 율법이 자기 얼굴을 가리지 않으면 세상으로 하여금 '육체를 따라 난 여자(하갈)'를 따르게 만들어 죄(사망)에 빠지게 하기 때문이다. 이는 아주 곱고 아름다운 자태의 음녀(세상 율법의 가르침)가 사람들을 미혹하여 어두운 골목으로 데리고 들어가는 것잠7:8과도 같다.

| 14 |
모세의 얼굴에 수건 고후3:1-18

약1:25 자유하게 하는 온전한 율법을 들여다보고 있는 자는 듣고 잊어버리는 자가 아니요 실행하는 자니 이 사람이 그 행하는 일에 복을 받으리라

롬7:6 이제는 우리가 얽매였던 것에 대하여 죽었으므로 율법에서 벗어났으니 이러므로 우리가 영의 새로운 것으로 섬길 것이요 의문의 묵은 것으로 아니할찌니라

예수께서 하신 말씀이 '살리는 영'이라면 구약 성경에서 기록이 된 율법도 살리게 하는 영(행7:38)으로 해석해야 마땅하다. 만약 구약 성경의 율법을 유대인들과 같이 보이는 세상의 선과 악을 구분하는 의의 기준으로 삼는다면 이는 하나님의 말씀과 정면으로 대치가 되는 것이다.

출34:30 아론과 온 이스라엘 자손이 모세를 볼 때에 모세의 얼굴 꺼풀에 광채 남을 보고 그에게 가까이하기를 두려워하더니

출34:33 그들에게 말하기를 마치고 수건으로 자기 얼굴을 가리웠더라

고후3:14-15 그러나 저희 마음이 완고하여 오늘까지라도 구약을 읽을 때에 그 수건이 오히려 벗어지지 아니하고 있으니 그 수건은 그리스도 안에서 없어질 것이라 오늘까지 모세의 글을 읽을 때에 수건이 오히려 그 마음을 덮었도다

사도 바울이 시내산에서 율법을 받은 모세가 수건으로 자기 얼굴을 가렸던 것을 거론하고 있는 이유는 고린도 교회 안에서 유대인들이 지키고 있는 율법(육체)을 따르는 것이 '하나님의 의'라고 여기는 교인들이 있었기 때문이다.

고후3:6-7 저가 또 우리로 새 언약의 일꾼 되기에 만족케 하셨으니 의문으로 하지 아니하고 오직 영으로 함이니 의문은 죽이는 것이요 영은 살리는 것임이니라 돌에 써서 새긴 죽게 하는 의문의 직분도 영광이 있어 이스라엘 자손들이 모세의 얼굴의 없어질 영광을

인하여 그 얼굴을 주목하지 못하였거든

또한 이 말씀의 본래 뜻은 모세가 받은 율법(살게 하는 율법)은 '**하나님께로부터 나온 것이기에 그 자체로서 영광이 있었습니다**'라고 이해를 해야 한다. 왜냐하면 하나님께서는 이 세상을 정죄하는 선악과의 율법을 주실 이유도 없지만 악한 자에게 속한 세상 율법은 부정하고 더럽기에 하나님의 영광이 있을 수 없기 때문이다.

그렇다면 사도 바울은 왜 '**돌에 써서 죽게 하는 의문의 직분**'이라고 표현을 했을까? 또한 왜 "**정죄의 직분도 영광이 있은즉**" 고후 3:9 이라고 하셨는가? 이는 모세에게 주신 첫 번째 돌판(영의 율법)이 인간의 영에 숨어 있는 죄(불법)의 실체를 드러내고 정죄하는 것을 말한다. 이는 하나님의 율법에 의하여 정죄를 받은 세상의 죄를 예수님이 대신 지시고 저주를 받아 깨어지셨던 것처럼 말씀이신 첫 번째 돌판도 백성을 위하여 깨어지셨던 것이다. 그렇기 때문에 '**의문의 직분도 영광이 있어**'라고 말씀하시는 것이다.

오늘날까지 수많은 성경 해석가들이 의문(儀文)을 보이는 세상의 율법으로 해석을 하였지만 이것은 앞뒤가 맞지 않은 것이다. 다시 말하지만 하나님은 단 한 번도 이 세상을 보이는 선악으로 정죄하고자 율법(선악과)을 주신 일이 없으시다. 그러므로 사도 바울이 말하는 의문의 율법은 땅에 율법을 말하는 것이 아니라 그리스도의 율법을 가리키고 있다. 그래서 '**정죄의 직분도 영광이 있은즉**'이라고 기록했던 것이다.

갈3:21 그러면 율법이 하나님의 약속들을 거스리느냐 결코 그럴 수 없느니라 만일 능히 살게 하는 율법을 주셨더면 의가 반드시 율법으로 말미암았으리라

그러므로 예수님이 세상이 불법(세상 율법)에 속한 죄를 대신 지시고 하나님의 율법(의문)에 의하여 하나님의 진노를 받아 죽으셔야 했다는 사실을 기억해야 한다.

벧전2:24 친히 나무에 달려 그 몸으로 우리 죄를 담당하셨으니 이는 우리로 죄에 대하여 죽고 의에 대하여 살게 하려 하심이라 저가 채찍에 맞음으로 너희는 나음을 얻었나니

고후3:8 하물며 영의 직분이 더욱 영광이 있지 아니하겠느냐

이 말씀에서 '영의 직분'이라는 의미는 둘째 돌판이신 예수께서 하나님의 율법에 온전히 순종을 하셔서 세상으로 하여금 완전한 하나님의 의를 발견하게 하는 역할을 하였다. 이것은 예수 그리스도 안에서 하나님의 의(영)를 우리 마음에 기록하신 예수 그리스도의 두 번째 돌판의 역할을 **'영의 직분'**으로 표현한 것이다.

이에 대하여 성경에서는 **"믿음이 오기 전에 우리가 율법 아래 매인바 되고 계시될 믿음의 때까지 갇혔느니라"**^{갈3:23}라고 하였다. 여기서 믿음이라는 것은 시대를 초월하여 **'예수 안에 있는 하나님의 의'**를 의미하고 있다. 그러므로 모세를 통하여 주신 그리스도의 율법에 의하여 세상이 불법과 한 영이 된 것을 죄로 정하였기에 예수 그리스도를 통하여 완전한 의를 얻게 되기까지는 갇힌 것이다.

> **롬7:13** 그런즉 선한 것이 내게 사망이 되었느뇨 그럴 수 없느니라 오직 죄가 죄로 드러나기 위하여 선한 그것으로 말미암아 나를 죽게 만들었으니 이는 계명으로 말미암아 죄로 심히 죄되게 하려함이니라

또한 이 말씀에서 말하는 '죄'는 인간의 영 안에 숨어 있는 '세상의 법칙(불법)'에 대한 실체를 드러내고자 하신 것이다. 그리고 사도 바울은 **"선한 그것으로 말미암아 나를 죽게 만들었으니"**라고 하여 모형적이지만 모세에게 주신 그리스도의 율법을 가리키고 있음을 알 수 있다. 만약 부정하고 더러운 불법(선악과)을 **'선한 그것'**으로 지칭하고 있다면 이는 성경이 스스로 거짓말을 하는 격이 되는 것이다. 그리고 모세가 그리스도의 율법^{행7:38}을 기록한 돌판을 가지고 산에서 내려올 때에 얼굴에서 나는 광채를 수건으로 가린 이유는 이 광채로 인하여 이 세상의 '육체의 율법'으로 받아들여지지 않도록 하기 위한 것이다^{고후3:13}. 이 율법은 '그리스도의 율법'이지만 하나님의 의를 비추어 지시하고 있을 뿐 영광의 본체는 아니다. 이처럼 하나님께로부터 나온 율법(영)은 영광이 있었지만 이스라엘 백성들이 이것을 영광의 본체로 받아들이지 않도록 하기 위해 수건으로 가렸던 것이다. 그런데 사도 바울은 고린도 교회의 일부 사역자들의 눈이 수건으로 가려진 상태이기에 영과 진리인 그리스도의 율법을 발견하지를 못하였다고 말한 것이다^{고후3:14-15}.

> **고후3:18** 우리가 다 수건을 벗은 얼굴로 거울을 보는 것같이 주의 영광을 보매

이와 같이 오늘날도 선과 악의 본질을 영적인 시각으로 해석하지 않고 보이는 세상의 선과 악으로 이해하고 있는 자들은 그리스도의 율법에 대해 아직도 얼굴에 덮인 수건이 벗겨지지 못한 상태인 것이다.

15
사라와 리브가 창24:3-4

표면적으로 보면 일반적인 가정의 옛 이야기처럼 보이지만 이 아브라함의 이야기는 시·공간을 초월하여 인간의 영 안에서 적용이 되는 그리스도의 율법과 하나님의 의를 드러내시기 위한 말씀이다. 그럼 성경에서 말씀하신 아브라함이 사라와 결혼을 하여 이삭을 낳게 되는 과정과 그의 아들인 이삭을 위하여 며느리인 리브가를 선택하는 과정에서 나타내고자 하시는 영적인 의미가 무엇인지 살펴보도록 하자.

1) 아브라함과 사라

갈3:16 이 약속들은 아브라함과 그 자손에게 말씀하신 것인데 여럿을 가리켜 그 자손들이라 하지 아니하시고 오직 하나를 가리켜 네 자손이라 하셨으니 곧 그리스도라

성경에서는 믿음의 사람들을 아브라함의 자손이라고 칭하고 있는데 이는 아브라함이 복음갈3:8을 믿었기에 그에게 의로 정하셨다고 기록되어 있다. 그래서 하나님이 계시하셨던 말씀을 성취하시기 위해서는 예수님이 아브라함과 그의 후손들을 통해서 오셔야 했는데 이 아브라함의 계보는 육체(혈육)의 계보가 아닌 성령을 따라 난 자갈4:29의 계보이다.

창세기에서 열국의 어미인 사라(돕는 배필)는 자유하는 여자갈4:31로서 아브라함에게서 이삭을 잉태하여 낳고 그 계보를 통하여 예수 그리스도가 오시게 하였다. 그러므로 사라는 세상으로 하여금 완전한 하나님의 의를 발견하고 소유하게 하는 그리스도의 율법고전 9:21과 '살게 하는 율법'갈3:21이 담당하는 역할의 그림자이다. 그러나 애굽 여자인 하갈에게서 이스마엘은 세상 율법(불법)에 의하여 났기에 "육체를 따라 난 자"라고 한 것이다. 또한 성경에서는 사라가 약속(영)을 믿음으로 이삭을 낳게 된 것을 **"성령을 따라 난 자"**라고 말씀하신 것이다갈4:29. 그러므로 겉으로 보면 예수 그리스도께서 아브라함의 후손으로 오신 것으로 보이지만 영으로 보게 되면 오히려 아브라함과 이삭은 예수 그리스도로부터 난 자인 것이다.

일반적으로 사람들은 인간적인 의지로 신뢰하는 것을 '믿음'이라고 이해하고 있지만 히브리서 11장에서 말하는 믿음은 '예수 그리스도 안에 있는 진리와 의'라고 말씀하신다. 그래서 성경에서는 아브라함에 대하여 예수 그리스도의 의를 소유한 자라고 하였으며 그를 믿음의 조상으로 택하셨던 것이다. 그러므로 인간이 갖는 의지나 **'신념으로 의지하는 행위'**를 믿음이라고 말하는 것이 아니라 진리인 '하나님의 의'를 소유한 상태를 말하는 것이다.

갈3:21-22 그러면 율법이 하나님의 약속들을 거스르느냐 결코 그럴 수 없느니라 만일 능히 살게 하는 율법을 주셨더면 의가 반드시 율법으로 말미암았으리라 그러나 성경이 모든 것을 죄 아래 가두었으니 이는 예수 그리스도를 믿음으로 말미암은 약속을 믿는 자들에게 주려 함이니라

여기서 말씀하시는 '살게 하는 율법(여자-돕는 배필)'은 유대인들이 지키던 '세상(땅)의 율법'이 아니라 완전한 의가 되어 주시는 영이신 예수 그리스도(남자)로부터 나온 것이다. 그러므로 아브라함은 육체에 속한 애굽 여자(불법)인 하갈에게서 이삭(하나님의 의이신 예수)을 잉태하거나 출생할 수 없는 것이며 오직 하나님의 언약(영)을 받은 자유하는 여자인 사라를 통해서만 영에 속한 그리스도의 씨(의, 義)를 잉태하여 출생할 수 있게 되는 것이다. 이전에 **아브람**은 육체에 속한 생각 때문에 **사래**의 말을 듣고 스스로 하나님과의 언약이 성취가 될 수 없다고 판단하여 육체(애굽)인 몸종 하갈을 취하여 이스마엘을 낳았던 것이다창16:11. 그러나 십여 년 후 하나님께서는 비로소 아브라함과 사래에게 새 언약을 주시며 믿음으로써 아브람에게 영적 할례를 허락하셨고창세기 17장 또 그들의 이름을 **아브라함**창17:5과 **사라**창17:15로 부르게 하신 것이며 언약을 믿은 그들을 통하여 이삭(그리스도의 씨)을 낳게 한 것이다.

2) 예수 그리스도의 계보를 끊어 버리기 위한 사탄의 훼방

아브람(아브라함)이 자기의 아내인 사래(사라)의 미모로 인하여 심히 염려를 하였는데 그 이유는 아내인 사라를 빼앗길까 하는 근심 때문이었다. 실제로 사탄은 애굽의 왕과 아비멜렉을 통하여 사라(자유하게 하는 율법)를 빼앗아 버림으로서 아브라함의 씨(하나님의 의)가 계승되지 못하게 하려는 교활한 계략을 가지고 있었다. 그러나 하나님께서는 사탄의 이러한 계략을 막으시며 예수 그리스도의 진리의 계보가 이어질 수 있도록 보호하여 주셨다.

창12:13 원컨대 그대는 나의 누이라 하라 그리하면 내가 그대로 인하여 안전하고 내 목숨이 그대로 인하여 보존하겠노라 하니라

사탄은 그리스도의 율법(사라)을 빼앗아 버리고 육체에 속한 율법(애굽 여자 하갈)으로 세상을 지배되기를 바라고 있었다. 그래서 이 악한 영은 사래를 망가뜨리려고 애굽 왕과 아비멜렉을 통해 역사하여 아브람에게 협박하였던 것이다창12:12. 그래서 아브라함은 자기의 아내로 인해 죽게 되는 것을 두려워한 나머지 아내 사래를 누이라고 속이고 자기의 목숨을 보전하려 한 것이다창12:13. 만약 사래(그리스도의 율법)를 애굽 왕에게 완전히 빼앗겼다면 이삭을 비롯하여 예수 그리스도까지도 이 세상에 오실 수 없으므로 하나님의 언약이 성취가 될 수 없게 되었을 것이다.

창12:17 여호와께서 아브람의 아내 사래의 연고로 바로와 그 집에 큰 재앙을 내리신지라

창12:19 네가 어찌 그를 누이라 하여 나로 그를 취하여 아내를 삼게 하였느냐 네 아내가 여기 있으니 이제 데려가라 하고

그러나 하나님께서는 애굽 왕(바로)과 아브람의 집에 재앙을 내리므로써 사래를 지켜 주셨고 그렇게 예수 그리스도가 오시는 계보를 끊어 버리게 훼방하려던 사탄의 계략이 수포로 돌아가게 되었던 것이다. 그런데 어처구니없는 것은 이러한 사건이 아브라함이 그랄에 거할 때에 또다시 발생하게 되었던 것이다.

창20:2 그 아내 사라를 자기 누이라 하였으므로 그랄 왕 아비멜렉이 보내어 사라를 취하였더니

이렇게 큰 위기가 닥치자 하나님께서는 이번에도 아비멜렉의 꿈에 현몽하셔서 사라에게 가까이하는 것을 막아 주셨다. 그러나 우리가 믿음의 대명사로 알고 있는 믿음의 조상인 아브라함의 변명을 들어보자.

창20:11 아브라함이 가로되 이곳에서는 하나님을 두려워함이 없으니 내 아내를 인하여 사람이 나를 죽일까 생각하였음이요

이렇게 표면적으로 보면 아브라함이 단순한 거짓말을 한 것처럼 보이지만 자기가 연합하여야 하는 '그리스도 율법'의 그림자인 사라를 자기의 아내가 아니라고 부인한 것은 영적인 거짓말에 속한 것이다. 이러한 행위는 오늘날 그리스도인들이 세상을 두려워하여 '그리스도의 율법'을 가진 자임을 감추려 하거나 부인하는 행위와도 같다. 이처럼 사탄은 두 번이나 아브라함의 영혼을 뒤흔들어 하나님의 구속사적인 계획을 망치게 하려고 두려움을 심어 주고 자기의 아내인 사라(자유하게 하는 율법)를 버리게 하였던 것이다.

약4:4 간음하는 여자들이여 세상과 벗 된 것이 하나님의 원수임을 알지 못하느뇨 그런즉 누구든지 세상과 벗이 되고자 하는 자는 스스로 하나님과 원수 되게 하는 것이니라

그리고 성경에서 자기 아내를 버린다고 하는 신약적인 의미는 '자유하는 여자(영)'인 그리스도의 율법을 버리고 '육체(세상 율법)인 음녀'를 취하게 되는 것을 의미하며 이를 '영적인 간음'이라고 표현을 하고 있다. 이같이 사탄은 그리스도가 오시는 믿음의 계보를 끊어 버리고자 아브라함에게 영적인 간음을 하게 하려 했지만 하나님께서는 그 계획들을 막아 주셔서 자유하는 여자를 지켜 주신 것이다.

3) 이삭과 리브가

아브라함은 이전에 육체에 속한 생각으로 애굽 여자인 하갈을 취하여 이스마엘을 낳게 되었는데 이로 인해 그는 자기의 가정 안에서 뼈아픈 고통을 불러와 아픔을 경험하게 되었다. 그래서 아브라함은 예수 그리스도의 씨가 오게 하는 길을 예비할 때에는 자기 족속 중에서 자유하는 여자(자유하게 하는 율법)를 며느리로 선택하여야 함을 깨닫게 되었다. 이는 하와가 아담의 갈빗대에서 취하여 창조되어 돕는 배필인 것과 같다. 그래서 아들인 이삭

을 위하여 자부를 선택하고자 자기의 종을 자기의 고향, 자기 족속에게 보낼 때에는 다음과 같이 당부를 하였다.

창24:4 내 고향 내 족속에게로 가서 내 아들 이삭을 위하여 아내를 택하라

이는 아브라함은 예수 그리스도가 오시는 계보를 잇게 하기 위해서는 오직 하나님의 언약(영)을 따르는 것밖에 없다는 사실을 이삭을 낳는 과정을 통해서 명확하게 알게 되었기 때문이다.

하나님께서는 아브라함의 종과 이삭의 아내가 될 리브가를 우물가에서 만나게 하였고 창24:14-18 그 리브가는 아브라함의 동생 나홀의 아들인 브두엘의 소생이었다. 그러므로 리브가도 사라와 같은 '자유하게 하는 율법'을 계승한 여자로서 그리스도의 모형인 이삭을 돕는 배필이 되었던 것이다. 이처럼 성경에서는 '자유하게 하는 율법'을 발견하는 것이 매우 중요하다는 사실을 말씀해 주고 계신다. 또한 창27:46에 보면 아브라함의 족속에 속하는 리브가가 며느리를 찾으려 할 때 이방 민족의 딸들에 대하여 거부 반응을 가지고 있는 모습을 볼 수 있다.

창27:46 리브가가 이삭에게 이르되 내가 헷 사람의 딸들을 인하여 나의 생명을 싫어하거늘 야곱이 만일 이 땅의 딸들 곧 그들과 같은 헷 사람의 딸들 중에서 아내를 취하면 나의 생명이 내게 무슨 재미가 있으리이까

리브가가 이렇게 말한 이유는 육체(불법)를 따라간 그의 아들 에서가 육체로부터 태어난 이스마엘의 딸과 헷 족속의 딸을 아내로 맞이하였기 때문이다 창28:9. 이와 같은 일은 사라가 애굽 여자인 하갈로 인하여 집안에서 다툼이 일어난 것과 동일하며 이는 빛과 어두움이 서로 공존할 수 없는 필연적인 반응과도 같다.

갈4:30 그러나 성경이 무엇을 말하느뇨 계집 종과 그 아들을 내어 쫓으라 계집 종의 아들이 자유하는 여자의 아들로 더불어 유업을 얻지 못하리라 하였느니라

이는 육체인 '죄와 사망의 법'과 영인 '생명의 법'이 싸우는 것과 같은 이치이다. 그래서 리브가는 육체의 법을 계승하는 헷 사람의 딸들을 좋아할 수가 없었으며 그들을 야곱의 며느리로 삼을 이유가 전혀 없기에 야곱을 고향에 있는 자신의 오라비인 라반의 집으

로 보냈던 것이다⁽창28:5⁾. 표면적으로 보면 야곱은 형 에서의 눈을 피하려 도망가게 된 상황⁽창27:41-44⁾이지만 이를 하나님의 섭리로 보면 그는 어머니 리브가에 의하여 자기 족속에게 속한 '자유하는 여자'인 라헬과 레아를 만나러 보내지게 된 것이다. 그러므로 성경에서 아브라함과 이삭 그리고 야곱이 단순히 친족 중에서 아내를 택한 것으로만 받아들이면 성경을 깊이 이해할 수가 없게 되기에 **자유하는 여자(율법)**에 대하여 독자들은 제대로 이해하여야 한다. 또한 앞서 언급했듯이 아브라함의 마음을 뒤흔들어 사라를 빼앗아 버리려 했던 사탄은 그 계획이 수포로 돌아갔지만 포기를 하지 않고 그 붉은 눈길을 아브라함의 아들인 이삭에게로 다시 향했던 것이다.

창26:7 그곳 사람들이 그 아내를 물으매 그가 말하기를 그는 나의 누이라 하였으니 리브가는 보기에 아리따우므로 그곳 백성이 리브가로 인하여 자기를 죽일까 하여 그는 나의 아내라 하기를 두려워함이었더라

우리는 아비와 자식이 동일한 거짓말을 하여 자기의 아내를 누이라고 하여 남에게 내어주는 웃지 못할 사건을 보게 된다. 이를 통해 알 수 있는 것은 사탄이 확실히 아브라함과 그 아들인 이삭을 두렵게 하였다는 증거이기도 하다. 자유하는 여자(자유하게 하는 율법)인 '그리스도의 율법'은 하나님의 의가 되신 예수 그리스도를 비추어 주고 있기에 영광이 있는 모습이다.

창26:11 아비멜렉이 이에 모든 백성에게 명하여 가로되 이 사람이나 그 아내에게 범하는 자는 죽이리라 하였더라

하나님께서는 이삭의 아내 리브가도 지켜 주시므로써 예수 그리스도께서 오시는 믿음의 계보가 끊어지지 않게 되었다. 이렇게 믿음의 계보가 계속 이어지게 된 것은 모두 그리스도의 율법을 예표하는 '자유하는 여자(자유하게 하는 율법)'들에 의하여 잉태되어지고 출생된 것이기 때문이다.

이같이 사탄은 인간의 영 안에서 사라와 리브가(자유하게 하는 율법)를 빼앗아 버리고 하갈(불법에 속한 세상 율법)로 만들어 버리려고 한다. 왜냐하면 자유하는 여자(자유하게 하는 율법)를 빼앗아 세상 불법의 눈으로 밝아지게 하면 영으로서의 그리스도의 율법과 하나님의 의는

절대로 발견될 수 없고 연합을 할 길이 없어지게 되기 때문이다.

눅1:27 다윗의 자손 요셉이라 하는 사람과 정혼한 처녀에게 이르니 그 처녀의 이름은 마리아라

또한 믿음의 계보인 요셉과 자유하는 여자의 후손인 마리아에게서 난 예수 그리스도는 하나님의 말씀에 순종하셔서 하나님의 의가 되어 주셨다. 에덴동산의 아담과 하와를 속인 사탄의 머리를 '자유하게 하는 율법'을 계승한 다윗의 자손(여자의 후손)이 상하게 하셨다.

약1:25 자유하게 하는 온전한 율법을 들여다보고 있는 자는 듣고 잊어버리는 자가 아니요 실행하는 자니 이 사람이 그 행하는 일에 복을 받으리라

그러므로 자유하게 하는 율법(자유하는 여자)을 발견한 자들은 세상이 자기를 정죄하는 것에 대하여 두려워하지 말아야 한다. 이 두려움은 사탄이 가져다주는 것이며 인간의 영혼 안에 있는 가장 소중하고 아름다운 여자(자유하는 여자)를 어떻게 해서든지 빼앗아 가려고 한다. 그러나 더욱 중요한 것은 하나님께서 사라와 리브가를 지켜 주신 것처럼 그리스도의 영을 소유한 자를 반드시 지키시고 보호해 주신다. 이에 대한 확신을 가져야 하며 또한 진리를 소유한 그리스도인들이 바로 사탄의 머리를 상하게 하는 승리자임을 잊지 말아야 한다.

| 16 |

박하와 회향과 근채

마23:23 화 있을찐저 외식하는 서기관들과 바리새인들이여 너희가 박하와 회향과 근채의 십일조를 드리되 율법의 더 중한바 의와 인과 신은 버렸도다 그러나 이것도 행하고 저것

도 버리지 말아야 할찌니라

마태복음 23장에서는 바리새인, 서기관, 유대인들을 향하여 "우맹이요 소경들이여", "소경된 바리새인아"라고 지칭하고 있다. 예수께서 바리새인들에게 맹인이라고 하신 이유는 그들이 하나님께서 주신 율법을 영과 생명의 진리로 보지 못하고 불법에 속한 이 세상의 율법(육신, 땅)으로 따라가고 있었기 때문이었다. 또한 바리새인들은 자신들이 드리는 박하와 회향과 근채의 십일조가 하나님께 드리는 것으로 알고 있지만 실제로는 세상의 선(인간의 의)에 속한 것마23:23으로 사탄이 기쁘게 거두어 가는 불의의 제물이다. 이같이 세상의 선이나 의는 이미 불법이 지배하고 있는 세상이 요구하는 것이기에 세상을 살아갈 때는 일시적으로 필요할 수도 있지만 그것이 하나님께서 받으시는 의는 아니며 받지도 않으신다.

말3:8 사람이 어찌 하나님의 것을 도적질하겠느냐 그러나 너희는 나의 것을 도적질하고도 말하기를 우리가 어떻게 주의 것을 도적질하였나이까 하도다 이는 곧 십일조와 헌물이라

말3:10 만군의 여호와가 이르노라 너희의 온전한 십일조를 창고에 들여 나의 집에 양식이 있게 하고 그것으로 나를 시험하여 내가 하늘 문을 열고 너희에게 복을 쌓을 곳이 없도록 붓지 아니하나 보라

그러나 하나님께서는 이스라엘 백성들이 하나님의 것인 십일조와 봉헌물을 도둑질하였다고 책망을 하시며말3:8 온전한 십일조를 드려야만 하늘 문이 열리고 복을 주시겠다고 약속하셨다말3:10. 그래서 수많은 기독교인들은 하나님께 땅에서 얻은 소득의 십분의 일을 떼먹지 않고 온전하게 드려야만 사업, 학업, 생활, 건강 등 같은 복을 주신다고 믿고 있다. 그러나 신약적으로 보면 십일조의 의미는 물질(돈)에 있는 것이 아니다. 마23:23과 말3:8, 말3:10에서 말씀하시는 십일조에 대한 진정한 의미가 무엇인지 알아보도록 하자.

십일조의 진정한 의미

과연 말라기 3장 10절의 말씀이 하나님께 소득의 십일조를 드리면 그 보답으로 이 세상의 축복을 주신다는 말씀일까? 하나님께서 복을 주신다고 하신 의미는 이 세상에 속한 것들이 결코 아니다. 궁극적인 하나님의 축복은 진리를 깨닫게 하고 그리스도의 의를 소유하게 하시려는 것이다. 이것을 성취하기 위하여 하늘에서 이른 비와 늦은 비를 내려 주

시는 것^{약5:7, 요2:23, 렘5:24}이다. 그러므로 소득의 십일조를 드린다고 하는 의미는 인간의 마음밭^{요1:11}에 말씀(씨, 영)이 뿌려져서 생명의 싹을 틔우고 진리(영)의 열매가 맺혀지게 되는데 이것을 땅에서 거룩한 것으로 구별하여 하나님께 드려야 하는 것^{말3:10}을 의미하고 있다. 그것을 드리라고 하신 이유는 하나님의 의(씨) 자체는 땅(인간)에서 난 것이 아니라 하나님께로부터 받은 것임을 항상 기억하게 하려 하심이다.

말3:9 너희 곧 온 나라가 나의 것을 도적질하였으므로 너희가 저주를 받았느니라

본래 이스라엘 백성들은 하나님의 의의 열매가 맺혀야 했는데 사탄이 '생명의 도'로써 받은 모세의 율법을 세상의 율법으로 속이고 사탄의 열매(세상의 열매)들로 맺히게 한 것을 하나님의 것을 도적질하였다고 말씀하신 것이다. 즉, '하나님의 의'가 없는 바리새인들은 세상 율법으로 세상의 열매(사탄의 열매)를 맺어 그 열매를 세상의 주권자인 사탄에게 열심히 조공하고 있었던 것이다. 오늘날 성경을 가르치는 자들이 이 땅에서 얻은 소득 중에 온전한 십일조를 하나님께 드려야 한다고 가르치고 있다. 이런 가르침을 받은 그리스도인 중에서는 온전한 십일조를 드리지 못하여 마음속에 죄책감을 가진 자들이 많이 있다. 그러나 그러한 마음이 생기는 이유는 성경을 육체(땅)로 깨달아 보이는 것에 얽매어 있는 데에 그 원인이 있다.

하나님께서는 우리의 정성과 물질을 바치는 열심을 요구하시지 않으실 뿐만 아니라 이 땅의 재물의 액수에 따라 하나님의 의나 열매로 판단하시는 분이 아니다. 하나님께 드리는 십일조의 의미는 그의 마음(땅)에서 진리가 자라나 영적인 자비와 양선, 희락, 절제 등의 열매를 맺어 하나님께 드려야 하는 것에 대한 표면적인 계시일 뿐이다. 그리스도인들은 이 세상이 요구하는 선과 의는 이 세상에 주어야 하겠지만 진리를 깨달아 맺혀지게 되는 보이지 않는 '완전한 의'의 열매들은 하나님께 드리는 것이 가장 중요하다. 그래서 성경에서는 온전한 십일조를 창고에 들이라고 하신 것이다. 예수님은 말씀하시기를 가이사에게 속한 것은 가이사에게 바치고(세상의 의는 세상 주관자인 사탄에게 주고) 하나님께 속한 것은 하나님께 바쳐야 한다고 하셨다^{마22:21, 눅20:25, 막12:17}. 진리를 계시하여 주시기 위해 사용을 하였던 날과 절기, 예식, 십일조, 할례 등의 모든 것은 초등 학문^{갈4:9}이기에 신약 시대의 그리스도인들은 더 이상 그것들에 얽매일 필요가 없으며 이미 하나님의 영과 진리로 채워진 영혼은 자신을 하나님께 온전하게 드린 십일조가 된 것이다.

| 17 |
의인 노아와 세상의 타락

벧후2:5 옛 세상을 용서치 아니하시고 오직 의를 전파하는 노아와 그 일곱 식구를 보존하시고 경건치 아니한 자들의 세상에 홍수를 내리셨으며

노아 시대에 대홍수가 나게 된 원인은 "땅이 물에서 나와 물로 성립한 것도 하나님의 말씀으로 된 것을 저희가 부러 잊으려 함이로다"벧후3:5라고 하여 그 시대의 사람들이 하나님을 저버렸다는 사실에 대해 확증하고 있다. 그러나 노아에 대해서는 "오직 의를 전파하는 노아와 그 일곱 식구를 보존하시고"벧후2:5라고 하여 노아가 의인이며 당세에 완전한 자였다고 기록하고 있다창6:9.

그렇다면 노아가 어떤 측면에서 완전한 자요, 의인이었는가?

'오직 의를 전파하는 노아와 그는 육체에 속한 세상 율법을 따르는 자가 아니었으며 예수 그리스도를 통하여 하나님이 주시는 완전한 의(영)를 소유하였기에 당세에 의인이며 완전한 자라고 한 것이다.

창6:3 여호와께서 가라사대 나의 신이 영원히 사람과 함께하지 아니하리니 이는 그들이 육체가 됨이라

창6:11-12 때에 온 땅이 하나님 앞에 패괴하여 강포가 땅에 충만한지라 하나님이 보신즉 땅이 패괴하였으니 이는 땅에서 모든 혈육 있는 자의 행위가 패괴함이었더라

'육체가 됨이라'라는 의미는 불법(불의)인 육체(땅)에 속하게 되면서 땅(이 세상을 포함한 공중영계)을 지배하고 있는 세상 주관자(사탄)에게 속한 존재가 된 것을 의미한다. 또한 불법과 완전히 연합되어 버린 인간의 마음을 땅이라고 지칭하였으며 이는 '세상'을 의미하기도 한다.

약4:4 간음하는 여자들이여 세상과 벗된 것이 하나님의 원수임을 알지 못하느뇨 그런즉 누구든지 세상과 벗이 되고자 하는 자는 스스로 하나님과 원수되게 하는 것이니라

여기서 **'세상과 벗 된 것'**이라는 의미는 이 세상의 교훈을 좋아하고 그것을 받아들이거나 따라가는 것을 말한다. 그 보이는 '세상의 의'에 대하여 그 의가 속성상 더럽고 교활하고 악한 불법임을 알고 있는 사람은 별로 없지만 그리스도를 통하여 영과 진리를 깨닫게 되면 땅에서 난 모든 것은 본질이 매우 사악한 것임을 알게 된다.

벧후3:5 물에서 나와 물로 성립한 것도 하나님의 말씀으로 된 것을 저희가 부러 잊으려 함이로다

창7:4 땅에 비를 내려 나의 지은 모든 생물을 지면에서 쓸어 버리리라

그래서 하나님께서는 말씀(영)을 상징하는 물로써 그들을 심판하신 것이다. 이는 하나님의 말씀을 믿고 순종하는 자들에게는 그 말씀이 영생의 근원이 되어 주시지만 불순종하고 거역하는 자들에게는 심판의 근거가 된다.

1) 그리스도인의 타락 히6:4-6,히10:26

벧후2:20-21 만일 저희가 우리 주 되신 구주 예수 그리스도를 앎으로 세상의 더러움을 피한 후에 다시 그중에 얽매이고 지면 그 나중 형편이 처음보다 더 심하리니 의의 도를 안 후에 받은 거룩한 명령을 저버리는 것보다 알지 못하는 것이 도리어 저희에게 나으니라

타락한 자의 의미란 그리스도의 말씀을 깨닫고 믿음으로 깨끗하게 되었다가 어느덧 다시 불법으로 돌아가 버린 자를 말하며 이를 경고하시는 말씀이다. 어떤 이들은 성경에서의 타락한 자들을 그저 거짓으로 믿는 척했던 사람이라고 생각할 수도 있겠지만 거짓 그리스도인에게 굳이 타락이라는 용어를 언급할 필요는 없다.눅8:13.

잠26:11 개가 그 토한 것을 도로 먹는 것같이 미련한 자는 그 미련한 것을 거듭 행하느니라

또한 예수 그리스도께서 우리의 영적인 의가 되어 주시고 온전하게 하는 하나님 의(영)를 주셨음에도 불구하고 이를 저버리고 세상의 의를 따라가겠다는 영혼들은 참으로 어리석고 미련한 자들이다. 이들은 영적인 지각이 없기에 무엇이 더 중요하고 소중한지 모르는 사람들이다.

2) 타락은 어떻게 발생하는가

벧후2:1-2 민간에 또한 거짓 선지자들이 일어났었나니 이와 같이 너희 중에도 거짓 선생들이 있으리라 저희는 멸망케 할 이단을 가만히 끌어들여 자기들을 사신 주를 부인하고 임박한 멸망을 스스로 취하는 자들이라

이 말씀과 같이 세상의 영(불법: 선악과)을 따라가도록 가르치는 거짓 선지자와 선생들 때문에 그리스도인들이 배도하게 되는 일이 생기게 되는 것이다. 그들이 가르치는 거짓 가르침은 겉으로는 죄로부터 해방되어 자유를 얻었다고 하는 확신을 심어 주지만 실제로는 그 영 안에 있는 불법의 권세를 죽이지 못하며 참된 자유도 주지 못한다. 결국에는 그 흉악한 사탄에게 결박되어 묶여서 끌려가 버리게 한다 벧후2:18-19.

3) 의심하는 것이 가장 위험한 행동

벧후2:20 예수 그리스도를 앎으로 세상의 더러움을 피한 후에 다시 그중에 얽매이고 지면 그 나중 형편이 처음보다 더 심하리니

성경에서는 이런 상황을 "개가 그 토하였던 것에 돌아가고 돼지가 씻었다가 더러운 구덩이에 도로 누웠다"라고 표현하였다 벧후2:22. 이러한 배반의 결과는 진리가 얼마나 소중한지 인식하지 못하거나 의심을 하여서 발생되는 일이다.

약1:6 오직 믿음으로 구하고 조금도 의심하지 말라 의심하는 자는 마치 바람에 밀려 요동하는 바다 물결 같으니

때로는 그리스도인이라 하더라도 자신이 깨달은 진리가 정말 하나님으로부터 온 것인지 의심하여 갈등이 생길 수 있을 것이다. 왜냐하면 영으로서의 그리스도의 '의'보다도 보이는 육체의 의가 훨씬 아름다워 보이기도 하고 자기 속에 남아 있는 육체에 속한 탐욕이 기회를 타고 자꾸 돋아 올라오기 때문이다롬7:8. 그래서 야고보 사도는 의심을 품고 다시 율법으로 돌아가지 않게 하기 위하여 인내를 가지라고 권면을 하였던 것이다약1:6. 그러므로 그리스도인은 진리의 영에 대하여 의심하지 말아야 하며 자기가 가진 진리를 빼앗기거나 잃어버리지 않도록 끝까지 인내하여야 한다약1:3-4.

창2:9 그 땅에서 보기에 아름답고

첫 사람 아담은 사탄이 하는 유혹의 말을 들었을 때에 선악과(불법)가 더 진리(영)같이 보였기 때문에 그것을 받아먹고 그의 눈이 세상(땅)으로 밝아지면서 사탄과 연합하여 한 영이 된 것이다. 그 결과로 아담은 하나님의 말씀을 거역한 자가 되었으며 그로 인해 이 세상은 불법의 저주 아래 있게 된 것이다. 이러한 결과는 하나님의 말씀에 대한 의심을 할 때에 사탄이 그 틈을 노리고 있다가 비집고 들어가서 마음을 점령해 버릴 때에 발생하게 된다.

4) 호색한다는 의미

벧후2:2 여럿이 저희 호색하는 것을 좇으리니 이로 인하여 진리의 도가 훼방을 받을 것이요

만약, 그리스도의 진리를 소유한 자가 다시 율법(선악과)으로 돌아가서 세상과 벗이 되면 그의 영은 불법과 연합하여 간음하는 자이자, 호색하는 자가 되는 것이다.

이렇게 이 세상의 선이나 의로써 율법을 자기의 의로 삼는 것은 마치 바로 왕 아래서 오랫동안 종살이를 하고 겨우 해방이 되었다가 안식에 들어가지 못했던 이스라엘 백성들과 같은 결말이 된다. 그 이스라엘 백성들은 하나님의 은혜로 영으로서의 복음을 받았지만 믿음(영)으로 화합하지 못하고히4:2 육체인 애굽(불법)으로 돌아가 버린 영혼들이다. 이들이 바로 영적인 간음을 한 자이며 호색한 자인 것이다. 그래서 성경에서는 **"두 마음을 품은 자들아 마음을 성결케 하라"**약4:8라고 경고를 하셨던 것이다. 그렇기에 그리스도인들은 사탄으로 인해 소중한 진리를 버리거나 잃어버리지 않아야 한다.

| 18 |

재물 막10:17-31, 눅18:18-30

1) "무슨 선한 일을 하여야 영생을 얻으리까" 마19:16

어떤 한 청년이 예수에게 '선한 선생님'이라고 하면서 "내가 무엇을 하여야 영생을 얻으리이까"막10:17라고 질문하였다.

> 눅18:20 네가 계명을 아나니 간음하지 말라, 살인하지 말라, 도적질하지 말라, 거짓증거하지 말라, 네 부모를 공경하라 하였느니라

예수께서 이 청년에게 상기시킨 계명들은 세상 율법이 아니라 그리스도의 율법(영의 율법)을 가리키신 것이다. 그래서 예수께서는 이 청년에게 영적으로 "간음하지 말라, 살인하지 말라, 도적질하지 말라, 거짓증거하지 말라, 네 부모를 공경하라 하였느니라"눅18:20라고 말씀하신 것이다. 그렇지만 이 청년은 이 말씀마저도 자기가 지키고 있던 세상 율법으로 이해하여 "다 지키었나이다"눅18:21라고 육체(불법)에 속한 대답을 한 것이다. 다시 말하면 예수님께서는 영으로 말씀하시면 청년은 육체로 이해를 한 것이다.

이 청년은 세상 율법을 열심히 지켰으나 자기가 그리스도의 율법 밖에 있다는 것을 깨닫지 못하였고 '생명의 도'행7:38를 완성하시는 예수님을 그가 지키는 세상 율법에 속한 선한 선생으로 여긴 것이다. 그는 멸망 받을 불법에 속한 세상의 율법과 '세상의 의'를 따라가고 있다. 이 청년과 같이 육체에 속한 기독교인들은 겉으로는 간음하거나, 살인하거나,

거짓 증언하거나, 도둑질을 하지 않았기에 스스로 의로운 사람이라고 믿고 살아간다. 그러나 예수께서 말씀하시는 그리스도의 율법은 '하나님의 의'를 발견하게 하고 그 의를 소유할 수 있도록 하기 위한 말씀이었다. 만약, 질문을 한 청년마10:17이 예수님의 말씀을 '그리스도의 율법(영)'으로 이해를 하였다면 그는 영혼을 살리려고 오신 예수 그리스도를 발견하고 영생을 얻게 되었을 것이다.

2) 청년의 질문에 대한 예수님의 답변

마19:21 예수께서 가라사대 네가 온전하고자 할찐대 가서 네 소유를 팔아 가난한 자들을 주라 그리하면 하늘에서 보화가 네게 있으리라 그리고 와서 나를 좇으라 하시니

여기서 청년이 쌓은 '소유(재물)'는 세상에 속한 자기의 의(세상의 의)를 말하고 있다. 그는 **"이 모든 것을 다 지키었나이다"**마19:20라고 하여 스스로 의롭다고 생각하였는데 이것이 바로 그의 소유(재물), 즉 땅에 속한 사람의 의를 가리킨다. 또한 이러한 사람을 성경에서는 '부자'마19:23, 눅18:24로 지칭하고 있다. 그리고 예수님께서는 이 청년이 그의 재물(불법)을 버리고 진리이신 예수 그리스도에게 속하여야 한다고 말씀하신다.

약2:5-6 내 사랑하는 형제들아 들을찌어다 하나님이 세상에 대하여는 가난한 자를 택하사 믿음에 부요하게 하시고 또 자기를 사랑하는 자들에게 약속하신 나라를 유업으로 받게 아니하셨느냐 너희는 도리어 가난한 자를 괄시하였도다 부자는 너희를 압제하며 법정으로 끌고 가지 아니하느냐

그리고 이 세상의 신은 세상의 의를 쌓아 부자가 되게 하지만 결국 그 의는 사탄이 거두어 가는 소출이며 오히려 그것들로 인하여 심판을 받게 된다.

눅6:24 그러나 화 있을찐저 너희 부요한 자여 너희는 너희의 위로를 이미 받았도다

계3:17 네가 말하기를 나는 부자라 부요하여 부족한 것이 없다 하나 네 곤고한 것과 가련한 것과 가난한 것과 눈먼 것과 벌거벗은 것을 알지 못하도다

또한 이러한 부자들은 대개 종교적인 고운 옷을 입고 성전에 앉아 있으며 자기 스스로

의롭다고 여기는 바리새인들과 서기관, 율법사들을 의미한다.

막10:25 약대가 바늘귀로 나가는 것이 부자가 하나님의 나라에 들어가는 것보다 쉬우니라 하신대

그러므로 세상 율법을 지키는 부자(세상의 의)는 불완전하고 더럽기에 하나님 나라에 가지고 들어갈 수가 없다. 그러므로 이 세상의 재물(땅의 재산)이 많고 적음은 천국에 들어가는 것과는 아무런 상관이 없다. 그렇기에 세상에서 물질적으로 돈이 많거나 적은 이들이 압력을 받거나 할 필요는 전혀 없는 것이다.

19

가인과 아벨 창4:1-15

창4:4-5 아벨은 자기도 양의 첫 새끼와 그 기름으로 드렸더니 여호와께서 아벨과 그 제물은 열납하셨으나 가인과 그 제물은 열납하지 아니하신지라 가인이 심히 분하여 안색이 변하니

이 말씀에 대해 일반적인 해석에 의하면 하나님께서 가인이 드리는 제사를 열납하지 않으신 이유는 희생의 피가 없는 제사를 드렸기 때문이라고 한다. 물론 여기에서 언급하는 피는 모형적으로 예수 그리스도의 희생을 나타내고 있기에 상당히 의미가 있는 해석이기도 하다. 그러나 설명이 부족한 느낌이 드는 것은 가인이 드린 제물은 하나님께서 보시기에 악한 것창4:5,요일3:12이라고 말하였기 때문이다. 아담이 하나님의 말씀에 불순종하고 사탄과 한 영이 되어(간음) 벌거벗은 수치가 드러나게 되었다창3:10. 이에 하나님께서는 예비하신 가죽옷(모형적인 그리스도의 희생)을 입혀 주셔서창3:21 그 수치와 저주를 가려 주셨다. 이는 예수

그리스도를 통하여 죄를 사하시는 것과 함께 하나님의 의를 소유하게 하시려는 것을 의미한다. 그 후로 아담은 어린양의 피 흘리심을 통한 대속과 구원을 깨달았기에 그리스도를 통한 대속과 완전한 의만을 의지하는 제사를 드려야 한다는 것을 자녀들에게 가르쳐 주었을 것이다.

일반적인 세상의 관점으로 보면 가인이 열심히 농사지어 거두어들인 땅의 소출을 하나님께 드린 것이 아벨보다 훨씬 더 정성스러운 제사인 것은 분명하다. 그래서 하나님께서 제사를 받지 않으신 것에 대하여 가인이 분을 내고 원망하는 것이 당연해 보이기도 한다. 그러나 가인의 제사는 이 땅에서 난 것을 드렸으며 그것은 흑암(창1:2)에 속한 더러움이며 죄(불법)가 근원이다. 그 사람의 의(세상의 의)는 이 세상의 주관자나 기뻐하면서 거두어 가는 불법이다.

창4:7 네가 선을 행하면 어찌 낯을 들지 못하겠느냐 선을 행치 아니하면 죄가 문에 엎드리느니라 죄의 소원은 네게 있으나 너는 죄를 다스릴찌니라

여기서 **"죄의 소원은 네게 있으나"** 라는 말씀은 이미 불법이 가인을 사로잡고 있음을 나타내고 있다.

요일3:12 가인 같이 하지 말라 저는 악한 자에게 속하여 그 아우를 죽였으니 어찐 연고로 죽였느뇨 자기의 행위는 악하고 그 아우의 행위는 의로움이니라

성경에서 말씀하시는 '행위'는 사람들이 알고 있는 율법을 준수하는 것이 아니라 '세상의 의'를 따라가는 것을 '악한 행위'라고 한다. 그리고 '하나님의 의'를 따라가는 것을 **'선한 행위'** 라고 하는 것이다. 그러므로 **"행함이 없는 믿음"**(약2:26)이라는 말씀은 하나님의 의를 의지하지 않고 세상의 의를 따라가는 것이며 그래서 가인같이 하지 말라고 하신 것이다.

땅(마음)은 불법으로 인하여 이미 저주를 받았으므로 땅(인간의 마음)에서 올라오는 것은 가시덤불과 엉겅퀴밖에 없다. 그래서 아무리 좋아 보이는 땅(마음)에서 난 것은 이미 저주를 받은 가시덤불과 엉겅퀴일 뿐이다. 이처럼 저주를 받은 땅에서 올라오는 것을 진심, 열심, 사랑, 정의 등으로 포장해서 하나님께 드린다고 하지만 그러한 것들 중에서 하나님께서 열납하시는 선한 것은 아무것도 없다. 이같이 가인은 저주를 받은 땅에서 나온 소출을 자기의 의로 하나님께 드렸기에 그는 악한 자(사탄)의 불법에 속하게 되면서 하나님으로부터

버려지게 된 것이다.

반면 아벨은 그리스도의 희생을 의지하여 양의 피와 고기, 기름을 제물로 드렸고 창4:4 "그 아우의 행위는 의로움이니라" 요일3:12의 말씀처럼 아벨이 자기의 의를 의지하지 않고 아담이 가르쳐 준 대로 '그리스도의 대속'과 '하나님의 의'를 의지하였다는 것을 나타내고 있다.

오늘날도 수많은 기독교인이 세상의 율법(선악과의 선)으로 이 땅의 소산(세상의 의)을 하나님께 드린다고 생각하여 정성과 열심을 내지만 그런 것들은 하나님께서는 받지 않으신다. 또한 자기의 열심을 의지하며 인간적인 행위로 의를 앞세우면서 천국이라 여기는 곳을 향하고 있지만 그곳이 지옥문 입구라는 사실을 알았을 때에는 슬피 울며 이를 갈게 될 것이다 마13:42.

| 20 |
로마서 롬2:17-29

대부분의 유대인들은 세상개념의 선과 악의 표준으로 율법을 이해하고 있으며 그 율법을 범한 죄에 대하여 하나님께서 심판하실 것이라고 여기고 있었다. 또한 유대인들은 율법이 없는 이방인들에 대하여 깨끗하지 못하다고 비난할 뿐 아니라 자기들이 선택을 받은 민족이라는 선민의식도 가지고 있었다. 그러나 유대인들이 하나님께 선택을 받아 사역적으로 쓰임을 받은 것은 사실이지만 그들을 통하여 성경을 계시하기 위해서 쓰임을 받은 것일 뿐 그들이 우월 의식을 가질 이유가 전혀 없다.

1) 표면적인 율법은 바로 선악과(이 세상의 선과 악)이다

오늘날 대부분의 기독교에서는 하나님께서 '**보이는 세상의 선이나 악**'을 판별하기 위하여 율법을 주셨다고 하고 그것을 지켜야 한다고 목청을 높이고 있다. 그러나 사도 바울은 당시의 유대인들과 선생 행세를 하는 자들이 오히려 더 율법을 범하고 있다고 비판하고 있다롬2:17-23. 또한 표면적인 율법(이 세상의 선과 악)을 지켜서 할례를 받는 것은 아무런 의미가 없으며 할례는 마음(영)롬2:29에 받아야 한다고 하였다. 아울러 바울은 "오직 이면적 유대인이 유대인이며 할례는 마음에 할찌니 신령에 있고 의문에 있지 아니한 것이라"롬2:29라고 하셨다. 그리고 이방인들은 율법이 없지만 양심이 그 역할을 하고 있기에 율법이 있는 유대인들과 차이가 없다고 말씀한 것이다. 즉, 이 세상의 선과 악(표면적인 율법)이 아닌 오직 그리스도의 율법을 통해 영이신 그리스도의 대속의 은혜 안에 들어가야만 불의의 영이 죽게 되고 영의 할례를 받게 되는 것이다.

2) 그리스도의 율법으로 받는 영의 할례

오늘날 수많은 기독교회에서는 율법을 세상의 선악과(교훈)로 가르치며 표면적으로 보이는 것만을 따라가게 하고 있다. 그러나 과연 이것을 통해서 마음속의 불법(거짓의 영)을 제하는 '영'의 할례가 이루어질 수 있을까롬2:29?

> 롬2:25 네가 율법을 행한즉 할례가 유익하나 만일 율법을 범한즉 네 할례가 무할례가 되었느니라

이 말씀을 설명하자면 다음과 같은 의미이다. 만약 율법(그리스도의 율법)을 지키면 영의 죄가 정결케 되어 자신의 영이 할례를 받게 되지만 이 세상 율법 안에 거한다면 표면적 육신의 할례(세상의 의)는 무익하다는 말씀이다롬2:25. 그러므로 오늘날에도 율법을 지켜야 함을 강조하는 이들은 유대인들이 표면적인 할례를 주장하는 것과 같은 모습이다. 그러므로 율법을 영(말씀)의 율법으로 깨닫게 되면 그리스도의 의를 발견하게 되고 하나님의 의(영)를 가진 자가 되게 된다. 이것을 마음에 받는 영의 할례롬2:29라고 말씀하신 것이다.

3) 불법의 죄를 드러내는 그리스도의 율법

롬3:20 그러므로 율법의 행위로 그의 앞에 의롭다 하심을 얻을 육체가 없나니 율법으로는 죄를 깨달음이니라

이 말씀에서의 '율법'은 또한 유대인들이 지키는 선악과의 세상 율법을 지칭하는 것이 아니다. 위의 말씀에서는 율법으로 말미암아 죄를 깨닫게 된다고 했는데 이것은 보이는 선이나 악의 죄를 깨닫게 된다는 의미가 아니다. 다시 말하지만 보이는 선이나 악의 율법은 인간의 영에 있는 거짓 영(죄)을 감추기 위하여 겉으로 보이는 것들에 대하여 정죄하여 속이는 역할을 하고 있다.

그래서 바울은 유대인들이 보이는 율법을 지키고 있지만 실제로는 '**하나님의 율법**(영의 율법)'을 따르지 않기에 할례(영)를 받을 수 없으므로 그들이 받는 표면적인 할례(육체)나 의식은 어떤 의미도 없다고 한 것이다.

그런데 오늘날에도 바울이 말하는 참 의미를 알지 못하고 바울의 경고에 대하여 단지 보이는 세상의 율법을 인간이 지킬 수 없다고 하는 말씀으로만 이해하고 있는 이들이 많다. 이들은 '보이는 세상 율법'을 범한 죄를 대신하여 예수님이 십자가에 달리셨다고 하여 말씀(영)을 완전히 다른 복음(육체)으로 바꾸어 버린 것이다. 엄밀히 말하면 인간이 하나님 앞에서 죄인이 된 것은 '보이는 율법'을 범한 것을 말하는 것이 아니라 '보이지 않은 하나님의 율법'을 순종하지 않고 사탄(거짓 영)을 따라갔기 때문에 심판을 받게 된 것이다. 심지어 죄인이 받게 되는 심판조차도 세상 율법에 의하여 받는 것이 아니라 보이지 않는 영의 율법에 의하여 받게 되는 것이다. 그런데 사탄은 이렇게 철저하게 세상을 속이고 성전에 앉아 자기를 보이며 하나님 역할을 해 온 악한 영이다.

이렇게 교묘하게 인간의 영 안에 있는 죄(거짓의 영)를 들추어내기 위해서는 영으로서의 율법(그리스도의 율법)으로 비추어야 비로소 그 숨은 불법의 죄가 드러나게 된다. 그러므로 로마서에서 바울이 말하고자 하는 율법은 표면적인 육체의 율법이 아니라 영혼을 살게 하시려는 그리스도의 율법^{고전9:21}을 말하고 있다.

롬3:22 곧 예수 그리스도를 믿음으로 말미암아 모든 믿는 자에게 미치는 하나님의 의니 차별이 없느니라

그리스도의 율법을 통해서만이 불의의 영을 소유한 죄인임을 깨닫게 되며 그 율법에 의하여 모든 불법의 죄로부터 해방이 되고 다시 죄(불법)를 범하지 않게 된다.2일3:6, 요일3:9.

롬3:28 그러므로 사람이 의롭다 하심을 얻는 것은 율법의 행위에 있지 않고 믿음으로 되는 줄 우리가 인정하노라

여기서 '의롭다 하심'의 의미는 보이는 세상의 죄를 용서받으면 죄가 없어졌으므로 의롭게 되었다는 그런 의미가 아니다. 예수님이 하나님의 율법(영)을 순종하셔서 얻으신 영적인 의(완전)를 소유하였기에 의롭다고 인정을 하신다는 말씀이다. 또한 '율법의 행위에 있지 않고'라는 말씀은 세상(땅)은 그리스도의 율법(영)에 순종을 할 수도 없지만 인간의 행위로 순종하라고 율법을 주신 것도 아니라는 말씀이다.

롬4:4-5 일하는 자에게는 그 삯을 은혜로 여기지 아니하고 빚으로 여기거니와 일을 아니할찌라도 경건치 아니한 자를 의롭다 하시는 이를 믿는 자에게는 그의 믿음을 의로 여기시나니

표면적으로 볼 때 땅에 속한 율법을 가지지 않는 이방인들이라도 그리스도의 의를 가지게 되면 세상에 속한 의와 상관없이 하나님께로부터 의롭다고 인정을 받게 된다는 의미이다. 그러므로 땅에 속한 율법은 그리스도인들에게는 거론할 만한 가치조차도 없는 배설물이다.

자/유/하/게/하/는/율/법
The law of liberty

제5부
공허와 흑암

| 01 |
사탄의 실체와 활동 영역

창1:3 하나님이 가라사대 빛이 있으라 하시매 빛이 있었고

창세기 1장에서의 빛은 태양계에 있는 물리적인 빛을 가리키는 것이 아니다. "**그 안에 생명이 있었으니 이 생명은 사람들의 빛이라 빛이 어두움에 비취되 어두움이 깨닫지 못하더라**"요1:4-5라는 말씀은 생명으로서의 빛과 사망의 어두움을 가리키고 있다. 그러므로 성경은 처음부터 물질적인 세계의 창조를 말씀하고자 하신 것이 아니라 표면적으로 보이는 창조를 통하여 빛과 어둠에 관한 말씀을 하고 있다.

1) 영적인 어두움

고후4:6 어두운데서 빛이 비취리라 하시던 그 하나님께서 예수 그리스도의 얼굴에 있는 하나님의 영광을 아는 빛을 우리 마음에 비취셨느니라

위의 말씀은 땅과 세상이 어두움에 속하여 있다는 것인데 창세기에서 말씀하시던 그 빛을 우리에게 비추어 주셨다고 하심으로서 이 빛은 물리적인 것에 관한 말씀이 아니라는 증거이다.

창1:2 땅이 혼돈하고 공허하며 흑암이 깊음 위에 있고 하나님의 신은 수면에 운행하시니라

하나님께서 창조하신 땅(공중)에는 왜 흑암이라는 어두움이 존재하고 있었을까? 대개는 처음 창조할 때에 이 세상에는 태양이 없었으므로 어두웠을 것이라고 생각을 할 것이다. 그러나 성경에서 말씀하시는 어두움과 흑암은 물리적인 어두움을 의미하는 것이 아니다. 하나님께서는 땅이라고 지칭하는 공중영계에 하늘에 있는 것들의 모형과 그림자의 형체와 형질로 피조물들을 창조하셨던 것이다. 그리고 공중이라고 불리는 땅(음부)에는 혼돈하고 공허하며 흑암이 깊음 위에 있었는데 그 이유는 하늘로부터 쫓겨 내려온 사탄과 그를 따르는 악한 영들이 활동하고 있었기 때문이다.

2) 어두움의 실체인 사탄

그렇다면 "흑암이 깊음 위에 있고"창1:2라는 말씀의 뜻은 무엇일까계14:3:11-15? 사탄은 부리는 천사로서 지음을 받은 영계 안에 있는 피조물이지만 하나님과 동등하게 여김을 받으려고 할 만큼 교만하여 대적을 하였던 악한 영이다. 결국 음부까지 쫓겨 내려 왔으며 결국에는 구덩이라고 하는 지옥에 던져질 운명에 처해진 것이다.

욥41:33-34 땅 위에는 그것 같은 것이 없나니 두려움 없이 지음을 받았음이라 모든 높은 것을 낮게 보고 모든 교만한 것의 왕이 되느니라

지음을 받은 피조물인 사탄은 모든 높은 영들을 내려다볼 만큼 아름답게 지음을 받았음에도 자기 지위를 지키지 아니하고 가장 높은 곳에 오르려고 했던 교만한 영이다. 그는 하나님이 창조한 세상을 사망이라는 독으로 죽이고 자기가 하나님인 양 행세하고 있는 악한 영이다. 사탄에 대하여 상세히 기록을 한 욥기 41장에서는 사탄을 '악어(리워야단: 킹 제임스 성경(KJV))'이라고 호칭한다. 그의 입에서는 횃불이 나오고 콧구멍에서는 연기가 나오고 숨에서는 숯불을 피우니 입에서는 불길을 내뿜는다고 표현을 하고 있다. 그의 힘은 그의 목덜미에 있고 그의 살 껍질은 서로 밀착되어 단단하며 움직이지 않는다고 하여 욥41:17-23 가히 그를 상대를 할 만한 존재가 없어 보일 정도이다계1:13.

계20:2 용을 잡으니 곧 옛 뱀이요 마귀요 사단이라 잡아 일천 년 동안 결박하여

히1:14 모든 천사들은 부리는 영으로서 구원 얻을 후사들을 위하여 섬기라고 보내심이 아니뇨

계12:9 큰 용이 내어 쫓기니 옛 뱀 곧 마귀라고도 하고 사단이라고도 하는 온 천하를 꾀는 자라 땅으로 내어 쫓기니 그의 사자들도 저와 함께 내어 쫓기니라

사탄은 뱀, 붉은 용, 마귀라고도 하지만 사14:12에서는 열국을 뒤엎고 하늘에서 떨어진 자라고 하였는데 킹 제임스 성경(KJV)에는 그 이름을 루시퍼(Lucifer)라고 기록하고 있다.

3) 땅(음부, 공중)으로 쫓긴 사탄

사탄은 하나님의 영광, 존귀함 그리고 영화로움을 이미 잘 알고 있었다. 그러나 천사는 아무리 아름답게 지음을 받았더라도 빛(영생)을 소유하여 하나님의 아들이 될 수 없다. 천사는 천사들로서의 자기 역할이 있으며 자기 지위를 지키고 임무를 수행해야 하는 부리는 영들이다. 인간은 천사와는 달리 생명이나 사망을 가질 수 있는 존재로 창조가 되었지만 천사는 자기 지위를 지키거나 또는 떠날 수 있는 천사로서의 자유 의지를 가지고 있었다 유1:6. 그런데 하늘로부터 쫓겨난 사탄은 자기가 활동하는 공중영계(음부)에 하나님이 자기의 형상과 모양을 따라 생령의 상태로 지으심을 보게 된다.

히2:7 저를 잠간 동안 천사보다 못하게 하시며 영광과 존귀로 관 씌우시며

하나님께서 공중영계(땅)에 아담을 영혼체(靈魂體)로 창조하시고 그에게 다스리고 정복하라고 하셨지만 사탄은 아담을 속이고 그 모든 권세를 빼앗아 자기에게 순종하게 만들어 버렸다.

벧후2:19 누구든지 진 자는 이긴 자의 종이 됨이니라

4) 이 세상을 포함하고 있는 공중영계(음부)

여기서 공중(음부)은 물질세계의 하늘(天)을 지칭하는 것이 아니며 공중이라는 영계가 존재하고 있음을 말하고 있다.

계20:11 또 내가 크고 흰 보좌와 그 위에 앉으신 자를 보니 땅과 하늘이 그 앞에서 피하여 간데없더라

앞의 말씀에서 하늘은 눈에 보이는 물질계의 하늘이 아니라 공중영계를 말하며 눈에 보이는 물질계는 바로 이 공중영계 안에 속하여 있는 것이다. 이를 비유적으로 설명을 하면 보이지 아니하는 인간의 영이 물질인 육체를 지배하고 있는 것과도 같은 이치이다.

> 행7:42 하나님이 돌이키사 저희를 그 하늘의 군대 섬기는 일에 버려 두셨으니 이는 선지자의 책에 기록된바 이스라엘의 집이여 사십 년을 광야에서 너희가 희생과 제물을 내게 드린 일이 있었느냐

그러므로 공중영계는 천국이 아니며 땅이라고 하는 이 세상을 포함하고 있는 영계인데 이 공중영계를 성경에서는 다른 용어로 음부라고 칭하고 있다. 이렇게 보이는 세상은 음부에 속해 있기에 음부에서 활동하는 사탄이 물질계에서도 역사할 수가 있는 것이다.

> 계20:13 바다가 그 가운데서 죽은 자들을 내어주고 또 사망과 음부도 그 가운데서 죽은 자들을 내어주매 각 사람이 자기의 행위대로 심판을 받고

'바다'라고 칭하는 이 세상을 포함하고 있는 공중영계에서 죽은 자들을 내어주게 되어 있다. 어떤 이들은 음부를 지옥이라고 이해하고 있는데 그렇게 이해를 하게 된 원인은 누가복음 16장의 부자와 나사로에 관한 말씀일 것이다.

그러나 성경을 조심스럽게 살펴보면 공중영계(음부) 안의 깊은 영역(영계)에는 영원토록 형벌을 받는 '무저갱'이라는 곳이 별도로 있는 것을 알 수 있다. 즉, 음부(땅) 안에 지옥이라는 영계가 따로 있으며 성경에서는 그곳을 '땅 깊은 곳'이라고 한다.

5) 공중(음부)에 있는 지옥영계

음부는 신·불신자를 막론하고 이 세상을 떠나게 되면 누구든지 들어가게 되는 영계이다. 성경에서는 그곳을 '저 세상'이라고 칭하거나 '오는 세상'이라고 기록하고 있다. 정리를 해보면 보이는 이 세상을 포함한 공중영계(음부)는 공중 권세를 잡은 자가 활동하고 있는 영역이다. 누가복음 16장에서는 부자가 음부 안에 있는 깊은 곳인 무저갱(지옥)에 들어갔기에 이를 전체적으로 음부라고 표현을 한 것이다. 결국 사탄도 공중영계(음부)의 가장 깊은 영역인 불 못(지옥)으로 내던져지게 된다.

창1:2에서는 이미 사탄이 내려와 활동하고 있었던 공중영계(또는 음부)의 상태에 대하여 **"땅이 혼돈하고 공허하며 흑암이 깊음 위에 있고"**창1:2라고 말씀하셨던 것이다. 그러므로 땅(공중)에 있는 모든 것은 하늘에 있는 것들의 모형히9:23과 그림자일 뿐이며 천국에 속한 의인들을 얻게 되기까지만 잠시 필요한 것들이다.

그리고 하나님께서는 창세전에 아담의 고통과 타락을 보시고 예수 그리스도를 통하여 불법(육체)이 되어 버린 세상을 구원하시는 **구속사적 예정**을 하신 것이다엡1:3-4. 사도 바울은 이렇게 그리스도를 통하여 영(생명)을 소유하게 하셔서 구원하시려는 것을 '**하나님의 비밀**'이라고 하였다엡1:9, 엡3:3, 엡3:9.

이 부분에서 짚고 넘어가야 할 것은 에덴동산은 천국이 아니며 아담은 하나님의 영생을 가진 상태로 창조가 되었던 것도 아니다. 에덴동산은 공중영계 안에 창조가 된 것이며 이러한 피조물을 통하여 나타내는 것은 아담의 영 안에서 다스려야 할 세계를 외적으로 표현하고 있는 것이다.

6) 보이지 않은 영적 전쟁

하나님께서는 땅이라고 하는 공중(음부)에다가 흙으로 사람을 지으셨지만 빛(생명)을 알지 못하는 아담은 사탄의 속이는 미혹과 거짓, 불법의 역사로 말미암아 사망(어두움)에 처하게 되었다. 자기 지위를 떠난 악한 영들은 하나님의 계획을 방해하려 하였으나 하나님께서 이를 잠시 허용하신 것은 온전한 순종을 통하여 하나님의 자녀가 될 수 있기 때문이다. 그런데 구약 시대에 이스라엘 백성들이 대적들과의 치열한 싸움에서 이기기도 하고 때로는 패배를 하는 과정들은 그리스도인들이 치러야 하는 영적인 싸움이 그만큼 강렬한 것임을 말하고 있다대하20:17. 이와 같이 그리스도인들은 끊임없이 전투에 참여하여야 하고 싸움에서 승리를 하여야 한다. 그렇지만 거의 대부분은 현실적으로는 영적 싸움이 무엇인지조차 알지를 못한다. 참 그리스도인들은 거짓의 영이 어떻게 자신을 감쪽같이 속이고 있는지를 알고 이에 대적하는 지속적으로 훈련하여야 한다.

| 02 |
세상을 속이는 자의 행위 _{요8:44}

요1:14 은혜와 진리가 충만하더라

요1:16 우리가 다 그의 충만한 데서 받으니 은혜 위에 은혜러라

1) 충만하신 하나님

하나님의 빛과 진리의 특징은 스스로가 영광스러우심으로 무엇이 부족하여 사람이나 천사들로부터 영광을 받으시려고 경배를 요구하시는 분이 아니시다. 빛이신 하나님께서는 스스로 충만하심으로_{요1:19, 골2:9} 자신 안에 있는 생명을 주시고 그 생명을 가진 영들로 하나님 나라를 채우시기 위하여 사람을 창조하셨다. 그러나 불법인 사탄의 교훈은 진리인 것처럼 보이기는 하나_{요8:44} 생명을 주는 것이 아니라 오히려 생명을 빼앗고 멸망을 시킨다_{요10:10}.

2) 흑암과 공허인 사탄

합2:9 재앙을 피하기 위하여 높은데 깃들이려 하며 자기 집을 위하여 불의의 이를 취하는 자에게 화 있을찐저

이와 같이 사탄은 진리인 말씀의 본질을 깨닫지 못하도록 혼잡스럽게 하거나 자기의 것(세상 교훈)을 보여 주며 영생을 주겠다고 한다. 그러나 성경에서 밝힌 것처럼 포도원의 농부가 소출을 거두러 보내었더니 그의 종들과 농부의 아들까지 죽이고서는 **"그 유업을 우리의 것으로 만들자 하고"**_{눅20:14}라고 작당을 한 것이 바로 사탄이다. 사탄은 영과 진리를 소유하도록 인도하는 하나님의 종들을 죽이고 유산(진리)을 세상 교훈으로 바꾸어 세상을 속이는 물건_{눅12:18}으로 사용하고 있다. 그리고 불법에 익숙한 세상은 영(진리)에 대하여는 무

가치하게 여기고 오히려 세상의 개념으로 가르치면 그것을 은혜로운 말씀이라고 여긴다.

3) 숨기고 빼앗는 음녀

사탄은 사람의 의를 따라가도록 종교에 매달리게 하거나 자기의 삶에 대하여 포기하고 방임을 하도록 만들어 버리기도 한다. 불법으로 눈이 밝아진 세상은 선악을 가리는 것에 혈안이 되어 있지만 그럴수록 더욱 짙은 어둠 안으로 들어가게 된다. 오로지 진리로 마음 속을 비추면 어둠에 가려져 있는 음흉한 영이 드러나게 되고 자기 영혼을 구름처럼 감싸고 있음을 깨닫게 된다.

> 잠31:30 고운 것도 거짓되고 아름다운 것도 헛되나 오직 여호와를 경외하는 여자는 칭찬을 받을 것이라

> 잠5:3-4 대저 음녀의 입술은 꿀을 떨어뜨리며 그 입은 기름보다 미끄러우나 나중은 쑥 같이 쓰고 두 날 가진 칼같이 날카로우며

아름다운 것이 없어 보이는 현숙한 여인은 그리스도의 율법(영)을 말하는데, 이는 완전한 하나님의 의가 되어 주신 예수 그리스도를 비추어 주고 있다. 그러나 곱고 예쁘게 보이는 음녀(세상의 율법)들은 과연 어디에 있는가? 거의 모든 종교에서는 곱고 예쁜 모양으로 보이는 **'인간의 선이나 의'**를 요구하지만 결국에는 사망에 던져지게 된다. 그러므로 들을 귀 있는 자는 모양새만 아름답게 보이는 경전들이나 율법에 미혹을 받지 않아야 한다.

| 03 |
악한 영의 대적

요8:48 유대인들이 대답하여 가로되 우리가 너를 사마리아 사람이라 또는 귀신이 들렸다 하는 말이 옳지 아니하냐

공중권세를 잡은 영들은 진리를 소유한 자들을 대적하고 핍박하는 것을 멈춘 적이 없으며 그들은 나름대로의 조직과 대오를 갖추고 치밀하게 전략을 구사하고 있다.

삼상17:21 이스라엘과 블레셋 사람이 항오를 벌이고 양군이 서로 대하였더라

하늘(음부)에 있는 악한 영들은 통치자, 권세, 어두움의 세상 주관자로 칭하고 있으며 그들은 블레셋 군대와 같이 조직을 이루어 영역별로 활동하며 세상을 통치하고 있다 엡2:2. 그들은 진리의 말씀이 역사하는 일, 사건, 인물, 환경에는 어김없이 나타나서 훼방하는 것을 일삼는다.

1) 진리에 대하여 귀신이 들렸다고 한다 요8:49

세상이 진리를 발견하지 못하도록 하기 위하여 사탄은 교리적인 체계를 만들어 놓고 그 멍에를 사람들에게 뒤집어 씌워 주는 일을 하고 있다. 그리고 바리새인들이 예수님께 행하였던 것처럼 진리에 대하여 사탄의 역사라고 비방을 한다.

2) 배우지 아니하였다고 한다 요7:15

그들은 생명의 진리를 세상 학문과 혼합을 시켜 버리는 일을 해 놓고 그것을 가르치는 일을 한다. 그리고 물건(땅)들을 교회 안에 끌어 들여놓고 마치 세상적인 지식의 많음이 진리를 많이 깨달은 것처럼 착각을 하게 한다. 그러나 진리는 세상 학문을 많이 배워 아는 것과는 아무런 상관이 없다. 이를 증명하였듯이 예수님을 따랐던 제자들도 세상의 학벌이나 문벌이 좋은 자는 아무도 없었다.

3) 수군거림이 많다 요7:12, 요6:43

진리의 말씀이 역사하면 어떤 손해를 끼치거나 소문을 내지 않아도 악한 영들은 두려움을 느끼고 먼저 소동을 벌이는 것이 특징이다. 악한 영들은 훼방을 하기 위하여 빨간 눈을 부라리며 진리가 역사하지 못하도록 여기저기를 살피며 돌아다닌다 욥1:7,2:2. 예수 그리스도께서 탄생하신다는 소문만 들려도 야단을 떨었던 헤롯왕이 대표적인 경우이다. 그래서 진리의 말씀이 전해지면 그 주변에서는 불법의 영들이 수군거리고 쑥덕거리므로 소란스러워지기 시작하는 것이다.

4) 유대인을 소란케 하는 이단 행24:5, 행24:14

행24:5-6 우리가 보니 이 사람은 염병이라 천하에 퍼진 유대인을 다 소요케 하는 자요 나사렛 이단의 괴수라 저가 또 성전을 더럽게 하려 하므로 우리가 잡았사오니

예나 지금이나 육체(불법)의 교훈을 전하는 자들은 오히려 영(진리)을 전하는 그리스도인들을 향하여 이단이라고 조롱을 한다. 이는 사탄이 성전에 앉아 그리스도의 영을 소유한 자들에 대하여 분노하며 율법의 잣대로 정죄하며 발악을 하는 상태이다.

5) 거룩한 곳을 더럽게 한다

이 세상의 선을 하나님의 의로 여기는 자들에게는 그리스도 안에 있는 하나님의 의가 깨끗해 보이지를 않고 의로운 것이 없어 보이기에 더러운 교훈이라고 여긴다.

마12:1-2 그때에 예수께서 안식일에 밀밭 사이로 가실쌔 제자들이 시장하여 이삭을 잘라 먹으니 바리새인들이 보고 예수께 고하되 보시오 당신의 제자들이 안식일에 하지 못할 일을 하나이다

이 세상에 속한 자들이 하늘의 의를 소유한 자를 오히려 더럽다고 하거나 하나님의 자녀가 아니라고 멸시하는 일들이 발생하게 되는데 이런 일들은 역사 이래로 늘 자행이 되어 내려온 일이다.

6) 살려 둘 자가 아니라고 선동을 한다 행25:24

행23:12 날이 새매 유대인들이 당을 지어 맹세하되 바울을 죽이기 전에는 먹지도 아니하고 마시지도 아니하겠다 하고

사탄은 그의 본성이 살인(사망)이기에 진리의 영을 가지고 전하는 자들을 끝까지 죽이려고 안달을 한다. 창세기에서의 아벨부터 시작하여 선지자들과 하나님의 사람들을 끊임없이 죽여 왔으며 하나님의 아들 예수까지도 죽게 하였던 살인자이다. 어떤 사람이 지옥에 들어갈 자인지를 알 수 없으나 진리에 대하여 악담을 해 대는 행위를 통하여 그들의 영이 어둠에 사로잡혀 있다는 것을 알 수 있다마7:20.

요10:27 내 양은 내 음성을 들으며 나는 저희를 알며 저희는 나를 따르느니라

| 04 |
독사의 자식 마12:34-35

마12:34-35 독사의 자식들아 너희는 악하니 어떻게 선한 말을 할 수 있느냐 이는 마음에 가득한 것을 입으로 말함이라 선한 사람은 그 쌓은 선에서 선한 것을 내고 악한 사람은 그 쌓은 악에서 악한 것을 내느니라

계20:2에서 '옛 뱀'이라고 하고 창3:1에서의 '뱀'은 생태계에서의 뱀을 말하는 것이 아니라 용이라고 하는 사탄의 명칭을 말하고 있다.

1) 고향과 친척과 아비의 집

아담 이후의 모든 인간은 태어날 때부터 육체(불법)에 속한 자로 태어났기에 하나님께서 아브람을 부르실 때 자기의 본토인 아비의 집을 떠나라고 말씀을 하셨던 것이다.

창12:1 여호와께서 아브람에게 이르시되 너는 너의 본토 친척 아비 집을 떠나 내가 네게 지시할 땅으로 가라

예수님이 바리새인과 서기관들에게 독사의 자식들이라고 맹렬하게 쏘아붙인 이유는 그들이 바로 불법의 영을 소유한 자들이었기 때문이다. 그런데 성경에서 말씀하시는 상황, 대화, 사건, 인물 등은 그 자체가 영과 진리이신 말씀을 세상에 나타내시기 위한 매개체로 사용을 하셨다. 그러므로 예수님과 바리새인들과의 대화의 내용은 전체적으로 무엇이 영이며 육체인지를 계시하여 주시기 위한 방편으로 사용을 하신 것이다. 아직도 바리새인과 서기관들과 같이 육체의 율법을 따르는 자들은 자기 고향과 본토인 갈대아 우르창15:7에서 떠나지 못한 상태이다.

2) 이 세상의 영

가나안 땅에는 일곱 족속신7:1이 있었는데 그들은 이스라엘 백성들을 대적을 하는 자들이며 하나님의 진리에 대하여 거역하는 악한 영들이다잠26:25. 그리고 그 일곱 족속들은 반드시 죽여야 하는 족속들인데 이는 아담의 영 안에서 뿌리를 박고 거주하고 있는 불법의 영들을 가리키고 있다.

레4:6 그 제사장이 손가락에 그 피를 찍어 여호와 앞 곧 성소 장앞에 일곱 번 뿌릴 것이며

레14:7 문둥병에서 정결함을 받을 자에게 일곱 번 뿌려 정하다 하고 그 산새는 들에 놓을지며

속죄하는 제사에서 희생의 피를 일곱 번 뿌린다고 하는 것은 인간의 영에 있는 가증한 불법의 형태가 일곱 가지로 존재하기 때문이다. 또한 성소 안에 있는 일곱 등잔에 불을 켜게 하신 것은 진리의 말씀으로 일곱 가지의 가증한 것을 분별해야 하기 때문이다.

왕하5:14 나아만이 이에 내려가서 하나님의 사람의 말씀대로 요단강에 몸을 일곱 번 잠그니 그 살이 여전하여 어린아이의 살 같아서 깨끗하게 되었더라

잠26:25 그 말이 좋을찌라도 믿지 말 것은 그 마음에 일곱 가지 가증한 것이 있음이라

그리고 그리스도인들이 분별해야 하는 거짓 영의 속성은 대체적으로 교만, 태만, 음란, 아집, 질투, 포악, 거짓 등의 것들이다.

3) 불법의 가르침

대부분의 인생들은 본질적인 악의 실체를 파악하지 못할 뿐 아니라 육체(땅)의 선을 따라가며 스스로가 의롭게 된 것으로 여기며 살아간다. 하지만 이렇게 자기만의 견고한 성을 쌓아가는 이들은 율법(선악과)에 깊이 매여 있다.

마12:36-37 무슨 무익한 말을 하든지 심판날에 이에 대하여 심문을 받으리니 네 말로 의롭다 함을 받고 네 말로 정죄함을 받으리라

가르치는 자들은 성경을 인용하여 항상 좋은 말을 해야 한다고 하여 중국의 공자와 어깨를 나란히 맞추지만 그러나 위의 말씀은 하나님의 율법(영)에 의하여 하나님의 의를 소유한 자는 의롭다 함을 받고 세상의(육체) 율법을 가진 이는 정죄를 받게 된다는 말씀이다.

롬10:3 하나님의 의를 모르고 자기 의를 세우려고 힘써 하나님의 의를 복종치 아니하였느니라

만약 오늘날에는 기독교인들이 모두 영과 진리로 예수님을 믿고 있다면 성경에서 경고하시는 말씀을 읽어야 할 필요가 없을 것이다. 그러나 오늘날에 모든 기독교회에서 영과 생명으로 말씀을 전파하고 있는가? 하는 것이 문제이다. 세상의 교훈을 진리라고 먹이는 행위는 육체의 살인보다 더 무서운 행위로서 인간의 영을 불법의 독으로 죽이게 되므로 모든 그리스도인들은 경각심을 가져야 한다마5:21. 그러므로 성경을 이익의 재료로 삼거나

도덕 경전으로 가르치는 이들을 존경하고 따르는 행위는 지극히 우매한 것이다. 거짓 선생들의 영은 불법과 한 영이므로 고운 모양을 하고 있지만 그 입에서 나오는 교훈은 날름거리는 뱀의 혀와 같이 두 갈래(보이는 선과 악)로 나누어지는 특징이 있다.

마12:34-35 독사의 자식들아 너희는 악하니 어떻게 선한 말을 할 수 있느냐 이는 마음에 가득한 것을 입으로 말함이라 선한 사람은 그 쌓은 선에서 선한 것을 내고 악한 사람은 그 쌓은 악에서 악한 것을 내느니라

이와 같이 불법은 예수님께서 악이라고 하시고 그것을 따르며 가르치는 자들을 독사의 자식이라고 규정을 하셨다. 지혜로운 자들은 여기저기 도사리고 있는 뱀이나 독사들을 지극히 조심하여야 한다잠5:19.

| 05 |
성전을 깨끗하게 하심

마21:12 예수께서 성전에 들어가사 성전 안에서 매매하는 모든 자를 내어쫓으시며 돈 바꾸는 자들의 상과 비둘기 파는 자들의 의자를 둘러 엎으시고

이 말씀의 배경이 성전이라는 사실이 중요하다. 유대인들은 성전에서는 율법을 위반하는 그 어떤 행위도 용납을 할 수가 없었는데 성전 안에서 매매를 하거나, 돈을 바꾸거나, 비둘기를 파는 행위들은 율법에 따라서 제사를 드리기 위한 행위로 인정을 하였기에 가능했었다.

1) 보이는 율법의 거룩

그러므로 예수님께서 성전에서 그들을 책망하시며 상을 뒤엎으신 것은 유대인들이 볼 때에 납득할 수가 없었으며 이는 하나님께 대하여 불경한 행동이라고 여기고 분노를 하였던 것이다.

> 요2:18 이에 유대인들이 대답하여 예수께 말하기를 네가 이런 일을 행하니 무슨 표적을 우리에게 보이겠느뇨

그 당시에 유대인들이 추구하는 거룩은 모세의 율법을 철저하게 지키는 것이었으며 성전 안에서 돈을 바꾸는 사람, 매매하는 사람, 비둘기를 파는 사람들은 그들 나름대로는 하나님을 섬기는 일에 충성을 하고 있었던 사람들이다.

오늘날에도 하나님께 예배를 드리는 교회들마다 체계적인 조직과 규모를 갖추고 높은 성전의 크기와 웅장함으로 압도를 당하게 하는 것은 모든 종교에서 동일하게 사용하는 방법일 뿐이다. 하나님께서는 손으로 지은 성전에 거하시는 것이 아니며 다만 구약 성경에서는 성막에서의 제사를 통하여 인간의 영(지성소)에 하나님의 영이 거하시게 되는 것을 체계적으로 보여 주신 것이다.

그런데 참담한 현실은 인간의 영을 속이고 얽어 매기 위하여 돈 바꾸는 상, 비둘기 파는 자의 의자_{막11:15} 등의 물건들을 가득하게 진열해 놓았다. 이런 것들이 오늘날에는 종교적인 예식이나, 진리같이 보이는 신학적인 지식 등으로 둔갑하여 늘어서 있다.

> 왕상22:22 여호와께서 저에게 이르시되 어떻게 하겠느냐 가로되 내가 나가서 거짓말하는 영이 되어 그 모든 선지자의 입에 있겠나이다 여호와께서 가라사대 너는 꾀이겠고 또 이루리라 나가서 그리하라 하셨은즉

예수 그리스도는 유대인들의 처사에 대하여 **"강도의 굴혈을 만드는 도다"**_{마21:13}라고 말씀을 하셨는데 이는 사람의 영혼을 어둠의 영들이 들락날락하는 소굴로 만들어 버렸다는 것을 말씀하신다. 또한 예수님께서 성전에서 상을 뒤엎으시고 진노하신 것은 율법(세상 교훈)에 속한 인간의 영에 대하여 책망하고 계심을 보여 주신 것이다.

2) 우상을 위하여 만든 그릇들

그러므로 진리의 말씀을 깨달은 사람들은 자신의 영 안에 진열해 놓았던 율법적인 도구(물건이나 기구)를 과감하게 뒤엎고 내다 버려야 한다.

왕하23:4 왕이 대제사장 힐기야와 모든 버금 제사장들과 문을 지킨 자들에게 명하여 바알과 아세라와 하늘의 일월 성신을 위하여 만든 모든 기명을 여호와의 전에서 내어다가 예루살렘 바깥 기드론 밭에서 불사르고 그 재를 벧엘로 가져가게 하고

막11:16 아무나 기구를 가지고 성전 안으로 지나다님을 허치 아니하시고

이 말씀은 하나님의 성전을 보이는 육체의 가르침(물건)으로 더럽히면 하나님께서 그 사람을 멸하시겠다고 경고를 하셨다 고전3:17. 만약 설교자들의 가르침이 육체에 속한 것이라면 그는 성전 안에 물건이나 기구를 늘어놓은 죄에 대하여 심판을 받게 될 것이다. 그러므로 설교자들은 자기가 하는 일이 어떤 것인지를 돌아보아야 하고 교인들에게 메추라기를 먹여 주면서도 높임을 받는 어리석은 자는 되지 말아야 할 것이다.

그러므로 진리의 말씀을 알지도 못한 이들로 하여금 물건(육체의 교훈)을 들고 성전 안에서 돌아다니게 해서는 안 될 일이다. 단지 신학교를 졸업하였거나, 기적을 체험하였거나, 감동을 받았다고 하는 것을 그리스도의 부르심이라고 여겨서는 안 된다. 아울러 생명과 진리로 말씀을 깨닫지 못하였다면 어떤 경우에도 자신이 그리스도께 부름을 받은 사람이라고 착각해서는 안 된다.

수많은 사람이 병 고침이나 기적, 환상, 예언을 받았었기에 하나님께로부터 부르심을 받았다고 믿지만 그런 것들을 가지고 하나님의 역사인 것같이 속이는 것은 사탄이 가장 능숙하게 행하는 전공 과목이다.

오직 하나님께서 부르시는 방법은 진리와 영이신 말씀을 통하여 깨닫게 하시는 방법으로만 부르신다는 것을 알아야 한다. 아직 성경을 영으로 들여다본 적이 없는데도 불구하고 하나님을 만났다고 한다면 도대체 그는 누구를 만나고 있는 것일까?

| 06 |
성령을 훼방하는 죄 마12:22-37

위 본문은 귀신이 들려서 눈멀고 말을 못하는 사람을 예수님께서 고쳐 주셔서 그 사람이 말을 하고 시력을 되찾게 된 사건이다. 그런데 바리새인들은 이를 두고 하는 말이 귀신의 왕인 바알세불의 능력을 받지 아니하고는 귀신을 쫓아내지 못한다고 생각을 하여 예수님을 향하여 비방을 하였다. 그렇다면 예수님께서 귀신을 쫓아내는 행위와 말씀을 기록하여 주신 본질적인 이유가 무엇일까?

1) 귀신의 가르침이 무엇인가

본문 말씀에서 귀신이 쫓겨나는 내용과 사건을 통하여 말씀하시고자 하는 것은 영이신 그리스도를 보지 못하고 깨닫지 못하는 영혼을 치유하시는 것을 나타내고 있다.

딤전4:1 후일에 어떤 사람들이 믿음에서 떠나 미혹케 하는 영과 귀신의 가르침을 좇으리라 하셨으니

성경 말씀에서 나타난 바와 같이 치유를 받았었던 자에게 들어갔던 귀신이라는 존재는 옛날이나 지금도 실제로 존재하고 있는 영들이다. 이와 같이 귀신들이 쫓겨 나갔던 사건을 통하여 보이지 않게 인간의 영혼 안에 들어와 지배하고 있던 불법(귀신의 가르침)에서 해방해 주시는 것을 계시하셨다. 대부분의 사람들은 현상적으로 나타나거나 인간을 괴롭히

는 귀신들에 대하여는 두려워할 줄 알면서도 실제로 영혼을 땅속 깊은 곳인 지옥으로 데리고 들어가는 귀신의 영(불법)에 대하여는 대수롭지 않게 여기며 심지어는 무관심하기까지 하다.

성경에서 나타난 바와 같이 원래 귀신의 상태가 사람의 눈에는 안 보이듯이 귀신의 가르침(불법)도 어두워진 인간의 마음눈에는 보일 리가 없기 때문이다. 그러나 진리를 깨닫게 되면 영의 눈이 열리고, 귀가 열리고, 혀가 풀어지게 되며, 걷지 못하던 앉은뱅이는 일어서게 되고, 중풍 병자가 병상에서 일어나게 된다. 이렇게 성경에서 말씀하시는 모든 치유의 역사들은 불법에 묶여 있다가 해방이 되어 자유롭게 되는 인간의 영에 대하여 표현하고 있다.

2) 영(진리)을 마귀의 역사라고 한다

귀신의 영(불법)에 사로잡힌 바리새인의 눈에는 예수 그리스도의 가르침이나 행하시는 일이 바알세불(사탄)의 힘을 힘입어 행하는 것이라고 보였던 것이다.

육신(불법)이 아닌 영생(진리)을 소유하게 되면 바리새인들은 그것이 사탄의 역사라고 비방을 한다. 이것은 오히려 자기가 악한 자에게 속하여 있는 줄은 모르고 생명에 속한 사람들을 향하여 사탄의 역사라고 비방을 일삼는 것이 그들의 특징이다.

민20:18 에돔 왕이 대답하되 너는 우리 가운데로 통과하지 못하리라 내가 나가서 칼로 너를 맞을까 염려하라

민20:21 에돔 왕이 이같이 이스라엘의 그 경내로 통과함을 용납지 아니하므로 이스라엘이 그들에게서 돌이키니라

에돔 왕은 이스라엘 민족의 가나안 행군을 가로막기 위하여 칼을 들고 나온 악한 족속이다. 그래서 하나님께서는 사울 왕에게 사무엘을 보내어 말씀하셨다.

삼상15:2 아말렉이 이스라엘에게 행한 일 곧 애굽에서 나올 때에 길에서 대적한 일을 내가 추억하노니

3) 인간의 영 안에 있는 에돔 족속

붉은 족속인 에돔과 아말렉은 에서의 후예로서 불법과 악령에 속한 자들을 나타내고 있다. 그들의 조상인 에서가 야곱을 죽이려고 했었던 것처럼 그 세력들은 항상 진리의 영을 소유한 약속의 자녀들에게는 본능적으로 대적하는 일을 일삼는다. 에돔 족속들은 진리를 깨닫지 못하도록 칼을 차고 일어나 훼방을 하는 일을 사람의 영 안에서 하고 있다. 그래서 하나님께서는 사울 왕에게 명령하시기를 아말렉에 속한 모든 소유, 남녀와 소아와 젖 먹는 아이와 우양과 낙타와 나귀를 모조리 죽이라고 말씀하신 것이다(삼상15:3). 왜냐하면 표면적으로 좋아 보이지만 본질이 악하여 하나님을 대적하는 악한 족속(불법)이기에 진멸해 버리라고 하신 것이다.

그러므로 영과 진리의 말씀을 깨닫게 되면 그리스도의 영이 함께 거하시게 되지만 영과 진리를 거역을 하는 것은 성령을 거역하는 죄가 되므로 각자가 마음 문을 열고 그 음성에 귀를 기울여야 한다.

07
부정한 짐승

레11:3-4 짐승 중 무릇 굽이 갈라져 쪽발이 되고 새김질하는 것은 너희가 먹되 새김질하는 것이나 굽이 갈라진 짐승 중에도 너희가 먹지 못할 것은 이러하니 약대는 새김질은 하되 굽이 갈라지지 아니하였으므로 너희에게 부정하고

이 땅에는 어떤 짐승의 고기가 선하거나 또는 악하기 때문에 먹어야 하거나 먹지 말아야 할 이유는 없다. 그런데 구약 성경에서 어떤 짐승이 부정하다고 하여 먹지 말라고 하

신 이유가 무엇일까? 이는 어떤 짐승이나 고기 자체가 부정함을 말씀하고 있지 않고 여기에는 감추어져 있는 영적인 함의(含意)가 있다. 그런데 하나님께서 백성들에게 먹을 수 있도록 허락하신 짐승이나 고기는 아래와 같다.

"짐승중 무릇 굽이 갈라져 쪽발이 되고 새김질하는 것은 너희가 먹되" 레11:3 이 말씀을 올바르게 해석하기 위해서는 먼저 진리의 선과 비진리에 속한 악을 분별할 수 있는 눈이 있어야 한다. 이스라엘 백성들이 먹을 수 있도록 허락하신 고기는 세상으로 하여금 무엇이 생명과 영인지를 가르쳐 주시기 위한 것이다.

에덴동산 중앙에 있었던 실과는 인간의 영이 연합해야 하는 법칙롬8:2이지만 하나님의 말씀에 순종하면 영생하게 하는 생명 실과로 보일 수도 있었다. 그와는 반대로 속이는 자인 사탄의 말에 순종하여 연합하면 세상의 교훈(선악과)으로도 보일 수 있었다.

그런데 하나님께서 동산 중앙에 나게 하였던 실과는 세상 사람들의 영 안에 존재하고 있는 율법을 가리키고 있는 것이다. 그런데 그 실과(율법)를 생명 실과로 먹으면 '**그리스도의 율법**'으로 눈이 밝아지겠지만 만약 선악과로 먹게 되면 보이는 '**세상의 율법**'으로 눈이 밝아지게 되는 위험성도 있었다.

그러므로 아담이 어느 한쪽을 선택하여 연합을 하기 전에는 생명이나 사망이 아담에게 강제적으로 작용을 할 수 없는 상태이었다. 그런데 아담은 사탄의 말을 듣고 그 실과(율법)를 보니 겉으로 아름답게 보이므로 땅(선악과)의 율법으로 받아 연합을 한 것이다. **그러나 생명 실과는 그 아름다움이 세상에 속한 것이 아니므로 땅의 개념으로 보면 빛나는 것이 없어 보이고 의롭게 보이지도 않는다.**

그러므로 에덴동산의 실과는 율법이라는 모양은 동일하지만 겉으로 좋아 보이는 육체로서의 실과(율법)를 먹지 말아야 하고 그와 반대로 구별(굽이 갈라짐)이 되어 되새김질하여야 보이게 되는 양식(실과)을 먹어야 하는 것을 굽이 갈라져 있고 되새김질을 하는 것을 먹어야 한다고 하신 것이다. 그렇다면 오늘날 기독교회 안에서 나누어 주는 고기들은 굽이 갈라져 있고 되새김질은 하는 것들일까? 그 외의 고기들은 전부 부정한 것들이므로 그리스도인들이 먹지 말아야 하는 것이다. 그리스도인들은 이런 부분에서 어떤 가르침이 하나님께 속한 것인지를 분별하는 지혜를 갖게 되어야 한다.

레11:9-10 물에 있는 모든 것 중 너희의 먹을만한 것은 이것이니 무릇 강과 바다와 다른 물에 있는 것 중에 지느러미와 비늘 있는 것은 너희가 먹되 무릇 물에서 동하는 것과 무릇 물에서 사는 것 곧 무릇 강과 바다에 있는 것으로서 지느러미와 비늘 없는 것은 너희에게 가증한 것이라

레11:12 수중 생물에 지느러미와 비늘 없는 것은 너희에게 가증하니라

보이는 세상의 교훈을 의미하는 비늘 없는 고기(가르침)는 하나님의 자녀들이 먹지 말아야 하고 오직 비늘로 감추어져 있어서 보이지 않는 것을 양식으로 먹으라는 말씀이다. 이와 같이 그리스도의 말씀은 굽이 갈라진 것이며 비늘이 있어서 감추어진 생명의 양식이다^{마13:44}.

| 08 |
세상의 본성

요3:19 그 정죄는 이것이니 곧 빛이 세상에 왔으되 사람들이 자기 행위가 악하므로 빛보다 어두움을 더 사랑한 것이니라

이 세상은 어둠에 대하여 알지를 못할 뿐 아니라 자신들이 어둠에 붙잡혀 있다는 사실도 모르고 있다. 사람들은 자기 나름대로 생각하는 선이나 의의 표준을 가지고 있으며 그러한 개념들은 이 세상에서 가치가 있어 보이는 형태로 마음속에 자리를 잡는다. 인간이

가진 의(義)의 속성은 세상이 가진 가치 기준에 따라 쌓아 올린 업적과 명성에 의하여 자존심을 높여 주게 한다. 세상은 결국에는 허물어져 버릴 자기 의의 토성을 개미처럼 열심히 쌓아 올린다. 그리고 자기가 쌓고 있는 바벨탑이 무너지는 것을 두려워하고 자신의 가치에 대하여 비판하는 것에 대하여 분노하며 공격성을 가진다.

1) 어둠의 실체를 감추려는 세상(불법)

이러한 모습이 빛과 어두움에서도 동일하게 나타난다. 어둠이라는 실체가 바로 자신의 영 안에 있지만 인간은 본성적으로 이것을 세상의 의(무화과 나뭇잎)로 가리고 있다 창3:7. 하지만 자기의 수치를 가리는 무화과 나뭇잎은 말라비틀어지게 되고 벌거벗은 수치(죄)가 드러나게 된다.

이처럼 세상 사람들은 무의식적으로 이미 자기의 죄(불법)를 자각하고 있으며 언젠가 자신들의 수치가 드러나는 것을 자신의 영은 알고 두려워하고 있다. 또한 사람의 의인 무화과 나뭇잎 옷이 수치를 가려 주지 못함에도 불구하고 그 옷을 벗는 것을 두려워한다. 어찌하든지 자기가 본질상 어두움인 것을 감추고 겉으로는 선하고 착한 사람으로 여겨지기를 바라는 본성이 누구에게나 있다.

이처럼 세상에는 완전한 선과 의가 없음에도 불구하고 사람들은 자기가 알고 있는 선이나 교훈, 사상, 철학, 이론 중에서 선한 것이라고 여기는 것을 붙잡으려 한다 요3:19. 그 이유는 자기 자신이 불법에 속하여 있는 인간은 본능적으로 이 세상의 선으로 옷 입는 것을 좋아할 수밖에 없기 때문이다. 어떤 이들은 믿는 자들을 값없이 의롭게 하시는 은혜를 주시려고 해도 그 선물을 받으려고도 하지 않는다 막8:38. 이렇게 극히 복음을 거절하는 자들은 그의 영을 장악하고 있는 불법이 하나님의 율법에 의하여 드러나는 것을 본능적으로 두려워하고 있기 때문이다.

요3:20 악을 행하는 자마다 빛을 미워하여 빛으로 오지 아니하나니 이는 그 행위가 드러날까 함이요 만약 영의 말씀이신 그리스도의 율법을 사람의 영에 비추게 되면 인간의 영 속에 숨어 있는 불법(죄)의 정체가 모두 드러나게 된다. 또한, 이제껏 쌓아 왔던 인간적인 의는 더럽고 부정하여 내버려야 하는데 대부분은 포기를 하지 못한다. 오히려 그리스도의 율법과 하나님의 의를 인정하지 않으려 낫 들고 대항을 하기도 한다.록2:2,2. 그들은 세상 율법으로 판단하여 영과 진리를 미워하고 진리를 깨끗지 못한 것으로 정죄를 하기도 한다. 이것이 바로 진리이신 예수님을 미워하는 세상의 얼굴이며 어두움의 특성이다.

2) 하나님 안에서 발견되려 하는 자

그러나 진리(영)안에 들어온 자는 예수님이 순종하셔서 얻으신마태복음 4장 그리스도 안에 있는 의를 소유하게 되고 세상의 의를 내버리게 된다. 하나님의 말씀 안에서 자신이 불법을 가진 자였음을 시인하게 되면 그것은 비록 하나님 앞에 부끄러운 일이지만 자신이 그러한 존재이었음을 고백하는 자는 지혜로운 자이다. 그리고 지혜로운 자는 그리스도와 함께 십자가 위에서 죽고 그와 동시에 예수 그리스도께서 주시는 완전한 의를 소유하여 하나님께 속한 자가 되게 된다.

> 요3:21 진리를 좇는 자는 빛으로 오나니 이는 그 행위가 하나님 안에서 행한 것임을 나타내려 함이라 하시니라

하나님의 의를 소유하게 된 자는 여태껏 세상으로 인하여 종살이를 하였다는 것을 충분히 깨닫게 되기에 세상 교훈(율법이나 종교)으로부터 돌아선 것에 대하여 어떠한 미련도 남지 않게 된다갈3:8. 오직 예수 그리스도의 완전을 가진 자로서 하나님 앞에 설 수 있게 되는 것을 최고한 가치로 여길 뿐이다.

09

온갖 더러운 것 고후7:1

외부에서 자유롭게 활동하던 동물이 잡혀서 갇히게 되면 대부분 건강하지 못하거나 오래 살지 못하고 죽게 된다. 그러나 처음부터 우리 안에서 태어난 동물은 자기가 갇혀 있는지를 아예 모를 수도 있는 것이다. 오염이 심한 어느 지역의 어린이가 그림을 그렸는데 그림 속 하늘의 색깔은 회색 하늘이었다고 한다. 그 어린이는 하늘이 본래 푸르다는 사실을 본 일이 없었기 때문이다.

세상 사람들은 태어날 때부터 불법(선악과의 양심)을 가진 채로 태어나고 그것에 의하여 지배를 당하여 살고 있기에 당연한 것으로 여긴다. 그래서 스스로 지혜로운 자들이라도 이 세상이 불법(죄) 아래 갇혀 있는 상태인 것을 알지 못하고 있다. 이 세상에는 진정한 기쁨이 있을 수 없으며, 그 어떤 것을 소유해도 근본적인 공허함이 채워지지 않는다^{전5:10}. 세상은 왜 인간의 마음이 본능적으로 공허한가에 대하여 의문을 가져 보려고도 하지 않는다. 이는 영과 진리의 말씀만이 이렇게 불행하게 만들어 버리고 있는 불법의 실체를 낱낱이 드러내기 때문이다. 진리인 말씀을 통하여 눈이 밝아지면 갇혀 있는 자기 자신을 발견하게 되고 비로소 자기의 영혼이 해방된다고 하는 것이 어떤 상태를 의미하는지를 깨닫게 된다.

> **고후7:1** 그런즉 사랑하는 자들아 이 약속을 가진 우리가 하나님을 두려워하는 가운데서 거룩함을 온전히 이루어 육과 영의 온갖 더러운 것에서 자신을 깨끗하게 하자

사탄은 세상을 죄(불법) 아래 가두어 놓고 지속적으로 죄 가운데서 장성하게 하여 자기를 닮은 사망에 속한 자가 되게 하고 있다. 불법의 영은 교만, 태만, 음란, 질투, 포악, 거짓, 아집이라는 일곱 족속의 속성을 가지고 있다. "그 말이 좋을찌라도 믿지 말 것은 그 마음에 일곱 가지 가증한 것이 있음이라"^{잠26:25}

아담 이후로 선악과로 눈이 밝아진 인간은 그러한 불법에 속아서 그것을 절대적인 진리로 순종을 하여 믿고 따라갔다. 사탄은 자기의 본질을 숨기기 위해 각종 종교를 통하여

세상의 선을 진리라고 속이고 그것을 따르는 자에게는 현세에서 좋은 것들을 주겠다고 속이고 있다. 이와 같이 사탄은 세상이 가장 좋아하는 것들이 무엇인지를 잘 알고 있기에 그가 부리는 영들을 통하여^{엡6:12} 열심히 속이는 일들을 하고 있는 것이다.

그러므로 인간이 만든 모든 종교들은 그 역사가 어떠하든지를 막론하고 한결같이 사람의 의를 추켜세우며 가인의 제사를 드리도록 유혹하고 있는 것이다.

> 창4:7 네가 선을 행하면 어찌 낯을 들지 못하겠느냐 선을 행치 아니하면 죄가 문에 엎드리느니라 죄의 소원은 네게 있으나 너는 죄를 다스릴찌니라

창세기에서 아벨은 예수 그리스도의 율법(영)을 따라 그리스도의 의를 소유하였지만 가인은 죄로 인하여 저주받은 땅(인간의 의)의 소산을 하나님께 드렸던 것이다. 세상이 볼 때는 열심히 농사를 지어 그 소산물을 하나님께 드렸던 가인이 훨씬 더 선하고 의롭게 보일 수도 있을 것이다. 그러나 하나님은 하늘에 속한 완전한 의를 제외하고는 땅에서 난 것은 열납하실 수가 없으시다.

> 요일3:12 가인같이 하지 말라 저는 악한 자에게 속하여 그 아우를 죽였으니 어찐 연고로 죽였느뇨 자기의 행위는 악하고 그 아우의 행위는 의로움이니라

> 약2:2 또 더러운 옷을 입은 가난한 사람이 들어올 때에

오늘날 수많은 영혼들이 완전하지 않은 거짓 교훈에 깊이 빠져 있는 이유는 영과 진리 안에는 거룩하거나 아름답게 보이는 것들이 전혀 없기 때문이다.^{사53:2}

사도 바울이 육과 영의 온갖 더러운 것으로부터 자신을 깨끗하게 하라고 하였는데^{고후7:1}, 이는 겉으로 보이는 선이나 악의 개념에 매여 있는 **부정한 불법의 행실**과 안으로는 **속이는 영**(불법)으로부터 해방되어 안(인간의 영)과 밖(표면적인 행실)이 깨끗하게 하라고 촉구하시는 것이다. 사탄은 정죄하고 죽이기 위하여 육체의 율법을 절대적인 가치로 여기도록 가르치고 있는데 이렇게 가증스러운 가르침들을 하나님의 말씀이라고 믿고 따라가고 있다.

> 롬6:23 죄의 삯은 사망이요 하나님의 은사는 그리스도 예수 우리 주 안에 있는 영생이니라

이 말씀에서 '영생'은 이 땅에서 죽지 않고 오래 사는 것을 지칭하는 것이 아니라 하나님 안에 있는 빛을 소유한 상태를 의미한다. 그리고 영생을 가지게 하는 하나님의 은사도

역시 땅에서 예수 그리스도 안에서 주신 하나님의 완전한 의를 말하고 있다.

그렇다면 '사망'이라는 것도 보이는 육체의 죽음이 아니며 사탄과 한 영이 된 것을 사망이라고 칭하는 것을 알 수 있다. 그리고 그러한 영적인 사망을 가져오게 하는 '죄'의 개념도 역시 눈에 보이지 않은 완전한 율법을 불순종한 죄를 가리키고 있다는 사실을 알 수 있다.

그런데 왜 수많은 기독교회는 세상을 속여 온 보이는 세상의 율법을 지켜야 거룩해질 수 있다고 하는 교훈을 가르치고 있을까?

잠5:3 대저 음녀의 입술은 꿀을 떨어뜨리며 그 입은 기름보다 미끄러우나

10
반복되는 실패와 고통의 원인

왕상22:20-23 말씀에 보면 아합 왕을 죽이기 위하여 동원된 천사는 거짓말을 하는 선지자의 입에 역사하는 '한 영'이라고 나타나고 있다.

1) 영적 존재들에 의한 지배

이는 영계에서 활동하는 악한 영들이 보이는 물질세계에 역사하고 있는 것을 말씀하고 있는 것인데 예를 들어 이 세상에서 어떤 이가 영적인 거짓말을 하였다면 그는 거짓말을 하게 하는 불법의 영으로부터 지배를 받은 것이다 왕상22:21-22.

또한, 윤리나 도덕적인 모든 죄들은 인간의 영 안에 있는 불법에 의하여 조종을 받으며

살아가고 있는 것을 표면적으로 드러내고 있는 증거들이다. 인간의 영은 보이지 아니하는 법칙(영)에 의하여 지배를 당하고 있기에 참된 자유를 가져본 적이 일순간도 없다. 그리고 죄가 세상에 들어온 후로 인간의 육체는 썩어질 물질계의 상태로 변화가 되었고 불완전한 육체는 질병이 발생하게 되었다. 이는 인간의 내면에 있는 죄로 인하여 영혼이 고통을 당하는 것을 표면적으로 알게 하신 것이다. 그래서 예수님께서는 질병을 치유하실 때 **"네 죄 사함을 받았느니라"**_{눅5:20}라고 말씀하셨던 것이다.

2) 진리에 속하지 아니한 자가 드리는 기도

어떤 사람들은 평소에는 찾지 아니 하다가도 인생에서 심각한 난관에 봉착하였을 때는 하나님을 애타게 찾으면서 '이번에만 도와주신다면 평생 은혜를 잊지 않겠습니다'라고 기도를 드리기도 한다. 그러나 자기의 생각과 희망을 하는 대로 성취가 되지 않을 때는 하나님의 존재를 부정하면서 '내가 그렇게 힘들 때는 하나님께서는 어디 계셨느냐'고 원망을 한다. 이런 사람들은 자기의 영혼을 향하신 하나님의 사랑과 경륜에는 전혀 관심이 없고 오로지 자기 욕심을 채우는 데 필요한 것들만 구하는 사람들이다. 그들은 사탄이 이 세상의 권세를 장악하고 있다는 사실을 모르는 영혼들이다.

> 엡6:12 우리의 씨름은 혈과 육에 대한 것이 아니요 정사와 권세와 이 어두움의 세상 주관자들과 하늘에 있는 악의 영들에게 대함이라

그래서 영과 진리를 알지 못하는 사람들은 자기네들이 간구하는 것들이 불법(정욕)으로 구하고 있는 것임을 알지 못한다. 그들이 아무리 기도를 많이 한다고 하여도 불법(죄)이 가로막혀 있어서 하나님께서 들으실 수가 없다. 더구나 진리를 알지 못하는 이들이 구하는 것들은 진리와 생명에 관한 것은 없고 육체(불법)에 속하여 삶의 문제를 해결해 달라는 것이다. 그러나 이런 것들은 문제의 원인은 그대로 두고 겉으로 보이는 문제들에 대하여 기도를 한 것이므로 아무런 의미가 없는 것이다.

대개의 모든 삶에서 발생한 고통이나 문제들은 인간을 속이기 위해 인간의 영 안에 숨

어 있는 악한 것들이 밖으로 기어 나와 설쳐댈 수 있도록 하기 위해 사탄이 만들어 놓은 도구들이다. 즉, 고통이라고 해도 보이는 세상에 속한 것들은 자기 안에 있는 불법(악령)이 여러 가지 이유와 형태를 찾아 조건과 환경이 갖추어지면 지체하지 않고 표면화가 된다. 만약에 어떤 사람이 육신(불법)의 개념으로 정성 어린 간구를 하면 하나님 행세를 하는 악한 영은 지속적으로 그를 속이기 위하여 잠시 기적이나 응답을 주기도 하지만 곧바로 다른 문제로 괴롭히기 시작을 한다.

3) 인생에 실패만 있는 이유

그러므로 불법의 영은 영육 간에 열매를 얻지 못하도록 좋은 것들은 빼앗아 가고 괴로움, 절망을 안겨다 주어 망하게 하는데 이러한 일들은 이 세상(땅)의 주관자가 하는 주요한 일들이다.

> 창4:12 네가 밭 갈아도 땅이 다시는 그 효력을 네게 주지 아니할 것이요 너는 땅에서 피하며 유리하는 자가 되리라

사탄은 인생들로 하여금 죽도록 수고를 하게 하지만 결국에는 그 수고한 일의 대가인 열매를 먹지 못하도록 만들어 버린다 신28:30-35. 열심히 수고하여 열매를 거둘 때쯤이면 그 결실을 먹을 수 없도록 흔들어 버리는 일이 어디 한두 번뿐이었는가? 거의 모든 일에서 실패와 눈물만을 거둘 수밖에 없는 근본 원인이 무엇이라고 생각을 하는가? 이처럼 사탄은 추수를 할 때쯤이면 태풍을 불어닥치게 하여 기한 전에 과실을 떨어뜨려 버린다. 이렇게 악한 자인 **사탄이 마음껏 훼방을 할 수 있는 근본적인 이유**는 인생들이 불법에 잡혀 있으므로 사탄이 제 마음대로 조종을 할 법적인 권리를 가지고 있기 때문이다. 하나님의 형상대로 지음을 받은 인간이 비통해 하고 고통을 당하며 종살이를 하는 것이 사탄에게는 엄청난 기쁨이며, 양식이 된다. 그러므로 겉으로 보이는 모든 실패는 인간의 영이 불법에 잡혀 종살이를 하는 것을 드러내고 있는 표면적인 증거들이다.

4) 승리자가 누려야 할 성공

그러나 진리로 불법에서 벗어난 이는 법적으로 사탄의 권세와 지배로부터 해방이 된다. 중요한 것은 진리를 소유한 그리스도인들은 사탄이 가져다주는 온갖 실패의 술잔을 거부하고 무시할 수 있는 권리가 있다는 사실을 스스로 발견하는 것이 중요하다.

롬10:10 사람이 마음으로 믿어 의에 이르고 입으로 시인하여 구원에 이르느니라

참된 그리스도인들은 불법의 권세에서 벗어났으므로 사탄의 공격이나 조종을 받아야 할 이유가 없게 된다. 그러므로 이것을 믿음으로 시인하고 모든 삶에서의 성공과 승리를 선언하여야 한다. 이제는 예수 그리스도를 인하여 세상에서도 자유를 향유하며 자기 삶 속에서 열매를 먹으며 영육 간에 성공하는 그리스도인이 되어야 할 것이다.

신15:10 너는 반드시 그에게 구제할 것이요, 구제할 때에는 아끼는 마음을 품지 말 것이니라 이로 인하여 네 하나님 여호와께서 네 범사와 네 손으로 하는 바에 네게 복을 주시리라

| 11 |
사역자 간의 갈등

고전3:4-5 어떤 이는 말하되 나는 바울에게라 하고 다른이는 나는 아볼로에게라 하니 너희가 사람이 아니리요 그런즉 아볼로는 무엇이며 바울은 무엇이뇨 저희는 주께서 각각 주신대로 너희로 하여금 믿게 한 사역자들이니라

고린도 교회에는 언변과 지식이 뛰어난 사역자가 있었는데 고전1:5 그들은 예수 그리스도를 말하면서도 헬라 문화의 영향을 받아 이 세상의 지혜를 가미하여 가르치게 되었다. 그러

한 교훈을 받은 결과는 사도 바울의 가르침에 대하여 반발을 일으키게 하거나 교인들끼리 서로 파당을 지어서 충돌하는 상황이 발생이 된 것이다. 이는 바울이 멀리 떠나 있는 상황에서 육체의 가르침을 쏟아 낸 고린도 교회 안의 사역자에게 그 원인이 있었던 것으로 보인다.

1) 분열을 하게 하는 자들의 목적

그들은 스스로를 높이며 자기들만의 당파를 형성하였고 사도 바울에 대하여는 무명한 자, 하나님께 징계를 받은 자, 가난하여 연보를 챙기는 자라고 폄하를 하였다. 그리고 사도 바울의 가르침에 대하여 고린도 교회 교인들로 하여금 배격을 하도록 하였다. 이 거짓 사역자들의 가르침은 육체적이었으며 그것을 통하여 자기를 자랑하는 기회로 삼았고 고후11:12 보이는 세상의 지혜로 인하여 자기의 가진 것을 높이려고 하는 자들이었다. 그들은 자신을 높이기 위해서 사도 바울이 값없이 복음을 전하고 있음에도 불구하고 여러 교회에서 다른 교회를 섬기기 위하여 연보를 받은 것을 욕심에 젖은 자라고 비방을 하였다 고후11:8.

그런데 미련한 고린도교인들은 이렇게 교활한 사역자들의 교훈과 멋진 설교에 감동이 되어 그들이 전하는 표면적인 율법의 가르침을 추종한 것이다. 그러나 사도 바울은 말하기를 그들이 그리스도의 사도로 가장하고 있는 사탄의 일꾼들이라고 밝히고 있다. 이들의 가르침은 달고 맛이 있기는 하나 이 세상의 누룩(지혜)을 섞은 것들이며 그 교훈들은 구원에 이르게 하는 것이 아니라 오히려 성전을 더럽히는 악한 것이다 고전3:17. 구약 성경의 이사야서에는 거짓 교훈을 전하는 이들을 향하여 짖지 못하는 벙어리 개로 묘사하고 있다 사56:10-11.

2) 고린도 교회의 미성숙한 태도

그럼에도 불구하고 고린도 교회의 태도는 어떠한가? 사도 바울은 비천한 자로 여김을 받고 고전4:10 사역을 위하여 남에게 손을 펴지 않기 위하여 스스로 일을 하여 수고를 하였지만 오히려 비방과 모욕을 받게 되었고 어리석은 고린도 교인들은 사도 바울의 가르친 복음에 대하여 받아들이려 하지 않으려 하였다. 이러한 현상은 오늘날의 교회 안에서도 발생하고 있는 일들이다. 교인들 앞에서 스스로를 높이며 왕의 자리에 앉거나 세상의 지혜로 포장을 하면 사람들은 하나님의 종이라고 인정을 하고 그 가르침에 복종하기도 한다. 그러나 왕이나 지배자가 아닌 섬김과 낮은 모습으로 일을 하는 사역자들에 대하여는 오히려 무시하는 행동을 하기도 한다. 이는 그들의 영이 아직도 육신(불법)의 눈으로 밝혀져 있는 고린도 교회 교인들과 같은 어린아이들이기 때문이다.

> 살전2:9 형제들아 우리의 수고와 애쓴 것을 너희가 기억하리니 너희 아무에게도 누를 끼치지 아니하려고 밤과 낮으로 일하면서 너희에게 하나님의 복음을 전파하였노라

3) 기독교회에서도 반복되는 현상

> 고전4:1 사람이 마땅히 우리를 그리스도의 일군이요 하나님의 비밀을 맡은 자로 여길찌어다

사도 바울은 말하기를 자기 자신은 진리이신 그리스도 안에서 자유 있는 자이기에 그 누구도 바울을 향하여 윤리, 도덕의 차원에서 판단을 할 권리가 없다고 했다. 이는 자기를 향한 적대자들의 행위를 염두에 두고 한 말이다 고전4:3-4. 예나 지금이나 선악의 율법 안에서 스스로 의롭다고 확신을 하는 자들은 자신과 견해가 다르거나 의견이 일치하지 않는 사역자들을 향하여 비방하는 것을 주저하지 않는다. 이는 전형적인 불법에 속한 종들의 속성이기도 하다. 그러므로 사도 바울이 권면을 하였듯이 성경을 유대인들의 율법처럼 가르치는 자들에게 속지 말고 영과 진리인 그리스도의 율법으로 가르치고 전하는 자들이 하나님의 사역자들임을 알아야 한다 고전9:21. 그리고 사역자들의 개인적인 약함이나 강함, 외모, 학위, 재산, 지혜들 자체는 어떠한 영적인 의미도 있을 수 없다. 그러므로 그리스도인이나 사역자를 힘들게 하는 박해나 핍박은 외부로부터 들어오는 것이 아니다. 예나 지금이나 세상의 율법을 지키면서 자기들만큼은 의롭다고 믿는 자들이 앞장서서 예수님을 찔렀던 사실을 우리는 상기해야만 한다. 이처럼 율법의 돌멩이를 손에 든 무서운 사람들은 오늘날에도 집 안에 숨어 있는데 대개의 경우 매우 유능한 하나님의 종들인 것처럼 보이

고 있다는 것이다.

고후11:15 그러므로 사단의 일군들도 자기를 의의 일군으로 가장하는 것이 또한 큰일이 아니라 저희의 결국은 그 행위대로 되리라

| 12 |
종이 된 것에 대하여

요8:34-37 예수께서 대답하시되 진실로 진실로 너희에게 이르노니 죄를 범하는 자마다 죄의 종이라 종은 영원히 집에 거하지 못하되 아들은 영원히 거하나니 그러므로 아들이 너희를 자유케 하면 너희가 참으로 자유하리라 나도 너희가 아브라함의 자손인 줄 아노라 그러나 내 말이 너희 속에 있을 곳이 없으므로 나를 죽이려 하는도다

예수님과 유대인들과의 대화를 살펴보면 유대인들은 혈통적으로 자신들이 아브라함의 자손이므로 하나님의 자녀라고 굳게 믿고 있었다.

요8:41 대답하되 우리가 음란한 데서 나지 아니하였고 아버지는 한 분뿐이시니 곧 하나님 이시로다

그들은 자기 자신들이 **'음란한 데서 나지 아니하였다'**라고 말을 하지만 자신들이 악한 자의 자식인 줄 모르고 있었다. 그들은 율법을 육체(땅의 개념)로 깨닫고 지배하면 영혼을 죽이는 독이 되는 줄 모르고 있었다.

1) 아브라함이 믿은 복음

성경에서는 아브라함이 그의 후손의 계보를 통하여 세상에 오는 예수 그리스도를 믿었음을 인정하셨다.

요8:39 대답하여 가로되 우리 아버지는 아브라함이라 하니 예수께서 가라사대 너희가 아브라함의 자손이면 아브라함의 행사를 할 것이어늘

즉, 유대인들이 자기들의 조상이라고 믿고 있는 아브라함이 예수 그리스도의 진리를 바라보고 믿었는데 유대인들은 아브라함과는 달리 예수 그리스도를 부정하고 율법(선악과)을 따라간다는 말씀이다.

갈3:8 또 하나님이 이방을 믿음으로 말미암아 의로 정하실 것을 성경이 미리 알고 먼저 아브라함에게 복음을 전하되 모든 이방이 너를 인하여 복을 받으리라 하였으니

아브라함마저도 예수 그리스도를 믿은 것에 대하여는 필자가 서언에서 밝히었듯이 영이신 말씀은 이 세상의 시간이나 공간을 초월하여 역사하시는 동시성(同時性)을 가지고 있으며 아브라함을 의롭다고 하신 이유는 아브라함이 모형적인 복음을 통하여 영(생명)으로 오신 예수 그리스도를 믿었기 때문이다.

2) 세상의 영을 받은 유대인들

마치 이스마엘이 아브라함에게서 태어났으나 영(언약)으로 난 것이 아니라 육체(사람의 의)로 난 것처럼 유대인들도 율법을 받기는 하였지만 자유롭게 하는 그리스도의 영으로 받지 아니하였고 이 세상의 선악을 알게 하는 불법으로 받았다.

딤전4:1 그러나 성령이 밝히 말씀하시기를 후일에 어떤 사람들이 믿음에서 떠나 미혹케 하는 영과 귀신의 가르침을 좇으리라 하셨으니

이는 에서가 이스마엘을 찾아간 것처럼 창28:9 오늘날에도 세상의 교훈을 더 좋아하며 메추라기와 같은 가르침들을 진리라고 여기며 따르고 있다.

요8:44 너희는 너희 아비 마귀에게서 났으니 너희 아비의 욕심을 너희도 행하고자 하느니

> 라 저는 처음부터 살인한 자요 진리가 그 속에 없으므로 진리에 서지 못하고 거짓을 말할 때마다 제 것으로 말하나니 이는 저가 거짓말장이요 거짓의 아비가 되었음이니라

사탄은 불법이며 인간의 영 안에서 거짓, 살인, 도둑질, 간음 등의 죄를 짓게 하고 있지만 세상에서는 그런 것들이 진짜 죄라는 사실을 드러내지를 못하고 있다. 그리고 유대인들은 진리이신 예수께서 불법에 갇힌 자들을 꺼내어 주거나 질병을 고쳐 주시는 이적들을 보면서 율법을 위반하였다고 정죄를 하였는데 이는 그들이 어두움과 한 영이기에 나타나는 행실들이다.

> 요10:10 도적이 오는 것은 도적질하고 죽이고 멸망시키려는 것뿐이요 내가 온 것은 양으로 생명을 얻게 하고 더 풍성히 얻게 하려는 것이라

어두움인 이 세상은 죄와 사망의 법이 강하게 작용한 것만큼 세상다워진 것같이 보이지만 오히려 세상은 정죄를 받게 되고 결국에는 그 불법에 매여서 지옥으로 들어가게 된다. 그러므로 세상에서 완벽한 삶을 살아가기 위하여 율법(선악과)을 지키려고 노력을 하지만 율법(불법) 자체가 속성상 불완전한 것이며 허무와 공허이기에 인간의 영혼을 채울 수가 없다. 세상은 마귀로 인하여 눈과 귀가 가려지고 보이는 이 세상의 의에 속아서 진정으로 소유해야 할 그리스도의 의를 발견하지 못하게 된다.

3) 세상의 의(율법)에 집착하지 말라

그리스도인들은 이 세상을 어떻게 바라보고 살아가야 할까? 예수 그리스도로 말미암아 더 이상 사탄에게 순종하며 종살이를 해야 할 이유가 없는 우리는 보이는 율법으로 자기 자신을 옭아매는 것으로부터 벗어나야 할 것이다. 이는 사탄에게 속임을 당하는 것은 영적으로 가장 어리석은 일이기 때문이다 전7:15-18.

제6부
치유와 안식

01
병 고치심과 치유

눅13:10-13 안식일에 한 회당에서 가르치실 때에 십팔 년 동안을 귀신 들려 앓으며 꼬부라져 조금도 펴지 못하는 한 여자가 있더라 예수께서 보시고 불러 이르시되 여자여 네가 네 병에서 놓였다 하시고 안수하시매 여자가 곧 펴고 하나님께 영광을 돌리는지라

성경에서 말씀하시는 질병의 의미

레26:15-16 나의 규례를 멸시하며 마음에 나의 법도를 싫어하여 나의 모든 계명을 준행치 아니하며 나의 언약을 배반할찐대 내가 이같이 너희에게 행하리니 곧 내가 너희에게 놀라운 재앙을 내려 폐병과 열병으로 눈이 어둡고 생명이 쇠약하게 할 것이요 너희의 파종은 헛되리니 너희의 대적이 그것을 먹을 것임이며

성경에서의 하나님의 법도와 계명은 예수 그리스도의 진리를 의미한다. 그러므로 위의 말씀과 같이 하나님의 율법을 거역하는 것은 진리를 버리고 세상(불법)을 따라가서 불의한 영에게 속하게 된 것을 뜻한다.

마4:23 예수께서 온 갈릴리에 두루 다니사 저희 회당에서 가르치시며 천국 복음을 전파하시며 백성 중에 모든 병과 모든 약한 것을 고치시니

성경에서 말씀하시는 모든 질병은 육체(몸)의 질병을 말하는 것처럼 보이지만 실상은 불법(죄)으로 인해 그의 영혼이 고통을 당하는 상태를 나타내고 있다. 즉 그의 영혼이 진리를 떠나 불법을 따라가 불의에 속한 상태를 말하고 있다.

그래서 예수님께서 중풍 병자에게 **"네 죄 사함을 받았느니라"**눅5:20라고 말씀하셨던 것이다. 그러므로 성경에서 나타난 각종 질병의 치유를 단순히 육신(몸)을 치유하는 사건으로만 이해해서는 안 된다. 불법에 속해 있는 인간의 영 안에 있는 죄 자체를 드러내고 그 불법에서 벗어나게 된 것을 나타내기 위한 계시임을 알아야 한다.

> 막2:17 예수께서 들으시고 저희에게 이르시되 건강한 자에게는 의원이 쓸데없고 병든 자에게라야 쓸 데 있느니라 내가 의인을 부르러 온 것이 아니오 죄인을 부르러 왔노라 하시니라

> 마8:17 이는 선지자 이사야로 하신 말씀에 우리 연약한 것을 친히 담당하시고 병을 짊어지셨도다 함을 이루려 하심이더라

예수님께서는 불법의 병이 든 영혼들을 위해 이 세상에 오셔서 대신 병(죄)을 짊어지시어 그의 보혈로 죄의 병을 영원히 치유하여 주셨다. 이는 예수 그리스도의 대속으로 말미암아 불법의 권세가 깨어졌고 영원히 해방되었음을 말한다.

> 눅5:24 그러나 인자가 땅에서 죄를 사하는 권세가 있는 줄을 너희로 알게 하리라

이렇게 영과 진리에 의하여 불법(죄)을 제하고 영혼을 해방되게 하는 것만이 진정한 영혼의 치유이다. 이것은 육체(몸)의 병을 고치는 것과는 비교도 할 수 없을 만큼 중대한 영적인 혁명이다. 이 세상의 질병은 세상에 사는 동안만 갖고 있게 될 육체(몸)의 병이지만 영혼의 질병, 즉 불법의 죄는 영원한 지옥에서 형벌로 받게 될 병이다. 그러므로 영혼의 치유를 받고자 하는 이들은 먼저 자기 자신의 영혼이 불법으로 인하여 병든 자임을 알아야 하고 예수 그리스도께서 죄의 병을 치유해 주실 것을 믿고 그 앞에 나아가야만 한다.

02
죄의 자백

요일1:9 만일 우리가 우리 죄를 자백하면 저는 미쁘시고 의로우사 우리 죄를 사하시며 모든 불의에서 우리를 깨끗케 하실 것이요

먼저 성경에서 말씀하시는 죄는 세상 사람들의 마음속에서 왕 노릇을 하고 있는 죄와 사망의 법칙이다. 그리고 죄를 자백하여야 한다는 말씀은 보이는 세상에 속한 죄(선악과)의 고백을 요구하시는 것이 아니라 죄(불법)의 실체를 발견하고 고백을 하면 그 불법에서 깨끗하게 하신다는 말씀이다.

따라서 죄인은 그리스도의 율법을 통해서 자신이 불법(죄)에 속한 죄인임을 깨닫고 고백해야 한다. 이 고백은 단회적이지만 그 효력은 영원하다. 그리고 그리스도께서 대속하신 십자가의 보혈의 은혜로 그 죄에서 벗어나 깨끗하게 된다.

이와 같이 그리스도 안에서 자유를 가진 자는 사탄의 권세인 죄와 사망의 법에서 완전히 해방이 되어 사탄에게 이 세상의 선과 악에 대한 기준(선악과)에 의한 인간적인 열심(세상의 의)을 조공으로 바치지 않게 된다. 그러므로 이 세상의 관점으로 세상의 의를 하나님의 의라고 착각하여 교만하거나 정죄해서는 안 되며 하나님의 의는 세상의 것들로 얻어지는 것이 아니라 오직 그리스도 안에서 그리스도로 말미암아 믿음으로써 얻게 되는 것임을 잊지 말아야 한다. 그리고 더 이상 이 세상 선악과의 악을 가지고 하나님께 대하여 반복적으로 회개를 하겠다고 하거나 세상의 의를 가지고 하나님께 나아가려고 하는 어리석음을 범하지 말아야 한다.

| 03 |
안식일에 병을 고치신 의미

> 요7:22-23 모세가 너희에게 할례를 주었으니 (그러나 할례는 모세에게서 난 것이 아니요 조상들에게서 난 것이라) 그러므로 너희가 안식일에도 사람에게 할례를 주느니라 모세의 율법을 폐하지 아니하려고 사람이 안식일에도 할례를 받는 일이 있거든 내가 안식일에 사람의 전신을 건전케 한 것으로 너희가 나를 노여워하느냐

할례의 진정한 의미

여기서 '할례'는 옛사람이 끊어지는 것을 의미하고 있는데 신약 성경에서 세례와 동일한 의미를 갖고 있다. 물론 모세가 육신의 할례를 행한 것은 사실이지만 사도 바울이 로마서 2장에서 밝힌 바와 같이 표면적인 육신의 할례만을 의미하는 것이 아니다. 할례는 불법의 영에 속한 죄의 사람(옛 사람)이 예수와 함께 죽고 하나님의 의로 인하여 다시 살게 되는 것을 예표하고 있으므로 유대인처럼 몸(육체)에다가 보이는 할례를 해야 하는 것이 아니라 인간의 영 안에 할례를 받아야 함을 의미한다. 또한 유대인들이 안식일에 할례를 행하는 것은 본래에는 영적인 안식의 예표로서 그리스도 안에서 영의 할례를 받아야 함을 의미하고 있다.

안식일에 병을 고치신 이유

> 요5:8-9 예수께서 가라사대 일어나 네 자리를 들고 걸어가라 하시니 그 사람이 곧 나아서 자리를 들고 걸어 가니라 이날은 안식일이니

안식의 본체가 되시는 예수께서 안식일에 삼십팔 년 된 병자를 고치신 이유는 이 사건으로 하여금 영혼을 살리는 영적인 안식을 얻게 되는 것을 보여 주시기 위함이다.

즉, 삼십팔 년 된 병자(죄인)는 그리스도를 영접하여 영적인 할례를 받아 불법인 죄로부터 깨끗하게 되었고 비로소 안식을 얻게 되었다.

요5:14 그 후에 예수께서 성전에서 그 사람을 만나 이르시되 보라 네가 나았으니 더 심한 것이 생기지 않게 다시는 죄를 범치 말라 하시니

삼십팔 년 된 병자의 질병을 성경에서는 겉으로 보이는 몸의 질병으로 기록하고 있으나 그렇게 문자적으로만 이해한다면 성경은 치유의 기적에 대한 사례집에 불과하게 될 것이다. 그 삼십팔 년 된 질병은 영혼이 사탄의 불법에 매여 죄 아래 고통을 당하고 있는 것을 표현하고 있다. 그에게는 그를 건져 낼 자나 관심을 가지는 자도 없었지만 그를 지으신 예수께서는 불쌍히 여기시고 베데스다에 찾아오셨던 것이다. 요5:2-9.

요5:10 유대인들이 병 나은 사람에게 이르되 안식일인데 네가 자리를 들고 가는 것이 옳지 아니하니라

그 병자가 짊어지고 있는 죄의 짐을 내려놓게 하고 영혼을 쉬게 해 주어야 할 종교와 가르침들은 본질적인 고통의 문제를 해결해 주지 못하였다. 오히려 안식일에 병 고침을 받았다고 하여 보이는 세상의 율법으로 정죄를 하였던 것이다. 이처럼 정죄를 하는 것은 불법에 속한 특성인데 그들은 언제나 옳은 말을 하며 입으로는 하나님을 앞세우며 세상의 빛과 소금으로 살아야 한다고 떠들어 대지만 정작 영혼의 문제를 전혀 해결해 주지 못하고 오히려 죄의 짐을 더 무겁게 쌓아가게 한다.

안타까운 것은 성전의 본체이신 예수님이 이 세상에 찾아오셨음에도 그리스도를 만나 보지도 못하는 이들은 아직도 고침을 받지 못하고 있는 베데스다 연못가의 삼십팔 년 된 병자인 것이다.

안식일이라는 날짜가 중요한 것이 아닌 것을 후면에서 다시 언급하겠지만 영혼이 불법에서 놓이지 않으면 그 사람은 일평생 안식일을 지켰더라도 단 일 초의 안식도 누리지 못한 불쌍한 영혼이다. 영으로서의 예수 그리스도의 의를 소유한 자는 불법의 정죄에서 벗어나 참된 안식으로 들어가게 된다. 그러므로 안식일을 주신 이유는 예수 그리스도를 통하여 안식을 얻게 되는 것을 예표하고 있으며 참된 안식은 진리이신 예수 그리스도 안에서만 소유할 수 있다.

04
중풍 병자

> 마9:2 침상에 누운 중풍병자를 사람들이 데리고 오거늘 예수께서 저희의 믿음을 보시고 중풍병자에게 이르시되 소자야 안심하라 네 죄 사함을 받았느니라

사람들이 중풍 병자를 침상에 누인 채로 데리고 와서 지붕의 기와를 벗기고 병자를 예수님 앞에 달아 보여 주는 기이한 현상을 연출하였다. 그렇게 해서라도 예수 그리스도 앞에 나아가면 나을 수 있다는 믿음이 그들을 그리스도께로 나아가게 하였으며 그들의 앞을 가로막는 장애물을 뛰어넘게 되었다.

1) 중풍(병)의 의미는 무엇인가

이 말씀은 중풍 병자를 고치심의 의미가 단순히 육체의 약함을 고치는 것에 대한 것이 아님을 아는 것이 중요하다. 오늘날에도 중풍(병)이나 시각 장애자, 보행 장애 등의 장애를 가지고 있는 사람들은 어디에나 있을 수 있다. 그러나 성경 말씀에서 중풍(병)의 고통을 가진 사람을 통하여 드러내시는 것은 이 세상 불법의 영에 묶여 있는 죄인들의 영적인 상태를 말씀해 주고 있다. 그러므로 "네 죄 사함을 받았느니라 하는 말과 일어나 걸어 가라 하는 말이 어느 것이 쉽겠느냐"눅5:23라고 하셨다.

이 말씀을 하신 배경을 자세히 들여다보자

> 눅5:17 하루는 가르치실 때에 갈릴리 각 촌과 유대와 예루살렘에서 나온 바리새인과 교법사들이 앉았는데 병을 고치는 주의 능력이 예수와 함께하더라

겉으로 볼 때는 육신의 병을 고치는 것같이 보이지만 예수님의 행위 자체가 진리를 드러내어 주시며 영(진리)이신 예수님이 불법의 죄(중풍)에 매인 자의 죄를 사하시는 것을 말씀

하신 것이다. 실제로 이 중풍 병자의 모습은 겉으로는 멀쩡한 것처럼 앉아 있는데 마치 그들의 영이 죄와 불법으로 죽어 있는 바리새인과 율법사들의 모습처럼 보이기도 하다. 그러나 바리새인들은 자기들이 불법에 속하여 중풍 병자와 같은 줄은 알지 못하고 오히려 그들 자신들은 의롭다고 믿고 있었으며 예수님이 '죄'를 사하는 것을 신성 모독으로 생각했다.

> 눅5:31-32 예수께서 대답하여 가라사대 건강한 자에게는 의원이 쓸데없고 병든 자에게라야 쓸 데 있나니 내가 의인을 부르러 온 것이 아니요 죄인을 불러 회개시키러 왔노라

> 출15:26 가라사대 너희가 너희 하나님 나 여호와의 말을 청종하고 나의 보기에 의를 행하며 내 계명에 귀를 기울이며 내 모든 규례를 지키면 내가 애굽 사람에게 내린 모든 질병의 하나도 너희에게 내리지 아니하리니 나는 너희를 치료하는 여호와임이니라

위의 말씀은 육신의 질병을 암시하고 있는 것이 아니다. 비록 성경에서는 육체적인 질병으로 기록되었지만 모든 성경 말씀은 영이기에 진리에 순종하지 않은 인간의 '영(靈)'이 불법으로 인해 저주를 받고 죄로 인하여 고통을 당하는 것을 표현하고 있다. 그러므로 성경에서 말씀하시는 질병을 보이는 몸의 질병으로 이해를 해서는 안 되며 영혼 속에서 고통을 당하게 하는 죄의 병으로 보아야 한다. 그 이유는 세상이 당면한 모든 문제는 육체(몸)의 문제가 아니고 영혼 속 죄(불법)의 문제에서 기인된 것이기 때문이다.

2) 진짜 중풍 병자들이 누구인가

성경에서는 불법에 시달린 죄인의 영혼이 예수 그리스도께 나아와서 죄로부터 해방이 되어 그의 영이 걸어서 나가는 것을 진리로 계시하시기 위하여 중풍 병자를 통하여 표면적으로 보여 주셨다. 그러나 자기들 눈앞에서 벌어지는 영혼의 치유와 죄 사함을 두 눈으로 목도하면서도 바리새인들과 율법사들은 육신적인 중풍만을 고치는 것으로 보였기에 율법을 범하였다고 트집을 잡고 정죄한 것이다.

몸의 질병을 기도원이나 교회에서 고치겠다는 사람들이 많이 있었다. 그러나 진리의 영이신 하나님께 속한 치유는 이 모든 저주의 근원인 죄의 병을 치료하시는 것이며 썩어질 인간의 육체(몸)를 고치는 것들이 근본적인 목적은 아니다. 물론 때에 따라서는 죄를 용서

받는 과정에서 육체적인 불행이나 육체(몸)의 질병도 겸하여 치유를 받을 수도 있을 것이다. 그러나 불법과 연합된 죄는 사함을 받지 못한 채 육체(몸)의 치료를 하나님께 구하는 것이나 육체의 질병을 치유하겠다고 하여 선전하는 것은 '육체'의 가르침을 따라가게 할 위험성이 매우 많으므로 경계해야 할 일들이다. 또한 하나님이 육체를 고치실 것을 믿는다면서 의사의 치료나 약을 거절하는 행위들은 성경 말씀을 문자적으로 받아들였기 때문이다. 설사 육체적으로 죽은 자가 기적적으로 다시 살아났다고 하더라도 하나님의 진리의 말씀을 영(진리)으로 깨닫지 못했다면 그의 영혼은 아직 죽은 자이다. 따라서 성경 말씀에서의 치유의 궁극적인 의미를 올바르게 깨달아야만 성경의 본질적인 의미를 알게 된다.

| 05 |
십자가 위에서 죽은 불법(죄)의 권세

갈5:24 그리스도 예수의 사람들은 육체와 함께 그 정과 욕심을 십자가에 못 박았느니라

1) 죄에 대한 일반적인 견해

일반적인 견해에 따르면 하나님의 말씀에 불순종하여 선악과를 따서 먹은 원죄로 인하여 인간의 육체(몸)에 죄성이 들어왔으며 그 후에 육체(몸)의 정욕으로 자범죄를 짓게 되는 것이라고 이해하고 있다. 즉, 아담이 처음으로 불순종을 한 행위를 원죄라고 하고 개인적으로 이 세상의 율법을 범하는 행위를 자범죄라고 정의하고 있다.

2) 죄에 대한 성경적인 의미

위에서의 주장과 견해는 바리새인들이 가르치던 세상 율법과 같은 개념인데 이러한 주장에 따르면 보이는 육체(몸)의 율법을 범하게 되면 그것이 하나님께 죄를 범한 자범죄라고 가르치고 있다. 그러나 아담이 하나님께 죄를 범하여 죄인이 되었다고 하는 본질적인 의미는 단순히 아담이 불순종한 행위만을 언급한 것이 아니라 선악과를 먹은 후에 아담의 영이 사망(사탄)과 연합이 되어 한 영이 된 상태를 죄인이 되었다고 말하고 있다.

그러므로 아담 이후의 모든 인간은 자범죄라고 하는 행위의 죄를 단 한 번도 범하지 않았더라도 이미 불의한 영에 속한 자가 되었으며 어두움인 죄의 법칙을 가진 자가 되었다. 그 불법을 로마서에서는 말씀하시기를 죄와 사망의 법롬8:2이라고 하였는데 이것은 이 세상 공중 권세자가 사람의 의로 가르치는 육체의 교훈이다롬8:6. 이러한 육체의 교훈과 생각은 이미 아담 이후로 인간의 마음에 뿌리박혀 있는 것으로 양심이라고 하는 원초적인 겉모양을 뒤집어쓰고 모태로부터 태어나게 된다. 그리고 그 양심은 아주 고운 모양을 가지고 있기에 세상 사람들은 양심에 대하여 선한 것으로만 생각을 하고 있다.

롬3:4 그럴 수 없느니라 사람은 다 거짓되되 오직 하나님은 참되시다 할찌어다 기록된바 주께서 주의 말씀에 의롭다 함을 얻으시고 판단받으실 때에 이기려 하심이라 함과 같으니라

로마서를 보면 유대인들은 자기들이 다른 사람보다 의롭다고 하는 우월감을 가지고 있었다. 그 이유는 그들은 율법을 지키고 있었기 때문이다. 그러나 사도 바울은 이방인들에게도 양심이 있어서 율법과 같은 작용을 하므로 율법이 있는 유대인이나 율법이 없는 것으로 보이는 이방인들이 차이가 없다고 한 것이다.

롬2:15 이런 이들은 그 양심이 증거가 되어 그 생각들이 서로 혹은 송사하며 혹은 변명하여 그 마음에 새긴 율법의 행위를 나타내느니라

이는 인간의 영속에 있는 양심이란 아담이 선악과를 먹고 난 후에 밝아진 선악의 눈이며 율법(불법) 자체이기에 불완전한 것이며 자기중심적인 특징을 가진다. 그러므로 인간은 탐욕적이기에 자기 자신을 만족시키는 것은 선한 것이라고 여기지만 자신에게 무익하게 보이는 사물, 인간, 사상에 대하여는 적대시하거나 악한 것이라고 여긴다. 이와 같이 육체에 속한 것들은 육신(몸)에서 나오게 되는 것이 아니라 사람의 영 안에 숨어 있는 죄의 법칙으로부터 올라오게 된다.

갈5:19 육체의 일은 현저하니

갈6:8 자기의 육체를 위하여 심는 자는

성경에서는 불법의 영(선악과 또는 세상 율법)과 연합이 되어 있는 사망의 상태를 육체에 속한 자, 또는 땅에 속한 자가 되었다고 한다.

3) 육체가 못 박혀 죽었다는 것의 의미

그러므로 죄의 법으로 눈이 밝아져서 육체가 되어 버린 인간의 영혼갈5:19-21은 영이신 하나님의 율법에 대하여 저절로 죄를 지을 수밖에 없는 존재가 되었다. 첫 사람 아담 이후로 모든 인간은 겉으로 보이는 선한 행동이나 악한 행동과 전혀 상관없이 각 개인의 영에서는 이미 가시와 엉겅퀴가 돋아 올라 나오고 있다.

그렇다면 십자가 위에서 예수 그리스도께서 육체로 못 박혀 죽임을 당하신 의미는 무엇일까? 인간이 죄로 말미암아 지옥에 들어가게 된다면 썩어질 육체의 몸을 가지고 지옥에 들어가는 것이 아니라 영계의 몸을 입고 지옥에 들어가게 된다. 예수 그리스도는 육체로 십자가에서 저주를 받으심을 통하여 불법과 한 영이 된 육체(세상)에 대하여 저주를 받으셨다.

그러므로 어떤 이들의 주장하는 것처럼 죄성이 육체(몸)에 들어왔기에 육체(몸)가 악하다고 보는 견해는 성경적인 가르침이라고 볼 수 없다. 오히려 이러한 견해는 예수 그리스도의 십자가의 희생이 마치 보이는 율법을 범한 죄를 대속하기 위한 것으로 보이게 하는 매우 위험한 교훈이다.

인간의 영에 악한 것(불법)이 들어와 있는 것이 아니라 육체(몸)에 죄성이 들어와 있다고 하는 그러한 견해들은 인간의 영 안에 있는 불법과 사망의 정체를 드러내어 주지를 못하고 도리어 감추어 주게 된다. 또한, 사람들의 눈을 가려서 영적인 죄가 무엇인지를 깨닫지 못하게 할 뿐 아니라 세상의 선이나 의를 따라가게 만들어 버린다.

06
질병과 귀신 들림 그리고 약한 것에 대하여

눅6:19 온 무리가 예수를 만지려고 힘쓰니 이는 능력이 예수께로 나서 모든 사람을 낫게 함이러라

성경에서 예수 그리스도로 말미암아 육신의 병에 대하여 치유를 받게 되는 경우가 있었지만 이것이 인간의 육체의 질병을 고치시고자 하여 기록하신 말씀이 아니다. 사실상 성경에서의 질병에 대한 치유의 말씀은 영혼 속에 존재하는 가지각색의 영적인 질병을 표면적인 치유를 통하여 나타내어 주셨다. 또한, 예수께서 귀신을 쫓아내시는 것의 의미는 불법의 영에게 괴롭힘을 당하고 살아왔지만 진리로 인하여 그 귀신의 권세로부터 자유롭게 되는 것을 말씀하신 것이다. 특히 나병 환자를 깨끗하게 했다는 말씀은 불법의 특성상 나병처럼 영혼이 썩어가고 있는데 진리로 인하여 치유가 되는 것을 의미하고 있다. 이와 같이 진리의 영이 깨달아지면 인간의 영 안에서 온갖 더러운 영이 있을 곳을 얻지 못하고 떠나가게 되는데 이것은 마치 사탄이 하늘에서 있을 곳을 얻지 못하여 땅으로 쫓겨난 것과 같은 이치이다.

딤전4:1 그러나 성령이 밝히 말씀하시기를 후일에 어떤 사람들이 믿음에서 떠나 미혹케 하는 영과 귀신의 가르침을 좇으리라 하셨으니

이 세상에서는 실제로 귀신이 존재하고 사람의 육체(몸) 속에 들어가기도 하고 내쫓기기도 하지만 이러한 귀신 축사 현상은 기독교뿐만 아니라 타 종교에서도 일어나고 있는 일반적인 현상들이다. 그러므로 귀신을 쫓으려고 노력하기보다는 사람의 영에 있는 불법의 영(귀신)을 쫓아내는 일에 집중을 해야 한다. 귀신이 사는 있는 집은 어둡고 더러우며 거미줄이 걸쳐져 있는 음산한 곳이다. 귀신은 물리적인 형체는 보이지 않지만 어질러진 집 안에 숨어 있는 것과 같이 거짓의 영도 사람의 영 안에 숨어들어 앉아 있다.

그런데 진리의 말씀이 사람의 영에 비추어지기 시작하면 그 영혼은 심한 갈등과 번뇌가 일어나서 마음이 혼곤하고 괴로워지기 시작한다. 집 안에 숨어 있던 거짓 영의 정체가 드러나게 되면 충격과 혼돈이 일어나게 된다.

"아마 거짓말일 거야. 그러니 제발 영이라고 하는 교훈을 절대로 믿지 마라."

이것은 인간의 영에 숨어 살아온 불법(귀신)이 쫓겨나는 것을 두려워하여 울부짖는 소리이다 잠21:16.

눅8:28 예수를 보고 부르짖으며 그 앞에 엎드리어 큰 소리로 불러 가로되 지극히 높으신 하나님의 아들 예수여 나와 당신과 무슨 상관이 있나이까 당신께 구하노니 나를 괴롭게 마옵소서 하니

막9:26 귀신이 소리지르며 아이로 심히 경련을 일으키게 하고 나가니 그 아이가 죽은 것 같이 되어 많은 사람이 말하기를 죽었다 하나

귀신 들린 자가 심히 경련을 일으키는 것은 악한 영(법칙)이 속에서 발악을 하는 것을 외면적으로 표현하고 있다. 예수님은 당시에 겉으로 보이는 기적을 보면서 사람들이 놀라자 주님께서는 다음과 같이 말씀을 하셨다.

막9:23 할 수 있거든이 무슨 말이냐 믿는 자에게는 능치 못할 일이 없느니라 하시니

이 세상에서 가장 큰 기적과 권능은 죽었던 영혼을 살리는 것이 바로 가장 참된 권능과 능력이다. **"하나님의 나라는 말에 있지 아니하고 오직 능력에 있음이라"** 고전4:20 그러므로 능력과 권세는 육체의 질병을 고치거나 귀신을 축사하는 것이 아니라 사람의 영 안에 있는 불법의 영을 죽이고 그 영혼을 살리게 하여 영생에 이르게 하는 능력을 말한다.

| 07 |
성전같이 보이는 무덤 마23:27-28

겉으로는 진실하고 선한 그리스도인처럼 보이지만 실제로는 악한 행실을 하는 자들을 외식하는 자, 혹은 바리새인이라고 칭하기도 한다. 그래서 바리새인이라는 용어는 오늘날에 위선자들의 대명사로 인식을 하게 되었다.

1) 깨끗함과 더러움의 기준

마23:27 외식하는 서기관들과 바리새인들이여 회칠한 무덤 같으니 겉으로는 아름답게 보이나 그 안에는 죽은 사람의 뼈와 모든 더러운 것이 가득하도다

일반적으로 이 말씀은 입으로만 믿는 것이 아니라 실제로 행함을 가지는 신자가 되라고 촉구하는 말씀으로 이해하고 있다. 그래서 이 말씀은 행함을 가지고 하나님 앞에 오라고 요구하는 방망이 역할을 하는 실정이다. 그래서 이렇게 율법을 지켜야 한다는 설교를 듣게 되면 누구나 죄책감을 가지고 주눅이 들 수밖에 없다.

또한, 사람들은 때로 남을 정죄하기도 하지만 자기 내면을 들여다보면 더러운 것들이 가득하기에 수치심을 느끼게 되기도 한다.

그런데 많은 사람이 기독교인이 되기를 거절하는 이유는 기독교인들이 말하는 대로 준행하며 살아가지 않는 것에 대한 실망이 그 원인이 되고 있다. 지금까지 기독교회가 추구하는 선이나 의로움의 기준은 세상과 어떤 차이도 없어 보인 것은 사실이다. 그런데 자기들은 교회 밖의 사람들보다 의롭다고 자만하는 것을 세상이 보고 비웃는 것이다. 그러므로 교회는 개혁이 되어야 할 중대 시점에 이르러 있다. 중세 시대처럼 숨 막히게 하는 교리를 가지고는 영혼을 살리거나 숨을 쉬게 할 수가 없다. 기독교회마저 의로워 보이는 가면을 쓰고 누구나 알고 있는 율법으로 선생 노릇을 하려 한다면 아마 세상은 소리를 지를

것이다. "너희들이 우리보다 나은 것이 뭐냐고!"

이제 기독교회는 세상 율법이 하나님의 진리와는 전혀 상관이 없다는 사실을 세상에 선포하여야 한다. 이것만이 교회로 하여금 다시 살게 하고 자유하게 하는 거룩한 사역이 되는 것이다. 그러므로 위의 말씀은 예수 그리스도께서 비진리인 거짓의 영(육체)에게 하시는 말씀으로 이해를 해야 마땅하다.

마23:25 외식하는 서기관들과 바리새인들이여 잔과 대접의 겉은 깨끗이 하되 그 안에는 탐욕과 방탕으로 가득하게 하는도다

"겉으로는 아름답게 보이나", "잔과 대접의 겉은 깨끗이 하되" 이 말씀은 바리새인들이 성전에서 가르치는 교훈은 하나님의 말씀처럼 보이지만 내면에는 온갖 더러움이 숨어 있는 것을 말한다. 이런 사람들은 자기들은 율법이 정죄하는 죄를 범하고 있지 않으므로 아브라함의 자녀라고 굳게 믿고 있었다. 그런데 이렇게 미혹이 되어 버린 영혼들은 그들 자신이 회칠한 무덤(거짓 교훈) 속에 들어가 해골이 되어가는 것을 모르고 있다.

2) 깨끗한 영과 더러운 영

사탄이 세상을 계속 속이는 것이 가능한 것은 사람들이 세상에 보이는 세상의 선이 하나님이 원하시는 것이라고 굳게 믿기 때문이다. 이런 결과는 처음부터 사탄이 인간의 영에 심어 놓은 거짓과 불법 때문임을 사람들이 모르고 있다. 지구가 스스로 돌아가고 있다는 사실을 코페르니쿠스에 의하여 제기되기 전까지 사람들은 수천 년 동안이나 지구가 평면이라고 생각했었다.

어리석은 사람들은 보이는 율법(선악과)의 실체가 공허이며 고통의 근원이라는 것을 인정하지 않는다. 성경에서 **"더러운 것이 가득하도다"**라고 하신 것은 보이는 세상 악의 더러움을 말하는 것이 아니다. 실제로 세상에 존재하는 악은 인간을 괴롭게 하고 육체를 죽일 수 있지만 영혼을 사망에 처하게 하는 것은 불법이다. 인간의 영혼을 죽이고 뺏고 노략질하는 거짓의 영을 더러움이라고 말하고 있는 것이다.

그리고 불법(선악과)에 붙잡힌 자는 더럽고 가증한 것의 실체를 보지 못하고 자기가 더러운 것을 전혀 눈치채지 못한다. 오히려 그것이 하나님의 진리라고 여기게 되어 따라가게 된다.

마23:28 이와 같이 너희도 겉으로는 사람에게 옳게 보이되 안으로는 외식과 불법이 가득하도다

표면적으로 율법을 지키지 못하고 살아가는 사람들보다도 율법을 지키며 착하게 살아가는 사람들이 더 선하고 의롭게 여겨지는 것을 누가 부인하겠는가? 분명히 세상은 선한 사람들이 있어서 좀 더 세상다워질 수 있을 것이다. 그러나 하나님께서 세상에 주시려고 하는 것은 땅에서 난 의가 아니며 하늘에서 내려온 하나님의 의이다. 예수님께서는 십자가에서 세상을 대신하여 저주를 받으시고 그 공로로 인하여 자기 백성을 자유롭게 하셨다. 그런데 불법에 속한 영들은 잠시 세상에서나 필요한 사람의 의(선)를 완전한 진리라고 가르쳐 세상을 혼란스럽게 한 것이다.

마23:33 뱀들아 독사의 새끼들아 너희가 어떻게 지옥의 판결을 피하겠느냐

물론 여기서 말하는 뱀이나 독사는 영혼을 죽이는 사탄을 가리킨다. 하나님의 말씀을 사람의 교훈으로 가르치는 자들이 무서운 심판을 받게 되는 잊지 말아야 할 것이다.

3) 더러운 영의 속성과 행위

오늘날에도 이스라엘 백성처럼 황금 송아지 곁에서 뛰놀고 춤을 추면서 애굽의 신을 모시고 살아가는 사람들이 많다. 이런 사람들의 영에는 온갖 더러운 것들이 가득하지만 그것들이 더러움임을 모른다.

렘7:8-10 너희가 무익한 거짓말을 의뢰하는도다 너희가 도적질하며 살인하며 간음하며 거짓맹세하며 바알에게 분향하며 너희의 알지 못하는 다른 신들을 좇으면서 내 이름으로 일컬음을 받는 이 집에 들어와서 내 앞에 서서 말하기를 우리가 구원을 얻었나이다 하느냐 이는 이 모든 가증한 일을 행하려 함이로다

참 우스운 일은 이런 사람들은 그의 입으로 온종일 하나님이나 예수님을 들먹이며 하나

님의 영광을 드러내는 일을 자신들이 하겠다고 한다. 또한 거룩한 교회의 지도자 행세를 하고 사람들로부터 인정받는 모습으로 살아가고 있다. 그러나 자기의 이익이 보이지 않을 때에 드러내는 본색을 보면 아연실색하지 않을 수 없다.

마23:15 외식하는 서기관들과 바리새인들이여 너희는 교인 하나를 얻기 위하여 바다와 육지를 두루 다니다가 생기면 너희보다 배나 더 지옥 자식이 되게 하는도다

이런 말씀의 상황이 단지 바리새인들 가운데서 발생하였던 일인가? 지금도 구원을 받기 위해 찾아온 이들을 열차에 태워 사망의 터널 안으로 들여보내고 있다. 하나님의 심판을 받을 때에 나름 열심히 교회를 다녔지만 육체와 불법의 교훈에 속았음을 알고 슬피 울며 이를 가는 영혼들이 많이 있을 것이다.

이렇게 썩은 무덤들은 더 크고 호화롭게 치장이 되어 진리의 전당처럼 보이고 거짓 가르침은 오히려 참된 진리보다도 더 진리같이 보이고 있는 실정이다. 그 안은 땅에서 난 것들을 얻어먹고 죽은 것들로 늘어져 있다_{렘6:13-14}. 분별을 못 하는 백성들은 누룩을 섞은 유교병을 좋아하고 거짓 선지자들은 바다에서 날아 온 메추라기들을 하나님의 은총이라고 실컷 먹여 주고 있다. 이 세상의 의에 사로잡힌 자들의 눈에는 그 무덤들이 하나같이 하나님의 성전이며 축복을 받은 노아의 방주로 보일 것이다.

| 08 |

야곱의 우물 _{요4:1-26}

요4:6 거기 또 야곱의 우물이 있더라

성경에 기록된 사건, 인물, 지명 등은 그 자체가 영적인 의미를 내포하고 있다. 야곱의

우물은 사마리아에 있었는데 본문에 등장하는 예수님과 사마리아 여인이 대화하는 내용을 통하여 온 세상에 말씀하시고자 하는 의미가 무엇인지를 살펴보도록 하자.

요4:6 예수께서 행로에 곤하여 우물 곁에 그대로 앉으시니 때가 제 육시쯤 되었더라

이 상황을 보면 예수님께서 우연히 우물곁에 앉게 되신 것같이 보이지만, 사마리아 여인과의 대화를 통하여 이 세상에 영과 생명을 드러내시기 위한 깊은 섭리가 있다.

창21:30 아브라함이 가로되 너는 내 손에서 이 암양 새끼 일곱을 받아 내가 이 우물 판 증거를 삼으라 하고

창21:33 아브라함은 브엘세바에 에셀나무를 심고 거기서 영생하시는 하나님 여호와의 이름을 불렀으며

구약 성경에서 언급하는 우물은 모든 가축과 가족들이 생육하고 번성하는 데 필수적인 생활 수단이었는데 그들이 마셨던 우물이 가리키는 것은 모형적으로는 영적인 생명의 근원을 의미하고 있다. 구약 성경에서 아브라함은 이것을 기억하기 위하여 브엘세바 우물에서 영생하시는 여호와의 이름을 불렀다고 기록하고 있다 창 21:33.

창26:15 그 아비 아브라함 때에 그 아비의 종들이 판 모든 우물을 막고 흙으로 메웠더라

이삭이 여호와께 복을 받고 백배의 결실을 얻게 된 것이 이 우물 때문이었으므로 블레셋 사람이 시기하여 흙(세상 교훈)으로 우물(진리)을 메워 버렸던 것이다. 사탄은 보이지 아니하는 영과 진리의 샘물은 마시지 못하게 하려고 흙으로 메우거나 우물을 빼앗고 내쫓는 일을 주저하지 않는다. 그래서 이삭과 블레셋 사람들은 에섹의 우물창26:20에서 다투었고 싯나의 우물창26:21에서 다투었는데, 르호봇의 우물창26:22에서야 비로소 다투지 아니하였다고 기록하고 있다.

이처럼 사탄은 생수가 나오는 우물마다 쫓아다니면서 훼방을 한다. 이삭은 창26:23-25에서 브엘세바에서 단을 쌓고 여호와의 이름을 불렀으며 거기서도 우물을 팠다고 한다. 이렇게 아브라함과 이삭이 마셨던 브엘세바의 우물은 바로 예수 그리스도로부터 흘러나오는 말씀의 모형이다. 그런데 그 야곱의 우물이 예수 그리스도 안에 있는 진리를 의미하는 모형이었다면 이제 그 우물의 본체이신 예수 그리스도께서 야곱의 우물에 앉아서 세상에 지친 사마리아 여인을 기다리고 계셨던 것이다.

이 사마리아 여인은 세상으로 인하여 지친 영혼이며 목마름을 해결하고자 하여 물을 길러 물가에 나온 것이다. 그 여인은 갈증을 해결하고자 남편(교훈과 가르침)을 다섯 번이나 바꾸었지만 거짓 남편(불법)으로부터 버린 바 되었다. 이러한 고백을 통하여 그 여인이 참된 진리를 만나 본 적 없는 불쌍한 인생이었음을 드러내고 있다.

요4:12 우리 조상 야곱이 이 우물을 우리에게 주었고 또 여기서 자기와 자기 아들들과 짐승이 다 먹었으니 당신이 야곱보다 더 크니이까

위에서 언급한 바와 같이 야곱은 육신의 우물물을 마신 것이 아니라 하나님께로부터 솟아나게 하는 영이신 생수(진리)를 마신 것이다. 그러나 사마리아 여인과 수가 동네 사람들은 이 우물의 물을 야곱처럼 영(진리)으로 마신 것이 아니었다. 그들은 단순히 이 세상의 교훈으로써 잠시 해갈을 할 수 있는 육신(세상 교훈)의 물로 마실 뿐이었다. 그들은 마음의 눈이 가려져서 야곱의 우물이 지니고 있는 영생의 진리를 깨닫지 못했던 것이다. 오늘날에도 여기저기에는 우물이라고 팻말을 붙인 곳에는 물동이를 들고 늘어서 있지만 다시 목이 마른 이유는 야곱의 물을 영으로 마시지 아니하고 육체의 개념으로 마시고 있기 때문이다.

요4:13 예수께서 대답하여 가라사대 이 물을 먹는 자마다 다시 목마르려니와

오늘날에도 물동이를 손에 든 수많은 사람이 야곱의 우물로 모여들고 있지만 그 우물의 근원이신 예수님이 우물가에 앉아 계시는 에셀나무이심을 발견하지 못한다.

예수님께서는 이 사마리아 여인에게 말씀하시기를 "하나님은 영이시니 예배하는 자가 신령과 진정으로 예배할찌니라"요4:24라고 하셨다. 지금까지는 사마리아 여인이 마신 야곱의 우물은 유대인들처럼 육신의 개념으로 마신 것이었다. 그러나 이제는 야곱의 우물이 가리키고 있었던 진리의 말씀(영)을 만나게 되었으므로 다시 영혼의 목마름이 있을 수가 없게 되었다. 그러므로 그리스도인들은 자신의 눈을 밝혀 달라고 하나님께 간구를 해야 할 것이다. 오늘도 에셀나무이신 예수님께서는 야곱의 우물가에 앉으셔서 사마리아 여인

을 바라보고 계신다.

| 09 |
안식일에 대하여 히4:10-11

마12:5 또 안식일에 제사장들이 성전 안에서 안식을 범하여도 죄가 없음을 너희가 율법에서 읽지 못하였느냐

마12:8 인자는 안식일의 주인이니라 하시니라

1) 안식의 의미

유대인들에게 있어서 안식의 의미는 육체의 노동을 하지 않아야 하는 것으로 인식하였기에 안식일에 노동을 하는 것을 율법을 범하는 죄로 규정하였다. 그런데 이러한 개념은 아직까지 기독교회 안에도 남아 있어 일요일에는 노동하지 않는 것이 마땅한 것으로 지키는 관습이 되어 있다.

그러나 성경에서의 안식의 참된 의미는 단순히 육체의 노동을 금하여 휴식하는 것만을 의미하는 것이 아니라 그리스도 예수 안에서 죄를 용서받고 영혼이 자유를 누리게 되는 것을 안식이라고 표현한 것이다. 인간의 영 안에 불법(불의의 영)이 들어와 있는 것이므로 이 상태에서 참된 안식은 있을 수 없는 것이다. 그러므로 불법에 대하여 그리스도와 함께 죽고 거짓의 영에서 해방이 되어야만 그리스도께서 예비하신 안식에 들어갈 수 있게 된다. 겉으로 보이는 안식일이나 절기 등은 영으로서의 진리를 깨닫게 하려는 모형적인 그

림자일 뿐 진리의 본질이 아니다. 이는 구약 성경에서도 성전(그리스도) 안에서는 제사장들만 먹을 수 있는 음식을 다윗과 함께한 자들이 먹을 수 있었던 것은 진리 안에서 율법에 매이지 아니하고 생명(떡)을 먹을 수 있음을 의미하고 있는 말씀이다.

2) 참 안식을 모르고 있는 바리새인

> 막3:4 저희에게 이르시되 안식일에 선을 행하는 것과 악을 행하는 것, 생명을 구하는 것과 죽이는 것, 어느 것이 옳으냐 하시니 저희가 잠잠하거늘

안식일에 선을 행하는 것이란, 세상에서 말하는 보이는 선을 말씀하신 것이 아니라 안식의 주인이신 예수 그리스도 안에서 진리로 영혼을 치유하고 불법에서 자유롭게 하여 쉼을 누리게 하는 것인데 이것이 안식일을 허락하신 근본적인 목적이다. 그래서 예수 그리스도께서 병을 고치거나 귀신을 쫓으시는 것을 안식일에 행하셨던 것은 죄(율법)로부터 자유롭게 되는 안식을 나타내어 주시기 위함이다.

성경에서의 모든 치유의 말씀은 죄에 매여 고통하고 있는 영혼들을 불쌍히 보시고 안식하게 하시는 말씀(진리)의 사역을 표면적으로 보여 주신 것이다. 그러나 율법(바리새인)에 매인 자들은 예수를 고발하려고 안식일에 병자를 고치는가 엿보고 살폈던 것이다.

오늘날도 율법(선악과)에 붙잡힌 사람들은 다른 이의 약점을 들추어내고 그에 따른 정죄를 하는 일에는 발이 빠르지만 영을 살게 하여 안식을 주는 일은 할 수 없다. 그들은 표면적으로는 정의롭고 선하게 보이나 실상은 악하고 더러운 영이 하는 행위들을 함께 범하고 있다.

안식일에 육신적인 노동을 하지 않고 쉰다고 말하지만 육체(몸)의 휴식만 있을 뿐 영적인 안식을 가져보지 못한 영혼들이 많다. 아울러 보이는 율법이 정죄하는 죄에 대하여 용서받았다고 하여 안식을 주는 것처럼 느껴지지만 이런 것들은 세상이 안겨다 주는 임시적인 쉼일 뿐이다. 그리고 본질적으로 영혼이 다시 곤고하게 되는 이유는 그들이 받은 교훈이 완전한 진리가 아니기 때문이다.

> 막3:5 저희 마음의 완악함을 근심하사

그럼에도 불구하고 그런 것들을 안식이라고 가르치는 자들은 대체 어디에 속한 자들인가?

마11:28 수고하고 무거운 짐 진 자들아 다 내게로 오라 내가 너희를 쉬게 하리라

인간에게 진정 필요한 안식은 인간의 영을 짓누르는 무거운 죄의 짐에서 해방이 되는 것이 아니면 그 무엇이겠는가? 그리스도 예수 안에 들어가면 억눌림과 정죄감에서 완전히 해방되며 진정한 자유와 안식을 경험하게 되면서 그 영혼은 구름이 걷힌 맑은 하늘이 된다.

히4:10-11 이미 그의 안식에 들어간 자는 하나님이 자기 일을 쉬심과 같이 자기 일을 쉬느니라 그러므로 우리가 저 안식에 들어가기를 힘쓸지니 이는 누구든지 저 순종치 아니하는 본에 빠지지 않게 하려 함이라

이스라엘 백성들이 육체(애굽)로 돌아가고자 하였기에 그들은 하나님께로부터 버림을 받게 되었다. 안식은 그것을 사모하는 자에게만 주어지는 하나님의 은혜이므로 그리스도 예수 안에 들어가기를 힘써야 하며 그분의 진리 안에서만 진정한 쉼을 얻을 수 있다.

3) 선악의 교훈의 위험

기독교에서는 안식 후 첫날이 예수 그리스도가 부활하신 날이라고 하여 그날을 새 안식일로 삼아 지키고 있다. 예수 그리스도 안에서 새 안식을 누린다는 의미는 옳다고 볼 수 있지만 새 안식일(주일)마다 성경을 세상의 율법(누룩)이 섞인 비빔밥으로 만들어서 먹으라고 준다면 그것이 과연 안식으로 들어가게 하는 선한 행위들일까? 예수 그리스도께서 죄가 많은 세리와 죄인들에게조차 요구하지 아니한 율법을 지키라고 하며 안식을 강탈해 가는 죄를 범하지 말아야 할 것이다. 안식일은 참된 안식의 그림자일 뿐이며 안식일의 본체이신 예수 그리스도의 말씀이 중요한 것이다. 그러므로 인생의 모든 날은 영혼의 안식을 얻게 되기까지 모두 소중한 기회이다.

10

각종 나병 환부

> 레14:54-57 이는 각종 문둥병 환처에 대한 규례니 곧 옴과 의복과 가옥의 문둥병과 붓는 것과 피부병과 색점의 언제는 부정하고 언제는 정함을 가르치는 것이니 문둥병의 규례가 이러하니라

구약 성경에서 기록된 각종 질병이 이스라엘 백성들에게서 발병할 경우 정결케 하는 규례가 있었고 제사장들은 부정함과 정결케 되는 것이나 그 여부에 대해 판단하였다. 그리고 백성들에게서 질병이 발병하는 경우에는 반드시 속죄제물을 드려서 정결케 해야 하였다. 이는 육체에 나타나는 각종 질병들을 통하여 이스라엘 백성 중에 있는 죄나 허물(부정)을 해결하는 방법을 기록해 놓은 것이다. 그러므로 아주 작은 뾰루지나 점 같은 것들이나 피부에 돋아나는 흠(색점, 흠, 종기)도 없이 깨끗하게 해야 했었던 것처럼 그리스도인은 아주 작은 더러움(불법)까지도 씻어 버려야 한다.요1:22.

> 골1:28 우리가 그를 전파하여 각 사람을 권하고 모든 지혜로 각 사람을 가르침은 각 사람을 그리스도 안에서 완전한 자로 세우려 함이니

그리스도인들은 불법(선악과)에 속한 부정한 것은 아주 작은 것까지도 씻어서시119:9 하나님의 완전함에 도달해야 한다는 것을 말씀하고 있다. 어떤 이들은 하나님의 말씀을 세상에 속한 선으로 받아들여 자신을 의롭게 하려고 하지만 인간의 방법으로는 절대로 완전함에 이를 수가 없다.

그렇다면 점이나 흠, 종기같이 작게 보이는 불법은 어떻게 출현하고 사라지는지, 그리고 어떻게 발견하고 씻어야 하는지를 살펴보자. 아무리 진리를 깨달은 자라도 아직 어린 단계에 있는 자는 자기 안에 남아 있던 불법의 법칙이 불쑥 나타나서 그 영혼을 지배하려고 할 것이다. 이렇게 순간적으로 불법의 지배를 받는 자는 색점, 흠, 종기 등이 발생이

되는 것으로 보아 그의 영 안에 아직도 불법의 잔재가 남아 있다는 증명이 된 것이다. 이 말씀은 안에 있는 더러움이 바깥으로 표출이 되었다고 하는 의미이다.

막7:21 속에서 곧 사람의 마음에서 나오는 것은 악한 생각 곧 음란과 도적질과 살인과

그러나 이미 예수 그리스도의 은혜 안에 들어온 자가 이러한 질병(부정)이 발생하는 것은 구원의 문제와는 상관없으며 오직 정결함과 관련이 있는 것이다. 그리스도인들은 이처럼 작게 보이는 불법까지도 진리의 영(말씀)으로 씻음으로써 흠이 없는 그리스도인의 완전에 나아가야만 한다.

골1:22 이제는 그의 육체의 죽음으로 말미암아 화목케 하사 너희를 거룩하고 흠 없고 책망할 것이 없는 자로 그 앞에 세우고자 하셨으니

엡5:27 자기 앞에 영광스러운 교회로 세우사 티나 주름잡힌 것이나 이런 것들이 없이 거룩하고 흠이 없게 하려 하심이니라

| 11 |

피를 먹지 말라 레17:10-16

레17:11 육체의 생명은 피에 있음이라

이 말씀에서 표현이 된 육체라고 하는 것은 사람의 몸을 지칭하고 있는 것같이 보이지만 아담 안에서 불법과 연합이 되어 죄를 가진 상태를 말한다. 그러므로 아담에 속한 혈육의 피는 영적으로 불법과 연합을 하게 하는 부정하고 더러운 피이다.

레17:14 모든 생물은 그 피가 생명과 일체라 그러므로 내가 이스라엘 자손에게 이르기를 너희는 어느 육체의 피든지 먹지 말라 하였나니 모든 육체의 생명은 그 피인즉 무릇 피를 먹는 자는 끊쳐지리라

불법(비진리)에 속한 것이 육체이며 그것을 지탱하는 속성을 피로 표현을 하고 있다. 그러므로 타락한 아담의 피를 이어받았다고 하는 것은 불법(선악과)의 속성(피)이 유전(遺傳)되었다는 의미이다. 그러므로 어떤 형태의 것이든지 이 세상에 있는 율법은 다 죄에 속한 것들이므로 그 피(법칙)를 먹는 자는 부정하여 하나님께로부터 끊어진다고 하는 말씀이다. 이 말씀을 문자적으로 해석하기를, 만약에 동물의 피나, 동물의 피를 이용한 요리를 먹지 말아야 한다는 등의 주장은 불법에 얽매이게 하는 가르침들이다. 그러한 음식을 먹거나 혹은 먹지 말아야 하는 것은 단지 건강과 관련하여 개인적으로 판단할 일이다. 불법에 대하여 하나님의 경고는 이렇듯 엄중하지만 현대 기독교회는 오히려 세상 율법에 장단을 맞추어 합창을 하고 있는 현실이다.

레 20:18 누구든지 경도하는 여인과 동침하여 그의 하체를 범하면 남자는 그 여인의 근원을 드러내었고 여인은 자기의 피 근원을 드러내었음인즉 둘 다 백성 중에서 끊쳐지리라

세상과 연합을 하게 하는 불법을 가르친 자(여인)와 그 가르침을 받아 연합을 한 자는 위의 말씀에서 밝힌 바와 같이 **'둘 다 백성 중에서 끊쳐지리라'**라고 하여 버림을 받게 될 것을 경고하고 있다.

왜냐하면 이 여인(선악과를 먹은 하와)의 피는 인생으로 하여금 죄와 연합하게 하는 불법(죄의 속성)을 의미하고 있기 때문이다. 그러므로 피의 근원과 동침을 하는 것이 곧 불법과 연합을 하게 되는 것을 의미한다. 그러므로 누구든지 세상 율법적인 가르침에 얽매어 종살이를 할 필요가 없으며 속히 해방되어 자유롭게 되어야 할 것이다.

12
마음의 고통

　인간의 영 속에 있는 불완전한 선은 그 본질이 공허(불법)이기에 그 선의 기준이 이기적이어서 아무리 아름답게 보이는 선이라도 어두운 그림자를 남기게 된다. 자세히 들여다보면 세상이 믿고 따르는 선은 자신의 탐욕(불법의 속성) 충족시키는 데에 필요한 수단일 뿐이다. 그리고 자기의 의를 위하여 그 반대가 되는 개념에 대하여는 가차 없이 적으로 삼고 정죄하게 된다. 이처럼 세상에 존재하는 불완전한 선은 모든 사람의 영혼(영)에 둥지를 틀고 앉아 있으면서 결국에는 썩어서 냄새가 날 자존심으로 자신을 높이고 있지만 그 자체가 자기 스스로를 속이는 어리석은 행위이다.

1) 상처를 주거나 받을 수밖에 없는 세상

　인간은 어떤 이유에서든지 자기 자신이 앉아야 할 왕좌가 손상이 되었을 때 심리적으로는 자존심이 상했다고 말을 한다. 이렇게 내려앉은 자존심은 마치 모든 것을 잃어버린 것 같은 절망감을 가져다준다. 그런데 이러한 세상의 율법에 갇혀 있는 세상은 서로 간에 마음을 찌르게 하거나 고통을 줄 수밖에 없도록 조종을 당하고 있다. **본질이 공허인 불법의** 법칙이 인간의 영을 사로잡고 있기에 모두 다 자기중심적인 사고를 가질 뿐 서로를 채우거나 만족시켜 줄 수 없다.

　다시 말하면 아담 이후의 인간의 영은 '**공허와 허무**'의 속성과 한 영이 되었기에 죽이고 빼앗은 속성은 있어도 자기 속에 있는 것을 베풀 수 있는 속성은 존재하지 않는다. 자기의 영이 공허하고 비어 있기에 줄 수 있는 것도 없지만 본질 자체가 줄 수 있는 사랑(빛)이 전혀 존재하지 않는다. 그러므로 서로 기대할 만한 것이 눈곱만큼도 없는 것이 인간의 실존이다. 어떤 경우에 보이는 선을 행하여 사회를 감동시키는 일들이 있기는 하지만 그것

역시 철장 안에서 탈출을 하고픈 인간의 표면적인 몸부림일 뿐이다. 이처럼 세상 자체가 불완전한 법칙(불법)을 가지고 있기에 서로 상처를 주고받을 수밖에 없으며 결과적으로 허무만 남은 만신창이 인생이 될 수밖에 없다.

따라서 인간의 노력과 수행으로 고된 인생의 도피처를 찾아보고자 하지만 이 땅에 존재하지 않는 완전함에는 결코 도달할 수 없다. 땅(육체)에서 난 대부분의 종교나 사상은 모두 다 한결같이 인간의 노력을 강조하지만 모두 헛된 것이 될 수밖에 없다. 그것은 땅에 있는 모든 것들이 불완전한 육체(저주받은 땅)에서 나온 것이기 때문이다. 이 세상에는 사람들의 질병을 치료하는 정신과 상담, 심리 치료 등을 하는 곳과 수련을 통한 인생의 상처를 치유하는 방법들이 있다. 하지만 모두 임시적이며 근본적인 치유 방법은 될 수 없다.

이와 같이 인생에 고통을 주는 원인은 비록 세상(땅)으로부터 왔지만 상처와 고통을 받은 자에게도 원인이 있다는 것을 모르고 있다. 인생들이 서로 간에 상처를 주고받을 수밖에 없는 이유는 각자 자기 안에 있는 공허(불법)의 법칙이 서로 상응하여 작용을 하고 때문이다. 세상에서 돌멩이를 나에게 던진 사람도 빨간 눈이지만, 그 돌멩이를 맞은 자신도 눈알이 빨간색이므로 맞은 돌멩이의 충격이 뼛속까지 느껴지게 되는 것이다. 그리고 A라는 사람에게서 돌멩이를 얻어맞은 사람은 B라는 사람에게 돌을 던지는 것과 같은 일이 온 세상에서 벌어지고 있다. 이렇게 공허의 법칙은 인생으로 하여금 순리적이지 않은 역작용을 하게 하여 불신, 대적, 공갈, 강탈, 아집, 음란, 비웃음, 교만 등의 각종 불법의 영이 밖으로 표출되도록 하는 통로를 열어 준다.

이렇게 인간의 마음에 상처를 받게 하는 근본적인 뿌리의 실체는 발각되지 않은 채 세상은 이 법칙에 따라 조종을 받고 있다. 또한 세상 사람들은 혼(魂)적으로 생각을 하거나 자각을 하고 있는 의식이 자기의 실체라고 믿고 있지만 그것을 그렇게 생각하도록 속이는 존재는 영 안에 뿌리박혀 있는 죄의 영(법칙)이다. 그러므로 모든 인간은 죄의 법칙(공허와 허무) 안에서 자기의 존재의 의미를 찾으려고 발버둥 치고 있는 것이다. 그러나 빛을 발견하게 되면 그 모든 인간적인 발버둥 치는 노력이 의미가 없으며 오직 하나님의 말씀으로만 해결할 수 있음을 알게 된다.

그러므로 인간의 마음에 있는 고통은 마치 육체의 상처가 곪아서 커지는 것처럼 자기의 혼 안에서 썩게 되고 기회가 있을 때마다 암울한 연기를 피우게 된다. 선하게 보이는 사람도 실제로는 정죄감으로 압력이 차오르게 되고 악하게 보이는 사람들도 정죄감으로 썩어 들어가게 되는 것은 피차일반이다.

그리고 치유를 위하여 종교 활동을 통하여 자기가 집착을 하는 것들에서 내려놓음을 배우기도 하지만 종교나 정신 수련을 통하여 얻을 수 있는 것도 한계가 있다. 마치 가지치기를 하여도 다시 순이 돋아나오는 것과 같이 인간은 상처를 잊으려 해도 완전히 지울 수가 없다. 그 이유는 사람의 영에 있는 자존감이 불법(어두움)으로 이미 영적인 상처를 받았으며 죄와 사망의 법 아래 잡혀 있는 상태이기 때문이다.

2) 그렇다면 진정한 치유가 무엇인가

요8:32 진리를 알찌니 진리가 너희를 자유케 하리라

쉽게 설명을 하면 모든 고통의 근원인 법칙(뿌리)을 죽여 버려야만 완전한 치유가 될 수가 있다. 사람의 영혼 속에 숨어 있는 귀신의 영을 진리로 비추어 주면 그 영혼을 속이며 괴롭히는 악한 영(법칙)이 권세를 상실하게 된다. 어둠의 권세가 십자가위에서 송두리째 못 박혀 죽고 새로운 영(법칙)의 지배를 받으면 힘들게 하였던 모든 죄의 짐이 사라지고 영혼은 맑은 하늘처럼 된다. 이처럼 참된 치유는 진리의 말씀을 영혼에 비추어 주어 불법에서 해방되게 하는 것이다.

제7부
나사로의 부활

01
거듭남에 대하여

요3:5-7 예수께서 대답하시되 진실로 진실로 네게 이르노니 사람이 물과 성령으로 나지 아니하면 하나님 나라에 들어갈 수 없느니라 육으로 난 것은 육이요 성령으로 난 것은 영이니 내가 네게 거듭나야 하겠다 하는 말을 기이히 여기지 말라

일반적인 교리에서는 '원죄'와 '자범죄'에 대해 다음과 같이 해석하고 있다. 아담이 하나님의 말씀에 대하여 불순종하고 선악과를 먹은 행위(죄)로 인하여 모든 인간이 태생적으로 지니게 된 죄를 원죄라고 하고 개인의 자유 의지에 따라 율법을 범한 행위를 자범죄(악)라고 규정하고 있다. 그리고 예수 그리스도를 믿으면 십자가의 보혈로 원죄와 자범죄를 용서받아 죄가 없으므로 '의인'이 된다고 가르치고 있다. 그러나 성경적인 거듭남의 의미는 무엇인지 살펴보도록 하자.

1) 성경에서의 죄의 개념

성경에서의 '죄'의 개념을 자세히 들여다보면 아담이 "**선악과를 선택한 행위**"를 죄라고 지칭하는 것이 아니다. 성경에서 말하는 죄는 인간의 영이 "**죄의 법칙(불법)을 받아들여 그 율법이 가리키는 사탄과 한 영이 된 상태**"를 말한다. 다시 말해 선악과(불법)를 먹었다고 하는 것은 아담의 영이 사탄의 영을 받아들여 연합(간음)하여 벌거벗은 상태가 된 것을 말한다. 이처럼 성경에서 말씀하시는 죄는 일반적인 세상이 판단하는 죄와는 차원이 다른 것이다.

그러므로 아담 이후의 모든 인간의 영은 하나님께 대하여 대적, 훼방, 참소, 거짓, 거역, 음란 등의 죄들을 저절로 짓게 되어 있다. 그러나 세상은 영 안에 숨어 있는 법칙이 모든 죄의 근원이라는 사실을 모르고 있다. 이렇게 모든 인간은 불법(선악과)으로 눈이 열리게 되었으므로 행하는 모든 것들이 하나님께 죄(불법)가 되는 것이다.

> 요일3:15 그 형제를 미워하는 자마다 살인하는 자니 살인하는 자마다 영생이 그 속에 거하지 아니하는 것을 너희가 아는 바라

이 말씀에서 "**형제(예수 그리스도의 진리)를 미워하는 자**"는 예수님을 죽인 바리새인들이나 서기관들과 같은 영을 소유한 자이며 악한 영에 속한 자이다. 이런 사람들의 영 안에는 살인, 도둑, 음란, 거짓, 중상, 거역, 더러움 등의 죄(불법)의 본질로 가득 차 있다.

> 롬14:23 믿음으로 좇아 하지 아니하는 모든 것이 죄니라

그러므로 그리스도인은 믿음(영)을 좇아야 하는데 '믿음'이란 영으로서 그리스도의 '진리'에 거하게 되면서 '**하나님의 의**'를 가지게 된 것을 믿음이 있다고 칭하는 것이다. 그렇기에 인간적인 이념으로 신뢰하거나 따르는 행위를 '믿음'이라고 이해해서는 안 된다.

2) 세상이 요구하는 선과 악의 실체

성경에서 말씀하시는 죄가 영적인 차원의 개념이라면 보이는 율법을 범한 세상 죄에 대하여는 어떤 심판이 있는지 궁금할 것이다. **이 세상에 속한 보이는 율법(육체)을 범한 것에 대한 죄는 세상(불법) 신이 정죄를 할 일이지만 하나님께서는 오직 진리의 율법으로 불법(거짓 영)에 속한 죄를 심판하신다.**

위에서 언급한 것처럼 세상 율법을 범한 죄는 선악과에 의하여 필연적으로 발생하도록 조정이 되어 있다. 그 결과로 세상에서는 표면적으로 모순과 갈등이 끊임없이 발생하게 되었는데 이는 세상을 속이는 불법(선악과)으로 인하여 발생하는 외적인 결과이다.

그러므로 사탄은 자기 정체(불법, 불의)가 탄로 나지 않고 지속적으로 세상을 속이기 위해 표면적으로 드러나는 악(자범죄)이 바로 마귀에게 속한 죄라고 여기도록 자작극을 벌이고 있는 것이다. 그리고 그 반대로 보이는 세상의 선을 하나님의 의(義)라고 가르치며 율법을

지켜야 한다고 거짓말을 하고 있다. 사탄은 이렇게 교묘한 거짓말로 오랫동안 세상을 속여 왔으며 하나님의 말씀을 이같이 더러운 율법 조문으로 변개시켜 왔던 것이다^{유1:7}. 이처럼 사탄은 불법의 지배를 받고 있는 세상에서 하나님 행세를 하며 조종하고 있다^{요일3:4}.

3) 죄를 용서받았다는 것의 의미

그러므로 기독교회에서 가르치기를 예수님의 보혈로 말미암아 보이는 세상 율법을 범한 죄를 용서받았다고 가르치는 것이 과연 옳은 것인지를 성찰해야 한다.

앞서 언급했듯이 거짓 영에 의하여 먹여진 불법(선악과)은 세상으로 하여금 하나님(진리)을 발견하지 못하도록 하고 지속적으로 정죄하고 가두어 넣는 역할을 한다. 그리고 보이는 세상 율법을 따라간 대가는 사탄에 의하여 정죄를 받게 되고 결과적으로 그와 함께 사망에 처해질 뿐이다. 이렇게 불법(죄)과 연합을 한 아담의 후예들은 비록 겉으로 볼 때 아무런 잘못한 일이 없을지라도 그의 영은 이미 불법에 속하여 사악한 죄들을 모두 범하고 있는 죄인들이다.

오늘날 기독교회에서는 '보이는 세상 율법을 범한 죄'에 대하여 그리스도로 말미암아 용서받아 죄가 없어졌으니 의인이 되었다고 가르치기도 한다. 그러나 논리는 세상을 정죄하고 있는 불법을 하나님의 말씀이라고 인정하게 하려는 사탄의 속임수이다. 그러한 교훈을 가르치는 자들은 겁 없이 열정적으로 율법을 지키라고 외치겠지만 이러한 가르침들은 세상 주관자인 사탄을 따라가게 된다. 그러므로 만약 어떤 이가 그러한 가르침을 따라간다면 그의 열심이나 정성과 상관없이 불법에 속한 자가 되는 것이다.

언급한 바와 같이 세상 율법을 범한 죄는 세상에서나 판단하고 정죄해야 하는 보이는 악일 뿐이다. 또한 세상 율법(육체)을 전부 준수하였다고 하더라도 영이신 '하나님의 의'와는 아무런 상관이 없는 것이다. 그래서 예수께서는 세상에 대해서 **"가이사의 것은 가이사에게, 하나님의 것은 하나님께 바치라"**^{눅20:25}라고 말씀을 하셨던 것이다. 이 세상의 선과 악은 본질적으로 모두 다 불법에 속한 불완전한 것이기에 이 세상의 의는 세상 주관자(사탄)나 요구하며 거두어 가는 인간적인 제물(사람의 의)이다.

'육으로 난 것'의 의미는 무엇인가

요3:6 육으로 난 것은 육이요 성령으로 난 것은 영이니

성경에서는 인간의 영이 불법과 연합하여 한 영이 된 상태를 '육', '육체', '육신'이라고 표현하고 있다창6:3, 롬7:5, 롬8:3-7, 롬8:12-13. 그리고 **'육으로 난 것'**이란 육체에 속한 자를 뜻한다. 세상의 교훈을 따르는 자로서 세상 율법을 열심으로 지켜 자기의 의로 삼는 자인데 이들은 사망(땅과 육체)에 속한 자들이다. 중요한 것은 이러한 사망의 굴레에서 벗어나기 위해 먼저 인간의 영 안에 있는 불법의 정체가 드러나야 한다.

그리고 그리스도를 의지하여 믿음으로 예수와 함께 십자가 위에서 저주를 받아 그 **불법(죄)의 권세**가 죽게 되어 완전히 벗어나게 된다. 그와 동시에 예수께서 영으로서 율법의 요구를 온전한 순종으로 완성하신 하나님의 의를 소유하게 된다.

예수 그리스도(말씀)는 그 깨닫는 자에게 완전한 하나님(영)의 의가 되어 주시는데 예수님께서는 그의 피와 살을 의미하는 잔(희생)과 떡(의)을 통하여 영적인 의미를 말씀하여 주셨다.

4) 거듭남의 성경적 의미

'거듭남'에 대하여도 다시 한번 생각해 보자. 니고데모는 당시에 바리새인이며 보이는 세상 율법에 완전히 사로잡혀 있던 육(불법)에 속한 유대인이었다. 그리고 예수께서는 그에게 **"진실로 진실로 네게 이르노니 사람이 거듭나지 아니하면 하나님 나라를 볼 수 없느니라"**요3:3라고 말씀하셨다. 이는 인간의 영이 육(불법)에 속한 상태에서는 영의 나라를 볼 수 없으므로 육(불법)이 죽고 영(진리)으로 거듭나야 한다는 말씀이다. 즉, 거듭난다고 하는 것은 세상 불법의 굴레에서 벗어나 영(하나님의 의)이신 예수 그리스도께 접붙임을 받아야 함을 의미한다.

이처럼 세상은 그리스도 안에서 불법에 속한 죄에 대하여 죽고 그리스도의 영으로서 살아나는 것이 성경에서 말씀하시는 '거듭남'이다. 이렇게 거듭난 자는 땅에서 난 육체의 생명(죄와 사망의 법)이 아니라 하늘에서 주신 완전한 의(영)를 소유한 자이다벧전2:24.

롬4:25 예수는 우리 범죄함을 위하여 내어줌이 되고 또한 우리를 의롭다 하심을 위하여 살아 나셨느니라

'예수 그리스도의 말씀(진리)을 믿는다'는 것은 십자가의 희생과 대속을 통하여 불법의 죄를 씻음과 동시에 하나님께서 주신 진리(예수님이 완성하신 의)를 소유하는 것이다.

요3:6 성령으로 난 것은 영이니

어떤 이들이 가르치는 것처럼 겉으로 보이는 세상 죄가 없어져야만 의인이 되는 것이 아니라 그의 영을 사로잡고 있는 죄의 실체인 불법(육체)에 대하여 죽고 완전한 하나님의 의(영)를 소유하여야만 비로소 그의 영이 그리스도로 말미암아 거듭난 자가 된다. 그것만이 생명인 것을 잊지 말아야 한다.

| 02 |
인간의 영과 혼, 그리고 육체

창2:7 여호와 하나님이 흙으로 사람을 지으시고 생기를 그 코에 불어넣으시니 사람이 생령이 된지라

'생령(生靈, living soul)'이란 '산 영', 즉 생물학적인 생명을 가지고 있는 영이다. 그래서 '생령'은 히브리어로 '생물'이라고 표기하고 있다.

1) 인간의 구성

히4:12에서 "혼과 영과 및 관절과 골수를"이라고 기록하여 인간에게는 영적인 생명의

법칙이나 육체의 개념인 죄와 사망의 법칙과의 연합이 가능하도록 하는 영이 있으며 지각을 하는 혼(지, 정, 의) 그리고 육체로 구성이 되어 있음을 알 수가 있다.

> 사57:16 나의 지은 그 영과 혼이 내 앞에서 곤비할까 함이니라

인간의 육체는 물리적 세계에서 시공간의 제한을 받을 수밖에 없는 물질로 조성이 되어 비물질인 영혼과 결합이 되어 있는데 이는 불완전하게 결합이 된 상태이므로 언제든지 분리가 가능하다. 이렇게 분리가 가능하다는 것은 이 세상이 불완전하다는 것이며 불완전한 몸을 벗고서 완전한 몸으로 결합이 되는 때를 기다리고 있다는 것을 의미하기도 한다고전15:44.

성경에 나타난 성막을 살펴보면 지성소와 성소가 덮개로 함께 덮여 있어서 밖에서 보면 하나인 것처럼 보이지만 실제로 안으로 들어가 보면 지성소(영)와 성소(혼)는 각기 구분이 되어 있다. 이와 같이 인간의 구성은 성막과 유사하게 구성이 되어 있음을 알 수 있다. 보이는 인간의 몸(육체) 안에 있는 영과 혼에 대하여 통칭을 할 때 흔히 '영혼'이라고 하지만 그 기능을 살펴보면 각각의 역할이 모두 다르다.

2) 하나님과 연합이 가능한 영

하나님께서 인간을 지으신 목적은 인간의 영이 생명이신 하나님의 영과 연합이 되는 것에 있다. 즉, 하나님의 영이 인간의 영 안에 연합이 되어서 하나님의 자녀가 되게 하기 위함이다. 만약에 인간에게 혼만 있고 '영'이 없다면 짐승과 다를 바가 없으며 생명의 영이신 하나님과의 연합을 할 수 없을 것이다. 또한, 영이 있다고 하더라도 천사들처럼 '부리는 영'으로 지음을 받았다면 역시 하나님과 연합할 수 없다. 이는 마치 물고기의 육체가 있고, 또한 동물의 육체가 있으며 그리고 사람의 육체가 있지만 서로 다른 상태로 지음을 받은 것과 같이 천사의 영과 인간의 영은 창조를 받을 때에 그 목적과 상태가 각기 다르게 지음을 받았기 때문이다.

그래서 인간이 소중한 이유는 인간의 영이 영원히 불멸하며 생명의 영이신 하나님과의 연합할 수 있는 존재이기 때문이다. 그러므로 아담이 죄를 범한 결과로 인간의 영이 소멸

되어 혼으로만 살아가고 있다는 주장은 잘못된 것이며 이러한 주장은 인간의 영 안에 사탄(불법)이 들어와서 왕 노릇을 하고 있는 사실을 감추어 주고 있는 결과를 가져오게 된다.

3) 인간의 영은 성막 안에 있는 지성소

처음 창조되었을 당시 무죄, 무의 상태의 아담의 영은 어두움의 법칙이나 빛의 법칙과의 연합이 가능하였다. 일단 인간의 영이 어느 한 법칙과 연합이 되면 분리가 불가능하다. 만약 그의 영이 그 법칙으로부터 해방이 되려면 연합을 했던 그 법칙의 권세가 죽어야만 소멸이 된다.

인간의 영은 성막을 통해 살펴보면 하나님을 만나게 되는 지성소와도 같다. 지성소 안에는 하나님의 임재를 뜻하는 법궤가 있었는데 이는 인간의 영에도 진리의 말씀만이 임재하여야 함을 의미한다. 또한 사도 바울은 **"너희가 하나님의 성전인 것과 하나님의 성령이 너희 안에 거하시는 것을 알지 못하느뇨"** 고전3:16라고 하여 인간의 영이 하나님을 모셔야 하는 성전임을 알려주고 있다.

4) 인간의 혼은 성막 안에 있는 성소

성막의 성소 안에는 분향단이 있었고 향을 피워 향연이 위로 올라가게 하였다. 왼편에는 촛대가 있어서 빛을 밝혀 주었고 오른편에는 말씀을 상징하는 무교병이 진설되어 있었다. 이는 인간의 혼에 속한 기능적인 부분을 각각 드러내어 주시는 모형적인 계시(깨우쳐 보여 줌)이다. 인간의 의지를 예표하고 있는 '분향단'에서 올라가는 향연은 인간이 자신의 의지로 하나님께 순종함을 뜻한다. 그리고 성소 안의 '촛대'에 있는 일곱 개의 등잔은 항상 불이 켜 있게 함으로써 영적인 선과 악에 대해 진리의 지각으로 분별을 해야 함을 의미한다. 떡 상에 차려 놓은 누룩을 섞지 않은 '진설병'은 그러한 분별을 할 때의 기준이 되어야 할 하나님의 말씀(진리)을 나타내고 있다. [부록1] 참조

앞서 언급했듯이 성막의 구조와 비교해 보면 인간의 혼(성소)은 영(지성소)과 붙어 있으며

밖에서 볼 때는 하나로 보이지만 실제로는 그 기능적인 영역이 서로 나누어져 있다. 성막의 제사법에서 보인 바와 같이 성소를 지나 지성소 안에 들어가 하나님을 뵙고 만나는 것처럼 인간의 혼은 진리에 대하여 지각으로 올바른 분별을 하고 자신의 의지로 하나님께 순종을 함으로써 마침내 자기의 영이 하나님과 연합을 하게 된다. 그러므로 성소와 지성소가 덮개로 함께 덮여 있는 것같이 혼과 영은 서로 분리될 수 없으며 그 기능이나 역할이 상호 간의 연합적인 작용을 하는 것으로 보아야 한다.

5) 인간의 육체는 성막 안에 있는 뜰

인간의 육체는 성막에서 보이는 뜰과 같은 개념이며 성막의 뜰에서 희생제물이 죄인을 대신하여 피 흘려 죽게 되는데 이는 신약에서 '육체'라고 지칭한 불법의 죄를 예수께서 대신 짊어지시고 성문 밖에서 육체로 죽임을 당하시는 것을 예표하고 있다. 예수님이 죽임을 당하신 이유는 '육체'라고 지칭한 불법(죄)이 저주를 받고 죽어야만 그 권세가 소멸되기 때문이다. 그래서 예수께서 이 세상에 육체로 오셔서 저주를 받아 십자가 위에서 죽임을 당하셨던 것이다. 이는 불법(육체)에 속한 죄(불법)의 권세가 못 박혀 죽은 것을 의미한다.

보이는 육체 속에 보이지 않은 영혼이 결합되어 있는 것처럼 성막에서 보인 뜰이 보이는 세상을 의미하였다면 성소, 지성소(통칭하여 성소)는 보이지 않는 하늘에 있는 영계적인 장소를 뜻한다히9:12,히9:24. 이와 같이 성막은 인간의 구조를 나타내기도 하지만 보이는 이 세상(뜰)과 보이지 않는 영계(성소와 지성소)의 의미를 이중적으로 드러내고 있다. 그래서 예수 그리스도는 보이는 뜰인 이 세상에서 희생양으로 육체(불법)에 대하여 죽임을 당하시고 부활하신 후에는 영원한 속죄 제사를 완성하기 위하여 우리의 대제사장으로서 하나님이 영존하시는 하늘영계인 지성소(셋째하늘)에 들어가신 것이다. 그러므로 뜰(이 세상)에 있는 자는 이 세상의 죄와 불법에 대하여 예수와 함께 육체로 완전히 죽어야 한다. 그리고 그리스도의 속죄의 피를 의지하여 성소에 들어가되 말씀(진리)을 통하여 혼(성소)이 밝아지고 그와 동시에 영(지성소)이 진리와 연합이 되게 된다.

| 03 |
부활하신 예수 그리스도

1) '다른 모양'으로 나타나신 예수

막16:12 그 후에 저희 중 두 사람이 걸어서 시골로 갈 때에 예수께서 다른 모양으로 저희에게 나타나시니

만약에 예수님이 부활하신 후에 엠마오로 내려가는 두 제자에게 나타나실 때 옆구리가 상하고 손에 못 자국이 있거나 발에 상처가 난 모습이었다면 그들은 예수님을 알아보지 못할 이유가 없었을 것이다. 그러나 그들이 예수님과 함께 동행하며 대화를 하였음에도 알아보지 못했던 이유는 예수 그리스도께서 다른 모양으로 나타나셨기 때문이다.

눅24:15-16 저희가 서로 이야기하며 문의할 때에 예수께서 가까이 이르러 저희와 동행하시나 저희의 눈이 가리워져서 그인 줄 알아보지 못하거늘

부활하신 예수 그리스도는 완전한 영체를 입고 계시지만 생명의 영이시기에 불법에 속한 자들에게 보이는 분이 아니다.

눅24:30-31 저희와 함께 음식 잡수실 때에 떡을 가지사 축사하시고 떼어 저희에게 주시매 저희 눈이 밝아져 그인 줄 알아보더니

두 제자는 예수님과 동행을 하였음에도 그분이 예수님이신지 알아보지 못했으나 예수님께서 떡(진리)을 떼어 주시자 비로소 그분이 다른 모양으로 다가오신 예수 그리스도임을 깨닫게 되었다. 즉 그들의 눈(영의 눈)이 밝아지게 된 것이다.

예수 그리스도는 그의 영을 받은 이들에게만 보이고 만져질 수 있는 분이심을 이 말씀을 통하여 나타내어 주신다. 이를 통하여 천국영계는 실존하고 있는 영계이며 또한 진리의 영인 말씀을 깨닫지 못하면 예수 그리스도를 만나 볼 수가 없다는 것을 나타내 주시고 있다.

눅24:32 우리에게 말씀하시고 우리에게 성경을 풀어 주실 때에 우리 속에서 마음이 뜨겁지 아니하더냐 하고

이처럼 예수 그리스도의 말씀(진리)을 깨달은 자에게는 영에 속한 감동이 주어지게 되므로 마음이 뜨거워지며 충만해지는 경험을 하게 된다. 그리고 그 말씀을 깨달은 자에게는 자신을 보이시며 함께 동행을 하시되 그를 통하여 하나님의 나라를 이루어 가신다.

2) 가변성이 있는 영체(靈體)

눅24:39 내 손과 발을 보고 나인 줄 알라 또 나를 만져 보라 영은 살과 뼈가 없으되 너희 보는 바와 같이 나는 있느니라

부활하신 예수님의 몸은 물리적인 세계의 시간이나 공간의 제한을 받지 않는 영계에 속한 완전한 영체이다. 이는 완전하기에 늙거나 쇠하는 불완전한 물질계의 육체가 아니다. 이 세상에 속하여 썩어지고 없어질 체질과는 다르다는 것을 부활하신 예수님의 신령한 영체를 통하여 보여 주신 것이다.

요20:26 여드레를 지나서 제자들이 다시 집안에 있을 때에 도마도 함께 있고 문들이 닫혔는데 예수께서 오사 가운데 서서 가라사대 너희에게 평강이 있을지어다 하시고

요21:1 그 후에 예수께서 디베랴 바다에서 또 제자들에게 자기를 나타내셨으니 나타내신 일이 이러하니라

부활하신 예수님이 제자들에게 나타나신 이유는 제자들과 이 세상으로 하여금 천국영계를 알 수 있도록 영적인 세계를 드러내 주시기 위한 현현(顯現)이다. 이와 같이 예수님의 부활하신 영체를 통하여 천국영계가 추상적인 세계가 아니라 형체와 형질로 실존하는 영계이며 그 모든 것들이 완전한 체질로 존재하고 있음을 알 수 있다. 다른 모양으로 제자들에게 나타나신 예수님은 본래 사도 요한이 본 것 계1:12-16처럼 세상의 언어로는 형용하기가 어려울 정도로 영광의 빛 가운데에 스스로 존재하시고 계시는 하나님이심을 보여 주셨다.

눅17:21 하나님의 나라는 너희 안에 있느니라

막13:21 보라 그리스도가 여기 있다 보라 저기 있다 하여도 믿지 말라

그러므로 진리의 말씀을 불법인 세상의 율법으로 받아들이게 되면 참되신 하나님은 만나 뵐 수가 없게 되므로 여기저기에서 하나님인 것같이 보이는 거짓 영들의 교훈에 항상 주의하여야 한다.

| 04 |
하늘에 속한 자의 형상

고전15:49 우리가 흙에 속한 자의 형상을 입은것 같이 또한 하늘에 속한 자의 형상을 입으리라

인간의 육체는 얼굴을 비롯하여 형체와 모양을 가지고 있는데 이렇게 물질로 된 육체의 형상은 육체 안에 결합되어 있는 영혼의 형상을 외적으로 표현하고 있다. 다만 영혼은 물질로 조성된 것이 아니기에 육안으로는 볼 수 없지만 사람마다 고유한 영혼의 형체와 형상을 가지고 있다. 이 세상을 살아가면서 육체의 모습이 점점 성장하거나 변하는 것처럼 그의 영혼의 모습도 진리나 불법으로 인해 함께 변모하게 된다^{눅2:52}.

고전15:47 첫 사람은 땅에서 났으니 흙에 속한 자이거니와

첫 사람 아담이 땅에서 났다고 성경에 기록을 하신 이유는 처음 창조된 에덴동산과 아담을 비롯한 모든 피조물들이 '땅'이라 불리는 공중영계 안에서 지음을 받았기 때문이다. 처음 창조가 될 당시에는 현재와 같이 불완전한 물질로 된 육체의 몸으로 창조된 것이 아니었다.

성경에서 표현하는 '흙'이나 '땅'은 천국에서 쫓겨 내려와서 활동하고 있었던 사탄이 지배하는 공중영계 안에 속한 것을 지칭한다. 다시 말하면 '땅'이란 현재 인류가 사는 이 세상만을 언급하는 것이 아니라 물질적인 땅(물질계)으로 그 형질이 변동되기 이전에 타락한 천사(사탄)가 하늘에서 쫓겨 내려와서 활동하고 있었던 공중이라고 하는 영계(靈界)를 말한다.

> 엡2:2 그 때에 너희가 그 가운데서 행하여 이 세상 풍속을 좇고 공중의 권세 잡은 자를 따랐으니 곧 지금 불순종의 아들들 가운데서 역사하는 영이라

오늘날에 많은 신학자들은 하나님께서 창조하신 에덴동산은 천국과 동일한 곳이었으며 아담은 하나님의 의를 소유한 의인으로 창조되었다고 주장하고 있다. 그러나 첫 사람 아담은 하나님에 의하여 일방적으로 하나님께 속한 의를 소유한 완전한 의인으로 창조된 것이 아니다. 만약 에덴동산이 천국과 같이 완전한 곳이고 아담이 하나님의 완전한 의를 소유한 의인으로 창조되었다면 그곳에 사탄이 나타나는 일이 없어야 하거나 혹은 그가 어떠한 사탄의 유혹에도 타락이 불가능했어야 할 것이다.

첫 사람 아담은 공중영계 안에 영혼체를 가진 존재로 지음을 받았지만 그의 영이 불법(죄와 사망의 법)과 연합한 후에 그가 다스려야 할 세상은 물질계에 속한 육체의 상태로 변동이 되어 버렸다. 처음 창조되었던 에덴동산이나 모든 피조물들은 현재와 같이 불완전하여 깨어질 형질로 창조된 것이 아니었다.

하나님의 형상을 따라 아담을 지으신 목적

공중영계(땅, 흙)에 속한 형체를 입고 있는 무죄, 무의 상태의 생령인 아담의 영이 순종에 의하여 영(생명)과 연합하여 하나님의 자녀가 되게 하기 위함이었다. 인간이 처음 창조되었을 당시 공중영계에 속한 '흙에 속한 자'[고전15:47]의 형상을 입은 상태이었지만 아담 이외에는 '하나님의 형상대로'[창1:27]의 지음을 받은 피조물은 없었다. 그래서 성경에서는 '우리의 형상을 따라', '우리의 모양대로'[창1:26] 지으셨다고 말씀하신 것이다.

> 골2:9 그 안에는 신성의 모든 충만이 육체로 거하시고

영이신 하나님께서는 충만 그 자체이시며 하나님 안에 있는 모든 충만을 인간에게 주시기를 계획하셨다[골1:19]. 하나님의 영생(의)을 소유하게 하여 하나님의 자녀가 되게 하기 위해

하나님의 형상을 따라 아담을 창조하신 것이다.

시8:4-5 사람이 무엇이관대 주께서 저를 생각하시며 인자가 무엇이관대 주께서 저를 권고하시나이까 저를 천사보다 조금 못하게 하시고 영화와 존귀로 관을 씌우셨나이다

우리가 분명히 알아야 하는 것은 천국영계에 있는 천사들은 영계에 속한 존재지만 부리는 영히1:14이다. 그러나 인간의 영은 하나님의 형상을 따라 지음을 받았기에 진리인 영과 연합이 가능하다. 천사와는 본질적으로 다르게 창조가 되었으며 그 존재의 목적은 하나님의 의를 소유한 하나님의 자녀가 되는 것에 있다.

시82:6 내가 말하기를 너희는 신들이며 다 지존자의 아들들이라 하였으나

요10:34-35 예수께서 가라사대 너희 율법에 기록한바 내가 너희를 신이라 하였노라 하지 아니하였느냐 성경은 폐하지 못하나니 하나님의 말씀을 받은 사람들을 신이라 하셨거든

그러므로 인간으로 지음을 받은 목적이 이토록 놀라운 사실인지를 깨달아야 하며 구원을 받게 된 그리스도인들은 얼마나 영광스러운 축복을 받은 자들인지를 생각해 보아야 한다.

진리의 말씀을 깨달은 자들은 하늘에 속한 하나님의 영(완전한 의)을 소유한 존재가 되었으며 그 형상마저도 하나님을 닮게 된다. 그리고 천국에서 신령한 몸을 입어 하나님과도 같은 완전한 존재로 변화하게 된다.

히1:3 이는 하나님의 영광의 광채시요 그 본체의 형상이시라 그의 능력의 말씀으로 만물을 붙드시며 죄를 정결케 하는 일을 하시고 높은 곳에 계신 위엄의 우편에 앉으셨느니라

05
부활의 상태와 차이

> 빌3:21 그가 만물을 자기에게 복종케 하실 수 있는 자의 역사로 우리의 낮은 몸을 자기 영광의 몸의 형체와 같이 변케 하시리라

첫 사람 아담은 현재와 같이 썩어질 물질로 된 육체(몸)가 아니라 공중영계에서의 형체를 가진 존재로 창조가 되었지만 완전한 하나님의 의를 소유한 존재로 지음을 받은 것은 아니다.

1) 공중영계 안에 창조된 불완전한 아담

성경에서 공중 또는 땅이라고 지칭하고 있는 공중영계는 천국에서 쫓겨 내려온 사탄이 활동하고 있는 곳으로 하나님께서는 바로 이곳에 아담을 창조하셨다^{창1:2}. 그리고 아담을 흙으로 만들었다고 말씀하신 이유는 땅이라고 하는 공중영계 안에 속한 존재로 지음을 받았기 때문이다.

아담은 생령으로 무죄(無罪), 무의(無義) 상태에서 시험하는 자의 거짓말에 속아 선악과를 먹고 불법(음녀)에 눈이 밝아져 불법과 한 영이 되어 죄인이 되었다. 그로 인해 아담은 에덴동산에서 쫓겨나게 되었는데 이는 그가 '물질에 속한 육체의 형질'로 변화되었다는 것을 의미한다.

> 롬8:21-22 그 바라는 것은 피조물도 썩어짐의 종노릇한 데서 해방되어 하나님의 자녀들의 영광의 자유에 이르는 것이니라 피조물이 다 이제까지 함께 탄식하며 함께 고통하는 것을 우리가 아나니

이처럼 아담이 범죄로 인하여 죄 아래 팔리게 되면서 처음 창조가 될 때에 공중영계에 속한 형질을 입었던 모든 피조물들도 함께 썩어질 육체로 변동이 되어 탄식과 신음을 하게 된 것이다.

이러한 체질의 변화가 가능하다는 것을 그리스도인이 입고 있는 썩어질 몸(육체)이 죽고 난 후 부활을 할 때에 완전한 몸(영체)을 입게 된다는 사실을 통하여 되는 것을 설명을 할 수 있다 롬8:19-22.

막12:25 사람이 죽은 자 가운데서 살아날 때에는 장가도 아니가고 시집도 아니가고 하늘에 있는 천사들과 같으니라

그렇다면 다시 살아난다는 것의 의미는 무엇인가

막12:27 하나님은 죽은 자의 하나님이 아니요 산 자의 하나님이시라

예를 들면, 약속(영)을 믿고 미리 바라보았던 아브라함, 이삭, 야곱은 '산 자'이지만 육체(불법)를 따라간 이스마엘과 에서는 공허한 불법(거짓의 영)과 한 영이 되어 사망에 처해진 자들의 표상이다.

고전15:20 그러나 이제 그리스도께서 죽은 자 가운데서 다시 살아 잠자는 자들의 첫 열매가 되셨도다

고전15:22 아담 안에서 모든 사람이 죽은것 같이 그리스도 안에서 모든 사람이 삶을 얻으리라

따라서 성경에서 말씀하시는 '다시 살아난다는 것'의 의미는 불법에 속해 있던 사람이 예수와 함께 십자가 위에서 육체(불법)로 죽고 그리스도 안에서 하나님의 의(약속)를 소유하게 되면서 그의 영은 그리스도의 생명을 소유하여 산 자가 되는 것이다.

2) 형질의 변화와 영체의 차원

눅24:39 내 손과 발을 보고 나인 줄 알라 또 나를 만져보라 영은 살과 뼈가 없으되 너희 보는 바와 같이 나는 있느니라

형체와 체질의 변화를 가시적으로 보여 주고 있는 자연 현상이 있는데 예를 들면, 번데기는 땅에서 기어 다니다가 그 안에서 껍질을 벗고 밖으로 나와 전혀 새로운 형체인 나비가 되어 하늘을 날아다니게 된다. 이처럼 인간도 육체를 벗고 영체를 입게 되면 인간이 가지고 있던 감각이나 의식이 훨씬 더 완전한 상태가 된다.

눅16:23-25의 살펴보면 부자가 음부에 들어갔을 때 육체의 고통을 느꼈었으며 혀끝의 서늘함, 뜨거움, 이 세상에서의 기억, 그리고 나사로를 알아보는 시각 등이 여전히 존재하고 있는 것을 알 수 있다. 대부분의 사람들은 인간이 가진 모든 오감, 의식, 기억 등의 기능이 육체(몸)에만 있다고 생각을 하고 있지만 실제로는 그 감각과 기능들을 육체가 가지고 있는 것이 아니라 영혼에 있는 것이다. 그러므로 누구든지 이 세상에서 불완전한 육체를 벗어나게 되면 영계에 들어가서 완전한 몸과 결합이 되고 더 완전한 감각과 기능을 가지게 된다. 그리고 그리스도인은 하늘에 속한 신령한 영체를 입고 천국영계에서 그리스도와 함께 모든 것을 누리며 영원히 살아가게 된다_마25:29_. 반면에 사망에 속한 악인은 저주받을 영체를 입고 지옥영계에 들어가서 형벌을 받되 완전한 고통을 느끼며 살아가게 된다_마25:41_.

마22:13 임금이 사환들에게 말하되 그 수족을 결박하여 바깥 어두움에 내어 던지라 거기서 슬피 울며 이를 갊이 있으리라 하니라

3) 그리스도인의 영체와 영광

세상에서 육안의 눈으로 볼 수 없지만 각 사람의 영혼마다 고유한 형체를 가지고 있다. 첫 사람 아담은 땅(공중영계)에 속한 형체와 형상으로 육신(영체)이 창조가 되었지만 타락하여 썩어질 물질계의 몸(육체)으로 변화하게 되었다_고전15:47-49_.

고전15:49에서의 '하늘에 속한 자의 형상'은 하나님의 의를 소유한 인간의 영혼과 신령한 영체가 연합이 되어 완전한 영인(靈人)이 된 상태를 말한다_고전15:46_. 이와 같이 그리스도인이 부활하여 입게 되는 몸은 영혼과 몸(영체)이 완전하게 결합이 되어 영원히 분리가 불가능하며 각 영혼마다 서로 다른 밝기의 빛과 영광의 형상을 가지게 된다. 그리고 이러한 상태는 더 이상 죄로 인하여 불법에 매여 종살이 하였던 인간이 아니라 영생이신 하나님의 아들이며 하나님의 빛을 가진 '영인(靈人)'이 된 것을 말한다.

> 고전15:40 하늘에 속한 자의 영광이 따로 있고

> 고전15:41 해의 영광도 다르며 달의 영광도 다르며 별의 영광도 다른데 별과 별의 영광이 다르도다

그리스도인이 부활의 몸을 입게 된 후 그의 몸(영체)에서 영광이 나타나는 이유는 그리스도의 의가 바로 하나님께로부터 비춤을 받은 빛(영광)이기 때문이다. 그리스도인들이 소유하게 되는 의(義)는 본래 하나님께로부터 온 것이지만 각자가 깨달은 분량만큼 자기의 소유가 되고 서로 다른 영광의 부활체를 입게 된다. 그리고 부활의 몸을 입는 순서는 예수님께서 강림하실 때 그리스도께 붙은 자들이 제일 먼저 부활의 신령한 몸을 입게 되게 된다.

> 고전15:23 그러나 각각 자기 차례대로 되리니 먼저는 첫 열매인 그리스도요 다음에는 그리스도 강림하실 때에 그에게 붙은 자요

그러므로 인간은 번데기와 같이 땅에 사는 동안에 자신의 영혼이 천국영계 안에 들어갈 수 있도록 그리스도를 의지하여 준비를 하여야 한다. 이 세상의 삶은 물질계에서의 한순간일 뿐이며 보이는 모든 것들은 하늘에 있는 것들의 모형이며 껍데기(그림자)에 불과한 것이다.

06

먹을 것과 입을 것

> 딤전6:7-8 우리가 세상에 아무것도 가지고 온 것이 없으매 또한 아무것도 가지고 가지

못하리니 우리가 먹을 것과 입을 것이 있은즉 족한 줄로 알 것이니라

이 세상에서 그리스도인들이 먹어야 할 양식은 바로 영혼을 풍성하게 하는 진리이신 하나님의 말씀이다. 어떤 사역자들은 위의 말씀을 해석하기를 그리스도인들이 세상에서 물질을 탐하여 부자가 되려고 하다가 악에 빠지게 될 수 있으므로 욕심을 버려야 한다고 가르치기도 한다. 얼핏 듣기에는 전혀 문제될 것이 없는 당연한 가르침으로 여겨진다.

그러나 성경에서 '돈을 사랑함이 일만 악의 뿌리'딤전6:10라고 말씀을 하신 것은 보이는 물질에 대한 탐심을 경계하라는 그런 의미가 아니다. 딤전6:3에서 언급하고 있듯이 사람들이 좋아하는 '거짓된 세상의 의'와 그 교훈의 위험성을 돈과 재물로 비유하여 경고하고 있다. 더 구체적으로는 세상 사람들이 바른 교훈을 받지 않고 믿음에서 떠나 미혹하는 영과 귀신의 가르침(다른 교훈)을 따르는 것을 경고 한것이다딤전4:1. 이처럼 성경에서는 세상 율법(불법)을 좋아하여 따라가는 자들에 대하여 돈을 좋아하는 자, 탐욕을 가진 자, 혹은 부자로 표현을 하였다.

눅16:13-14 집 하인이 두 주인을 섬길 수 없나니 혹 이를 미워하고 저를 사랑하거나 혹 이를 중히 여기고 저를 경히 여길 것임이니라 너희가 하나님과 재물을 겸하여 섬길 수 없느니라 바리새인들은 돈을 좋아하는 자라 이 모든 것을 듣고 비웃거늘

이 말씀에서 보인 바와 같이 다른 주인인 불법(죄와 사망의 법칙)을 따르는 것을 육신과 땅을 예표하는 재물(돈)로 비유하였다.

예수님 당시에 바리새인들처럼 세상 율법이 요구하는 '사람의 의'에 취하여 우쭐대고 살아가는 자들을 보고 재물이나 돈을 좋아하는 자라고 표현하였다. 그리고 '부하려 하는 자'딤전6:9, '돈을 사랑함이'딤전6:10 등의 말씀은 비록 불법이 매우 가치가 있어 보인다고 하더라도 그것에 속거나 현혹이 되지 말라는 말씀이다. 그것들이 보여 주는 거짓 영광을 따라가게 되면 멸망에 빠지게 되므로 미혹을 받지 말라는 뜻이다딤전6:9.

딤전6:7 우리가 세상에 아무것도 가지고 온 것이 없으매 또한 아무것도 가지고 가지 못하리니

그리고 인간이 세상에 아무것도 가지고 온 것이 없다는 말씀은 단순히 돈이나 재물을 가지고 태어난 것이 아니라는 뜻이 아니라 공허만이 가득한 세상에 태어난 세상 사람들은 날 때부터 의를 가지지 못한 채 태어났다는 의미이다. 그리고 바리새인들처럼 이 세상 율법을 열심히 지켜 얻게 된 세상에 속한 의는 땅과 육체에서 난 가시와 엉겅퀴이기에 하나님께로 가지고 갈 수 없다.

딤전6:10 돈을 사랑함이 일만 악의 뿌리가 되나니 이것을 사모하는 자들이 미혹을 받아 믿음에서 떠나 많은 근심으로써 자기를 찔렀도다

이 말씀에서 돈이나 재물은 앞서 언급했듯이 불법에 속한 '다른 교훈'을 말한다.

그러므로 실제적인 돈과 재물은 이 세상에 살아가면서 필요한 수단일 뿐이다. 돈(화폐)이나 재물은 어떤 이가 소유하여 사용하였는지에 따라서 결과가 달라지므로 돈이나 물질, 그 자체가 선하거나 악한 것이 아니다. 그러므로 그리스도인들은 재산의 소유가 많거나 혹은 그 소유가 적더라도 그런 것들은 하나님의 의와는 아무런 관계가 없다.

어처구니없는 것은 기독교회가 성경을 문자적으로 이해하여 가르치기를, 그리스도인들이 세상의 돈이나 물질에 대한 욕심을 갖게 되면 죄악에 빠지거나 '믿음'에서 떠나게 된다고 가르치고 있다. 그러나 이러한 가르침도 보이는 율법의 교훈이며 그들이 말하는 '믿음'이라는 것도 보이는 율법 중심의 열심을 요구하는 것이기에 하나님의 진리와는 상관이 없는 이론들이다.

이 세상에서는 윤리, 도덕 그리고 양심이라는 것이 율법의 역할을 하고 있는데 이런 것들을 통틀어서 보이는 세상 율법이라고 한다. 사탄은 누구나 알 수 있는 이 세상 율법으로 이 세상을 불법(죄) 아래 가두어 놓고 다스리며 왕 노릇을 해 온 것이다.

우리가 알아야 하는 것은 설사 그리스도인들이 돈이나 재물을 취하는 과정에서 세상의 율법을 위반하였다면 그것은 이 세상의 율법의 주관자인 사탄이 판단하고 정죄할 일이고 하나님의 진리와는 아무런 상관이 없는 것이다. 또한 반대적으로 돈이나 재물을 취하는 일에서 지극히 선하고 착한 행실을 하였더라도 그 행실이 하나님께 속한 의도 아닌 것이다. 그러므로 돈이나 재물을 정당한 방법으로 취하였든지 또는 부당한 방법으로 취하였든지, 이는 모두 다 땅에 속한 율법이 판단할 일이며 하늘에 속한 영의 율법이 판단할 일은 아닌 것이다. 왜냐하면 세상에 주신 하나님의 말씀은 보이는 선이나 악을 판단하시기 위한 육체(땅)의 말씀이 아니기 때문이다. 그러므로 기독교회마저 눈을 감고 하나님의 말씀을 변개하여 세상의 율법으로 가르치게 되면 어떤 방법으로 세상을 구원할 수 있겠는가?

딤전6:8 우리가 먹을 것과 입을 것이 있은즉 족한 줄로 알 것이니라

그러므로 그리스도인들은 오직 영이신 그리스도의 말씀(진리)을 양식으로 먹고 마시며 그리스도 안에서 '하나님의 의'를 입게 되는 것을 족하게 여기고 세상 율법(선악과)에 대한 탐심(貪心)을 가지지 말아야 한다.

| 07 |

성령의 열매 1 갈5:22-23

깨끗하게 보이는 회칠한 무덤 안에는 썩은 것과 더러운 것들이 가득한 것처럼 인간의 영은 선을 표방하고 있지만 온갖 가증함과 더러움이 가득 차 있으며 가장 깊고 안방에는 불법이라는 영이 들어앉아 있다.

1) 성경을 인용하여 가르치는 거짓 교훈

마15:19 마음에서 나오는 것은 악한 생각과 살인과 간음과 음란과 도적질과 거짓 증거와 훼방이니

사탄은 불법의 정체가 탄로가 나지 않게 하기 위해 선한 명분으로 조작을 해 놓았다. 이로 인하여 윤리나 도덕을 위반한 행실들을 하나님이 심판하는 죄라고 여기게 하였다.

많은 사람은 의로워 보이는 세상 선의 열매를 맺기 위하여 봉사를 하거나 구제 사업에 참여하기도 한다. 그리고 그러한 행실들이 하나님께서 인정하시는 의에 속한 행실이라고 굳게 믿고 있다. 사람들은 세상이 볼 때 겸손, 온유, 친절 등의 행위를 보이는 사람을 보고 예수님을 닮은 사람이라고 칭찬을 하기도 한다. 그러나 그러한 관점도 역시 '**하나님의 의**'와는 아무런 상관이 없는 것이다.

세상을 속이는 자들은 성경에서 말씀하시는 '악한 생각, 살인, 간음, 음란, 도적질, 거짓 증거, 훼방'마15:19에 대하여 해석하기를 세상 율법을 범하는 행위들이라고 한다. 그들은 보이는 세상 율법을 위반하는 죄들을 회개하고 이 세상의 선을 행하라며 가르치고 있다. 이러한 가르침들은 세상의 선의 열매(육체)를 맺게 할 수는 있겠지만 보이지 않는 하나님의 의(진리)는 소유할 수 없게 한다. 인간의 행위에 근거한 선이나 열매(사람의 의)는 수치를 가리기 위해 아담에게 잠시 입혀 주었던 무화과 나뭇잎으로 만든 옷에 불과하다.

창3:7 이에 그들의 눈이 밝아 자기들의 몸이 벗은 줄을 알고 무화과나무 잎을 엮어 치마를 하였더라

2) 성령의 열매를 맺는 방법

요15:4 내 안에 거하라 나도 너희 안에 거하리라 가지가 포도나무에 붙어 있지 아니하면 절로 과실을 맺을 수 없음 같이 너희도 내 안에 있지 아니하면 그러하리라

그러므로 구원을 받기 위해서는 먼저 자신이 붙들고 있는 구습을 내던져 버려야 한다.

요15:5 나는 포도나무요 너희는 가지니 저가 내 안에, 내가 저 안에 있으면 이 사람은 과실을 많이 맺나니 나를 떠나서는 너희가 아무것도 할 수 없음이라

또한 예수 그리스도 안으로 들어가게 되면 저절로 빛의 열매를 맺게 되는데 이것이 바로 영과 진리이신 예수 그리스도의 속성이다. 이 열매는 사람들에게 표면적으로 보이는 것이 아니기에 진리를 깨닫지 못한 자는 그 열매가 무엇인지 전혀 알 수 없다. 다시 말하면 '성령의 열매'갈5:22는 그리스도 안에 있는 하나님의 의를 소유하게 되면서 저절로 맺혀

지게 되는 영적인 열매이다. 그러므로 그리스도인은 성령의 열매를 맺도록 그리스도 안에 들어가야 한다.

| 08 |
만나와 메추라기 민11:4-35

출16:31 그 이름을 만나라 하였으며 깟씨 같고도 희고 맛은 꿀 섞은 과자 같았더라

진리를 상징하는 '만나'는 맛이 단조롭고 애굽의 음식과는 현저히 다를 뿐 아니라 맛도 없지만 하나님께서 내려주신 것으로서 그리스도인이 반드시 먹어야 하는 영과 진리를 의미하고 있다.

민11:4-5 이스라엘 중에 섞여 사는 무리가 탐욕을 품으매 이스라엘 자손도 다시 울며 가로되 누가 우리에게 고기를 주어 먹게 할꼬 우리가 애굽에 있을 때에는 값 없이 생선과 외와 수박과 부추와 파와 마늘들을 먹은 것이 생각나거늘

이스라엘 백성들의 원망은 애굽에서 종살이 하던 당시 먹었던 음식들에 대하여 다시 먹고 싶다는 욕망이 불같이 일어나게 되면서 시작되었다. 그들은 이전에 바로의 압제하에서 종살이하며 살았었지만 바로가 주었던 음식들로 인해 길들여진 입맛 때문에 하늘에서 내려온 만나보다 이전에 애굽에서 먹던 음식들이 훨씬 더 맛이 있었다고 악담과 불평을 하였다.

출16:3 그들에게 이르되 우리가 애굽 땅에서 고기 가마 곁에 앉았던 때와 떡을 배불리 먹던 때에 여호와의 손에 죽었더면 좋았을 것을 너희가 이 광야로 우리를 인도하여 내어 이 온 회중으로 주려 죽게 하는도다

민11:4 이스라엘 중에 섞여 사는 무리가 탐욕을 품으매 이스라엘 자손도 다시 울며 가로되 누가 우리에게 고기를 주어 먹게 할꼬

이렇게 불평과 원망을 하는 전염이 퍼진 이유는 민11:4에서 밝힌 것처럼 '**섞여 사는 무리**'가 죄의 발원지였다. 그들은 하나님의 약속을 믿고 따르던 자들이 아니었고 이스라엘 백성 중에 섞여 살며 하나님께 불평을 하여 이스라엘 백성들의 마음을 뒤흔들어 놓았다.

이렇게 '섞여 사는 무리'는 이스라엘 백성들 사이에 심어 놓은 악한 자들인데 그들은 백성들의 마음이 힘들고 지친 시기를 놓치지 않았다. 그들은 "**누가 우리에게 고기를 주어 먹게 할꼬**"민11:4라고 하여 애굽에서 종살이 하던 때에 얻어먹었던 고기 국물이 생각나도록 선동한 것이었다. 이러한 원망과 불평은 점점 커지게 되었고 이스라엘 백성 전체에게 전염이 되었다고전5:6. 결국에는 그들로 인해 전염이 된 백성들은 "**우리가 어찌하여 애굽에서 나왔던고**"라고 하며 하나님께 불평과 원망을 하게 된 것이다민11:20.

민11:31 바람이 여호와에게로서 나와 바다에서부터 메추라기를 몰아 진 곁 이편 저편 곧 진 사방으로 각기 하룻길 되는 지면 위 두 규빗쯤에 내리게 한지라

이스라엘 백성들의 원망이 극에 달하자 하나님께서는 동풍을 불게 하고 바다로부터 메추라기가 날아와 진 이편과 저편 사방에 내리게 하였다민11:31. 그리고 하나님께서는 메추라기를 주워다가 맛있게 씹어 먹던 백성들에게 진노를 하셨는데 그 이유는 '바다'는 이 세상을 의미하고 '메추라기'는 땅에서 난 가시와 엉겅퀴와 같은 불법의 교훈을 의미하고 있기 때문이다. 여기서 우리가 생각해 보아야 하는 것은 '이스라엘 백성들이 땅에서 난 고기를 씹을 때에 하나님께서 얼마나 큰 진노를 하셨겠는가'를 미루어 짐작할 수 있다. 이렇게 바다로부터 날아온 메추라기를 입안에 씹고 넘기기 전에 큰 재앙을 경험한 이후로 이스라엘 백성들은 다시 메추라기를 요구하지 않게 되었다민11:33. 하늘에서 내린 만나와 같이 영과 진리의 말씀이 전해지는 곳에는 반드시 메추라기 광주리를 들고 나타나서 땅에서 난 것이 더 맛이 있다고 유혹을 하고자 사탄의 일꾼들이 기웃거린다는 사실을 반드시 기억을 해야 한다.

하나님께서는 사람이신 예수를 속죄양으로 십자가에 못 박아 죽게 하시는 것을 다음의 사건을 통하여 미리 예표하여 주셨다. 바로 왕에게 400년간 종살이를 하던 이스라엘 백성들을 애굽으로부터 나오게 하기 전에 이스라엘 백성의 집집마다 어린양을 잡아서 그 피를 문설주에 바르고 그 고기를 먹게 하셨다. 그리고 그날 밤에 이스라엘을 제외한 애굽 사람들의 장자는 모두 죽임을 당하였다. 이는 예수님이 세상을 위하여 대신 죽임을 당하고 희생되는 것을 알도록 하기 위하여 이스라엘로 하여금 유월절이라는 명절을 기념하고 지키게 한 것이다. 이처럼 하나님께서는 이스라엘을 구원하시고자 애굽에서 인도하여 내셨건만 백성들은 오히려 그들을 괴롭히고 종살이를 시켰던 바로 왕이 먹여 주던 땅에서 난 것들을 더 좋아했던 것이다. 그후 하나님께서는 하늘에서 내려온 만나를 잊지 말고 기억하게 하기 위하여 잘 간수하라고 말씀하셨다.

출16:32 너희 대대 후손을 위하여 간수하라 이는 내가 너희를 애굽 땅에서 인도하여 낼 때에 광야에서 너희에게 먹인 양식을 그들에게 보이기 위함이니라 하셨다 하고

오늘날에도 이곳저곳에는 애굽의 바로 왕이 이스라엘 백성들에게 강제 노역을 시키고자 먹여 주었던 고기 국물, 파, 부추, 참외와 그리고 메추라기를 진열해 놓고 먹여 주는 데가 많이 있다. 그들은 영으로서 생명의 말씀을 먹여 주는 것이 아니라 세상에서 좋아 보이는 것(철학, 사상, 도덕, 종교, 교양 등)을 섞어 만든 비빔밥을 먹여 주고 있는 것이다. 그리고 세상에 속한 풍요와 명예와 건강의 축복을 준다고 하는 미끼로 유혹하여 불법의 길로 인도하고 있는 것이다.

그런데 이 교훈에 미혹이 된 사람들은 자기 귀를 즐겁게 하는 그러한 교훈을 듣기 좋아하고 자기 스스로 지혜롭고 의로운 자라고 여기고 있다. 그러나 그들은 만나와 메추라기의 진정한 의미를 전혀 모르고 있으며 맛이 없는 만나(진리)보다는 세상의 메추라기(유명한 설교)를 얻기 위하여 광주리를 들고 여기저기를 기웃거리는 불쌍한 영혼들이다.

그러므로 그리스도인들은 '가라지'와 같은 거짓 교훈들에 대하여 경계심을 갖고 진리의 말씀으로 올바른 분별을 하여야 한다.

| 09 |
성전 문 앞에 앉아 있는 사람 행3:1-10

나면서부터 걷지 못하는 앉은뱅이는 날마다 성전 문 앞에 앉아 성전 안에 들어가는 사람에게 구걸하였다. 그러던 어느 날 베드로와 요한이 성전 안으로 들어가다가 이 사람을 보고 예수 그리스도의 이름으로 오른손을 잡아 일으켜서 걷게 하고 뛰게 하는 기적이 일어났다. 성경에 기록이 된 모든 말씀은 그 자체가 영(진리)이시기에 보이는 현상보다도 그 안에 감추어진 의미에 집중하여야 한다. 그러면 하나님께서 말씀하시는 참된 의미가 무엇인지 살펴보도록 하자.

행3:2 나면서 앉은뱅이 된 자를 사람들이 메고 오니 이는 성전에 들어가는 사람들에게 구걸하기 위하여 날마다 미문이라는 성전 문에 두는 자라

이 앉은뱅이는 나면서부터 걷지를 못했기에 다른 사람들의 도움을 받아야 하고 날마다 성전 문 앞에 앉아 성전에 들어가는 사람들에게 구걸하여 살아가는 사람이었다. 그는 날마다 성전 문 앞에 오지만 성전 안에는 들어가지 못하고 있는 인생이며 이는 세상의 의를 구걸하여 얻어먹고 살기에 진리 안에는 단 한 번도 들어간 적이 없는 영혼의 상태를 드러내고 있다. 이처럼 이 세상에 있는 율법은 영혼을 결박하여 타인의 시선이 인정해 주는 것을 받아먹으며 살아가게 한다. 그러므로 세상 율법에 매인 영혼은 자유롭게 걷거나 뛸 수 없으며 늘 땅(불법)에만 들러붙어 앉아 있게 한다. 설명을 하면 성전 문 앞에 앉아 있는 앉은뱅이의 모습은 영과 진리를 모르고 율법적인 신앙생활을 하고 있는 사람들의 자화상이다.

행3:5 그가 저희에게 무엇을 얻을까 하여 바라보거늘

이 앉은뱅이가 앉아서 사람들에게 구하는 것은 근본적으로 영의 문제를 해결해 주지 못하며 일시적으로 불법(육체)의 욕구를 채워 주는 은과 금(세상의 의)이다.

행3:6 베드로가 가로되 은과 금은 내게 없거니와 내게 있는 것으로 네게 주노니 곧 나사렛 예수 그리스도의 이름으로 걸으라 하고

베드로와 요한은 이러한 앉은뱅이의 영혼을 불쌍히 여겨 예수 그리스도의 이름으로 일으켜 세운 것이다. 이 앉은뱅이는 예수 그리스도를 믿음으로 그의 발과 발목이 힘을 얻고 일어서서 뛰고 걸으며 성전에 들어가 하나님을 찬미하게 되었다. 이것이 바로 진리의 말씀으로 치유가 되어 걷고 뛰게 되는 영혼의 모습이다. 그의 영혼은 영과 진리에 의하여 묶여 있던 사슬에서 풀려나 살게 되었고 비로소 성전 안으로 들어가면서 그의 입으로 하나님을 찬송하게 되었다.

행3:16 예수로 말미암아 난 믿음이 너희 모든 사람 앞에서 이같이 완전히 낫게 하였느니라

우리의 삶 속에서도 그리스도로 말미암아 오른손을 잡고 일으켜 세워 줘야 하는 영혼이 성전 문 앞에 앉아 있는지를 돌아보아야 한다.

10

나사로의 부활 요14:17-44

요11:25 예수께서 가라사대 나는 부활이요 생명이니 나를 믿는 자는 죽어도 살겠고

빛을 드러내시기 위한 목적

베다니 나사로의 죽음은 하나님의 영광을 나타내기 위한 사건이라고 성경은 기록하고 있다요11:4. 전후의 상황을 살펴보면 그가 죽기 전에 나사로의 누이인 마르다와 마리아는 예수님께 나사로가 병이 들었다는 소식을 미리 알렸다요11:3. 이에 예수님께서는 "하나님의 영광을 위함이요 하나님의 아들로 이를 인하여 영광을 얻게 하려함이라"요11:4라고 하셨지만

서두르시지 않으시고 거하시던 곳에 이틀을 더 머무르셨다 요11:6. 그 후에 제자들에게 나사로가 잠들었음을 알리시며 나사로가 있는 곳으로 가셨다 요11:11. 그리고 도착했을 때 나사로는 이미 죽은 지 나흘이나 되었고 요11:17 이에 마리아는 "주께서 여기 계셨더라면 내 오라버니가 죽지 아니하였겠나이다" 요11:32라고 하며 아쉬움을 토로하였다. 이러한 정황을 살펴보면 예수님께서는 나사로가 죽을 것을 미리 아시고 죽음이 이르는 때를 기다리신 것처럼 보인다. 나사로는 비록 세상에 속한 인간이기에 세상에 이치에 따라 죽게 된 상황이지만 예수님께서는 나사로를 통하여 장차 예수님께서 하시게 될 대속과 부활을 사람들로 하여금 미리 알게 하기 위하여 예표하시기 위함이었다. 여기서 예수님께서 말씀하신 하나님의 영광과 그의 아들로 인해 영광을 얻게 한다는 것은 하나님의 영광은 곧 '하나님의 의'를 말한다. 그리고 그 의는 예수 그리스도로 인하여 얻게 된다는 것을 의미한다.

요11:44 죽은 자가 수족을 베로 동인채로 나오는데 그 얼굴은 수건에 싸였더라 예수께서 가라사대 풀어 놓아 다니게 하라 하시니라

어떤 이들은 이 말씀에 대해서 예수 그리스도를 믿는 사람은 나사로처럼 육체(몸)가 부활하게 되는 것을 의미한다고 믿는다.

그러나 본문에 보면 죽은 나사로의 모습은 얼굴이 수건으로 가려져 있었는데 고후3:13-14 수족이 동여매인 채 썩은 냄새를 풍기는 상태는 율법으로 인하여 죽은 상태에 있는 바리새인과 유대인들의 영혼의 모습을 나타내고 있다. 이는 인간의 영이 불법(율법)에 매여 정죄 당하여 사망이라는 무덤에 갇혀 있는 것을 나사로의 죽음과 모습을 통하여 드러내어 주셨다. 그리고 죽은 나사로의 영혼이 그리스도의 음성(말씀)을 듣고 베로 동인 것이 풀어지는 것은 불법에서의 해방을 말씀해 주시고 있다. 이 말씀은 그리스도와 함께 불법이 죽고 새 생명을 얻어 그리스도의 영(의)으로 다시 살아나게 된 영혼에 대한 말씀이다.

이와 같이 나사로처럼 영으로 다시 살게 된 자여야만 그리스도의 날에 그리스도께서 약속한 신령한 몸을 입을 수 있게 된다. 그런데 둘러선 무리들은 죽은 나사로의 모습이 불법에 매여 있는 자기 영혼의 모습을 나타내고 있는 것을 알지 못하고 예수님께서 나사로만을 사랑하셔서 우신 것으로 이해를 하였다 요11:35.

| 11 |
알곡과 가라지 마13:24-30

> 마13:24-25 예수께서 그들 앞에 또 비유를 베풀어 가라사대 천국은 좋은 씨를 제 밭에 뿌린 사람과 같으니 사람들이 잘 때에 그 원수가 와서 곡식 가운데 가라지를 덧뿌리고 갔더니

씨를 뿌리는 자가 밭에 좋은 씨를 심었는데 사람들이 잠을 자는 동안에 악한 자들이 와서 그 밭에 가라지를 덧뿌리고 갔다.

> 마13:38 밭은 세상이요 좋은 씨는 천국의 아들들이요 가라지는 악한 자의 아들들이요

어떤 이들은 창세전부터 좋은 씨라고 구별이 된 천국의 아들들을 하나님께서 세상에 태어나게 하셨는데 사탄이 몰래 멸망을 받을 사람들을 이 세상에 태어나게 했다고 해석을 하기도 한다. 그러나 이런 해석대로라면 하나님에 의하여 창세전에 이미 좋은 씨(하나님의 아들)로 창조가 된 영혼들이 있었는데 하나님의 계획에도 없는 인간을 사탄이 세상에 덧뿌려서 태어나게 했다는 이상한 논리가 된다.

이들의 주장은 한마디로 좋은 사람과 나쁜 사람으로 구분이 되어 태어나게 된다고 하는 억지 논리이지만 이 논리는 예수 그리스도의 십자가의 구속과 은혜를 약화시키고 오히려 세상의 논리인 운명론을 부추기게 한다. 만약 그들의 주장에 따른다면 과연 첫 사람 아담은 좋은 씨로 창조가 되었는가 아니면 사탄이 덧뿌려 태어나게 된 가라지인가의 질문에 대하여 정확한 답변을 해야 할 것이다.

> 시78:1-2 내 백성이여, 내 교훈을 들으며 내 입의 말에 귀를 기울일찌어다 내가 입을 열고 비유를 베풀어서 옛 비밀한 말을 발표하리니

> 마13:34-35 예수께서 이 모든 것을 무리에게 비유로 말씀하시고 비유가 아니면 아무것도 말씀하지 아니하셨으니 이는 선지자로 말씀하신바 내가 입을 열어 비유로 말하고 창세부터 감추인 것들을 드러내리라 함을 이루려 하심이라

예수님께서는 비유를 사용하셔서 우리에게 말씀해 주셨다. 왜냐하면 어떠한 지식에 대해 무지한 사람에게 그것을 이해하고 알도록 하기 위해서는 그 사람이 이미 알고 있는 개념에 빗대어서 설명하는 것이 가장 좋은 방법이기 때문이다. 세상에 속한 인간에게 세상에 속하지 않는 지식을 깨닫도록 하기 위한 방법으로 예수님께서는 비유의 방법을 사용하셨다.

사6:9 여호와께서 가라사대 가서 이 백성에게 이르기를 너희가 듣기는 들어도 깨닫지 못할 것이요 보기는 보아도 알지 못하리라

예수님께서 알려 주시고자 하시는 그 비밀을 깨닫기 위해서는 반드시 자기 영의 귀와 눈을 열어 듣고 보아야만 한다. 만약 육신의 시각으로 받아들인다면 이사야서의 말씀과 같이 듣기는 해도 듣지 못하고 보기는 보아도 절대로 볼 수가 없을 것이다.

그런데 예수님께서는 이 알곡과 가라지의 비유로 무엇을 말씀하시는 것인지 살펴보도록 하자.

씨를 뿌리는 자가 좋은 씨를 인간의 마음이라는 밭에 뿌렸는데 인간이 자는 동안 악한 자가 그 밭에 가라지를 덧뿌리고 갔음을 싹이 나고 결실할 때 알게 된다. 그렇지만 가라지를 뽑으려다 곡식까지 함께 뽑힐 염려가 있으므로 그대로 두었다가 추수 때 추수꾼들을 보내어 그 가라지를 먼저 거두어서 불사르겠다는 내용이다.

여기서 '밭'은 사람의 마음(영)을 의미하고 '좋은 씨'는 예수 그리스도의 진리를 의미한다. 밭이라는 인간의 마음에서 좋은 씨(영과 진리)로 받아들이면 알곡을 맺게 되지만 만약 그 사람이 잠을 잘 때에 악한 자가 뿌린 가라지(불법)를 받아들이면 좋은 씨는 그 마음에서 빼앗겨 사라지고 그 땅에는 육체에 속한 가라지만 자라나게 된다.

이는 사람의 마음(밭)에서 율법(씨앗)을 영(靈)으로 순종할 것인지, 아니면 육체(肉體)로 순종할 것인지에 따라서 서로 다른 싹을 틔우며 자라나게 됨을 의미한다.

또한 마13:38에서 악한 자가 잘 때 가라지를 덧뿌린다고 하는 것은 마음의 영적 분별력이 어두워 캄캄한 시기를 틈타서 진리(영)인 말씀을 세상 율법의 교훈으로 받아들이게 하여 가라지가 나게 되는데 결실할 때에야 그것이 불법이었다는 사실을 알게 된다는 말씀이다.

마13:41-42 인자가 그 천사들을 보내리니 저희가 그 나라에서 모든 넘어지게 하는 것과 또 불법을 행하는 자들을 거두어 내어 풀무 불에 던져 넣으리니 거기서 울며 이를 갊이 있으리라

여기서 '불법을 행하는 자'란 불법을 받아들인 자를 의미한다. 그리고 예수님께서 마13:24-30의 말씀을 해석해 주시면서 **"밭은 세상이요 좋은 씨는 천국의 아들들이요"** 라고 하신 것은 지혜롭고 분별력이 있는 영혼이 악한 자에게 속지 않고 좋은 씨(영)로 남아 알곡이 된 사람들을 결과적으로 가리키고 있다.

그래서 역시 결과적으로 설명을 하시는 것이기에 **"가라지는 악한 자의 아들들이요"** 라고 말씀을 하신 것이다. 그러므로 위의 말씀으로 인하여 각 개인의 영혼이 천국이나 지옥에 들어가는 것이 하나님이 일방적으로 정해 놓은 운명인 것처럼 강론을 하는 것은 전체적인 성경 말씀과 전혀 조화를 이루지 못하는 잘못된 견해이다.

중요한 것은 인간의 영(마음)이 좋은 씨나 가라지의 씨를 받아들이기 이전에는 동일한 밭(마음)이었고 같은 종자(씨)를 어떤 씨로 받아들였는가의 자기의 선택과 결정에 의하여 **'알곡과 가라지로 변동이 되어지는 영적인 속성'** 을 주목해야 한다. 그러므로 사람이 알곡이나 가라지가 되는 것에 대한 책임은 모두 다 자기 자신에게 있다. 어느 때나 자기 스스로 들을 귀가 있거나 또는 없으므로 인하여 생명 또는 사망으로 결론이 나게 되는 것이다.

| 12 |
연보의 의미

고후9:13 이 직무로 증거를 삼아 너희의 그리스도의 복음을 진실히 믿고 복종하는 것과 저희와 모든 사람을 섬기는 너희의 후한 연보를 인하여 하나님께 영광을 돌리고

'연보'란 진리로 말미암아 영의 생명을 얻은 자들 간에 공동체로서의 연합과 교통에 참여하는 그리스도인의 의로운 활동을 의미한다. 그리스도의 보혈로 구원을 받은 성도는 성도를 섬기는 일의 소중함을 알게 되고 이에 참여하고자 하는 열망이 우러나오게 된다. 이러한 열망은 전적으로 진리의 말씀을 깨닫게 됨으로써 나타나게 되는데 그리스도의 몸인 공동체를 존귀하게 여기면서 섬기고자 하는 마음에서 생기게 된다. 또한 이 마음으로 행하는 연보를 성경에서는 하나님께로부터 받은 은혜라고 표현하고 있다.

고후8:7 오직 너희는 믿음과 말과 지식과 모든 간절함과 우리를 사랑하는 이 모든 일에 풍성한 것같이 이 은혜에도 풍성하게 할찌니라

이 말씀을 표면적으로 보면 물질을 드리라는 것으로만 이해하기 쉽다. 그러나 연보를 드린다는 것은 공동체를 위한 헌물뿐만 아니라 그리스도의 의를 전하는 사역까지 포함하고 있는 외적인 표현이기도 하다.

연보를 하는 것이 왜 은혜인가

시112:9 저가 재물을 흩어 빈궁한 자에게 주었으니 그 의가 영원히 있고 그 뿔이 영화로이 들리리로다

앞서 7부의 6과에서 언급하기를 다른 교훈을 성경에서는 재물로 표현하고 있다고 하였지만 여기서 말씀하시는 '재물'은 영적인 기근에 시달리는 이 세상에 주신 '하나님의 의'를 상징하고 있다. 이는 영과 진리의 말씀을 굶주린 영혼에게 주어 하나님의 의로 인하여 살게 하는 것을 뜻한다.

고후9:10 심는 자에게 씨와 먹을 양식을 주시는 이가 너희 심을 것을 주사 풍성하게 하시고 너희 의의 열매를 더하게 하시리니

말씀과 진리를 전하는 것은 마치 추수 때를 기다리면서 씨를 뿌리는 것과 같다. 하나님께서는 씨를 뿌리는 자에게 심을 것을 주실 뿐만 아니라 추수 때에 의의 열매를 기쁨으로 거두게 하신다. 그러므로 씨를 뿌리는 것은 설교를 하는 것만을 의미하는 것이 아니라 성도로 하여금 의의 열매를 맺기까지 쏟아야 하는 진리 안에서의 헌신을 포함하고 있다.

갈6:8 자기의 육체를 위하여 심는 자는 육체로부터 썩어진 것을 거두고 성령을 위하여 심는 자는 성령으로부터 영생을 거두리라

그러므로 연보의 행실은 그 자체가 진리(영)에 대한 섬김이며 하나님께로부터 받은 은혜인데 성령 안에 거하는 자들만이 행할 수 있는 빛의 행실이다.

고후8:9 우리 주 예수 그리스도의 은혜를 너희가 알거니와 부요하신 자로서 너희를 위하여 가난하게 되심은 그의 가난함을 인하여 너희로 부요케 하려 하심이니라

성도들은 그리스도께서 자신을 위해 땅까지 낮아지셔서 비천하고 가난해지셨음을 알기에 하나님의 성전이 될 성도들을 위하여 서로 섬김의 자리에 서게 되고 동시에 의의 열매를 맺을 수 있는 부유함을 가지게 된다.

고후8:21 이는 우리가 주 앞에서만 아니라 사람 앞에서도 선한 일에 조심하려 함이라

그리스도인들이 교회에서 열심으로 헌금과 봉사를 하여 하나님의 충성된 자가 되었다고 생각하고 있다면 이는 의로우신 하나님의 은혜를 아직 제대로 깨닫지 못한 어린아이에 속한 것이다.

예수 그리스도께서 가난하게 되신 것의 영적인 의미를 깨닫는 자는 세상이 판단할 때에 의가 없어 보일지는 몰라도 그의 영은 그리스도 안에서 부유한 자가 된다. 물론 이러한 일은 세상 물질의 소유의 정도와 상관이 없는 영적인 변화를 말한다. 이렇게 영으로서 부유함을 소유하고 누리는 자들이 진리 안에서 헐벗은 자들에게 그리스도(진리)를 나누어 주는 것이 가장 참된 연보이다. 그리고 이러한 일을 성취하기 위하여 그리스도인들이 삶 가운데 하나님께 헌금을 드리는 것은 의의 사역에 동참하는 것과 같다.

이와 같이 이 세상에서는 표면적인 헌신을 통하여 영 안에 가진 진리를 실천하거나 표현할 수가 있는데 그 이유는 우리가 살고 있는 이 세상이 물질계에 속하여 있는 세계이기 때문이다. 그러나 이마저도 영과 진리를 기초로 한 것이 아니라 육과 세상에 속한 자신의 정성을 드린다면 하나님께서 받으실 리가 없으며 그런 것들에 대하여 감동하시지 않으신다. 그리스도의 의를 알지 못하는 상태에서 세상의 의에 기초하여 드려진 재물들은 자기의 의(사람의 의)를 쌓는 일에 사용이 될 뿐이다.

그러므로 그리스도인이 연보로 성도를 섬긴다는 것은 경제적인 필요를 채워 주는 사회복지 사업과는 전혀 다른 차원이며 그리스도 안에서 성도들 간에 진리(떡)를 나누어 영으로 살게 하는 것이 '연보'이다. 그 연보에 근거한 성도 간의 물질적인 나눔은 바로 이와 같은 참된 연보의 외적인 표현인 것이다.

| 13 |

성령의 열매 2 마7:15-23

눅6:43-44 못된 열매 맺는 좋은 나무가 없고 또 좋은 열매 맺는 못된 나무가 없느니라 나무는 각각 그 열매로 아나니 가시나무에서 무화과를, 또는 찔레에서 포도를 따지 못하느니라

선악과(불법)로 눈이 밝아진 자들에게는 세상의 선이 하나님께서 인정하실 의의 열매(진리)로 보이겠지만, 하나님께는 땅에서 난 가시나무, 엉겅퀴, 찔레(불법)일 뿐이다. 그러나 정작 가시와 찔레나무들은 스스로 주의 이름으로 충성하고 율법을 준수하였다고 생각하기에 자신들이 악한 영의 지배를 받고 있는 나무라는 사실을 전혀 깨닫지 못하고 있다.

마7:22 그날에 많은 사람이 나더러 이르되 주여 주여 우리가 주의 이름으로 선지자 노릇

하며 주의 이름으로 귀신을 쫓아 내며 주의 이름으로 많은 권능을 행치 아니하였나이까 하리니

당시의 종교 지도자들도 예수 그리스도의 이름으로 귀신을 쫓아내며 권능을 행하는 사역을 행하였다는 사실을 주목하여 보아야 한다. 위의 말씀에서는 사람의 영 속에 있는 불법(귀신의 영)을 권세 있는 진리로 쫓아내는 것을 보이는 귀신의 축사를 통하여 말씀하고 있다. 이처럼 성경의 말씀에는 표면적으로 보이는 기적과 축사의 내용이 기록이 되어 있는데 이는 그것을 통하여 내적인 영혼에 관계가 된 측면을 말씀하시기 위한 도구이며 수단이다. 그러나 불행하게도 어떤 이들은 성경에서 말씀하고자 하시는 본질적인 참 의미를 발견하지 못한 채 겉으로 보이는 귀신을 쫓는 것이나 권능을 행하는 것이 하나님이 역사하심의 목적으로 이해하고 표적과 이적에 집착하기도 한다.

마24:24 거짓 그리스도들과 거짓 선지자들이 일어나 큰 표적과 기사를 보이어 할 수만 있으면 택하신 자들도 미혹하게 하리라

성경에 기록된 표적과 이적은 진리를 표현하시기 위한 표면적인 역사하심이지만 사탄은 역사 이래로 겉으로 드러나는 표적이 진리인 것처럼 속이고 있다.

마7:24 그러므로 누구든지 나의 이 말을 듣고 행하는 자는 그 집을 반석 위에 지은 지혜로운 사람 같으리니

그러나 하나님께서는 단지 육체(몸)의 병을 고치거나 혼을 치유하기 위하여 기적을 행하시는 그런 분이 아니시며 철저하게 불의의 영, 즉 거짓의 영인 불법을 제거하시기 위하여 역사하시는 것이다. 그러므로 예수께서 실제로 병을 치유하신 것은 사실이지만 성경에서 육체의 질병을 치유하셨다고 하는 모든 말씀은 영혼 안에 있는 불법을 내쫓고 치유하셔서 깨끗하게 하셨다는 의미이다. 만약 세상에서 죽었던 자가 다시 살아나는 기적이 나타나더라도 그것이 영과 생명으로서의 진리를 동반한 것이 아니라면 이는 하나님이 행하신 기적이라고 볼 수 없다.

히6:8 만일 가시와 엉겅퀴를 내면 버림을 당하고 저주함에 가까와 그 마지막은 불사름이 되리라

우리가 자세히 들여다볼 것은 가시와 엉겅퀴가 언제 어디서 나왔는가 하는 것이다. 그것은 바로 아담이 불법에 순종하여 선악과를 먹은 후에 그 마음의 땅(영혼)에 뿌리박힌 선악과에서 돋아 올라온 것들이다.

창3:18 땅이 네게 가시덤불과 엉겅퀴를 낼 것이라 너의 먹을 것은 밭의 채소인즉

신약적인 용어를 사용하여 설명하자면 아담이 하나님께로부터 에덴동산에서 쫓겨나게 된 이유는 다른 복음, 다른 예수를 영과 진리보다도 더 좋아하여 순종하였기 때문이다. 그러므로 누구든지 자기가 하나님께 드릴 만한 많은 열매를 맺었다고 생각하고 있다면 그 열매들이 과연 하나님께서 받으실 만한 그리스도께 속한 의의 열매인지 스스로에게 질문해 보아야 한다.

왜냐하면 하나님께서는 표면적으로 보이는 선이나 의를 받으시기를 원하시지 않고 영혼 속에서 진리의 말씀으로 여물어진 그리스도의 의를 열매로 인정하시고 받으시기 때문이다. 그러므로 자신이 생각하기에 하나님께 드릴 것이 많다고 여겨지는 사람일수록 하나님께서 미워하시고 거절하실 가능성이 더 많다는 것을 알아야 한다. 어쩌면 오히려 하나님께 드릴 만한 것이 없다고 생각하는 자가 더 많은 의의 열매를 맺어서 하나님께서 받으시는 영의 사람일 수 있다 약3:17-18.

14
고린도전서 13장과 사랑

고전13:4 사랑은 오래 참고 사랑은 온유하며 투기하는 자가 되지 아니하며 사랑은 자랑하지 아니하며 교만하지 아니하며

일반적으로 사랑은 많은 은사들(방언, 예언, 병 고침 등) 중에서 가장 좋은 은사^{고전12:31-13:1}라고 알고 있다. 그러나 이 사랑의 은사에 대해서 기능적인 역할을 하는 은사들 중의 하나라고 이해해서는 안 된다. 독자들의 이해를 돕기 위하여 고전13:4의 말씀에서 '사랑'을 '불법'이 라는 단어로 바꾸어 보면 정반대의 의미가 발견될 것이다.

불법은 오래 참지 아니하고 불법은 포악하며 질투하며 불법은 자랑하며 오직 자기의 유익만을 추구하고

이와는 반대로 감추어진 영의 율법은 세상을 향하여 정죄하지 않고 온유하며 오래 참으시는 하나님의 속성을 '사랑'이라는 단어로서 나타내고 있음을 알 수 있다. 그러므로 고린도전서 13장에서의 '사랑'은 하나님의 율법에 순종하여 이 세상의 어떠한 아름다움과 영광도 탐내지 않으시는 예수 그리스도를 말하고 있다. 따라서 고전13:4에서의 '사랑'은 사람들이 알고 있는 세상의 선이나 기능적인 역할을 하는 은사들 중에 하나로 이해를 해서는 안 된다. 하나님께서 사역적인 은사를 주신 궁극적인 목적은 세상으로 하여금 사랑(그리스도) 안에서 하나님의 의를 발견하게 하는 복음을 전하는 일에서 확증하게 하거나 드러내기 위하여 주신 것이다.

그리스도로 말미암아 진리를 소유한 자는 그의 영에서 빛의 열매를 맺게 되는데 이것이 바로 진리에 속한 사랑이다. 이러한 변화는 영으로서의 변화를 뜻하는 것이지, 개인의 천성적인 성격의 변화, 도덕적인 품성의 변화를 뜻하는 보이는 육체의 개념이 아니다. 이 점을 재대로 알지 못한 자들은 세상에서 율법적으로 완전함에 도달하고자 인간적인 노력을 하지만, 결론적으로 인간이 보이는 세상 율법에 의하여 변화하는 것은 불가능하다. 모든 인간이 타고난 품성은 절제가 될 수는 있어도 천성이 변화되는 것은 아니다. 그러므로 그리스도인이 하나님의 영(법칙)을 소유하게 된 것^{롬8:1-2}과 표면적으로 보이는 인간적인 품성의 변화를 차원이 같은 것으로 이해를 해서는 안 된다.

예를 들어 어떤 사람이 자기의 성격이나 습관을 절제하는 사람이 이 땅의 선의 기준으로 볼 때 보이지 않는 그리스도의 영을 소유한 사람보다는 훨씬 더 깨끗하고 의롭게 보일 수 있을 것이다. 만약 고린도전서 13장을 위에서 언급한 대로 개인의 인격이나 품성의 변화로 이해를 해야 한다면 다시 보이는 율법을 지켜야만 한다고 강요해야 하는 이중적인 모순을 갖게 되는 것이다.

성경에서는 그리스도의 영(진리)을 소유한 사람으로 변하여 가는 것을 장성해 가는 것이라고 하는데 세상 율법의 잣대로 판단을 하여 착한 사람이 되어 가는 것을 믿음이 장성한 것이라고 이해를 해서는 안 된다. 물론 그리스도인들도 불가불 일상의 삶에서 세상의 윤리나 도덕, 법규를 지키고 살아야 하겠지만 그러한 것들을 완전한 하나님의 의의 기준으로 삼아서는 안 된다. 아울러 예수 그리스도를 믿는다는 이유로 무조건 참아야 하거나 보복을 하지 않아야 하는 등의 인간적으로 의롭게 보이는 행위들이 하나님께서 인정하시는 의라고 믿어서는 안 된다. 분명히 구분을 하자면 그것은 육체의 가르침을 추구하는 종교에서는 높이 추앙을 받을 수는 있겠지만 인간을 해방시킬 수 없으며 도리어 지속적으로 옭아매기 위한 '사탄의 전술'이다.

또한, 고린도전서 13장에서의 '사랑'을 인간이 가지는 감정이 이웃 간에 '사랑'이라고 가르치는 것은 진리의 말씀을 땅의 교훈으로 변개시켜 버리는 행위이다. 그들은 자기들도 오르지 못할 나무에 남을 밀어 올리는 뻔한 행위들을 저지르고 있는 것이다.

고전 13장의 '사랑'은 어떤 사람이 타인을 향한 따뜻한 감정이나 심성의 상태를 언급하는 것이 아니다. 여기서의 사랑은 믿는 자의 영이 불법에서 깨끗하게 되어 장성하게 되기까지 자라게 하시는 진리이신 예수 그리스도를 나타내고 있다. 고린도전서 13장은 영과 진리를 깨달아 소유한 자의 영이 완전한 의를 소유하여 하나님 앞에 온유하며 투기하지 아니하고 자랑하지 아니하며 불의한 것을 생각하지 아니하는 등의 영(진리)의 열매를 맺게 되는 것을 말씀하고 있다.

| 15 |
계보로 본 생명의 의미 창5:1-32

창세기 5장에는 아담으로부터 시작하여 노아의 아들들인 셈과 함과 야벳이 출생하기까지의 계보가 기록되어 있다.

> 창5:3 아담이 일백 삼십세에 자기 모양 곧 자기 형상과 같은 아들을 낳아 이름을 셋이라 하였고

1) 생명(진리)을 잇는 계보

아담은 비록 선악과를 따서 먹음으로 죄를 범하였지만 하나님께서는 가죽옷을 지어 입혀 주시므로 그의 수치를 가리게 하여 주셨다. 이것은 모형적으로 진리로서 하나님께서 자기 형상, 곧 하나님의 모양대로 지으신 인간에게 그리스도의 형상을 덧입게 하셔서 하나님의 영생을 가진 자가 되게 하시려는 계획을 보여 주신 것이다. 그러나 가인은 하나님의 모양과 형상을 따라 지음을 받았음에도 불구하고 불법의 영(불법)유1:11을 받았으므로 그는 그리스도의 형상갈4:19을 본받은 자가 아니다.

이와 같이 가인요일3:12은 땅에 속한 자였기에 결과적으로는 생명의 계보에 들지 못하였다. 그러나 셋에 대해서는 **"자기의 모양 곧 자기 형상과 같은 아들"**이라고 기록하고 있다. 여기서 말하는 형상이란, 인간이 입고 있는 겉모습을 의미하는 것이 아니라 그의 영이 그리스도로 말미암아 하나님 안에 있는 의의 형상을 입게 된 것을 가리키고 있다. 그리고 신·구약에 기록된 모든 믿음의 계보는 바로 그리스도 형상을 입은 사람들의 계보이다.

2) 그리스도가 오시게 되는 진리의 계보

옛날 족장 시절에는 몇백 년을 살면서 자녀를 많이 낳았기에 아들들뿐만 아니라 딸들도 많이 낳았을 것으로 추측이 된다. 창세기 5장의 계보는 그리스도로 말미암아 생명의 영을 이어받은 자들의 계보가 이어지고 있는데 이는 모형적이지만 그리스도가 이 땅에 오시기까지 진리의 나타나심을 점진적으로 확대하여 드러내어 주고 있다. 그런데 성경을 보면 사탄은 완전한 의가 되시는 예수 그리스도가 이 세상에 오시게 되는 것을 훼방하기 위하여 그의 후손을 죽이려고 하였지만 마침내 예수님께서 그 진리의 계보를 통하여 이 땅에 찾아오시게 되었다.

사탄은 하나님의 진리의 씨(의의 말씀)의 계보를 끊어 버리기 위해 진리를 소유한 성경 속의 인물들을 죽이려고 하였으며 이런 역할을 하였던 악령들의 경우, 이스라엘 백성을 괴롭힌 바로 왕이 대표적인 경우인데 이는 하나님의 계획을 뒤엎으려고 하는 사탄의 계략과 행위를 잘 보여 주고 있다.

> 창6:1-2 사람이 땅위에 번성하기 시작할 때에 그들에게서 딸들이 나니 하나님의 아들들이 사람의 딸들의 아름다움을 보고 자기들의 좋아하는 모든 자로 아내를 삼는지라

위에서 '사람의 딸들'이란 불법(땅)에 속한 거짓 영(교훈)을 받은 자들을 예표하고 있는데 사탄은 순수한 진리의 씨가 대를 잇지 못하도록 끊어 버리고자 하나님의 아들들(진리를 받은 자)을 땅에 속한 자들과 섞어 버리려는 책동을 하였던 것이다. 이것은 예나 지금이나 밭에 좋은 씨가 자라나는 것을 그냥 두고 볼 수 없기에 사람들이 잠을 잘 때에 가리지를 덧뿌려 버리는 사탄의 습성을 잘 드러내 주는 말씀이다 마13:25.

창세기에서 노아와 그 가족을 제외한 이 세상은 타락하여 모두 육체(땅)가 되었는데 이는 불법에 속하게 된 것을 의미한다. 그리고 "그들이 육체가 됨이라" 창6:3라고 하셨는데 이는 사람의 딸들(영이 아니라 육체의 교훈)로 인하여 타락하였음을 말씀하신다. 그래서 하나님께서는 영(생명)이 아니라 육체(사망)가 되어 버린 세상('무릇 생명의 기식 있는 육체')을 멸하시겠다고 하셨던 것이다 창6:17.

창6:9 노아의 사적은 이러하니라 노아는 의인이요 당세에 완전한 자라 그가 하나님과 동행하였으며

결국 하나님께서는 완전한 생명과 진리의 씨가 말라 버릴 위험에 처한 상황에서 의인 노아를 선택하셔서 세상에 진리의 씨앗을 남기시고 후대에 번성하게 하신 것이다.

| 16 |
왕이 입는 옷

계3:17-18 네가 말하기를 나는 부자라 부요하여 부족한 것이 없다 하나 네 곤고한 것과 가련한 것과 가난한 것과 눈 먼것과 벌거벗은 것을 알지 못하도다 내가 너를 권하노니 내게서 불로 연단한 금을 사서 부요하게 하고 흰 옷을 사서 입어 벌거벗은 수치를 보이지 않게 하고 안약을 사서 눈에 발라 보게 하라

짐승과 달리 모든 인간은 옷을 입고 살아가는데 이것은 단지 추위나 피부를 보호하기 위한 목적만이 있는 것이 아니다. 인간이 가진 본성은 아름답고 멋있는 옷을 입어 예쁘게 보이거나 멋진 모습으로 보이기를 기대하는 욕구가 있다. 또한 자기의 은밀한 부분을 가리고자 하는 본성의 요구를 충족시키기 위하여 누구나 옷을 입고 사는 것이다. 이 세상은 자기의 영이 거짓의 영과 연합(선악과를 먹음)이 되어 음란한 자식이 되었기에 자기 영의 부끄러움을 가리고 싶은 본성(영의 욕구)이 표출이 되고 있다.

창3:7 이에 그들의 눈이 밝아 자기들의 몸이 벗은 줄을 알고 무화과나무 잎을 엮어 치마를 하였더라

창3:10 가로되 내가 동산에서 하나님의 소리를 듣고 내가 벗었으므로 두려워하여 숨었나이다

아담이 세상의 불법(비진리)과 연합하기 전에는 영적인 수치심이 없었지만 죄가 들어온 후에는 자기가 벗은 것을 가리고자 하여 무화과 나뭇잎으로 하체를 가리었다. 위의 말씀에서 **"내가 벗었으므로"**라고 하는 의미는 단순히 보이는 육체가 옷을 입지 않았다고 하는 의미가 아니다. 이것은 아담의 영이 하나님을 버리고 음란한 영인 사탄과 연합(영적인 합일)하여 한 영이 되었는데 이것을 성경에서는 **"하체를 보인 자"**로 묘사를 하고 있다. 그래서 모든 인간의 영은 본성적으로 자기의 수치를 가리기 위하여 아름답게 보이려고 하는 거짓 욕망이 돋아 올라오고 있는 것이다. 만약 자기의 영이 진리와 연합을 하여 하나님의 의를 소유한 자라면 의롭고 아름답게 보이려고 하는 거짓된 욕구는 나타나지 않았을 것이다.

> 계3:17 네가 말하기를 나는 부자라 부요하여 부족한 것이 없다 하나 네 곤고한 것과 가련한 것과 가난한 것과 눈먼 것과 벌거벗은 것을 알지 못하도다

그래서 예수님은 라오디게아 교회의 사자가 눈이 멀어서 보지 못하는 것과 사람의 의로 자신의 벌거벗은 수치를 충분히 가리고 있다는 착각에 빠진 것을 책망하고 계신다 계3:17.

여기서 '벌거벗은 것'이란 불법의 실체가 무엇인지를 미처 깨닫지 못하고 보이는 '세상의 선(누룩)'을 섞인 떡(교훈)을 받아먹고 있는 어리석은 상태를 말한다.

> 계3:18 흰옷을 사서 입어 벌거벗은 수치를 보이지 않게 하고

예수님께서는 '흰옷'을 사서 입어야 한다고 말씀을 하셨는데 계3:18 이 흰옷은 그리스도의 진리의 영(말씀)으로 깨끗하게 될 때 입혀 주시는 의의 옷이다.

> 계22:14 그 두루마기를 빠는 자들은 복이 있으니 이는 저희가 생명 나무에 나아가며 문들을 통하여 성에 들어갈 권세를 얻으려 함이로다

> 계4:4 또 보좌에 둘려 이십 사 보좌들이 있고 그 보좌들 위에 이십 사 장로들이 흰옷을 입고 머리에 금 면류관을 쓰고 앉았더라

그러므로 이들은 진리의 말씀으로 불법(선악과)을 씻어 자기 옷이 깨끗하게 되어 의의 반열에 들어간 자들이다. 어떤 이들은 이십사 장로들을 천사들로 해석을 하기도 하지만 어느 때나 천사들에 대하여 장로로 호칭을 하지 않으며 또한 천사들에게 의의 흰옷과 금 면

류관을 씻워 주시는 일은 없다.

> 계19:8 그에게 허락하사 빛나고 깨끗한 세마포를 입게 하셨은즉 이 세마포는 성도들의 옳은 행실이로다 하더라

이 말씀에서 '성도의 옳은 행실'은 인간이 보이는 세상 율법적으로 판단할 때에 선한 일을 하는 행위가 아니라 더러움(불법)을 씻어 깨끗하게 된 것, 그 자체를 말씀하시는 것이다.

> 계3:21 이기는 그에게는 내가 내 보좌에 함께 앉게 하여 주기를 내가 이기고 아버지 보좌에 함께 앉은 것과 같이 하리라

> 계22:5 다시 밤이 없겠고 등불과 햇빛이 쓸데없으니 이는 주 하나님이 저희에게 비취심이라 저희가 세세토록 왕노릇하리로다

그러므로 '흰옷'은 진리의 말씀으로 불법을 씻어 버리고 깨끗하게 된 자들에게 주께서 입혀 주시는 왕들의 옷이므로 이 '흰옷'을 입기 위해서는 그리스도 안에서 진리를 소유하여야 함을 잊지 말아야 한다.

17
이기는 자가 되는 것

요일5:4 대저 하나님께로서 난 자마다 세상을 이기느니라 세상을 이긴 이김은 이것이니 우리의 믿음이니라

1) 예수 그리스도를 알게 되는 길

요일1:1 태초부터 있는 생명의 말씀에 관하여는 우리가 들은 바요 눈으로 본 바요 주목하고 우리 손으로 만진 바라

요일5:4와 같이 영과 진리이신 말씀과의 연합은 교리적인 지식을 학습하는 것으로 이루어지는 것이 아니라 하나님께서 영적인 지각을 열어 주실 때에 하나님을 영으로 만나게 되는 경험을 하게 된다 요일5:20.

눅24:15-16 저희가 서로 이야기하며 문의할 때에 예수께서 가까이 이르러 저희와 동행하시나 저희의 눈이 가리워져서 그인 줄 알아보지 못하거늘

부활하신 예수님께서는 예루살렘에서 엠마오로 내려가는 제자들에게 나타나셔서 동행하시되 다른 모양으로 나타나셨다. 그리고 모세와 선지자들의 글을 통하여 그리스도에 관한 말씀을 자세히 설명하여 주시므로 바로 지금 눈앞에 있는 예수 그리스도가 말씀이심을 깨달을 수 있도록 마음눈을 열어 주셨던 것이다 눅24:27. 진리의 영이신 예수님께서는 두 제자들이 비로소 눈이 밝아져서 예수 그리스도를 알아보는 순간에 그들에게서 보이지 않게 되었다. 이처럼 엠마오로 내려가는 제자들에게 다가오셔서 모세와 선지자의 글을 통하여 영과 진리(예수 그리스도)를 설명하여 주시고 깨닫게 하시므로 세상으로 하여금 영이신 하나님을 만나게 되는 길을 보여 주신 것이다.

눅24:32 저희가 서로 말하되 길에서 우리에게 말씀하시고 우리에게 성경을 풀어 주실 때에 우리 속에서 마음이 뜨겁지 아니하더냐 하고

그러므로 영과 진리이신 말씀을 깨닫게 되는 것만이 영이신 하나님을 소유하게 되는 길이다. 곧 말씀은 살리는 영이며 이 세상을 살리려고 던져 주신 영적인 불이다. 이 불은 인간의 영 속에 있는 모든 악한 것을 태우는 능력이며 권세이다.

눅12:49 내가 불을 땅에 던지러 왔노니 이 불이 이미 붙었으면 내가 무엇을 원하리요

그리고 그 말씀의 불이 제자들의 영 안에서 빛을 비추어 줄 때에 그들의 영혼은 뜨거워질 뿐 아니라 눈이 밝아졌으며 비로소 진리이시며 말씀이신 예수님을 발견하게 되었다.

요일2:13 청년들아 내가 너희에게 쓰는 것은 너희가 악한 자를 이기었음이니라

이 세상에서 가장 지혜로운 자라고 할지라도 사탄의 권세를 죽이고 불법에서 해방될 수 있는 자는 아무도 없다. 다만 그리스도의 영을 소유하게 된 자는 사망의 권세로부터 해방이 되는데 성경에서는 "악한 자를 이기었음이니라"라고 말씀하신다.

요일2:14 하나님의 말씀이 너희 속에 거하시고 너희가 흉악한 자를 이기었음이라

사탄은 에덴동산에서 인간을 속여서 영(말씀)이 아닌 육(불법)을 소유하게 하여 사망에 처하게 하였지만 여자(살리는 영의 율법)의 후손이신 예수 그리스도 안에서 하나님의 의를 소유한 자들은 그리스도와 함께 뱀의 머리를 상하게 하고 세상을 심판하게 되었다.

2) 악한 자를 이기는 비결

사탄을 이기는 비결은 오직 진리의 말씀이 인간의 영을 비추어 주었을 때 그 빛의 능력으로 불법(어둠)이 권세를 잃게 하는 것이다. 이는 사람의 힘과 능력으로 되는 것이 아니요, 이 세상의 지혜로도 될 수가 없는 것이다.

요일2:14 너희가 흉악한 자를 이기었음이라

이 얼마나 통쾌하고도 위대한 승리인가? 진리를 믿는 그리스도인이 사탄의 권세를 이기고 그의 머리를 상하게 하였다는 엄청난 승리의 선언이다.

요12:31 이제 이 세상의 심판이 이르렀으니 이 세상 임금이 쫓겨나리라

진리(법)를 소유한 그리스도인들에게서 불법(죄)의 권세는 땅에 떨어지고 쫓겨났으며 더 이상 악한 자가 왕으로 행세를 할 수가 없게 되었다.

> 요16:33 이것을 너희에게 이름은 너희로 내 안에서 평안을 누리게 하려함이라 세상에서는 너희가 환난을 당하나 담대하라 내가 세상을 이기었노라 하시니라

진리(영) 안에 들어가게 되면 불의의 영의 음성에 따르지 않게 되고, 이전처럼 사탄이 조종하는 대로 농락을 당하거나 범죄를 하지 않게 된다요일5:18, 요일3:9. 다시 말하면 이기는 자들은 자신의 영으로 다시 불법에 미혹이 되지 않기에 죄(불법)요일3:4에게 순종하지 않으며 그리스도 안에서 자유를 가진 자가 된 것이다. 이처럼 그리스도 예수를 믿는 자는 그리스도 안에서 완전한 자골1:28가 되며 거룩하고 흠 없고 책망할 것이 없는 성도가 된다골1:22. 그뿐 아니라 고후7:1에 기록이 된 것처럼 거룩함을 온전히 이룬 자는 보이는 세상의 불법에 속지 않게 된다. 아울러 진리를 깨달아 소유한 그리스도인들은 예수님께서 세상을 이기신 것요16:33처럼 이미 함께 세상을 이긴 자가 된 것이다.

> 계3:12 이기는 자는 내 하나님 성전에 기둥이 되게 하리니 그가 결코 다시 나가지 아니하리라 내가 하나님의 이름과 하나님의 성 곧 하늘에서 내 하나님께로부터 내려 오는 새 예루살렘의 이름과 나의 새 이름을 그이 위에 기록하리라

또한 이기는 자들은 예수님이 앉으신 보좌와 왕들의 영광계3:21이 있는 새 예루살렘에 들어가게 된다히12:22, 계21:2. 그들은 그리스도와 완전한 연합을 하여 장성한 자들로서 다시 타락이 있을 수 없으며 그들의 영 안에서 거짓말(불법)이 없고 흠이 없는 자들이다계14:5.

제8부
행함과 실천의 진리

| 01 |
선한 사마리아인 눅10:25-37

눅10:25 어떤 율법사가 일어나 예수를 시험하여 가로되 선생님 내가 무엇을 하여야 영생을 얻으리이까

율법사가 예수님께 이러한 질문을 한 의도와 목적은 따로 있었다. 그는 어려서부터 율법을 충실하게 준행하고 있는 자이기에 명백하게 하나님의 자녀라고 확신을 갖고 있었던 사람이다. 그런데 그 율법사의 눈에는 예수님이 율법을 지키지 않는 것으로 보였기에 마음속으로는 예수님에 대하여 무시하는 생각을 갖고 있었던 것이다. 그래서 예수님께 나아와서 일부러 이러한 질문을 한 것인데 그의 진짜 목적은 자기 자신을 높이고자 한 것이다.

눅10:25 선생님 내가 무엇을 하여야 영생을 얻으리이까

이 율법사는 성경에 기록된 대로 구원을 얻기 위하여 지켜야 할 것을 충분히 지켰다고 여길 만큼 행위적으로는 매우 충실한 사람이었다. 그래서 그는 자신을 내세우기 위하여 **"내가 무엇을 하여야 영생을 얻으리이까"** 라고 질문을 하였다. 이는 자기가 구원을 얻기 위하여 율법을 지켰던 행위가 충분한 것인지, 또 무엇이 더 필요한지 질문을 하였지만 실상은 구원을 얻기에 충분할 것이라는 자기 행위에 대한 확신이 있기에 일부러 한 질문이었다.

눅10:27-28 또한 네 이웃을 네 몸과 같이 사랑하라 하였나이다 예수께서 이르시되 네 대답이 옳도다 이를 행하라 그러면 살리라 하시니

이 말씀은 마치 이웃에게 선한 일을 하여 행위적인 선을 쌓아야만 구원을 얻게 되는 것처럼 오해하게 하는 말씀이기도 하다. 이어서 그 율법사는 "그러면 내 이웃이 누구니이까" ^{눅10:29}라고 질문을 하였는데 예수님께서는 이에 대하여 '선한 사마리아인'의 비유를 들어서 설명해 주셨다.

> 눅10:30 예수께서 대답하여 가라사대 어떤 사람이 예루살렘에서 여리고로 내려가다가 강도를 만나매 강도들이 그 옷을 벗기고 때려 거반 죽은 것을 버리고 갔더라

그런데 제사장이 강도를 만나 죽게 된 자를 피하여 지나갔고 또 성전에서 수종 드는 일을 하는 레위인도 강도 만난 자를 피하여 갔지만 사마리아인은 그 두 사람과는 전혀 다른 행동을 한 것이다.

> 눅10:33-34 어떤 사마리아인은 여행하는 중 거기 이르러 그를 보고 불쌍히 여겨 가까이 가서 기름과 포도주를 그 상처에 붓고 싸매고 자기 짐승에 태워 주막으로 데리고 가서 돌보아 주고

그런데 수많은 사람이 이 말씀을 근거로 하여 **'행함이 없는 믿음'**은 죽은 믿음이라고 하여 이웃에 대하여 관심을 가지고 사랑을 행위로 실천하는 선한 사마리아인이 되라고 목소리를 높여 왔다. 그러나 이러한 가르침은 듣기에만 좋은 육에 속한 교훈일 뿐 성경의 참 뜻과 의미를 제대로 깨닫지 못한 것이다. 그렇다면 이 말씀의 의미가 무엇인지 알아보도록 하자.

> 눅10:30 어떤 사람이 예루살렘에서 여리고로 내려가다가 강도를 만나매

이 말씀에서 '예루살렘'은 진리이신 하나님의 임재가 있는 곳을 의미하며 어떤 사람이 '여리고'로 내려갔다는 것은 하나님으로부터 멀어짐을 예표하고 있다. 그리고 **'내려가다가 강도를 만나매'**는 '흉악한 자'^{요일2:14}가 그 사람을 엿보고 있다가 그가 예루살렘에 거하지 않는 순간에 불쑥 나타나서 생명(의)을 빼앗고 죽이는 것을 의미한다. 이와 같이 성경에서는 강도를 만난 자의 비유를 통하여 악한 자가 그리스도인들이 입은 **'의의 옷'**을 벗기고 때려서 죽게 만들어 버린다는 것을 묘사하고 있다. 이는 불법(사탄)이 기회를 노리다가 그리스도인들이 가진 진리를 빼앗아 사망에 처하도록 영의 생명을 죽이고 있다는 사실을 의미하고 있다.

> 눅10:31 마침 한 제사장이 그 길로 내려가다가 그를 보고 피하여 지나가고

제일 먼저 한 제사장이 강도를 만난 자를 만났지만 그를 그냥 지나쳐 지나가 버렸다. 혹자는 이러한 제사장이 불쌍한 자에 대한 동정심이 없는 매정한 사람이라고만 생각할 수도 있을 것이다. 또는 종교적으로 이해하기를 제사장은 시체를 만질 수 없다는 율법을 준수하여야 하기에 그냥 지나갔을 것이라고 한다.

> 레11:28 그 주검을 옮기는 자는 그 옷을 빨찌니 저녁까지 부정하리라 그것들이 네게 부정하니라

> 레22:08 절로 죽은 것이나 들짐승에게 찢긴 것을 먹음으로 자기를 더럽히지 말라 나는 여호와니라

그러나 실제로 레위기에서 말씀하시는 '죽은 것'이나 '찢긴 것'은 불법(비진리)으로 말미암아 영적으로 죽은 자를 의미하고 있는 것이다. 그러나 제사장은 바리새인들처럼 율법을 보이는 세상의 개념으로 믿고 따르고 있는 자이기에 부정한 것('죽은 것'이나 '찢긴 것')을 만져서는 성전에서 봉사할 수가 없으므로 그냥 지나쳐 간 것이다.

사실상 레위인도 그러한 이유로 그냥 못 본 체하고 가 버린 것인데 그들은 철저히 보이는 세상 율법(불법)에 갇혀 있는 상태이다. 그러므로 그 강도에 의해 죽게 된 영혼을 도와주거나 살려낼 수 있는 능력(속성)이 그들에게는 없는 것이다. 그들은 표면적으로는 선한 명분을 가지고 있을 뿐 본질적으로는 죽이는 강도와 같은 육체(불법)에 속한 족속이다. 이렇게 강도 만난 자를 영(진리)로 살리지 못하도록 가로막거나 속이는 역할을 하는 것이 바로 세상 율법의 교훈이라는 것이다.

이들의 가장 큰 문제는 하나님의 율법을 영이 아니라 육체(세상)로 이해하여 받아들였기 때문이다. 만약 제사장이나 레위인이 세상 율법(육체)이 아니라 그리스도의 율법(영)에 속한 자들이었다면 강도 만난 자를 살리기 위해서 사마리아인과 같이 행동하였을 것이다. 우리 곁에 겉으로 멀쩡하게 보이지만 강도(사탄)를 만나 옷이 벗겨지고 두들겨 맞아 쓰러진 자가 어디 한두 사람뿐이겠는가? 육체의 율법에 속한 자들의 눈에는 강도를 만나 얻어맞고 죽

어 가는 영혼들이 불쌍하게 보일 리가 없다.

눅10:29 이 사람이 자기를 옳게 보이려고 예수께 여짜오되 그러면 내 이웃이 누구오니이까

위에서 언급했다시피 이 율법사는 오늘날로 말하면 기독교회에서 보이는 율법을 열심히 가르치고 있는 지도자에 속할 것이다. 율법사는 스스로 율법을 지키지 않는 예수님보다 더 훨씬 율법에 충실한 자라고 확신하고 있었기에 자만심을 가지고 "내 이웃이 누구오니이까"라고 하여 자기의 교만을 드러낸 것이다. 이에 예수님께서는 선한 사마리아인의 비유를 하시고 율법사에게 다음과 같이 물으셨다.

눅10:36 네 의견에는 이 세 사람 중에 누가 강도 만난 자의 이웃이 되겠느냐

율법사인 그는 '사마리아인'이라는 말을 육체의 교만 때문에 차마 입에 담지 못하고 그저 "자비를 베푼 자니이다"라고 답하였다. 왜냐하면 자신들의 안목으로 보면 사마리아인은 율법을 지키지 않는 아주 불결한 사람들이기에 이를 언급하는 것조차도 더럽다고 여겼기 때문이다.

이 율법사는 자신이 업신여기는 예수님께서 이 비유를 말씀하실 때 '선한 사마리아인'으로 등장하시는 분이 다름 아닌 예수 그리스도이심을 깨닫지 못하였다. 그는 하나님의 말씀을 이 세상에서 지켜야 할 세상의 율법으로 이해하여 좇아갈 뿐 영과 진리이신 예수 그리스도는 발견하지 못한 것이다. 자기 자신을 희생하는 '선한 사마리아인'이신 예수님께서 그에게 말씀하시기를 "가서 너도 이와 같이 하라"눅10:37고 하셨는데 이는 세상 율법(육체의 법)에 매여 있지 말고 진리의 영으로 사람을 살리고 치유하며 돌봐 주라는 영의 말씀이다사58:6.

그러므로 구원을 얻기 위하여 윤리와 도덕적인 선을 실천하라고 행위를 요구하며 선한 사마리아인이 되라고 가르치는 것은 오히려 육체인 세상의 선을 하나님께 속한 영인 것처럼 속이는 죄가 되는 일임을 알아야 한다.

| 02 |
유다와 다말 창38:1-30

유다의 아들 엘이 장가들어 아내를 데려왔는데 그 이름은 다말이었다. 그런데 엘이 하나님 보시기에 악하여 죽임을 당하자 유다는 엘의 동생 오난에게 다음과 같이 말하였다.

창38:8 네 형수에게로 들어가서 남편의 아우의 본분을 행하여 네 형을 위하여 씨가 있게 하라

당시 이스라엘에는 형이 후사 없이 죽게 되면 그의 씨를 이어 주기 위하여 동생이 형을 대신하여 자식을 낳게 하는 법(형사취수제)이 있었다.

창38:9-10 오난이 그 씨가 자기 것이 되지 않을 줄 알므로 형수에게 들어갔을 때에 형에게 아들을 얻게 아니하려고 땅에 설정하매 그 일이 여호와 목전에 악하므로 여호와께서 그도 죽이시니

오난은 그의 형 엘이 죽었으므로 엘의 처 다말에게 들어가 형의 계보를 이어야 했다. 그러나 그는 탐욕(불법)을 품고 형을 대신하여 장자의 대를 이어야 하는 자기의 의무를 다하지 않았다. 이는 곧 그리스도의 계보인 장자 엘의 가문이 끊어지게 되는 위기를 방관한 것으로 하나님이 보시기에 악한 일이며 이는 사탄이 역사를 한 결과이다. 결국 오난마저도 죽임을 당하였고 막내인 셀라가 장성할 때까지 기다리라는 유다의 말에 따라 다말은 본인의 친정으로 돌아가게 되었다.

그러던 어느 날 다말은 시아버지인 유다가 양털을 깎으려고 딤나에 올라왔다는 소식을 듣게 되었다. 그녀는 이 기회를 놓치지 않고 창녀로 가장하여 유다에게 접근하게 되는데 이는 셀라가 장성하였음에도 자신을 셀라와 혼인시키지 않았기 때문이다. 그리하여 시아버지인 유다와 동침하여 다말은 마침내 쌍태를 임신하게 되었고 베레스와 세라를 낳게 되었다창38:13-18.

그렇다면 이러한 다말의 행위에 대하여 율법적으로 판단하여 정죄해야 하는 것인가? 확

실히 세상의 율법으로 보면 정죄는 물론이고 끌어내어 불살라야 하는 간음죄를 지은 것으로 보인다.^{창38:24}. 그러나 성경을 통하여 드러내고자 하시는 참된 의미는 마태복음 1장에 예수 그리스도가 오시게 되는 계보를 살펴보면 알 수 있다. **"유다는 다말에게서 베레스와 세라를 낳고"**^{마1:3}라고 기록되어 있는데 다말은 그리스도 안에 있는 진리의 계보인 유다와 동침하여 끊어질 뻔한 하나님의 의의 계보를 잇게 한 것이다.

엘과 오난이 불신이나 사욕(불법)을 따라가서 하나님께로부터 버림을 받은 반면에 다말은 하나님께 쓰임을 받기 위해 진리의 씨를 잉태하기를 주저하지 않았다. 부언하자면 다말은 땅에 속하지 않는 그리스도의 율법을 가진 여자로서 그리스도의 의의 계보를 잇기 위해 하나님께 쓰임을 받았다. 그러므로 다말의 행위는 믿음으로 육체에 속한 율법의 한계를 극복한 지혜를 가진 여인이며 진리를 붙잡는 지혜를 나타내고 있다.

| 03 |
벳새다의 오병이어 _{막6:30-44, 요6:1-14}

어떤 이들은 소년이 가진 보리떡 다섯 개와 물고기 두 마리가 예수님께 드려졌을 때 기적이 일어났으므로 우리들도 가진 것을 하나님께 정성으로 드리면 더 많은 축복을 받게 될 것이라고 가르치기도 한다. 마치 소년이 드린 작은 헌신이 세상의 보이는 것으로 크게 쓰임을 받은 것인 양 가르치고 있는데 이것이야말로 인본주의적인 가르침인 것이다. 그러나 이 본문의 말씀은 그저 단순히 보이는 세상의 기적만을 의미하는 것이 아니라 예수 그리스도께서 말씀(영)을 계시하여 주시기 위한 하나의 사건이다. 이 벳새다의 기적은 예수 그리스도께서 이 세상에 필요한 영의 양식이심을 깨닫게 하기 위함이며 떡과 물고기를 먹는 것도 영적인 생명으로서 진리를 먹는 것을 나타내고 있다.

빈 들에 계시는 예수님

막6:34 예수께서 나오사 큰 무리를 보시고 그 목자 없는 양 같음을 인하여 불쌍히 여기사

예수님께서는 날도 저물고 빈 들에 모여든 무리를 보시고 목자 없는 양같이 불쌍히 여기셨다. 이에 제자들은 예수님께 말씀드리기를 "촌과 마을로 가서 무엇을 사 먹게 하옵소서"막6:36라고 하였다.

물론 당시에 실제로 모두가 시장한 상황이므로 음식을 먹어야 하기에 근심하여 한 말이었지만 이러한 내용이 성경에 기록된 이유는 이렇게 육신(몸)이 배고픈 외적인 모습을 통하여 영의 양식(진리)을 먹지 못하여 굶주린 백성들의 영혼의 상태를 표현하고자 한 것이다. 그 당시의 제자들은 백성들의 육신(몸)의 배고픔만을 보았지만 예수님께서는 백성들의 영혼을 목자 없는 양같이 불쌍히 여겨 바라보고 계셨던 것이다.

오늘날에도 벳새다 들판에 있는 사람들처럼 영과 진리의 양식을 먹지 못하고 빈 들에 버려져서 헤매고 있는 양 떼들의 안타까운 현실을 그대로 나타내 주고 계시는 말씀이다.

막6:37 너희가 먹을 것을 주라 하시니

그리고 이 말씀도 예수님께서 제자들이 현실적으로 줄 수 있는 먹을 것이 없다는 사실을 모르고 하신 말씀이 아니다. 예수님께서 이 말씀을 하신 이유는 영(진리)의 양식이 필요한 백성들에게 예수 그리스도가 떼어 주시는 참된 양식을 제자들이 나누어 주어야 했기 때문이다. 그러나 빌립과 제자들은 예수님의 말씀을 영으로 이해하지 못하였고 그들은 "우리가 가서 이백 데나리온의 떡을 사다 먹이리이까"막6:37라고 하여 영적인 문제를 들여다보고 그 대안을 생각하기보다는 육체에 속한 대안을 마련하기에 급급하였던 것이다. 이렇게 오늘날에도 인간적인 방법으로 세상에 속한 행위를 지불하면 사람의 의를 얻게 되는 것을 마치 하나님의 의를 얻었다고 믿고 있는 사람들이 많이 있다. 그러나 우리가 알아야 하는 것은 하나님께서는 예수 그리스도 안에서 영(생명)에 속한 양식을 인간적인 공로나 대가 없이 주신다는 사실이다.

막6:41 예수께서 떡 다섯 개와 물고기 두 마리를 가지사 하늘을 우러러 축사하시고 떡을 떼어 제자들에게 주어 사람들 앞에 놓게 하시고 또 물고기 두 마리도 모든 사람에게 나누

어 주시매

이 세상에 있는 인간의 의는 돈을 주어야만(인간의 행위) 먹을 수 있지만 그리스도인들은 벳새다 빈 들에서 만나 주시는 예수 그리스도가 하나님께서 세상에 주시는 참된 양식이심을 깨닫게 해 주심으로써 진리의 양식을 값없이(은혜) 먹을 수가 있게 된 것이다.

막6:42-43 다 배불리 먹고 남은 떡 조각과 물고기를 열두 바구니에 차게 거두었으며

이 말씀은 그리스도 안에서는 영적인 배부름과 풍부함이 있음을 나타내고 있다. 즉 예수 그리스도 안에는 부족함이 없으며 영과 진리는 그 특성이 충만이므로 나누어 줄수록 더 풍성해지며 모자람이 전혀 없다.

요21:13 예수께서 가셔서 떡을 가져다가 저희에게 주시고 생선도 그와 같이 하시니라

이처럼 백성들이 그리스도께서 나눠 주시는 떡과 물고기를 먹었던 것처럼 지금도 영혼으로 벳새다 들판에 나아가면 영과 진리로서의 예수님을 만나 뵙게 될 수 있다. 그런데 벳새다는 멋지고 웅장한 건물과 휘황찬란한 종교적인 장식으로 장식을 해야만 하는 그런 장소가 아니다. 그 어떤 세상적인 이론이나 교훈을 섞이지 아니한 상태로 복음이 전해지는 곳이 바로 벳새다이며 그곳에 예수님이 계시는 것이다.

| 04 |
행함이 없는 믿음

고후5:10 이는 우리가 다 반드시 그리스도의 심판대 앞에 드러나 각각 선악간에 그 몸으로 행한 것을 따라 받으려 함이라

이 말씀을 보면 그리스도인들에게 '그 몸으로 행한 것', 즉 이 세상에서의 선이나 악에 속한 행위에 대하여 심판을 받게 되는 것으로 이해하기가 쉽다. 필자도 한때는 이러한 말씀을 잘못 받아들여 가르치기를 기독교인들은 입으로만 주여! 주여! 하지 말고 반드시 율법을 지켜야 한다고 자신도 알지 못하는 소리를 질렀던 때가 있다.

약2:17 이와 같이 행함이 없는 믿음은 그 자체가 죽은 것이라

이 말씀도 문자적으로 보면 율법의 행위를 강조하는 말씀으로 보이기에 기독교회 안에서 믿음이 중요한지, 아니면 행함이 더 중요한지에 대하여 논란을 일으키게 하는 말씀임을 부인할 수 없다.

그러나 과연 이러한 말씀들이 율법의 행위를 강조하시는 말씀일까

야고보서의 전반적인 내용의 중심을 이해하려면 먼저 약1:25을 이해하여야 한다. 야고보는 흩어져 있는 유대인 출신의 그리스도인들이 영과 생명(그리스도의 율법)으로 말씀을 받았지만 시험 중에 욕심(불법)에 이끌리게 되면 이 세상의 율법으로 다시 돌아가게 되어 그 결과로 영적 사망에 이르게 된다는 것을 경고한 것이다^{약1:15}. 그러므로 자유하게 하는 온전한 그리스도의 율법(영)에서 떠나지 말고 붙잡는 자가 되라고 권면하고 있다^{약1:25}.

약2:2 너희가 아름다운 옷을 입은 자를 돌아보아 가로되 여기 좋은 자리에 앉으소서 하고

그런데 세상 율법의 가르침은 '광명의 천사'^{고후11:14}의 모습과 아름다운 옷을 입고 금가락지를 낀 부자의 모습으로 성전에 나타나기에 사람들은 그것을 진리라고 여기며 환영하지만^{약2:2-3}, 그 율법(육신)은 오히려 세상을 정죄하여 사망으로 끌고 간다.

약2:6 너희는 도리어 가난한 자를 괄시하였도다 부자는 너희를 압제하며 법정으로 끌고 가지 아니하느냐

이 세상은 자기들이 보기에 더러운 옷을 입고 성전(마음)에 들어오는 가난한 자에게는 냉대하며 "너는 거기 섰든지 내 발등상 아래 앉으라"^{약2:3}라고 멸시하였다. 그러나 가난하게 보인 자는 그들에게 업신여김을 받으면서도 오히려 그들로 하여금 믿음에 부요하게 하시며 하늘나라를 상속할 수 있도록 하셨던 것이다.

그러나 만약 세상의 의로서 부자인 세상의 율법을 따라가면 정죄를 당하고 사망의 길로 끌려가지만, 세상의 의가 없어 보이는 가난한 자인 '**자유의 율법**'약2:12을 따라가면 오히려 영생을 얻게 된다.

약2:12 너희는 자유의 율법대로 심판받을 자처럼 말도 하고 행하기도 하라

따라서 야고보서 2장에서 '가난한 자'로 표현이 된 예수 그리스도(진리)는 그를 믿는 자에게 완전한 하나님의 의를 주시되 풍성하고도 만족스러울 만큼 먹을 것과 입을 것을 주신다약2:12. 그러므로 이 진리를 소유한 자는 그도 역시 예수 안에서 행함으로 그리스도의 율법을 완성한 자가 되어 행함이 있는 믿음의 소유자가 된 것이다.

그러나 세상에 율법은 겉만 화려하고 인간의 영에 필요한 일용할 양식(하늘의 의)을 주지 않는다. 보이는 세상의 율법은 사람들의 영혼이 굶주리고 헐벗었음에도 '평안히 가라', '배부르게 하라'는 육신의 교훈(설교)만 늘어놓을 뿐 실제로는 그 영혼들에게 배고픔을 조금도 해결해 주지 못하는 거짓 영이다약2:16.

이처럼 육신(불법)은 세상 율법을 믿고 따르는 자들에게 보이는 것(사람의 의)만이 믿음이라고 확신을 갖게 하지만 실상은 전혀 행함(영의 율법을 완성)이 없는 공허와 허상의 가르침이며 죽은 법(거짓 영)일 뿐이다. 그러므로 이 세상 율법을 따라간 자는 사탄과 한 영이 되어 행함이 없는 믿음(불법)을 가진 자이다.

그러나 이들은 겉으로 부요한 자인 것같이 보이지만 실제로는 하나님의 의가 전혀 없는 자들이다. 오히려 그들은 세상적인 의가 없어 보이므로 가난하게 보이는 진리에 대해서는 철저히 무시하며 심지어 진리가 아니라고 비난하기도 한다. 그러므로 보이는 세상 율법의 선을 하나님의 말씀(율법)이라고 강요하며 선한 행실을 조장하는 가르침은 육신에 속한 가르침이다. 하나님께서는 인간에게서 그 어떠한 행위적인 선도 요구하지 않으시며 세상의 것들을 하늘의 의로 인정하시지도 않으신다. 그러므로 기독교인들이 세상에 속한 선을 하나님께 드릴 만한 것이라고 여기고 만지작거려서는 안 된다.

마5:17 내가 율법이나 선지자나 폐하러 온 줄로 생각지 말라 폐하러 온 것이 아니요 완전케 하려 함이로라

아브라함의 행함약2:22-23은 세상 율법의 선에 속한 행함이 아니라 진리이신 그리스도의 약속을 믿는 믿음을 행함이 있는 믿음으로 인정하신 것이다. 그러므로 고후5:10에서 "이는 우리가 다 반드시 그리스도의 심판대 앞에 드러나 각각 선악 간에 그 몸으로 행한 것을 따라 받으려 함이라"라는 말씀은 그가 불법을 소유하였는지, 아니면 진리에 속하여 생명을 선택하였는지에 따라서 그의 영이 행한 것에 대하여 심판받게 된다는 말씀이다.

| 05 |
예수 그리스도의 대속과 구원에 대한 확신

인간의 행위적인 공로가 없어도 예수 그리스도를 믿게 되면 구원을 받게 되는 사실에 대하여 그리스도인들은 가끔씩 회의적인 생각이나 의구심이 들 수도 있다. 이러한 심리적인 요동의 원인이 무엇인지 그리고 회의감이 들어오는 경로가 무엇이며 그리스도인들은 이 갈등을 어떻게 해결하여야 하는지에 대하여 살펴보고자 한다.

1) 인간의 본성과 의심의 근원

사람은 누구나 본성적으로 인과응보(因果應報)라고 하는 세상에 속한 선악과의 관념을 가지고 있기에 죄로부터 구원을 얻기 위해서는 자기가 지은 행위적인 죄에 대해 회개하거나 선한 행실을 수반해야 한다는 생각이 무의식 속에 굳건하게 자리 잡고 있다. 그래서 사람들은 이러한 인간의 본성에 기초하여 선한 행위를 요구하는 각종 종교의 가르침에 대하여는 대체로 잘 수용하고 적극적으로 순종하기도 한다.

그뿐만 아니라 자기가 추구하고 있는 선한 행위에 대하여 신적인 존재로부터 축복을 받게 된다거나 이에 상응하는 대가가 있을 것이라는 보상 심리도 가지고 있다. 이렇게 인간의 타락한 본성과 종교적인 가르침들에 의하여 세뇌가 된 사람들은 정성스럽게 헌금을 드리거나 기도 생활, 봉사나 헌신, 각종 구제 활동 등을 하면서 자신의 가치를 확인하거나 자기 스스로 위로를 받기도 한다.

이러한 인간의 본성을 먹이로 삼고 있는 모든 종교의 가르침은 각기 다르게 보이는 고깔모자와 색동저고리를 예쁘게 입고 나타나지만 실제로는 모두가 세상을 향하여 선한 행위를 요구하는 동일한 속성을 가지고 있다. 이것을 두고 성경에서는 뱀이 흙을 먹게 될 것창3:14이라고 말씀하셨다. 이는 사탄이 종교를 통하여 흙(인간의 행위적인 선)을 자기의 양식으로 삼고 지배하는 것을 말한다. 그러므로 종교가 다르다고 하더라도 그 본질은 하나도 다를 것이 없으며 사탄은 세상과 땅의 교훈을 통해서 인간의 마음(땅)에서 난 행위적인 의(소출)를 조공으로 거두어 가고 있다. 그런데 이와 같이 인간의 영은 이미 아담 안에서 사탄에게 철저하게 속았으므로 스스로 수치스러움을 가지고 있지만 본성적으로 믿지 못하는 의심과 두려움도 동시에 가지게 되었다.

2) 인간이 가진 선(善)

인간의 행위에 근거한 선은 인간이 자기 영 안에 있는 공허(虛空)와 허무를 가리기 위해 만들어 입은 '세상의 의(義)'일 뿐이다. 이는 본질적으로 불완전한 불법에 속한 것이기에 결코 참된 만족과 희락을 얻지 못한다. 아울러 성경에서는 세상 사람들이 행하는 그 어떤 선한 행위나 사람의 의를 가지고는 구원받을 수 없다고 선언하고 있다.

하나님께서는 이 세상의 죄(불법)를 대속하기 위하여 그 아들 예수 그리스도를 속죄양으로 세상에 보내어 주셨다. 그리고 이 땅에 자기 백성을 찾아오신 예수께서는 십자가 위에서 죄인들을 대신하여 저주를 받으심으로써 죄와 사망의 법에 갇혀 있던 세상을 자유롭게 하신 것이다. 그뿐만 아니라 인간의 몸을 입고 사람으로 오신 예수님께서는 하나님의 율법에 온전한 순종을 하셔서 얻으신 '하나님의 의'를 그를 믿는 자들에게 주셔서 그리스도 안에 있는 완전한 의를 소유하도록 하셨다.

따라서 세상에서 죄를 용서받아 하나님의 자녀가 된다고 하는 것은 전적으로 하나님의 방법에 의하여 성취가 되는 것이며 인간이 행하는 그 어떤 정성이나 선한 행위들은 세상의 죄(불법)를 없애는 데는 아무런 효력이 없다 갈2:16.

3) 하나님의 은혜를 받아들이지 못하는 이유

하나님께서는 세상으로 하여금 영이신 하나님의 실체를 깨닫게 하기 위하여 말씀으로 다가오시지만 각 사람이 이러한 하나님의 역사하심을 깨닫지 못할 수도 있다.

앞서 언급했듯이 대부분의 사람들은 생각하기를 자기 영혼이 구원을 얻기 위하여 종교적인 참회나 인간의 행위가 수반되어야 하는 것이 당연하다고 생각하기 때문에 '예수 그리스도를 믿으면 인간적인 선한 행위나 아무런 노력이 없어도 구원을 받을 수 있다'는 말씀에 대하여 쉽사리 받아들이려 하지 않는다.

그러나 세상에 속한 선이나 의가 없거나 자기의 행동의 변화가 없음에도 불구하고 예수 그리스도(영)를 믿기만 하면 죄(불법)로부터 구원을 받게 되는 것은 자기의 영 안에서 실제로 이루어지는 사건이다. 하나님께서 완성하신 구속의 은혜를 쉽게 받아들이지 못하는 이유는 인간의 행위를 정죄하고 있는 불법(선악과)이 그 사람의 영 안에서 하나님의 은혜를 발견하지 못하도록 마음을 혼란스럽게 하고 있기 때문이다.

4) 영적으로 유효한 법칙과 사실에 근거하여야 하는 믿음

이와 같이 사람들의 마음속에는 '죄의 법칙'의 뿌리들이 뻗어 있는데 그것들이 아래와 같이 사람들의 마음을 어둡게 하고 있다.

첫째, 본래 성경에서 드러내고자 하는 죄의 본질은 겉으로 보이는 표면적인 죄가 아니라 인간의 영 안에 뿌리박혀 있는 불법을 말하는 것인데 이는 사탄이 왕 노릇을 할 수 있도록 에덴동산에서 거짓말로 유혹하여 심어 놓은 죄와 사망의 법칙이다.

롬8:2 이는 그리스도 예수 안에 있는 생명의 성령의 법이 죄와 사망의 법에서 너를 해방하였음이라 우리가 알아야 하는 것은 하나님이 요구하시는 의는 겉으로 보이는 세상에 속한 의가 아니라는 것이다.

롬10:3 하나님의 의를 모르고 자기 의를 세우려고 힘써 하나님의 의를 복종치 아니하였느니라

그러므로 표면적으로 보이는 세상의 의가 있거나 또는 전혀 의가 없는 상태가 구원을 받게 되는 조건과는 전혀 상관이 없으므로 낙심할 이유가 없다.

둘째, 자기가 하나님의 율법에 대하여 온전한 순종을 하여 의롭다고 인정을 받은 행위적인 사실이 없으므로 자기 자신은 아직도 죄인이라는 생각이 올라오게 된다. 그런데 이러한 생각들은 예수님께서 나를 대신하여 하나님의 율법(영)에 순종하셔서 의롭다 하심을 얻으시고 그 의가 이미 나의 것이 되었다는 사실을 명확히 이해하지 못하였기 때문이다 엡1:17-18.

진리를 믿는 자들은 자유하게 하는 그리스도의 율법을 발견하게 되고 그와 동시에 예수 안에서 하나님이 주시는 완전한 의를 소유하게 되는 것이다. 좀 더 설명을 하면 현실적으로는 내가 직접 선악과를 따서 먹은 적이 없으나 모든 인류는 아담이 불법(선악과)을 따서 먹었던 바로 그 순간에 동시적으로 인간의 영이 타락을 한 것이다.

이와는 반대로 영이신 하나님의 말씀을 믿게 되면 예수님께서 하나님의 율법에 순종하여 의롭다 하심을 받으신 것같이 그를 믿는 자들도 동일하게 동시적으로 의롭게 되는 것이다. 이와 같이 믿음과 순종으로 인하여 연합이 되는 원리는 생령(生靈)으로 지음을 받은 인간의 영 안에서만 일어날 수 있다. 즉, 예수 그리스도를 영(생명)으로 믿게 되면 자기가 지은 죄(불법) 때문에 실제로 자기 자신이 십자가에서 못 박힌 적이 없어도 시공간을 초월하여 육체(불법)에 속한 자기 자신이 예수와 함께 십자가 위에서 죽고 영(진리)이신 그리스도와 함께 다시 살아나는 것이다.

빌3:9 그 안에서 발견되려 함이니 내가 가진 의는 율법에서 난 것이 아니요 오직 그리스도를 믿음으로 말미암은 것이니 곧 믿음으로 하나님께로서 난 의라

이렇게 변화되는 것은 인간의 영 안에 그리스도이신 말씀이 믿음으로 연합할 때만이 나타나는 유효한 영적인 사건이며 이러한 일은 시공을 초월하여 언제나 현재 진행형으로 일

어날 수 있는 일이다.

갈2:20 내가 그리스도와 함께 십자가에 못 박혔나니 그런즉 이제는 내가 산 것이 아니요 오직 내 안에 그리스도께서 사신 것이라 이제 내가 육체 가운데 사는 것은 나를 사랑하사 나를 위하여 자기 몸을 버리신 하나님의 아들을 믿는 믿음 안에서 사는 것이라

이러한 영적인 변화와 함께 대표성의 원리를 실제적으로 이해하지 못할 때는 가끔 의심과 회의감이 밀려오게 된다. 이렇게 영적인 변화와 상태를 깨닫지 못하는 것은 이 세상의 신이 그리스도를 믿고자 하는 사람의 마음을 혼잡하게 하여 예수 그리스도께서 이루신 분명한 사건을 뚜렷하게 보이지 않도록 속이고 있기 때문이다.

고후4:4 그중에 이 세상 신이 믿지 아니하는 자들의 마음을 혼미케 하여 그리스도의 영광의 복음의 광채가 비취지 못하게 함이니 그리스도는 하나님의 형상이니라

창1:26 하나님이 가라사대 우리의 형상을 따라 우리의 모양대로 우리가 사람을 만들고

태초의 아담은 하나님의 모양을 따라 영체를 가진 존재로 지음을 받았지만 그리스도 안에서 보여 주신 하나님 안에 있는 영적인 생명을 소유한 존재는 아니었으므로 반드시 그리스도의 형상을 덧입어야만 하나님의 의를 소유한 자녀가 되는 것이었다. 이러한 일을 방해하고자 하는 사탄은 예수 그리스도께서 성취하신 영적인 승리의 진실을 세상이 알게 되는 것을 매우 두려워하고 있다. 만약 예수 그리스도 안에서 이루어진 영적 승리와 실체적 진실을 세상이 알게 된다면 사람들은 이제까지 죄(불법)에 속하였던 것에 대하여 사면장을 손에 거머쥐게 되는 것이며 하나님께로부터 의롭다고 인정받게 될 것이기 때문이다.빌3:20, 엡1:7.

5) 진리의 말씀으로 보증하신 구원

그러므로 믿음은 예수 그리스도께서 죄인인 우리를 대신하여 이루신 속죄와 함께 하나님의 율법을 온전하게 하시고 의롭게 되신 것을 받아들이는 것이다. 절대로 인간의 열심, 기도, 헌물, 사회 사업, 종교심 등에 의하여 갖게 되는 종교적인 확신이나 사람의 의에 기초한 것이 아니다. 또한 하나님께서는 구원의 역사에 대하여 말씀이신 예수 그리스도를

통하여 계시를 하셨고 구원을 보증해 주셨다. 태초부터 말씀으로 존재하셨던[요1:1] 예수 그리스도께서 이 세상에 자기 백성들을 찾아오셔서 영이신 말씀을 영혼들에게 채워 주신다. 이로써 세상을 괴롭히던 공허와 허무는 그 권세를 상실하게 되고 하늘에 있는 영적인 충만(의의 특성)으로 채워 주셔서 말씀(영)을 가진 자들을 하나님의 나라에 들어가게 하신다.

| 06 |
형제의 의미

롬8:29 하나님이 미리 아신 자들로 또한 그 아들의 형상을 본받게 하기 위하여 미리 정하셨으니 이는 그로 많은 형제 중에서 맏아들이 되게 하려 하심이니라

예수 그리스도는 인성을 입은 사람으로서 하나님의 말씀에 순종하셔서 의롭다 하심을 얻으셨으며 땅에서 익은 처음 열매가 되셨다. 그리고 예수 그리스도는 믿음으로 말미암아 그의 형상을 소유한 그리스도인들에게 형제가 되어 주셨다고 성경은 기록하고 있다. 이에 대한 성경적인 근거를 살펴보자.

1) 그리스도의 형제

히2:11 거룩하게 하시는 자와 거룩하게 함을 입은 자들이 다 하나에서 난지라 그러므로 형제라 부르시기를 부끄러워 아니하시고

예수 그리스도는 하늘로부터 내려 주시는 하나님의 의를 믿는 자들에게 형제가 되어 주신다.

히2:17 그러므로 저가 범사에 형제들과 같이 되심이 마땅하도다 이는 하나님의 일에 자비

하고 충성된 대제사장이 되어 백성의 죄를 구속하려 하심이라

인성을 가지신 예수님께서 친히 하나님의 말씀께 순종하여 완전하게 되심과 같이 진리이신 말씀을 영(생명)으로 믿어 하나님의 의를 소유한 자들을 형제들이라고 칭하신 것이다. 천국에서 형제의 개념은 부리는 종으로 지음을 받은 천사들과는 다르며 예수 그리스도와 같이 영생을 소유한 하나님의 아들이다.

2) 어둠 가운데에 있는 자

요일1:9 만일 우리가 우리 죄를 자백하면 저는 미쁘시고 의로우사 우리 죄를 사하시며 모든 불의에서 우리를 깨끗케 하실 것이요

기독교인 중에는 육체의 개념으로 예수를 믿고 있지만 자기 자신에 대하여 '진리를 아는 자'라고 자만하여 믿고 있는 이들이 많이 있다_{고전3:1}. 그래서 그들에게 하나님의 말씀을 영과 진리의 개념으로 전하면 이미 잘 알고 있다고 둘러대며 귀를 닫아 버리기도 한다. 하지만 육체의 개념으로 성경을 받아들이고 있다면 실상 그는 아직 아무것도 알지 못하며 불법 아래 매여 있는 것이다. 따라서 세상의 율법적인 지혜를 '하나님의 진리'라고 확신하고 믿고 있는 것은 죄(불법)를 가지고 있는 것이므로 속히 그러한 세상의 율법(불법)에서 떠나 영이신 그리스도의 율법 안에 돌아와야만 한다.

왜 형제인 그리스도를 미워할까

성경에서는 어둠이 그의 눈을 멀게 하였기 때문이라고 말한다_{요일2:11}.

가인은 그리스도의 영에 속한 아벨을 시기하여 죽였는데 그 이유는 가인은 악한 자(불법)에게 속하였기 때문이다. 가인이 가진 이 세상의 의의 시각으로 볼 때는 자기가 아벨보다도 훨씬 더 의로운 제사를 하나님께 드렸다고 생각하였을 것이다. 이러한 제사는 오늘날에도 이곳저곳에서 변함없이 이루어지고 있는 육체(땅)에 속한 제사이다. 그런 것들은 결코 하나님께서 받으시는 거룩한 제사가 아니며 세상 신이나 받아 가는 인간의 의일 뿐이다.

요일3:10 이러므로 하나님의 자녀들과 마귀의 자녀들이 나타나나니 무릇 의를 행치 아니

하는 자나 또는 그 형제를 사랑치 아니하는 자는 하나님께 속하지 아니하니라

3) 형제에 대한 살인

마5:21-22 옛 사람에게 말한바 살인치 말라 누구든지 살인하면 심판을 받게 되리라 하였다는 것을 너희가 들었으나 나는 너희에게 이르노니 형제에게 노하는 자마다 심판을 받게 되고 형제를 대하여 라가라 하는 자는 공회에 잡히게 되고 미련한 놈이라 하는 자는 지옥 불에 들어가게 되리라

이 말씀을 문자적으로 본다면 그리스도인들 간에 분쟁만 하여도 지옥에 던져질 수 있다는 아주 무서운 말씀이 된다. 또한 이러한 문자적 해석은 더욱 율법적인 순종을 요구하게 되고 사탄이 정죄하고자 하는 올가미로 사용될 수 있다. 그러나 이 말씀은 영의 말씀이신 예수 그리스도께 대적하는 것은 마치 아벨을 죽인 가인과 같이 불법에 속한 자의 행실에 속하여 심판을 받게 됨을 말씀하시고자 하신 것이다. 그런데 세상 사람들은 육체(몸)를 죽이는 표면적인 살인죄는 잘 알고 있지만 육체(불법)로 인간의 영을 오염시키고 그 독으로 먹여서 영적인 사망에 처해지게 하는 행위야말로 지옥 불에 던져질 수 있는 무서운 살인죄인 것은 전혀 모르고 있다.

4) 형제를 판단함에 대하여

롬14:10 네가 어찌하여 네 형제를 판단하느뇨 어찌하여 네 형제를 업신여기느뇨 우리가 다 하나님의 심판대 앞에 서리라

영과 진리에 대하여 세상의 율법으로 비판하거나 대적하여 진리가 아니라고 능멸한 행위에 대한 심판의 날은 머지않아 다가올 것이다. 상기의 말씀은 교인 간에 서로 분쟁하거나 다툼이 일어나는 문제에 대하여 세상 율법적인 차원에서 하시는 말씀이 아니다. 하나님의 의이며 하늘에서 내려온 맏아들인 형제, 즉 영으로서의 진리를 육체의 눈으로 판단하여 더럽다고 핍박하거나 멸시한 죄에 대하여 경고하고 계시는 말씀이다. 그러므로 그리스도

인들은 이러한 육체적인 율법의 가르침들에 또다시 속아 넘어가는 자가 되지 말아야 한다.

오늘날에도 설교자들이 가르치기를 보이는 세상의 율법을 범하는 악에 대하여 감정적, 의지적으로 회개하고 돌아서서 보이는 선을 추구하라고 하지만 이 또한 빛깔만 좋은 개살구이며 율법에 속한 선악과의 가르침이다. 그러나 그러한 죄들은 이 세상이 율법으로 정죄하고 있는 죄일 뿐이며 본질적으로 불법(죄)의 영에 대한 전쟁이 아니다. 분명히 알아야 하는 것은 모든 일들이 발생하게 하는 영적인 죄의 근원이 바로 거짓 영인 불법(선악과)이기에 그것을 버리고 형제(그리스도)에게 돌아오게 하여야 한다. 이것이 성경에서 말씀하시는 참된 회개이다.

5) 맏아들과 형제들의 보좌

히1:3 이는 하나님의 영광의 광채시요 그 본체의 형상이시라 그의 능력의 말씀으로 만물을 붙드시며 죄를 정결케 하는 일을 하시고 높은 곳에 계신 위엄의 우편에 앉으셨느니라

형제들 중에 맏아들이신 예수 그리스도는 하나님의 보좌에 앉아 계신다.

히1:6 또 맏아들을 이끌어 세상에 다시 들어오게 하실 때에 하나님의 모든 천사가 저에게 경배할찌어다 말씀하시며

맏아들이나 그에게 속한 형제들은 이 세상이나 세상에 있는 것들을 사랑하지 않고 악한 자(불법)를 예수 그리스도와 함께 이긴 자들이다 요일2:13-15. 그러므로 그리스도께서 기름 부음을 받으신 것처럼 형제인 그리스도인들도 하나님의 의로 기름 부음을 받은 것인데 요일2:20 그 기름 부음으로 인하여 진리를 깨닫고 알게 되며 요일2:21 그리스도와 함께 왕의 보좌에 앉게 된다.

계3:21 이기는 그에게는 내가 내 보좌에 함께 앉게 하여주기를 내가 이기고 아버지 보좌에 함께 앉은 것과 같이 하리라

왜냐하면 맏아들인 예수 그리스도 안에서 그의 형제가 된 그리스도인들도 사탄의 머리를 상하게 하고 세상을 이긴 자가 되었기 때문이다.

| 07 |
바리새인과 세리 눅18:9-14

눅18:9 또 자기를 의롭다고 믿고 다른 사람을 멸시하는 자들에게 이 비유로 말씀하시되

이 세상에는 크게 두 부류의 사람들이 존재하고 있다. 어느 누가 보더라도 깨끗하게 보이며 자기의 의를 양식으로 삼고 살아가는 사람들이 있는 반면 세상의 의와는 전혀 상관없이 절망으로 살아가고 있는 사람들이 있다. 이를 성경에서는 율법적인 사람의 의를 따라 살아가던 바리새인들 그리고 자포자기하여 죄인으로 살아가던 세리들과 창기들을 통하여 대표적으로 설명하고 있다. 그리고 이들의 이야기를 통하여 성경에서는 지혜로운 삶의 참 의미가 무엇인지 우리에게 가르쳐 주고 계신다.

1) 바리새인들이 가지고 있는 생각

눅18:11 바리새인은 서서 따로 기도하여 가로되 하나님이여 나는 다른 사람들 곧 토색, 불의, 간음을 하는 자들과 같지 아니하고 이 세리와도 같지 아니함을 감사하나이다

바리새인들은 하나님에 대한 믿음이 강하였고 도덕을 지켜야 한다는 관념이 매우 높은 사람들이었다. 그들은 하나님께로부터 특별히 선택받은 사람들로 여기고 있었으며 율법을 모르거나 지키지 않는 사람들에 대해 "이 세리와도 같지 아니함을 감사하나이다"라고 하여 업신여기고 스스로 신앙적 자긍심까지 가지고 있었다. 더 쉬운 표현을 쓰자면 '나는 다른 세상 사람들과는 다르게 하나님께 선택받았고 하나님의 의를 가지고 있다'는 선민의식이 그들 속에 깊이 깔려 있었다.

유대인들이나 바리새인들은 자기들만이 아브라함의 자녀이며 하나님으로부터 율법을 준수하도록 선택받았다고 믿고 있었다. 그 때문에 자기들은 이방 사람들과는 확실히 다른 존재라고 믿고 있지만 그들은 유대인이나 이방인이나 하나님 앞에서 다 똑같은 죄인인 것을 간과하고 있었던 것이다.

2) 바리새인들의 그릇된 믿음

잘못된 우월 의식

자기들만이 하나님께 선택되었으며 할례를 받았다는 선민사상이 우월감의 근본적인 뿌리이다. 그러나 하나님께서는 세상을 구원하기 위한 말씀을 이 세상에 드러내어 주시기 위한 방편으로써 이스라엘의 역사나 인물, 사건을 사용하셨던 것이다. 어느 민족이나 개인만을 위하여 예수 그리스도를 희생하신 것이 아니기에 구원에 있어서는 유대인이나 이방인에게 차별이 있을 수 없다. 그러므로 성경에 기록된 말씀 중에서 어느 개인을 부르시고 선택하셔서 사역적으로 쓰임을 받게 하신 것에 대하여 그 개인만을 특정하여 사랑하셔서 제한적으로 구원을 허락하신 것으로 이해해서는 안 된다. 따라서 바리새인들처럼 특정한 개인이나 어느 민족만을 위하여 예수 그리스도의 보혈의 공로가 적용된다고 이해하는 것은 하나님의 사랑과 공의의 속성상 옳은 견해라고 볼 수 없다.

불법을 진리로 알고 따르는 바리새인들

바리새인들은 하나님께서 주신 율법을 영이신 그리스도의 율법으로 깨닫지 못하고 이 세상의 선과 악의 표준인 선악과(세상 율법)로 받아들였다. 이렇게 영의 눈이 가려진 사람들은 자기 스스로 생각하길 '토색, 불의, 간음' 등의 죄를 범하지 않았기에 의롭다고 믿고 있지만[눅18:11] 실제로는 세상 율법(육체)을 따라가 우상 숭배하고 있으며 자기의 영으로 하나님의 율법을 범하고 있다는 사실을 모르고 있다. 그러므로 세상 율법의 기준으로 자기가 의롭다고 믿는 깊이만큼 하나님 앞에서는 더 악한 죄를 범하고 있는 것이다.

3) 현대판 바리새인의 실상

현대판 바리새인은 어디에 있을까?

바리새인에 대하여 옛적에 있었던 사람들이며 진실성이 결여된 이들을 일컫는다고 생각하겠지만 이는 성경 말씀의 의미를 전혀 이해 못하고 있는 것이다. 오히려 바리새인은 성경의 율법대로 살아가려고 행위로써 열심히 노력하였으며 이 세상이 인정하고 존경하는 넓은 길을 따라간 것이다. 그러나 이들은 하나님의 율법이 아닌 세상의 율법으로 받아들여 세상을 따라갔기에 불법에 속한 죄인이다. 그렇기에 오늘날에도 성경 말씀을 보이는 이 세상의 선악과에 속한 율법으로 받아들였다면 그는 의심할 바 없는 바리새인이라는 사실이다. 하나님께서 주신 율법에 대하여 그리스도의 율법(영)으로 받게 되면 생명을 살리는 영이 되어 주시지만 세상에 속한 율법으로 먹게 되면 영혼을 정죄하고 죽이는 사탄의 독이 될 수도 있다.

변화하는 세상 속에 살아가고 있는 젊은 세대들은 이미 기독교회에 대한 영향력을 상실하였으며 남아 있는 기독교회와 그리스도인들은 시대에 뒤떨어진 보이는 율법의 표지판만 붙잡고 있는 빈집으로 변해 가고 있다. 기독교회는 이런 문제들을 해결하기 위해 자구책으로 청소년들을 위한 프로그램을 개발하거나 젊은이들로 하여금 교회 안에 남게 하고자 안간힘을 쓰고 있지만 이러한 것은 근본적으로 영혼의 기근을 해갈해 주는 해결책이 되지 못하고 있다.

모순되는 인간의 행위로 의지하는 믿음

오늘날에도 현대판 바리새인들은 확실히 세상의 빛과 소금이 되고자 선하게 보이는 구제 사업에 열정적이며 술과 담배와 같은 기호 식품을 즐기는 것을 금하며 율법에 맞지 않는 문화나 예술까지도 세속적이라고 하여 정죄하기도 한다. 그러나 이러한 가르침에 붙잡힌 이들은 교회 밖의 세상을 살아갈 때 율법적인 갈등과 정죄의 고통만 받을 뿐, 그 율법을 전부 지킬 만한 힘과 능력이 전혀 없는 상태다. 또한, 이 땅의 율법을 다 준수하였다고 하더라도 그것은 하나님께서 받으시지 않는다는 사실도 모르고 있다.

이렇게 율법적인 가르침을 강조하는 사람들은 정작 성경의 말씀에 대하여 부분적으로 지키고 있지만 대부분의 말씀들은 무시하고 살아가고 있다. 예를 들면 목메어 죽인 것이나 비늘 없는 고기, 굽이 갈라진 것들을 먹지 말라는 율법의 말씀들은 지키지 않는다. 그들은 지극히 율법적이면서도 자기 유익의 유무에 따라서 율법을 지키지 않는데 이는 마치 모양과 색깔이 자주 바뀌는 가면을 뒤집어쓰고서 미친 춤을 추고 있는 것이다.

눅18:12 나는 이레에 두 번씩 금식하고 또 소득의 십일조를 드리나이다 하고

그러므로 기독교인 중에는 여전히 인간의 신앙적인 행위와 열심을 하나님께 드려야만 받으신다고 착각하는 사람들이 매우 많다. 보이는 세상의 율법을 어기지 않겠다고 하여 육신(몸)적으로 끼니를 굶는 금식을 하기도 하지만 이 행위가 성경에서 말씀하시고자 하는 금식의 참 의미가 맞는 것일까?

이렇게 자기 자신이 식사를 굶으면서까지 하나님을 따르면 하나님께서 감동하시고 응답을 해 주신다는 믿음이 바로 인간의 행위적인 의에 근거한 육체의 생각이다. 그리고 소득의 십일조(물질)를 정성스럽게 하나님께 드리면 그것을 받으시고 의롭다고 인정해 주실 것이라는 생각은 땅에서 난 소출을 하나님께 드렸던 가인의 제사와도 같은 것이다. 그런데 안타깝게도 대부분의 기독교회는 성경을 육체로 가르치고 있으므로 하나님께서 이러한 것들을 요구하신다고 믿고 있는 실정이다.

다시 말하면 빛이시며 충만 그 자체이신 하나님께서는 오히려 영과 진리를 세상(인간)에게 주셔서 살게 하시려고 사람들에게 찾아오고 계신다. 그러나 세상은 하나님께서 주시려는 것은 받으려 하지 않고 땅에서 난 열심, 정성, 헌신을 선한 것이라 여기고 그런 것들을 하나님께 드려서 인정을 받으려고 하고 있다. 이 얼마나 어리석고 아둔한 행위인가?

4) 바리새인들의 누룩

마16:6 예수께서 이르시되 삼가 바리새인과 사두개인들의 누룩을 주의하라 하신대

바리새인들은 세상이 인정할 만큼 겉으로는 선하게 보이지만 하나님의 율법을 이 세상 가르침(불법)으로 변개하고 받아들이게 하여 영혼들을 사망으로 끌고 가는 악한 영의 자식들이다. 그렇다면 예수님께서는 바리새인들의 누룩을 주의하라고 하셨는데 그 누룩은 과연 어떤 의미일까?

벧후3:16 또 그 모든 편지에도 이런 일에 관하여 말하였으되 그중에 알기 어려운 것이 더러 있으니 무식한 자들과 굳세지 못한 자들이 다른 성경과 같이 그것도 억지로 풀다가 스스로 멸망에 이르느니라

누룩이라는 것은 빵을 구울 때에 발효가 되어 부풀리기 위한 재료이다. 거짓 교사들은 성경을 해석할 때에 누룩이라고 하는 인본주의적인 세상의 개념을 뒤섞어서 받아먹기에 좋도록 하고 있다. 그런데 누룩을 조금이라도 넣은 빵은 아무리 적게 넣었더라도 이미 순수한 진리가 아니기에 그것을 먹는 자는 사망에 이르게 된다. 그러므로 영과 생명인 말씀을 세상의 윤리, 도덕으로 바꾸어서 육체로 먹이는 자들을 절대로 하나님의 사람이라고 여겨서는 안 된다. 그들은 단지 세상에서나 좋아하는 도덕 선생일 뿐이다. 악한 사탄은 하나님처럼 경건하게 보이고 광명의 천사의 모습으로 가까이 다가온다는 사실을 잊지 말아야 한다.

고후11:14-15 이것이 이상한 일이 아니라 사단도 자기를 광명의 천사로 가장하나니 그러므로 사단의 일군들도 자기를 의의 일군으로 가장하는 것이 또한 큰일이 아니라 저희의 결국은 그 행위대로 되리라

5) 세리의 고백

눅18:13 세리는 멀리 서서 감히 눈을 들어 하늘을 우러러 보지도 못하고 다만 가슴을 치며 가로되 하나님이여 불쌍히 여기옵소서 나는 죄인이로소이다 하였느니라

세리와 창기는 세상의 눈으로 보면 세상의 의가 전혀 없고 죄가 많은 더러운 인생으로 보인다. 그러나 깊이 생각해 보면 이 세상에 살아가는 모든 인생이 어쩌면 그들과 같은 불쌍한 영혼일 수 있다는 사실이다. 세리는 스스로 하나님 앞에서 불의에 속한 죄인임을 인정하였고 가슴을 치며 울면서 자신의 죄를 고백을 하였다. 이와 같이 하나님 앞에서 각 개인은 아담 안에서 불법을 받아들여 죄를 가진 자가 되었기에 하나님의 용서와 치유가 필요한 존재임을 세리와 같은 심정으로 엎드려 고백해야 하는 것이다.

6) 세상이 알지 못하는 하나님의 의

성경은 세상에게 하나님의 치유와 구원을 주시기 위하여 이러한 말씀(예수 그리스도)을 통해

서 보여 주셨다. 하나님께서 인간에게 세상의 율법(선악과)을 준행하도록 요구하신 것이 아니라 오히려 하나님의 의를 주시려고 예수 그리스도(진리)를 통해서 이 세상에 주신 것이다.

세리는 이 사실을 깨닫고 하나님 앞에 낮아졌으며^{눅18:14} 하나님의 자비하심을 받을 준비가 되었던 것이다. 그러나 바리새인은 자기가 가진 세상의 의를 내려놓지 않고 스스로를 높였는데 이는 마치 그 아비인 사탄이 하나님 앞에서 자기를 높이려 했던 모습을 그대로 닮고 있다.

> **눅18:14** 내가 너희에게 이르노니 이 사람이 저보다 의롭다 하심을 받고 집에 내려 갔느니라 무릇 자기를 높이는 자는 낮아지고 자기를 낮추는 자는 높아지리라 하시니라

바리새인이 붙들고 있었던 세상의 의와 하나님이 세리에게 주신 '하나님의 의'는 그 본질 자체가 다른데 하나는 땅의 어두움이며 다른 하나는 하늘의 빛이다. 그렇다면 우리는 과연 어떤 의를 선택해야 할 것인가? 세상에서 붙잡은 것을 버리지 않으려 고집을 부리고 있는 바리새인인가? 아니면 하나님께서 주시는 영으로서의 의를 소유하게 된 세리가 될 것인가?

만약 세리와 같이 그리스도의 의를 소유하려면 자신에게 의로운 것이 아무것도 없으며 하나님께서 받으실 수도 없다는 사실을 먼저 인지해야 한다. 그리고 불의한 영의 죄에 속한 자신이 죄인임을 고백한다면 하나님께서는 기쁨으로 맞아 주실 것이다.

> **전8:14** 세상에 행하는 헛된 일이 있나니 곧 악인의 행위대로 받는 의인도 있고 의인의 행위대로 받는 악인도 있는 것이라 내가 이르노니 이것도 헛되도다

이 말씀은 겉으로 보이는 선악과의 기준에 의하여 더럽고 악한 자로 정죄를 받을 수 있지만 그의 영은 하나님의 나라에서 의롭다고 상을 받게 되는 의인이 있으며 이에 반해 이 세상에서 볼 때 의롭다고 칭송을 받는 의인이지만 하나님이 보시기에 그의 영이 악한 자가 있다는 말씀이다. 따라서 세상의 기준으로 보는 선이나 악에 대한 시각은 완전한 것이 아니며 모두 공허하고 헛된 것이라는 의미이다.

08
진리를 소유하는 것

마11:27 내 아버지께서 모든 것을 내게 주셨으니 아버지 외에는 아들을 아는 자가 없고 아들과 또 아들의 소원대로 계시를 받는 자 외에는 아버지를 아는 자가 없느니라

마13:11 대답하여 가라사대 천국의 비밀을 아는 것이 너희에게는 허락되었으나 저희에게는 아니되었나니

마13:11에서의 '천국의 비밀'은 영이신 예수 그리스도의 말씀을 의미한다. 그런데 성경 말씀이 세상의 시각으로 연구를 하여야만 깨달아지는 것이라면 그것은 영과 진리가 아니라 세상에 속한 학문일 것이다.

필자의 경험상 참 기이한 것은 지식이 많고 똑똑한 사람들에게 성경 말씀을 영의 개념으로 설명하면 오히려 무관심하거나 자기 고집을 내세우며 배척하는 경우가 많았다. 그에 반해 비교적 지식이 많지 않거나 연세가 많으신 노인 분들은 알아 듣기가 어려울 것으로 예상하였으나 뜻밖에도 더 깊이 깨닫는 모습들을 경험하면서 영적인 지혜는 학력, 나이와 상관이 없음을 알게 되었다. 그러므로 세상에서 그 혼이 아무리 지혜로워도 그 사람의 영 안에 들을 귀가 없다면 영과 진리의 말씀을 올바르게 분별하거나 귀담아들을 수 없게 된다. 따라서 성경 속의 진리는 지식이나 학위와는 무관한 것이며 남녀노소, 나이와 아무런 상관이 없다. 오로지 들을 만한 지각과 지혜가 있는 자는 그리스도의 비밀을 알아차릴 수가 있게 된다마13:17.

사6:9-10 여호와께서 가라사대 가서 이 백성에게 이르기를 너희가 듣기는 들어도 깨닫지 못할 것이요 보기는 보아도 알지 못하리라 하여 이 백성의 마음으로 둔하게 하며 그 귀가 막히고 눈이 감기게 하라 염려컨대 그들이 눈으로 보고 귀로 듣고 마음으로 깨닫고 다시 돌아와서 고침을 받을까 하노라

이 말씀을 단순히 문자적으로 보면 깨달을 자와 깨닫지 못할 자를 하나님께서 이미 정

하신 것처럼 보인다마13:13. 또한 어떤 이에게는 천국의 비밀을 아는 것을 허락하시고 어떤 이에게는 허락하지 않으시는 것처럼 보이는데마13:11 그 이유는 과연 무엇일까?

먼저 이 말씀을 이해하기 위하여 당시의 시대적인 배경을 이해하여야 한다. 이 말씀은 당시의 유대인들과 바리새인, 서기관들처럼 이 세상의 율법(선악과)에 사로잡혀 있는 사람들을 염두에 두시고 말씀을 하신 것이다. 하나님께서는 바리새인과 들의 영이 완고하고 육체의 율법에 얽매여 있기에 그들이 영으로서의 진리를 절대로 받아들이지 않을 것을 미리 아시고 계셨다.

눅9:45 저희가 이 말씀을 알지 못하였나니 이는 저희로 깨닫지 못하게 숨김이 되었음이라 또 저희는 이 말씀을 묻기도 두려워하더라

마13:15 이 백성들의 마음이 완악하여져서 그 귀는 듣기에 둔하고 눈은 감았으니 이는 눈으로 보고 귀로 듣고 마음으로 깨달아 돌이켜 내게 고침을 받을까 두려워함이라 하였느니라

그들의 영 속에는 불법(선악과)으로 가득 차 있기에 진리가 들어갈 수 없으므로 진주를 돼지에게 던져 주지 말라고 하셨다마7:6. 그들에게는 그대로 악을 행하도록 내버려 두라고 하신 이유는 그들은 영으로 완악하기에 아무리 말씀을 전해 주어도 깨닫거나 받아들이지 않을 사람들이기 때문이다. 이 세상의 시간이나 공간에 제한을 받지 않으시고 영계에서 운행하시는 하나님께서는 이미 시공을 초월하여 모든 결과를 아시고 영계적인 차원에서 말씀하신 것이다. 그리고 예수님께서는 개와 돼지의 영에게는 거룩한 것을 주지 말라고 하셨는데 그 이유가 무엇일까? 아래의 말씀에서 밝히신 것처럼 개와 같은 영을 소유한 자들은 자기가 진리의 말씀을 받지 않은 것으로 그냥 끝이 나는 것이 아니라 그 말씀을 전하는 사람들을 물어뜯기 위하여 달려들기 때문이다. 예수님께서도 진리의 말씀을 전하는 곳에는 바리새인들이 트집을 잡기 위하여 보낸 빨간 눈의 사람들이 엿보고 있었던 것이다시119:95, 눅14:1.

마7:6 거룩한 것을 개에게 주지 말며 너희 진주를 돼지 앞에 던지지 말라 저희가 그것을 발로 밟고 돌이켜 너희를 찢어 상할까 염려하라

09
성전세를 바침 마17:24-27

마17:24 가버나움에 이르니 반 세겔 받는 자들이 베드로에게 나아와 가로되 너의 선생이 반 세겔을 내지 아니하느냐

당시 유대인(20세 이상의 남자)들은 율법에 의하여 개인마다 성전세를 납부하여야 했다. 이 말씀을 육(세상)이 아닌 영으로 적용하면 성전의 주인이신 예수님께서는 반 세겔에 해당하는 세금(義)을 세상으로부터 받으셔야 함을 의미한다.

마17:25 가로되 내신다 하고 집에 들어가니 예수께서 먼저 가라사대 시몬아 네 생각은 어떠하뇨 세상 임금들이 뉘게 관세와 정세를 받느냐 자기 아들에게냐 타인에게냐

이 말씀을 통하여 성전세를 바치는 본질적인 의미 자체가 육체에 대한 것이 아닌 영과 하나님의 의(義)에 관한 것임을 알 수 있다.

그러나 세금 걷는 자는 육의 눈으로 밝아졌기에 예수님이 하나님의 아들이심을 알아보지 못하고 율법대로 성전세를 요구하였던 것이다.

마17:26-27 베드로가 가로되 타인에게니이다 예수께서 가라사대 그러하면 아들들은 세를 면하리라 그러나 우리가 저희로 오해케 하지 않기 위하여 네가 바다에 가서 낚시를 던져 먼저 오르는 고기를 가져 입을 열면 돈 한 세겔을 얻을 것이니 가져다가 나와 너를 위하여 주라 하시니라

이와 같이 당시 유대인들은 말씀을 세상의 율법으로 이해하였기에 예수님께 성전세를 요구하였지만 그 말씀의 주인이신 예수님께서는 성전세를 납부할 의무가 전혀 없으시다. 그러나 예수님께서 "오해케 하지 않기 위하여"라고 하여 진리를 깨닫지 못하고 있는 세상이 실족하는 것을 원치 않으셨기에 세상(율법)이 요구하는 것을 들어 주라고 말씀하셨다.

이는 오늘날의 그리스도인들이 세상이 요구하는 선에 대하여 그것을 진리로 믿고 따르라는 것이 아니라 세상이 실족하지 않게 하기 위해 때로는 순응해야 할 필요성이 있다는

말씀이다. 그래서 예수님께서는 베드로에게 바다(세상)에 가서 낚시를 하여 먼저 오르는 고기에서 한 세겔(이 인분)을 가져다가 납세하라고 말씀하셨는데 이는 세상이 요구하는 것에 대해서는 세상에 속한 것으로 건네주라는 말씀이다.

따라서 세상이 요구하는 것(세상의 의)은 세상에 주고 하나님께서 요구하는 것(그리스도의 의)은 하나님께만 드려야 한다. 다시 말하면 바다(세상)에서 취한 것을 의로운 것이라고 여겨서 하나님께 드려서는 안 되며 하나님의 의에 속한 것을 더러운 세상 신이 훔쳐 가도록 용납해서는 안 된다.

실족하게 한다는 뜻

마18:6 누구든지 나를 믿는 이 소자 중 하나를 실족케 하면 차라리 연자 맷돌을 그 목에 달리우고 깊은 바다에 빠뜨리우는 것이 나으니라

실족하게 한다는 것은 진리의 도를 가진 자를 미혹하여 불법의 가르침으로 먹여서 넘어지게 한다는 말씀이다. "실족케 하는 그 사람에게는 화가 있도다" 마18:7 실족하게 한 사람이나 실족을 당하는 사람 모두 멸망에 이르게 되는 것이다.

마18:8 만일 네 손이나 네 발이 너를 범죄케 하거든 찍어 내버리라 불구자나 절뚝발이로 영생에 들어가는 것이 두 손과 두 발을 가지고 영원한불에 던지우는 것보다 나으니라

이 말씀은 범죄하는 자의 손이나 발을 잘라 버리라는 문자적인 뜻을 갖는 것은 아니다. 만약에 손과 발이 없다면 정상적인 사람으로 보일 수 없듯이 세상의 의(불법)를 따르지 않으면 표면적으로 볼 때는 모자라는 것처럼 보이고 세상의 개념으로 보면 의로운 행실이 보이지 않는 사람이 될 것이다.

이는 진리를 깨달은 후 세상적으로 의로워지려고 하던 것들을 찍어 없애 버림으로써 겉으로 볼 때는 의가 없으므로 눈이나 다리가 없는 것처럼 불완전하게 보이겠지만 그의 영은 온전함을 소유하게 된다는 말씀이다. 이 말씀을 율법적으로 이해한 종교인들은 손과 발을 잘라 버릴 만큼 굳은 의지로 이 세상에서 율법을 지켜야 된다고 이해하고 있는 실정이다. 그러나 오히려 말씀을 율법적인 세상의 의로 받아들인 것 자체가 실족하게 되는 일

인 것을 분명히 인식해야 할 것이다.

  타인을 실족하게 한다는 것은 영과 진리의 말씀을 이 세상의 율법으로 받아들이게 하여 하나님의 의를 소유하지 못하게 하고 보이는 세상의 교훈으로 가두어 버리는 것을 의미한다. 물론 세상이 볼 때는 사람의 의를 추구하지 않고 행위가 깨끗하지 않게 보이는 그리스도인에 대하여 장애를 가진 이들처럼 불완전하고 의롭지 못하다고 비웃고 조롱을 할 것이다. 그렇지만 설사 세상이 그렇게 비난을 하더라도 불법을 받아들이거나 그것으로 타인을 망하게 해서는 안 된다는 무서운 경고를 하신다.

> 마18:9 만일 네 눈이 너를 범죄케 하거든 빼어 내버리라 한 눈으로 영생에 들어가는 것이 두 눈을 가지고 지옥 불에 던지우는 것보다 나으니라

| 10 |
약속의 성령으로 받는 인

> 엡1:13 너희도 진리의 말씀 곧 너희의 구원의 복음을 듣고 그 안에서 또한 믿어 약속의 성령으로 인치심을 받았으니

'인'의 사전적인 의미로는 주로 가축에 불도장이나 낙인을 찍어서 소유를 표시를 하는 것을 의미한다. 그런데 어떤 이들은 "약속의 성령으로 인치심"을 받았다고 하는 말씀을 해석하기를 예수 그리스도를 믿는 자들에게는 어떠한 경우에도 지울 수 없는 표식이 있는 것으로 이해하고 있다. 그러나 이러한 해석은 성경에서 말씀하시고자 하는 목적을 충분히 이해를 하였다고 볼 수는 없다. 사도 바울의 가르침을 통하여 "약속의 성령으로 인치심"을

받았다고 하는 말씀의 의미가 무엇인지 성경을 통해서 살펴보도록 하자.

바울은 "율법은 믿음에서 난 것이 아니라"갈3:12라고 하여 유대인들이 따라가는 율법을 통해서는 의로워질 수 없다는 것을 강조하고 있다. 그리고 바울은 아브라함의 경우를 인용하여 설명해 주었는데 아브라함에게서 두 아들이 있었는데 하나는 여종(하갈)에게서 낳았으며 다른 하나는 자유하는 여자(사라)에게서 낳았다고 하였다갈4:22. 이에 대하여 율법을 좇는 자는 육체(하갈)를 따라 난 자이고 말씀을 좇는 자는 약속(사라)으로 말미암아 난 자라고 하였다갈4:23.

그리고 바울은 "만일 그 유업이 율법에서 난 것이면 약속에서 난 것이 아니리라"갈3:18라고 하였는데 이는 유대인이 따르는 율법은 약속에서 난 그리스도의 율법이 아니라는 뜻이다. 성경에서 말씀하시는 중요한 핵심은 유대인이 좇는 율법이 아닌 그리스도의 약속과 언약을 믿는 것이다. 그렇다면 "약속의 성령으로 인치심을 받았으니"라는 말씀의 의미는 과연 무엇일까?

> 엡1:13-14 그 안에서 너희도 진리의 말씀 곧 너희의 구원의 복음을 듣고 그 안에서 또한 믿어 약속의 성령으로 인치심을 받았으니 이는 우리의 기업에 보증이 되사 그 얻으신 것을 구속하시고 그의 영광을 찬미하게 하려 하심이라

이 말씀을 분석해 보면 진리의 말씀(그리스도의 율법)을 발견하여 그리스도 안에서 그를 믿는 자는 그리스도의 의(완전)를 소유를 하여 하나님의 자녀가 되었다는 것을 의미한다. 이는 곧 그리스도의 영을 받은 자로도 표현할 수 있다.

'약속의 성령'이란 말씀을 정확히 표현을 하면 그리스도를 믿는 자의 영 안에 연합이 된 그리스도의 영(義)을 가리키고 있다. 왜냐하면 인간으로 오신 예수는 하나님께서 준비하신 둘째 아담으로서 친히 사탄의 시험을 받을 때 말씀께 온전한 순종을 하셔서 완전한 하나님의 의를 갖게 되셨다. 그리고 그리스도의 율법을 깨달은 자에게는 예수 안에서 하나님의 완전(하나님의 의)을 주시고 그리스도의 영을 받은 자(하나님의 자녀)가 되게 하셨다. 그리고 이렇게 그리스도의 완전한 의를 소유한 자를 '약속의 성령으로 인치심을 받은 자'라고 성

경에서 밝히고 있다.

그 이유는 예수 그리스도를 통하여 얻게 된 하나님의 의는 완전하고 영원한 것이기에 구원의 보증이 되는 '인'의 역할을 하고 있다. 이와 같이 하나님께서는 사람의 의를 보시는 것이 아니라 예수 그리스도 안에서 소유하게 된 완전한 하나님의 의를 보시고 구원하신다. 그러나 만약 어떤 이가 처음에는 약속(언약)을 붙잡았지만 후에는 세상 불법의 미혹을 받아 약속을 버리고 다시 돌아가 버린다면 그는 완전한 하나님의 의를 버렸으므로 구원을 보증하는 '인'의 효력은 상실되게 되는 것이다.

그러므로 하나님의 의는 완전하여 흠이 없으나 구원을 얻게 하는 능력은 진리의 말씀을 믿는 자에게만 유효한 것이므로 각 개인은 그 언약을 붙잡고 있어야 하는 것이다.

그러므로 어떤 이들이 주장하는 것처럼 구원을 받도록 창세전에 일방적으로 선택을 받은 자들에게만 하나님께서 '인'이라는 표식을 해 주시는데 한 번 '인 침'을 받으면 절대적으로 타락이 불가능하다고 가르치는 것은 성경에서 말씀하시고자 하는 것과는 거리가 먼 주장이다.

> 계7:3 가로되 우리가 우리 하나님의 종들의 이마에 인치기까지 땅이나 바다나 나무나 해하지 말라 하더라

이 땅에서는 진리의 씨를 마음 밭에 받아 믿음으로 화합하여 싹을 틔우고 자라나 열매가 되는 사람들이 있다. 그리고 그런 과정을 통하여 그들의 영이 그리스도와 합하여 한 영(고전6:17)이 된 자들을 추수할 때에 처음 익은 열매가 되는 자라고 한다(계14:4). 이러한 상태를 그 이마에 인을 쳤다고 말씀을 하신 것이다.

결과적으로 천국에 들어가게 되는 것을 기준으로 판단을 한다면 모든 그리스도인들은 이기는 자가 된 것이며 이마에 인을 친 자들이 되는 것이다. 그러나 성장론적인 입장에서 본다면 인을 받게 되는 수준과 단계는 각기 다를 수 있다는 것을 알아야 한다. 왜냐하면 그 마음 밭에 떨어진 씨(언약의 말씀)가 발아하여 자라나고 성장하는 과정은 밭이나 땅의 상태에 따라서 각기 다르게 나타나기 때문이다.

| 11 |

어린아이 마18:1-10

마18:3 가라사대 진실로 너희에게 이르노니 너희가 돌이켜 어린 아이들과 같이 되지 아니하면 결단코 천국에 들어가지 못하리라

이 말씀을 문자적으로 보면 예수님을 믿는 사람은 자기를 높이지 않고 겸손하여 어린아이처럼 마음이 순수해져야 한다는 것으로 이해를 하기가 쉽다. 그러나 이는 진리(영)의 말씀과는 맞지 않으며 오히려 충돌이 되는 율법적인 해석이다. 만약 어린아이들처럼 천진난만해지거나 겸손해져야만 천국에 들어갈 수 있다면 그 표준이나 완성의 상태는 어떤 단계인가? 하는 문제가 대두된다.

아울러 이러한 해석은 진리를 믿음으로 소유하여 구원을 받게 된다고 하는 말씀과도 상충이 된다. 여기서 우리가 반드시 알아야 하는 것은 성경에서 말씀하시는 겸손은 세상이 알고 있는 겸손과는 근본적으로 다른 차원의 개념이라는 것이다. 그렇다면 성경에서 말씀하시는 **"어린 아이들과 같이 되지 아니하면"**이라는 의미가 무엇인지 살펴보도록 하자.

1) 어린아이의 의미

마18:4 그러므로 누구든지 이 어린 아이와 같이 자기를 낮추는 그이가 천국에서 큰 자니라

눅9:48 저희에게 이르시되 누구든지 내 이름으로 이 어린 아이를 영접하면 곧 나를 영접함이요 또 누구든지 나를 영접하면 곧 나 보내신 이를 영접함이라 너희 모든 사람 중에 가장 작은 그이가 큰 자니라

위의 말씀에서 어린아이는 나이가 어리거나 인간적으로 겸손한 사람을 지칭하는 것이 전혀 아니다. 한마디로 말하면 '어린아이'라는 표현은 그리스도 안에 있는 진리(영)의 속성과 그것을 받은 자의 영적인 속성을 나타내신 것이다. 그리고 '자기를 낮추는 그이'는 근원적으로는 진리이신 예수 그리스도를 가리키고 있는데 그 이유는 예수님께서는 하나님의 본체이시면서도 사람의 형체를 가지시고 죄 있는 모양으로까지 낮아지셨기 때문이다. 거짓의 영인 세상의 의는 멋지고 아름다운 선으로 포장을 하고 있지만 그리스도의 의는 흠 없고 완전하지만 이를 드러내지 않고 있다. 그러므로 완전한 하나님의 의가 되어 주신 예수 그리스도(말씀)는 겸손 그 자체이시다. 아울러 이러한 진리를 깨달은 사람들은 세상의 의로 자신을 높이는 것에 대해서 욕심이 없거나 관심이 없게 되는데 이들이 바로 '어린아이'와 같은 사람들이다.

> 골3:5 그러므로 땅에 있는 지체를 죽이라 곧 음란과 부정과 사욕과 악한 정욕과 탐심이니 탐심은 우상 숭배니라

이렇게 어린아이들에 속한 사람들은 사람의 의를 탐하지 않지만 불법에 속해 있는 사람들은 본성적으로 스스로를 높이며 자기만족을 위해 세상에 속한 의의 탑을 쌓아 가고 있다. 이와 같이 탐심(불법)의 특징은 불의에 속하여 자신을 높이려는 특성이 있고 자기를 위하여 '불의의 재물'잠10:2을 많이 쌓아 두려고 한다눅12:21.

그러나 진리의 영을 소유하여 '어린아이'와 같은 사람들은 그들의 영 안에서 자기를 위하여 땅의 소출(재물)을 준비하는 데에는 관심이 없다. 하나님의 의로 인하여 만족함을 가진 이들은 사람의 의를 탐하는 육체의 정욕이 존재하지 않기 때문이다. 그래서 세상(선악과)의 눈에 비치는 어린아이들은 이 세상에서 가진 것이 없고 어리석거나 더럽게 보일 수도 있다.

2) 어린아이에 대한 영접

> 마18:5 또 누구든지 내 이름으로 이런 어린 아이 하나를 영접하면 곧 나를 영접함이니

이 말씀에서 '영접'한다는 것은 영이 주린 자에게 생명의 양식을 먹여 주는 행위를 의미하고 있다. 아울러 진리의 말씀을 영접하는 것이 곧 빛이신 예수 그리스도를 영접하는 것과 같다.

> 막9:41 누구든지 너희를 그리스도에게 속한 자라 하여 물 한 그릇을 주면 내가 진실로 너희에게 이르노니 저가 결단코 상을 잃지 않으리라

일반적으로는 물 한 그릇의 의미를 작고 보잘 것 없더라도 인간을 사랑하는 마음으로 봉사하거나 작은 헌신의 행위를 하면 하나님께서 상을 주실 것이라고 이해하고 있다. 그러나 이는 잘못된 해석이며 세상의 의를 강요하게 되는 가르침이다.

그렇다면 물 한 그릇의 의미는 무엇인가

진리를 알지 못하는 사람은 도움이 필요한 사람들에게 사회적인 측면에서 보이는 구제나 봉사 활동을 하여 그들에게 일시적인 도움을 줄 수 있을지언정 정작 목말라 있는 영혼들에게 해갈하게 하는 물을 줄 수가 없다. 왜냐하면 성경에서 말씀하시는 '물 한 그릇'은 영혼을 살게 하는 '그리스도의 진리'를 가리키고 있기 때문이다.

마25:40 임금이 대답하여 가라사대 내가 진실로 너희에게 이르노니 너희가 여기 내 형제 중에 지극히 작은 자 하나에게 한 것이 곧 내게 한 것이니라 하시고

물은 생명을 살리는 것이다. 목이 마른 자에게는 산해진미가 아무런 의미가 없는 것처럼 세상에는 영혼을 살리는 생명의 물이 절실하게 필요하다. 그래서 성경에서는 영이 주린 자들에게 영과 진리의 양식(말씀)을 나누어 주면 그것은 곧 그리스도께 영접을 해 드린 것으로 인정하시겠다고 약속하셨는데 이것이 바로 '물 한 그릇(생명)'을 대접해 주는 것이다.

마25:35-36 내가 주릴 때에 너희가 먹을 것을 주었고 목마를 때에 마시게 하였고 나그네 되었을 때에 영접하였고 벗었을 때에 옷을 입혔고 병들었을 때에 돌아보았고 옥에 갇혔을 때에 와서 보았느니라

또한 이 말씀도 세상적으로 구제하거나 봉사하라는 말씀이 아니라 거짓 교훈(선악과)에 속아서 유린을 당하고 죽어 가는 불쌍한 영혼들에게 말씀(영)으로 먹이고 입히는 것을 가리키고 있다. 그러나 안타깝게도 사람들은 표면적으로 보이는 선한 행위나 봉사, 구제하는 일에는 앞장을 서지만 정작 영혼에 필요한 진리의 양식과 물 한 그릇은 건네 주지 못하는 현실이다.

물론 육신(몸)적으로 먹고 마시는 떡과 물이 부족한 것에 대해서는 국가나 사회(세상)가 해결할 일이지만 세상 영혼들이 당면한 기근에 대해서는 기독교회와 그리스도인들이 해결해 주어야 할 본분이며 사명이다. 하지만 오늘날의 기독교회는 생명의 물그릇은 던져 버

리고 세상의 떡과 물을 나누어 주는 사회복지의 일에만 몰두하는 모임으로 전락해 가고 있다.

창26:15 그 아비 아브라함 때에 그 아비의 종들이 판 모든 우물을 막고 흙으로 메웠더라

3) 천국에서 가장 큰 자

당시 제자들 간에 논쟁이 있었는데 그것은 '누가 천국에서 큰 자인가?'라는 것이었다눅9:46. 그래서 예수님께서는 "너희 모든 사람 중에 가장 작은 그 이가 큰 자니라"눅9:48라고 말씀하셨는데 이는 세상에서 가장 하찮고 보잘것없게 보이는 진리를 소유한 자가 천국에서는 큰 자가 된다고 하시는 말씀이다. 그런데 영과 진리의 특성이 그러한 것처럼 그것을 깨달은 자들도 세상에 있을 때에는 감추어져 있으며 세상에서는 드러나 있지를 않을 뿐 아니라 세상도 그들을 알아보지 못한다.

따라서 이 세상에서 칭찬하는 겸손은 온순하게 보이며 자기 의견을 내세우지 않거나 인간적으로 볼 때에 착한 모습이라고 여기고 있지만 하나님께서 말씀하시는 겸손은 불법을 가지지 않고 어린아이와 같은 특성을 지닌 진리의 말씀만을 소유하는 것을 말한다.

| 12 |

택하심을 입은 자 롬11:1-8, 왕상18:30-40

롬11:4 저에게 하신 대답이 무엇이뇨 내가 나를 위하여 바알에게 무릎을 꿇지 아니한 사람 칠천을 남겨 두었다 하셨으니

1) 의의 율법에 이르지 못한 이스라엘

이스라엘은 하나님께서 말씀을 이 세상에 계시하시기 위하여 사역적으로 선택을 받은 민족이다. 그러나 그들은 하나님께서 주신 율법을 그리스도의 율법(영)이 아닌 세상의 율법(육체)으로 받아들이고 따라갔지만 그러한 행위들이 하나님께 대한 범죄임을 인식조차 못 하고 있었다.

오늘날에도 바리새인을 비롯한 서기관, 율법사들이 사람의 의를 쌓기 위해 보이는 세상의 율법을 좇았던 것처럼 사람의 교훈을 가르치며 멸망의 길로 이끌어 가고 있는 이들이 있다.

롬9:31-32 의의 법을 좇아간 이스라엘은 법에 이르지 못하였으니 어찌 그러하뇨 이는 저희가 믿음에 의지하지 않고 행위에 의지함이라 부딪힐 돌에 부딪혔느니라

유대인들이 하나님께로부터 버림받은 이유는 하나님의 율법을 영과 진리로 받지 않고 육체인 세상 율법으로 여기고 따라갔기 때문이다. 로마서에서 보면 이스라엘 백성들처럼 율법을 받은 적이 없는 이방인들은 예수 그리스도의 진리를 믿음으로 하나님의 의에 이르렀지만롬9:30, 의의 법을 먼저 받았던 유대인들은 세상의 가르침과 인간의 행위에 의지하였기에 의의 법의 완성인 하나님의 의에 이르지 못하였다고 기록하고 있다.

2) 은혜를 따라간 이들을 선택하심

엘리야는 갈멜산에서 여호와의 이름을 의지하여 제단을 쌓았다왕상18:32. 그리고 응답받음으로써왕상18:38 여호와가 응답하시는 하나님이신 것을 이스라엘에게 알게 하였고왕상18:39 바알의 선지자를 잡아서 기손 시내에서 죽였다왕상18:40. 그러나 이세벨이 분개하여 엘리야를 죽이고자 하기에왕상19:2 엘리야는 생명을 위하여 도망하여 브엘세바에 있는 로뎀나무 아래 앉아 기도를 하였다왕상19:3-4. 이에 천사가 구운 떡과 물을 먹고 마시게 하였으며왕상19:5-6 결국 엘리야는 하나님의 산 호렙에 이르게 되었다왕상19:8. 그리고 그는 굴 속에서 다음과 같이 하나님께 기도를 드렸다왕상19:9.

왕상19:10 저가 대답하되 내가 만군의 하나님 여호와를 위하여 열심이 특심하오니 이는 이스라엘 자손이 주의 언약을 버리고 주의 단을 헐며 칼로 주의 선지자들을 죽였음이오며 오직 나만 남았거늘 저희가 내 생명을 찾아 취하려 하나이다

엘리야는 이렇게 기도를 드렸는데 하나님께서는 아래의 말씀으로 엘리야에게 응답하셨다.

왕상19:18 그러나 내가 이스라엘 가운데 칠천인을 남기리니 다 무릎을 바알에게 꿇지 아니하고 다 그 입을 바알에게 맞추지 아니한 자니라

엘리야 시대에 온 이스라엘 백성이 인간의 행위를 의지하여 바알신을 따를 때에, 여호와께서는 이스라엘 가운데에 바알을 따라가지 않고 무릎을 바알에게 꿇지 않은 자 칠천인을 남겨두었다고 말씀하셨다. 사탄의 영을 받은 이세벨이 득세하는 상황에서도 엘리야 외에 하나님을 의지하고 믿는 자들이 남아 있었다는 뜻이다.

왕상18:4 오바댜가 선지자 일백 인을 가져 오십 인씩 굴에 숨기고 떡과 물을 먹였었더라

또한 하나님께서는 오바댜를 통하여 백 인의 여호와의 선지자들을 숨겨 놓고 떡과 물을 먹이면서 하나님의 때를 준비하도록 보호를 하셨다. 이는 각 시대마다 하나님의 종들을 보호하시거나 숨겨 두심으로서 진리의 말씀이 이 세상에서 이어질 수 있도록 일하시고 계심을 증거하고 있다.

롬11:5-6 그런즉 이와 같이 이제도 은혜로 택하심을 따라 남은 자가 있느니라 만일 은혜로 된 것이면 행위로 말미암지 않음이니 그렇지 않으면 은혜가 은혜되지 못하느니라

이와 같이 엘리야 시대에도 세상을 좇지 않고 여호와를 좇는 자가 있었던 것처럼 예수님 당시에나 오늘날에도 하나님의 은혜를 따를 자가 있음을 말해 주고 있다.

3) 은혜의 성경적인 의미

로마서에서 사도 바울이 말한 하나님의 '은혜'란 자기의 의가 전혀 없음에도 불구하고 하나님께서는 그를 위하여 십자가를 통한 속죄와 더불어 그리스도 안에서 성취가 된 하나님의 의를 믿는 자에게 '값없이' 주시는 것을 말한다.

엡2:8-9 너희가 그 은혜를 인하여 믿음으로 말미암아 구원을 얻었나니 이것이 너희에게서 난 것이 아니요 하나님의 선물이라 행위에서 난 것이 아니니 이는 누구든지 자랑치 못하게 함이니라

이 말씀에서도 구원을 받는 조건이 율법을 지키는 행위에서 난 것이 아니고 예수 그리스도의 의를 소유하는 믿음에서 난 것임을 말하며 믿는 자들을 값없이 구원하시는 은혜에 대하여 '하나님의 선물'이라고 하였다.

또한 "은혜로 택하심을 따라 남은 자"롬11:5라는 말씀도 세상의 불법으로 눈이 밝아져서 그것을 따른 자가 아닌 그리스도의 율법(영)으로 믿고 따른 자를 의미하고 있다.

4) 남은 자를 미리 아시는 하나님

사도 바울은 '오직 택하심을 입은 자가 얻었고'롬11:7라고 하는 의미를 되새겨 보도록 하자. 본래 야곱은 장자의 반열에 들어 있지만 않았지만 결과적으로는 믿음으로 침노하여 장자권을 가진 자로 신분이 바뀌게 되었다. 야곱은 하나님의 의의 계보의 중요성을 인식하였기에 수단과 방법을 가리지 않고 형을 속여서 믿음(하나님의 의)을 가진 자가 되었다.

그리고 하나님께서는 세상에 속한 개인의 행위나 의로움을 보시지 않고 그가 완전한 하나님의 의를 소유하였는가를 보시고 하나님의 자녀로 인정을 하신다. 그렇다면 야곱이 왜 선택을 받았는가? 그 질문에 대한 대답은 아주 간단하다. 그가 하나님의 의를 쟁취하여 완전함을 소유한 자가 되었기 때문이다.

물론 형 에서는 장자권 속에 숨어 있는 하나님의 의와 완전함의 가치를 인식하지 못하여 경시하다가 잃어버리게 된 것이다. 그러므로 이 세상에 남은 자가 있다고 하시는 말씀은 온 세상이 육신인 불법을 따라갈지라도 그리스도 안에 있는 완전한 하나님의 의를 붙잡는 자가 반드시 남아 있다는 말씀이다.

그러므로 이와 같이 예수 그리스도의 음성을 듣고 깨달은 모든 유대인이나 이방인을 막론하고 남은 칠천 인에 속하는 것이다. 여기서 칠천 인이라는 수는 엘리야 당시에 바알에게 무릎을 꿇지 아니한 하나님의 종들의 수를 의미하겠으나 신약 시대적인 의미로는 특정한 수를 의미하기보다는 하나님께서 계획해 놓으신 일정한 수가 있음을 의미한다고 본다.

> 롬11:2 하나님이 그 미리 아신 자기 백성을 버리지 아니하셨나니 너희가 성경이 엘리야를 가리켜 말한 것을 알지 못하느냐 저가 이스라엘을 하나님께 송사하되

하나님께서는 영계에서 운행하시는 영이시기에 세상 사람들과는 달리 과거, 현재, 미래의 물리적 시간의 제한을 받지 않으신다. 그렇기에 영이신 말씀(예수 그리스도)도 시공간을 초월하여 이미 구약 시대부터 모형적으로 조금씩 계시(감추어져 있는 것을 드러내어 준다는 뜻)하여 주셨다. 그러므로 세상은 구약 시대로부터 이미 그리스도의 복음을 듣고 믿음으로써 구원을 받았다는 사실을 알 수가 있다. 이 같은 사실은 예수 그리스도는 어제나 오늘이나 영원토록 동일하다고 말씀하신 것을 통하여도 알 수 있다.

이는 아브라함이 믿었던 복음은 비록 모형적으로 나타났던 것이라고 할지라도 그 본질상 현재 우리가 믿는 예수 그리스도의 진리와 동일한 말씀인 것이다. 다만 복음의 실체를 한순간에 일시적으로 세상에 나타내어 주신 것이 아니라 세상으로 하여금 조금씩 깨달아 믿도록 하기 위하여 구약 시대로부터 점진적으로 나타내 보이셨던 것이다.

갈3:8 또 하나님이 이방을 믿음으로 말미암아 의로 정하실 것을 성경이 미리알고 먼저 아브라함에게 복음을 전하되 모든 이방이 너를 인하여 복을 받으리라 하셨으니

이와 같이 복음(진리)은 시공간을 초월하는 영이시기에 아담뿐만 아니라 현재, 그리고 미래의 구원을 받을 자까지도 아실 수가 있는 것이다. 그래서 '**그 미리 아신 백성을**'이라고 하시는 것이다.

13
씨 뿌리는 비유

당시 예수님께서 많은 사람들과 제자들에게 씨 뿌리는 비유(마13:3-52)를 하셨다. 예수님께서

는 이 씨 뿌리는 비유를 통해서 무엇을 말하시고자 하시는 것인지 함께 살펴보도록 하자.

1) 길가와 같은 마음 밭

마13:4 뿌릴쌔 더러는 길가에 떨어지매 새들이 와서 먹어버렸고

마13:19 아무나 천국 말씀을 듣고 깨닫지 못할 때는 악한 자가 와서 그 마음에 뿌리운 것을 빼앗나니 이는 곧 길가에 뿌리운 자요

이 말씀은 그 영혼의 상태가 '길가와 같은 자들로 그의 마음 밭에 뿌려진 씨(말씀)가 싹을 틔우지 못하므로 새들이 와서 먹어 버렸다는 의미이다. 얼핏 보면 이런 사람을 그저 아주 어리석거나 말귀를 못 알아듣는 사람으로 여길 수도 있지만 세상적인 개념에서는 전혀 어리석은 자라고 볼 수 없다.

왜냐하면 이 '길가'는 사람들이 많이 지나다니면서 세상의 교훈과 가르침으로 인해 딱딱하게 굳어졌으므로 '길가'와 같은 마음 밭에서는 진리의 씨앗이 싹을 틔울 수 없기 때문이다. 다시 말하면 말씀을 깨닫지 못한 원인이 환경적인 문제나 악한 자의 활동 때문인 것처럼 보이기도 한다. 그러나 실제로는 이 사람의 마음이 이미 불법으로 인하여 단단하게 굳어져 있어서 진리와 영의 말씀을 받아들이지 못하는 완고한 상태를 말하고 있다. 또 다른 부류는 너무 많은 사람의 교훈이 그의 마음에 다녀갔기 때문에 자신도 모르는 사이에 그것들에 대해 실망하여 마음의 문을 닫아 버렸을 수도 있다. 이렇게 사탄은 진리가 아닌 세상의 것들을 자주 먹여 주어서 실망하게 하고 그 영혼들에게 **'하나님이나 진리 같은 것은 없다'**고 하는 불신하는 마음으로 가득 차게 만들어 버렸다.

2) 돌밭과 같은 마음 밭

마13:5-6 더러는 흙이 얇은 돌밭에 떨어지매 흙이 깊지 아니하므로 곧 싹이 나오나 해가 돋은 후에 타져서 뿌리가 없으므로 말랐고

마13:20-21 돌밭에 뿌리웠다는 것은 말씀을 듣고 즉시 기쁨으로 받되 그 속에 뿌리가 없어 잠시 견디다가 말씀을 인하여 환난이나 핍박이 일어나는 때에는 곧 넘어지는 자요

이는 씨(말씀)가 마음 밭에 뿌려진 후에 진리가 싹을 틔웠지만 뿌리를 깊이 내리지 못하고 해가 돋을 때 말라 죽게 되는데 그 원인은 얇은 흙 속에 바위가 있었기에 이기지 못하는 상태를 말한 것이다. 이 내용을 보면 진리의 도를 버리고 배반하는 자에게 잘못이 있는 것이 아니라 외부에서 밀려드는 환난이나 핍박(바위나 돌)이 배도를 하게 하는 주된 원인으로 보인다.

그러나 이 말씀은 외부로부터 밀려오는 환경적인 문제를 말하는 것이 아니라 돌밭과 같은 사람의 영의 상태를 말씀하고 있다.

진리를 소유한 분량이 작고 영적인 지혜가 부족한 영혼에게는 조그만 돌(핍박이나 환난)도 태산처럼 크고 무서운 것으로 보일 수가 있다. 그러나 만약 영과 진리에 대한 가치 판단이 확고한 사람이라면 그에게 달려드는 거대한 바위도 이 사람에게는 조그만 조약돌에 불과한 것으로 보일 것이다. 그러므로 '흙이 얕은 돌밭'에 해당하는 사람은 한마디로 그의 영이 간사스러운 자임을 의미한다.

이런 사람은 자기가 추구하는 것에 강한 집착을 하고 있기에 그것을 빼앗기게 될 것을 우려하여 큰 두려움(바위)에 사로잡히게 된다. 그러므로 사탄이 공격(환난과 핍박)을 하게 되면 이전에 깨달았던 영과 진리의 말씀을 가치가 없는 것으로 여기고 서슴없이 내던져 버리는 사람을 가리키고 있다. 즉 돌밭은 영적인 가치 판단의 기준이 간사스러운 영(인간)을 가리키고 있으며 이런 사람은 사탄이 기침만 하여도 미리 겁을 먹고 손에 쥔 보물(진리)을 내던져 버릴 자이다.

그러므로 외부에서 달려드는 악한 영들의 활동이나 환경이 무서운 것이 아니라 자기가 가진 것을 지키려고 하는 미련 때문에 속게 되는데 그 순간 자기 마음속에서 바위가 불쑥 솟아 나오게 되는 것이다. 그러므로 깊이 보면 이 바위도 자기의 욕심이 만들어 낸 두려움인 것이다.

이처럼 인간의 영혼 안에는 장애물이나 돌, 큰 바위같이 보이는 것들이 마음속에 불쑥

나타났다가 사라지기도 하는데 그것들이 때로는 아주 크고 무섭게 보이기도 하고 힘들게 하기도 한다. 그러나 아무리 무서워 보여도 영과 진리만을 붙잡고 있으면 마치 추격해 오던 애굽 군대가 홍해 바닷속에 수장되어 버린 것처럼 형체를 찾아볼 수 없게 될 것이다. 이처럼 진리를 소유한 자들은 불법의 영들이 공격(환난, 핍박)을 해 오더라도 그것들은 잠시 보이다가 사라질 것으로 여겨야 한다. 조금만 인내를 하면 대적을 하는 들개와 같은 영들은 다 어디로 갔는지 행적조차 찾아볼 수 없게 될 것이다. 본래 박해하고 모략하는 악한 영들은 그 속성이 몰려다니는 개들처럼 잠시 설쳐 대다가 힘을 잃으면 보이지 않게 되는 허상이며 공허에 속하기 때문이다.

3) 가시밭 같은 마음 밭

마13:7 더러는 가시떨기 위에 떨어지매 가시가 자라서 기운을 막았고

마13:22 가시떨기에 뿌리웠다는 것은 말씀을 들으나 세상의 염려와 재리의 유혹에 말씀이 막혀 결실치 못하는 자요

여기서 말씀하는 '세상의 염려'란 일상적인 세상의 염려를 말하는 것이 아니다. 인간이 가진 염려와 근심의 근원은 죄 가운데 있는 인간이 하나님께 저주를 받고 장차 지옥에 던져질 운명을 아는 데서 오는 근본적인 두려움에서 기인한 것이다. 그리고 위의 말씀에서 '재리'란 세상의 물질적인 재산이나 돈이 아니라 세상이 좋아하고 따르는 불법에 속한 의를 지칭하고 있다. 그리고 성경에서는 인간적인 '의'를 추구하고 그것을 진리인 양 자기의 머리에 왕관처럼 쓰고 앉아 있는 교만한 영혼을 재물이 많은 부자로 표현하고 있다.

가시밭과 같은 이 사람의 마음 밭은 처음에는 영과 진리를 깨달아서 자라나지만 곱게 보이는 세상 교훈이나 가르침들이 그의 영혼을 어지럽게 만들어 버렸는데 이것들은 바로 땅(마음)에서 돋아난 가시들이다. 즉 가시밭인 이 사람은 잠시 진리를 깨달았지만 다시 세상 교훈인 불법으로 돌아간 사람을 가리키고 있다. 이런 사람들은 하늘로부터 내려 주신 영과 진리인 만나의 말씀을 깨달아 성장하다가 어느 순간 진리같이 보이는 다른 교훈을 맛보면 그것을 더 좋아하여 따라가 자기의 치아에 메추라기 고기가 끼이게 한다.

민11:33 고기가 아직 잇 사이에 있어 씹히기 전에 여호와께서 백성에게 대하여 진노하사 심히 큰 재앙으로 치셨으므로

왜 사람들은 이런 행동을 하는가

이런 부류의 사람들은 자기가 진리와 의를 진정으로 갈구하는 사람이라고 스스로 믿고 있으며 자기가 듣기에 좋은 교훈들을 열심히 찾아다닌다. 그래서 여기저기 널려 있는 쓰레기통을 뒤져 썩은 고기를 입에 넣고 만족해하는데 참으로 어리석은 영혼이 아닐 수가 없다. 이는 돼지가 씻었다가 도로 더러운 곳에 눕는 격에 해당이 되는데 벧후2:22 이렇게 변하게 되는 이유는 이 세상이 이런 자들을 의롭다고 인정하기 때문이다.

그런데 겉으로 볼 때에 전혀 타락한 것처럼 보이지 않고 오히려 밝은 진리를 선택한 지혜로운 행실로 보이게 된다. 그러므로 개인의 영이 진리 안에서 성장하려면 사도 바울이 '세상의 의'에 대하여 배설물로 여겼던 것처럼 하나님 앞에서 무가치한 것으로 여기는 자각(自覺)이 먼저 확실하게 되어야 한다. 그렇지 않으면 근본적인 영혼의 변화는 절대로 불가능하다.

4) 좋은 땅 같은 마음 밭

마13:8 더러는 좋은 땅에 떨어지매 혹 백 배, 혹 육십 배, 혹 삼십 배의 결실을 하였느니라

모든 인간의 마음 밭은 땅(토지)과는 달리 처음부터 운명적으로 좋은 땅(마음)은 존재하지 않는다. 그 이유는 인간은 누구나 아담 안에서 간사한 영인 죄(불법)를 가지고 있으므로 그 간사함의 형태와 습성만 다르게 나타날 뿐 모두 다 악한 영에 속하여 있다 렘17:9. 그래서 만약 누군가가 진리를 소유하려 하면 사탄은 어김없이 나타나 하나님의 자녀가 되는 것을 막으려고 하는데 돌, 바위, 가시 등을 그 사람의 마음에 등장시키고 속이는 작업을 하는 것이다.

그렇다면 '좋은 땅'이란 어떤 마음 밭인가

영과 진리의 말씀을 통하여 그리스도의 의를 발견하고 그것을 소유하여 끝까지 인내하

고 지켜내는 마음이다.

요1:47 보라 이는 참 이스라엘 사람이라 그 속에 간사한 것이 없도다

마13:23 좋은 땅에 뿌리웠다는 것은 말씀을 듣고 깨닫는 자니 결실하여 혹 백 배, 혹 육십 배, 혹 삼십 배가 되느니라 하시더라

이러한 좋은 땅은 각각 30배, 60배, 100배의 결실을 맺게 되는데 진리(성전)이신 예수 그리스도 안에 들어가서 뜰이나 성소의 단계에 이르기도 하지만 이기는 자들은 지성소의 단계에 이르게 되는 것을 뜻한다.

14

위에 있는 권세 롬13:1-2

롬13:2 그러므로 권세를 거스리는 자는 하나님의 명을 거스림이니 거스리는 자들은 심판을 자취하리라

이 말씀을 문자적으로 해석하는 이들은 국가나 정치적인 권력자에게 대적하거나 불응하는 행위를 하지 말아야 한다는 말씀으로 이해하고 있기도 한다.

성경에서 표현되거나 인용된 세상 나라와 권세자들은 영적인 의미를 드러내기 위해 등장을 한 것이며 이 세상 국가나 민족에 관한 정치적인 권세자들을 연관 짓는 말씀이 아니다. 왜냐하면 성경에 기록이 된 모든 일들은 모두 영적인 일들을 표현하기 위한 그림자이기 때문이다. 위의 말씀을 통하여 영적인 권세들이 존재하고 있다는 것을 표현해 주신 것이다.

롬13:1 각 사람은 위에 있는 권세들에게 굴복하라 권세는 하나님께로 나지 않음이 없나니

모든 권세는 다 하나님의 정하신바라

여기서 '위에 있는 권세'는 이 세상의 민족과 국가, 인간이 가지는 세상 권세를 가리키는 것이 아니다. 세상에 있는 권세는 그 권세를 세워 주는 이 세상 주관자나 세상이 관여해야 할 일이지, 영이신 하나님의 나라와는 전혀 상관이 없다. 왜냐하면 진리이신 말씀은 이 세상이 가지고 있는 권세에 대하여 영(의)으로 언급할 이유가 전혀 없기 때문이다.

또한 세상에 존재하는 정치 제도나 사상(민주주의, 사회주의, 공산주의, 왕정 제도 등)도 이 세상에 속하는 다양한 통치 방법일 뿐이다. 인류의 역사는 각 시대마다 국가나 도시별로 각기 다른 제도와 방법으로 통치해 왔는데 제아무리 뛰어난 통치 수단이라고 하더라도 그것은 이 세상에 속한 것이다. 그러므로 어떤 특정한 정치 제도가 하나님께 속한 것이라고 하는 주장은 세상에 속한 이익과 보이는 세상의 선의 각도에서 보는 견해일 뿐요18:36 영이신 하나님의 진리와는 아무런 상관이 없는 것이다.

눅24:21 우리는 이 사람이 이스라엘을 구속할 자라고 바랐노라 이뿐 아니라 이 일이 된 지가 사흘째요

예수님 당시의 제자들이나 군중들은 예수님을 향하여 기대하기를 민족적으로 선택을 받은 이스라엘을 구원할 자라고 여기고 따랐던 것이다. 오늘날에도 이와 비슷한 현상들이 나타나고 있는데 이를테면 공산주의는 사탄이 만들었고 자본주의는 하나님이 만들었다고 주장을 하거나 또는 하나님께서 민주주의를 지지하는 것처럼 포장을 하는 점이다. 이 땅에 존재하는 모든 사상은 불완전한 것이며 보이는 선이나 악을 가진 인간이 제각기 좋아 보이는 대로 사상체계를 만들어 운영하고 있는 것이다.

어차피 하나님의 말씀은 이 세상에 속하지도 않고 이 세상 나라의 일에 관여할 이유도 없으시다. 그러나 이 세상의 주관자인 사탄이 그의 영들을 통하여 자기가 마치 하나님인 것처럼 보이기 위하여 위장하거나 속여서 역사하고 있다.

요18:36 예수께서 대답하시되 내 나라는 이 세상에 속한 것이 아니라 만일 내 나라가 이 세상에 속한 것이었더면 내 종들이 싸워 나로 유대인들에게 넘기우지 않게 하였으리라 이제 내 나라는 여기에 속한 것이 아니니라

예수님께서 말씀하시는 '위에 있는 권세'란 하나님께로부터 내려온 진리이신 말씀이 가지신 권세를 가리키고 있다. 즉 **'하나님께로부터 난 권세'**인데 이는 말씀이신 예수 그리스도의 권세와 능력을 일컬으며 진리의 말씀을 전파하고 다스리고 가르치는 일을 하는 사역자들에게 위임을 한 말씀의 권세도 포함하고 있다. 예수 그리스도의 말씀에 대하여 '권세'라고 하는 이유는 영과 진리이신 예수 그리스도는 사망의 권세를 깨뜨렸으며 세상의 죄를 사하는 권세가 있기 때문이다눅7:48.

또한 그를 믿는 영혼을 보호하시며 영적인 생명으로 충만하게 채울 수 있는 능력이시기 때문이다골2:9-10. 그래서 예수님께서는 **"내 나라는 이 세상에 속한 것이 아니라"**요18:36라고 하심으로써 위로부터 온 권세가 이 세상 나라와는 상관이 없음을 말씀해 주셨다.

요17:8 나는 아버지께서 내게 주신 말씀들을 저희에게 주었사오며

이와 같이 하나님 아버지께로부터 내려오신 말씀은 진리이시며 위로부터 내려온 권세이다요14:24.

롬13:2 그러므로 권세를 거스리는 자는 하나님의 명을 거스림이니 거스리는 자들은 심판을 자취하리라

예수님께서는 하나님께서 이 세상에 나타내 보이신 말씀 자체로써 이 세상 불법의 죄를 사하시려고 하나님의 권세로 오신 것이다요20:22-23.

마28:18 예수께서 나아와 일러 가라사대 하늘과 땅의 모든 권세를 내게 주셨으니

그러므로 예수 그리스도를 영과 진리로 믿어 하늘의 의를 소유한 자는 위에서 언급하였듯이 진리를 통하여 역사할 수 있는 하늘의 권세를 함께 소유한 엄청난 존재이다.

요14:12 내가 진실로 진실로 너희에게 이르노니 나를 믿는 자는 나의 하는 일을 저도 할 것이요 또한 이보다 큰 것도 하리니 이는 내가 아버지께로 감이니라

그리스도의 말씀을 받은 자들은 하나님의 권세(진리)를 소유하고 있는 자들로서 그리스도로 말미암아 육체(죄)에 매여 갇혀 있는 자들을 풀어놓아 자유롭게 하는 권세 있는 일들을 하게 된다요20:23.

15

다른 영과 다른 예수 갈1:7-9

갈2:16 사람이 의롭게 되는 것은 율법의 행위에서 난 것이 아니요… 율법의 행위로서는 의롭다 함을 얻을 육체가 없느니라

바울은 제1차 전도 여행을 통하여 갈라디아 남부의 지역인 비시디아, 안디옥, 이고니온, 루스드라 등의 지역에 복음 전하였다. 그런데 사도 바울은 왜 이런 서신을 갈라디아 교회에 보냈을까? 그 이유는 갈라디아에 있는 그리스도인들이 처음에는 진리인 성령(말씀)으로 시작하였다가 어느 순간 다시 육체(율법, 땅)로 돌아가는 일이 발생하였기 때문이다 갈3:3. 이렇게 우려스러운 일이 발생한 데는 유대로부터 온 거짓 형제들이 다른 복음을 가르칠 때에 이를 자연스럽게 받아들이게 되었는데 그 이유는 기독교인 중에는 자유를 핑계로 하여 더러 방종하는 자들도 있었기 때문이다.

갈1:6 그리스도의 은혜로 너희를 부르신 이를 이같이 속히 떠나 다른 복음 좇는 것을 내가 이상히 여기노라

행21:20에 보면 "유대인 중에 믿는 자 수만명이 있으니 다 율법에 열심 있는 자라"라고 기록되어 있다. 이처럼 유대주의 기독교인들은 이방인들이 율법을 지키지 않고도 하나님의 자녀가 되는 것에 대하여 부정적인 견해를 가지고 있었다. 이들은 주장하기를 그리스도를 믿을 뿐만 아니라 율법을 지켜야 한다고 하였고 할례를 이방인들도 받아야 한다고 가르쳤다.

갈6:12 무릇 육체의 모양을 내려 하는 자들이 억지로 너희로 할례받게 함은 저희가 그리스도의 십자가를 인하여 핍박을 면하려 함 뿐이라

바울은 이와 같이 모세의 율법을 지키는 신앙으로 돌아가는 것을 천박한 초등 학문으로 돌아가는 것으로 규정하였다. 그런데 예수님께서도 이러한 율법을 가르치는 사람이나 교훈에 대하여 해를 끼치는 '누룩'이라고 하였다 눅12:1. 또한, 바울은 아브라함이 의롭게 된 것은 유대인들이 지키는 세상 율법에서 난 것이 아니고 약속(영)을 믿음으로 의롭다 함을 얻게 되었다고 하였다^{롬4:3}.

> **갈3:21** 그러면 율법이 하나님의 약속들을 거스리느냐 결코 그럴 수 없느니라 만일 능히 살게 하는 율법을 주셨더면 의가 반드시 율법으로 말미암았으리라
>
> **갈3:22** 그러나 성경이 모든 것을 죄 아래 가두었으니 이는 예수 그리스도를 믿음으로 말미암은 약속을 믿는 자들에게 주려 함이니라

하나님께서 모세를 통하여 주신 율법은 윤리, 도덕(육신) 차원의 율법이 아니라 그리스도의 의를 발견하게 하여 그 의를 소유하게 하려는 것으로 보이지 않은 영의 율법으로서 이 세상의 모든 법과 윤리, 도덕과는 아무런 관계가 없다.

그런데 유대주의자들이 가르치는 다른 복음 때문에 세상의 교훈(선악과)으로 다시 돌아가려고 하는 사람들이 갈라디아 교회 안에서 발생하게 된 것이다. 이것을 성경에서는 '다른 예수' 또는 '다른 영'이라고 지칭하고 있다. 사도 바울은 '다른 복음'을 받게 되면 저주를 받게 될 것이라고 경고하고 있는데 그 이유는 무엇일까?

> **갈1:9** 우리가 전에 말하였거니와 내가 지금 다시 말하노니 만일 누구든지 너희의 받은 것 외에 다른 복음을 전하면 저주를 받을찌어다

복음에 다른 것이 1%라도 섞이면 그것은 이미 그리스도의 영이 아닌 다른 영이며 불법이 돼 버린다. 그리스도인이 간직하여야 할 진리의 말씀은 순도 100%의 진리이어야만 한다.

따라서 진리의 말씀에 그 어떤 사람의 교훈이나 이론을 가미하는 순간 제아무리 진리같이 달콤하고 멋있게 보인다 해도 그것은 이미 하나님의 말씀이 아니다. 각 교파별로 조금씩 적당히 다른 것을 가미하여 전해도 괜찮다고 타협하는 것이나 세상의 이론을 섞어 변개하여 전하는 행위에 대해서는 말씀하신 대로 저주를 받게 될 것이다.

> **계22:18-19** 만일 누구든지 이것들 외에 더하면 하나님이 이 책에 기록된 재앙들을 그에게 더하실 터이요 만일 누구든지 이 책의 예언의 말씀에서 제하여 버리면 하나님이 이 책에 기록된 생명 나무와 및 거룩한 성에 참예함을 제하여 버리시리라

16

아나니아와 삽비라 행5:1-11

행5:1-2 아나니아라 하는 사람이 그 아내 삽비라로 더불어 소유를 팔아 그 값에서 얼마를 감추매 그 아내도 알더라 얼마를 가져다가 사도들의 발 앞에 두니

오순절 이후 성령의 임하심을 경험한 초대 교회 성도들은 한마음 한뜻이 되어 모든 물건을 서로 통용하고 재산과 소유한 것을 팔아서 필요한 사람들에게 나누어 주는 공동체적인 나눔이 시작되었다행2:44-45,행4:32. 다시 말하면 물건이나 재물을 제 것이라고 하지 않고 재산을 팔아서 가난한 자들을 돕고 공유하는 삶을 살게 된 것이다.

행2:44-45 믿는 사람이 다 함께 있어 모든 물건을 서로 통용하고 또 재산과 소유를 팔아 각 사람의 필요를 따라 나눠 주고

행4:32 믿는 무리가 한마음과 한뜻이 되어 모든 물건을 서로 통용하고 제 재물을 조금이라도 제 것이라 하는 이가 하나도 없더라

초대 교회는 엄청나게 강력한 성령의 역사하심에 따라 위의 말씀에서 보인 바와 같이 진리 때문에 자기가 가진 것을 자기 것으로 삼지 않고 공유하는 아름답고 놀라운 운동이 일어난 것이다.

이 말씀은 성령의 역사하심으로 말미암아 초대 교회 그리스도인들이 진리를 위하여 서로 물건을 통용하거나 소유를 팔아서 사도들에게 드린 일을 통하여 세상의 의(불법)를 버리고 영이신 그리스도께로 돌아와 그의 의를 생명으로 나누고 공유하는 영적인 혁명을 표면적인 형태로 계시해 주신 것이다행2:38-47.

행5:1-3 아나니아라 하는 사람이 그 아내 삽비라로 더불어 소유를 팔아 그 값에서 얼마를 감추매 그 아내도 알더라 얼마를 가져다가 사도들의 발 앞에 두니 베드로가 가로되 아나니아야 어찌하여 사단이 네 마음에 가득하여 네가 성령을 속이고 땅값 얼마를 감추었느냐

아나니아와 삽비라 부부가 소유를 팔아 일부는 사도들께 드리고 일부는 감추었는데 사도들께는 소유를 판 것의 전부를 드렸다고 거짓말을 하여 결국 아나니아와 삽비라는 죽임을 당하였다.

만약 이 말씀이 문자적으로 해석을 해야 한다면 성경을 읽는 이로 하여금 간담을 서늘하게 할 것이다. 왜냐하면 목사님이나 교회 앞에서 자기 재물을 제 것으로 여겨 거짓말을 하여 감춘다면 아나니아와 삽비라처럼 죽임을 당하거나 저주를 받게 되는 것이 아닌가 하는 율법적인 두려움에 갖게 할 수 있기 때문이다.

그래서 어떤 이들은 위의 말씀을 악용하여 교인들로 하여금 재산을 팔아 모두 하나님께 드려야 한다고 가르치거나 어떤 부류들은 초대 교회와 같이 물질을 공유하는 공동의 생활을 위하여 재산을 바치도록 강요하는 집단들이 출현하기도 한다. 그러나 이 사건을 통해서 성경에서 말씀하시고자 하는 영적인 의미는 따로 있음을 알아야 한다. 그렇다면 과연 성경에서 소유와 재물은 어떤 의미를 가지는지 말씀을 통하여 참된 의미를 살펴보도록 하자.

소유와 재물의 의미

눅14:33 이와 같이 너희 중에 누구든지 자기의 모든 소유를 버리지 아니하면 능히 내 제자가 되지 못하리라

성경에서의 '자기의 모든 소유'는 각 개인이 소중하게 여기고 쌓아 두는 재물을 말하는데 이것은 인간의 영이 좋아하고 추구하는 세상적인 의(가치)를 표면적으로 나타낸 것이다. 이는 이 세상의 율법이 인간에게 '사람의 의'를 요구하고 있는데 예수님께서는 말씀하시기를 장차 없어질 세상의 소유(불법)에 집착하지 말고 그것들을 영의 것으로 바꾸어 소유하라고 말씀을 하신다.

알기 쉽게 설명을 하면 보이는 세상 율법의 특징은 자기중심적이어서 언제나 빼앗고 끌어모으는 특성이 있다. 그러나 같은 율법으로 보이지만 그것을 땅의 개념이 아니라 하늘에 속한 율법으로 받아들이면 오히려 인간을 살리고 도와주는 특성으로 변하게 된다.

초대 교회 성도들이 이전에는 제 것을 위하여 살았지만 그들이 제 것의 개념을 버리고 주는 자로 바뀌었다고 하는 것을 성경에 기록하신 것은 그들의 영이 진리 안에 들어와 영

으로 주는 자의 특성을 가진 자가 되었음을 외적으로 표현하고 있는 것이다.

눅12:33-34 너희 소유를 팔아 구제하여 낡아지지 아니하는 주머니를 만들라 곧 하늘에 둔바 다함이 없는 보물이니 거기는 도적도 가까이 하는 일이 없고 좀도 먹는 일이 없느니라 너희 보물 있는 곳에는 너희 마음도 있으리라

마19:21 예수께서 가라사대 네가 온전하고자 할찐대 가서 네 소유를 팔아 가난한 자들을 주라 그리하면 하늘에서 보화가 네게 있으리라 그리고 와서 나를 좇으라 하시니

만약 이 말씀들을 문자적으로만 해석하면 기독교인들은 전부 가난한 거지가 되거나 돈을 좋아하는 자들은 천국에 들어갈 수 없다고 가르쳐야 하는 모순에 빠지게 된다.

눅16:13-14 집 하인이 두 주인을 섬길 수 없나니 혹 이를 미워하고 저를 사랑하거나 혹 이를 중히 여기고 저를 경히 여길 것임이니라 너희가 하나님과 재물을 겸하여 섬길 수 없느니라 바리새인들은 돈을 좋아하는 자라 이 모든 것을 듣고 비웃거늘

그러나 성경에서 말씀하시는 세상의 돈, 물질은 불완전한 세상이 좋아하고 아름답게 보이는 사람의 의와 영광을 가리키고 있으며 "하나님과 재물을 겸하여 섬길 수 없느니라"눅16:13라는 말씀에서의 **'재물'**도 불법이 먹여 준 **'세상의 의'**를 가리키고 있다. 다시 말하면 사탄이 이 세상 사람들에게 주는 사람의 의를 세상의 돈, 소유, 재물이라고 표면적으로 표현하고 있다. 그래서 성경은 바리새인들을 돈(불법)을 좋아하는 자로 기록하고 있는 것이다.

그리고 '소유를 팔아'라는 것도 세상이 알고 있는 사람의 의(선)를 버리고 감추어진 하나님의 의로 다시 채우는 것을 의미한다. 다시 말해 이 세상에서 자기만족을 위하여 소유나 재물(사람의 의)을 소중하게 여겨왔으나 이제는 그것을 팔아 버린다는 것은 보배로운 가치에 대하여 눈이 밝아진 자만이 할 수 있는 내적인 혁명이다.

마19:23-24 예수께서 제자들에게 이르시되 내가 진실로 너희에게 이르노니 부자는 천국에 들어가기가 어려우니라 다시 너희에게 말하노니 약대가 바늘귀로 들어가는 것이 부자가 하나님의 나라에 들어가는 것보다 쉬우니라 하신대

예수님께서 부자에게 소유를 팔라고 하시거나 부자는 천국에 들어갈 수 없다고 말씀을 하신 것은 이러한 영적인 의미를 갖고 있기 때문이다.

그러므로 성경에서의 부자나 재물이 많음을 경고하는 표현을 문자적으로만 이해해서는 안 된다. 이 세상에 존재하는 모든 물질은 그 자체로 선하거나 악한 것이 없고 단지 그것들을 조종하고 있는 죄와 사망의 법칙이 악한 것이다. 따라서 이 세상의 재물 자체가 더럽다거나 죄를 범하게 하는 원인이라고 가르치는 것은 이 세상의 율법적인 가르침에 편승하여 장단을 맞추는 격이다.

물론 실제로 돈을 사랑하는 인간이 가진 탐욕이 윤리, 도덕적인 죄를 범하도록 하는 매개체가 될 수도 있으며 사회적인 문제가 되기도 한다. 그렇지만 이런 세상 죄들은 육체(선악과)에 속한 것으로 세상 주관자가 정죄할 일이며 하나님께서 진노하시는 그리스도의 율법을 범한 불법의 죄와는 차원이 다른 것이다.

이처럼 초대 교회의 그리스도인들은 진리의 가치에 대한 소중함을 깨달았기에 세상의 가치(불법의 의)를 주저하지 않고 팔아 버릴 수 있었다. 여기서 주목해야 할 것은 재물을 나누어 주는 행위를 한다는 것을 영적으로 분별해 보면 재물을 소유하고자 하는 개념이 아니라 **주는 개념으로 변하게 되면 그와 동시에 주는 자의 영 안에 있는 법칙은 불법에서 진리(법)로 변동**이 되는 것을 의미한다.

막10:21 예수께서 그를 보시고 사랑하사 가라사대 네게 오히려 한 가지 부족한 것이 있으니 네 있는 것을 다 팔아 가난한 자들을 주라 그리하면 하늘에서 보화가 네게 있으리라 그리고 와서 나를 쫓으라 하시니

아나니아와 삽비라의 '죄'는 무엇인가

아나니아와 삽비라는 자기 소유를 팔아서 얼마는 사도들의 발 앞에 두고 얼마는 몰래 감추었다. '감추었다'는 것은 그들의 영이 절대적인 가치인 진리로 전부 변화하지 않고 그들의 영 안에 불법을 남겨 두었다는 의미로써 가증한 것에 대한 탐욕을 드러내는 것이다. 이는 마치 롯의 아내가 미련을 버리지 못하고 뒤돌아보아 소금 기둥이 되어 버린 것과 같은 의미를 가진다.

행5:3 베드로가 가로되 아나니아야 어찌하여 사단이 네 마음에 가득하여 네가 성령을 속

이고 땅값 얼마를 감추었느냐

아나니아와 삽비라가 거짓말을 한 것은 일반적인 거짓말을 의미하는 것이 아니라 그의 영이 불법을 소유하고자 하여 하나님께 거짓말(거짓 영)을 한 것과 같은 것이다.

위에서 언급한 것처럼 본래 소유를 팔아드린다고 하는 영적인 의미는 보이는 불법의 의를 버리고 영(진리)으로 바꾸어 소유하게 되는 의에 속한 행실이다.

그런데 아나니아와 삽비라가 소유를 판 일부를 하나님께 드렸지만 나머지 일부는 감추고서 전부를 드렸다고 실수가 아니라 영적인 거짓말을 한 것이다. 이는 그들이 고의로 자기들의 영 안에 불법(육체)이 남아 있기를 원하는 악함이 있는 상태이며 이는 이미 드린 것조차도 거짓(불법)에 속한 것이 된 것이다. 그러므로 그들의 행위에 대한 말씀은 일반적인 세상에서의 거짓말에 대하여 경고하시는 것이 아니라 땅(육체)에 대한 애착을 버리지 못하여 불법을 숨기고 고의적인 거짓말을 하는 인간의 영의 간사함과 악함에 대해 경고하시는 말씀이다.

행5:4 땅이 그대로 있을 때에는 네 땅이 아니며 판 후에도 네 임의로 할 수가 없더냐 어찌하여 이 일을 네 마음에 두었느냐 사람에게 거짓말한 것이 아니요 하나님께로다

그리스도의 율법(영의 율법)을 가진 자는 그리스도의 의를 소유하게 되고 그 안에서는 그리스도의 율법을 범할 수 없게 된다.요일3:6 따라서 그리스도의 율법은 한 가지를 범하면 불법에 속하게 되어 영의 율법 전부를 범하게 되는 것과 같다. 그런데 아나니아와 삽비라는 초대 교회와 자신들에게 진리의 영이 역사하고 계심에도 불구하고 불법을 버리지 않고 악한 자에게 속하여 사탄의 궤계를 붙들고 있었으므로 불법에 속한 자들에게 임하는 저주를 받게 되었다. 그들은 그들의 영으로 하나님께 거짓말을 함으로써 그리스도의 율법 전체를 범하게 되었다.

행5:9 베드로가 가로되 너희가 어찌 함께 꾀하여 주의 영을 시험하려 하느냐 보라 네 남편을 장사하고 오는 사람들의 발이 문앞에 이르렀으니 또 너를 메어 내가리라 한대

이와 같이 영과 진리의 말씀이 자신의 영에 역사를 할 때 그 음성을 거스르는 것이 성령을 훼방하거나 거역하는 것은 저주를 받게 되는 무서운 죄가 된다.

만약에 아나니아와 삽비라가 한 거짓말이 오늘날에 세상 사람들이 일상에서 범하는 선악과의 악에 속한 거짓말이었다면 그것은 이 세상이 심판하고 정죄할 일이다. 그러나 이들과 같이 불의의 영과 연합한 죄는 악한 자에게 속하게 된 것이기에 이에 대해서는 하나님께서 반드시 심판하신다는 것이다. 이것이 바로 멸망 받을 육체(불법)에 속한 죄(영적 거짓말, 영적 살인, 영적 간음 등)들이다.

그러므로 그리스도인들은 죄의 본질이 무엇인지 먼저 알아야 하는데 이것은 영혼이 살고 죽는 문제를 판가름하게 하는 중요한 문제이다. 사탄은 성령님이 역사하시는 초대 교회 속에 비집고 들어가서 거짓의 영(불법)을 심으려 하였지만 성령의 역사하심 속에서 제거가 되고 이 사건은 말씀으로 계시가 되어 오늘날에도 불법을 좋아하는 세상과 교회에 대하여 경고를 하고 계신다. 또한, 어떤 이들이 재산이나 헌금을 강요하는 행위들은 성경에서 말씀하시고자 하는 본질과는 전혀 상관없는 행위임을 알아야 한다.

17

열 처녀 마25:1-13

당시 히브리의 결혼식은 주로 어두운 저녁에 거행하였고 신랑은 결혼식 당일 신부의 집으로 와야만 신부를 데려갈 수가 있었다. 그리고 신부의 친구들은 신랑을 맞이할 때에 신랑의 집까지 갈 동안 길을 밝혀 줄 수 있는 등불을 준비하여야만 그들과 함께 가서 신랑의 집에서 열리게 되는 혼인 잔치에 참여할 수가 있었다.

그렇다면 예수님께서 말씀하신 열 처녀의 비유는 과연 무엇을 의미하는지 성경을 통해서 살펴보도록 하자. 신랑을 맞이할 때 필요한 등을 예비하여 기다리는 열 명의 처녀가 있었다^{마25:1}. 슬기로운 다섯 처녀는 지혜가 있어서 신랑이 늦게 올 것을 미리 대비하여 기름을 그릇에 담아 등과 함께 준비하였고^{마25:4} 미련한 다섯 처녀는 기름을 별도로 예비하지 않고 등만 가지고 신랑을 맞으러 나갔다^{마25:3}.

그런데 신랑이 늦도록 도착하지 않자 전부 졸며 자게 되었고^{마25:5} 밤중에야 신랑이 도착하여 일어나서 맞이하게 되었다^{마25:6}. 이에 등에 기름이 떨어진 미련한 처녀들이 기름을 나눠 달라고 하였지만^{마25:8} 지혜로운 처녀들은 "우리와 너희의 쓰기에 다 부족할까 하노니 차라리 파는 자들에게 가서 너희 쓸 것을 사라"^{마25:9}라고 권하며 말하였다. 그리고 미련한 다섯 처녀들이 기름을 구하러 간 사이에 신랑과 나머지 다섯 처녀들은 이미 떠나 버렸고 결국 그들은 혼인 잔치에 들어가지 못하고 문이 닫혀 버리게 되었다^{마25:10}.

이 말씀에서 나오는 '신랑'은 예수 그리스도를 의미하고 있고 빛을 밝히는 '등'은 그리스도인의 마음을 예표하며 '등불'은 영혼 속에서 발하는 진리의 빛을 의미한다.

> 마25:11-13 그 후에 남은 처녀들이 와서 가로되 주여 주여 우리에게 열어 주소서 대답하여 가로되 진실로 너희에게 이르노니 내가 너희를 알지 못하노라 하였느니라 그런즉 깨어 있으라 너희는 그 날과 그 시를 알지 못하느니라

하나님께서 예비하신 천국 혼인 잔치에는 영혼에서 진리로 인하여 빛을 발하는 자들만이 들어갈 수가 있으며 등불이 꺼진 자들은 천국에 들어갈 수 없다고 하시는 말씀이다.

등을 밝히기 위한 기름

'기름'은 영과 진리의 말씀을 깨달아 인간의 영 안에서 연합된 그리스도의 의(義)를 가리키고 있다. 성경에서는 그리스도인의 마음에 깨달아 믿어진 진리를 '그리스도의 영'이라고 기록하고 있는데 이는 말씀이 깨달아지고 연합이 되어 한 영이 된 상태를 의미한다. 좀 더 설명을 하면 그리스도의 영이나 성령은 동일하게 하나님의 영을 의미하지만 외적으로 역사하시는 하나님을 '성령'이라고 칭하고 믿는 자의 영 안에 진리가 들어와서 내주하는 상태를 '그리스도의 영'이라고 한다. 그래서 성경에서는 그리스도의 영이 없으면 하나님의 사람이 아니라고 말씀하신다^{롬8:9}.

마25:3 미련한 자들은 등을 가지되 기름을 가지지 아니하고

이 말씀을 보면 미련한 처녀들이 기름을 가지지 않은 것으로 보이나 그들도 처음에는 등 안에 남아 있는 기름으로 등불을 켜고 신랑을 기다리던 처녀들임을 분명하게 밝히고 있다.

마25:8 미련한 자들이 슬기 있는 자들에게 이르되 우리 등불이 꺼져가니 너희 기름을 좀 나눠 달라 하거늘

이는 미련한 다섯 처녀들도 처음에는 진리를 경험하였으며 신랑을 맞이하기 위하여 등에 불을 켜서 들고 마중을 나갔던 믿는 자들이었음을 알 수가 있다. 만약에 처음부터 진리를 알지 못한 자들이라면 신랑을 기다릴 이유가 없었을 것이다. 그러나 이렇게 혼인 잔치에 들어가지 못하게 된 원인은 신랑이 왔을 때에야 꺼져 가는 등불에 채울 기름을 준비해야 했기에 혼인 잔치에 참여할 기회를 놓치게 된 것이다.

마25:5 신랑이 더디 오므로 다 졸며 잘새

이와 같이 예수 그리스도는 밤이 깊고 어두운 때에 오실 수도 있음을 성경에서는 기록하고 있다. 그리고 기름을 예비하지 않은 처녀들이 미련한 것은 등에 불을 켠 자들만이 혼인 잔치에 들어갈 수 있는 일에 대하여 대수롭지 않게 생각을 했던 것이다. 또한, 신랑이 오는 정확한 시간과 때를 우리는 알 수 없다는 사실을 간과하였다.

밤이 깊어진 이 시대에 막상 신랑이 오게 된다면 기름을 충분히 예비하지 않으므로 꺼져 버린 등을 손에 들고 당황해하는 영혼들이 많이 있을 것이다.

이 말씀에서 밤이 깊을 때라는 것은 시대적인 것만을 의미하는 것이 아니라 각 개인의 영혼에서 불이 꺼지면 어두운 밤은 언제든지 시작이 될 수 있는 것이다. 그러므로 그리스도인들에게 있어서 현재의 삶은 기름(의의 분량)을 예비를 하여야 하는 기회임을 일깨워 주시는 말씀이다.

모든 사람들은 연약하기에 겉으로는 믿음이 좋은 것같이 보이더라도 실제로 영과 진리로 깨달아 믿음으로 화합된 분량이 적다면 어느 순간에라도 그의 영혼은 불이 꺼진 밤이 되어 버릴 수 있다. 이처럼 누구든지 **"다 졸며 잘새"**마25:5의 상황에 처해질 수 있으므로 인생에서 주어진 삶은 기름을 예비해야 할 기회로 받아들여야 한다. 그리스도인들이 신랑이신 예수 그리스도를 맞이하는 일이 중요하다고 여긴다면 영혼의 빛이 꺼져서 대문 밖에 내버려지는 불행한 자가 되지 않도록 깨어 있어야 한다. 그러므로 자기 영혼에서 진리의 불빛을 켜기 위하여 예비해야 하는 일보다 더 중요한 일이 있겠는가? 그리스도인들은 이 문제에 대해서 다시 한번 생각해 보아야 한다.

미련한 처녀들도 한때는 신랑을 맞이할 것이라고 설렘을 가지고 등에 불을 켰었던 처녀들이었다. 그러나 이미 닫힌 문은 열리지 않았으며 대문 안에서 들려온 한마디는 **"내가 너희를 알지 못하노라"**마25:12라고 하시는 무서운 심판의 말씀뿐이었다.

| 18 |
영적인 간음에 대하여

요8:5 모세는 율법에 이러한 여자를 돌로 치라 명하였거니와 선생은 어떻게 말하겠나이까

바리새인과 서기관들은 간음하다가 현장에서 붙잡힌 여자를 예수님 앞으로 끌고 와서 모세의 율법을 언급하며 돌로 쳐서 죽이고자 하였다요8:1-5. 그러나 모세의 율법도 창조자이신 예수님으로부터 나온 영과 진리의 그림자인데 그들은 이 율법을 세상을 속이는 율법 조문으로 받아들여 육(불법)의 눈으로 밝아졌던 것이다. 이 어리석은 자들은 하나님과 원수가 된 불법의 자식들인데 살리게 하는 영의 율법을 모세에게 주셨던 분이 예수님이심을 몰라보고서 그분 앞에 나아와 육체에 속한 율법으로 세상을 정죄하고 죽이는 것을 합리화하기 위해 예수님을 시험하고 있는 기가 막힌 상황이 된 것이다.

예수님을 향하여 시험하는 사탄과 바리새인들

만약 예수님께서 그들이 따르는 모세의 율법을 지키지 않아도 된다고 하며 그 여인을 정죄하지 말라고 하였다면 그들은 벌떼처럼 예수님을 향해 돌로 내려치거나 공격했을 것이다. 이와는 반대로 그들이 따르는 율법대로 간음한 여자를 돌로 치라고 하셨다면 이는 모세의 율법이 육체인 세상의 율법인 것을 인정하는 결과가 된다. 또한, 이는 사탄의 승리를 의미하게 된다.

본래 하나님께서 주신 모세의 율법은 세상을 살리게 하고자 하는 영의 율법인데 이는 세상이 그리스도로 말미암아 하나님의 완전한 의를 소유하게 하기 위해 모세에게 주신 것이다. 그렇다면 모세의 율법에 기록된 간음에 대한 말씀은 과연 어떤 의미를 뜻하고 있는 것일까?

1) 성경에서의 간음의 의미

약4:4 간음하는 여자들이여 세상과 벗된 것이 하나님의 원수임을 알지 못하느뇨 그런즉 누구든지 세상과 벗이 되고자 하는 자는 스스로 하나님과 원수되게 하는 것이니라

여기서 '여자'는 음녀로서 비진리인 불법을 의미하며 '음욕'은 불법에 대한 욕망을 가리킨다. 이를 성경에서는 '육체의 정욕'이라고 표현하였는데 하나님과 원수가 되게 하는 것을 말한다.

그리고 예를 들면 엡5:3-5에서의 죄악은 불의의 영에 속한 죄들을 가리키는 말씀이지만 이를 표면적으로만 보면 세상에서 정죄하고 있는 죄악으로 이해하기가 쉽다. 그러나 성경에서 그렇게 기록이 될 수밖에 없는 이유는 감추어져 있는 영이신 하나님의 진리를 세상에 드러내시기 위해서는 이 세상의 언어로 표현하여야 하는데 이 세상의 선과 악의 모양과 언어로밖에 표현되지 않기 때문이다.

잠5:3-5 대저 음녀의 입술은 꿀을 떨어뜨리며 그 입은 기름보다 미끄러우나 나중은 쑥 같이 쓰고 두 날 가진 칼 같이 날카로우며 그 발은 사지로 내려가며 그 걸음은 음부로 나아가나니

이 말씀도 창기 또는 음녀와 같이 세상에서 나타나는 일들로 표현되어 있지만 실상은 자유하게 하는 그리스도의 율법을 가지지 않고 정죄하고 죽이게 되는 불법을 좋아하여 따라가는 것을 음녀로 표현하였다.

이렇게 육체(불법)를 따라간 인간은 그의 영 안에서 그 불법(사탄의 영)으로 인하여 영적인 살인과 거짓, 간음, 도둑질 등의 죄를 저절로 범하게 되는데 하나님께서 모세의 율법에 기록한 죄들도 바로 이러한 영적인 죄들을 의미한다. 즉 모세의 율법에서 말하는 간음도 진리가 아닌 불법을 믿고 따르는 것을 말하고 있다.

2) 간음한 바리새인들과 세상

그런데 교활한 사탄은 인간의 영이 간음하고 있는 것을 세상으로 하여금 알지 못하게 하기 위하여 보이는 간음죄에 대해서만 정죄하도록 세상 율법으로 눈이 밝아지게 해 놓았다. 그래서 바리새인들은 모세의 율법을 통하여 간음을 한 자는 돌로 쳐서 죽이라는 말씀이 불법으로 가득 찬 자기 자신들을 향한 영의 말씀이라는 것을 전혀 모르고 간음한 여인을 향하여 정죄하였던 것이다. 그들은 이미 불법(음녀)을 따라가서 그들의 영으로 간음하여 사탄에게 속하게 된 간음한 자들이며 그 사실조차 알지 못하는 눈이 어두운 소경들이다.

요8:7 너희 중에 죄 없는 자가 먼저 돌로 치라 하시고

그리고 예수님께서는 "**너희 중에 죄 없는 자가 먼저 돌로 치라**"요8:7라고 말씀하셨는데 이 죄 또한 세상에서의 윤리, 도덕의 죄를 말씀하신 것이 아님을 반드시 알아야 한다.

바리새인과 서기관들은 사탄에게 속하여 육체의 개념(불법)으로써 질문하였지만 예수님께서는 영으로서 그들 속에 있는 본질을 꿰뚫어 보시고 그 불법에게 말씀을 하셨다. 이렇게 예수님께서는 간음하여 붙잡혀 온 여인을 통하여 바리새인과 서기관들이 하나님의 진리보다도 불법(세상)을 더 사랑하여 그들의 영으로 간음죄를 범하고 있음을 알려 주셨다.

요8:15 너희는 육체를 따라 판단하나 나는 아무도 판단치 아니하노라

만약 바리새인들과 같이 자신의 영이 불법(사망)으로 눈이 밝아 보이는 세상 율법으로 타인을 정죄한다면 그 정죄하는 율법에 의하여 자신이 오히려 더 깊은 사망의 길로 들어가

게 된다.

> 마7:5 외식하는 자여 먼저 네 눈 속에서 들보를 빼어라 그 후에야 밝히 보고 형제의 눈속에서 티를 빼리라

이와 같이 세상에서 보이는 율법에 눈이 밝아진 사람들의 손에는 죄를 없애기 위하여 돌멩이가 손에 들려져 있고 늘 정죄하는 것이 습관이 되어 있다. 예수님께서는 그런 사람들에게 돌멩이를 버려두고 먼저 자기 자신의 영 안에 들어와 앉아 있는 존재가 누구인지를 발견하여야 함을 경고해 주시는 말씀이다.

바알신을 숭배하는 이스라엘

> 렘7:9 너희가 도적질하며 살인하며 간음하며 거짓맹세하며 바알에게 분향하며 너희의 알지 못하는 다른 신들을 좇으면서

구약 시대의 이스라엘 백성들은 율법(자유하게 하는 진리)을 버리고 불법인 바알신을 따라가서 아세라와 일월성신에게 절하고 경배를 하였다^{대하33:3}. 이들의 가르침은 한결같이 땅의 것으로 풍요롭게 채워 준다고 하지만 이는 거짓 교훈이다. 왜냐하면 땅(육체)에 있는 것으로는 인간의 영혼을 절대로 채울 수 없기 때문이다.

역리와 순리

> 롬1:26-27 이를 인하여 하나님께서 저희를 부끄러운 욕심에 내어 버려 두셨으니 곧 저희 여인들도 순리대로 쓸 것을 바꾸어 역리로 쓰며 이와 같이 남자들도 순리대로 여인 쓰기를 버리고 서로 향하여 음욕이 불 일듯 하매 남자가 남자로 더불어 부끄러운 일을 행하여 저희의 그릇됨에 상당한 보응을 그 자신에 받았느니라

교활한 사탄은 영과 진리의 율법을 거짓의 불법으로 바꾸어 버렸는데, 이 세상에 형상화된 보이는 우상들은 인간의 영 안에 숨어 있는 불의인 사탄의 본체를 감추기 위한 고도의 술책이다. 사탄은 피조물이지만 이 세상에서는 인간의 영 안에 들어앉아서 하나님 행세를 하며 속이고 있는 도둑놈이며 거짓말쟁이, 살인자, 음행하는 자이다. 이는 각종 종교의 모습으로 나타나 행위적인 선을 요구하며 세상을 속이고 있는 악한 영이다. 그러므로

이 세상 사람들의 삶 속에서 보이는 선이나 악의 행위는 인간의 영으로 불법과 연합한 상태를 표면적으로 드러내고 있는 현상들이다.

> 롬1:26 곧 저희 여인들도 순리대로 쓸 것을 바꾸어 역리로 쓰며

만약에 동산 중앙의 실과를 생명 실과로 먹었다면 자유하게 하는 온전한 율법^{약1:25}으로 눈이 밝아져서 완전한 하나님의 영생(의)을 소유하게 되었을 것이다. 그러므로 하와는 그 실과를 영의 율법으로 깨달아 자유하게 하는 약속을 가진 여자로서의 역할을 했어야 하는데 육체의 율법(선악과)으로 받아먹고 음녀가 되어 그것을 아담에게 주어 연합하게 하였다. 이는 하와가 그리스도의 율법(사라)이 되지 않고 정죄하게 하는 육체인 율법(하갈)이 되어서 아담을 죽게 한 것과 같다^{갈4:24-26}.

이를 두고 여자들이 순리로 쓸 것을 역리로 쓴다고 말씀하신 것이며 하나님이 주신 진리를 거짓으로 바꾸어 버린 것을 가리키고 있다. 또한 이는 오늘날 교회 안에서 버젓이 벌어지고 있는 현상이다.

3) 간음에 대한 하나님의 경고

> 마5:32 나는 너희에게 이르노니 누구든지 음행한 연고 없이 아내를 버리면 이는 저로 간음하게 함이요 또 누구든지 버린 여자에게 장가드는 자도 간음함이니라

진리이신 하나님은 영적인 죄를 제외하고는 어떠한 경우에도 진리를 소유한 자를 버리시지 않는다. 그 이유는 남자(진리)를 버려서 다른 남자(다른 교훈)에게로 가면 동일하게 범법자가 되는 것이기 때문이다. 그리고 성경에서 더럽다고 하여 버림을 받은 여자에게 장가를 드는 행위란 하나님께로부터 외면을 받는 다른 교훈(음녀)을 받아들이는 것을 설명하시는 말씀이다.

> 마5:28 나는 너희에게 이르노니 여자를 보고 음욕을 품는 자마다 마음에 이미 간음하였느니라

앞서 언급했듯이 간음은 불법과 연합하여 하나님과 원수가 되는 것을 뜻한다. 예수님께

서 위 말씀을 하시고 **"만일 네 오른눈이 너로 실족케 하거든 빼어 내버리라"**마5:39라고 하셨는데 이는 그리스도인의 영이 육체(땅의 율법)에 미혹이 되어 한눈파는 것을 경고하신 말씀이다.

잠6:32 부녀와 간음하는 자는 무지한 자라 이것을 행하는 자는 자기의 영혼을 망하게 하며

음녀인 땅의 교훈을 경계하지 아니하면 저물 때, 황혼 때, 깊은 밤 흑암 중에 자기의 영혼을 망하게 됨을 경고하신다잠7:9-10.

유1:7 소돔과 고모라와 그 이웃 도시들도 저희와 같은 모양으로 간음을 행하며 다른 색을 따라 가다가 영원한 불의 형벌을 받음으로 거울이 되었느니라

살전4:5-6 하나님을 모르는 이방인과 같이 색욕을 좇지 말고 이 일에 분수를 넘어서 형제를 해하지 말라 이는 우리가 너희에게 미리 말하고 증거한 것과 같이 이 모든 일에 주께서 신원하여 주심이니라

하나님을 모르는 이방인이 색욕을 좇는다는 것은 육체의 정욕에 속하는 불법(세상 교훈)을 따라가는 것을 의미한다. 그리고 **"이 일에 분수를 넘어서 형제를 해하지 말라"**라는 것은 형제들에게 불법을 먹여 주어 육체의 정욕에 빠지게 하지 말라는 의미이다. 왜냐하면 그들의 영 안에 계신 예수님을 버리게 하여 사탄에게로 돌아가게 하는 것이 바로 영적인 간음죄이기 때문이다.

또한 로마서에서는 육신의 생각은 사망롬8:6-7이라고 하였으며 비진리인 불법을 따르는 것이 육체를 따라가는 일이므로 불법을 먹여 주거나 전하는 일은 인간의 영으로 하여금 죄를 소유하도록 하는 가장 무서운 범죄임을 알려 주고 있다.

마18:6 누구든지 나를 믿는 이 소자 중 하나를 실족케 하면 차라리 연자 맷돌을 그 목에 달리우고 깊은 바다에 빠뜨리우는 것이 나으니라

그러므로 그리스도인들이 하나님 앞에서 영적으로 간음을 하지 않으려면 세상 율법이 겉으로는 선하고 깨끗해 보이지만 실제로는 인간을 속이고 있는 수치스럽고 더러운 것임을 깨달아야만 한다. 그리고 인간의 영혼에 대한 실체와 존귀성을 깨닫고 반드시 깨끗한 것만을 먹여야 하고 가르쳐 주어야 한다. 구약 성경에서 형제나 자매의 하체를 범하지 말라고 하신 말씀은 물론 세상의 윤리와 도덕에서도 적용이 되겠지만 실상은 그리스도인들

이 불법을 버리고 영으로 정결함을 유지하라는 생명의 말씀이다. 왜냐하면, 형제나 자매들은 모두 다 그리스도의 율법 안에서 하나님께서 주신 완전한 의를 소유한 자들인데 그들에게 불법을 먹여 주는 것은 죄가 되기 때문이다.

4) 자신에게 범하는 간음

고전6:16-17 창기와 합하는 자는 저와 한 몸인 줄을 알지 못하느냐 일렀으되 둘이 한 육체가 된다 하셨나니 주와 합하는 자는 한 영이니라

표면적으로는 고린도 신전 안에 있었던 여자들과 함께 우상을 숭배하는 제식에 참여하는 행위를 말한다. 즉, 비진리인 불법(음녀)과의 연합을 창기와의 성적인 결합을 하는 것과 동일시하여 설명하고 있다.

고전6:18 음행을 피하라 사람이 범하는 죄마다 몸 밖에 있거니와 음행하는 자는 자기 몸에게 죄를 범하느니라

자신의 몸에 죄를 범한다는 것은 비진리(음녀의 영)와 연합하여 그 불법을 받아들여서 한 영이 되었다는 뜻이다. 그러므로 성경에서 말씀하는 몸이라는 단어를 문자적으로만 보아서 실제로 몸이 범죄를 하였다고 주장을 하거나 불법이 몸에 있기에 육체(몸)가 악한 것이며 영은 깨끗하다고 하는 가르침은 주의해야 할 거짓 교훈들이다.

고전6:19 너희 몸은 너희가 받은바 너희 가운데 계신 성령의 전인 줄을 알지 못하느냐 너희는 너희의 것이 아니라

'너희 몸'이라는 단어를 실제 육체(몸)로만 이해하면 안 된다. 인간의 몸은 영혼을 담는 껍데기에 불과하지만 사람의 본질인 영혼은 형체나 모양을 가지고 있으며 육체인 몸과 결합이 되어 있다. 그러므로 비진리와 연합한다는 것은 몸이 아닌 자기 자신의 영이 사탄과 한 영이 되는 영적 음행이다. 그러므로 물질로 구성이 된 몸 자체는 거짓의 영과 완전한 연합을 할 수 있는 존재가 아니다.

그러므로 성경에서 말씀하시기를 '**너희 몸**'이라고 표현을 할 수밖에 없는 것은 세상에서 보이는 남녀 간의 음행의 행태를 통하여 영적인 음행을 표현하기 위함이다. 실제로 '너희

몸'이라는 뜻은 그 사람의 본체인 영혼을 의미한다. 그러므로 인간의 영이 진리인 말씀을 깨달아 믿게 되면 진리의 영과 합하여 한 영이 되고 그 반대로 불법의 영과 연합을 하면 사탄과 한 영이 된다. 그래서 창기와 한 영이 된 사람은 음녀의 속성인 어두움(세상의 의)을 빛(그리스도의 의)보다도 더 좋아하게 되어 있다.

5) 음행의 결과

고전5:11 이제 내가 너희에게 쓴 것은 만일 어떤 형제라 일컫는 자가 음행하거나 탐람하거나 우상 숭배를 하거나 후욕하거나 술 취하거나 토색하거든 사귀지도 말고 그런 자와는 함께 먹지도 말라 함이라

고린도 교회 안에서 음행하는 자가 발생을 하였는데 바울은 그런 자를 교회에서 쫓아내지 않고 그냥 둔 것을 책망한다 고전5:2. 음행하는 자를 쫓아내야 하는 이유는 그가 누룩이 섞인 자이기에 교회 안에 퍼지는 것을 방지하기 위함이었다 고전5:6-7. 그리스도인과 교회의 영적인 순결을 위하여 바리새인의 누룩(불법)을 섞으면 안 되는데 고린도 교회 내의 음행 사건은 바로 이것을 영적으로 대변하고 있다.

고전5:5 이런 자를 사단에게 내어주었으니 이는 육신은 멸하고 영은 주 예수의 날에 구원 얻게 하려 함이라

'이런 자(음행자)'는 누룩이 섞인 떡을 얻어먹은 육체에 속한 자이기에 사탄에게 내어 주게 된다. 여기서는 영(진리)에 속한 자들을 보호하고 그 누룩이 더 이상 퍼지지 않게 하기 위하여 육체(누룩)에 속한 자와 분리하라는 말씀이다.

19
가룟 유다의 영혼과 타락

1) 내 떡을 함께 먹던 자의 배반 요13:1-2

시41:9 나의 신뢰하는바 내 떡을 먹던 나의 가까운 친구도 나를 대적하여 그 발꿈치를 들었나이다

그리스도인이 많이 궁금해하는 것은 '하나님께서 창세전에 예수님을 배반할 자로 유다를 선택하셨으며 예수께서는 그것을 아시면서도 그를 제자로 부르셨는가' 하는 의문점이다.

위의 말씀에서 '내 떡을 먹던'의 의미는 가룟 유다가 한때는 예수 그리스도로부터 신령한 양식을 공급받았었던 제자였음을 밝히고 있다. 유다의 배반은 예수 그리스도에 대한 믿음의 타락과 배도의 전형적인 사례이기에 생명을 가진 그리스도인들이 타산지석으로 삼아야 하는 본보기이기도 하다. 사탄은 사망 권세를 가진 자이기에 에덴동산에서 거짓말로 아담을 죽인 이래로 세상을 흑암에 가두었으며 후에는 세상을 살리려고 오신 예수 그리스도마저도 죽이려고 그의 종들을 통하여 역사하였다.

사탄은 그가 가진 사망의 권세로 예수를 죽이기 위하여 대제사장, 서기관, 장로들을 충동질하였으며 예수와 가까이 있었던 가룟 유다를 미혹하여 사용한 것은 사탄이 그만큼 교활하고 간교한 존재라는 것을 입증하고 있다. 일반적으로도 배반은 멀리 있는 자로 인하여 발생하는 것이 아니라 늘 내 떡을 함께 먹는 자를 통하여 발생하는데 이는 배반의 행위를 하는 자가 은혜를 저버리는 불법의 속성에 속한 자라는 것을 증명하고 있다.

2) 영적인 타락과 배반

마26:24 인자는 자기에게 대하여 기록된대로 가거니와 인자를 파는 그 사람에게는 화가 있으리로다 그 사람은 차라리 나지 아니하였더면 제게 좋을 뻔하였느니라

이 말씀을 문자적으로 보면 단순히 유다가 예수를 팔아넘긴 정보 제공자인 것처럼 보이나 성경 말씀은 영(생명)이나 육체(사망)를 분별하는 것에 대한 표준이므로 실제로는 더 깊은 의미가 내포되어 있다. 가룟 유다가 예수님을 팔았다는 대목에서는 자기 자신의 영이 진리이신 예수를 버리고 불법인 사탄을 따라갔다는 의미를 내포하고 있다. 이는 구약 성경에서 나타난 바와 같이 붉은 팥죽 한 그릇을 얻어먹고자 하여 야곱에게 장자권을 서슴없이 팔아 버린 에서의 행위와도 같다.

3) 하나님이 유다를 배반할 자로 창세전에 선택하셨는가

그렇다면 유다가 예수님을 배반한 사건이 왜 시41:9에 예언적으로 기록되어 있을까? 어떤 운명론자들의 해석에 따르면 가룟 유다는 하나님에 의하여 예수를 배반할 자로 창세전에 선택받았다고 주장한다. 또한 모든 인간은 그 개인의 운명이 예수를 믿을 자와 믿지 않을 자로 이미 정해진 채 태어나게 된다고 한다. 만약 그러한 맥락에서 본다면 도대체 첫 사람 아담은 타락해야 할 자로 지음을 받았는가? 아니면 타락할 수 없는 자로 창조가 되었는가? 하는 원천적인 문제가 대두된다.

만약 아담이 창세전에 이미 하나님의 자녀로 선택받은 자였다고 가정해 보자. 그렇다면 하나님의 주권에 의하여 아담은 불순종할 수 없거나 아예 타락이 불가능했어야 마땅하다. 반대로 아담이 버림받을 자로 창조되어서 아담이 사탄의 유혹에 빠져 죄인이 되었다면 그 죄에 대한 심판은 누가 받아야 하는 것인지에 대한 난제가 발생된다.

어떤 주장에 따르면 하나님께서 가룟 유다를 창세전에 멸망을 받을 자로 선택하셨기에 배반을 하게 되었다고 하는데 이는 매우 위험한 주장일 뿐만 아니라 심지어 하나님의 공의와 사랑의 속성까지도 짓밟아 버리게 된다. 이런 논리에 의한다면 에덴동산에서 아담이 타락한 것도 그의 자유 의지에 따라 선택한 결과가 아니라 아담이 타락하도록 하나님께서 창세전에 범죄하도록 조정해 놓으셨다고 볼 수밖에 없을 것이다.

또한 그들은 하나님의 의지에 의하여 아담에게 선악과를 따 먹도록 하는 제한받은 자유 의지를 주셨다고 주장하지만, 분명한 것은 단 0.1%라도 제한을 받은 것은 자유 의지가 아니다. 구원을 받게 되는 것은 반드시 하나님이 준비하신 구원의 은혜를 100% 개인의 자유 의지적인 결정에 의하여 믿음으로 받아들인 결과이어야 한다.

성경에 하나님께서 구원을 받는 자들에 대하여 자기 백성이라고 말씀하신 것은 위에서 언급했다시피 하나님께서는 영이시기에 물질계의 시공간을 초월하여 구원을 받는 자들의 결말을 미리 보셨기 때문이다. 따라서 인간의 물질계에 국한된 개념으로 성경을 해석하지 않도록 주의해야 한다. 하나님의 말씀은 영이시기에 이 세상의 과거, 현재, 미래가 언제나 현재인 것과 같이 영속적(永續的)이며 동시성(同時性)을 갖는다. 즉, 창세전에도 이미 아브라함과 나의 영혼을 동시에 볼 수 있으시며 이 세상 시공간에 제한받지 않으신다. 이 세상은 성경에서 땅(음부)이라고 지칭하는 공중영계 안에 속하여 있기 때문에 물리적인 시간과 공간의 제한을 받을 수밖에 없다.

결론적으로 말하면 하나님께서는 어느 누구도 일방적으로 천국에 들어갈 자나 지옥에 들어갈 자로 결정하시지 않는다. 그러한 논리와 주장들은 물질계의 시간이나 공간에 제한을 받은 시각으로 무리하게 성경을 해석한 결과이다.

구약 성경에서 가룟 유다가 스스로 어둠의 길을 선택하는 그 결말은 하나님이 미리 보시고 예언적으로 기록하신 것이다. 즉, 하나님께서 일부러 가룟 유다의 마음을 타락하도록 조장하셨거나 제한하신 것이 아니라는 뜻이다.

4) 사탄이 가룟 유다를 선택한 이유

마26:25 예수를 파는 유다가 대답하여 가로되 랍비여 내니이까 대답하시되 네가 말하였도다 하시니라

가룟 유다가 자기 마음에 이미 예수를 팔려고 계획하였음에도 불구하고 "랍비여 내니이까"라고 뻔뻔스레 질문할 수 있는 것은 그가 거짓의 영(불법)에 이미 미혹되었음을 잘 드러내고 있다. 영과 진리를 소유하고 있는 자라면 진리를 배반할 수 없겠지만 그는 이미 어둠 속에 들어가서 진리와는 상관없는 자가 되었음을 유다 자신의 언행을 통하여 드러내고 있다. 성경에서는 유다가 평소부터 돈궤에 손을 넣어 훔쳐 갔다고 밝히고 있으며 요12:6 이는 곧 그의 영이 거짓의 영을 따라가고 있었음을 말씀하고 있다. 그러므로 사탄이 볼 때

제자들 중에서 미혹하기에 가장 수월하게 보인 존재가 바로 재물(세상의 의)을 탐내는 일에 약삭빠른 유다였을 것이다.

이처럼 사탄은 미혹할 대상을 유심히 살피다가 마음이 어두워지는 적절한 때^{요13:30}에 그에게 찾아갈 것이다. 그러나 사탄의 정체를 분별하지 못하고 속아 넘어가게 된다면 유다가 자기의 영적인 생명을 빼앗긴 후에 목을 매어 자살하였던 것처럼^{마27:5} 사탄의 손에 의하여 목 졸림을 당하고 창자는 밖으로 흘러나오게 될 것이다^{행1:18}.

5) 마지막까지 기회를 주심

그러나 예수께서는 떡(영의 양식)을 떼어서 가룟 유다에게 주시면서 진리 안에 머물라고 촉구하시며 진리를 떠나지 않을 수 있는 마지막 기회를 주셨던 것이다.

> 요13:26 예수께서 대답하시되 내가 한 조각을 찍어다가 주는 자가 그니라 하시고 곧 한 조각을 찍으셔다가 가룟 시몬의 아들 유다를 주시니

구약 성경에서 성막 안의 성소에 있는 촛대에 촛불이 꺼지지 아니하도록 늘 불똥을 제거하고 기름을 보충하여 성소 안을 밝게 하였다. 이와 같이 유다의 영혼 속 마음의 성소를 밝혀 줄 떡(진리)을 떼어 주시며 회개를 촉구하심에도 불구하고 그는 사탄에게로 가 버렸다.

> 요13:27 조각을 받은 후 곧 사단이 그 속에 들어간지라 이에 예수께서 유다에게 이르시되 네 하는 일을 속히 하라 하시니

유다의 영혼 속의 진리의 불빛이 완전히 꺼져 버린 안타까운 순간을 요13:27에서 기록하고 있다. 한때는 예수님을 비롯하여 다른 제자들과 함께 떡을 나눠 먹었었던 유다의 영혼이 사탄에게 사로잡혀 어둠 속으로 빨려 들어가 버리는 불행하고 슬픈 순간이다. 그리고 예수께서는 유다를 속이고 그의 영에 들어가 장악한 사탄에게 **"네 하는 일을 속히 하라"** 라고 말씀하셨던 것이다.

> 요13:30 유다가 그 조각을 받고 곧 나가니 밤이러라

그러므로 이 세상에서 가장 불행하고 미련한 자가 누구일지 생각해 본다면 가룟 유다를 손꼽을 수 있다. 왜냐하면, 그는 예수께서 친히 주신 떡 조각을 받았음에도 불구하고 흑암 속에서 기다리고 있는 악한 영에게로 가고 말았기 때문이다. 그는 평소에 늘 합리적인 선악과의 시각으로 판단하거나 재물(세상의 의)을 훔치곤 했는데 결국에는 은 삼십에 예수님을 대제사장(율법, 선악과)에게 팔아 버렸다^{마26:15}.

이처럼 진리를 발견한다는 것은 참으로 쉬운 일이 아니며 하나님의 은혜가 아니고서는 쉽사리 이루어질 수 없다. 이로 보건대 각 사람이 받은 은혜를 잘 간직하기 위해서는 자기 마음(영)을 잘 지키는 영적인 지혜가 반드시 필요하다. 어쩌면 유다를 찾아갔었던 그 악한 자의 발걸음이 바로 내 영혼의 문 앞에도 당도해 있지는 않을까? 영원한 후회와 고통을 당하지 않기 위해서는 자기 영혼의 문단속을 잘해야 한다. 안타까운 것은 받아먹지 말아야 할 미끼를 먹고 가룟 유다와 같은 길로 떠나는 사람들이 한둘이 아니라는 사실이다.

| 20 |
에서의 타락

히12:16-17 음행하는 자와 혹 한 그릇 식물을 위하여 장자의 명분을 판 에서와 같이 망령된 자가 있을까 두려워하라 너희의 아는 바와 같이 저가 그 후에 축복을 기업으로 받으려고 눈물을 흘리며 구하되 버린 바가 되어 회개할 기회를 얻지 못하였느니라

에서는 장자의 명분을 가진 자였지만 팥죽^{창25:30}을 먹고 그리스도의 언약의 계보인 장자의 명분을 야곱에게 팔아 버렸다.

창25:32-34 에서가 가로되 내가 죽게 되었으니 이 장자의 명분이 내게 무엇이 유익하리

> 요 야곱이 가로되 오늘 내게 맹세하라 에서가 맹세하고 장자의 명분을 야곱에게 판지라 야곱이 떡과 팥죽을 에서에게 주매 에서가 먹으며 마시고 일어나서 갔으니 에서가 장자의 명분을 경홀히 여김이었더라

이 말씀은 에서가 '영'을 버리고 '육체'를 선택한 사람임을 표현하고 있다. 에서는 진리의 계보인 장자권(영)은 자기에게 어떤 유익도 없고 한 그릇의 팥죽(육체)이 더 유용한 가치가 있다고 실용적인 판단을 내린 것이다. 이와 같이 현실적인 것과 보이는 것에 집착하는 자는 자신이 가진 영적인 것에 대한 소중함을 인식하지 못하고 가치 없게 여기다가 그것을 빼앗기거나 잃어버리게 될 수도 있음을 경고하시는 말씀이다. 이는 보물이라고 여기는 것들을 보이는 육의 개념으로 발견하였는가 아니면 보이지 아니하는 영의 개념으로 발견하였는가에 따라서 보물의 존재와 가치 개념이 뒤바뀌어지게 된다^{마6:19-21}.

사탄은 그리스도인들을 미혹할 때 보이는 세상의 의가 가장 가치 있고 그런 것들만이 진실하고 유용한 것이라고 믿게 한다. 에서는 장자의 명분을 하찮은 팥죽 한 그릇과 바꾸었으며 이로 인하여 그리스도께서 자기 후손을 통해 올 수 있었던 기회를 넘겨 버린 것이다. 오늘날도 처음에는 영의 말씀을 잘 깨달아 소유했다가도 세월이 지남에 따라 마음의 눈이 어두워져서 진리를 하찮게 여기거나 달콤한 팥죽의 가르침을 얻어먹으려고 눈을 희번득거리며 돌아다니는 어리석은 영혼들이 많이 있다는 사실이다.

마6:21 네 보물 있는 그곳에는 네 마음도 있느니라

대개 지극정성으로 헌금을 드려야 한다는 뜻으로 받아들이는 말씀이다. 그러나 이 말씀은 헌금을 드리는 자가 정성스러운 마음으로 하나님께 바치라는 말씀이 아니다. 이는 성경에서 '보물'이라고 표현된 '하나님의 의'를 발견하면 그의 마음(영)은 온통 영과 진리이신 그리스도께만 향한다는 말씀이다.

야곱은 그의 이름처럼 날 때부터 형의 발뒤꿈치를 잡은 자이며 장자의 계보에 속한 자가 아니었지만 그는 형 에서가 가진 장자권을 귀하게 바라보았고 그것을 소유하고자 하는 열망을 가지고 있었다. 그래서 야곱은 형으로부터 장자권을 합법적으로 빼앗을 목적으로 구체적인 계획을 세워 실행에 옮겼다. 그는 형이 배고픔을 느낄 만한 시간대를 기회로 삼았고 에서가 장자권을 경시하는 것을 적절하게 이용하는 간교함이 있었다.

심지어는 후일에 이 중요한 거래가 번복되는 것을 방지하기 위하여 형 에서로 하여금 하나님의 이름으로 맹세하게 하는 치밀함까지 가지고 있었다. 물론 야곱은 자기의 목적을 숨기기 위하여 에서가 볼 때 대수롭지 않은 것처럼 장난스럽게 말했을 것이다. 아래의 성경 말씀에서 에서가 한탄을 하며 아버지인 이삭에게 통곡하는 내용을 보면 야곱이 얼마나 교묘하게 에서를 속였는지 짐작할 수 있다. 에서로서는 배가 고픈 중에 동생 야곱이 가져다주는 팥죽을 먹기 위하여 농담조로 말했을 것이며 실제로 장자권이 뒤바뀐다고 여기지 않았을 것이다.

> 창27:36 에서가 가로되 그의 이름을 야곱이라 함이 합당치 아니하니이까 그가 나를 속임이 이것이 두 번째니이다

이 말씀은 에서가 뒤늦게 장자권에 속한 축복을 야곱이 가로챈 사실을 알고 나서 울며불며 아버지께 통곡을 한 내용이다. 그러나 야곱은 아버지 이삭의 눈이 어두운 것을 이용하여 자기가 에서인 것처럼 위장하고 아버지로부터 장자의 축복까지 받아내고 말았다는 사실이다. 이것이 바로 야곱의 간교함을 잘 증명해 주고 있다.

만약 야곱과 에서와의 거래가 정상적인 거래이었다면 야곱은 장자권이 보배인 것을 알고 있기에 에서에게 엄청난 대가를 지불해야 했을 것이다. 위에서 언급한 것처럼 어쩌면 에서는 야곱의 제안을 장난으로 여기고 팥죽 한 그릇을 얻어먹는다고 해서 실제로 장자권이 야곱에게 넘어가게 된다고 미처 생각하지 못했을 것이다. 결국 야곱은 에서가 장자권을 소홀히 여기고 있다는 점을 교묘히 이용하여 단 한 그릇의 팥죽창25:34으로 예수 그리스도의 계보(영과 생명)를 사서 그 계보 안에 들어가게 되었다.

이 사건은 세상을 속인 사탄을 제외하고 이 세상에서 발생한 가장 황당한 사기 사건일 것이다. 야곱은 장자의 명분이 엄청나게 귀중한 것임을 알고도 고의로 이런 행동을 하여 장자의 명분을 쟁취하였다. 이러한 야곱의 행위는 세상 도덕적으로 마땅히 비난을 받아야 할 것이다. 그러나 성경에서는 야곱이 그 본심을 감추고 행한 교활함이나 간교함에 대하여 책망하신 것이 아니라 오히려 야곱을 사랑하신다고 기록하고 있다.

> 롬9:13 기록된바 내가 야곱은 사랑하고 에서는 미워하였다 하심과 같으니라

간교하고 비열하게 보이는 야곱의 행위나 그의 인품과는 상관없이 그가 믿음으로 쟁취한 장자권(그리스도의 계보) 안에 있는 '하나님의 의'를 보시고 인정하셨다. 야곱이 하늘의 것을 탐내어 소유하게 된 사실에 대하여 성경은 이렇게 말하고 있다.

마11:12 세례 요한의 때부터 지금까지 천국은 침노를 당하나니 침노하는 자는 빼앗느니라

본래 에서는 소중한 보배를 소유하였었지만 한순간의 부주의로 인하여 가장 값진 것을 잃어버린 불행한 영혼이 되었고, 야곱은 침노하여 믿음(예수 그리스도)을 소유한 자가 되었다.

그러므로 인생들이 이 세상에서 무엇을 하였으며 얼마나 착하게 살았는가는 중요하지 않다. 하나님께서는 오직 완전한 의이신 그리스도 안에 들어온 사람만 의롭다고 인정하시므로 예수 그리스도 안에서 하나님께서 주시는 완전한 '하나님의 의'를 발견하고 소유하였는지가 가장 중요하다.

21

거짓 사도

고후11:13 저런 사람들은 거짓 사도요 궤휼의 역군이니 자기를 그리스도의 사도로 가장하는 자들이니라

1) 고린도 교회의 거짓 사도들

고린도 교회에는 육체의 율법으로 그리스도인을 미혹하는 거짓 사도들이 있었는데^{고후11:4} 그들의 가르침을 좇는 자들은 더럽혀지게 되었다^{고전3:17}. 육체의 가르침을 전하는 자들은

하나님의 말씀을 보이는 세상의 선이나 의의 표준으로 받아들였는데 고전2:14, 그래서 그들은 사도 바울처럼 충성된 사역자들에 대하여 육신을 따라 행하는 자라며 비방하였다 고후10:2.

> 고후10:10 저희 말이 그 편지들은 중하고 힘이 있으나 그 몸으로 대할 때는 약하고 말이 시원치 않다 하니

그들이 이렇게 비방한 이유에 대해서는 그들의 눈으로 보았을 때 사도 바울이 전하는 복음은 세상적인 관점에서 논리성이 상당히 결여된 것으로 보였기 때문이다.

그러나 영과 진리의 말씀이 어떻게 육체(불법)인 이 세상이 요구하는 타당성과 논리성을 만족시키겠는가? 그래서 세상의 눈으로 보면 예수 그리스도는 고운 모양도 없고 흠모할 만한 것이 없다.

> 사53:2-3 고운 모양도 없고 풍채도 없은즉 우리의 보기에 흠모할만한 아름다운 것이 없도다 그는 멸시를 받아서 사람에게 싫어 버린바 되었으며

그러나 육체(불법)에 속한 이들은 세상에서 아름답고 의로워 보이는 것을 추구하고 있으므로 성경에서 말씀하시는 더러움은 자신과 아무런 상관이 없다고 믿고 있을 것이다. 그리고 그들에게는 영적인 하나님의 의가 전혀 거룩하거나 경건해 보이지 않기에 우습게 보일 것이다. 그러나 성경에서는 그들이 가진 지혜가 오히려 미련한 것이라고 말씀하고 있다 고전3:19.

2) 이 세상 지혜의 위험성

> 고전3:19 이 세상 지혜는 하나님께 미련한 것이니 기록된바 지혜 있는 자들로 하여금 자기 궤휼에 빠지게 하시는 이라 하였고

> 고전2:14 육에 속한 사람은 하나님의 성령의 일을 받지 아니하나니 저희에게는 미련하게 보임이요 또 깨닫지도 못하나니 이런 일은 영적으로라야 분변함이니라

바울이 경고하는 '이 세상의 지혜'란 세상에 속한 육체의 율법으로 성경을 가르치는 것을 말하고 있다. 사탄은 이미 영으로써의 말씀이 세상 사람들의 마음에 비치지 못하도록

성경을 땅에 속한 율법 조문으로 바꾸어 버렸다고후4:4. 이 세상 교훈들은 세상에서 금욕적인 삶을 살게 하거나 의식주와 관련된 인간의 본성적인 욕구들을 성경에서 말씀하고 있는 '육체의 정욕'이라고 규정하여 죄악시하도록 유도한다고후11:18.

그리고 '이 세상의 지혜'가 있는 자들은 세상의 눈으로 보면 매우 경건한 자들이기에 의의 일꾼이나 신령한 사역자로 보이므로 눈이 어두운 영혼들은 그들이 참 목자인 줄로 믿고 그들을 따라가게 한다.

고후11:15 그러므로 사단의 일군들도 자기를 의의 일군으로 가장하는 것이 또한 큰일이 아니라 저희의 결국은 그 행위대로 되리라

성경에는 사탄의 일꾼들이 의의 일꾼으로 가장을 한다고 하는데 이는 그들의 가르침이 그만큼 입맛을 돋우기 때문이다. 그들의 가르침은 기도를 많이 해야 한다고 하거나 헌금, 충성, 봉사, 목회자에 대한 순종 등을 요구하며 그러한 행위에 대하여 하나님께서 축복의 문을 열어 주실 것이라고 설득을 한다.

또한 먹는 것을 즐기는 사람들이 소문난 맛집을 찾아다니듯이 교인들은 지식적인 수준이 높은 목회자나 감성적인 설교를 듣기 위하여 여기저기 찾아다닌다. 그리고 자기 입맛에 맞게 요리해 주면 은혜를 받았다고 좋아하며 설교자를 추앙하기도 하지만 그러한 감동도 인간적인 감정에 근거한 것이기에 약효가 그리 오래가지 못한다.

이렇게 유명한 요리사가 만든 메추라기 요리에는 애굽(세상)에서 난 참외, 부추, 마늘이 있어 육체의 정욕을 만족시켜 주지만 그것을 먹은 자는 사탄의 결박에 묶이게 된다민11:4-5. 이처럼 거짓 선생들은 그리스도의 피와 그의 의로 인하여 불법(육체)에서 구원하시는 하나님의 은혜를 멸시하고 오히려 성경을 육체의 교훈(땅의 율법)으로 바꿔 가르치며 육체의 욕심(정욕 또는 탐심)을 채우는 자들이다.

벧후2:18 저희가 허탄한 자랑의 말을 토하여 미혹한데 행하는 사람들에게서 겨우 피한 자들을 음란으로써 육체의 정욕 중에서 유혹하여

그러므로 세상에 속하였다는 것은 육체의 교훈(보이는 율법)을 따르는 자들을 두고 하는 말인데 이미 예수께서 허물어 버린 세상의 율법(육체)을 지켜야만 의롭게 된다고 가르치는

자들은 과연 누구로부터 보냄을 받은 종들인 것일까?

오늘날에도 수많은 사람이 불법에 속한 교훈들에 대하여 은혜롭다고 하며 메추라기 광주리를 들고 쫓아다니고 있는데 이는 그들이 보기에도 세상에 속한 거짓 교훈이 더 진리 같이 보이기 때문이다. 그러나 이스라엘 백성들이 먹었던 메추라기와 같이 맛있어 보이는 육체의 가르침들은 저주를 받은 땅에 속하기에 그리스도인들이 먹어서는 안 되는 비진리임을 알아야 한다.

3) 세상 율법을 지켜야 구원을 얻게 된다는 거짓 교훈

갈2:4 이는 가만히 들어온 거짓 형제 까닭이라 저희가 가만히 들어온 것은 그리스도 예수 안에서 우리의 가진 자유를 엿보고 우리를 종으로 삼고자 함이로되

여기서 '거짓 형제'란 세상 율법을 가르치는 자이다. 이런 자들은 당시에 유력한 인사들 중에도 있었다고 한다. 이들은 예수 그리스도를 믿고 있다며 세상 율법을 지켜야만 구원을 얻게 된다고 주장하고 있는 사람들인데 아직까지도 이런 주장을 하는 이들이 많다는 안타까운 현실이다.

이들의 가르침의 대부분은 처음에는 하나님의 은혜로 구원을 얻는다고 강조하지만 마지막에는 그리스도인들이 보이는 세상의 율법을 지켜야만 구원을 받게 된다고 하여 육체의 교훈으로 다시 돌아가 버린다. 이는 사도 바울이 경고하였던 것처럼 진리로 시작하였다가 육체로 마치게 되는 꼴이 되는 것이다.

갈3:3 너희가 이같이 어리석으냐 성령으로 시작하였다가 이제는 육체로 마치겠느냐

그러나 바울은 이들이 추구하는 보이는 세상의 율법(육체)을 배설물로 여겨 버리고 보이지 않은 그리스도의 율법(영)을 가진 자가 되었다. 거짓 형제들이 볼 때는 바울이 율법을 헐어 버렸으므로 범법자로 여겼던 것이다.

갈2:18 만일 내가 헐었던 것을 다시 세우면 내가 나를 범법한 자로 만드는 것이라

또한 바울은 자기가 이전에 따르던 세상의 율법(육체)을 배설물로 여겨 버렸지만 갈3:8 만일

그 세상의 율법으로 다시 돌아가게 되면 그것은 자기 스스로 하나님 앞에서 범법자가 되는 것임을 경고하기도 하였다갈2:18.

갈2:21 내가 하나님의 은혜를 폐하지 아니하노니 만일 의롭게 되는 것이 율법으로 말미암으면 그리스도께서 헛되이 죽으셨느니라

그러므로 그리스도인들이 꼭 기억해야 할 것은 세상에서 보이는 육체의 율법을 자기의 의로 삼고 따르는 행위는 그리스도의 율법 전체를 범하는 죄가 되고 하나님께로부터 버림을 받게 된다.

| 22 |
아이 밴 자와 젖 먹이는 자 마24:15-28

눅21:20-21 너희가 예루살렘이 군대들에게 에워싸이는 것을 보거든 그 멸망이 가까운 줄을 알라 그때에 유대에 있는 자들은 산으로 도망할찌며 성내에 있는 자들은 나갈찌며 촌에 있는 자들은 그리로 들어가지 말찌어다

이 말씀은 예루살렘의 멸망을 예언하신 말씀으로서 AD 70년, 로마에 의하여 예루살렘이 멸망한다는 예언이 성취되었지만 종국적으로는 이 예언을 인류의 종말에 대한 예언으로 이해하고 있다. 일반적인 해석에 따르면 과거 로마 제국의 영광을 재현하고자 하여 출발한 '유럽경제공동체(EU)'에서 적그리스도가 나타나게 되고 이스라엘은 침략을 당할 것이라고 한다.

이와 같이 역사적으로 보이는 사건이나 현상의 성취가 예언의 목적이라고 한다면 그 예언이 성취가 되는 당 시대의 사람들이나 국가와 민족에게나 상관된 역사책은 될 수 있을

것이다. 그러나 그러한 해석을 따른다면 예언의 말씀이 시대를 초월하여 과거와 현재 그리고 미래에 속한 세상 모든 영혼에게 적용되어야 할 생명의 말씀은 되지 못할 것이다.

그리고 이러한 해석을 주장하는 자들은 **"그날에는 아이 밴 자들과 젖먹이는 자들에게 화가 있으리로다"** 마24:19 라는 성경 말씀을 인용하여 아이를 밴 자와 젖을 먹이는 자들이 도망가기가 어려운 실제적인 상황에 처해질 것이라고 한다. 그러나 우리는 이 성경 말씀의 본질적인 의미가 무엇인지 살펴보도록 하자.

마24:15 멸망의 가증한 것이 거룩한 곳에 선 것을 보거든

역사적으로 멸망의 가증한 것(불법)이 마카비 시대로부터 예루살렘 성전을 더럽히고 헐어서 깨뜨리게 된 사건은 이미 실제로 실현된 적이 있었다. 그러나 이러한 역사적인 사건들은 하나님께서 거하시는 성전이어야 할 세상 사람들의 영 안에 들어앉아 하나님 행세를 하고 있는 사탄을 함축적으로 계시(啓示)하여 주시는 말씀이다.

성경 안에서 이루어지는 모든 사건은 인간의 영 안에서 발생하고 있는 영적인 일들을 드러내시고자 기록하신 말씀이다. 인간의 영 안에 있는 불법은 세상으로 하여금 육체의 정욕에 눈이 밝아지게 하고 욕심을 잉태하여 사망을 해산하게 하는 어둠이다. 그리고 그 불법(사람의 의를 요구하는 법칙)을 받아들여 믿게(잉태)되면 그 사람의 영은 사람의 의(행위)를 소유하여 결과적으로는 사망에 처해지게 된다.

약1:15 욕심이 잉태한즉 죄를 낳고 죄가 장성한즉 사망을 낳느니라

마음속에 탐욕인 세상 불법을 진리라고 받아들였기에 죄를 잉태한 자, 또는 욕심을 잉태한 자와 젖 먹이는 자로 표현을 한 것이다. 이와 같이 문맥의 전후를 살펴보면 멸망의 가증한 것이 던져 주는 비진리와의 연합은 아이 밴 자(영적 사망)가 된 것을 말한다.

마24:19 그 날에는 아이 밴 자들과 젖먹이는 자들에게 화가 있으리로다

이는 멸망과 심판의 때에 다른 이들은 산(진리)으로 도망하여 마24:16 저주받을 자로부터 자기를 보호하겠지만 거짓의 영을 잉태하거나 젖을 먹이는 자들은 도망하지 못하고 멸망을 당할 자와 함께 화를 당하게 될 것이라는 말씀이다. 그러므로 지혜로운 자는 이 세상이 군대(사탄의 영)에게 둘러싸인 것과 같은 막막한 영적인 현실을 보고 산(진리)으로 도망쳐야 할 것이다.

이와 같이 성경 말씀은 사람의 영 안에서 이루어지는 보이지 않은 법칙(영)과의 싸움을 드러내어 주시는 말씀이므로 이러한 말씀을 계시하여 주시기 위하여 기록이 된 성경의 역사적인 예언들이 어느 때에, 어느 지역이나 민족에서 이루어지는가는 전혀 중요한 문제가 아니다.

마24:18 밭에 있는 자는 겉옷을 가질러 뒤로 돌이키지 말찌어다

세상이 입혀 주는 낡아져 버릴 선악과의 선의 옷을 가지러 집으로 돌아가지 말라는 말씀이다. 그러므로 이 말씀을 후대에 있을 역사적인 사건에 대한 예언으로 여기지 말고 지금 각자의 영 안에서 벌어지고 있는 영적인 싸움에 관한 말씀으로 깨달아야 한다.

| 23 |
선악과로 밝아진 눈

처음 창조된 아담은 영(생령)을 가진 자로서 목적상으로 보면 영생을 소유하도록 하기 위해 창조되었다. 좀 더 설명을 하면 하나님의 완전을 소유한 존재가 되어 요일4:8, 요일5:20 하늘의 모든 영광과 기업을 얻게 하기 위하여 창조하신 것이다. 이러한 목적을 달성하기 위하여 첫 사람 아담은 창조가 될 때 불법의 영과 결합이 된 죄인으로 지음을 받았거나 하나님의 완전을 소유한 의인으로 창조된 것이 아니라 무죄, 무의 상태의 생령으로 지음을 받았다. 그 이유는 빛이신 하나님께서는 강제적으로 하나님의 의를 소유하게 하시거나, 반대로 불법의 죄를 소유한 인간으로 창조를 하는 속성이 없으시기 때문이다. 하나님께 속한 완전한 의나 마귀에게 속한 죄는 아담의 자유 의지적인 결정에 따른 온전한 순종으로만 아담의 영 안에 합법적으로 들어와 연합을 할 수가 있다.

선택을 해야만 하는 이유

첫 사람 아담이 영생을 가진 자가 되기 위해서는 불법(어두움)이나 또는 법(빛)에 대하여 자유 의지적인 선택을 할 수 있는 공정한 조건에서 하나님의 말씀에 순종하여 의롭다고 인정되어야만 하였다. 그러므로 하나님께서 사탄이 활동하는 공중영계 안에 있는 에덴에 아담을 창조하신 것은 자유 의지적인 선택과 순종을 하게 하여 완전한 하나님의 의를 주시려는 계획이 있으셨던 것이다.

이러한 측면에서 하나님께서는 사탄의 악함을 아시면서도 하나님의 자녀를 얻게 하시는 섭리를 이루시기 위하여 사탄의 시험하는 유혹이 필요하셨기에 이를 이용하신 것으로 볼 수 있다. 왜냐하면 사탄의 유혹을 통해서 아담이 자신의 의지로 선택할 수 있는 기회가 주어지기 때문이다. 그렇기에 하나님께서는 악한 자가 미혹할 것을 미리 아시기에 사탄이 주는 선악과는 먹지 말라고 말씀하신 것이다.

> 창2:9 그 땅에서 보기에 아름답고 먹기에 좋은 나무가 나게 하시니 동산 가운데에는 생명 나무와 선악을 알게 하는 나무도 있더라

그러나 땅의 형체_{고전15:47}를 입고 있는 아담이 볼 때는 그 땅에서 난 선악을 알게 하는 나무의 실과_{창2:9}가 더 아름답게 보이고 먹음직스럽게 보였기에 그것을 진리로 여기고 따서 먹게 된 것이다. 아담은 보암직하고 먹음직하며 지혜롭게 할 만큼 탐스럽게 보이는 선악과를 먹은 후 불법으로 눈이 밝아 사망과 연합(간음)을 하여 불의한 영이 되었다.

이러한 선택으로 인해 아담과 하와는 사망과 연합을 하였고 선악과(불법)로 눈이 밝아져 빛이신 하나님 앞에서는 불법인 사탄에게 자기 하체를 보인 수치스러운 영이 되었기에 무화과나무 잎(세상의 의)을 엮어 가리고 숨었던 것이다_{창3:7-8}.

이스라엘 백성들도 마찬가지로 그들이 진리(영)를 떠나 세상(육)으로 돌아갔기에 하나님께선 다시 돌아오라고 말씀하셨다. 그러나 백성들은 "우리가 어떻게 하여야 돌아가리이까"라고 하여 자기들이 하나님께 범죄하지 않았다고 생각하였고 어떤 죄를 범하고 있는지조

차 인지하지 못했다말3:7.

그러나 그들은 영으로 불법의 교훈(사망)을 남편으로 여겨 음행하였기에 이를 두고 우상숭배 또는 죄를 범했다라고 말씀하셨던 것이다. 따라서 이스라엘 백성은 하나님께 대하여 온갖 영적인 죄(영적 간음, 음란, 살인, 도둑질, 비방, 욕설 등)들을 범하여 살아갔는데 그들의 영이 불법에 속하여 있어 이를 깨닫지 못하고 있었던 것이다. 이러한 모습은 교만한 자리에 앉아 십자가 위에서 매달리신 예수를 향하여 만일 하나님의 아들이면 십자가 위에서 내려와 보라고 혀를 놀려 대던 세상의 모습과도 같다.

약4:4 간음하는 여자들이여 세상과 벗된 것이 하나님의 원수임을 알지 못하느뇨 그런즉 누구든지 세상과 벗이 되고자 하는 자는 스스로 하나님과 원수되게 하는 것이니라

| 24 |
라오디게아 교회

당시 라오디게아 지역은 물이 부족하여 마치 목화송이로 뒤덮인 모습과도 같은 온천이 있는 히에라볼리(터키의 파묵칼레)에서는 뜨거운 온천수를, 만년설이 뒤덮인 바바산이 있는 골로새에서는 눈이 녹은 차가운 물을 수로를 통해 끌어왔는데 이 두 물이 흘러서 도착할 쯤엔 더 이상 차갑지도 뜨겁지도 않았다고 한다.

1) 라오디게아 교회와 사역자

라오디게아 교회는 요한계시록에 기록된 초대 교회인 소아시아의 일곱 교회 중 하나이다. 예수님께서는 이 교회가 일곱 교회 중 가장 악하다며 책망하셨는데 이 교회는 지역적인 명성과 함께 가장 부유한 교회였으며 하나님보다는 사람이 더 중심이 되어 다스리던 교회였다.

이 교회는 표면적으로는 교인의 수도 많고 물질적으로 가장 부요하여 세상적으로 축복 받은 교회로 보였기에 이 교회의 사역자는 "나는 부자라 부요하여"계3:17라고 하여 이러한 것들이 자신의 사역으로 인하여 받게 된 축복이라고 자만하였다.

2) 라오디게아 교회의 사역자에 대한 경고

계3:15 내가 네 행위를 아노니 네가 차지도 아니하고 더웁지도 아니하도다 네가 차든지 더웁든지 하기를 원하노라

어떤 이들은 이 말씀을 라오디게아 교회와 목회자에게 하나님께 대하여 좀 더 뜨거운 열심을 내라고 독려하시는 말씀으로 해석하기도 한다. 그러나 이는 성경이 말씀하시는 참된 뜻과는 거리가 멀다.

이 말씀에서 "차지도 아니하고 더웁지도 아니하도다"라는 말은 위에서 언급했던 뜨거운 온천수와 차가운 물이 만나 미지근하게 된 실제적인 상황을 통해서 비유로 영적인 상태를 말씀하신 것이다. 이는 영적 결단력이 부족하고 어중간하여 확실하게 진리 안에 거하지 아니하기에 하나님께서 받으실 수 없는 상태를 말한다.

계3:17 네가 말하기를 나는 부자라 부요하여 부족한 것이 없다 하나 네 곤고한 것과 가련한 것과 가난한 것과 눈 먼것과 벌거벗은 것을 알지 못하도다

이 말씀은 라오디게아 교회의 사역자가 "나는 부자라 부요하여 부족한 것이 없다"라고 하여 그들이 세상의 의(불법)로 가득한 불의에 속한 자라고 밝히는 말씀이다.

그리고 '네 곤고한 것과 가련한 것과 가난한 것과 눈먼 것과 벌거벗은 것을 알지 못하도다'는 그들이 불법으로 인해 자기의 영이 곤고하고 가난하며, 눈이 멀고 벌거벗은 상태를 보지 못하고 있는 것을 말한다. 다시 말하면 이들은 이 세상의 선에 속한 의를 하나님의

의라고 믿고 가르치고 있는 영의 눈이 어두운 자이다.

대부분의 사람들은 이 사역자들에 대하여 그저 성경 지식이 약하거나 무명한 사람일 것이라고만 생각할 수도 있다. 그러나 이런 사람들은 아주 유명한 신학자나 사역자일 가능성이 매우 높다. 왜냐하면 그들이 비록 어중간한 개념으로 가르치기는 하나 외적으로는 자타가 공인할 만큼 성공적으로 보일 만한 큰 목회를 하고 있는 지도자이었기 때문이다.

사9:15-16 머리는 곧 장로와 존귀한 자요 꼬리는 곧 거짓말을 가르치는 선지자라 백성을 인도하는 자가 그들로 미혹케 하니 인도를 받는 자가 멸망을 당하는도다

악한 자(마귀)는 이런 사역자에게 하나님께 크게 쓰임을 받고 있는 사람이라고 확신을 갖게 한다. 그래서 이 사역자는 때로는 자기의 실수나 잘못을 정죄하며 수치심을 느끼기도 하지만 의로운 행실에 대해서는 높은 자긍심을 갖기도 한다. 이러한 자기 내면의 갈등을 선한 명분으로 감추어 보지만 결국은 허전하고 공허한 것은 마찬가지이다.

이 불쌍한 사역자는 쉴 틈이 없이 내리누르는 자기 내면의 압력 때문에 신음을 하며 살아가지만 그 고통을 해결할 방법이 없다. 왜냐하면 그는 타인이 볼 때 항상 경건하며 거룩한 하나님의 종이며 실수나 잘못이 없어 보이는 의로운 사람으로 살아가야 하기 때문이다. 그래서 악한 자는 그의 뒤에서 더 열심히 하나님께 충성을 하라고 부채질하여 그 영혼으로 하여금 교인들에게 더 열심히 세상에 속한 의를 쌓으라며 가르치고 있다.

오늘날에도 사회적인 명성을 날리고 있는 교회나 교인들은 사회봉사, 선행, 고아원, 장학 사업, 선교 사업 등을 통하여 세상에서 칭찬을 받을 만한 일들을 많이 하고 있다. 그러나 이러한 일들이 하나님의 축복으로 인한 것이며 하나님의 칭찬과 상급이 있을 것이라고 확신을 갖고 있던 이가 바로 라오디게아 교회의 사역자였음을 기억해야 한다.

3) 라오디게아 교회의 사역자에 대한 권면

계3:18-19 내가 너를 권하노니 내게서 불로 연단한 금을 사서 부요하게 하고 흰 옷을 사서 입어 벌거벗은 수치를 보이지 않게 하고 안약을 사서 눈에 발라 보게 하라 무릇 내가

사랑하는 자를 책망하여 징계하노니 그러므로 네가 열심을 내라 회개하라

이 말씀은 예수님께서는 라오디게아 교회와 사역자의 경우를 통하여 그리스도인에게 권면을 하고 계신다. '**불로 연단한 금을 사서 부요하게 하고**' 라오디게아 교회의 사자는 생각하기를 "**나는 부자라 부요하여 부족한 것이 없다 하나**"라고 하여 스스로 믿음이 충만한 자로 여기고 있었다. 이런 고백을 하는 것으로 보아 수많은 교인들을 거느린 교회의 사역자로도 볼 수가 있다. 그러나 예수님께서 보실 때 그는 진리의 말씀을 확실하게 따르지 아니하여 신앙적으로 어중간한 상태의 인물이다. 라오디게아 교회의 사자는 사람의 의를 기준으로 하여 보면 부자이지만 진리의 의하여 보면 매우 곤고하고 가난한 상태의 영혼이었다.

그가 깨달은 진리의 분량이 매우 적지만 그럼에도 불구하고 예수님은 그를 사랑하신다고 말씀하셨다. 그리고 예수님은 이러한 상태를 방치하실 수 없기에 그에게 회개를 촉구하신 것이다.

계3:19 무릇 내가 사랑하는 자를 책망하여 징계하노니 그러므로 네가 열심을 내라 회개하라

이 말씀은 더 열심히 정성을 들여 신앙생활을 하라는 것으로 보이지만 실제로는 인간의 열심을 촉구하는 말씀이 전혀 아니다. 라오디게아 교회 사자의 가장 큰 문제는 오히려 인본주의적인 믿음에 있었다.

그는 진리의 말씀을 따라가려면 지금까지 세상과 땅의 교훈으로 소유하게 된 재물(의)을 포기하여야 하는 것에 대하여 갈등을 가지고 있었을 수 있다. 그래서 그는 적극적으로 진리를 따라갈 수도 없고 그렇다고 해서 세상 율법을 따라갈 수도 없는 진퇴양난에 빠진 자라고 볼 수 있다. 그 이유는 예수님께서 그를 사랑하고 있었다는 말씀을 통하여 그가 진리 때문에 고민하는 자임을 알 수 있다.

이제 그는 장래에 어떤 희생을 치르더라도 진리만을 소유하겠다고 하는 적극적인 결심과 함께 옛 구습을 버리는 회개가 필요한 것이다. 예수님은 바로 이것을 그에게 촉구하신 것이다. '**흰옷을 사서 벌거벗은 수치를 보이지 않게 하고**' 그가 여태까지 '**사람의 의**'라는 멋진 옷을 입고 다녔지만 그것은 그의 영적인 수치를 전혀 가려 주지 못하였다. 그래서 영적 수치를 가리기 위해 하나님이 입혀 주시는 완전한 의의 옷을 입어야 한다고 말씀하신다.

'안약을 사서 눈에 발라보게 하라' 마찬가지로 그의 영은 진리의 말씀 안에 깊이 들어가지를 못하여 영을 분별하는 눈이 어두우므로 행실이 불법에 속한 것이 많다는 의미이다.

4) 반드시 일어나야 할 영적 혁명

하나님께서 사역자들에게 원하시는 것은 복음의 사역에 자신이 휩쓸려 가는 것이 아니라 그 자신이 먼저 영이신 하나님의 의(진리)를 소유하여 부유하게 되는 것이다.

성경을 통하여 하나님의 완전한 의에 대하여 깨달아지면 자신이 뒤집어쓰고 있던 교리의 탈을 벗고 영의 눈과 귀가 번쩍 뜨이고 인위적인 사역의 굴레와 압력에서 해방이 된다.

성경의 모든 말씀은 모두 예수 그리스도의 완전한 의에 대한 말씀이기에^{벧후3:13} 이것을 깨닫게 되면 그의 영혼에서 마르지 아니하는 샘물이 솟아 나오게 되는 것이다. 이것이 바로 사역자뿐만 아니라 그리스도인의 영 안에서 일어나야 할 영적 혁명이다.

그러므로 **"네가 차든지 더웁든지 하기를 원하노라"**^{계3:15}라는 말씀은 진리 안에 확실히 들어와서 육에 속한 의(불법)를 던져 버리고 오직 **'하나님의 의'**만을 소유하여 부유한 자가 되라는 말씀이다.

> 계3:20 볼찌어다 내가 문밖에 서서 두드리노니 누구든지 내 음성을 듣고 문을 열면 내가 그에게로 들어가 그로 더불어 먹고 그는 나로 더불어 먹으리라

이처럼 라오디게아 교회의 사역자는 세상적으로 열심 있는 사역을 하였지만 예수님께서 주시는 영과 진리에 대하는 굶주리고 있는 가련한 영혼이었다. 만약 그의 영혼이 영에 속한 진리에 갈급하여 마음의 문을 열었다면 진리의 말씀께서는 그의 영에 비추어 주셨을 것이다.

사역자들이 영적인 개혁과 혁신을 하기 위해서는 자기가 누리고 있는 명성, 교리, 학벌, 지위를 버리는 것을 두려워하면 절대로 개혁할 수가 없게 된다. 자신뿐만 아니라 자신을 따르는 다른 영혼들까지도 멸망과 심판에 떨어지게 하며 결국에 그 사역자는 그 모든 책임을 영원히 감당하게 된다.

그러므로 그리스도인은 라오디게아 교회의 사역자들과 같은 이들의 가르침을 조심하여야 하

는데 이들은 세상에서 선을 쌓으면 하늘의 상급이 많이 있다고 가르치고 그 선을 행하기 위하여 율법에 매여 살아가게 한다. 그리고 그들과 함께 멸망의 길에 들어설 수 있기 때문이다.

| 25 |
구원을 받는 조건

1) 구원의 기회는 모두에게 주어진다

하나님께서 인간을 구원하시는 측면에서 볼 때 어떤 이들에게는 구원을 얻지 못하도록 하기 위해 복음의 전파를 제한하거나 또는 어떤 이들에게만 믿을 수 있는 기회가 주어지도록 정해진 것은 아니다.

엡1:4 곧 창세전에 그리스도 안에서 우리를 택하사

그러나 어떤 이는 이 말씀에 대하여 창세전에 모든 사람의 구원이 정해져 있다고 주장하는데 이는 하나님께서 예수 그리스도의 십자가로 속죄를 하시고 그를 믿는 자를 의롭다고 하셔서 구원하시는 것을 창세전에 작정하셨다는 말씀이다.

롬9:13 내가 야곱은 사랑하고 에서는 미워하였다 하심과 같으니라

이 말씀을 문자적으로 보면 마치 일방적으로 하나님께서 에서는 미워하시고 야곱을 사랑하신 것으로 보이고 있다. 그러나 이는 에서가 팥죽(불법)을 선택하여 의의 계보를 던져 버린 자이며 의의 약속을 붙잡은 야곱은 믿음으로 침노하여 그리스도의 의를 소유한 자가 된 것을 의미한다. 다시 말하면 세상 율법을 가진 유대인들이 타락한 에서처럼 영과 진리를 따르지 않고 불법(육체)을 따라가게 된 것을 경고하는 것이며 율법도 없고 할례를 받지도 않은 이방인들은 오히려 야곱처럼 영(언약)을 믿고 그리스도의 완전한 의를 소유하게 된 것을 뜻하는 말씀이다.

그러므로 태어나기도 전에 어떤 선이나 악을 행하기도 전에 에서를 미워한다는 것과 야곱을 사랑한다는 것은 인간의 어떠한 행위와 상관없이 그리스도의 의를 소유한 야곱(믿음)을 사랑하시고 불법의 의를 따라간 에서(불신앙)는 미워하신다는 말씀이다.

딤전2:4 하나님은 모든 사람이 구원을 받으며 진리를 아는데 이르기를 원하시느니라

그래서 사도 바울은 하나님의 구원은 유대인뿐 아니라 이방인에게도 차별이 없다고 하였으며_{롬3:22} 하나님께서는 유대인이나 이방인을 막론하고 예수 그리스도를 믿음으로 모든 사람이 구원에 이르기를 원하시고 계신다.

2) 구원에 이르지 못하는 이유

어떤 이들은 한 번 예수 그리스도를 믿게 되면 그 후로는 타락이 불가능하여 어떠한 경우에도 구원에서 이탈이 불가능하다고 주장하기도 한다. 그러나 이는 성경을 근시안적인 시각으로 바라본 해석이다. 이에 대하여 사도 바울은 경고하였는데 롬11:21의 말씀을 보자.

롬11:21 하나님이 원 가지들도 아끼지 아니하셨은즉 너도 아끼지 아니하시리라

이는 사도 바울이 언약을 받은 이스라엘 백성들에게 경고한 말씀이다. 비록 그들이 혈통적으로 아브라함의 자녀들이라고 하더라도 영과 진리를 믿음으로 붙잡지 않으면 이스마엘이나 에서의 경우와 같이 예수 그리스도의 계보에 들어가지 못하게 된다고 경고하였다. 이 말씀과 더불어 성경의 여러 곳에서는 진리를 소유한 자가 진리를 버리면 구원에 이르지 못한다고 경고하고 있다_{딤전4:1-2, 눅8:13, 히6:3-6, 고전10:1-12}.

3) 구원의 조건

요3:5 예수께서 대답하시되 진실로 진실로 네게 이르노니 사람이 물과 성령으로 나지 아니하면 하나님 나라에 들어갈 수 없느니라

오늘날 사람들은 이 말씀과 같이 교회에서 물세례를 받거나 어떤 체험이 있는 성령 세례를 받게 되면 구원을 받는다고 믿고 있다. 그러나 이 말씀에서의 물과 성령의 의미는 다음과 같다.

'물'은 진리이신 말씀에 의하여 죄를 깨닫고 씻기는 것을 의미하고 '성령'은 예수 안에서 깨끗하게 된 자의 심령에 '하나님의 의'가 말씀(영)으로 들어와서 거주하는 상태를 말한다.

구원의 보증을 뜻하는 인(印)은 무엇인가

인(印)이라는 것은 소유권을 표시하기 위하여 절대로 지울 수 없는 표를 의미한다. 어떤 이들은 구원에 대한 인장 같은 형태가 그리스도인에게 찍히는 것이라고 오해하기도 한다. **그렇다면 '인치심'의 의미는 과연 무엇일까?** 이는 그리스도 안에 있는 **'하나님의 의'**가 각 개인의 행위와 상관없이 구원의 보증이 되어 주시는 것을 의미한다. 즉, 하나님의 의를 가지고 있는 한 어떤 조건에서도 구원이 취소될 수 없는 인의 역할을 하게 되는 것이다 엡1:13, 엡4:30, 롬4:11, 고후1:22.

그리스도인의 완전

'그리스도인이 과연 현세에서 완전해질 수가 있는가?'에 대하여 의문이 있겠지만 성경에서는 '그리스도인의 완전'을 요구하고 있다 엡5:27, 고후7:1, 골1:28.

기독교 교회 역사에서 수많은 사람이 이러한 완전하고도 거룩한 경지에 자기의 행위로 도달을 하려고 노력을 해 왔다. 그러나 인간의 영 안에 감추어진 불법의 영이 있는 상태에서 세상 율법을 지켜보려고 노력을 하는 것은 어리석은 것이며 또한 그러한 것이 하나님께서 인정하시는 선이나 의에 속한 것도 아니다.

성경에서 말씀하시는 그리스도인의 완전은 진리의 영(말씀)을 믿을 때 불법의 영(육)이 십자가에서 죽고 그의 영이 그리스도의 의를 소유하여 하나님의 완전을 가진 자가 되는 것이다.

그리스도인에게 연단이 필요한가

어떤 가르침에는 죄가 들어온 후로는 인간이 영이 없고 혼적으로 살다 보니 육(몸)이 죄를 짓는다고 가르치지만 그렇다면 거룩함을 얻기 위하여 육체(몸)에 과연 연단이 필요하다고 할 수가 있을까? 그러한 논리대로라면 연단은 단지 육신(몸)이 연단을 받는다는 결론인데 만약 썩어질 육신(몸)이 연단을 받는다면 무슨 의미가 있겠는가?

인간은 영 안에 있는 불법(더러움)을 씻어 버리기 위하여 영적인 연단을 받아야 하는데 죄(불법)는 인간의 영(지성소)에 있기에 결코 육체(몸)에 악한 본성이 숨어 있는 것이 아니므로 마음(영)이 연단을 받아 불법인 죄의 실체를 깨닫고 인간의 영 안에 있는 온갖 더러움이 진리로 정결케 되어 가는 과정이 바로 연단의 과정이다.

4) 그리스도인에 대한 심판

롬14:10 네가 어찌하여 네 형제를 판단하느뇨 어찌하여 네 형제를 업신여기느뇨 우리가 다 하나님의 심판대 앞에 서리라

"선악간에 심판하시리라"전12:14의 말씀에서 선은 진리를 의미하고 악은 불법을 의미한다. 즉, 그리스도인들의 영으로 정결하게 되지 못한 부분(더러움)에 대하여 정결의 차원에서의 심판이 있음을 말씀하고 있다 고후5:10, 딤전5:25.

고후5:10 이는 우리가 다 반드시 그리스도의 심판대 앞에 드러나 각각 선악간에 그 몸으로 행한 것을 따라 받으려 함이라

이 말씀에서의 행함이나 행위는 세상 율법을 지키는 사람의 행위를 의미하지 않고 예수님께서 하나님의 율법에 대하여 순종하시고 그 얻으신 의를 통하여 구원을 하시는 것을 행함이 있는 믿음이라고 말씀하셨다. 그러나 불법은 자기에 대하여 하나님의 말씀인 것처럼 믿게 하고 '더웁게 하라', '배부르게 하라', '평안하라'고 떠들고 있지만 단 한 사람의 영혼도 구원하지를 못하는 비 없는 구름이다잠25:14. 이것을 성경에서는 **'행함이 없는 믿음'**약2:26이라고 말씀하신 것이다. 이 세상은 생명이신 그리스도의 진리에 대하여 경히 여기고 소중히 여기지 아니한 모든 행위에 대하여 심판을 받게 될 것이다.

26
해산하는 고통

> 창3:16 또 여자에게 이르시되 내가 네게 잉태하는 고통을 크게 더하리니 네가 수고하고 자식을 낳을 것이며 너는 남편을 사모하고 남편은 너를 다스릴 것이니라 하시고

문자적으로만 보면 오늘날 여자들이 자녀를 낳을 때 해산의 고통을 의미하고 있는 것 같이 보인다. 그러나 성경의 모든 말씀이 영적인 의미를 가지고 있는 것처럼 여자가 임신하는 고통과 아이를 낳는 해산의 고통이 있게 된 것이 영적인 비밀을 가지고 있으므로 그 의미를 깨달아야만 한다.

고린도전서 11장에서 여자는 남자의 영광이며 여자가 남자에게서 났는데 여자는 남자를 위하여 지음받았다고 기록하고 있다 고전11:7-9. 성경에서 말씀하는 남자는 하나님의 형상과 영광인데 그 남자의 머리는 예수 그리스도이시다 고전11:3. 그리고 여자는 영광이신 예수 그리스도(남자)를 발견할 수 있도록 돕는 배필이 되기 위하여 남자의 갈비뼈에서 취하여 창조되었다.

> 고전14:34 여자는 교회에서 잠잠하라 저희의 말하는 것을 허락함이 없나니 율법에 이른 것 같이 오직 복종할 것이요

여기서 말하는 여자는 그리스도의 율법을 예표하고 있으며 여자가 남자의 머리가 아닌 것처럼 그리스도의 율법도 하나님의 영광의 본체가 아니므로 머리에 수건을 써야 영의 율법으로서 자기 영광을 가지게 되는 것이다. 그래서 모세는 '생명의 도' 행7:38 즉, 살리는 영의 율법을 받고 산에서 내려올 때 그 얼굴에서 광채가 났기에 수건으로 얼굴을 가린 것이다.

> 사54:5 이는 너를 지으신 자는 네 남편이시라 그 이름은 만군의 여호와시며 네 구속자는 이스라엘의 거룩한 자시라 온 세상의 하나님이라 칭함을 받으실 것이며

그러므로 인간의 영이 여자인 그리스도의 율법으로 눈이 밝아지면 완전한 하나님의 의가 되시는 예수 그리스도(남편)를 발견하게 하고 연합하여 완전한 영생을 이루게 된다. 이

러한 작용은 세상 사람들의 영 안에서 성취되는 것으로 사람이 영으로 그리스도의 율법을 깨닫고 그 율법이 가리키는 예수 그리스도의 완전한 의를 믿을 때 영생을 얻게 되는 것을 말씀하고 있다.

돕는 배필인 하와는 그리스도의 율법으로 눈이 밝아져서 아담으로 하여금 생명 실과(영)와 연합하도록 비추어 주어야 했었다. 그러나 땅(육체)에 속한 불법으로 눈이 밝아져서 아담으로 하여금 세상 임금요12:31의 자식이 되게 하였다고후4:18. 그러므로 불법으로 눈이 밝아진 여자(음녀)가 사모하게 하는 것은 그리스도(생명나무)가 아니고 땅의 의와 사람의 영광을 던져 주는 거짓 교훈이다.

따라서 인간에게는 불법을 가진 것 자체가 고통이며 **'수고하고 자식을 낳을 것'**이라는 뜻은 인간의 영 안에서 불법이 죄를 낳는 과정에서 치러야 하는 번뇌와 고통을 의미한다. 또한, "너는 남편을 사모하고 남편은 너를 다스릴 것이니라"창3:16라는 말씀은 불법(선악과)으로 눈이 밝아진 세상이 사탄을 따라가지만 그 악한 남편은 불법을 잉태한 여자(간음한 세상)를 정죄하여 지옥으로 끌어가는 것을 다스림으로 표현하고 있다.

갈4:23 자유하는 여자에게서는 약속으로 말미암았느니라

구약 성경에서 아브라함의 아내인 사라와 그의 며느리 리브가는 **'자유하는 여자'** 즉, '하는 율법'을 예표하는 여자들로서 진리를 잉태하게 되었고, 반면에 불법(세상 율법)을 예표하는 하갈과 이방 여인들은 육체와 땅에 속하여 사망을 낳았다. 구약 성경에 기록된 예수 그리스도의 계보를 보면 영생이신 예수 그리스도가 이 땅에 오시기까지 사라와 리브가, 그리고 이들과 같은 영을 소유하였던 여자들이 쓰임을 받았는데 이들은 자유하게 하는 율법의 모형으로서 진리(하나님의 의)를 잉태하여 낳았던 여자들이다. 그리고 이 여자들은 하나님께로부터 난 영광을 가진 그리스도의 율법이지만 그 영광의 본체나 주인공이 아니며 그 율법이 가리키고 있는 '완전한 의'가 영광의 본체이다.

이 여자들의 마지막에는 요셉의 아내 마리아를 통하여 진리(예수)를 낳게 되어 영과 생명이신 진리를 세상으로 하여금 발견하게 되기까지 자유하게 하는 율법으로써의 사명을 다 했던 것이다. 그러므로 어떤 종교에서는 마리아를 우상화하고 있지만 한 개인을 우상화할 만한 성경적인 근거가 전혀 없다.

창세로부터 진리가 이 땅에 오시기까지는 자유하게 하는 율법을 발견하고 소유한 자들이 그 율법이 요구하는 하나님의 완전한 의를 잉태하게 되고 출생을 하였기에 영적인 생명의 역사가 계승되었던 것이다. 그리고 이러한 영적인 사건은 예수 그리스도를 믿는 자의 영 안에서 동일하게 일어나고 있는데 하나님께 쓰임을 받았던 여자들은 자유하게 하는 그리스도의 율법의 그림자들이었던 것이다.

27
풍랑이 오는 이유 마14:22-33

이 본문의 말씀에 대하여는 그리스도인들이 인생을 살면서 고난이 올 때 예수님께서 도와주셔서 문제를 해결해 주실 것이라는 뜻으로 해석을 한다. 그러나 이 말씀에 대하여 세상의 수고나 고생을 하고 있는 사람들에게 예수님께서 도와주신다는 내용으로 가르친다면 잠시 위로가 될지는 모르나 영으로서의 진리를 사람의 교훈으로 바꾸어 버리는 인본주의적인 해석이 된다.

> 마14:22 예수께서 즉시 제자들을 재촉하사 자기가 무리를 보내는 동안에 배를 타고 앞서 건너편으로 가게 하시고

예수님께서는 제자들에게 먼저 바다를 건너가게 하시고 홀로 산으로 기도를 하시러 가셨다 마14:23. 예수님과 따로 떨어져 노를 저어 바다를 건너던 제자들은 광풍을 만나게 되고 풍랑 때문에 무척이나 힘든 순간을 만나게 된 것이다. 그런데 이러한 성경 말씀 속의 상황은 우연히 발생한 것이 아니라 제자들로 하여금 영이신 말씀을 발견하게 하시기 위한 하나님의 섭리가 있으셨던 것이다. 이러한 섭리가 있으시기에 예수님께서는 제자들을 먼

저 풍랑이 일어나게 될 바다 가운데로 들여보내신 것이었다.

막6:47 저물매 배는 바다 가운데 있고 예수는 홀로 뭍에 계시다가

마14:24 배가 이미 육지에서 수리나 떠나서 바람이 거슬리므로 물결을 인하여 고난을 당하더라

성경에서 '바다'는 세상을 의미하며 거스르는 파도는 겉으로 볼 때는 감당하기 힘든 환경적인 고난을 의미하는 것으로 보이지만 실제로는 그리스도인들을 향하여 퍼부어 대는 사단의 공격과 훼방을 의미하고 있다. 예수님께서는 자신이 동행하지 않은 배에 사탄이 불게 하는 광풍이 불어닥치게 될 것을 미리 알고 계셨다. 제자들은 원래 어부들이었고 풍랑과 파도에 익숙한 자들이지만 사탄이 불게 하는 광풍은 감당할 길이 없었다. 이처럼 예수 그리스도를 따르는 자들에게는 어두운 밤에 사탄이 불게 하는 광풍과 풍랑이 매섭게 불어닥칠 수 있다.

막6:48 바람이 거슬리므로 제자들의 괴로이 노 젓는 것을 보시고 밤 사경 즈음에 바다 위로 걸어서 저희에게 오사 지나가려고 하시매

어두운 밤에 바다에서 힘들게 파도와 싸우고 있는 제자들을 육지에 계신 예수님께서는 보고 계셨다고 성경에서는 기록하고 있는데 이는 예수 그리스도는 세상이라는 바다에서 노를 젓고 있는 영혼들을 불쌍히 여기시며 바라보시다가 제자들에게로 찾아오신 것이다.

마14:25 밤 사경에 예수께서 바다 위로 걸어서 제자들에게 오시니

세상에서는 사탄에게 종살이하며 그로 인하여 풍랑 속에서 괴롭게 노를 저어야만 하지만 그 영혼들에게는 풍랑을 이길 힘이 조금도 없다.

그런데 예수님께서 바다 위로 걸어오심은 진리는 세상에 속하지 아니하심을 뜻하며 악한 자가 불게 하는 세상의 풍랑이 해를 끼칠 수 없다는 사실을 드러내어 주시고 있다. 이는 매우 중요한 의미를 보여 주시고 계시는데 진리의 말씀을 소유한 이들은 오히려 예수님처럼 불법인 세상을 발로 밟게 될 것을 보여 주시는 말씀이다.

막6:51 배에 올라 저희에게 가시니 바람이 그치는지라 제자들이 마음에 심히 놀라니

앞에서 언급했다시피 이 풍랑의 원인은 바다를 다스리는 이 세상 주관자가 불어닥치게 한 것인데 진리(말씀)가 배에 오를 때 이 세상은 그 어떠한 해도 미칠 수 없다는 것을 보여 주시고 있다. 사단은 캄캄함과 어두운 중에 역사하는 영이며 금방이라도 집어 삼킬 듯이 불어닥치지만 진리 앞에서는 그 권세를 잃고 잠잠하게 된다.

마14:27 예수께서 즉시 일러 가라사대 안심하라 내니 두려워 말라

진리를 깨달은 하나님의 의를 소유한 그리스도인들에게는 사단이 그의 영혼을 요동할 권리도 없고 역사할 수도 없게 된다. 그래서 그들은 두려움이 없게 되며 예수님께서 하셨던 것처럼 오히려 무서운 풍랑과 파도마저도 발로 밟고 걸을 수가 있게 된다. 마치 베드로가 바다 위를 걸었던 것처럼 말씀(영)을 의지해야 함을 보여 주고 있는 것이며 이것을 깨닫게 하기 위하여 제자들은 바다 한가운데에서 광풍을 만나야만 했었던 것이다. 지금도 사탄은 예수님과 그리스도인 간의 거리가 멀어진 틈을 타서 공격해 올 것이다. 그러나 진리의 영(말씀) 안에 함께 있으면 오히려 그리스도인이 사탄의 머리를 밟게 될 것임을 알고 조금도 두려워하지 말아야 한다.

요16:33 이것을 너희에게 이름은 너희로 내 안에서 평안을 누리게 하려 함이라 세상에서는 너희가 환난을 당하나 담대하라 내가 세상을 이기었노라 하시니라

요일5:18 하나님께로서 난 자마다 범죄치 아니하는 줄을 우리가 아노라 하나님께로서 나신 자가 저를 지키시매 악한 자가 저를 만지지도 못하느니라

28
시험을 참는 자 약1:12-15

약1:12 시험을 참는 자는 복이 있도다 이것에 옳다 인정하심을 받은 후에 주께서 자기를 사랑하는 자들에게 약속하신 생명의 면류관을 얻을 것임이니라

이 말씀에 대하여 고난을 만난 자가 인내하고 견디면 그 시련을 통하여 강한 믿음을 갖게 될 것이라고 해석하고 있다. 그러나 세상에서 고난을 많이 경험을 한다고 해서 반드시 믿음이 강해지는 것은 아니며 오히려 **'하나님께서 왜 이러한 시련을 내게 주시는가?'** 하고 원망과 낙심을 하는 영혼들도 있을 것이다. 시험과 시련이 오게 되는 이유와 의미를 성경을 통하여 올바르게 알아보도록 하자.

1) 시험하는 자

'시험'이란 사탄의 역사로 인하여 그리스도인들을 향한 악한 영들의 영적인 미혹이나 공격을 가리키고 있는데 일반적인 시험과는 차원이 다르다. 예수님께서 성령에 이끌리어 광야로 가셔서 주리신 후에 마귀에게 시험을 받으신 경우를 예로 들 수 있다. 그리고 성경에서는 마귀를 '시험하는 자'라고 일컫고 있다.

마4:3 시험하는 자가 예수께 나아와서

이 세상 주관자인 사탄은 영(의)을 소유한 그리스도인을 미혹하여 타락하게 하고자 시험을 할 만한 기회를 엿보고 있는 악한 영이다. 사탄의 시험이라는 것은 그리스도인들이 영(진리)을 버리고 다시 육체(불법)로 돌아가도록 하기 위하여 사탄이 역사하는 모든 궤계를 포함하고 있다.

막14:11 저희가 듣고 기뻐하여 돈을 주기로 약속하니 유다가 예수를 어떻게 넘겨 줄 기회를 찾더라

가롯 유다는 진리(영)를 배반하여 사탄에게 넘겨주고 사탄으로부터 돈(육체)을 받았는데 이 말씀은 그리스도인의 영 안에서 발생할 수 있는 배도에 대하여 경고를 해 주시는 사건으로써 유다가 시험하는 자에게 속아서 멸망의 길로 들어갔음을 나타내고 있다. 사탄은 그리스도인들을 핍박하여 진리를 버리도록 역사하지만 그러한 전략이 먹혀들지 않을 경우에는 미혹의 방법으로서 진리를 버리도록 유인하기도 한다.

> 행9:29 또 주 예수의 이름으로 담대히 말하고 헬라파 유대인들과 함께 말하며 변론하니 그 사람들이 죽이려고 힘쓰거늘

2) 시험을 참는 자

> 약1:13 사람이 시험을 받을 때에 내가 하나님께 시험을 받는다 하지 말찌니 하나님은 악에게 시험을 받지도 아니하시고 친히 아무도 시험하지 아니하시느니라

시험을 받는다는 것은 불의의 탐욕 때문에 미혹을 받게 되고 이로 인하여 그리스도인의 마음에서 강한 분쟁이 발생한다. 구약 성경에서 보면 이스라엘의 선지자인 엘리야가 갈멜산에서 영적인 승리를 하고 바알의 선지자를 잡아 기손 시내로 내려가서 죽이게 되었다 왕상18:40.

> 왕상19:2 이세벨이 사자를 엘리야에게 보내어 이르되 내가 내일 이맘때에는 정녕 네 생명으로 저 사람들 중 한 사람의 생명 같게 하리라 아니하면 신들이 내게 벌 위에 벌을 내림이 마땅하니라 한지라

당시 이스라엘에는 엘리야만 있었던 것이 아니라 바알신을 추종하는 이세벨과 아합이 있었는데 바알신의 추종자인 이세벨이 엘리야를 죽이겠다고 분노하는 상황에 직면하였다. 이 말씀은 그리스도인들이 영과 진리로 승리를 하였더라도 자기의 영토를 빼앗긴 사탄은 앉아서 당하고만 있는 것이 아니라 적극적인 공세를 감행한다는 것을 보여 주고 있다.

> 왕상19:14 저가 대답하되 내가 만군의 하나님 여호와를 위하여 열심이 특심하오니 이는 이스라엘 자손이 주의 언약을 버리고 주의 단을 헐며 칼로 주의 선지자들을 죽였음이오며 오직 나만 남았거늘 저희가 내 생명을 찾아 취하려 하나이다

이로 인하여 엘리야는 이세벨을 피하여 도망가게 된다.

갈4:29 그러나 그 때에 육체를 따라 난 자가 성령을 따라 난 자를 핍박한 것 같이 이제도 그러하도다

'시험을 참는 자'는 이러한 내적인 큰 싸움 속에서도 오히려 진리의 말씀께 순종하고 유혹의 욕심인 불법을 벗어 버리는 반전의 기회로 삼은 승리자를 말하고 있다. 이는 평안할 때는 인간의 영 안에 이세벨(불법)이 숨어 있는지 깨닫지 못하다가 진리의 말씀을 경험하게 되면 이세벨은 숨어 있던 정체를 드러내며 죽이겠다고 아우성친다왕상19:2.

약1:12 주께서 자기를 사랑하는 자들에게 약속하신 생명의 면류관을 얻을 것임이니라

그러나 예수님께서는 '자기를 사랑하는 자', 즉 진리를 사랑하기에 모진 싸움을 겪으면서도 뒤돌아서지 않고 진리를 붙잡은 자들에게 생명의 면류관을 약속하신다.

'시험하는 자(사탄)'는 이 세상에서 그리스도인들에게 시험을 받게 하는 환경을 조성하여 그리스도인들로 하여금 갈등을 일으킬 수밖에 없는 길로 몰아세우지만 이 싸움의 결말은 시련을 견디어 내는 자에게 승리가 주어지게 된다.

왕상21:23 이세벨에게 대하여도 여호와께서 말씀하여 가라사대 개들이 이스르엘 성 곁에서 이세벨을 먹을찌라

결국, 이세벨은 죽어 개들의 먹이가 된 것같이왕상21:23-24 불법이 제거되는 역사가 나타나게 되는 것이다. 시험의 과정을 통하여 힘들고도 깊은 흑암을 만나게 되기도 하지만 진리이신 예수님의 역사하심을 믿고 그분이 지켜주심을 믿는다면 어느새 아침이 되어 빛을 경험하게 될 것이다. 그러므로 시험이란 그리스도인들에게는 더 큰 은총으로 나아가는 기회와 축복의 통로이다. 그래서 이런 이유에서 힘이 들고 괴로워 보이기만 하는 이 세상의 삶도 의미가 있다.

| 29 |
육과 영의 더러운 것 고후 7:1

썩어질 몸을 입고 불법의 종노릇하며 살아가는 인간의 영

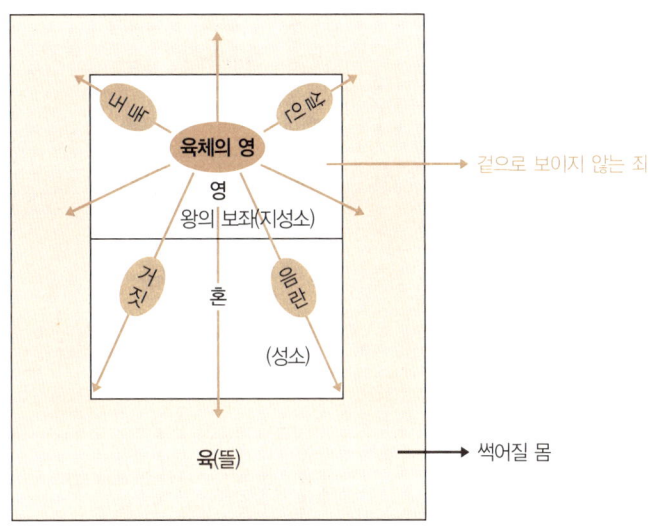

〈그림 A〉 강도의 소굴

〈그림 A〉와 같이 인간의 영 안에 연합되어 있는 불법은 악한 영인데 아담의 영 안에 들어와서 왕 노릇을 하고 있다. 그러므로 예수 그리스도 밖에 있는 자들은 이미 불법에 잡혀 있는 상태이기에 일평생을 그 법칙의 노예로 살다가 후에는 심판을 받을 때 정죄를 당하여 지옥으로 끌려가게 된다. 이 불법은 세상을 속이기 위하여 겉으로 보이는 세상의 선과 악의 두 얼굴의 모습을 가지고 있다.

세상 사람들은 보이는 선과 악의 법칙에 의하여 얽매여서 살아가지만 세상의 선과 악은 불완전하고 자기중심적이어서 어떨 때는 선이라고 여겨지던 것들이 악으로, 악이라고 여겨지는 것들이 선으로 이해되기도 하는 가변성을 가진다. 이처럼 보이는 선이나 악의 법칙은 인간의 마음속에서 자리 잡고 앉아 있는 거짓의 법칙(악령)인데 자기가 진리이며 주권자인 것처럼 행세를 하지만 그 행위들은 한결같이 자기중심적이고 이기적인 불법의 뿌리에서 자라난 결실들이므로 의로운 것이 전혀 없다.

썩어질 몸을 입었지만 진리의 법을 소유한 인간의 영

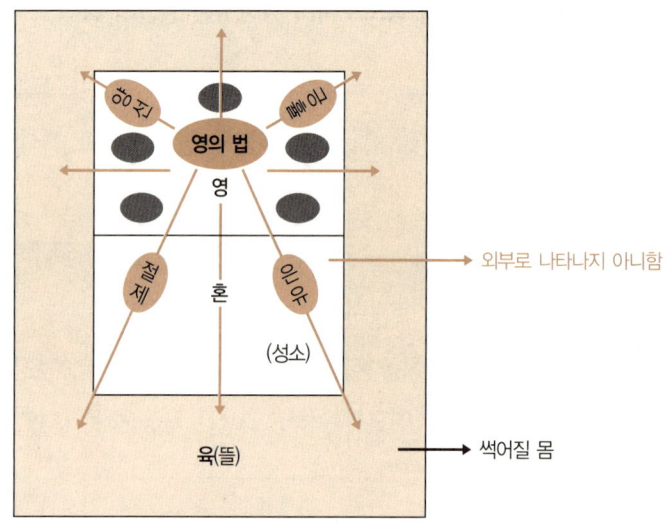

〈그림 B〉 하나님의 성전이 되어 감

위의 〈그림 B〉는 땅에 속한 자가 아니라 하늘로서 온 진리의 영(또는 새 법칙)을 깨달은 사람의 내면의 모습을 표현한 것이다. 성경에서 육체(불법)라고도 표현을 한 옛 구습이 아직 완전히 씻기지는 않았지만, 법적으로는 그리스도의 십자가의 보혈로 죄를 용서받았고 하나님의 말씀(의)이 영 안에서 확장되어 가기 시작한 단계이다.

그리스도인의 영 안에 있는 불법이 죽고 예수 그리스도의 의를 소유하게 되면 그의 삶에서 나타나는 보이는 허물이나 세상적인 의와는 상관없이 하늘에 속한 하나님의 의를 소유한 자가 된다. 그리고 그리스도의 의(義)는 이 세상에 속하거나 인간의 행위로 된 것이 아니며 하나님께서 위로부터 주시는 완전한 영이시며 예수 그리스도를 통하여 믿는 자에게 저절로 맺히는 열매들이다.

요15:5 나는 포도나무요 너희는 가지니 저가 내 안에, 내가 저 안에 있으면 이 사람은 과실을 많이 맺나니 나를 떠나서는 너희가 아무것도 할 수 없음이라

부활의 몸을 입고 진리의 법을 소유한 완전한 인간의 영

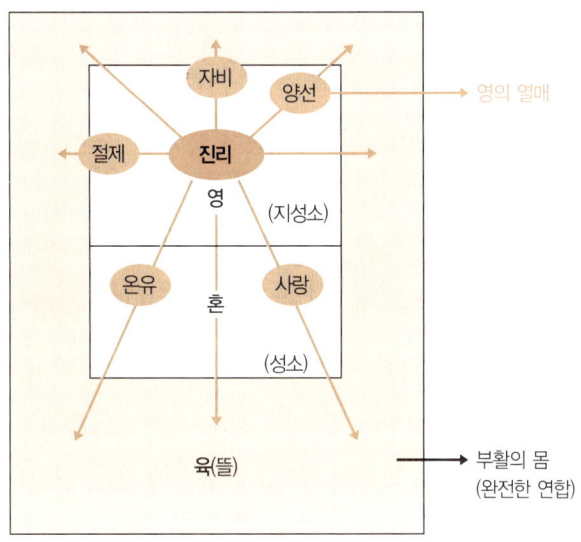

〈그림 C〉 하나님 성전의 완성

위의 〈그림 C〉는 예수 그리스도로 말미암아 불법(죄)이 씻기고 의의 옷을 입은 그리스도인의 영을 의미한다. 그리고 성령 안에서 맺혀지는 의의 열매들은 영과 진리 안에서 저절로 맺히는 의의 과실들이기에 세상은 알아볼 수 없으며 이것이 바로 하나님께서 받으시는 열매이다. 결국에는 육체(불법)에 속한 자는 땅(음부)으로 돌아가고 이렇게 영(의)을 소유한 영혼은 예수 그리스도와 같이 영광스러운 신령한 몸을 입게 되면서 처음 인간 창조의 목적에 도달하는 하나님의 아들들이 된다. 구약 성경에서 모형적으로 나타낸 진리로 비추어 보면 다윗이 가나안에 들어가서 점령을 하고 성전을 건축하여 하나님께 봉헌한 것과도 같은 완성의 단계이며 성막으로 보면 지성소에까지 들어가서 하나님의 영광을 보게 되는 상태가 바로 위의 〈그림 C〉에서 보인 사람들의 영적 상태이다. 이들은 해의 영광에 들어가게 되고 요한계시록에서 밝히고 있는 왕의 보좌에 앉게 될 왕들의 반열에 속한 신부들의 영들이다.

| 30 |
처음보다 더 심한 나중의 형편 눅11:24-26

눅11:26 이에 가서 저보다 더 악한 귀신 일곱을 데리고 들어가서 거하니 그 사람의 나중 형편이 전보다 더 심하게 되느니라

이 본문의 말씀은 예수님께서 그저 귀신이 들린 한 사람을 고쳐 주었던 내용으로만 받아들이고 귀신 들린 사람을 치유하는 것이 사역상의 목표라고 믿고 있는 사람들이 많다. 만약에 그렇게만 이해를 한다면 이 말씀은 귀신이 들린 사람이나 또는 귀신을 쫓아내는 전문가들에게나 해당이 된다. 또한, 설사 어떤 사람에게서 귀신이 떠나갔다고 하더라도 그 사람이 영적인 생명을 가진 자가 되었다고 확실히 보증할 수도 없다. 그러므로 예수님께서 귀신을 내쫓으시는 말씀은 진리를 드러내시는 영(말씀)이시기에 어떤 사역자가 귀신을 내쫓는 것을 예수님께서 말씀을 하셨던 내용과 동일한 차원으로 이해하여서는 안 된다.

1) 귀신을 쫓아내심

마12:22 그때에 귀신들려 눈 멀고 벙어리 된 자를 데리고 왔거늘 예수께서 고쳐 주시매 그 벙어리가 말하며 보게 된지라

예수님께서는 귀신이 들려 눈이 멀고 말을 못 하게 된 사람을 고쳐 주셨다마12:22, 눅11:14. 이는 사람의 영 안에 있는 불법(사탄)이 진리로 인하여 사망의 권세를 빼앗기고 쫓겨나게 되는 것을 의미한다. 그래서 예수님께서 성령으로 말미암아 귀신(세상 교훈의 영)이 떠나가면 하나님의 나라가 임하게 된다고 말씀하셨던 것이다마12:28.

눅11:22 더 강한 자가 와서 저를 이길 때에는 저의 믿던 무장을 빼앗고 저의 재물을 나누느니라

진리이신 예수님은 연약하고 보잘것없는 모습으로 세상에 오셨지만 십자가를 통하여 이

세상 주권자의 사망의 권세를 이기시고 부활하셔서 하늘에 오르셨다. 그러므로 예수님은 가장 강한 권세자이시며 믿는 자에게 구원의 방패가 되어 주시는 분이다.

바로 그분이 말씀의 본체이시기에 그의 권세로 귀신(불법) 들린 자를 깨끗하게 하신 것이다.

2) 귀신의 왕의 힘을 입었다고 비방하는 사람들

눅11:18 너희 말이 내가 바알세불을 힘입어 귀신을 쫓아낸다 하니 만일 사단이 스스로 분쟁하면 저의 나라가 어떻게 서겠느냐

막3:22 예루살렘에서 내려온 서기관들은 저가 바알세불을 지폈다 하며 또 귀신의 왕을 힘입어 귀신을 쫓아낸다 하니

예수님이 진리로서 불법(귀신의 가르침)에 매인 자를 치유하시자 이 세상 율법에 매여 있는 바리새인과 서기관들이 예수님을 보고 귀신의 왕을 힘입어 귀신을 쫓는다고 비방하였다 마12:24, 눅11:15, 막3:22. 그러나 그들은 정죄하는 율법에 갇힌 이들로 귀신 들려 말 못 하고 보지 못하는 자들과 전혀 다를 바 없이 사탄에게 매여 있는 상태이다.

세상에 속한 그들의 눈으로 보기에는 진리의 영이신 예수님의 말씀이 전혀 의로 보이지 않기에 오히려 사탄의 가르침이라고 조롱하였다. 이와 같이 세상에서는 불법의 가르침이 하나님의 말씀인 것처럼 보이고 있어 진리는 문전박대를 당하고 있는데 이 세상의 신이 성전에 앉아 자기를 하나님이라고 속였기 때문이다 살후2:4.

3) 전보다 나중 형편이 더 나빠짐

눅11:24 더러운 귀신이 사람에게서 나갔을 때에 물 없는 곳으로 다니며 쉬기를 구하되 얻지 못하고 이에 가로되 내가 나온 내 집으로 돌아가리라 하고

만약 본문에서 언급하는 귀신에 대한 말씀이 오늘날에 사람에게 빙의하는 악한 영으로 해석하는 것이 맞다면 그 귀신이 물 없는 곳으로 다녀야 할 이유가 전혀 없다. 물론 예나

지금이나 실제로 귀신(악한 영)이 어떤 사람의 몸속에 들어갔다 나갈 수 있는 것은 사실이다. 그렇지만 위의 말씀은 사람의 영 안에 있었던 불법(사탄)이 진리로 인해 쫓겨난 후 진리의 말씀이 없는 곳을 찾아다니다가 쉴 곳을 찾지 못했다고 하는 것을 드러내시고 있다.

눅11:25 와 보니 그 집이 소제되고 수리되었거늘

사탄(귀신)의 즐거움은 인간의 영 안에서 왕 노릇 하며 속이며 빼앗는 것인데 그 불법의 영이 이전의 집으로 돌아와 보니 그 집이 깨끗이 청소되어 있고 심지어 지키는 이도 없었다. 이는 진리를 깨달았던 사람이 자기 영혼의 집 안에 진리의 등불을 켜고 지켜야 했는데 아무런 방비를 하지 않았던 상태이다. 이렇게 불법의 영은 그 집에서 떠나갔음에도 불구하고 예전의 집을 생각하고 다시 들어가기를 엿보고 있는 끔찍하고도 무서운 상황이다.

눅11:26 이에 가서 저보다 더 악한 귀신 일곱을 데리고 들어가서 거하니 그 사람의 나중 형편이 전보다 더 심하게 되느니라

이 말씀에서 찾을 수 있는 교훈은 거짓 교훈이 전해지거나 그것을 받아먹은 사람의 영 속에는 귀신의 영이 역사하고 있다는 말씀이다. 그러므로 불법에 속한 세상 교훈이나 거짓 복음, 다른 예수를 전하거나 그것을 받아먹는 행위를 가볍게 넘길 문제가 아니며 그 배후에는 악한 영들이 역사하여 영혼을 노략질하고 있음을 알아야 한다. 자기의 영이라는 집을 진리로 방비하지 아니하면 졸다가 말씀을 빼앗기게 되고 나중의 형편이 이전보다 더 심한 상황으로 변할 수도 있다는 경고의 말씀이다.

제9부
참된 자유와 누림

01
그리스도인의 자유

생명의 성령의 법은 육체의 법인 죄와 사망의 법에서 벗어나 자유하게 하고 해방이 되게 한다요3:18, 롬8:2. 이 세상 선악의 법칙인 불법은 십자가의 대속으로 인하여 완전히 그 권세를 상실하였지만 아직 복음을 알지 못하는 자들은 영적 자유와 해방이 실현되어 있는 것을 모르고 있다. 예수 그리스도의 십자가의 희생은 모든 세상 사람들이 구원을 받을 수 있는 길을 열어 놓으신 것이다딤전2:4, 딤전2:6. 그러나 십자가의 대속의 공로가 내 영 안에서 효력이 발생되기 위해서는 진리를 깨닫고 받아들여 그리스도 안에 들어가야 한다.

1) 진리 안에서 누리는 자유

고전10:23-25 모든 것이 가하나 모든 것이 유익한 것이 아니요 모든 것이 가하나 모든 것이 덕을 세우는 것이 아니니 누구든지 자기의 유익을 구치 말고 남의 유익을 구하라 무릇 시장에서 파는 것은 양심을 위하여 묻지 말고 먹으라

고린도에서는 우상을 섬기는 사람들이 신전에서 제사를 지낼 때 드려진 고기를 시장에 내어다 팔고 있었는데 예수님을 믿는 그리스도인들이 시장에서 그 고기를 사다 먹는 것에 대하여 롬14:3에 보면 그것이 부정하다고 생각하는 자들과 먹어도 상관이 없다고 여기는 자들 간에 갈등이 있었음을 언급하고 있다.

롬14:14 내가 주 예수 안에서 알고 확신하는 것은 무엇이든지 스스로 속된 것이 없으되

다만 속되게 여기는 그 사람에게는 속되니라

사탄의 불법을 제외하고는 이 세상에 있는 모든 물질 중에 그 자체가 영적으로 완전한 선(의)이거나 완전한 악(죄)인 것은 없다. 그러므로 진리(영)를 알고 깨달으면 여태까지 세상을 얽매이게 하였던 육체에 속한 선이나 악은 그 가치를 상실하게 된다. 그렇기에 신전 앞에 놓았다가 시장에 내다 파는 고기나 그와 유사한 것들이 그리스도인들에게는 한낱 음식일 뿐이라고 성경은 말하고 있다.

롬14:22 네게 있는 믿음을 하나님 앞에서 스스로 가지고 있으라 자기의 옳다 하는 바로 자기를 책하지 아니하는 자는 복이 있도다

이는 사도 바울이 이미 세상에 있는 선악이라는 굴레에서 벗어났으며 그리스도 안에서 발견한 하나님의 의를 소유한 자이기에 세상의 법으로 자기를 스스로 정죄하지 않음을 선언한 것이다_{롬6:11}. 이는 진리의 의를 소유한 그리스도인에 대하여는 사탄은 그 어떠한 권리도 행사할 수 없다는 사실을 밝히고 있다.

그러나 아직 성숙하지 못한 그리스도인은 자기의 영 안에 남아 있는 불법에 의해 순간적인 지배를 받게 되므로 심령이 상하거나 약화될 가능성이 여전히 존재한다.

고전8:7 그러나 이 지식은 사람마다 가지지 못하여 어떤이들은 지금까지 우상에 대한 습관이 있어 우상의 제물로 알고 먹는고로 그들의 양심이 약하여지고 더러워지느니라

'우상에 대한 습관'이란 인간이 본성적으로 가지고 있는 불법으로 인하여 더러워진 양심을 말한다. 그리고 '우상의 제물'이란 외적으로 보이는 우상에게 바치는 음식을 말하는 것이 아니라 거짓의 영인 사탄이 차려 주는 거짓 교훈(제물)을 가리킨다. 따라서 진리를 소유한 그리스도인들은 '우상의 제물'에 대한 의미를 알기에 그런 것들로 인하여 구속을 받지 않고 자유를 누려야 하겠지만, 때로는 믿음이 연약한 자들을 위하여 개인적인 자유를 제한하라고 사도 바울은 말하고 있다. 그리고 영적인 가르침도 마음(영)이 유약한 사람들에게는 어린아이 단계에서 먹을 수 있는 음식부터 공급해 주어야 한다고 하였다_{고전3:1-2}.

고전8:9 그런즉 너희 자유함이 약한 자들에게 거치는 것이 되지 않도록 조심하라

여기서 '약한 자들'이란 확신이나 의지가 약한 자들을 지칭하는 것이 아니라 진리를 깨달은 분량이 적어 아직 육신에 속한 율법적 성향이 많이 남아 있는 자들을 가리키고 있다. 한때는 율법에 대하여 지극히 열심을 다했던 사도 바울은 자기 자신에 대하여 모든 사람에게서 자유로운 자라고 언급한다. 그는 외부로부터 오는 어떠한 비판이나 판단에도 개의치 않았으며 자신도 타인을 향하여 비판이나 판단을 하지 않았다.

고전9:19 내가 모든 사람에게 자유하였으나 스스로 모든 사람에게 종이 된 것은 더 많은 사람을 얻고자 함이라

고전4:3 너희에게나 다른 사람에게나 판단받는 것이 내게는 매우 작은 일이라 나도 나를 판단치 아니하노니

그리고 그는 어떤 이들이 자신을 향하여 비판적으로 판단하는 것에 대하여 신경을 쓰지 않았으며 타인의 칭찬이나 조롱에 얽매여 살지도 않은 사람이었다.

2) 불법에 얽매이지 않아야 하는 근거

고전6:12 모든 것이 내게 가하나 다 유익한 것이 아니요 모든 것이 내게 가하나 내가 아무에게든지 제재를 받지 아니하리라

세상 모든 일에는 이 세상적인 선악의 개념이 그림자처럼 따라붙게 되어 있다. 그러나 바울은 자신에 대하여 더 이상 세상 율법(선악과)의 적용을 받는 것에 대해 거부를 한 것이다. 이전의 그는 의롭게 보이는 세상 율법을 하나님의 진리로 여겼기에 그 율법을 위반한 사람을 핍박하고자 잡으러 다녔으나 다메섹에서 진리를 깨달은 후로는 도리어 그 율법을 배설물로 여기게 되었다.

바울은 위의 말씀을 고전10:23에서 다시 반복하고 있다. 그리스도께서 우리에게 주신 은혜는 세상을 옭아매어 죽게 하는 이 세상 율법(선과 악)에서 해방을 시켜 주신 것이다. 그러므로 그리스도인은 진리 안에서 자유를 누리며 살아야 하며 이는 예수 안에서 하나님께서 허락하신 그리스도인이 마땅히 누려야 할 권리이다.

> 벧전2:16 자유하나 그 자유로 악을 가리우는 데 쓰지 말고 오직 하나님의 종과 같이 하라

유대인들 앞에서 외식을 한 바 있던 베드로도 이 자유에 대해 잘 깨닫고 있었다. 다만 자유를 소유한 그리스도인들이 아직 이 세상에 거하고 있는 상태에서 때로는 타인의 유익을 위하여 자유를 제한하여야 하고 영혼들을 주께로 돌아오게 하는 데 쓰임을 받게 하라며 권고하고 있다_{롬14:13}.

진리의 말씀(영)을 소유한 자는 이미 이 세상에 속한 땅에서 난 자가 아니기에 육체인 이 세상의 율법에 얽매어야 할 이유가 전혀 없다_{요17:19}.

> 요17:14 내가 아버지의 말씀을 저희에게 주었사오매 세상이 저희를 미워하였사오니 이는 내가 세상에 속하지 아니함 같이 저희도 세상에 속하지 아니함을 인함이니이다

그리스도인이 때로는 이 세상 율법을 지켜야 하는 이유는 그것을 지킴으로써 하나님께 인정을 받으려 하는 것이 아니라 단지 자기 자신이 누리는 자유로 인하여 다른 사람들로 하여금 시험에 들게 하거나 부딪히지 않게 하고자 함이며 복음을 전하는 과정에서 필요한 수단이기 때문이다.

3) 우상의 제물 _{고전8:7-13}

> 고전8:4 그러므로 우상의 제물 먹는 일에 대하여는 우리가 우상은 세상에 아무것도 아니며 또한 하나님은 한 분밖에 없는 줄 아노라

> 고전8:7 그러나 이 지식은 사람마다 가지지 못하여 어떤 이들은 지금까지 우상에 대한 습관이 있어 우상의 제물로 알고 먹는고로 그들의 양심이 약하여지고 더러워지느니라

우상의 제물을 먹는다는 것은 그 우상에 참예함에 이르는 것을 말한다. 우상 앞에 차려진 제물을 말하는 것처럼 보이나 실제로는 이 세상의 선과 악의 가르침(제물)을 가리키고 있는 것이다. 만약에 그리스도인이 우상의 제물(유·무형)을 대할 때 그것을 스스로 선하게 여기거나 의롭게 보이기 위해 지켜야 한다는 인식을 가진 상태에서 받아들이면 그 양심은

불법으로 더러워지게 되는 것이다.

표면적으로 볼 때 그리스도인이 우상에게 차려진 음식(유·무형)을 먹는다고 하더라도 고전8:4에서처럼 하나님께서는 한 분밖에 없다. 그래서 이 모든 우상의 사상과 철학, 종교, 도덕, 윤리가 하나님의 선이나 악이 아님을 확실히 인식한 상태에서 먹게 된다면 우상이 차려 준 제물은 어떠한 효력도 발생시키지 못하고 그 자신의 믿음(진리) 안의 양심도 더러워지지 않는다는 말씀이다.

고전8:10 지식 있는 네가 우상의 집에 앉아 먹는 것을 누구든지 보면 그 약한 자들의 양심이 담력을 얻어 어찌 우상의 제물을 먹게 되지 않겠느냐

이처럼 영과 생명을 가진 이는 참 지식이 있어서 무엇을 먹든지, 어떤 일을 행하든지 그런 것들로 자기의 영혼을 정결케 하거나 더럽게 할 수 없다는 것을 알고 있을 것이다. 그러나 영적인 지혜와 지식이 연약한 자들은 지식을 가진 이의 그러한 행위를 외적으로만 판단을 할 수도 있다. 그래서 믿음이 연약한 자의 영혼이 아직 진리로 견고해지기도 전에 다시 더러운 우상의 제물을 먹도록 인도하여 그의 양심을 불법의 상태로 굳어져 가게 할 수도 있다.

그러므로 사도 바울은 그리스도인들이 가질 수 있는 자유에 대하여 아직 영적 지식이 연약한 사람들이 그 자유의 근거를 충분히 깨닫지 못한 상태에서 이를 오해하고 오히려 더 악한 길로 들어서게 되는 일이 없도록 주의하여야 한다고 하였다.

다시 설명하면, 영적인 지식을 가진 자는 선악과(우상의 제물)에 대하여 그것이 불법임을 이미 알고 있기에 실제 그의 영은 그런 것에 얽매이지도 않고 쳐다보지도 않는다. 하지만 영적인 지식이 없는 자들은 그 지식(진리)을 가진 자들이 아무렇지도 않게 우상의 제물(거짓 교훈)을 먹는 것을 보게 되면 율법을 위반하여 사악함에 빠진 것으로 판단할 수 있고 이것에 대해 정죄를 할 수도 있는 위험이 있다.

행21:20-26을 보면 예루살렘 교회 안에 유대인 중에서 율법에 열심을 가진 형제들이 수만 명이나 되었다. 그런데 바울이 "율법을 지킬 필요가 없고 육체의 할례가 소용이 없다"며 주장한다는 사실을 소문으로 들어서 그들은 바울에 대해 비판적으로 인식을 하고 있었다.롬2:27-28. 이에 야고보와 장로들은 그들과는 달리 사도 바울의 믿음에 대하여 이미 충분히 이해를 하고 있었지만 아직도 보이는 율법을 지키고자 하는 그리스도인들과의 충돌이 발생하는 것을 방지하기 위하여 바울로 하여금 율법을 지키는 자인 것처럼 행세하도록 했고 바울은 이를 수용하여 지켰다. 사도 바울이 할례가 있는 자들에게는 할례가 있는 자와 같이 행하고 할례가 없는 자들에게는 할례 없는 자와 같이 행한 것은 그가 보이는 세상의 율법을 하나님의 말씀으로 믿고 추종하고자 함이 결코 아니다.고전9:20-21.

고전9:1 내가 자유자가 아니냐 사도가 아니냐 예수 우리 주를 보지 못하였느냐 주 안에서 행한 나의 일이 너희가 아니냐

고전9:22 약한 자들에게는 내가 약한 자와 같이 된 것은 약한 자들을 얻고자 함이요 여러 사람에게 내가 여러 모양이 된 것은 아무쪼록 몇몇 사람들을 구원코자 함이니

즉, 바울은 외적으로는 그가 어떻게 행동을 하든지 간에 그의 내면에는 오직 진리의 영으로만 가득 차 있지만 외적으로는 이런저런 모양을 다 가지게 될 수 있다는 뜻이다. 그래서 그는 스스로를 '자유 자'라고 고백한 것이다. 예수 그리스도는 모든 그리스도인이 참된 자유를 알고 세상의 영혼들이 거짓의 영이 옭아매어 놓은 불법의 쇠사슬에서 풀려나 해방되기를 원하신다. 그러므로 진리를 아는 자유인들은 사도 바울의 지혜를 본받아야 한다.

물론 이 세상의 조문인 정죄하는 율법에서 벗어나 자유로운 영혼들에 대하여 이 세상의 선이나 의를 주장하는 사람들은 비방하기를 그들이 하나님 앞에 경건하지 못하고 세상의 본이 되지 못한다며 정죄할 것이다. 하지만 그 모습은 가인의 영을 이어받은 바리새인들이 자신들의 안목으로만 판단하여 세리와 죄인들을 향하여 더럽다 하고 예수님을 향하여는 이단이라고 정죄했던 것과 다를 바 없다.

| 02 |
기한 전에 떨어지는 과실 신명기 28장

신28:30 네가 여자와 약혼하였으나 다른 사람이 그와 같이 잘 것이요 집을 건축하였으나 거기 거하지 못할 것이요 포도원을 심었으나 네가 그 과실을 쓰지 못할 것이며

1) 우리 삶 주변에 발생하는 이상한 현상

독자들도 세상을 살아오면서 열심히 투자하여 일을 했지만 결실을 맺기 직전 와르르 무너져 내리는 일을 경험하였을 것이다. 어떤 일을 열심히 해서 이제 막 그 결실을 맺게 되었는데 전혀 예기치 못한 상황이나 문제로 실패하게 되거나 지연이 되는 등의 현상들을 겪곤 한다.

그러나 그러한 일이 자주 반복하여 일어나게 될 경우 어떤 존재가 나를 방해하고 있다고 느끼기도 하고 이에 낙심이 된 그리스도인들은 '왜 하나님께서는 나에게 좋은 결과를 주시지 않는가?' 혹은 '왜 나에게 이런 시련을 주시는가?'라며 원망을 하기도 한다.

2) 빼앗고 속이고 훔치는 악령들의 활동

결론부터 얘기를 하자면, 영적인 일이든 생활 가운데 드러나는 일(학업, 사업, 결혼, 승진 등)이든 간에 수확 직전에 갑자기 불어닥친 태풍으로 인하여 과실이 땅에 떨어져 버리게 되는 것은 실제로 악한 영들이 전문적으로 방해 활동을 하고 있기 때문이다. 원수인 악령들은 영적인 측면뿐만 아니라 보이는 육신의 삶에서의 성공, 기쁨, 행복, 감사, 희락 등을 인간이 누리는 것에 대해 절대로 그냥 두고 볼 수 없는 악한 영들이다. 모든 일을 훼방하여 낭패를 당하게 하며 절망감과 비참함을 느끼게 만드는 것이 그들의 기쁨이며 양식이다.

그리고 구약 성경의 욥기에서 사탄이 욥의 모든 것을 망가뜨리며 죽이려 했던 대목에서

알 수 있듯이 사탄은 영혼들을 넘어뜨리며 빼앗고 속이며 훔치고 죽이는 일에 전문가인 악한 영이다. 신명기 28장에서는 하나님의 말씀에 불순종할 때 온갖 질병이 들러붙고 원수에게 쫓기게 되며 발바닥에서부터 정수리까지 종기가 나거나 포도원의 과실이 기한 전에 떨어지게 되는 저주가 임하게 된다고 말씀하셨다. 인간의 영을 장악하고 있는 불법은 그의 영 안에서든지 외적인 삶에서든지 간에 불행한 일들이 자주 일어나게 되고 삶을 혼란스럽게 하는 원인과 통로가 된다.신28:20-35.

3) 기한 전에 과실이 땅에 떨어지는 원인

이렇게 과실이 기한 전에 떨어져 버리거나 실패하는 원인은 불법이 자신의 영에서 역사하고 있기 때문이므로 우리는 이러한 원인을 밖에서 찾지 말고 자기의 영 안에서 찾아야 한다. 다름 아닌 자신의 영 안에서 불법이 역사하고 있기 때문이다. 악한 영에 지배를 당하는 만큼 사탄이 그 영혼을 해치거나 괴롭히거나 고통스럽게 할 권세를 가지고 있는 것인데 이는 더러움이 있는 곳에 구더기가 생기는 것과 같고 주검이 있는 곳에 독수리가 모이는 것과 같은 이치이다.

우리의 영혼에 진리의 불빛이 어둡거나 꺼져 있다면 어느새 쥐들이 몰려와 뚫려 있는 구멍으로 들어와서 그 집을 더럽게 만들어 버릴 것이다. 이처럼 악한 영들은 우리를 고통스럽게 하거나 절망케 하는 일들을 지속적으로 만들어 낸다. 그렇게 과실을 먹지 못하게 되는 것은 사탄이 우리의 영 안에서 열매를 맺지 못하게 하는 방해의 결과인데 이는 일상의 삶에서도 마찬가지로 나타나게 된다.

4) 의미 없는 기도를 드리는 삶

반복적인 실패를 만나게 되면 대다수의 그리스도인들은 그러한 불행한 일들을 피하기 위하여 열심히 기도를 드린다. 그런데 과연 이러한 기도에 어떤 의미가 있을지는 독자들이 잠시 고민해 보기를 권한다.

마6:32-33 이는 다 이방인들이 구하는 것이라 너희 천부께서 이 모든 것이 너희에게 있

어야 할 줄을 아시느니라 너희는 먼저 그의 나라와 그의 의를 구하라 그리하면 이 모든 것을 너희에게 더하시리라

위의 성경 본문에서 말씀하는 기도에는 분명 우리가 이 세상에서 필요한 무엇을 받기 위해 기도를 하라는 의미로는 보이지 않는다. 또한 사랑이신 하나님께서는 우리가 필요한 것들에 대해서 기도를 해야만 주시는 분이 아니며 오히려 우리보다도 우리에게 필요한 것을 더 잘 아시고 넘치게 주시기를 원하시는 분이다.

왜냐하면 충만하신 하나님께는 부족함이 전혀 없으시며 좋은 것으로 우리에게 주시기를 원하시고 실제로 때에 따라 좋은 것으로 내려 주시고 계신다. 그렇기에 위의 성경 본문에서 우리에게 구하라고 하시는 것이 결국 육적인 차원의 말씀이 아니라는 것을 스스로 명확히 짚고 넘어가야 한다.

하나님께서 주시는 온갖 좋은 것들을 받지 못하고 오히려 슬픔과 고통의 열매들을 맺는 현상은 우리 안에 있는 가시와 엉겅퀴인 불법 때문에 발생하고 있다. 영 안에 있는 더러움(불의) 때문에 위로부터 오는 온갖 좋은 것들을 악령들이 가로채어 우리에게 내려올 수 없도록 마음껏 도둑질해 가고 있는 상황인 것이다.단10:12-13.

우리 자신의 영이 진리로 깨끗하게 되고 불법의 지배로부터 해방이 되면 위로부터 내려오는 좋은 것들이 기한 전에 땅에 떨어져 버리는 것이 아니라 제때에 그 실과들을 맛보게 될 수 있을 것이다. 인간의 열심으로 기도를 많이 드리면 하나님이 들어주실 것이라고 믿는 것은 근본적인 해결책이 되지 못한다. 세상의 것을 위해 기도하는 것은 의미가 없고 불법의 지배에서 벗어나 영적인 차원의 좋은 것을 하나님으로부터 구하기 위해 기도해야 한다.

| 03 |

은밀한 골방에서의 기도 마6:5-15

위의 말씀에 대하여는 하나님께 드려야 하는 기도하는 자의 마음이 사람들에게 보여 주기 위해서가 아니라 하나님께서 들으시도록 은밀하게 기도해야 한다는 것으로 받아들여지고 있는 말씀이다. 이 말씀에 의하여 볼 때 기도하는 사람이 주의해야 할 일이 무엇인지 자세히 살펴보도록 하자.

1) 기도에 대한 고정 관념

기도를 많이 해야 한다

과거 바리새인들과 종교 지도자들은 기도를 많이 하는 것과 오래 하는 것을 경건함에 대한 자긍심으로 여기고 있었는데 오늘날도 하나님께 기도를 많이 드려야 한다는 고정 관념이 무거운 짐으로 작용하고 있다.마6:7

그리고 오늘날 대부분의 기독교인들이 매일 드리는 기도의 내용은 주로 자녀, 직장, 학업, 경제, 인간관계, 교회, 나라의 안전 문제 등에 관한 것들이다. 이렇게 열심히 기도를 드리는 이유는 우선 대부분이 기도를 쉬면 죄가 된다고 알고 있으며 기도를 열심히 해야만 그 정성과 열심을 보시고 가정이나 자녀, 교회를 악한 영으로부터 지켜 주실 것이라고 믿고 있기 때문이다.

기도를 오래도록 해야 한다

한국 기독교회 안에는 특별히 기도에 열심을 내게 하여 작정기도, 금식기도, 철야기도, 새벽기도 등의 다양한 운동이 일어났었다. 이러한 기도의 형태와 현상들이 기독교의 부흥이라고 여겨졌고 교회들마다 유행처럼 기도 운동이 일어나면서 계곡과 산속의 기도원에는 기도하는 사람들로 성황을 이뤘다. 이는 하나님이 기도에 대한 응답과 물질에 대해 축복을 준다고 하는 가르침 때문에 수많은 영혼들이 이 가르침을 하나님의 말씀으로 그것을 진리로 여기고 인간적인 열심과 행위로 신앙생활을 하고 있었다. 여기엔 '지성이면 감천이다'라는 동양적인 사고와 관념이 작용한 원인도 한몫했다.

하지만 그러한 가르침이 선사하는 거짓 아름다움들은 사탄이 던져주는 미끼임을 깨달아야 한다. 독자분들도 한번 뒤돌아보면 금세 알 수 있을 것이다. 지금 현재 대부분의 한국 교회는 대부분은 생명력을 잃어버렸고 비쩍 말라 버린 교회를 등지고 많은 청년들은 떠나가 버렸으며 아무리 돌아오라고 아우성을 외쳐도 듣는 자가 없다.

이러한 결과가 그렇게 뜨거운 기도를 드렸던 한국 교회에 대한 하나님의 응답인가? 이에 대한 근본적인 원인은 인간적인 열심의 부재가 아니라 불법을 진리로 알고 따라간 것이 그 원인이다. 어떤 이들은 영성을 회복하는 방법은 기적, 예언, 은사 등 신비적인 것을 추구하여야 된다고 말하지만 그것은 진정한 영성 회복을 일으킬 수 없다. 그러므로 눈과 귀를 다시 한번 열어 영과 생명으로서의 말씀을 깨닫는 것이 진정한 영성을 회복하는 참된 방법이다.

2) 하나님께서 받으시는 기도

우리 주변에 흔히 하고 있는 대부분의 기도는 자기가 바라는 육체에 속한 것들을 신이라고 믿는 존재에게 간청하는 것이며 기도를 하는 행위로써 자기의 진심과 정성, 열심을 보시고 응답을 받을 수 있다고 믿고 있는 것이다.

그러나 우리가 세상에서 당면한 대부분의 문제들은 기도를 많이 오래 한다고 해서 해결이 될 수 있는 범주에 속한 것이 아니다. 즉, 자기 자신이 기도를 아무리 많이 한다 하더라도 사탄이 하나님으로 변할 수 없는 것처럼 불법인 이 세상은 속성적으로는 절대로 변화될 수가 없는 것이다. 인간의 노력이 아닌 다만 진리의 말씀에 의하여 인간의 영 안의 죄가 해결되어야만 세상을 장악하던 사탄의 권세가 물러가고 근본적으로 문제가 풀어지게 되게 되는 것이다. 단순히 이 세상의 번거로운 일이나 희망 사항, 경제 문제 등을 해결하기 위하여 알라딘의 램프 이야기처럼 그것을 해결해 달라고 기도하는 것은 종교적인 무속 행위에 속한 것이다.

그러므로 육체에 속한 개념으로 기도를 열심히 하는 행위는 사탄이 가장 즐거워하며 거두어 가는 불법의 행위에 해당이 된다. 그러므로 특정 횟수와 시간을 정하여 입으로 구하는 것만을 기도라고 볼 수는 없는 것이다.

인간의 영은 진리를 깊이 깨달아 갈수록 자기의 영(마음) 안에서 영적 싸움을 하게 되는데, 바로 이 싸움에서 거짓 영에 속지 않고 분별하기 위해 성령의 지혜와 도우심을 간구하는 기도가 필요하다. 참된 기도는 진리를 아는 자가 그의 영으로 하나님과 나누는 영적인 호흡이며 교제이다. 그러므로 다시 말하면 영혼 속에서 빛 보고 찾아가기 위해 필요한 분별, 사귐, 청원, 교제의 일이 바로 기도인 것이다.

3) 골방은 어디에 있는가

> 마6:6 너는 기도할 때에 네 골방에 들어가 문을 닫고

이 말씀을 사람들은 이해하기를 하나님께만 드려지는 기도를 드리기 위해 조용하게 혼자만 있는 골방의 장소를 찾아서 기도를 드려야 한다고 이해를 하여 기도원들을 찾기도 한다. 그러나 이 말씀에서의 '골방'의 의미는 전혀 다른 데에 있다.

바리새인들은 동네 어귀와 같이 사람들이 다 볼 수 있는 곳에서 기도하는 것을 좋아했다고 하는데 언뜻 기도를 드리는 장소 자체를 언급하는 것처럼 보이지만 실제로는 다른 의미를 품고 있다. 그들은 보이지 않는 영과 진리를 깨닫지 못하고 보이는 선악과의 의의 개념으로만 기도를 드렸는데 이것이 바로 동네 어귀에서 세상이 들으라고 떠벌리는 육체에 속한 기도이다.

이러한 기도를 사탄은 기쁘게 받으며 더 많은 기도를 요구할 뿐 아니라 자기를 하나님이라고 계속해서 믿게끔 만들기 위하여 때로는 사람들에게 상을 베풀기도 하는 것이다.

반면에 '골방'은 사람들이 모르거나 출입이 아주 적은 장소이며 더구나 문을 닫는다는 것은 감추어진 진리를 의지하는 기도로 불법과 상관이 없는 영의 상태를 말하고 있다. 그러나 세상이 보지 못하는 숨겨진 진리 안에서 하나님만이 들으시는 영의 기도를 드리는

것이 바로 골방 안의 은밀한 기도인 것이다. 이렇게 영에 속한 기도는 불법의 주관자인 마귀도 훔쳐 갈 수 없으며 응답이 불가능하게 훼방할 수도 없다. 그러므로 이와 같이 영으로 그리스도의 의를 깨달은 차원에서 드리는 기도이므로 그리스도인은 언제든지 어디서나 자기만의 골방에서 기도를 드릴 수 있는 것이다.

4) 헛된 기도의 조공물

위에서 언급하였듯이 사람의 의에 기초하여 기도할 때는 기도를 많이 하면 응답을 해 주실 것이라고 믿고 있지만 그러한 기도는 사탄이 그 기도를 제물로 받아 가고 그러한 죄의 열매를 맺은 그에게는 이 세상 신이 응답이라는 상을 주기도 하는 것이다.

마6:16 저희는 자기 상을 이미 받았느니라

이러한 응답에 대하여 마치 애굽 왕 바로가 이스라엘 백성을 지속적으로 속이고 노예로 부리기 위하여 그들이 좋아하는 입맛에 따라 오이, 수박, 부추, 마늘, 고기 국물 등의 것들로 먹여 주었던 것과 같다. 그리고 오늘날에도 그런 것들을 얻어먹고 있는 자들은 하나님께서 주신 것들이라고 굳게 믿고 있다.

마6:8 그러므로 저희를 본받지 말라 구하기 전에 너희에게 있어야 할 것을 하나님 너희 아버지께서 아시느니라

하지만 이 세상의 신이라는 존재에게 드려지는 대부분의 기도는 모두 불법에 속한 인간이 드리는 더러운 조공이다. 올바른 기도라는 것은 순전히 영(진리)과 육(불법)의 싸움이며 진리와 호흡하는 삶 그 자체이다. 그러므로 기도 시간을 따로 정해 놓거나 정하지 않은 사실들이 중요하지 않은 것이며 절대로 종교적인 가르침에 속지 말아야 한다.

5) 종교적인 기도는 오히려 죄악의 열매

일부 기독교인들은 자기 자신의 기도가 없으면 국방이 무너질 것이라고 생각하거나 교회가 평안하지 않을 것이라고 생각한다. 하지만, 착각에서 깨어나야 할 것은 기도가 적어서 세상에 문제가 발생한 것이 아니라는 것이다. 아무리 기도를 많이 한다고 해도 이 세상은 어두움이며 그 속성은 변하지 않는다. 이 세상 주관자가 사탄이며 불법 아래에 있기 때문이다.

참된 기도는 영혼 속에 숨어 있는 간사한 영과 싸워서 이기기 위한 전쟁을 수행하는 과정이며 진리의 영이신 주 예수 그리스도와의 교통이다. 그러므로 자기의 기도를 통하여 온 세상을 바꾸거나 평화롭게 하고자 하여 기도를 드릴 것이 아니라 자기 자신의 영 안에 있는 불법을 죽이고 정결한 자가 되기를 간구하여야 하고 그 외의 모든 문제는 하나님의 섭리에 맡겨야 하는 것이다.

| 04 |
향유 한 옥합 마26:6-16, 요12:1-8

마26:12-13 이 여자가 내 몸에 이 향유를 부은 것은 내 장사를 위하여 함이니라 내가 진실로 너희에게 이르노니 온 천하에 어디서든지 이 복음이 전파되는 곳에는 이 여자의 행한 일도 말하여 저를 기념하리라 하시니라

1) 모형적인 속죄 제사와 완성

출30:25 그것으로 거룩한 관유를 만들되 향을 제조하는 법대로 향기름을 만들찌니 그것이 거룩한 관유가 될찌라

세상 죄를 사함 받게 되는 것에 대하여 구약 시대에는 모형적인 제사를 통해 계시해 주

셨고 신약 시대에 이르러 예수 그리스도를 통하여 완전한 속죄 제사가 성취되는 것을 보여 주셨다.

구약 성경 레16장에 기록이 된 모형적인 속죄 제사의 과정을 살펴보면, 대제사장은 죄를 대속하기 위해서 준비가 된 흠 없는 어린양의 두 뿔 사이에 손을 얹어 백성들의 죄를 전가한 후에 뜰에서 죽이고 희생의 피를 금 대접에 담는다. 그리고 대제사장은 어린양이 흘린 희생의 피를 가지고 성소를 지나 지성소 안에 들어가 일곱 번을 뿌려서 백성을 위한 속죄를 한다. 그리고 속죄하는 제사가 끝나게 되면 다시 뜰로 나오게 된다. 그런데 이렇게 백성을 위하여 속죄 제사를 드리는 대제사장에게는 먼저 관유를 가져다가 그의 머리에 부어서 거룩하게 하였다.

2) 주의 길을 예비하는 자

그러면 구약의 모형적인 속죄 제사가 신약에 이르러 어떻게 성취가 되었는지 먼저 살펴보기로 하자.

요1:29 이튿날 요한이 예수께서 자기에게 나아오심을 보고 가로되 보라 세상 죄를 지고 가는 하나님의 어린양이로다

마3:15 우리가 이와 같이 하여 모든 의를 이루는 것이 합당하니라

예수님께서는 성령의 인도하심으로 말미암아 예수님이 세상 죄를 대신 지고 갈 속죄양임을 알고 있는 세례 요한에게 가서서 세례를 받으셨는데 이는 자기의 죄를 씻기 위한 세례가 아니다. 그 이유는 예수님께는 스스로 씻어야 할 불법이 존재하고 있지 않기 때문이다. 예수님은 자기 백성들의 죄를 자신에게 전가하는 세례를 세례 요한을 통하여 받으셨다. 주의 길을 예비하는 일에 쓰임을 받기 위하여 세상에 보내심을 받은 세례 요한은 예수 그리스도의 구속을 위한 사역에 동참하게 된 것이다.

그리고 구약 시대의 모형적인 제사에서 어린양이 뜰에서 죽임을 당한 것같이 속죄양으로 오신 예수께서는 세상(뜰)에서 백성들이 보는 가운데 죽임을 당하여야 했다. 그래서 예수님은 불법(육체)이 되어 버린 온 세상이 지켜보는 골고다 언덕에서 그의 육체에 저주를

받아 죽으시고 음부에 들어가셨다가 죽은 자 가운데서 부활하신 것이었다.

그리고 부활을 하신 후에는 모형적인 제사에서 대제사장이 희생양의 피를 가지고 지성소에 들어가서 속죄를 완성했던 것처럼 예수님께서는 우리의 온전한 대제사장이 되어 주시되히7:26 자신이 흘린 온전한 피 공로를 가지고 하나님이 계시는 하늘 지성소에 들어가셔서히9:24,히8:5 영원한 속죄를 단번에 이루셨다히9:12,히7:27.

그러므로 성막은 하나님 나라의 개념과 속성을 계시하여 주신 설계도인 것이다. 이와 같이 온전한 속죄는 손으로 지은 성막에서 이루어지는 것이 아니라 천국에 있는 하늘 지성소에서 완성이 되어야 한다. 이것을 성취하기 위하여 위에서 설명을 한바와 같이 온전한 희생의 피를 온전한 대제사장이 가지고 하나님의 보좌가 있는 지성소인 셋째하늘에 들어가셔서 온전한 제사를 완성하여야 한다.

이러한 구속의 사역을 예비하기 위하여 보내심을 받아 짧은 인생을 살다 간 사람이 바로 세례 요한이다. 그는 세상의 죄(불법)를 대신 짊어지게 하시기 위하여 하나님이 예비하신 어린양이 바로 예수님이심을 세상에 밝혔던 것이다.

세례 요한은 세상 죄를 대신 짊어질 뿐 아니라 하나님이 주신 그리스도의 율법(돕는 배필인 여자)을 완전하게 성취하여 모든 세상 사람들의 의가 되어 주실 분이 예수 그리스도이심을 알아 본 선지자이다마3:15. 그래서 예수께서는 여자가 낳은 자 중에 세례 요한보다 큰 이가 없다고 말씀을 하셨던 것이다마11:11,눅7:28. 여기서의 '여자'의 의미는 완전한 하나님의 의를 발견하게 하는 영으로서의 그리스도의 율법이며, 그 영의 율법을 깨달은 자들은 모든 여인의 후손에 해당이 된다.

그런데 그렇게 감추어진 그리스도의 율법을 깨달아 그리스도 안에 있는 하나님의 의를 가지게 된 사람들 중에서도 세례 요한보다 큰 자가 없다고 말씀을 하신 것이다.

우리는 이 부분에서 하나님께 속한 진정한 사역의 의미를 새롭게 들여다볼 수가 있다. 하나님이 인정하시는 사역이란 감당하고 있는 일의 규모나 장엄함, 웅장함 또는 명예와는 아무런 상관이 없다. 참된 사역은 진리의 말씀에 대한 섬김이며 그 말씀이 행하시는 일들에 도구로 쓰일 뿐이다. 그런 면에서 보면 인간이 할 수 있는 하나님의 일은 하나도 없다. 오늘날 현대 기독교에서 수많은 사업들을 하나님의 일이라고 목청을 높이고 있지만 감추어진 진리가 행하시는 일 이외에는 모두 다 하나님이 행하시는 일들이 아니다.

3) 마리아와 향유 옥합

출애굽기에서도 나오듯이 대제사장의 머리에 붓는 관유는 백성의 속죄를 위하여 그를 거룩하게 하는 '향기름(향유)'출30:25이다. 그렇다면 마리아가 매우 귀한 향유 한 옥합을 예수님의 머리에 부었는데 이는 무엇을 의미하는가?

구약 성경에 기록이 된 것처럼 베다니 나사로의 누이인 마리아는 예수께서 세상을 위하여 희생의 피를 흘리실 어린양이심과 장차 천국(하늘 지성소)에 들어가셔서 완전한 속죄를 완성하시는 대제사장이심을 알고 그 길을 예비하였던 것이다.

그래서 마리아는 진리이신 예수님을 통하여 하나님이 행하실 일을 미리 알았기에 향유를 예수님의 머리와 발마26:7에 부었으며 자기의 머리털로 대제사장이신 예수님의 발을 닦은 것이다. 이와 같이 마리아는 그리스도의 구속의 일에 향유를 부음으로 그리스도의 대제사장적인 사역을 예비하는 자가 된 것이다. 그리고 "향유 냄새가 집에 가득하더라"요12:3라고 하였는데 향유의 향은 예수 안에서 깨달아진 영과 진리에서 나는 향기를 의미한다.

위에서 세례 요한의 사역을 통해서 들여다본 바와 같이 예수 그리스도의 구속에 관련이 되어 그 길을 예비하는 것이 사역인데 마리아의 경우도 같은 맥락에서 들여다보면 예수님께서 마리아를 칭찬하신 이유를 쉽게 발견할 있을 것이다. 주의하여야 할 것은 어떤 이들이 강조를 하는 것처럼 마리아가 가장 소중한 것을 드렸기에 그 정성을 보시고 예수님이 감동을 하셨다고 하는 해석은 인본주의적인 것이다.

예수님은 향유의 물질적인 가치나 마리아의 헌신이나 정성을 보신 것이 아니라 마리아가 진리의 눈으로 예수 그리스도의 구속의 사역을 미리 내다보고 참예한 믿음을 보시고 인정을 하신 것이다. 이것이 참된 하나님의 사역이다. 다시 반복하지만 사역이란 진리의 길을 예비하고 그 말씀께 충성하는 것을 말한다.

마26:7 한 여자가 매우 귀한 향유 한 옥합을 가지고 나아와서 식사하시는 예수의 머리에 부으니 이것이 성령의 감동으로 진리를 깨달은 마리아의 영혼을 통하여 예수 그리스도 구속의 사역을 예비하게 된 결과이기도 하다. 마리아의 이러한 헌신이 백성을 구원하기 위한 예수 그리스도의 구속과 관련된 일이었음을 사탄에게 속한 자의 원망과 불평을 통하여도 알 수가 있다. 예수를 팔아넘길 가룟 유다의 입을 통하여 마귀가 지껄여 대었던 말을 들어보자.

요12:5 이 향유를 어찌하여 삼백 데나리온에 팔아 가난한 자들에게 주지 아니하였느냐 하니

창세 이래로 세상을 속이고 영혼을 죽이며 깨끗한 것을 훔쳐가고 더러운 것을 던져주는 거짓과 살인의 영인 사탄이 가난한 자들을 걱정하는 말을 하며 향유를 허비하였다고 원망을 하는 것이다. 사탄이 하는 말은 언제나 합리적이어서 육체(땅)의 개념으로는 틀린 말이 없다. 불법에 잘 길들여진 인간의 본성은 늘 합리적이기를 원하고 합리적이지 않은 것은 그런 것들이 죄라고 여긴다. 사탄은 자기의 종들을 통하여 눈물겹도록 따뜻하고 감동적인 말들을 지어내어 육체와 땅의 개념으로 미혹을 하고 있다. 그러므로 꼭 알아야 하는 것은 선악과의 선에 속하여 매우 합리적으로 들리는 말과 교훈들은 대체적으로 하나님의 의와는 상관이 없거나 오히려 본질적으로 더 교활한 악일 수도 있다는 것을 유의해야 한다.

4) 하나님이 받으시는 향기

시49:7-8 아무도 결코 그 형제를 구속하지 못하며 저를 위하여 하나님께 속전을 바치지도 못할 것은 저희 생명의 구속이 너무 귀하며 영영히 못할 것임이라

어린양이신 예수 그리스도는 우리의 구원을 위하여 가혹하고 무서운 저주를 대신 받으셔야만 하셨다. 마리아는 그 사랑과 은혜를 다 표현할 수 없지만 영과 진리의 말씀만을 의지하여 경배하는 마음으로 향유를 우리의 대제사장께 부어드렸으며 그러한 믿음을 가진 마리아의 영혼을 예수께서는 바라다보고 계셨다. 이와 같이 우리 자신의 구속을 위하여 예수 그리스도 안에서 하나님이 보여 주신 엄청난 사랑을 깨달은 사람의 영혼에서는 하나님께만 드려지는 진리로 인한 감사와 향기가 풍겨나게 된다. 제사법에서 하나님께 향을 올렸을 때에 사용하는 향은 일반 생활에서는 사용해서는 안 되는 것이었다. 이는 하나님이 받으시는 향은 진리 안에 있는 것이어야 하며 거룩한 것은 하나님께만 드려져야 함을 말한다. 오늘날 인간적인 착한 행실을 거룩한 그리스도인의 향기라고 노래하고 있지만 그런 것들은 인간적인 향기일 뿐 하나님이 보실 때에는 그 자체가 역겨운 똥 냄새인 것이다. 진리로 인한 향기는 마치 말씀이 감추어져 있는 바와 같이 그 향기도 보이지 않고 진리를 알지 못하는 자는 이해할 수도 없다.

| 05 |
먹는 자와 먹지 않는 자

롬14:1-3 믿음이 연약한 자를 너희가 받되 그의 의심하는 바를 비판하지 말라 어떤 사람은 모든 것을 먹을만한 믿음이 있고 연약한 자는 채소를 먹느니라 먹는 자는 먹지 않는 자를 업신여기지 말고 먹지 못하는 자는 먹는 자를 판단하지 말라 이는 하나님이 저를 받으셨음이니라

로마 교회 안에서 유대인 출신의 성도들과 이방인 출신의 성도들 간에 종교적인 유전이나 관습의 차이로 인하여 갈등이 많았었는데 본문은 그중에서도 음식에 대한 문제로 인해 발생한 일을 다루고 있다.

1) 갈등이 발생한 원인

유대인들은 어떤 특정한 음식에 대하여 부정하다고 여기고 있었기에 그것을 먹게 되면 죄가 된다고 믿고 있었다. 당시 로마 교회 내에는 유대교 출신의 그리스도인들이 율법(초등 학문)에 매여 있는 관습이 있었는데 그로 인해 율법을 지키지 않은 자들과의 갈등이 존재하고 있었다. 그래서 사도 바울은 율법을 지키고 있는 신자들과 지키지 아니하는 신자들 간의 갈등을 해소하기 위하여 이 문제를 언급한 것이다 롬14:10.

성경에서 금하는 어떤 음식을 먹는 자가 먹지 않는 자를 업신여기고 먹지 못하는 자는 먹는 자를 판단함으로 갈등의 발단이 되었다. 스스로가 상대방보다 더 깨끗하다고 믿고 있었기 때문이다.

그렇지만 이러한 일들은 그리스도(영)를 믿고 있으면서도 아직 율법(육체)에서 온전히 벗어나지 아니하여 영적으로 어린아이에 속한 자들의 행실이다. 이를 두고 사도 바울은 이미 진리를 소유한 자들이 서로 비판을 하지 않아야 하는 이유를 설명하고자 한 것이다.

롬14:3 먹는 자는 먹지 않는 자를 업신여기지 말고 먹지 못하는 자는 먹는 자를 판단하지 말라 이는 하나님이 저를 받으셨음이니라

선악과의 율법은 이 세상이 요구하고 있는 법칙인 것은 분명하지만 불완전한 육체의 법칙이기에 하나님의 의와는 전혀 관계가 없다. 설사 그리스도인들이 그 율법을 다 준수하였다고 하더라도 영이신 하나님께 속하는 의를 소유할 수는 없다. 그런데 오늘날의 기독교회마저도 진리(영)가 아닌 율법(육체)에 속한 시각으로 선악을 판단하거나 율법을 본질적인 가치로 오인하여 서로 분쟁과 갈등을 유발하는 일들이 얼마나 많은가?

2) 더 중요한 것은 마음속에 있어야 할 진리의 영

롬14:14 내가 주 예수안에서 알고 확신하는 것은 무엇이든지 스스로 속된 것이 없으되 다만 속되게 여기는 그 사람에게는 속되니라

롬14:20 만물이 다 정하되 거리낌으로 먹는 사람에게는 악하니라

좀 더 상세하게 살펴보면 세상의 어떤 물건, 음식과 일들이 그 자체적으로 선하거나 악한 것이 없으며 인간의 영 안에 연합된 법칙이 진리인지 혹은 불법인지에 따라서 그 결과가 다르게 나타난다. 불법으로 미혹이 되어 선악과의 율법으로 눈이 밝아진 세상이 보기

에는 세상의 선이 깨끗한 것처럼 보이겠지만, 이는 땅에서 난 사람의 의일 뿐이며 하늘에서 온 진리가 아니기에 그 자체로 어둠에 속하며 부정한 것이다. 인간의 영이 불법과 연합하게 되면 그 결과로 세상의 선이 도리어 자기를 정죄하게 되는 올무가 되어 버린다.

> 롬14:22 네게 있는 믿음을 하나님 앞에서 스스로 가지고 있으라 자기의 옳다 하는 바로 자기를 책하지 아니하는 자는 복이 있도다

이처럼 유대인들이 율법을 지키는 것은 불완전한 거짓의 영에 이끌림을 받는 것이다. 그러나 성경에서는 그리스도의 율법 안에 들어온 자는 세상 율법에 대하여 얽매이지 않는 법적인 자유를 가지고 있음을 말하고 있다. 이는 진리의 말씀을 영으로 깨닫고 죄의 법에서 해방이 된 자들만이 누릴 수 있는 영적인 자유와 권리이다.

3) 불법에 속한 것이 죄

> 롬14:23 의심하고 먹는 자는 정죄되었나니 이는 믿음으로 좇아 하지 아니한 연고라 믿음으로 좇아 하지 아니하는 모든 것이 죄니라

영적인 생명력이 약한 대부분의 그리스도인은 자기 양심에서 거리낌이 있는 상태에서 음식을 먹기도 한다. 마음속에 웅크리고 있는 선악과(불법)의 양심이 발동이 되면 꺼림칙함을 느끼게 되고 스스로를 정죄하게 된다. 이처럼 순간적으로 불법이 그를 장악하여 죄에 사로잡히게 한다. 그러나 진리 안에 들어간 자는 이 불법의 권세가 소멸이 된 사실을 완전히 깨닫게 되어 더 이상 불법이 자기의 영 안에서 영향력을 행사할 수 없게 된다.

> 딛1:15 깨끗한 자들에게는 모든 것이 깨끗하나 더럽고 믿지 아니하는 자들에게는 아무것도 깨끗한 것이 없고 오직 저희 마음과 양심이 더러운지라

그러나 불법의 선을 따르는 것이 세상의 개념으로는 더 깨끗하고 의롭게 보이는 것이 현실이다. 그래서 불법에 속한 사람들이 영과 진리 안에 들어간 자들을 보면 율법을 지키지 않는다고 비웃거나 업신여기며 정죄를 할 수가 있다.

그러나 주의해야 할 것은 영으로서의 진리를 소유한 자에 대하여 비방하거나 더럽다고 모욕을 하는 것은 곧 영이신 예수 그리스도(형제)를 업신여기고 비판하는 것과 동일한 결과가 되기 때문이다. 그러므로 반드시 주의해야 할 것은 먹는 자가 먹지 않는 자를 업신여기지 말고 먹지 못하는 자도 먹는 자를 비판하지 말아야 하는 것이다. 왜냐하면 주께서 말씀하신 것처럼 그를 깨끗하게 세우시는 권능이 세상에 있지 않고 하나님께 있기 때문이다.

4) 그리스도인들은 율법 밖에 있는 자들을 용납하라

사도 바울은 율법이 없는 이방인들도 하나님께서 받으셨으므로 한 마음과 한 입으로 하나가 되라고 권고를 한다. 우리 주변에 있는 그리스도인들 중에는 눈살을 찌푸리게 할 만큼 자기의 자유를 제한하지 않고 자기의 확신대로만 살아가는 이들도 있을 수 있다. 그래서 사도 바울은 믿음이 장성한 자들에게 권고하기를 먹는 것이나 날을 중히 여기는 것, 그리고 먹지 않음이나 날을 소중하게 생각하지 않은 것까지도 모두 다 주를 위하여 하라고 한다. 그리스도인들은 인간관계 속에서 서로 상처를 주거나 하는 일이 없도록 주의하여야 하는데 이는 믿음이 약한 자에 대하여 장성한 자들의 배려가 꼭 필요하기 때문이다.

특히, 그리스도인들은 믿음 안의 형제들에 대해서 이전에 가지고 있던 선악과의 율법으로 판단을 해서는 안 된다. 왜냐하면 그들은 이 세상 선이나 악의 유무와 상관없이 하나님께서 받으시는 의를 소유하여 정결함을 가진 형제이기 때문이다.

> 롬15:16 이 은혜는 곧 나로 이방인을 위하여 그리스도 예수의 일군이 되어 하나님의 복음의 제사장 직무를 하게 하사 이방인을 제물로 드리는 그것이 성령 안에서 거룩하게 되어 받으심직하게 하려 하심이라

거룩하게 되는 것은 이 세상의 선으로 되는 것이 아니라 오직 말씀이신 진리를 깨닫고 영이신 그리스도의 의를 소유하여야만 가능하다.

06
믿음이 연약한 자

롬14:1-2 믿음이 연약한 자를 너희가 받되 그의 의심하는 바를 비판하지 말라 어떤 사람은 모든 것을 먹을 만한 믿음이 있고 연약한 자는 채소를 먹느니라

1) 영적인 성숙의 차이

기독교회 안에는 예수 그리스도의 은혜로 진리를 깨닫게 된 어린아이와 청년들과 장성한 단계의 그리스도인들이 있다요일2:12-14. 그리고 믿음이 한순간에 완전한 단계로 성장하게 되는 것이 불가능한 이유는 인간의 영을 장악하고 있었던 옛 구습(불법)이 조금씩 소멸이 되면서 점진적으로 장성한 단계에 도달하게 되기 때문이다.

어린아이 단계

고전3:1 형제들아 내가 신령한 자들을 대함과 같이 너희에게 말할 수 없어서 육신에 속한 자 곧 그리스도 안에서 어린 아이들을 대함과 같이 하노라

영적으로 어리다고 하는 것은 아직 유약하기 때문이며 부드러운 젖은 먹을 수 있으나 단단한 식물을 먹을 수 없는 단계를 의미한다. 이는 그리스도인들이라고 하더라도 이 세상에 속한 선과 악(율법)의 속성을 아직도 가지고 있기에 진리를 믿으면서도 이전의 욕심(불법)이 그를 놓지 않고 영향력을 미치고 있는 상태이다.

고전3:3 너희가 아직도 육신에 속한 자로다 너희 가운데 시기와 분쟁이 있으니 어찌 육신에 속하여 사람을 따라 행함이 아니리요

이런 사람들은 세상의 선에 대한 집착 때문에 다른 사람의 의롭지 못한 행위를 보면 뜯어 고치려 하거나 때로는 비판과 판단을 하기도 하였지만 그것이 본질적인 의가 아님을

반복적으로 깨닫게 되면서 집착하고 있던 불법(육체의 정욕)에서 해방이 된다.

그러므로 어린아이 단계에 있는 사람들은 어떤 사람들이 율법을 지키지 아니한 행동을 할 때에는 쉽게 판단을 하거나 상처를 받을 위험성이 많이 있다는 것이다. 고린도 교회 안에는 육신(선악과)에 속한 자들이 많다 보니 사사로운 일에도 율법적인 판단을 하거나 서로 시기하고 분쟁하여 파벌이 형성되게 된 것이다.

이러한 육체와 불법에 속한 현상은 현재에도 수많은 교회뿐만 아니라 심지어 사역자들 간에서도 나타나고 있다. 이렇게 어린아이 단계에서는 아직 세상의 관념(불법)이 강한 단계이므로 그들이 볼 때 진리를 소유한 자유로운 자들의 행실을 보면 더럽고 경건치 않게 보이므로 서로 간에 간극이 발생하게 된다. 아이러니 하게도 이 세상에 속한 율법의 눈으로 보면 믿음이 장성한 자들보다도 어린아이들이 훨씬 더 믿음이 좋아 보이고 경건하며 의로운 자로 보일 수 있다.

장성한 자의 단계

롬14:14 내가 주 예수 안에서 알고 확신하는 것은 무엇이든지 스스로 속된 것이 없으되 다만 속되게 여기는 그 사람에게는 속되니라

로마 교회에서 먹는 음식을 두고 율법적인 시각으로 이해할 것인지 아니면 영으로 이해할 것인지에 대한 문제에 봉착하였던 것과 같이, 그리스도인들은 살아가면서 만나는 모든 일에서 어떤 법칙(육체 또는 영)을 따라 살아갈 것인가 하는 동일한 선택의 기로에 놓여 있다. 이 세상의 모든 일은 자기가 어떻게 바라보는지에 따라 생각이나 결과가 달라질 수 있다. 바울이 말하는 것은 장성한 자는 남들이 자신에 대하여 판단하는 것에 연연하지 않고 스스로가 그리스도의 진리로 인하여 정결하다고 확신을 하는 자는 복이 있다고 한다.

롬14:22 네게 있는 믿음을 하나님 앞에서 스스로 가지고 있으라 자기의 옳다 하는 바로 자기를 책하지 아니하는 자는 복이 있도다

이는 장성한 자의 단계로, 세상 사람들이 생각하는 율법의 차원을 이미 뛰어넘어 세상을 이긴 자를 가리키며 이런 사람을 복이 있다고 칭찬한 것이다. 장성한 자들은 예수님이 그러셨던 것처럼 세리나 창기를 보아도 더럽다고 하거나 정죄하지 않는다. 왜냐하면 장성한 자

들은 생명(영)으로 눈이 밝아졌기에 이제는 불법의 시각으로 판단을 하지 않기 때문이다.

요일5:18 하나님께로서 난 자마다 범죄치 아니하는 줄을 우리가 아노라 하나님께로서 나신 자가 저를 지키시매 악한 자가 저를 만지지도 못하느니라

또한 이 세상 주관자와는 아무런 상관이 없게 된 자들은 이 세상에서 보이는 율법(불법)을 추종하는 것이 하나님께는 죄라고 하는 사실을 알고 그 율법을 더러운 배설물로 여긴다.

롬14:23 의심하고 먹는 자는 정죄되었나니 이는 믿음으로 좇아 하지 아니한 연고라 믿음으로 좇아 하지 아니하는 모든 것이 죄니라

진리 안에 들어온 자는 비록 율법의 저주에서 벗어났지만 아직 남아 있는 불법이 자꾸 올라와서 그의 영을 속이고 다시 이전으로 데려갈 수도 있는 상태이다. 그러므로 이 단계에는 연단을 받아 진리를 깨닫고 성장한 끝에 비로소 장성한 자의 단계에 도달하게 된다.

2) 공동체에 대한 지체로서의 이해

물론 장성한 자들이라도 모두 다 어린아이 단계에서의 행위를 수없이 반복하는 과정을 겪으면서 성장하였다. 그렇기에 어린아이에 해당하는 사람들에 대하여 장성한 자들이 이해와 배려를 하면서 그 수준과 정도에 맞게 어울리며 성도 간에 교제를 하여야 하여야 한다고전9:20-21. 그러나 그리스도인들은 성장의 수준과 상관없이 모두 다 그리스도의 피로 살게 된 하나님의 자녀이므로 설사 겉으로 볼 때에 부족한 모습이 있더라도 예수 그리스도의 지체임을 인정하여야 한다고전12:12. 즉, 한 몸이 된 지체의식이 서로의 연약함을 끌어안고 지지해 주면서 함께 성장해 가는 것이 그리스도의 교회로서 감당해야 할 일이다.

이와 같이 교회는 영적인 생명이 자라나는 '한 몸'이 된 공동체여야 하며, 각 지체들은 예수 그리스도의 영을 받은 사람들이므로 믿음이 장성한 자들은 유약한 자들에 대하여 비판을 하거나 저버리지 않고 지속적인 관심과 애정으로 그들을 양육해야 하는 사명을 가지고 있는 것이다.

고전12:26 만일 한 지체가 고통을 받으면 모든 지체도 함께 고통을 받고 한 지체가 영광을 얻으면 모든 지체도 함께 즐거워하나니

3) 성숙한 자들이 깨닫게 되는 한 지체의식

만약에 어느 한 그리스도인이 하나의 지체의식에 대해 공감하였다면 그는 그의 영으로 영(진리)이신 '그리스도의 몸'을 온전히 깨달았기에 가능한 것이다. 예수 그리스도의 생명이 소중하기에 그의 영을 받은 형제들에 대하여 친밀감과 우애감이 생기는 것은 당연한 일이 되며 장성한 자들은 어린 단계의 영혼들에 대하여 이끌어 주고 감싸고 보호하는 역할을 하게 된다.

고린도전서 12장에서의 '한 지체'에 대한 말씀이나 각종 은사에 대한 내용의 말씀을 영과 진리로 깨닫지 못한 자들은 이해를 할 수 없을 것이다. 미성숙한 이들은 선악과의 눈으로 바라보고 서로 판단하여 시기하고 분쟁과 싸움을 발생시키게 된다.

| 07 |
제사를 드리는 문제 고전10:14-22

고전10:20-21 대저 이방인의 제사하는 것은 귀신에게 하는 것이요 하나님께 제사하는 것이 아니니 나는 너희가 귀신과 교제하는 자 되기를 원치 아니하노라 너희가 주의 잔과 귀신의 잔을 겸하여 마시지 못하고 주의 상과 귀신의 상에 겸하여 참예치 못하리라

1) 역사적 배경의 이해

고린도 지역에는 우상을 숭배하는 신전들이 있었는데 신전에서 제사를 드리고 난 후에는 바쳐진 제물들을 내어다가 시장에 파는 경우가 있었다. 그런데 그리스도인들이 그렇

게 신전에 바쳤던 제물을 사 먹을 수가 있는가에 대한 논쟁이 있었던 것이다. 이에 대하여 사도 바울은 그리스도인들이 어떤 음식이든지 먹어도 상관이 없겠지만 그것이 우상에게 바쳐진 제물이라고 알고 있는 믿음이 약한 사람들이 있다면 그 사람의 양심이 손상되지 않게 하기 위하여 먹지 말라고 권고하고 있는 것이다. 이 내용은 표면적으로 보면 먹는 음식에 대하여 구별을 해야 하는 것처럼 보이고 있다. 그러나 이 말씀에서 우상의 신전에 차려진 제물은 사탄이 세상에 먹이고 있는 불법의 가르침(육체)을 예표하고 있다.

> 고전10:28 누가 너희에게 이것이 제물이라 말하거든 알게 한 자와 및 양심을 위하여 먹지 말라

2) 제단에 참여한다는 의미

> 고전10:16 우리가 축복하는바 축복의 잔은 그리스도의 피에 참예함이 아니며 우리가 떼는 떡은 그리스도의 몸에 참예함이 아니냐

위의 말씀에서 그리스도인이 떡을 뗀다고 하는 것은 진리의 말씀에 참예하여 그리스도와 한 몸이 된다고 하는 영적 생명의 의미를 가지고 있다 고전10:17. 이와는 반대로 이방인이 신전에서 우상에게 절하며 그 제단에서 베푸는 제물을 먹는다는 의미는 불법의 교훈을 받아들여 우상(사탄)과 한 영이 되는 것을 말하고 있다. 이렇게 성경에서는 고린도인들이 우상의 신전에서 숭배하는 것을 인용하여 기록하였지만 실제적인 의미는 불의(불법)를 따르는 자들의 영이 우상에게 절하며 그 우상이 주는 거짓의 가르침을 먹고 마시는 것을 언급하신 것이다.

> 딤전4:1 어떤 사람들이 믿음에서 떠나 미혹케 하는 영과 귀신의 가르침을 좇으리라 하셨으니

위의 경고의 말씀과 같이 세상의 각처에서는 성경 말씀을 보이는 세상의 교훈(보이는 율법)으로 변개하여 차려놓으면 미련한 자들이 보기에는 그것이 하나님의 말씀인 것처럼 보이기에 주저 없이 받아먹게 된다. 이들은 자기들이 우상의 신전에 앉아 있다는 것과 자기

들이 받아먹은 교훈이 사탄의 거짓말임을 새까맣게 모르고 있다.

3) 성경에서 말하는 제사에 대한 이해

현대 기독교회에서는 돌아가신 부모님에게 절을 하는 행위를 귀신에게 절하는 것이라 하여 제사를 금기시 하고 있지만 이 문제에 대해 다시 새롭게 조명해야 할 필요성이 있다고 본다.

고전10:20 대저 이방인의 제사하는 것은 귀신에게 하는 것이요

위에서 언급하였다시피 성경에서는 고린도인들이 우상을 섬기는 신전에 가서 제사를 하며 절을 하는 것은 귀신(사탄)을 숭배하고 있는 불법에 속한 행위임을 경고하고 있다. 위에서 언급한 바와 같이 성경에서는 사람의 영이 불법을 진리로 받아들이는 것을 귀신의 상에 참예하고 귀신에게 절하는 것이라고 말씀을 한 것이다.

필자는 성경에서 금하시는 제사의 의미와 오늘날 동양에서 부모님을 기리는 제사와는 어떤 차이가 있는지를 살펴볼 필요가 있다고 보았기에 이 부분을 들여다보고자 한다.

오늘날에 기독교회에서는 그리스도인들이 돌아가신 부모님을 향하여 제사를 지내는 것을 우상 숭배를 하는 것으로 여기고 제사를 지내는 것을 금하고 있다. 그 이유를 살펴보면 세상을 떠난 부모님의 영혼이 제사를 드리는 장소에 오실 수 없을 뿐 아니라 오히려 귀신들이 와서 그 제사를 받아먹고 간다고 이해하고 있기 때문이다. 이러한 견해는 제사를 드리는 목적과 관념에 따라서는 어느 정도 일리가 있는 주장이기는 하지만 일방적으로 그러한 견해만을 전부 옳다고 여길 수는 없다고 본다.

이 문제에서 고려해야 할 것은 설사 부모님의 영혼이 세상을 떠나 영계(공중영계 또는 천국이나 지옥)에 계시므로 이 세상에 다시 돌아올 수 없다고 하더라도 기독교인들이 제사를 통해 부모님을 기리는 행위에 대하여 죄악시하거나 무조건 반대를 하는 것이 과연 옳은 것인가 하는 것이다. 그리고 세상을 떠난 부모님께 대하여 제사를 드릴 때에 절하는 행위에 대하여 우상 숭배(불법)나 잡신을 섬기는 것과 동일한 행위로 받아들이는 근거가 무엇인지

질문하지 않을 수가 없다. 단지 육신의 부모님께 절하며 제사를 지내는 것이 성경에서 금하는 우상을 숭배하거나 귀신에게 절하는 것과 어떻게 동일한 것으로 볼 수 있다는 말인가?

성경에서 제사를 금한다고 하는 말씀의 근본적인 이유는 우상(사탄)을 숭배하고 그가 주는 교훈(제물)을 받아먹게 되기 때문이었다. 그렇다면 부모님께 제사를 드리는 것을 금지하거나 정죄하려면 부모님께 제사를 드리므로 인하여 불법에 속한 교훈이나 비진리의 영향을 받게 되는 상황이 동일하게 발생하여야 할 것이다.

그러나 고린도에서 신전에서 우상에게 제사를 드리던 것과 오늘날 부모님께 제사를 드리는 것은 근본적으로 그 목적이 차이가 있다. 즉 고린도에서 우상의 신전에 절한다고 하는 의미는 불법을 받아먹고 사탄에게 숭배하게 되는 영적인 타락을 염두에 두고 경고를 한 것이다. 그런데 오늘날 기독교회는 자녀들이 부모님을 그리워하며 생전에 하였던 것처럼 부모님을 향하여 절하는 것은 인륜과 도덕에 속한 일상적인 삶이며 이것을 고린도인들이 귀신에게 절하는 것과 같은 것으로 보는 것은 잘못된 것이다.

다시 말하지만 바울사도가 제사를 금하였던 이유는 그리스도인들이 불법의 개념으로 숭배하는 행위에 참예하게 되는 것을 경고하고자 위함이다. 그러므로 오늘날에 기독교인들이 부모님께 제사를 드리는 것이 하나님께 죄가 되느냐의 판단은 제사를 드리는 자의 목적이나 인식에 따라서 달라질 수가 있다고 본다. 제사를 드리는 자가 스스로 생각하기를 제사를 드리는 것이 일반적으로 알고 있는 대로 귀신에게 절을 하는 것이라고 믿고 있다면 마땅히 자기 자신의 양심을 위하여 제사를 드리지 말아야 할 것이다. 그러나 제사를 드리는 의미가 부모님께 대한 감사와 은덕을 기리는 것에 국한된 것이라면 이것을 무조건 죄악시하는 것은 무리가 있는 것이다.

비록 세상을 떠나셨다고 하더라도 영계에 계시는 부모님을 향하여 자녀들이 절하는 것에 대하여 귀신에게 절하는 것과 동일한 행위로 간주하는 것은 영적인 무지, 그 자체이며 이러한 오해는 역시 성경을 문자적으로만 이해하고 받아들인 잘못에서 비롯된 것이다.

어떤 고집 센 사람들은 "제사를 드리는 것은 무조건 귀신에게 절하는 것이다"라고 우겨댈 것이다. 그러나 성경에 기록이 된 귀신에게 절하는 것의 의미를 올바르게 이해하기 위하여 다음과 같이 설명을 해 보겠다. 예를 들어 기독교인들이 자기의 영으로 진리인 말씀을 믿고 순종을 하는 것은 하나님께 절하는 개념의 영적인 '제사'인 것이다. 영과 진리이신 그리스도를 믿고 따르는 자(절하는 자)들이 부모님을 기리고 절을 하는 것은 하나님께 드리는 영적인 제사(절하는 것)와는 완전히 구분이 되는 일상적인 삶의 행위이다.

한 가지 예를 더 들자면 각 나라의 상징인 국기에 대하여 절을 하거나 경례를 하는 것을 우상 숭배를 하는 것으로 해석을 하지 않은 것과 같은 차원이다. 단, 국가의 예전적인 의식이나 형식이라도 사상을 의식화하여 숭배하게 하거나 신격화를 시키는 것은 불법에 해당이 된다. 그러므로 부모님께 제사를 드리거나 또는 제사를 드리지 않는 행위는 하나님의 의에 속하지도 않지만 역시 불법에 속한 죄가 되는 것도 아니다. 다시 말하면 제사를 드려 정성어린 효도를 하였다고 하더라도 그것이 하나님께 속한 의가 되지는 않는다. 그 이유는 성경에서 부모님께 공경하고 효도를 하라고 하시는 말씀은 보이지 않은 영에 속한 의를 말씀하시기 위하여 인간이 가진 도덕적인 선을 통하여 계시하여 주신 것이기 때문이다. 이는 우리가 아는 인간의 도리를 통하여 영의 원리를 말씀하신 것이므로 육신의 부모님께 효도를 하는 것은 세상의 의에 속할 뿐 그 행위 자체가 영적인 차원을 말하고 있는 것은 아니다.

4) 절하는 것에 대한 의미

그렇다면 기독교회에서는 부모님을 향한 제사 행위에 대하여 어떻게 가르쳐야 할 것인가? 이는 부모님께 제사를 드릴 때 제사를 드리는 자의 목적과 개념이 어떤 것인지가 매우 중요한 것이다. 부모님을 기리는 제사 행위는 그 자체는 하나님의 의에 속하거나 그 반대로 사탄에 속한 행위가 아닌 삶 가운데서 인륜적 애정을 가진 자녀들이 부모를 기리는 자연스러운 행위인 것이다. 단, 제사를 지낼 때 음식을 차려놓으면 부모님이나 조상님들의 영혼들이 오셔서 먹고 간다고 믿고 제사를 지내는 것은 기독교인들이 경계해야 할 부분이다.

눅16:27-28 가로되 그러면 구하노니 아버지여 나사로를 내 아버지의 집에 보내소서 내 형제 다섯이 있으니 저희에게 증거하게 하여 저희로 이 고통받는 곳에 오지 않게 하소서 인간은 육체를 입고 영(인간의 영)을 가진 존재이지만 세상을 떠나 영계에 계신 부모님의 영혼을 육안으로는 볼 수 없다. 분명 보이는 이 세상과 저 세상(영계)은 구분이 되어 있지만 영의 개념으로는 산 자와 죽은 자 사이에는 서로 연관이 있고 연결되어 있다고 해도 과언이 아니다. 위 말씀에서 부자가 죽었을 때 소위 말하는 저승으로 들어갔지만 그의 의식(영)은 이 세상에 있는 형제들을 기억하고 있었다는 사실을 보여 주고 있다. 그가 들어갔던 영계의 장소를 지옥으로 볼 수 있는데 지옥이라는 영계는 공중이라고 하는 영계 안에 존재하고 있으며 보이는 세상인 물질계도 그 공중영계인 음부의 영역 안에 속하여 있기 때문이다.

눅16:26 이뿐 아니라 너희와 우리 사이에 큰 구렁이 끼어 있어 여기서 너희에게 건너가고자 하되 할 수 없고 거기서 우리에게 건너 올 수도 없게 하였느니라

오늘날 그 누구도 돌아가신 부모님을 신격화하기 위하여 제사를 드리지는 않을 것이다. 그러므로 기독교회는 각 민족이나 종족별로 지키는 풍습이나 명절들이 영과 진리의 말씀에 위배가 되지 않는 한 일반적인 문화에 대하여 율법적인 잣대로 금기시해서는 안 될 것이다.

이와 같이 부모님을 기리는 감사의 마음을 표현하는 것은 세상을 사는 동안 인생에 있을 수 있는 삶의 활동 중 하나이며 가족 간의 우애나 친교를 도모하는 데 도움이 될 수 있다.

5) 기독교회가 제사를 금하였던 이유

당초에 기독교회에서 제사를 금하였던 주된 이유는 제사를 드림으로써 부모님의 영혼이 와서 복을 준다고 믿거나 부모님들이 와서 음식을 먹고 간다고 하는 미신적인 신앙과 기복적인 것들을 배척하기 위해서였다. 물론 이러한 사상과 관념은 그리스도인들이 가져서는 안 될 미신적인 요소인 것이 분명하다. 그러나 고린도 교회에서 우상의 신전에 제사를 드렸던 음식을 그리스도인이 먹어야 하는가, 먹지 말아야 하는가의 문제를 통하여 영적인 자유의 차원을 조명을 해 주었던 것처럼 기독교회는 이 문제를 재조명해 주어야 할 책임이 있다고 본다.

제사를 드리는 것이 불법(비진리)에 속한 것이 아니며 단지 관습이나 문화에 관한 일이기에 그리스도인들이 이제 그러한 일에 대해 제한을 받거나 얽매일 필요가 없다. 예를 들어, 술을 마시거나 담배를 피우는 것이 건강에는 해로울 수 있으나 그런 것들을 한다고 해서 불법에 속하게 되거나 하나님께 속한 영적인 의를 소유하게 될 수 없는 것이 아니다. 만약에 그런 것들에 대해 기독교회에서 죄악시한다면 세상에 속한 율법으로 다시 돌아가도록 독려를 하는 불편한 형국이 되는 것이다.

그러나 기독교회가 아직도 이런 개념들로 인하여 얽매여 있는 참 안타까운 현실이다. 아울러 어떤 이들은 술과 담배를 하지 않는 것이 마치 그리스도인이 가져야 할 의로움으로 여기기도 하지만 이는 영과 생명의 차원을 잘 모르는 행위이며 보이는 율법에 매여 자기만의 바벨탑을 쌓아 가고 있는 것이다.

6) 올바른 판단과 선택이 필요한 이유

그러므로 그리스도인들에게 부모님을 기리는 제사를 드리는 것에 대해 일방적으로 금하기보다는 어떤 경우가 죄가 되는 것인지를 분명히 가르쳐 주어야 할 책임이 있다.

많은 그리스도인 중에는 온 가족들이 함께 제사를 드리는 것을 우상 숭배를 하는 것이라고 생각하여 불참하거나 하여 가족 간에 불화가 생기는 일이 많이 발생하고 있다. 그런데 이러한 고통들이 변화를 거부하는 율법적인 가르침으로 인하여 발생하고 있는 것은 아닌지 다시 점검해 보아야 한다.

> 고전10:23-24 모든 것이 가하나 모든 것이 유익한 것이 아니요 모든 것이 가하나 모든 것이 덕을 세우는 것이 아니니 누구든지 자기의 유익을 구치 말고 남의 유익을 구하라

사도 바울은 고린도 지역에서 신전에 바쳐진 고기(음식)에 대하여 자기와 타인의 양심을 상하게 할 수 있는 상황을 방지하기 위해서 그 고기(제물)를 먹는 것을 금하였던 것이다. 위에서 언급한 바와 같이 그리스도인이 부모님께 제사를 드리는 것은 당시의 이방인이 우상을 숭배하는 차원과는 근본적으로 다른 일이므로 일방적으로 금할 것이 아니라 그리스

도인이 가진 자유 안에서 스스로 처신을 할 수 있는 분별력을 높여 주는 것이 더 중요한 일이다.

만약, 세상을 떠나신 부모님을 향하여 절을 하는 것에 대해서 이를 불법과 전혀 상관없다고 하는 영적인 지식을 소유한 자라면 신앙적으로 전혀 문제될 것이 없다. 그러나 절을 하는 것이 우상 숭배라고 하는 관념이 있는 자라면 그의 믿음을 위하여 마땅히 제사를 드리는 행위를 제한하는 것이 옳을 것이다. 물론 제사를 드림으로써 복을 받게 된다고 하는 관념을 가진다면 이는 불법에 속한 행위가 되겠지만 그와 반대로 불법적인 개념에 갇혀서 자유롭지 못한 영혼이 되는 것도 역시 죄에 속한 일임을 알아야 한다.

08
하나님 앞에서의 고백

진리가 아닌 불법을 소유(연합)한 자는 사망에 속한 죄인인데 그 불법을 깨끗하게 씻어야만 결박으로부터 벗어나 완전히 해방이 되는 것이다. 그러나 죄와 사망의 법은 인간의 영에 결합이 되어 한 영이 되었기에 세상 사람들은 자기 속에 있는 죄의 정체를 발견하지 못하고 있다.

1) 자기의 죄를 인식하는 단계

여기서 '죄'는 누구나 알고 있는 겉으로 보이는 악의 개념을 말하는 것이 아니라 인간의 영이 불법(거짓의 영)과 연합한 죄를 가리킨다. 그러나 그러한 개념은 오직 성경을 통하여 그리스도의 율법(여자)을 발견해야만 비로소 진짜 '죄의 정체'가 무엇인지 알 수 있게 된다.

롬7:7 그런즉 우리가 무슨 말 하리요 율법이 죄냐 그럴 수 없느니라 율법으로 말미암지 않고는 내가 죄를 알지 못하였으니 곧 율법이 탐내지 말라 하지 아니하였더면 내가 탐심을 알지 못하였으리라

만일 어떤 사람이 그리스도의 율법을 발견하게 되면 겉으로 보이는 죄보다도 인간의 영 안에 깊이 박혀 있는 선악과라고 하는 불법의 실체를 발견하게 된다. 그리고 자기의 영이 영의 율법을 위반하여 영적 간음, 영적 음행, 영적 거짓말, 영적 도둑질 등의 죄를 범하고 있는 죄인임을 고백할 수밖에 없다롬7:18.

고후3:6 저가 또 우리로 새 언약의 일군 되기에 만족케 하셨으니 의문으로 하지 아니하고 오직 영으로 함이니 의문은 죽이는 것이요 영은 살리는 것임이니라

여기서 '의문(율법 조문)'이란 바리새인들이 알고 있던 교훈만을 말하고 있는 것이 아니라 이 세상에 존재하는 보이는 선악의 교훈을 포함하여 타락한 양심까지도 율법 조문에 속한 것들이다. 그 율법 조문은 거짓의 영이기에 하나님의 말씀을 육체와 땅의 교훈으로 바꾸고 또 그것으로 인하여 사망에 처해지게 되는 것이다. 그러나 그리스도의 율법은 예수 그리스도를 통하여 주시는 하나님의 의를 얻게 하여 그로 하여금 살게 하신다.

2) 완전한 율법을 완성하신 예수 그리스도

마5:17 내가 율법이나 선지자나 폐하러 온 줄로 생각지 말라 폐하러 온 것이 아니요 완전케 하려 함이로라

이 말씀에서 율법이나 선지자를 통하여 주셨던 말씀은 영과 진리의 율법으로써 말씀하신 것이다. 그러므로 육체로 오신 예수께서는 하나님의 율법에 온전히 순종하셔서 완성하셨으므로 믿음으로 예수 그리스도 안에 들어가게 되면 그리스도인들은 완전한 하나님의 의를 소유한 자가 된다.

롬4:7 그 불법을 사하심을 받고 그 죄를 가리우심을 받는 자는 복이 있고

롬4:5 일을 아니할찌라도 경건치 아니한 자를 의롭다 하시는 이를 믿는 자에게는 그의 믿

음을 의로 여기시나니

여기서 말씀하시는 '믿음'이란 하나님을 믿고자 하는 자의 의지적인 신념이나 행위를 믿음이라고 인정하는 것이 아니다. 그리스도께서 완전한 하나님의 의를 성취하여 주신 것에 대하여 영과 진리의 말씀을 듣고 깨달아 자기의 영 안에서 연합이 된 상태를 '믿음'이라고 말하는 것이다. 그러므로 기독교회에 출석한다거나 직분을 받았다든지 율법적인 지식으로 성경을 잘 알고 있다고 해서 믿음이 있다고 말할 수는 없다. 다시 말하면 비록 세상에서 보이는 인간적인 의가 없다고 하더라도 진리의 말씀을 영으로 깨달아 자신의 영 안에 연합되었을 때에 비로소 '믿음'이 있는 자라고 하는 것이다.갈5:19-21.

그래서 예수께서는 "나는 포도나무요 너희는 가지니"요15:5, "가지가 포도나무에 붙어 있지 아니하면 절로 과실을 맺을 수 없음 같이 너희도 내 안에 있지 아니하면 그러하리라"요15:4라고 말씀하신 것이다. 또한, 성경에서 말씀하시는 '과실'은 사람이 노력하거나 절제하여 맺는 인간적인 의나 선이 아닌 것이다. 성령의 '과실(열매)'은 진리의 말씀께 붙어 있으면 겉으로는 보이지 아니하는 가운데 그의 영 안에서 저절로 맺히는 것이다.

3) 인간이 범하고 있는 영적인 죄의 실례(實例)

영적인 살인

요8:44 너희는 너희 아비 마귀에게서 났으니 너희 아비의 욕심을 너희도 행하고자 하느니라 저는 처음부터 살인한 자요 진리가 그 속에 없으므로 진리에 서지 못하고 거짓을 말할 때마다 제 것으로 말하나니 이는 저가 거짓말장이요 거짓의 아비가 되었음이니라

사탄의 가르침인 선악과는 겉으로 볼 때는 아름답게 보이지만 수도 없이 많은 사람은 그것으로 인하여 사망에 처해졌다행7:52.

사탄은 공중(음부)의 권세를 잡고 있고 활개를 치고 있는 악한 영이다. 이 세상에서 불법을 진리라고 믿고 따라간 이 세상은 육체(땅)가 되었기에 저주를 받아야 하지만 하나님께서는 예수 그리스도를 속죄양(어린양)으로 보내셔서 사망의 권세자에게 내어 주셨던 것이다.

그리하여 예수께서는 이 땅에 육체로 오셔서 죄인들을 대신하여 저주를 받으시고 십자

가에서 희생하셔서서 죗값을 치르셨던 것이다. 겉으로 볼 때는 예수께서 바리새인과 율법사, 장로들의 배후에서 로마의 병정들에 의하여 십자가에 못 박히시고 옆구리에 창을 찔린 것같이 보이지만 실제로 예수를 정죄하고 죽인 것은 바로 사탄이다. 그는 에덴동산에서 첫 사람인 아담을 죽였고 사망에 속한 자였던 가인을 통하여 아벨을 죽였으며 세상 죄를 짊어진 어린양을 저주하며 죽인 악한 영인 것이다.

옛 뱀인 사탄은 예수를 배반하게 하고자 유다를 미혹한 간사한 영인데 마지막에는 지옥의 불구덩이에 던져질 사악한 영이다. 그는 세상의 죄를 대신 지신 예수를 골고다로 끌어다가 히죽거리며 큰 못으로 어린양의 손과 발에 잔인한 망치질을 하고 창으로 옆구리를 무자비하게 찔렀다. 예수께서는 십자가에서의 육체(불법)가 되어 버린 세상을 대신하여 저주를 받은 것이며 이에 이 세상의 권세자인 사탄은 자신이 장악한 사망의 권리를 행사한 것이다. 그리고 뱀의 자식들이 되어 버린 사람들은 예수를 향하여 십자가에서 내려와 보라고 소리치고 있었지만 예수께서는 오히려 땅(육체)에 있는 세상의 영혼들을 위하여 기도하셨다사53:10-12.

대부분의 사람들은 예수를 죽인 살인죄가 약 이천 년 전에 이스라엘에서 발생한 역사적인 사건이기에 자기와는 아무런 상관이 없다고 생각하고 있다. 그러나 아담 안에서 한 영이 되어 버린 이 세상은 예수를 십자가에 못 박을 때에 뱀(사탄)과 함께 자신들이 예수를 저주한 것을 모르고 있다. 그 이유는 십자가의 사건은 표면적으로 이스라엘에서 발생한 역사적인 사건이지만 실질적으로 물리적인 세계의 시공을 초월한 영적인 사건이기 때문이다.

사탄은 창세로부터 시작하여 아직 다가오지 않은 미래에 이르기까지 아담 안에서 자기에게 순종한 영혼에 대하여 영적인 사망이라는 죗값을 지속적으로 거두어 가고 있다. 그러나 하나님께서는 자신이 지으신 영혼들을 구원하시기 위하여 예수 그리스도로 하여금 형벌과 저주를 대신 받게 하셨다. 그리고 이렇게 세상을 구원하시기 위해 예수께서 세상의 죄를 지시고 십자가에서 희생하실 것을 구약 시대에서부터 미리 계시해 주고 계셨던 것이다.

창22:6 아브라함이 이에 번제 나무를 취하여 그 아들 이삭에게 지우고 자기는 불과 칼을 손에 들고 두 사람이 동행하더니 이렇게 하나님께서는 물질세계의 시간이나 공간을 초월하여 독생자 예수께서 사탄에게 저주를 받아 죽임을 당하실 것을 창세전부터 이미 아시고 지켜보고 계셨다. 그리고 예수께서는 어린양으로써 자신의 희생과 수고로 얻게 될 세상의 영혼들을 위하여 죽음으로 순종을 하신 것이다 사53:11.

영적인 거짓말

레19:11 너희는 도적질하지 말며 속이지 말며 서로 거짓말하지 말며

여기서 주목을 해야 할 것은 사탄이 아담에게 거짓말을 한 것은 이 세상 삶 속에서 표면적인 거짓말을 하는 것과는 차원이 다른 불의한 영의 죄이다. 좀 더 설명을 하면 사람들이 하는 일반적인 거짓말은 보이는 일상의 개념 안에서 발생하는 것이지만 그 거짓말 자체가 거짓(불법)의 영에 속한 것은 아니다. 그러나 사탄(거짓의 영)이 하는 거짓말은 인간의 영 안에 죄와 사망의 법으로 연합하게 하여 보이는 세상의 선이나 악의 노예가 되게 하고 결국에는 정죄를 받는 자리로 끌고 가고 있다.

거짓 영이 던져 주는 다른 복음

갈1:8-9 그러나 우리나 혹 하늘로부터 온 천사라도 우리가 너희에게 전한 복음 외에 다른 복음을 전하면 저주를 받을찌어다 우리가 전에 말하였거니와 내가 지금 다시 말하노니 만일 누구든지 너희의 받은 것 외에 다른 복음을 전하면 저주를 받을찌어다

바울은 그리스도의 복음(영)을 세상의 율법(육체)으로 변개시키고 그것을 따르게 하려는 가르침에 대하여 '다른 복음'이라고 경고를 하였다. 이는 사람의 영을 자유롭게 하려는 것이 아닌 선악과의 율법으로 돌아가게 하려는 거짓 영의 교훈이다. 바울은 말하기를 다른 복음을 전하는 자가 있다면 그는 사탄에게 속한 자요, 저주를 받게 될 것이라고 엄중하게 경고하였다.

구약 시대의 이스라엘 백성들은 물질적으로 풍요롭게 해 주겠다고 하는 바알신과 아세라신이 더 하나님같이 보였기에 그 우상들을 따라갔던 것이다. 그런데 오늘날에도 바알신의 영을 받은 거짓 목자들은 세상에서 원하는 것들을 하나님께서 만족시켜 주실 것이라고

한다. 이처럼 사탄은 세상으로 하여금 참되신 하나님(영)을 발견하지 못하게 하려고 보이는 세상의 개념으로 이론과 종교적인 체계를 갖추고 하나님처럼 보이도록 포장을 하였다. 그리고 그를 안다 하는 자들에게는 땅의 보화를 나누어 주기도 하기에 단11:39 수많은 사람이 사탄을 따라가고 있다.

이러한 문제들이 이스라엘 백성들에게서 발생하였던 것처럼 오늘날에도 수많은 사람이 입으로는 진리를 좋아한다고 말하지만 실제로는 자신의 귀를 즐겁게 해 주는 교훈을 얻어 먹기 위해서 찾아 헤매고 있다렘5:31. 그러므로 세상의 선에 속한 가르침이나 풍요와 축복을 팔고 있는 그곳은 거짓의 영들이 모인 회칠한 무덤인 것을 반드시 알아야 할 것이다.

영적인 간음 마5:27-32

마5:27 또 간음치 말라 하였다는 것을 너희가 들었으나

이 말씀에서의 간음 사건이 율법에서 밝히고자 하는 일반적인 차원의 간음 사건이라면 이 세상에서 영생에 이를 만한 사람이 과연 한 사람이라도 있을까? 하는 의문이 있다. 왜냐하면 성경에서는 마음으로 음욕을 품어도 이미 간음을 한 것이라고 말씀하셨기 때문이다.

마5:28 나는 너희에게 이르노니 여자를 보고 음욕을 품는 자마다 마음에 이미 간음하였느니라

성경을 살펴보면 거짓의 영(비진리)을 따라간 아담과 하와는 불법을 진리로 받아들여 사탄에게 순종하여 그의 영으로 불법과 연합하여 한 영이 되는 간음을 하게 된 것이다. 그러나 사탄은 이러한 실체를 세상으로 하여금 알지 못하게 감추기 위하여 표면적으로 보이는 남녀 간의 부도덕한 행위가 바로 하나님께서 정죄하시는 간음이라고 받아들이도록 하는 불법 안에 세상을 가두어 놓은 것이다.

사54:5 이는 너를 지으신 자는 네 남편이시라

그러므로 마5:27-32에서의 간음을 이 세상 사람들이 알고 있는 간음으로만 해석을 한다면 성경을 율법적으로만 받아들여야 하고 그 결과로 세상 율법 앞에서 정죄를 받지 않을 사람은 있을 수 없게 될 것이다. 다시 반복하지만 사탄이 인간의 마음속에 심어 놓은 불법은 그 목적이 정죄하기 위한 것으로 본질이 악한 것이다. 그러나 성경에서는 본질적으로 영적 간음에 대한 본질적인 죄를 들추어내고 그것을 조종하고 있는 감추어진 불법의 실체를 밝히고 있다. 반드시 구분을 해야 할 것은 일반적인 윤리, 도덕에 속하는 간음이나 그와 같은 것들은 선악과를 먹은 이 세상이 보이는 개념으로 규정해 놓은 죄이다. 성경에서 말씀하시는 간음이란 그리스도인이 불법과 연합을 하거나 또는 거짓의 교훈이 좋아 보이므로 그것을 따라가는 것을 간음이라고 표현하고 있는 것이다.

불법을 왜 음란의 영이라고 하는가

하나님의 진리와 결혼(연합)을 해야 할 영혼이 불의한 남자(사탄)에게 이끌려 갔으며 그를 따라가서 벌거벗은 음녀가 되었기 때문이다. 그리고 그 거짓의 영이 먹여 주는 것들을 받아먹으면서 그것을 자기의 신랑(진리)이라고 여기고 있는 자들이 바로 간음한 자들이다. 그러므로 그리스도 밖에 있는 자들은 모두가 그들의 영으로 벌거벗고 간음을 한 자들이다. 또한 진리가 아닌 세상의 교훈을 진리인 것처럼 가르치는 자들은 이스라엘 백성들에게 행음하게 하였던 신전 안의 제사장들과 같은 사람들이다. 그들의 입술로는 진리라고 외치고 있지만 뱀이 흙(땅과 육체)을 먹는 것처럼 세상 사람들로 하여금 세상에 속한 불법을 위반한 행위에 대하여 정죄하며 회개를 요구할 뿐이다. 또 그들은 구원을 준다고 소리를 높이며 종교적인 헌신을 강요하지만 그들은 물 없는 구름이며 말라 버린 샘과 같다 유1:12.

영적인 도둑질

말3:8 사람이 어찌 하나님의 것을 도적질하겠느냐 그러나 너희는 나의 것을 도적질하고도 말하기를 우리가 어떻게 주의 것을 도적질 하였나이까 하도다 이는 곧 십일조와 헌물이라

레19:11 너희는 도적질하지 말며 속이지 말며 서로 거짓말하지 말며

세상에서 가장 크고 악한 도둑놈은 역시 사탄인데 그는 하나님의 지으신 영혼을 도둑질하여 자기 집으로 데려가기 때문이다. 이스라엘 백성들은 모형으로 볼 때 진리 안에 들어왔음에도 불구하고 더러운 영에게 미혹이 되어 결국에는 곁길로 가 버렸던 것이다. 그들은 하나님을 모시는 성전 안에 진설병(떡)을 진설하였던 것처럼 자기 영혼의 성전 안에도

순수한 진설병을 진설하여야 했으나 그들은 누룩을 섞은 더러운 떡(불법)을 들여놓았던 것이다사43:23-24.

이는 하나님께서는 백성들에게 진리의 말씀을 주었지만 그들이 맺어야 할 열매는 찾아볼 수가 없고 오히려 사탄에게 철저하게 유린을 당하여 피폐해진 안타까운 현실을 나타내시는 말씀이다. 그들이 이렇게 불행하게 된 원인은 사탄이 그들을 속이고 하나님의 말씀을 자기의 말로 바꾸어 버렸기 때문이다. 사탄은 세상을 속이고 있는데 그 값진 보화를 몰래 훔쳐가거나 빼앗아 버리므로 결과적으로는 아무것도 가진 것이 없는 허무한 영이 되게 만들어 버리는 일을 하고 있다. 이러한 일들은 지금도 보이지 않은 악한 영들이 행하고 있는 일이며 살인, 간음, 도둑질, 거짓 등의 모든 일들은 종류별로 서로 다른 것처럼 보이지만 모두 다 불법이 행하는 일들이다.

| 09 |
술 취함에 대하여 잠23:20

잠23:29-31 재앙이 뉘게 있느뇨 근심이 뉘게 있느뇨 분쟁이 뉘게 있느뇨 … 술에 잠긴 자에게 있고 혼합한 술을 구하러 다니는 자에게 있느니라 포도주는 붉고 잔에서 번쩍이며 순하게 내려가나니 너는 그것을 보지도 말지어다

성경에서는 영혼을 죽이는 불법의 특징을 술이나 술에 취함으로 표현을 하고 있다. 그리고 이러한 불법의 술에 취하지 말고 진리의 영인 성령의 충만을 받으라고 말씀을 하시는 것이다. 위에서의 붉은 포도주는 거짓의 영이 주는 교훈을 상징적으로 표현한 것이다.

합2:15 이웃에게 술을 마시우되 자기의 분노를 더하여 그로 취케 하고 그 하체를 드러내려 하는 자에게 화 있을찐저

술에 취하는 자들이 밤에 취하는 것처럼 거짓 교훈을 자주 받아들이게 되면 어느새 그 영혼에게는 밤이 찾아오게 된다. 술(거짓 교훈)을 먹여 취하게 하고 어두워진 영혼으로 하여금 사망(사탄)을 받아들여 영적인 간음을 하게 한다.

술에 대한 그리스도인들의 자세

일상적인 삶에서 술을 마시게 되면 흥을 돋우거나 유쾌하게 하지만 절제하지 못함으로 인한 많은 문제가 발생하기도 한다. 오늘날 기독교회는 그리스도인들이 술에 대하여 어떤 관념을 가지고 살아야 한다고 가르칠 것인가? 대부분은 그리스도인들이 술을 마시는 것을 경건하지 못한 행실이라고 여기거나 심지어는 부정하다고 여겨 정죄를 하기도 한다. 그러나 엄밀히 말하면 음주로 인해 추하게 보이거나 혹은 경건치 못한 문제가 발생하였더라도 그것은 이 세상에서 존재하는 보이는 선이나 악의 범주에 속한 일이다. 다시 말하면 음주로 인한 여러 가지의 좋지 못한 결과들은 이 세상이 판단할 때에 허물인 것은 분명한 일이다. 그러나 술을 마시는 행위나 그 결과가 세상이 볼 때에 경건해 보이지 않는다고 하더라도 그것이 성경에서 경고하는 불법에 속한 영의 죄(어두움)라고는 볼 수 없다.

오히려 그 반대로 음주에 대하여 죄악시하는 시각을 가진 자는 성경을 율법적인 시각으로 받아들인 자로서 남을 정죄하고자 하는 불법에 사로 잡혀 있는 자임을 드러낸 것이다. 그러므로 술을 마시지 않는 행위가 그리스도께 속한 행실이라고 오판을 해서는 안 될 것이며 또한 술을 마시는 것이 불법의 영에 속한 더러운 행실이라고 정죄를 해서도 안 되는 것이다.

사실 술을 마시거나 또는 마시지 않는 문제는 개인적인 건강의 문제이다. 그리고 음주하는 사람이 타인에게 해를 끼치지 않기 위하여 절제를 해야 할 책임은 누구에게나 있을 뿐이다. 술을 마시는 것이 죄가 된다고 하는 사상에 붙잡혀서 외식을 하는 것이 오히려 불법(세상의 율법)의 영에 속하여 죄가 되는 것임을 알아야 한다.

이와 같은 판단은 단지 마시는 술에 관하여만 국한된 것이 아니라 모든 생활에서 적용

해야 하는 것이다.

> 갈5:21 투기와 술 취함과 방탕함과 또 그와 같은 것들이라 전에 너희에게 경계한 것같이 경계하노니 이런 일을 하는 자들은 하나님의 나라를 유업으로 받지 못할 것이요

만약에 이 말씀을 문자적으로 받아들여야 한다면 그리스도인들은 천국에 들어가기 위하여 음주를 하지 말아야 하며 그뿐만 아니라 그리스도인들은 율법을 반드시 지켜야만 구원을 받게 되는 결과가 될 것이다. 그러나 영이신 하나님의 말씀은 불법(비진리)에 취하여 영적인 수치를 드러내는 자들에게 경고하기 위하여 술에 취하여 방탕한 자의 상태로 표현을 하신 것이다.

성경에서 말씀하시는 술에 취한 자에 대한 표현이 실제적으로 술을 마신 까닭에 얼굴이 빨개지고 걸음이 비틀거리는 사람이라고 생각하는 것은 성경을 육체의 개념으로 이해하고 있기 때문이다. 그러나 불법의 영(술)에 취한 자들은 보이는 율법에 충실하므로 자기 스스로 보기에도 거룩해 보이며 경건한 사람으로 보이겠지만 그들의 영은 불법에 취하여 비틀거리며 눈알은 빨개져 있음을 모르고 있는 것이다. 그들은 실제 술을 마시는 자들에 대해 정죄하는 것을 당연시하며 자기들만이 세상에 남겨진 최후의 의인인 것처럼 착각을 하고 살아간다.

이처럼 불법의 술에 취한 자는 바리새인들이 그러하였던 것처럼 영적인 분별력이 없기에 진리에 대하여 전혀 알아보지 못한다. 그리고 뱀은 그 불법의 술에 취한 자의 영혼을 둘둘 휘감아 데리고 음부로 내려가게 된다. 그러므로 그리스도를 믿는 자들이 육신의 삶에서 술을 마시는 것에 대하여 정죄를 하거나 마시지 않는 것에 대하여 하나님의 의라고 판단을 해서는 안 된다. 사도 바울이 말한 것같이 그리스도 안에서 자유를 가진 자는 어떤 것에 대하여 선하거나 악하다고 여겨서 그것에 얽매일 필요가 없다. 믿음 안에서는 무엇을 먹거나 먹지 않은 행위가 그 자신을 거룩하게 하는 것이 아님을 알아야 한다. 다만 그리스도인들은 그가 가진 자유를 덕을 세우는 데에 사용할 책임이 있을 뿐이다.

그리스도인들이 올바르게 알아야 할 일

> 창9:21 포도주를 마시고 취하여 그 장막 안에서 벌거벗은지라

술에 취한 노아는 장막 안에서 벌거벗은 채 잠이 들게 되었는데, 아들 함이 그의 벌거 벗은 하체를 보고는 장막 밖으로 나간 뒤 아비의 수치를 형제들에게 알렸다. 그러자 함의 이야기를 들은 셈과 야벳은 뒷걸음질로 장막에 들어가 가져간 옷으로 아비의 수치를 덮어 주었다. 그리고 모든 것을 알게 된 노아는 함에게는 저주를, 셈과 야벳에게는 축복을 내리게 된다 창9:20-27.

이 부분에서 주목해야 할 것은 구약 성경에서의 장막은 성전의 모형인데 노아가 장막 안에 있었다고 하는 것은 예수 그리스도의 진리 안에 있었음을 나타내고 있다. 노아는 취하여 벌거벗은 수치가 있었지만 그는 예수 그리스도를 상징하는 장막 안에 있었으므로 그 수치가 가려지는 것을 의미하고 있다.

그런데 노아의 아들 함은 그 아비의 하체를 보고 장막 밖에 나가서 아비의 수치를 형제들에게 알린 반면, 셈과 야벳은 아비의 수치를 보지 않으려고 뒷걸음질하여 들어가서 덮어주고 장막에서 나왔던 것이다. 이는 노아가 장막 안에 있을 때에 벌거벗은 것을 율법(육체)의 눈으로 판단하고 장막 밖에서 정죄하였던 함은 저주를 받게 된 것 창9:25이고 진리(영)의 눈으로 부친의 수치를 보지 않은 셈과 야벳은 복을 받게 된 것이다. 그러므로 이 사건을 보이는 세상의 율법적인 시각으로 해석을 하여 인간적인 효도를 한 것에 대한 말씀이라고 주장을 해서는 안 된다.

위에서 언급한 바와 같이 성경에서 말하는 '장막'은 성전을 지칭하기도 하고 궁극적으로는 하나님 안에 있는 것을 의미하기도 한다. 그러므로 노아가 장막 안에 있었다고 하는 의미는 신약적으로 볼 때는 예수 그리스도의 약속과 언약 안에 머물고 있었다는 말씀이다. 이렇듯 성경에서는 술 취함과 벌거벗은 노아의 허물을 그대로 보여 주고 있으면서도 노아에 대하여 정죄를 하지 않고 있다. 이것이 바로 성경에서 세상을 향하여 말씀하고자 하는 핵심인 것이다. 하나님께서는 정죄를 하시려고 오신 것이 아니라 세상으로 하여금 영을 깨달아 하나님을 알게 하고 죄로부터 살리게 하시려고 하는 것이다. 비록 노아가 술에 취하여 벌거벗었다고 하더라도(옛 구습) 예수 그리스도를 상징하는 장막(예수 그리스도) 안에서는 정죄를 받지 아니함을 보여 준 것이다.

> 고전10:23 모든 것이 가하나 모든 것이 유익한 것이 아니요 모든 것이 가하나 모든 것이 덕을 세우는 것이 아니니

위에서는 성경에서 술을 마신다고 하는 것의 영적인 의미가 무엇인지를 명확하게 이해하는 것을 돕기 위하여 노아의 사건을 통하여 설명을 한 것이다. 그렇다면 이제 다시 오늘날 기독교인들이 일상에서 술을 마신다고 하는 것에 대하여 함께 고민해 보고자 한다. 개인의 건강을 위하여 절제하거나 타인에게 덕을 끼치기 위하여 금주를 할 수도 있겠지만 그렇다고 하더라도 이런 행위는 모두 다 진리에 속한 선이나 악이 아니다.

한마디로 단언을 하자면 인간의 경건은 아무리 아름답게 보이더라도 예수 그리스도께서 완성하신 하나님의 의와는 아무런 상관이 없는 것이다. 그러므로 오늘날 그리스도인들이 술을 마시는 것에 대하여 정죄를 하는 것은 그 자신들이 심각한 죄에 빠진 상태이며 술을 남몰래 마시면서 정죄감을 가지고 있는 그리스도인들도 역시 불법으로 시달림을 받고 있음으로 죄에 속한 상태인 것이다. 그리고 이러한 상태를 방치해 두고 영적인 자유를 제시해 주지 못하는 기독교회도 역시 교인들로 하여금 불법의 죄에 동참시키는 죄를 범하고 있는 상태임을 알아야 한다.

> 고전10:29 어찌하여 내 자유가 남의 양심으로 말미암아 판단을 받으리요

그러므로 진리의 말씀을 소유하여 자유를 소유한 그리스도인들은 자신이 소유한 영적인 자유에 대하여 향유하고 누릴 권리가 있음을 분명히 알고 먼저 불법에 속한 시선과 정죄에 대하여 관계하지 아니하는 영적인 여유를 가져야 한다. 사도 바울은 타인이 불법의 시선으로 자신을 바라보고 평가하거나 판단하는 것에 대하여 신경을 쓰지 않겠다는 선언을 하고 있는 것이다.

10
영과 진리로 드리는 예배 1

> **요4:23-24** 아버지께 참으로 예배하는 자들은 신령과 진정으로 예배할 때가 오나니 곧 이때라 아버지께서는 이렇게 자기에게 예배하는 자들을 찾으시느니라 하나님은 영이시니 예배하는 자가 신령과 진정으로 예배할찌니라

사람들은 예배에 대하여 생각하기를 절기와 날짜를 지키며 마치 영적인 것같이 보이는 분위기와 예전 속에서 웅장한 악기를 통한 연주와 함께 드리는 찬양 그리고 정성 어린 헌금을 드리며 교회 내의 봉사 활동을 하는 것을 하나님께서 받으시는 참된 예배라고 믿고 있다.

과거에 필자는 믿음이 성숙해지기 위해서는 교인들로 하여금 열심히 예배에 참석하도록 하는 것이 믿음을 성숙시키는 방법이라고 여겼었다. 그래서 교인들로 하여금 공예배는 물론이고 새벽기도에도 참석하도록 독려하기 위해 출석을 확인하기도 하였고, 예배를 드리는 의식과 절차를 매우 철저하게 준비를 하곤 했었다. 그러나 그 시절을 뒤돌아볼 때 그러한 인간적인 열심들이 영과 진리와는 아무런 상관이 없다는 사실을 세월이 흐르는 동안 많은 실패를 겪은 다음에야 비로소 알게 되었다.

그러나 형식을 가진 예전이 목적이 되어야 하는 것이 아니라 진리의 말씀을 영으로 들여다보고 그의 영으로 내적인 교통을 하게 되는 것이 곧 참된 예배인 것이다. 그리스도인들이 함께 모이는 것은 마땅한 일이지만 구약 성경에서 밝히신 것처럼 영과 진리를 알지 못한 상태라면 소 떼와 양 떼를 끌고 나아가더라도 아무런 의미가 없게 된다. 영적인 제사의 완성은 죄인이 그리스도 안에서 옛사람(불법)이 죽고 하나님의 의를 소유하여 새 영(진리)을 가진 하나님의 자녀가 되는 것이다. 그리고 이렇게 영(하나님의 의)을 소유한 자들의 모임인 공동체 안에서의 감사, 교제, 나눔, 누림이 있는 것을 예전(禮典)적인 예배라고 할 수 있는 것이다.

1) 예배에 대한 그릇된 인식

많은 사람들은 믿음을 성숙시키기 위해서는 인간이 하나님을 신뢰하고 의지적인 행위들을 하여야 한다고 믿고 있다. 그리고 이런 것에 대하여 부추기는 설교를 하는 이들은 기도, 헌금, 봉사, 헌신, 구제 등의 행위를 하나님께 드려야만 한다고 가르치고 있다. 그러나 그러한 가르침을 받아 아무리 충성된 모습을 보인다고 하더라도 그 영혼이 영과 진리를 깨닫지 못한다면 그것은 영(믿음)을 가진 상태가 아닌 것이다.

사탄은 이미 믿음에 대하여 거짓 가르침으로 도색을 해 놓았는데 그것은 하나님께 대하여 의지적인 행위가 수반이 된 신뢰가 곧 믿음이라고 인식을 하도록 속인 것이다. 그리고 사탄은 이러한 거짓의 영(교훈)을 확고히 하기 위하여 "행함이 없는 믿음은 죽은 것이니라" 약2:26라고 하신 성경 말씀까지 이용하여 인간적인 행위의 세금(사람의 의)을 갈취하고 있는 것이다.

또한 흉악한 사탄은 그 행위적인 열심을 드리는 자에게는 그들이 믿고 있는 대로 물질적인 보상을 안겨 주기도 하여 그것을 하나님이 주셨다고 즐거워하도록 속인다. 이는 그들로 하여금 더 많은 인간적인 행위를 하게 하여 스스로 하나님께 대하여 충성된 믿음을 가진 자인 것처럼 확신을 갖도록 하기 위한 사탄의 계략이다.

그러나 사람의 의에 기초한 물질이나 사람들의 선행, 봉사는 땅에서 난 것이므로 진리이신 하나님께서는 티끌 하나라도 열납하실 수 없으시다. 하나님께서는 세상으로부터 무언가를 받으시려고 하지 않으시며 오히려 그분 안에 있는 것을 주셔서 그것을 누리게 하려고 우리를 찾아오시는 것이다. 그러므로 우리가 하나님께 무언가를 드려야만 하나님께서 나를 인정하실 것이라는 고정된 강박관념에서 하루빨리 벗어나야만 한다. 진정한 예배는 생명의 영이신 하나님을 찾아가는 점진적인 성숙의 과정이며 진리를 깨달아 그의 영으로 연합이 되는 것이다.

2) 변하지 않은 불법의 모습

말라기서에 보면 이스라엘 백성들은 사탄이 가르치는 대로 풍요의 신을 참된 신이라고 열정적으로 믿고 따라갔는데 그 이유는 세상에 속한 물질의 풍요로움을 바라며 또 그것들을 얻기 위해서였다. 정확히 이 세상에 속한 물질의 풍요로움에 대한 갈망과 열망 때문이었다. 그리고 그 모습을 보신 하나님께서는 선지자를 통하여 어리석은 이스라엘 백성들에게 책망을 하시자 그들의 입에서는 다음과 같은 불평이 나온다.

말1:6 내 이름을 멸시하는 제사장들아 … 너희는 이르기를 우리가 어떻게 주의 이름을 멸시하였나이까 하는도다

아마도 오늘날의 기독교인들의 행태에서도 동일한 탄식이 나올 것이다. 예를 들자면 나름대로는 열심히 교회와 주의 일이라고 여기는 일들에 충성을 하였지만 보이는 세상의 축복이 자기에게 주어지지 않게 되거나 오히려 고난과 질병이 찾아들게 되면 하나님을 향하여 원망을 하게 된다. 그렇게 되면 소위 그들이 가지고 있는 믿음이라는 것은 약화가 될 것이고 하나님이라는 존재에 대하여 점점 염증을 느끼게 되게 된다. 이러한 인간의 본성을 사탄은 너무나 잘 알고 있기에 그 약점을 이용하여 물질적인 미끼를 때에 따라서 적당하게 주기도 하지만 때로는 빼앗아 가 버리기도 하여 아예 하나님이라는 존재에 대하여 절망을 하게 만들어 버린다.

욥1:11 이제 주의 손을 펴서 그의 모든 소유물을 치소서 그리하시면 정녕 대면하여 주를 욕하리이다 여호와께서 사단에게 이르시되 내가 그의 소유물을 다 네 손에 붙이노라 오직 그의 몸에는 손을 대지 말지니라 사단이 곧 여호와 앞에서 물러가니라

어떤 교인들은 구약 시대에 이스라엘 백성들이 그러하였던 것처럼 "우리같이 열심으로 하나님께 충성을 하는 사람들이 또 어디 있겠느냐"라고 말하며 자신만큼은 하나님이 인정하시는 아브라함의 자녀라고 확신을 할 것이다. 그러나 어떻게 하여야 그들이 흉악한 이리가 노리고 있는 길목에 들어서 있음을 알게 할 수가 있을까?

3) 살리는 것은 영

요4:24 하나님은 영이시니 예배하는 자가 신령과 진정으로 예배할찌니라

요6:63 살리는 것은 영이니 육은 무익하니라 내가 너희에게 이른 말이 영이요 생명이라

일반적으로는 진심 어린 기도나 헌신 그리고 신령한 것 같은 말과 행위를 영적인 것이라고 이해하기도 한다. 그러나 그러한 것들이 영으로서의 그리스도의 의를 소유하지 못한 상태의 행위라면 전부 육체에 속하여 악하고 더러운 것들이다.

성경에서는 영에 속한 진리의 말씀을 받은 사람을 하나님의 영이 있는 사람이라고 말하고 있다요10:35. 만약 성경 말씀을 이 세상의 선악을 알게 하는 율법의 개념으로 받았다면 그 영혼은 여전히 불법인 '육'과 연합하여 육체(땅)에 속한 자이다. 물론 그 당사자는 자기 자신이 하나님을 믿는 영의 사람이라고 착각을 하고 살아가겠지만 그가 알고 있는 교훈들은 모두 사탄에게서 나온 거짓인 것이다.

예배의 사전적인 의미는 하나님께 허리를 숙여 경배하여 순종하는 것이지만 말씀(진리의 영)에 순종하여 연합이 된 영혼이 진리 안에서 교통하는 것이 바로 영과 진리로 드리는 진정한 예배이다. 그러나 이스라엘 백성들이 불순종하였던 것처럼 오늘날에도 각종 종교의 옷을 입고 나타난 사탄의 교훈을 따라가면서 자신들은 하나님을 믿고 있으므로 영생을 얻었다고 믿고 있는 어리석은 영혼들이 더 많은 현실이다.

렘7:9-10 너희가 도적질하며 살인하며 간음하며 거짓맹세하며 바알에게 분향하며 너희의 알지 못하는 다른 신들을 좇으면서 내 이름으로 일컬음을 받는 이 집에 들어와서 내 앞에 서서 말하기를 우리가 구원을 얻었나이다 하느냐 이는 이 모든 가증한 일을 행하려 함이로다

4) 새 영을 받아야 할 세상

렘14:16 그들의 예언을 받은 백성은 기근과 칼로 인하여 예루살렘 거리에 던짐을 입을 것인즉 그들을 장사할 자가 없을 것이요 그 아내와 그 아들과 그 딸도 그렇게 되리니 이는 내가 그들의 악을 그 위에 부음이니라

이스라엘 백성들은 기근과 칼로 예루살렘 거리에 던짐을 당할 것이라는 하나님으로부터 경고와 저주를 받게 되었는데 무엇 때문에 이러한 무서운 저주를 받게 되었을까? 그 이유는 이스라엘 백성들이 자기들의 영으로 도적질, 살인, 간음, 거짓 맹세를 하였을 뿐 아니

라 그리고 바알신에게 분향렘7:9하였고 그들의 마음(영)에 숨어 있는 불법에 대하여 할례를 받지 못하였기 때문이다렘9:26. 여기서 할례라는 의미는 신약 성경에서 말하는 세례와 같이 죄(불법)에 대하여 죽는 것을 의미한다.

민11:4-5 이스라엘 중에 섞여 사는 무리가 탐욕을 품으매 이스라엘 자손도 다시 울며 가로되 누가 우리에게 고기를 주어 먹게 할꼬 우리가 애굽에 있을 때에는 값 없이 생선과 외와 수박과 부추와 파와 마늘들을 먹은 것이 생각나거늘

애굽에서 모세를 따라 가나안을 향하는 백성들 중에는 이스라엘 백성들이 아닌 무리가 섞여 있었는데 처음에는 영향력을 미치지 못하였지만 나중에는 원망과 불평으로 이스라엘 백성들에게 전염이 되게 하였다. 결국 이스라엘 백성들은 애굽(땅)에서 바로가 주던 고기와 생선, 오이, 부추와 파, 마늘을 광야에서 하나님이 하늘로부터 내려 주신 만나보다도 더 좋아하게 되었다. 이러한 현상은 오늘날에도 전혀 다를 바가 없는데 많은 사람들은 자기가 듣기에 좋은 설교(세상에 속한 풍요의 교훈)를 은혜로운 하나님의 말씀이라고 여기며 여기저기 찾아다니고 있다.

사43:8 눈이 있어도 소경이요 귀가 있어도 귀머거리인 백성을 이끌어 내라

그러나 하나님께서는 그 타락한 이스라엘을 버리지 않으셨고 이사야 선지자를 통하여 그들을 다시 불러내시며 회복하기를 원하셨다. 또한 하나님께서는 진리의 영을 보내어 눈 먼 자의 눈을 밝혀 주시겠다고 말씀을 하신 것이다사42:6-7.

사49:15 여인이 어찌 그 젖먹는 자식을 잊겠으며 자기 태에서 난 아들을 긍휼히 여기지 않겠느냐 그들은 혹시 잊을찌라도 나는 너를 잊지 아니할 것이라

사32:15 필경은 위에서부터 성신을 우리에게 부어주시리니 광야가 아름다운 밭이 되며 아름다운 밭을 삼림으로 여기게 되리라

그러므로 새 영을 받게 될 사람들은 마치 양이 목자의 음성을 아는 것같이 영이신 말씀을 깨닫고 하나님께 돌아가게 되는 역사가 일어나게 될 것이다. 하나님께서는 잃어버린 양 떼들을 다시 찾기 위하여 산과 들을 찾아 헤매는 목자와 같이 돌아와야 할 영혼들의 이름을 부르며 찾으시고 계신다.

11
요셉의 삶에 보여진 영과 진리

창50:20 당신들은 나를 해하려 하였으나 하나님은 그것을 선으로 바꾸사 오늘과 같이 만민의 생명을 구원하게 하시려 하셨나니

영과 진리를 소유한 사람에게는 하나님의 인도와 역사하심이 함께 하시기도 하지만 악한 영도 그 소유한 진리를 빼앗기 위해 모든 삶에 걸쳐서 동시에 역사하고 있다.

성경 말씀을 통하여 주목해야 하는 것은 하나님께서 예수 그리스도를 통하여 이루실 일을 성취하시기 위하여 어떻게 역사하시는지 살펴보아야 한다. 오늘날에 진리를 소유한 그리스도인들에게도 동일하게 적용되는 하나님의 섭리가 숨어 있기 때문이다.

1) 영을 소유한 자에 대한 사탄의 계략 창37:18-20

창37:5-9에 보면 요셉이 하나님께서 꾸게 하신 꿈을 두 차례 꾸었는데 첫 번째 꿈은 열한 형제들의 곡식 단이 요셉의 단을 둘러서서 절하는 것이었고 두 번째 꿈은 해와 달과 열한 개의 별이 요셉에게 절을 하는 것이었다. 이러한 성경의 내용은 이 세상에서 하나님의 자녀를 번성하게 하기 위하여 예수 그리스도를 통하여 행하시는 숨겨진 사역과 결과적으로 우리의 형제가 되어 주신 예수 그리스도께 열한 지파가 영광을 돌리게 되는 것을 모형적으로 보여 주시고자 하는 말씀이다.

악한 영인 사탄은 요셉을 향한 하나님의 계획이 있음을 알았기에 요셉의 형들의 마음속에 시기하는 마음창37:11을 넣었으며 그 마음을 이용하여 요셉을 죽이고자 하는 기회를 엿보고 있었다. 사탄은 그 형들의 입을 빌려 "그 꿈이 어떻게 되는 것을 우리가 볼 것이니라"창37:20라고 말하였는데 이는 하나님께서 요셉(그리스도의 모형)을 통하여 하시고자 하시는 일이 성취되지 못하도록 훼방을 놓고 또 그 일을 통하여 요셉을 죽여서 구덩이에 던져 버리려는 속셈이었다. 이는 이 땅에 인간의 몸을 입고 오실 예수님께서 악한 영에 의하여 십자가에 못 박혀 죽임을 당하시고 음부에 내버려 지시기까지의 수난을 나타내고 있다.

　요셉이 꿈을 꾸는 자이며 그가 세상의 눈으로 볼 때에 비록 작은 자로 보일지라도 사탄의 눈에는 절대로 보잘것없는 작은 자가 아닌 것이다. 진리 안에서 하나님의 의와 영적 생명을 가진 자는 예수님과 같은 존재이기에 악한 영인 사탄의 시야에서 숨어 있을 수가 없다. 사탄은 그 꿈꾸는 자의 영적인 숨통을 끊어 버리고자 하여 그의 평생 동안 따라 다닌다는 사실을 인지해야 할 것이다. 이 세상 주관자인 사탄은 꿈을 꾸는 자의 생명을 죽이기 위하여 그 어떤 방법도 모두 다 사용을 할 수가 있다. 왜냐하면 이 세상에 속한 것이 모두 다 그의 권세 아래 장악이 되었기 때문이다.

　이렇게 형제들에 의해 죽음의 위기에 처해졌지만 르우벤이 다른 형제들에게 말하기를 요셉을 해치지 말고 구덩이에 던지기만 하자고 제안을 하여 결국 '물이 없는 구덩이'에 던져지게 되었다. 그리고 유다가 말하기를 "우리가 우리 동생을 죽이고 그의 피를 은닉한들 무엇이 유익할까"라고 말하였고 결국 요셉은 그곳을 지나가던 미디안 상인들에게 은 이십 개에 노예로 팔리고 그들은 요셉을 애굽으로 데리고 갔다. 이렇게 요셉은 타국에 노예로 팔려가 생사를 알 수 없는 상황에 처해졌으며 채색옷을 입고 아비인 야곱에게 사랑을 받던 시절에 꾸었던 꿈들이 실현이 될 가능성은 없어진 것이다.

2) 멈추지 않은 영(진리)에 대한 육체(불법)의 공격

　요셉은 애굽 왕 바로의 신하 보디발의 집으로 팔려가게 되었고 그 집의 가정 총무가 되어 일을 하고 있었다. 그런데 사탄은 이렇게 불쌍한 처지가 된 요셉을 죽이는 것에 대해 결코 포기를 하지 않고 보디발의 아내를 통하여 요셉으로 하여금 범죄하게 하여 요셉 안에 있는 꿈(진리)을 빼앗아 버리려고 하였다.창39:7-13.

　구약 성경에서 간음의 영적인 의미는 신약적으로 해석을 하면 그리스도의 율법을 범하고 불법에 속하게 되는 것을 의미한다. 이와 같이 집요한 사탄은 요셉을 꺾어 버리고자 세상에 속한 자기의 것으로 유혹하였으나 요셉은 말씀에만 순종을 하여 하나님의 말씀(신약적으로 그리스도의 율법)께 범죄를 하지 않았다. 이는 마치 사탄이 세상을 구원하기 위하여 이 땅에 오신 예수를 꺾어 버리고자 하여 시험을 하였던 것과 동일한 사건이다. 거짓의 영인 사탄은 보디발의 '여자(불법인 음녀)'를 통하여 요셉을 모함하게 하였고 요셉을 왕의 죄수를 가두는 곳인 감옥에 가두어 버렸다.

위에서 보인 바와 같이 진리를 소유한 자에 대한 사탄의 공격은 잠시 건드려 보는 정도가 아니라 아예 생명(진리의 영과 말씀)을 빼앗고 죽이고자 하여 악한 영들을 내보내어 뒤쫓는 것을 포기하지 않는다. 이렇게 사탄이 요셉을 끝까지 죽이고자 한 이유는 요셉을 통하여 일하시는 하나님의 계획을 너무 잘 알고 있었기 때문이다. 그 때문에 사탄에게는 요셉이 결코 별 볼 일이 없이 작아 보이는 소년 노예로 보인 것이 아니였던 것이다. 비록 겉으로는 세상 사람들에게 하찮게 보이는 사람이라도 그가 만약 하나님의 진리를 소유한 자일 경우 그 사람을 절대 그냥 내버려 두지 않고 평생을 괴롭힐 것이다. 왜냐하면 결국에는 하나님의 영(의)을 가진 그들이 바로 예수 그리스도 안에서 자기의 머리를 상하게 할 무서운 존재들이기 때문이다.[창3:15].

3) 우연이 없는 그리스도인의 삶

요셉은 감옥에 갇혀 오랜 기간 억울하게 옥살이를 하다가 마침내 자기의 무죄를 밝힐 수 있는 절호의 기회를 만나게 되었다[창40:1-15]. 당시 바로 왕의 술을 맡은 관원장과 떡을 굽는 관원장이 죄를 범하여 옥에 가두어졌는데 그곳이 바로 요셉이 갇힌 감옥이었다. 두 사람의 관원장과 함께 지내게 된 요셉은 각각 그들이 꾼 꿈을 해석하여 주게 되었고, 후일에 요셉의 해몽대로 떡을 굽는 관원장은 목이 달아나고 술을 맡은 관원장은 석방되었다[창40:21-22].

그리고 술을 맡은 관원장은 출옥하게 되면 요셉의 억울함을 세상에 알리기로 약속을 했었지만, 그러나 그가 출옥 후에는 요셉의 도움과 부탁을 새까맣게 잊어버린 사건을 성경에는 기록되어 있다[창40:23]. 어쩌면 이런 일들이 우연한 것으로 보이지만 절대로 우연한 일이 아니다. 바꾸어 말하면 요셉이 석방이 되도록 하는 것을 사탄이 그냥 지켜보고만 있지 않는다는 것이다.

이처럼 인생사에는 대부분의 사람들이 자기 스스로 모든 것을 행하는 것처럼 보이지만 실상은 어떤 영들에게 이끌림을 받아 조정을 당하여 살고 있는 실정이다. 겉으로 볼 때 술을 맡은 관원장이 우연히 요셉을 잊어버린 것으로 보이지만 자세히 들여다보면 전혀 그렇지 않다. 요셉을 억울한 죄명으로 옭아매어 감옥으로 들여보낸 자는 보디발의 아내가 아니라 그 배후에 있는 영인 사탄이다. 이 사악한 영이 바로 그러한 일이 발생하도록 배후에서 역사를 한 결과이다. 진리를 소유한 요셉이 하나님께 쓰일 것을 잘 알고 있는 사탄이 그를 죽이려고 역사한 것이다. 그러므로 진리를 소유한 그리스도인에게는 어떤 일이든지 우연히 발생하는 일이 없다. 참 그리스도인들이 이 세상에서의 항해가 순조로울 수 없는 이유는 사탄이 모든 일에 방해를 하고 있기 때문이다.

성경에 자세한 기록은 없지만 술을 맡은 관원장이 자기를 잊었을 때 요셉이 얼마나 상심했겠는가를 가히 짐작해 볼 수 있다. '왜 하나님께서는 나를 이런 곳에 있게 하시는 것인가?', '대체 나에게 있어서 하나님께서는 무엇을 하려고 하시는 것일까?' 하는 회의와 의심이 요셉을 짓누를 수도 있었을 것이다. 이는 요셉뿐만 아니라 누구든지 이런 상황에 처해진다면 하나님을 원망하거나 혹은 믿음을 빼앗길 수 있는 위험한 상태가 될 수 있을 것이다. 그러면 사탄은 다가와서 "하나님은 너를 사랑하지 않으며 너를 돕지 않는다"라며 속삭일 것이다.

4) 승리의 때를 기다리는 지혜

요셉은 하나님의 작정하신 때가 되어야만 감옥에서 나올 수 있었던 것처럼 사탄이 아무리 방해를 하여도 하나님의 섭리가 성취되는 순간은 따로 있다. 그리고 진리를 소유한 사람들은 겉으로 보면 자기의 인생을 사는 것처럼 보이지만 그리스도와 함께 진리를 성취시키는 사역에 쓰임을 받기 위하여 구별이 되어 있는 것이다. 그러므로 그리스도인들은 하나님께서 계획하신 섭리들이 하나님께서 작정하신 때에 성취가 될 것을 믿고 기다리는 삶을 살아야 한다. 아울러 진리의 영을 받은 이들은 대적하는 영들의 활동을 분별할 수 있는 날카로운 매의 눈을 가져야만 한다.

우리는 요셉이 그 긴 세월동안 어떤 힘을 의지하여 견디어 내었는지를 들여다보아야 한다. 그것은 하나님의 진리를 소유한 자는 하나님의 뜻을 이루게 되는 날까지 진리 안에서 함께 동행하신다는 사실을 믿기 때문이다.

그 결과 하나님께서는 요셉으로 하여금 애굽의 총리가 되게 하여 이스라엘을 번성케 하는 데 쓰임을 받게 하셨다. 위에서 보인 바와 같이 세상을 구원하는 일을 훼방하고자 사탄이 온갖 궤계를 부리고 있지만 하나님께서는 오히려 그러한 일들까지도 사용하셔서 작정하신 일들을 이루어 가신다. 그러므로 어떤 때에는 하나님께서 일하시고 계시지만 세상 주관자인 사탄도 함께 역사하고 있기에 표면적으로 볼 때는 실패와 고난밖에 보이지 않으므로 자칫 절망할 수도 있지만 깊이 들여다보면 숨겨진 하나님의 섭리를 깨닫게 되고 감사를 드릴 수밖에 없다.

그러므로 요셉의 경우 꿈을 꾼 것으로 인해 노예로 팔려간 상황에서 억울한 옥살이를 하는가 하면 사람들로의 배신을 당하게 되는 일은 사탄이 조종을 한 일이나 그러한 과정을 통하여 요셉을 애굽의 총리가 될 수 있는 지혜를 얻게 하고 애굽 왕 바로에게 꿈을 주셔서 요셉으로 해석하게 하시고 애굽의 총리로 세우시는 것은 사탄이 짐작을 하지 못한 결과들이다.

다니엘을 사자 굴에 던져 죽이려던 악령들은 오히려 자기들이 준비한 사자 굴에 던져졌으며 모르드개를 장대에 달리게 하였던 하만은 자기가 만든 장대에 매달려 죽었다. 이와 같이 악한 자인 사탄의 권세를 이미 예수께서 꺾으셨다는 사실을 기억해야 한다. 진리는 낮은 곳까지 내려오셨고 우리의 영혼 속에서도 보이지 않은 겸손의 자리에 앉아 계신다. 이와 같이 가장 낮은 모습으로 내려오신 그리스도를 소유하였다면 부활하셔서 승천하신 후에 그리스도께서 보좌에 앉으신 것처럼 그를 따르는 자들도 가장 높은 곳에 오를 수 있도록 허락해 주실 것이다.

그리스도인들이 알아야 할 것은 사탄의 공격과 핍박을 통과한 그리스도인들에게 그 언덕 너머로 하나님께서 예비하신 더 큰 영광이 준비되어 있다는 것과 하나님의 의를 소유한 자를 악이 절대로 이기지 못한다는 사실이다. 이는 언제나 주의 영이 함께 동행하고 계시기 때문이며, 하나님께서는 오히려 사탄의 역사를 역이용하셔서 그 의인을 강건하게 세워 가시는 사역을 펼쳐 가고 있기 때문이다. 그러므로 그리스도인들은 진리를 소유하고 있는 한 그 어떤 어려움도 우리에게 유익한 것으로 변하게 하신다는 것을 믿어야 한다.

12
생수의 강

> 요7:37-38 누구든지 목마르거든 내게로 와서 마시라 나를 믿는 자는 성경에 이름과 같이 그 배에서 생수의 강이 흘러나리라 하시니

1) 종교적인 열심히 가져다주는 만족

하나님께서는 신·구약 시대에 걸쳐서 언제나 변함없이 역사하고 계시는데 믿는 자를 진리 가운데로 인도하시며 영적인 힘을 공급하시는 내적인 역사를 하고 계신다. 이와 같이 말씀이 깨달아져서 그리스도의 의를 소유한 자들은 불법으로부터 정죄를 받지 않으며 세상의 철학이나 종교로 해결하지 못하던 영적인 눌림과 고통은 점차 사라지게 된다. 반면에 세상의 율법에 갇혀 있는 자들은 회개를 하는 그 당시에는 용서함을 받은 것 같은 일시적인 기쁨을 느끼기도 하지만, 또다시 죄를 범하는 과정을 반복하면서 기쁨인 것처럼 느껴지던 감정들은 도리어 정죄감으로 인하여 낙엽 조각처럼 말라 버리게 된다.

그러나 하늘에서 오는 기쁨은 자기의 행위에서 기인한 것이 아니라 예수님의 의에 있으므로 이 세상이 던져 주는 거짓 기쁨과는 비할 수 없다. 이 기쁨의 생명수는 외부로부터 들어오는 것이 아니며 자기 속에서부터 차오르게 되며 마르지 않게 되는 것이다.

> 요15:11 내가 이것을 너희에게 이름은 내 기쁨이 너희 안에 있어 너희 기쁨을 충만하게 하려 함이니라

또한 하늘에서 주시는 기쁨은 영으로부터 솟아 나오는 원천적인 기쁨이므로 영혼을 충만하게 한다.

2) 육체(불법)적인 종교의 한계

오늘날의 기독교회는 빠르게 변화하는 현대 사회에 효과적인 대응을 하지 못하고 있으며 영적으로 심각하게 말라가고 있는 상태이다. 그런데다가 엎친 데 덮친 격으로 코로나 19로 인하여 소그룹의 모임마저도 할 수가 없게 되었으며 이 같은 일들은 기독교회에 심각한 영향을 줄 수 있는 상황에 이르렀다. 그러나 그럼에도 불구하고 이러한 현실을 통하여 그동안 기독교회가 외적인 성장에만 치중해 오던 관습을 버리고 복음의 본질로 돌아가는 기회로 삼는다면 오히려 기독교회로서는 전화위복의 기회가 될 수 있다고 생각한다.

대부분의 사람들은 유명한 목사님의 멋진 설교, 그리고 교회당의 웅장함이 있는 곳이 하나님의 성전이며 그들이 가르치는 교훈이 진리의 표상인 것처럼 이해하고 있었다. 또한 이러한 성공을 쟁취하기 위하여 목회자들은 더 열심히 이 세상의 풍요를 가져다주는 신적 존재를 하나님이라고 가르쳐 온 것도 사실이다.

그러나 이미 충분히 오염이 된 기독교회를 향하여 세상 사람들이 더 이상 기대를 하지 않는다는 사실도 직시하여야 한다. 아무리 조직적이고 체계화된 교리와 가르침을 전할지라도 본질이 공허한 것이라면 교회는 세상에게 줄 것이 아무것도 없는 것이다. 왜냐하면 육체(불법)에 속한 가르침으로는 육체(불법)인 세상을 영(하나님의 의)으로 바꿀 수가 없기 때문이다.

3) 하나님의 일로 포장이 된 사람의 일

지혜가 있는 자들은 자기 스스로를 돌아보면 필자가 말하고자 하는 의미를 잘 이해할 수 있으리라고 믿는다. 아무리 교인들에게 감동을 자아내는 멋진 설교를 하였더라도 그 설교의 기초가 세상의 의에 근거한 교훈이라면 자기 자신은 물론 그 설교를 듣는 교인들에게 찾아오는 것은 역시 공허와 허전함뿐이다. 그러므로 설교자들은 남을 가르치기 위해 열정적으로 외친 설교가 자신에게는 과연 무엇을 변화시켰는지를 되돌아보기를 바란다.

씁쓸한 얘기이지만 오늘날에 목회는 하나의 생업으로 전락이 되었고 그 사역이라는 것도 현실적으로는 고통으로 가득할 뿐이다. 각기 부름을 받은 사역자들은 제각각 그 부르심 앞에 열정을 다하여 헌신하고 있지만 각자의 헌신과 열심히 과연 하나님께 드려지고 있는 것인지를 돌아보는 지혜가 필요하다. 아울러 교회는 그토록 헌신적으로 행하고 있는 기독교적인 일들이 진정으로 하나님이 원하셔서 명령하신 것들인지를 살펴보아야 한다. 한 걸음 더 나아가 교회는 하나님의 말씀이 교리적으로 조작되었거나 변개가 된 것은 아닌지를 살펴야 한다.

그리고 우리 주변에는 하나님의 일이 등짐이 되어 고통스럽게 살아가는 사역자들도 많이 있다. 그들은 하나님의 일에 헌신을 하면 하나님께서 보시고 칭찬을 하실 것이라는 확신을 갖기도 하지만 실제로 하나님께서는 우리가 얼마나 많은 일을 감당하고 있는 것에 대하여 관심을 갖는 분이 아니시다.

더욱이 하나님께서 진행하시는 사역은 우리 인생이 다 알 수 있거나 예측할 수 있는 사회복지 사업이나 구제사역 정도의 뻔한 수준의 일들이 아니다. 더 냉정하게 말하자면 하나님의 일이라고 상표를 갖다 붙이고 진행하는 거의 모든 일들이 실제로는 하나님과 아무런 상관이 없을 수도 있다는 것이다. 물론 이런 일을 하면서 보람을 삼고 살아가는 이들은 인정을 하기 싫어할 것이 분명하지만 그러나 하나님의 일은 보이는 일들을 성취하는 것이 아니며 모두 다 불법에 매인 영혼들을 풀어 놓아 해방하게 하는 진리에 관한 것이다.

4) 진리 안에 들어가는 사역

그러므로 설교자들이 사명이라는 명분으로 사역의 멍에를 짊어지고 일생에 힘들게 살기보다는 먼저 영과 진리이신 말씀과의 만남을 갈구하는 것이 더 중요한 일이다. 예수님께서는 그리스도인들이 사역을 하려고 나서기보다는 먼저 하나님이 주시는 자유와 기쁨을 누리게 되기를 바라고 계신다. 그리고 사역자가 그 기쁨의 원천을 발견하게 되었을 때에 그 사역자로부터 우러나오는 진리는 자연스럽게 타인을 향하여 흘러가게 되어 자기도 모르는 사이에 사역을 감당하게 되는 것이다.

필자도 전에는 낙후한 지역을 찾아다니며 복음을 전할 때에 고생을 하였고, 낯선 곳으로 이사를 다니거나 경제적인 어려움 때문에 마음이 편할 날이 없었다. 그러한 과정에서 사고를 당해 크게 다치기도 했었지만 이렇게 고난을 받는 것이 그리스도를 위하는 일이라고 자기 스스로 위로를 하기도 하였고 그런 일을 견디는 과정에서 얻는 나름의 기쁨이 있기도 했다. 그러나 이는 자신이 하나님께 헌신을 하고 있다는 자기 확신 때문에 올라오는 기쁨이었다.

그렇지만 하나님의 말씀을 영과 생명으로 다시 깨달은 후에 삼십여 년 동안의 사역을 돌아보면 스스로 종교적인 자기기만을 당하며 살아왔으며, 교인들과 가족들의 인생까지 볼모로 잡혀 희생하였다는 사실을 알게 되었다.

이렇게 필자는 스스로를 충성스러운 기독교인이자 사역자라고 굳게 여겼으나 결과는 세월만 허송하였으며 하나님께는 아무런 내적인 열매를 맺지 못했던 것이다. 부끄럽지만 필자가 이같이 고백을 한 것은 야곱의 우물을 육체(불법)의 물로만 마셨기에 언제나 다시 목말랐던 수가 여인처럼 성경을 육체의 가르침으로 받아 자신과 그를 따르는 자들까지 곤고하게 하는 사역자들이 있을 수 있기 때문이다. 수가 여인은 자기와 조상들이 여태까지 마시던 야곱의 우물이 바로 지금 그 우물에 앉아 계시는 영(진리)이신 예수님을 예표하고 있었음을 깨달았기에 그리스도를 만났다고 소리를 치며 동네로 뛰어간 것이다. 수가의 여인이 불법과 육체의 물을 긷던 양동이를 집어 던져 버렸던 것처럼 그리스도의 진리를 깨달아 형제 자매 된 자들이 함께 감격하며 뛰며 즐거워하게 되기를 바란다.

5) 표적을 따라가지 말라

오늘날 어떤 이들은 성령에 대하여 학술적인 논문을 쓰기도 하고 또 어떤 이들은 병 고침, 이적, 환상 등을 경험하기도 하지만 이런 것들은 세상권세자인 사탄도 하나님의 이름을 빙자하여 역사할 수 있는 일들이다. 만약 진리이신 말씀으로 하나님의 완전을 깨닫거나 소유하지 못하였다면 그렇게 보이는 기적과 이적 또는 지혜와 은사가 무슨 의미가 있겠는가[각주1]?

필자도 신유나 기도의 응답을 수없이 경험했으며 신비한 경험은 물론이고 하룻밤 사이에 죽을 위기에 놓인 자녀가 살아나는 등의 기적을 체험하기도 하였다. 그리고 그런 일들을 경험할 당시에는 이 모든 일들이 하나님이 행하시는 일들이라고 굳게 믿었었던 것이 사실이다. 필자뿐 아니라 대부분의 기독교인들은 이러한 일들을 추구하거나 따라가면서 그렇게 현상적으로 보이는 사건들은 하나님이 함께하시는 증거들이라고 확신을 갖기도 한다. 그러나 돌이켜보면 그러한 일들은 기독교뿐만 아니라 종교의 종류와 상관없이 누구든지 신앙심을 가진 자에게서는 얼마든지 나타날 수 있는 일들이었다. 그러므로 보이는 현상적인 기적이나 이적을 따라가는 신앙은 하나님과 상관이 전혀 없을 수도 있으므로 매우 조심하여야 한다.

요14:16-17 내가 아버지께 구하겠으니 그가 또 다른 보혜사를 너희에게 주사 영원토록 너희와 함께 있게 하시리니 저는 진리의 영이라 세상은 능히 저를 받지 못하나니 이는 저를 보지도 못하고 알지도 못함이라 그러나 너희는 저를 아나니 저는 너희와 함께 거하심이요 또 너희 속에 계시겠음이라

그리스도인들과 사역자들은 보이는 것을 따라갈 것이 아니라 보이지 아니하고 감추어진 진리를 따라가야만 한다. 그런데 많은 기독교인들이 진리이신 하나님의 말씀을 영으로 깨닫지 못하는 이유가 무엇일까? 그 이유는 성경을 읽을 때 성령의 조명을 받지 못하고 여전히 세상의 눈으로 이해하고 받아들이기에 영과 진리의 말씀은 발견하지 못하게 되고 보거나 들을 수도 없게 된다. 그러한 종교 생활이 지속이 된다면 그의 영은 예수님을 단 1초도 만나 보지 못한 불쌍한 인생이 되고 마는 것이다.

그 옛날의 예수님께서 제자들과 함께 계셨던 것처럼 오늘 현재에 자기의 영으로 예수님을 만나 뵙고 그 음성을 들으며 진리로 인한 감동을 느낄 수가 있다면 그 얼마나 경이로운 일이겠는가? 그런데 그러한 일은 결코 불가능한 것이 아니며 예수 그리스도께서 자기를 찾는 자들에게는 만나 주시며 믿는 자의 영 안에서 영(진리)으로 함께 거하여 주신다.

요14:19 조금 있으면 세상은 다시 나를 보지 못할 터이로되 너희는 나를 보리니 이는 내가 살았고 너희도 살겠음이라

진리의 영은 예수 그리스도의 영이시다. 진리의 영이 하나님의 음성을 듣게 하고 볼 수 있도록 마음(영)의 눈을 열어 주신다. 그래서 말씀(진리)을 깨달은 자는 예수 그리스도를 영으로 느끼며 보게 되는데 이는 마치 아이가 부모의 숨결, 사랑, 관심에 대하여 느끼는 것과 같다. 이와 같이 진리의 영은 말씀을 깨닫고 믿는 자 속에 물리적 세계의 시간과 공간을 초월하여 역사하고 계신다.

13
영과 진리로 드리는 예배 2

> **롬12:1** 그러므로 형제들아 내가 하나님의 모든 자비하심으로 너희를 권하노니 너희 몸을 하나님이 기뻐하시는 거룩한 산 제사로 드리라 이는 너희의 드릴 영적 예배니라

위 말씀의 '너희 몸'은 영어 킹제임스성경(KJV)에서도 'your bodies'[ROM12:1]로 기록이 되어 있다. 그래서 자칫 그리스도인들이 자기 자신의 육체(몸)를 하나님께 드려야 하는 것으로 인식하기도 한다. 그러나 여기서 '몸'은 그리스도인의 육체(body)를 말씀하시는 것으로 볼 수는 없다.

> **창6:3** 이는 그들이 육체가 됨이라

성경은 불법과 연합한 사람(세상)을 두고 '육체'가 되었다고 표현하고 있다. 따라서 "너희 몸을 하나님이 기뻐하시는 거룩한 산 제사로 드리라"라고 말씀하신 것은 곧 인간의 영을 사로잡고 있는 불법이 그리스도와 함께 십자가에서 못 박혀 죽어야 함을 의미한다. 불법의 죄가 죽어야만 진리의 영이 나의 영 안으로 임재할 수 있게 된다.

> **요4:24** 하나님은 영이시니 예배하는 자가 신령과 진정으로 예배할찌니라

여기서 '영'은 하나님 안에 있는 빛이며 그리스도 안의 의를 가리키고 있다. 그러므로 이 세상에서 보이는 선이나 악의 표준으로 가르치는 육체의 교훈을 하나님의 진리로 받아들여 따라가서는 안 된다. 율법을 그리스도의 율법(영)으로 받아들여야만 옛사람(불법)이 죽고 예수 그리스도와 함께 거듭난 영이 되었을 때 비로소 하나님께서 받으시는 '산 제사'가 된다.

또한 영으로 하나님께 예배하고 있는 자들의 공동체가 바로 교회이며 영적인 사귐과 경배, 찬양, 교통이 예식을 통해서 진행하는 것을 예배라고 한다. 기독교회에서는 격식을 갖추고 날짜와 시간, 헌금, 찬양을 드리는 의식을 예배라고 규정하고 있지만 그러한 의식들만 지키는 것을 예배라고 할 수 없다. 아무리 웅장한 감동이 있는 예전을 갖추었더라도

보이는 선과 악을 알게 하는 율법을 따르며 사람의 의를 외치고 있다면 그는 다른 복음^{갈1:6-9}에 속하여 우상 숭배를 하고 있는 것이다. 다시 말하면 영적인 예배는 그의 영으로 하나님의 율법(영)에 순종하여 그리스도 안에 있는 의를 소유한 자가 되어 하나님에 속한 의의 열매를 맺게 되는 것을 말한다.

롬12:1 너희 몸을 하나님이 기뻐하시는 거룩한 산 제사로 드리라

거룩한 산 제사의 완성은 진리로 순결하게 된 영혼이 장차 부활하여 신령하고 완전한 몸과 결합을 한 상태로 하나님께 드려지는 것이다. 그러므로 이 말씀을 육체의 개념으로 받아들여 자기 몸을 하나님께만 드려야 한다고 하여 가족들이나 친구들도 멀리하고 교회를 노아의 방주처럼 여기고 틀어박혀 살아가는 자가 되지 말아야 한다.

오늘날의 기독교인들은 교회를 중심으로 한 생활에 너무 심하게 치우친 까닭에 집회와 봉사, 예배, 교회 활동 등에 붙들려서 살아가는 것이 믿음이 좋은 것으로 착각하고 있다. 심지어 교회의 목회자들 중에는 이런 행위를 부채질하여 교회의 활동에 그들의 삶이 종속되게 만들고 있다. 이로 인하여 교인의 가정에서 충돌이 발생하기도 하지만 이런 사람들은 개인적인 삶이 없는 기형적인 삶을 살아가면서도 자기가 하나님께로부터 보상을 받게 될 것이라고 하는 충성 심리와 자기만족에 깊이 빠져 있다. 그리고 그런 삶에 익숙해지다 보면 자기 몸과 시간을 바쳐서 봉사하는 것을 하나님을 향한 충성의 척도로 삼거나 의의 표준으로 삼게 되는데 그것이 바로 사탄이 요구하는 사람의 의인 것을 깨달아야 한다. 누구든지 자기가 진심으로 육체(몸)를 드려서 열심히 봉사하는 것을 하나님께서 기뻐 받으실 것이라고 믿고 있다면 그것은 육체와 땅에 난 것을 하나님께 드렸다가 버림을 받았던 가인의 제사를 드리고 있는 것이다. 이제는 고정 관념과 종교적인 틀에서 벗어나 복음 안에 있는 진정한 참 자유와 평안을 갖는 그리스도인이 될 수 있기를 간절히 바란다.

결론적으로 타락한 우리의 육체(불법과 연합한 사람)가 십자가에서 못이 박혀 죽어야 하는데 이는 진리의 말씀 안에 들어가야만 불법이 드러나고 주 예수 안에서 죽게 된다. 구약 성경을 통하여 살펴보면 제물의 육체는 완전히 죽어야 하고 각을 떠서 자른 다음 불에 태워지게 된다. 그러므로 하나님께 드려지기 위해서는 먼저 죄가 완전히 죽어야 하고 그 후에 그리스도의 의로 말미암아 다시 살게 된다. 그리고 하나님께서는 그리스도로 말미암아 얻게 된 완전한 의를 소유한 자에게 영생을 허락하신다.

| 14 |
근심과 염려

마6:25 그러므로 내가 너희에게 이르노니 목숨을 위하여 무엇을 먹을까 무엇을 마실까 몸을 위하여 무엇을 입을까 염려하지 말라 목숨이 음식보다 중하지 아니하며 몸이 의복보다 중하지 아니하냐

표면적으로 보이는 근심이란 자기가 기대하는 일들이나 해결되지 않는 일들이 해결되지 않아 당면하게 될 손해나 고통을 예상하고 억눌려 있는 상태를 말한다.

그리고 모든 사람은 삶에서 항상 무언가를 염려하며 살아가고 있다고 해도 과언이 아니다. 그렇다면 인간으로 하여금 근심하게 만드는 근본적인 원인은 무엇인가? 그것은 바로 인간의 영 안에 두려움이 깊이 웅크리고 앉아 있기 때문인데 그 본질이 무엇인지 성경을 통해 그 실체를 비추어 보도록 하자.

1) 근원적인 두려움

창3:10-11 가로되 내가 동산에서 하나님의 소리를 듣고 내가 벗었으므로 두려워하여 숨었나이다 가라사대 누가 너의 벗었음을 네게 고하였느냐 내가 너더러 먹지 말라 명한 그 나무 실과를 네가 먹었느냐

아담은 선악과를 먹고 난 후에 그의 눈이 불법으로 밝아져 스스로 벌거벗은 수치를 가진 것에 대한 하나님의 심판을 두려워한 것이다. 이렇게 인간이 육체(몸)의 죽음에 대해 두려워하는 것은 심판과 저주를 받아 들어가게 되는 지옥영계가 있음을 본능적으로 알고 있기 때문이다. 모든 세상 사람들은 죄(불법)를 가진 인간의 행위가 빛 가운데 드러나는 것을 두려워하고 있는 것이다.

막1:23-24 마침 저희 회당에 더러운 귀신 들린 사람이 있어 소리질러 가로되 나사렛 예수여 우리가 당신과 무슨 상관이 있나이까 우리를 멸하러 왔나이까 나는 당신이 누구인 줄 아노니 하나님의 거룩한 자니이다

성경에 기록이 된 귀신이 소리를 지르며 떠나가는 사건을 통하여 나타내시는 것은 인간의 영 안에 숨어 있던 악한 영(불법)이 내쫓기는 것을 두려워하는 것을 외적으로 표현하신 것이다. 이와 같이 인간의 영에는 '두려움'이 휘감고 있는데 그 두려움은 여러 가지 모양과 형태로 인간의 삶에서 표출되고 있다. 이처럼 사탄은 두려움이라는 사슬로 인간의 영을 묶어 놓는데 이렇게 고통을 당하게 하는 것이 악한 영의 목적이기도 하다.

창3:18 땅이 네게 가시덤불과 엉겅퀴를 낼 것이라 너의 먹을 것은 밭의 채소인즉

인간의 영(마음)에는 불법이 지배하며 다스리고 있기에 두려움이라는 독버섯이 자라 나오게 된다. 그래서 부지중에도 염려를 해야 하는 핑곗거리를 찾아 근심의 그늘에 웅크리고 앉아 있게 된다. 그러므로 염려와 근심의 근원적인 문제는 겉으로 보이는 것에 있는 것이 아니라 인간의 영 안에 자리 잡고 있는 죄의 속성인 불법이다.

마6:31 그러므로 염려하여 이르기를 무엇을 먹을까 무엇을 마실까 무엇을 입을까 하지 말라

잠15:13 마음의 즐거움은 얼굴을 빛나게 하여도 마음의 근심은 심령을 상하게 하느니라

일반적으로 겉으로 보이는 어떠한 일들이나 사건 때문에 근심을 하는 것이 당연한 일인 것처럼 보일 것이다. 그러나 불안한 인간의 영은 사람들이 하는 위로나 격려, 상담, 여행을 통해서 일시적인 위로를 받을 수 있으나 근본적인 치료가 될 수는 없다.

불법인 악한 영의 지배를 받고 있는 사람이 염려를 하지 않을 수 있겠는가? 그는 평생

동안 원인을 모르는 두려움 속에서 살아갈 수밖에 없다. 인간은 죄로 말미암아 저주를 받게 되는 결말을 두려워하고 자기의 죄를 가리고자 하여 선하거나 의롭게 되기 위한 노력을 하게 된다. 이러한 현상은 누구든지 자신이 쌓아 온 의에 대해서 타인이 허물어 버리거나 더럽다고 하면 참지 못하는 것을 보면 알 수 있다.

> 마6:25 그러므로 내가 너희에게 이르노니 목숨을 위하여 무엇을 먹을까 무엇을 마실까 몸을 위하여 무엇을 입을까 염려하지 말라 목숨이 음식보다 중하지 아니하며 몸이 의복보다 중하지 아니하냐

이 말씀은 그리스도인들이 염려를 할 필요가 없다고 하는데 이는 하나님께서 우리가 먹고 마시고 입어야 할 완전한 의가 되어 주시기 때문이다.

> 마6:27 너희 중에 누가 염려함으로 그 키를 한 자나 더할 수 있느냐

근심과 염려는 그 영혼의 삶을 송두리째 어두움에 지배를 받도록 잡아들이고 결박하는 역할을 한다. 그리고 늘 자신이 무엇을 하여야 한다는 강박관념을 가져다주고 있다. 그렇지만 성경에서 말씀하시기를 인간은 이 땅에서 어떠한 노력을 하여도 하나님의 의를 소유할 수가 없다고 말씀하신다.

2) 거짓 영이 속삭이는 거짓말의 정체

원수 마귀는 인간의 영에 걱정과 염려를 해야 하는 이유들을 셀 수 없이 제공을 해주지만 그것들이 유익하게 하는 것은 아무것도 없다. 거짓 영인 사탄은 언제나 보기에 좋은 교훈을 생각 속에 넣어 주지만 그러한 생각들은 대부분 염려와 근심을 하게 하는 것들이다.

> 약2:15-16 만일 형제나 자매가 헐벗고 일용할 양식이 없는데 너희 중에 누구든지 그에게 이르되 평안히 가라, 더웁게 하라, 배부르게 하라 하며 그 몸에 쓸 것을 주지 아니하면 무슨 이익이 있으리요

이 말씀과 같이 세상에서 좋은 말이나 교훈은 근본적으로 만족을 주지 못하는 듣기에만 좋을 뿐이다. 그러한 육신에 속한 생각들은 인간이 가진 문제의 근본적인 해결책을 제공해 주지 못하면서도 인간에게 무언가를 하여야 한다고 속이고 있다.

3) 진리 안에서 사라지게 되는 두려움과 염려

> 마6:33 너희는 먼저 그의 나라와 그의 의를 구하라 그리하면 이 모든 것을 너희에게 더하시리라

예수 그리스도의 진리를 깨달으면 인간의 영 안에서 왕 노릇을 하고 있던 사탄이 쫓겨나게 되고 불안하던 영혼 안에는 진정한 평안과 고요가 임하게 된다.

> 눅2:14 땅에서는 기뻐하심을 입은 사람들 중에 평화로다 하니라

불법의 영이 죽고 새 영으로 다시 태어나게 되면 세상의 삶에서 근심과 두려움도 사라지게 된다. 이것은 그리스도인들에게 나타나는 매우 중대하고 놀라운 변화이다. 모든 삶이 그리스도께 속하게 되어 자유롭게 된 영혼은 자기의 영 안에서 저절로 기쁨이 우러나오게 되기 때문이다. 위로부터 주시는 기쁨은 자기 자신의 영 안에 연합이 된 진리로 말미암아 나오는 것이기에 일시적인 기쁨과는 전혀 다른 것이다. 그리스도인은 이 세상의 의를 추구하지 않게 되며 또한 의미 없는 것들을 좇아가면서 걱정하던 것들을 버리게 된다.

> 벧전5:7 너희 염려를 다 주께 맡겨 버리라 이는 저가 너희를 권고하심이니라

일반적인 영의 두려움은 영혼을 죽이는 암세포와 같고 그대로 내버려 두면 제어가 되지 않아 계속 더 커져 가는데 이는 경계선이 없기에 헤어 나올 수 없다. 그러나 **"사랑 안에 두려움이 없고 온전한 사랑이 두려움을 내어 쫓나니"** 요일4:18의 말씀처럼 진리 안에서 두려움은 아무것도 아닌 것같이 사라지게 된다.

4) 예수 그리스도를 신뢰하라

진리의 말씀은 완전하시기에 악한 영들이 감히 공격해 올 수가 없으며 하나님께서 방패가 되어 지켜 주신다. 불법 안에 있을 때는 악한 자가 마음껏 인생을 짓밟을 수 있었지만 그리스도의 진리 안에 있을 때는 악한 자로부터 해방이 되며 법적인 관계가 끊어지게 된다. 진리를 알고 깨달은 그리스도인에게는 두려움이 있을 수 없고 악한 자가 그리스도인의 삶을 훼방하거나 조롱할 권리가 영혼에서부터 소멸이 된다.

| 15 |
원수를 사랑하라 마5:43-48, 눅6:25-35

마5:44 너희 원수를 사랑하며 너희를 핍박하는 자를 위하여 기도하라

롬12:14 너희를 핍박하는 자를 축복하라 축복하고 저주하지 말라

1) 원수의 의미와 실체

일반적으로 원수의 개념은 자신에게 원한을 가지게 한 사람을 의미한다. 누구든지 세상을 살아가는 동안에 여러 가지 원인에 의해 인간이 가진 선이나 악의 감정이 조화를 이루지 못하고 충돌할 때 서로 갈등이 발생한다. 그 결과 서로 간에 증오하는 감정들이 유발하며 경우에 따라서 그런 감정이 해결이 되지 않은 경우에는 평생 동안 원수가 되기도 한다.

그러나 성경에서 말씀하시는 원수의 의미는 그러한 일상에서 자신에게 손해를 끼치는 특정한 사람을 일컫는 것이 아니라 영혼을 죽이려고 핍박과 공격을 해 오는 악한 영(또는 사람)들을 가리키고 있다. 그리고 이 원수들은 그리스도인이 가진 보물(영과 진리)을 빼앗아 죽이려고 하는 목적을 가지고 있다.

이러한 일들은 실제로 불법의 선동자들에 의하여 일어나고 있는데 그들은 적극적으로 진리를 훼방하거나 적대시하는 행동을 서슴지 않으며 영과 생명을 가진 그리스도인을 향하여 악담과 저주를 퍼붓기도 한다. 이렇게 원수들은 흉악하지만 겉으로는 가장 합리적이고 의롭게 보이는 명분으로 자기의 정체를 감추고 있다.

2) 사탄이 공격하는 방법

사탄과 악한 영들이 그리스도인들을 공격을 할 때는 크게 두 가지 유형이 있다.

첫 번째는 그리스도인들에게 외적으로 보이는 엄청난 손실과 고통을 주고 두려움과 공포에 사로잡히게 하는 방법이다. 매우 극심한 두려움을 주어서 결국에는 그리스도인들이 붙잡고 있는 진리의 밧줄을 놓아 버리게 하려는 것이다. 이때 마음이 나약한 자들은 두려움 때문에 걸려 넘어질 수도 있겠지만 성숙한 그리스도인들은 이러한 사탄의 궤계에 넘어가게 될 가능성은 희박하다.

두 번째는 그리스도인들이 원수들의 악한 자의 행위로 인하여 분노하거나 상심을 하게 되면 영과 진리는 순식간에 사라지고 불법의 법칙에 지배를 받아 그들과 동일하게 행동하려는 법칙에 지배를 받게 된다. 이렇게 원수를 만나게 되면 미혹을 받을 위험성이 많은데 깨어 있지 않으면 자기도 모르게 불법 안으로 뛰어들어 가게 하는 사탄의 기만 전술이다. 그러므로 비교적 성숙한 그리스도인에게는 두 번째의 방법을 이용하여 다가가되 그리스도인의 환경 속에서 핍박을 할 자나 원수의 역할을 할 자를 끊임없이 출현시킨다.

사탄이 부리는 교활한 수법에 미혹이 된 자는 인간적인 자기의 의에 기초하여 분노와 억울함(선악과)에 사로잡히게 되고 그 순간 그의 영 안에서는 숨어 있던 불법이 활개를 치며 날아오르게 된다. 그리고 진리로 깨어 있지 않은 상태에서 그렇게 무방비 상태로 계속해서 노출되다 보면 어느 순간에 그의 영은 진리의 영 안에 있지 않고 자기도 모르는 사이에 뱀의 혀 안으로 빨려 들어가게 되는 것이다. 굳이 비유를 하자면 뱀에게 물려 독이 퍼져 죽게 되는 이치와 같은데 뱀은 죽은 것을 먹지 않고 산 것만 잡아먹는다. 그 후에 사탄은 자기에게로 돌아온 자에게 사망의 청구서를 들이밀고 그를 땅속 어두운 곳으로 데리고 들어가게 된다.

3) 원수를 사랑하라

그러므로 원수를 사랑하라고 하신 말씀은 악한 자인 원수가 사랑을 받거나 용서할 만한 가치가 있어서 사랑하라고 하는 말씀이 아니다.

> 창26:22 이삭이 거기서 옮겨 다른 우물을 팠더니 그들이 다투지 아니하였으므로 그 이름을 르호봇이라 하여 가로되 이제는 여호와께서 우리의 장소를 넓게 하셨으니 이 땅에서 우리가 번성하리로다 하였더라

불법인 악한 영의 계략과 음모에 속지 않으려면 마치 이삭이 아비멜렉에 속한 자들과 다투지 아니한 것처럼 사탄이 연출하는 올가미 안으로 들어가지 않도록 주의해야 한다. 이는 어떤 경우에 이르러도 자기의 마음(영)이 진리 안에만 붙어 있고 불법인 육체의 올가미가 있는 곳에 발을 내밀지 말라는 말씀이다. 하나님께서는 그리스도인들이 사탄의 궤계에 속지 말고 오직 진리 안에 들어가서 불법(선악과)으로부터 완전히 해방되기를 바라신다.

마5:48 그러므로 하늘에 계신 너희 아버지의 온전하심과 같이 너희도 온전하라

여기에서 말씀하시는 온전함이란 세상 사람들이 잘 알고 있는 보이는 율법을 지키라는 것이 아니라 오히려 그런 것을 던져 버리고 진리의 말씀 안에서 하나님의 의만을 소유하고 있으라는 말씀이다.

눅6:37 비판치 말라 그리하면 너희가 비판을 받지 않을 것이요 정죄하지 말라 그리하면 너희가 정죄를 받지 않을 것이요 용서하라 그리하면 너희가 용서를 받을 것이요

언뜻 보면 세상의 선을 강조하는 의미로 보일 수도 있지만 진리(영)에 속한 자는 '불법(이 세상의 영)'에 의한 시각으로 눈이 밝아져서 서로 판단하거나 정죄하는 행위를 하지 말라는 말씀이다. 이와 같이 영과 진리를 소유한 자는 서로 정죄하게 하는 사탄의 온갖 속임수와 계략에도 흔들리지 않아야 한다. 만약 그리스도인이 불법에 미혹이 되어 그 원수를 따르게 된다면 사탄은 그 사람의 영 안에 있는 죄의 법칙을 확인하였으므로 그를 참소할 것이며 사망이라는 사슬로 옭아맬 것이다.

그러므로 원수를 사랑하라는 말씀에 대하여 일상생활에서 사람들 간에 발생하는 감정이나 원한을 갖지 말라는 의미가 아니라 그런 것들을 가장하여 출현하는 불법에 속지 말고 온전히 진리 안에 거하라는 말씀인 것을 기억해야 한다.

이 세상에서는 그리스도인들이 영과 진리를 소유했더라도 이 땅에서 선악의 법칙과 전혀 상관이 없는 삶은 살아 갈 수 없다. 왜냐하면 이 세상에서는 어차피 보이는 율법을 벗어난 삶은 존재할 수 없기 때문이다. 이 세상은 세상 주관자인 사탄이 심어 놓은 땅의 법칙대로 운영이 되고 있기에 인간의 힘이나 의지로는 이를 초월할 수 있는 자는 한 사람도 없다.

그리스도인들이 죄와 사망의 법칙에서 벗어난 후에 다시 그 불법에 얽매이지 않도록

자기 영혼을 지켜야 하는 책임은 각자 스스로에게 있다. 그러므로 원수를 사랑하라는 말씀은 자기 눈에 미워 보이는 사람들에 대하여 자비심을 가지라고 하는 것이 아니라 정죄와 비판을 일삼는 불법(육체) 안에 머물지 말고 하나님의 진리(영) 안에 머물라고 하시는 말씀이다.

> 눅6:27-28 너희 원수를 사랑하며 너희를 미워하는 자를 선대하며 너희를 저주하는 자를 위하여 축복하며 너희를 모욕하는 자를 위하여 기도하라

| 16 |
죄의 자백 요일1:8-9

> 요일1:9 만일 우리가 우리 죄를 자백하면 저는 미쁘시고 의로우사 우리 죄를 사하시며 모든 불의에서 우리를 깨끗케 하실 것이요

이 말씀에 대하여 사람들은 몇 번이라도 상관없이 범죄할 때마다 회개하면 하나님께서 용서해 주실 것이라고 믿고 있다. 그러나 이 말씀은 생활 가운데서 겉으로 드러나는 죄에 대한 회개를 촉구하는 말씀이 아니라 불법(불의의 영)에 속한 죄인임을 고백하고 하나님께로 돌아가는 것을 말하고 있다.

> 롬8:2 이는 그리스도 예수 안에 있는 생명의 성령의 법이 죄와 사망의 법에서 너를 해방하였음이라

그러므로 참된 회개는 죄(불법)를 가진 죄인을 위하여 대신 저주를 받으시고 세상 죄(불법)를 용서하신 하나님의 은혜를 믿음으로 받아들이는 것이다. 한 영혼이 마음의 문을 열고 생명의 말씀을 깨닫게 되어 예수를 믿는 것은 그 영혼 안에서 일어나는 단회적인 사건

이지만 그 죄사함의 효력은 영원한 것이다. 불법은 이 세상에서 가장 논리가 정연한 체계를 갖추고 있기에 거룩하게 보이는 하나님의 의같이 보인다. 그러나 영과 진리를 깨닫게 되면 그것이 매우 사악하고 가증한 것임을 알게 되고 여태껏 자기 안에서 왕 노릇을 하고 있던 사악한 영으로부터 해방되어 완전한 자유를 얻게 된다.

> 엡4:22 너희는 유혹의 욕심을 따라 썩어져 가는 구습을 좇는 옛 사람을 벗어 버리고

영과 진리로서의 예수 그리스도를 믿게 되면 이 세상 신의 권세가 완전히 소멸이 되고 죄와 사망의 법에서 해방이 되므로 더 이상 사탄에게 조공을 바치지 않아도 된다. 또한, 율법(선악과)의 기준으로 자기를 정죄하지도 않을뿐더러 불법의 주관자에게 아양을 떠는 행동도 더 이상 하지 않게 된다. 보이는 불법을 따르는 자들은 일평생 땅에서 난 것을 바치며 살아야 하는데 그에 따른 결말은 멸망으로 들어가게 되는 것뿐이다.

그리스도 안에서 '하나님의 완전'을 소유한 자는 이 세상에 존재하는 선에 의하여 스스로 의롭다고 여기거나 악의 개념에 의하여 자기를 정죄하는 어리석음에서 벗어나게 된다. 그러나 만약 그리스도인이 불법에 속한 생각이나 세상의 의를 가지려고 한다면 이내 그를 포기하고 돌아서려던 악한 영이 '아직도 내 자식인가?' 하며 다시 빨간 눈으로 쳐다보기 시작할 것이다.

> 골1:28 우리가 그를 전파하여 각 사람을 권하고 모든 지혜로 각 사람을 가르침은 각 사람을 그리스도 안에서 완전한 자로 세우려 함이니

예수 그리스도를 영과 진리로 깨달아 그 안에서 하나님의 완전한 의를 소유한 자는 하나님께서 자녀라고 인정해 주신다. 세상의 시각으로 볼 때는 세상의 의가 하나도 없어 보이는 자일지라도 하나님의 영으로 볼 때 가장 깨끗함(완전한 의)을 가진 자이며 하늘에 속한 자이다. 이처럼 하나님께서는 예수께서 율법(영)에 순종하셔서 얻으신 '완전한 의'를 소유한 자를 땅에 속한 모든 부정한 것에서 씻긴 자로 인정을 하신다[335].

진정한 회개는 자기의 영이 불법(불의의 영)과 연합되어 있는 죄에 속한 죄인인 것을 인정하고 그 불법에서 떠나 그리스도의 율법과 하나님의 의를 소유하는 것이다.

17
유다의 자살 마27:5

성경에서 자살을 한 사람 중에 대표적인 인물은 가룟 유다이다. 어떤 이들은 가룟 유다가 예수를 판 것에 대해서 마치 죄를 뉘우치고 회개를 한 것으로 이해하기도 하지만마27:3 이는 전혀 사실과 다르다고 보아야 한다요18:3. 왜냐하면 가룟 유다는 진리를 배반하여 팔았을 뿐 아니라 불법에 속하여 예수(진리)를 죽이려는 악한 영에 속한 자들과 함께 예수를 잡으러 온 자이기 때문이다요18:3.

요13:27 조각을 받은 후 곧 사단이 그 속에 들어간지라 이에 예수께서 유다에게 이르시되 네 하는 일을 속히 하라 하시니

가룟 유다가 그러한 행동을 할 수 있었던 것은 그가 평소에도 어둠 속으로 들어가고 있었는데 최종적으로 예수님을 팔 당시에는 그의 영혼이 사탄에게 완전히 잡혀 버린 상태가 된 것이다요13:30. 예수님께서는 유다가 흑암 속으로 들어가 사탄에게 붙잡히는 순간에 이르기 전까지도 떡(진리)을 떼어 주셨지만 유다는 진리이신 예수님을 버리고 떠나갔다.

그런데 후일에 유다가 예수를 판 것에 대해 후회를 했던 이유는 그 행위로 인한 수치심과 자괴감(가시)이 그의 영(땅)에서 돋아 올라왔기 때문이다. 이렇게 후회를 하는 감정은 인간의 영 안에 있는 허무와 공허가 본질인 불법으로부터 가시와 엉겅퀴가 돋아 올라온 결과이다. 예를 들어 설명을 하면 하나님의 심판을 받고 지옥에 던져진 자들이 후회를 하되 슬피 울며 이를 갈게 되는 것과 같은 것이다.

유다가 후회를 한 것은 자기가 한 행위로 인하여 버림을 받게 되었다는 자괴감과 스스로를 정죄하는 고통에 괴로워하였는데 이러한 결과는 불법이라는 그물에 걸려든 영혼을 사탄이 괴롭힌 결과로 나타나는 전형적인 사례이다. 그러므로 불신자가 진리의 말씀을 듣고 깨달아 돌이켜 자신의 삶이 불법이었음을 알고 회개를 하는 감정은 빛 가운데서 가지는 감정이지만 가룟 유다가 가지는 감정은 어둠에 기초한 비참한 감정인 것이다. 성경에는 유다가 은 삼십에 예수를 판 행위를 재물이 탐이 나서 저지른 것으로 기록이 되어 있다. 유다는 예수님을 팔아넘기기 훨씬 이전부터 돈을 좋아하였기에 이미 돈궤에 손을 대고 있었다고 밝히고 있다.

그런데 여기서 주목해야 할 것은 사탄이 유다에게 예수를 판 대가로 던져 주었던 '은 삼십(재물)'은 사탄이 자기에게로 돌아오는 자녀들에게 보상으로 던져 주는 '보이는 세상의 의'를 상징하고 있다. 어처구니없지만 눈이 어두워진 유다는 소중한 장자권을 붉은 팥죽 한 그릇에 넘겨 버렸던 에서처럼 사탄이 던져 주는 세상에 속한 의(은 삼십)를 받아먹기 위해 진리(예수)를 팔아 버린 것이었다. 그러므로 진리를 깨달아 생명을 가졌던 자라도 사탄의 유혹에 자주 넘어지다 보면 자기도 모르게 불법으로 돌아갈 위험이 있다. 영적인 타락이라는 것은 한순간에 발생하는 것이 아니라 부지불식간에 점진적으로 이루어지는 것이다. 유다의 마음속에 사탄이 완전하게 들어가게 되기까지 그 이전에는 얼마든지 자기 마음을 유다가 통제를 할 수 있는 시간과 여유가 있었지만 점점 더 강력해지는 사탄의 유혹으로 그의 영은 사탄에게 잡혀 버린 것이다.

그리고 표면적으로만 보면 유다가 스스로 목을 매어 육신(몸)의 죽음으로 끝난 것처럼 기록되어 있지만 이를 통하여 말씀하고자 하는 것은 불법에 붙잡힌 유다의 영혼은 자괴감에 시달려 목이 졸려 죽임을 당했다는 사실이다. 그러므로 미혹을 받는 것을 지속적으로 방치한 자들에게는 어둠으로 따라 들어간 유다가 목이 졸려 죽은 것같이 무서운 결말이 이를 수도 있는 것이다. 겉으로는 가룟 유다가 단순하게 육체(몸)와 영혼의 분리를 뜻하는 죽음을 선택한 것으로 보이지만 실상은 유다가 불법을 택함으로써 사탄에게 영적인 생명을 빼앗기는 사건을 외적으로 잘 보여 주고 있다. 만약 지옥에 던져지는 것과 상관없이 단순히 영과 분리가 되는 육체(몸)만의 죽음을 의미하는 자살이었더라면 차라리 유다에게는 천만 배나 더 나았을 것이다.

마26:24 그 사람은 차라리 나지 아니하였더면 제게 좋을 뻔하였느니라

세상의 모든 인생은 마치 거센 풍랑 속에 흔들리는 배에 오른 사람들과 같다. 이 세상이라는 바다에서 요동치는 배 안에서 제아무리 강한 사람이든, 약한 사람이든 절대 흔들리지 않을 이는 아무도 있을 수 없다. 그러므로 혹여 자기 목숨을 끊고자 하는 자들은 표면적인 육체의 죽음만이 아니라 자신의 영혼이 영원한 지옥에 던져지는 영적인 죽음도 있

다는 사실을 반드시 알아야 한다. 그러나 세상을 살면서 상심이 되는 일을 만나더라도 인간의 영을 새롭게 하시는 하나님의 의의 말씀을 깨닫게 된다면 자기 영혼이 얼마나 위대한 존재인지를 발견하게 될 것이다. 그리고 자기를 창조하신 하나님의 사랑과 은총을 발견하게 되면 자기 영 안에 있던 더러운 불법 때문에 수치와 더러움이 자기를 사망(영적인 자살)으로 끌어가고 있음을 깨닫게 된다. 이렇게 되면 자신을 둘러싼 그 어떠한 상황에 이르러도 하나님이 허락해 주신 자기의 인생을 포기하지 않게 될 것이다. 이렇게 진리 안으로 들어가면 영혼을 두렵게 하던 세상이라는 모든 풍랑은 잔잔해지고 어느덧 고요함이 마음에 찾아오게 된다.

막4:39 예수께서 깨어 바람을 꾸짖으시며 바다더러 이르시되 잠잠하라 고요하라 하시니 바람이 그치고 아주 잔잔하여지더라

제10부
그리스도의 군사

| 01 |
갈멜산 대결에서 보이신 것 왕상18:16-46

열왕기상 18장의 말씀을 보면 아합 왕 때 엘리야 선지자와 바알 선지자들과의 갈멜산에서의 대결을 통하여 여호와가 참 하나님이심을 백성들에게 증명하게 되었다. 그 대결의 결과 엘리야는 바알 선지자들을 기손 시내로 끌어다가 전부 죽였는데 그 후에야 이스라엘 땅에 비로소 하늘에서부터 이슬과 비가 내려졌다는 말씀이 기록되어 있다. 이스라엘 역사상 우상 숭배로 인해 삼 년 육 개월 동안이나 비가 내리지 않았던 암울한 시기에 발생하였던 갈멜산에서의 대결은 어떤 의미를 주고 있는지 살펴보도록 하자.

1) 이스라엘의 영적 타락의 상태 왕상17:1

왕상18:2 엘리야가 아합에게 보이려고 가니 그때에 사마리아에 기근이 심하였더라

이전의 왕들보다 더 많은 악을 행하였던 이스라엘 왕 아합은 시돈 왕 엣바알의 딸 이세벨을 아내로 삼았는데 이세벨은 사마리아에 바알 제단을 쌓고 아세라 상(像)을 만들었다. 그 결과 이스라엘에는 '풍요의 신'이라는 바알과 아세라신에 대한 숭배가 만연하게 되었다. 그 결과 하늘에서는 비나 이슬이 땅에 내리지 않게 되었으며 흉년으로 인하여 백성들은 궁핍에 시달리게 되고 이러한 고통은 수년 동안 지속이 되었다. 그러나 아합 왕은 오히려 하나님께로부터 받은 메시지를 전하는 엘리야를 번거롭게 하는 자로 여겼으며 왕상18:17 그러한 재앙의 원인이 우상을 섬기는 죄 때문인 것을 깨닫지 못하였다.

2) 엘리야를 통하여 나타내신 하나님

왕상18:22 엘리야가 백성에게 이르되 여호와의 선지자는 나만 홀로 남았으나 바알의 선지자는 사백오십 인이로다

당시의 바알의 선지자 사백오십 명이 득세하는 현실에서 엘리야는 아합 왕에게 요청하여 그들을 갈멜산에 모으게 하고 홀로 그들과 맞서 생명을 건 대결을 하게 되었다.

왕상18:23-24 그런즉 두 송아지를 우리에게 가져오게 하고 저희는 한 송아지를 택하여 각을 떠서 나무 위에 놓고 불은 놓지 말며 나도 한 송아지를 잡아 나무 위에 놓고 불은 놓지 말고 너희는 너희 신의 이름을 부르라 나는 여호와의 이름을 부르리니 이에 불로 응답하는 신 그가 하나님이니라 백성이 다 대답하되 그 말이 옳도다

갈멜산에서의 대결이 시작되자 엘리야는 바알 선지자들부터 송아지를 고르게 하여 그들이 섬기는 신으로부터 불이 임하게 하는 제사를 드리게 하였다. 이에 바알 선지자들은 송아지를 잡아 아침부터 정오까지 바알의 이름을 부르며 "우리에게 응답하소서"왕상18:26라고 소리를 질렀다. 그러나 아무런 응답이 없기에 정오에 이르러는 큰 소리로 바알을 부르고 칼과 창으로 자기들의 몸을 상하게까지 하였으나 저녁 소제에 이르러도 응답이 없었다왕상18:29.

그러나 엘리야는 야곱의 아들들의 지파의 수대로 열두 개의 돌(진리)을 취하여 그 돌로 단을 쌓았다. 그리고 제단 주위에 도랑을 파고 단에 나무를 쌓아 놓고 송아지는 각을 떠서 그 위에 놓고 번제물과 나무 위에 물을 부어서 흐른 물이 도랑에 가득하게 하였다. 그리고 아브라함과 이삭과 야곱의 하나님이신 여호와의 이름으로 간구하여 "내게 응답하옵소서"왕상18:37라고 하였다. 성경의 기록을 보면 "이에 여호와의 불이 내려서 번제물과 나무와 돌과 흙을 태우고 또 도랑의 물을 핥은지라"왕상18:38라고 되어 있다. 그런데 이렇게 하나님께서 불로 응답하신 말씀이 주는 영적인 의미가 무엇인가를 아는 것이 매우 중요하다.

왕상14:23-24 이는 저희도 산 위에와 모든 푸른 나무 아래 산당과 우상과 아세라 목상을 세웠음이라 그 땅에 또 남색하는 자가 있었고 여호와께서 이스라엘 자손 앞에서 쫓아내신 국민의 모든 가증한 일을 무리가 본받아 행하였더라

당시의 바알은 세상의 풍요를 흔들며 이스라엘을 속이는 거짓 영으로서 푸른 나무 아래에

서 행하는 음란한 행위를 요구하고 그런 행위들을 제사로 받기를 좋아하는 우상의 영이다.

사탄이 창세 이래로 세상에게 요구하는 것은 음란함인데 그것은 영이신 하나님을 버리고 육체의 법(우상)과 연합을 하게 하는 것이다. 그래서 사탄은 각 시대마다 다른 옷을 입고 음란한 영(불법)들을 출현시키고 있는데 엘리야 때는 바알신으로 등장을 하게 하여 미혹을 하였던 것이다.

갈멜산에서 엘리야가 승리를 하게 된 근본적인 원인을 살펴보도록 하겠다. 바알을 섬기는 자들이 송아지를 늘어놓고 그렇게 열심히 바알을 불렀지만 왜 응답이 없었을까? 거짓의 영인 사탄이 기적과 표적을 이용하여 세상을 속이고 있음은 우리가 잘 알고 있는 일이다. 그런데 왜 그의 제사장들이 바알의 이름을 애타게 불렀지만 응답을 하지 않았을까? 사람들은 이 질문에 대하여 바알이 단지 돌이나 무슨 조각 같은 우상이기 때문이라고 생각을 할 것이다. 그러나 바알이 그렇게 만만한 존재가 아니며 위에서 언급한 바와 같이 그는 이스라엘 백성을 속일 만큼 간교한 악령이었다. 그런데 이같이 영악한 악령이 왜 바알신의 이름을 부르며 아우성을 치는 바알 선지자들에게 묵묵부답을 한 이유가 무엇이었는가를 생각해 보자.

구약 시대로부터 하나님이 보여 주신 모형적인 희생 제사는 죄(불법)를 짊어진 희생 제물이 피를 흘리며 죽고 제단에서 불에 사르는 것은 불법(사탄)에 속아 연합한 죄가 죽는 것을 예표하고 있다. 그러므로 성경에 기록이 된 모든 대속의 제사라는 것은 예수님이 세상을 대신하여 저주를 받아 죽으심으로 세상으로 하여금 불법(육체)의 권세로부터 해방을 하게 하는 것의 모형적인 계시이다.

그렇기에 사랑이신 하나님께서는 세상을 살리기 위하여 희생 제사에 필요한 어린양을 친히 준비하셨고 그를 통하여 세상이 하나님과 화해를 하게 하셨다. 그러나 사탄은 본질상 사랑이 없기에 오로지 거짓 교훈을 통하여 조공(사람의 의)을 요구할 수는 있어도 세상 죄를 속죄하게 하는 대속의 제물에 불로 응답을 하는 것은 사탄이 절대로 할 수 없는 일이다. 그러므로 상상을 해보는 것이지만 송아지의 각을 떠서 늘어놓고 불로 응답을 해달라고 바알의 선지자들이 생떼질을 할 때 사탄(바알)이 얼마나 황당했겠는가 하는 것이다. 아마 불을 내려서 그 제사장들을 다 죽이고 싶은 마음이 들었을 것이다.

반면에 엘리야가 하나님께 제물을 드린 장면을 깊이 살펴보자.

엘리야는 "여호와의 이름을 의지하여"^{왕상18:32} '예수 그리스도의 의를 상징하는 돌 단 위에 송아지를 잡아 각을 떠서 아브라함과 이삭과 야곱의 하나님께 제물로 드렸더니 불이 내려서 그 제물을 태우고 도랑의 물을 마르게 하였다^{왕상18:38}. 설명을 한 바와 같이 이 제사는 예수 그리스도의 희생을 전제로 하는 모형이므로 사랑이신 하나님께서 받으실 수밖에 없다.

당시에 타락한 이스라엘 백성들은 '여호와의 이름(신약적으로는 예수 그리스도)'을 의지하여 하나님께서 받으시는 대속의 제사를 드리지 아니하였고 바알신이 가르치는 인간의 행위(음란한 행실)에 근거하여 보이는 세상의 풍요를 준다고 하는 거짓 교훈(거짓 영)을 믿고 따라간 것이다. 이 사건은 모형적으로 우리의 죄를 대속하시는 예수 그리스도를 의지하는 믿음의 제사를 통해서만이 하나님과 화해할 수 있고 죄의 문제가 해결이 된다고 하는 것을 하나님께서 불로써 제물을 태우신 것을 통하여 보여 주신 것이다.

> 왕상18:21 엘리야가 모든 백성에게 가까이 나아가 이르되 너희가 어느 때까지 두 사이에서 머뭇머뭇하려느냐 여호와가 만일 하나님이면 그를 좇고 바알이 만일 하나님이면 그를 좇을찌니라 하니 백성이 한 말도 대답지 아니하는지라

이 말씀은 오늘날에 풍요의 신인 바알의 가르침을 하나님의 말씀으로 여기고 모래 위에 집을 짓고 있는 기독교인들을 정신을 차리게 하시는 말씀이다. 바알(사탄)이 땅의 양식을 나누어 주면서 그것을 받아먹으라고 한 것은 이스라엘을 음란하게 하려는 목적이다. 그렇지만 현대판 바알의 선지자들은 그런 가르침이나 교훈을 하나님이 주시는 것이라고 목청을 높이고 있다.

> 왕상18:45 조금 후에 구름과 바람이 일어나서 하늘이 캄캄하여지며 큰비가 내리는지라

엘리야가 하나님께 드리는 영적인 제사를 드린 후에 비로소 하늘로부터 비가 내리게 되었는데 이는 자기의 영이 하나님의 말씀을 깨닫고 돌이키게 될 때 그 사람의 영혼에 비로소 기근이 끝나며 닫혀 있던 하늘 문이 열리고 이슬과 비가 내리기 시작하게 된다. 엘리야가 기손 시내로 데려다가 죽인 바알의 선지자들이 누구인가? 그들은 세상의 영을 장악하기 위하여 활동을 하고 있는 악한 영들이다. 그들이 우리 눈에 보이지 않기에 활동을 하지 않는 것이 절대로 아니다. 그러므로 마음의 눈을 떠서 세상을 망하게 하는 어두운 영들을 분별 할 수 있는 눈을 주시기를 간구해야 한다.

02
사람의 원수인 집안 식구 마10:34-39

마10:36 사람의 원수가 자기 집안 식구리라

어떤 이들은 해석하기를 어느 한 개인이 예수 그리스도를 믿게 되면 믿지 않는 부모나 형제들로부터 종교가 다르다는 이유로 분쟁이나 핍박이 일어나게 되는 것에 대한 말씀이라고 가르치기도 한다. 그러나 이러한 해석은 기독교 사상을 이해하지 못하는 가족들과의 사이에서 일어날 수 있는 갈등과 분쟁을 당연한 것으로 여기게 하여 부작용이 나타나게 하는 요인이 될 수도 있다.

마10:34 내가 세상에 화평을 주러 온 줄로 생각지 말라 화평이 아니요 검을 주러 왔노라

예수님 당시에 로마 제국에서는 각 지역마다 황제로부터 파견이 된 집정관이 재판을 하게 하였는데, 재판을 할 때 집정관이 검을 던지는 것은 죄인에게 사형을 언도하는 행위였다. 그런데 예수께서 말씀을 하실 때 "내가 검을 주러 왔노라"마10:34라고 말씀하신 것은 당시의 사람들이 누구나 알고 있는 제도를 인용하여 경고의 말씀을 하신 것이다. 이 말씀을 문자적으로만 이해하게 되면 집안에 있는 원수를 죽이려고 검을 던지러 온 것이라는 무서운 말씀을 하신 것이다. 만일 그렇게 해석을 하게 되면 기독교인들로 하여금 예수 그리스도보다도 가족들을 더 사랑해서는 안 된다는 인간적인 신념을 갖게 하고 이로 인하여 가족들을 도외시하거나 가족 간에 갈등이 발생하는 것을 부채질하는 결과가 된다. 또한 그렇게 극단적인 상황에 이르지는 않더라도 가족들을 하나님보다도 더 사랑하게 되면 죄가 된다고 하는 죄의식과 갈등을 갖고 살아가게 한다.

우리는 사람의 원수가 왜 자기 집안 식구인지를 다음에서 살펴보고 이어서 분쟁에 대하여도 의미를 짚어 보도록 하자.

구약 성경에서의 혈육의 의미

신7:3-4 또 그들과 혼인하지 말찌니 네 딸을 그 아들에게 주지 말 것이요 그 딸로 네 며느리를 삼지 말 것은 그가 네 아들을 유혹하여 그로 여호와를 떠나고 다른 신들을 섬기게 하므로 여호와께서 너희에게 진노하사 갑자기 너희를 멸하실 것임이니라

신약적으로 표현을 하면 하나님께서는 이스라엘 백성들은 영과 생명의 말씀(율법)을 받은 생명의 공동체이므로 이방인과 혼인하여 그 혈통이 섞이게 되는 것을 엄격하게 금하셨다. 이는 진리를 소유한 이스라엘 백성들이 각종 우상을 섬기는 이방인들과 섞이고 거짓 교훈으로 더럽혀져서는 안 된다는 것을 영적인 의미로 경고한 것이다.

그런데 겉으로 보이는 혈육 관계에서 나타난 것처럼 타락한 인간의 영 안에는 불법의 뿌리가 자식, 아내, 며느리, 사위 등의 관계와 같이 서로 연관이 되어 촘촘히 뿌리박혀 있다.

이런 것들이 바로 이 세상에 속하는 선악과의 사상과 교훈 또는 사람의 의, 그리고 불법에 속한 법칙이다.램6:12 그래서 하나님께서는 아브람에게 "너는 너의 본토 친척 아비 집을 떠나 내가 네게 지시할 땅으로 가라"창12:1라고 말씀하신 것이다. 마치 이 세상에서 혈연관계의 사람들이 한 피를 받아 공동체를 이루며 살아가는 것처럼 인간의 영 속에는 날 때부터 불법이 뿌리를 내리며 번식하며 살아가고 있다. 이는 모두 자기의 자아를 만족시켜 주는 아비(사탄) 집의 속성들이기에 쉽게 떠날 수 없으며 자기들끼리 매우 친밀하게 지내는 육체(땅)에 속한 족속들이기 때문이다.

눅18:29-30 이르시되 내가 진실로 너희에게 이르노니 하나님의 나라를 위하여 집이나 아내나 형제나 부모나 자녀를 버린 자는 금세에 있어 여러 배를 받고 내세에 영생을 받지 못할 자가 없느니라 하시니라

이는 모두 다 자신의 영 안에 연합이 되어 있는 거짓의 영들이며 또한 하나님께서 사울 왕에게 남녀노소를 막론하고 아말렉 족속(불법)들을 살려 두지 말고 진멸하라고 하신 것과 같은 동일한 맥락이다. 그러므로 참된 진리를 발견한 그리스도인의 영에서는 반드시 혈육(불법)의 강렬한 저항에 직면하게 되는데 이 엄청난 갈등의 과정을 반복해서 거치게 되면서 비로소 고향과 아비 집을 버리고 떠나게 되는 것이다.

영적인 분쟁

눅12:49 내가 불을 땅에 던지러 왔노니 이 불이 이미 붙었으면 내가 무엇을 원하리요

여기서 '불'은 악을 소멸하며 깨끗하게 하는 진리의 영을 말씀하고 있다. 진리를 알지 못하며 불법의 영을 소유한 상태로 살아가던 인간의 영 안에 진리의 불이 떨어지자 마치 벌집을 들쑤셔 놓은 것처럼 영혼의 집은 뒤집어지게 된다.

그러므로 성경에서 아비와 자식 간에 원수가 되었다는 것은 불법의 영(사탄)이 그리스도의 영을 소유하게 된 이전의 자기 자식의 영과 원수가 되어서 싸우게 된다는 영적인 의미를 두고 하신 말씀이다. 아비(불법)뿐 아니라 함께 살아오던 어미와 배우자와 자식들이 미친 듯이 화를 내며 발광을 할 것이며 강한 저항을 하게 될 것이다.

눅12:53 아비가 아들과, 아들이 아비와, 어미가 딸과, 딸이 어미와, 시어미가 며느리와, 며느리가 시어미와 분쟁하리라 하시니라

위에서 밝히었다시피 이는 세상의 실제 혈육을 지칭하는 것이 아니라 예수를 믿는 자의 영혼 속에서 발생하게 되는 불법의 혈연과의 영적인 분쟁을 말하고 있는 것이다. 그러므로 예수님께서 "검을 주러 왔노라"마10:34라고 하신 말씀을 육체의 시각으로 해석을 해서는 안 된다.

마10:36 사람의 원수가 자기 집안 식구리라

결국 예수님께서 "검을 주러 왔노라"마10:34라고 말씀하신 것은 지금까지 사랑해 왔던 소중한 혈육(불법)에 속한 개념을 원수(불법)로 여겨 모두 죽여야 하는데 이때 혈육뿐 아니라 자기 자신마저도 죽어야 하는 것이다. 왜냐하면 육체(불법)에 속하여 사망 가운데 있었던 죄인이 바로 혈육(불법)의 당사자이기 때문이다.눅21:16

마10:38-39 또 자기 십자가를 지고 나를 좇지 않는 자도 내게 합당치 아니하니라 자기 목숨을 얻는 자는 잃을 것이요 나를 위하여 자기 목숨을 잃는 자는 얻으리라

자기 자신이 십자가를 지고 그리스도 안에서 죽는다고 하는 것은 자신을 포함한 일가족을 몰살하여야 하는 것과 같은 의미이다. 그런데 비록 영적인 비유이기는 하지만 자기의 영 안에 있던 불법의 혈육이 순순히 앉아서 죽으려고 하겠는가? 또한 진리를 깨달아 알게 되었더라도 그들을 저버리거나 내쫓고 죽이는 것이 어디 쉬운 일이겠는가? 이와 같이 성경에서는 자기의 영 안에서 옛사람(불법)이 죽는 것이 얼마나 크고 혁명적인 사건인지를 말씀해 주고 있다.

그리스도의 제자가 되는 길

눅14:26 무릇 내게 오는 자가 자기 부모와 처자와 형제와 자매와 및 자기 목숨까지 미워하지 아니하면 능히 나의 제자가 되지 못하고

예수 그리스도의 제자가 되는 조건으로 부모와 처자와 형제를 심지어 자기 자신까지 미워하라는 말씀은 자기의 모든 소유(불법)를 버리는 것과 같다는 의미로 설명을 하신 것이다. 불법의 지배를 받은 자신의 영 안에서 악의 뿌리를 내리고 있었던 혈육(불법)을 죽게 하는 것이 바로 자기의 소유를 버리는 것이며 그리스도의 제자가 되는 길이다.

눅14:33 이와 같이 너희 중에 누구든지 자기의 모든 소유를 버리지 아니하면 능히 내 제자가 되지 못하리라

그러므로 서두에서 지적을 한 것처럼 가정 안에서 신앙적인 가치나 종교가 같지 않다는 이유로 발생하는 갈등이나 분쟁을 합리화하는 데 성경을 악이용해서는 안 된다. 누구든지 자기 자신 속에 있는 불법(비진리)을 버리는 데에 더욱더 힘쓰기 위해 믿음으로 간구하며 진리로서의 마음의 눈을 떠야만 한다. 그리고 그리스도를 위한 제자가 되고자 하여 사역자의 길에 들어서겠다고 결심을 하는 사람들은 이러한 영적인 싸움의 실체를 진리의 영으로 꼭 깨달아야 할 것이다. 그렇지 않으면 사람의 영을 살리는 사역을 하는 것이 아니라 오히려 율법적인 가르침으로 영혼들을 죽음의 길로 들어서게 하는 거짓 사역자가 될 수 있음을 명심하여야 한다.

| 03 |
진리를 향한 공격 대하32:1-21

　성경에 기록된 이스라엘 왕들과 전쟁에 참전하였던 방백들과 용사들은 단순하게 전쟁에 참여하였던 군인들이 아니라 하나님 나라를 확장하기 위해 영적인 전투를 감당하는 사역자들의 모형으로 보아야 한다. 그러나 역대 이스라엘 왕들은 우상을 숭배하여 하나님의 진노와 징계를 자초하기도 했는데 특히 아하스 왕 때는 이스라엘의 형제인 남쪽 유다를 노략질하고 그들의 아내와 자녀를 잡아 가는 죄를 저지르기도 하였다대하28:8. 이는 진리 안에서 하나가 되어야 하는 형제들이라도 우상에게 미혹이 된 상황에서는 분별력을 잃고 형제를 치고 해롭게 하는 죄를 범할 수가 있음을 나타내고 있다.

　대하28:17 이는 에돔 사람이 다시 와서 유다를 치고 그 백성을 사로잡았음이며

　이어서 에돔 사람(불법의 영)들이 유다를 치자 유다 왕 아하스는 하나님의 도움을 구하지 아니하고 앗수르 왕에게 사람을 보내어 도움을 구하였고, 여호와의 성전의 재물까지도 바치는 수치스러운 일을 행하였다대하28:24-25.

　하지만 그 아들인 히스기야 왕은 여호와의 성전을 다시 성결하게 하였고 성전 안의 모든 더러운 것을 끌어내어 기드론 시내로 가져가서 불살랐으며 하나님께 드리는 제사를 회복하였다대하29:16, 대하30:14-16. 그리고 이렇게 히스기야에 의하여 이스라엘의 회복이 시작되자 사탄은 히스기야를 그냥 보고만 있지 않았다대하32:1, 왕하18:13-37.

　대하32:1 이 모든 충성된 일 후에 앗수르 왕 산헤립이 유다에 들어와서 견고한 성읍들을 향하여 진을 치고 쳐서 취하고자 한지라

　사탄은 앗수르 왕과 그 부하의 영들을 충동질하여 히스기야를 공격하게 하였는데 표면상으로만 보면 앗수르 왕 산헤립이 예루살렘을 치러가게 된 것이다. 이는 히스기야가 하나님께 충성된 일을 한 후에 발생한 일이며대하32:1 위기에 처한 히스기야는 방백들을 동원하여 성벽을 보수하고 망대를 쌓고 무기와 방패를 준비하였지만 앗수르 왕 산헤립은 오히려 히스기야와 여호와의 이름을 비방하며 위협을 하였다대하32:10-17. 이와 같이 그리스도인이 겸비하고 자신을 성결케 하려 하면 사탄은 즉각 하나님의 사람들에 대하여 음해와 공격을 가한다는 것을 잘 드러내 주고 있다. 히스기야처럼 성전을 깨끗하게 하고 회복하게 하는 일은 사탄의 분노를 일으키게 되고, 이 악한 영과 그의 사자들은 진리를 소유하게 하는 하나님의 계획이 성취되지 못하도록 훼방을 하고 괴롭히는 일을 한다. 훼방과 공격을 할 때의 사탄의 군사력은 확실히 무섭고 매우 강력한데 앗수르 왕 산헤립은 히스기야와 백성들의 용기를 일시에 꺾어 주눅이 들게 할 만큼 무자비하게 공격한 것이다대하32:10-11.

대하32:10 앗수르 왕 산헤립은 이같이 말하노라 너희가 예루살렘에 에워싸여 있으면서 무엇을 의뢰하느냐

그럼에도 불구하고 히스기야와 이사야는 하나님을 향하여 기도하기 시작하였고 무엇보다도 하나님께 먼저 도움을 간구하였다대하32:8, 왕하19:35. 생명과 진리의 말씀에 순종한 히스기야의 기도에 대한 하나님의 응답은 한 천사를 보내어 하룻밤 사이에 앗수르 진영의 군사 십팔만 오천 명과 큰 용사와 대장과 지휘관들이 죽임을 당하게 하셨다대하32:21. 그뿐 아니라 히스기야를 죽이려 했던 산헤립은 고국에 돌아가 자기 아들의 칼에 찔려 죽게 되었다. 이는 악한 영들이 제아무리 강하게 보여도 하나님의 의에 대하여 대적한 결과는 패망임을 드러내어 준다.

그러므로 그리스도인들은 악한 세력의 핍박과 공격을 당할 때는 진리이신 하나님의 신실하심을 믿는 것이 승리를 하게 하는 큰 능력임을 믿어야 한다. 이렇게 진리를 소유한 자들의 기도는 역사하는 힘을 가지게 된다는 것을 믿고 끝까지 하나님을 신뢰하여야 한다약5:16. 하나님께서는 자신을 향하여 순종한 자들을 버리시지 않으시며 그들의 기도와 간구에 늘 귀를 기울여 주신다. 그러므로 진리의 말씀을 순종한 자들에게 불어닥친 위기는 오히려 하나님의 도우심과 임재를 경험할 수 있는 기적의 순간에 다다른 것이다.

04
칠십 인의 권능

눅10:17-18 칠십 인이 기뻐 돌아와 가로되 주여 주의 이름으로 귀신들도 우리에게 항복하더이다 예수께서 이르시되 사단이 하늘로서 번개같이 떨어지는 것을 내가 보았노라

칠십 인의 제자들이 예수 그리스도의 이름을 의지할 때 귀신들이 항복하였다고 하며 기쁨을 표현하였다. 이에 예수께서는 "사단이 하늘로서 번개같이 떨어지는 것을 내가 보았노라"라고 영적 승리를 선언하셨다.

1) 진리를 소유한 사역자들의 승리

이 말씀을 깊이 들여다보면 영혼을 구원하기 위한 사역의 본질이 무엇인지를 깨닫게 하신다. 성경에서 귀신이 항복하였다는 것은 인간의 영혼을 장악하고 있는 불법의 영이 예수 그리스도의 진리에 의하여 권세를 잃고 그 영혼에서 쫓겨나는 것을 말씀하고 있는 것이다. 사탄에게 점령당하여 고통 중에 있던 영혼이 진리의 빛으로 거듭날 때 하나님의 나라가 더 확장이 되는데 이것이 바로 사탄에 대한 통쾌한 승리이다.

눅10:19 내가 너희에게 뱀과 전갈을 밟으며 원수의 모든 능력을 제어할 권세를 주었으니 너희를 해할 자가 결단코 없으리라

진리의 영이 역사하는 곳에는 반드시 사탄이 미리 알고 영적 생명을 빼앗고 죽이고자 흉계를 꾸미지만 그는 결코 예수 그리스도의 권세를 이기지를 못한다. 왜냐하면 어두움은 빛을 절대로 이길 수 없기 때문이다.

막16:18 뱀을 집으며 무슨 독을 마실찌라도 해를 받지 아니하며 병든 사람에게 손을 얹은즉 나으리라 하시더라

그러므로 사탄이 가장 무서워하는 사람은 은사를 많이 가진 자도 아니며 기적을 경험한

자도 아닌 진리가 가장 강한 권세임을 아는 사람들이다. 이들에게 사탄이 쏘는 독은 아무런 소용이 없다. 또한 진리에 속한 이들은 영이신 말씀의 권세로 인하여 영혼이 병든 자를 치유할 수 있으며 가는 곳마다 귀신의 영을 내쫓을 뿐 아니라 불법의 주관자인 뱀의 머리를 상하게 할 수 있다.

2) 사역의 방향성이 올바르게 세워져야 한다

성경에 기록이 된 기적, 이적, 치유의 목적은 불법으로 더러워져 버린 영혼들이 치유를 받게 되는 것을 외적으로 계시하여 주신 것이다. 그런데 오늘날에 많은 사람들은 몸의 치유나 귀신 축사, 기적이 나타나면 그 모든 것을 하나님께서 역사하신 것으로 믿고 있지만 이것은 매우 위험한 일이다. 성경에서는 사탄이 보이는 표적이나 이적, 은사 등을 이용하여 세상을 미혹하고 있음을 경고를 하고 있다.

> 마7:22-23 우리가 주의 이름으로 선지자 노릇하며 주의 이름으로 귀신을 쫓아 내며 주의 이름으로 많은 권능을 행치 아니하였나이까 하리니 그때에 내가 저희에게 밝히 말하되 내가 너희를 도무지 알지 못하니 불법을 행하는 자들아 내게서 떠나가라 하리라

사탄도 그 나름대로는 자기가 하나님처럼 보이기 위하여 불법을 따르는 자들에게 보이는 권능과 기적을 역사하고 있는 것이다. 질병의 치유나 귀신 축사 등은 타 종교나 미신에서도 얼마든지 일어날 수 있는 현상들이다.

3) 보이는 육체의 질병이 하나님의 저주인가?

구약 성경에서는 죄로 인하여 질병이 발생할 수 있다는 것을 암시하는 말씀이 있다 신28:21-22. 물론 성경에서 말씀하시는 죄는 오늘날 사람들이 이해하고 있는 죄와는 차원이 다른 것이다. 그러나 많은 기독인들은 자신이 질병을 얻게 되면 모두 죄(보이는 율법을 범한 죄)로 인한 징계인 것으로 받아들이는 경향이 있다. 그러나 이제는 진리를 깨달은 그리스도인들은 영적인 시각으로 접근을 하여 해석을 해야 한다.

성경에서 죄로 인한 저주로 육체(몸)에 나타나게 된 질병은 모두 다 불법으로 인하여 인

간의 영에 임하게 되는 저주의 형태를 몸에 들러붙는 질병으로 표현을 한 것이다. 인간의 육체(몸)에 질병이 발생할 수 있는 주된 원인은 불법으로 인하여 불완전한 물질세계에 속하게 되었으므로 병을 얻게 되는 것은 자연적인 원리인데 인간이 가진 육체(몸)는 때가 되면 벗어야만 하는 낡은 겉옷에 불과하기 때문이다.

그리고 성경에는 이 세상의 선이나 악의 원리를 위반하면 하나님께로부터 징계를 받아 질병을 얻게 되는 것같이 보이지만 실제로는 보이는 세상 율법의 주관자인 사탄이 들러붙게 하고 있는 것이다. 사탄은 적절하게 하나님의 이름을 도용해 가면서 이 세상에서 자기가 하나님인 것처럼 행세를 하며 세상을 제압하고 있는 것이다.

그러므로 인간의 몸에 나타나는 모든 질병은 영과 진리이신 하나님과는 무관한 일임을 알아야 한다. 그런데 많은 사람은 자기의 육신이 연약하거나 질병을 얻게 되면 그것을 하나님께 책임을 돌리거나 원망을 하기도 하고 또는 살려 달라고 기도를 드리기도 한다. 분명히 알아야 할 것은 성경에서 기록이 되어 있듯이 하나님께서 질병을 통하여 징계를 하시거나 저주를 하시는 말씀은 우리가 일반적으로 이해를 하고 있는 것과 같이 몸(body)에 질병을 주시는 것을 말씀하시고자 함이 아니다.

성경에서 몸에 질병이 난 것으로 표현이 된 것은 영적으로 그의 영혼이 병든 것을 외적인 질병으로 표현을 한 것이다. 예를 들자면 중풍병에 걸린 자가 나음을 얻었을 때에 예수님께서 그에게 하신 말씀은 네 몸의 중풍병이 나았다라고 하신 것이 아니라 "네 죄 사함을 받았으니라"라고 하신 것을 통하여도 알 수가 있다. 깊이 들여다보면 죄로 인하여 고통을 당하는 것은 그의 몸(육체)이 아니라 영혼 자체인 것이다. 아울러 성경에서 말씀하시는 치유는 전부 인간의 영혼을 근본적으로 죄의 병으로부터 치유하시기 위한 말씀일 뿐 몸을 치유하기 위한 말씀은 단 한 구절도 없는 것이다. 그러므로 그리스도인의 육체(몸)가 건강하지 못하다고 하더라도 그의 영이 진리의 영인 말씀과 연합이 되었다면 그에게 하나님의 나라가 임하게 된 것이며 그는 매우 건강한 사람이 된 것이다. 그러므로 진정한 사역자들은 육신(몸)의 병을 고치겠다고 소리치지 말고 인간의 영을 치유하시는 진리의 말씀으로 무장을 하여야 마땅한 일이다. 오늘날에 성경을 세상 율법으로 해석하여 거짓 교훈에 얽매이게 하는 것은 수많은 영혼들을 무덤 안에 가두어 놓고 있는 것과 같다. 그들을 풀어놓아 자유하게 하여야 하는 사명이 진리의 말씀을 받은 자들에게 있는 것이다. 인간의 영을 묶어 놓은 죄에서 해방이 되게 한다면 그 불법 때문에 고통을 받으므로 인하여 그의 육체에 함께 짊어지고 있던 보이는 질병들이 낫게 되거나 호전이 될 수도 있을 것이다. 그러나 그러한 현상은 진리에 의하여 따르는 현상일 수는 있어도 근본적인 복음의 목적은 아닌 것이다. 그러므로 이제 우리는 뱀과 전갈을 밟으며 공중영계 안에서 역사하고 있는 좀비 같은 악령들이 하늘로부터 번개같이 떨어지게 할 칠십 인 같은 하나님의 사역자들을 보내 주시기를 간구할 뿐이다.

만약에 몸은 고칠 수 있어도 영혼의 고통을 해결하지 못한다면 무슨 의미가 있겠는가? 종교적인 교훈은 늘 더웁게 하라, 평안하라, 배부르게 하라고 하는 이론만 읊어 댈 뿐 영혼을 자유하게 풀어 주는 능력이 없다. 성경에서는 이것을 물 없는 구름과 같다고 한다. 진리의 말씀을 소유한 하나님의 사역자들과 그리스도인들은 사탄(뱀)의 머리를 내리찍어 버릴 수 있는 강력한 권세를 가진 자들이다. 이것은 한순간도 멈추지 아니하는 영적인 전쟁이며 처참할 만큼 치열한 싸움인 것이다.

> 눅10:19 내가 너희에게 뱀과 전갈을 밟으며 원수의 모든 능력을 제어할 권세를 주었으니 너희를 해할 자가 결단코 없으리라

| 05 |
하나님의 군사와 일꾼

> 레26:7-8 너희가 대적을 쫓으리니 그들이 너희 앞에서 칼에 엎드러질 것이라 너희 다섯

이 백을 쫓고 너희 백이 만을 쫓으리니 너희 대적들이 너희 앞에서 칼에 엎드러질 것이며

1) 일꾼에게 주시는 상급

이 세상에는 물질적인 수입을 얻고자 노동을 할 사람은 많으나 일자리가 적어 실업난으로 고통을 겪는 사람들이 많다. 그러나 보이지 아니하는 영혼에게 필요한 양식을 공급하는 사역을 담당하기 위한 예수 그리스도의 일꾼들은 찾아보기가 쉽지 않다.

딤전5:18 성경에 일렀으되 곡식을 밟아 떠는 소의 입에 망을 씌우지 말라 하였고 또 일군이 그 삯을 받는 것이 마땅하다 하였느니라

하나님의 말씀은 세상에 속한 것이 아니기에 하나님의 일꾼이 받게 되는 품삯도 역시 이 세상에 속한 물질적인 보상을 언급하시는 것은 아니다. 하나님 나라의 일들을 감당한 의의 일꾼에 대한 품삯은 이 세상과는 가히 비교할 수도 없는 영광스러운 것들이다.

벧전5:4 그리하면 목자장이 나타나실 때에 시들지 아니하는 영광의 면류관을 얻으리라

베드로 사도는 영혼을 인도한 일꾼들에게 그리스도께서 예비하신 영광의 면류관을 주실 것이라고 말하였다. 이렇게 영원히 빛나는 영광의 면류관을 얻게 될 일꾼들은 많은 영혼을 옳은 길로 인도하는 일에 헌신한 사람들이다. 그들은 오직 진리의 말씀만을 전하는 것에 자기의 생애를 바치며 말씀으로 인하여 고난과 핍박을 받는 것을 감수한 그리스도의 군사들이다.

단12:3 지혜 있는 자는 궁창의 빛과 같이 빛날 것이요 많은 사람을 옳은 데로 돌아오게 한 자는 별과 같이 영원토록 비취리라

2) 준비되어야 할 군사

이스라엘 군대는 적군과 싸우려 할 때 전쟁터에 나아갈 전사를 소집했는데, 다음과 같은 상황에 있는 자는 이스라엘의 군사로 선발하지 않았다. 새집을 짓고 낙성식을 하지 못

한 자, 포도원을 만들고 그 과실을 먹지 못한 자, 여자와 약혼하고 결혼하지 못한 자, 그리고 마음이 허약하여 두려운 자들은 이스라엘 군대의 전사가 될 수 없었다.신20:5~8.

눅9:62 예수께서 이르시되 손에 쟁기를 잡고 뒤를 돌아보는 자는 하나님의 나라에 합당치 아니하니라 하시니라

이런 저런 사유로 인하여 마음에 미련이 남아 적진을 응시하는 것을 주저하는 이들은 목숨을 다 바쳐 전쟁터에서 싸울 수 없다. 이러한 사람들은 아직 세상이라는 육신(불법)의 지배를 많이 받고 있는 어린 상태이거나 허약한 영혼이기에 복음을 위한 영적 전쟁에 내보낼 수 없는 사람들이다. 그러므로 하나님께서는 이 시대에도 치열한 영적 전쟁에 참전을 해야 할 일꾼들을 부르시며 다음 시대를 위한 일꾼들을 준비해 가고 계신다.

3) 군사의 자격

눅14:33 이와 같이 너희 중에 누구든지 자기의 모든 소유를 버리지 아니하면 능히 내 제자가 되지 못하리라

자기의 영혼에 육신의 정욕에 속한 옛 구습이 남아 있는 자는 하나님 나라의 확장을 위한 영광스러운 전투에 참전할 수 없다. 예수 그리스도를 따르는 제자가 된다고 하는 것은 신학 공부를 하여 교회 안에서 직분을 받는 것을 의미하는 것이 아니다.

기독교회 안에서 어떤 직분을 받는다고 하는 것은 기독교적인 행정과 질서에 속한 것일 뿐 예수를 따르는 제자가 갖추어야 할 본질과는 아무 상관이 없는 것이다. 그리스도를 따르는 제자는 성경에 이른바와 같이 '자기의 모든 소유'를 버리고 예수님만을 따르는 자를 의미한다. 성경에서 말씀하는 '자기의 소유'란 눅16:19 이하에서 기록되어 있듯이 부자가 여러 해 동안 쌓아 놓았던 재물과 소출인데 이것은 물질적인 소유를 말하는 것이 아니라 세상에서 진리같이 좋아 보이는 '사람의 의'를 가리키고 있다.

사람들은 각자 자기 영혼의 방과 창고 안에 진리같이 보이는 세상 교훈이라는 재물(사람의 의)을 가득 쌓아 두고 있지만 그것들이 잠시 보이다가 없어질 것임을 모르고 있다.

마19:21 예수께서 가라사대 네가 온전하고자 할찐대 가서 네 소유를 팔아 가난한 자들을 주라 그리하면 하늘에서 보화가 네게 있으리라 그리고 와서 나를 좇으라 하시니

예수님과의 대화 중에 나타난 청년은 실제적으로 돈이 많은 부자이었을 수도 있다. 그러나 예수님의 말씀은 그 사건을 통하여 영과 생명을 계시해 주시고 있으므로 우리는 그 내용을 영과 진리의 시각에서 들여다보아야 한다. 특히 마19장에 기록이 된 부자 청년은 자기가 율법을 열심히 지키고 있었기에 자신만큼은 넉넉하게 하나님의 자녀로 인정을 받게 될 것을 확신하고 있었는데 그가 예수님께 반문을 하고 있는 언행에서도 잘 나타나고 있다.

마19:20 그 청년이 가로되 이 모든 것을 내가 지키었사오니 아직도 무엇이 부족하니이까

이 부자 청년은 땅에 속한 보이는 율법(계명)을 진리로 여기고 자기 스스로 볼 때 의로울 만큼 충실히 지키고 있었다. 이러한 모습은 유대인들과 바리새인들이 볼 때는 하나님의 의를 소유한 자로 인정을 하였을 것이다. 그러나 영과 진리 안에서 보면 그는 보이는 땅의 계명이라는 목줄에 묶여 있으면서 세상 주관자가 거두어 갈 재물(땅에 속한 의)을 열심히 끌어모으고 있는 불쌍한 영혼이다. 그래서 예수님께서는 청년이 그동안 열심히 쌓아 온 땅의 재물(사람의 의)을 오히려 가난한 자들에게 주라고 하신 것이다.

왜냐하면 그가 가진 불법의 본질은 공허하여 자기만을 위하여 소유하는 개념이지만 진리는 주는 것이 본질이기에 그 청년은 자기 속에 있는 불법을 진리로 바꾸어야 하는 것이다. 그래서 예수님께서 부자 청년에게 말씀하시길 재산을 팔아서 가난한 자들을 구제하고 나를 좇으라고 하신 것이며 오늘날 사람들이 이해하고 있는 대로 돈이 많은 자들이 반드시 물질적인 구제를 하여야만 구원을 얻는다고 이해를 하는 그런 말씀이 아니다.

마19:24 다시 너희에게 말하노니 약대가 바늘귀로 들어가는 것이 부자가 하나님의 나라에 들어가는 것보다 쉬우니라 하신대

그러므로 더러운 불법 안에서 세상의 의를 소유하여 부자가 된 영혼들은 자기가 가진 것을 과감하게 버리지 아니하면 그 영혼은 하나님 나라에 절대로 들어갈 수가 없다.

4) 군사들의 우선순위

눅9:60 가라사대 죽은 자들로 자기의 죽은 자들을 장사하게 하고 너는 가서 하나님의 나라를 전파하라 하시고

그러나 예수님이 제자들을 부르실 때에 그중 한 명이 "주여 나로 먼저 가서 내 부친을 장사하게 허락하옵소서"마8:21라고 하며 육신의 부모와 형제를 걱정하였다. 성경에서는 인간의 영 안에 뿌리를 박고 숨어 있는 육신(혈육, 땅)에 속한 불법의 속성을 아버지, 부모, 형제라고 표현을 하였다. 실제로 세상에서 가장 강하게 얽혀져 떼어 낼 수 없는 것이 바로 혈육의 관계인데 이것은 불법이 그러한 특성을 가지고 인간의 영 안에 연합이 되어 있는 것을 나타내고 있다. 예수님께서는 당시에 부친과 형제자매들의 일을 걱정하고 있는 제자들에게 말씀하시는 것을 통하여 그리스도를 따르고자 하는 수많은 영혼들에게 가장 중요하며 우선 적인 일이 무엇인가를 말씀하신 것이다.

진리로 영혼이 자유롭게 된 자는 진리를 대적하는 수도 없이 많은 영(혈과 육에 속한 교훈)들과 대결을 할 수 있는 깨끗함과 담대함을 가져야 하는데 이것이 영적인 그리스도의 군사가 갖추어야 할 조건이다.

5) 말씀을 분별하는 눈

딤후2:15 네가 진리의 말씀을 옳게 분변하며 부끄러울 것이 없는 일군으로 인정된 자로 자신을 하나님 앞에 드리기를 힘쓰라

그리스도의 군사가 된 사람들은 그의 영이 불법으로부터 깨끗하게 되고딤후2:21 자기 영 안의 내적인 전투에서도 이기는 자이다. 사도 바울은 이 전쟁을 '선한 싸움'이라고 하였는데 자신이 달려가야 할 길을 마치고 나면 주님께서 예비해 두신 의의 면류관을 그에게 주실 뿐만 아니라 '주의 나타나심을 사모하는 모든 자와 이 싸움의 대열에 함께 선 자들에게도 주실 것이라고 고백하였다딤후4:8.

그런데 하나님의 군사가 되기 위한 가장 중요한 조건은 육체와 영을 분별할 줄 아는 눈이 열린 자이어야 한다. 사탄은 에덴동산에서 이미 아담의 눈을 불법 안에서 눈이 밝아지게 하였기에 그 후 모든 인간은 불법으로 눈이 밝아진 채로 태어난다. 진리 안에서 영과 육체를 분별하는 눈이 열리지 않은 자는 어두운 자이며 영적인 수치를 가진 자이기에 절대로 군사가 되어서는 안 된다. 설사 그가 외적으로 기독교회에서 어떤 중요한 직임을 맡고 있다고 하더라도 실제로는 하나님의 사람이 아니거나 미성숙한 어린아이일 가능성이 있다. 이렇게 분별을 하지 못하는 영적인 장애를 가진 사람이 하나님의 이름을 외치며 남을 가르치는 것은 세상에서 가장 부끄러운 일이 아닐 수 없다. 그런데 이렇게 부끄러운 일이 실제로 라오디게아 교회의 사자에게서 발생하였던 것이다.

계3:17 네가 말하기를 나는 부자라 부요하여 부족한 것이 없다 하나 네 곤고한 것과 가련한 것과 가난한 것과 눈먼 것과 벌거벗은 것을 알지 못하도다

많은 사람은 위의 말씀에 대하여 라오디게아 교회의 사자가 열심을 내지 못하는 미지근한 신앙이었기에 예수님으로부터 책망을 받았을 것이라고 이해를 하기도 한다. 그러나 라오디게아 교회는 오늘날에 하나님의 축복으로 인하여 성공한 것처럼 보이는 교회의 목회자이었기에 그의 신앙이 미지근하였을 것이라고 추측을 해서는 안 된다. 예수님께서 그에게 인간적인 열심을 요구하시는 것이 아니라 그 목회자의 눈이 어두워 진리(영)와 불법(육체)을 혼돈하고 회색 지대에 머물고 있는 것에 대하여 경고를 하신 것이다. 이는 그의 눈이 어둡기에 자주 육체에 속한 교훈을 영으로 착각하는 수치스러움이 그에게 있었음을 나타내고 있다. 그러므로 그리스도의 군사가 되고자 하는 자는 수치스러운 것이 무엇인지를 분명하게 깨달아야 한다. 이것을 명확하게 깨닫지 못한다면 그는 음란하여 불법과 연합을 하게 하는 길로 영혼들을 인도하게 될 것이다.

계3:18 내가 너를 권하노니 내게서 불로 연단한 금을 사서 부요하게 하고 흰 옷을 사서 입어 벌거벗은 수치를 보이지 않게 하고 안약을 사서 눈에 발라 보게 하라

6) 감동되어 자원하는 자

하나님께서는 언제나 말씀에 감동을 받아 자원하는 자들을 통하여 역사를 하신다.

출35:21 무릇 마음이 감동된 자와 무릇 자원하는 자가 와서 성막을 짓기 위하여 그 속에서 쓸 모든 것을 위하여, 거룩한 옷을 위하여 예물을 가져 여호와께 드렸으니

오늘날 사역자들이 교인들에게 감동된 자들로 하여금 헌금을 할 것을 가르치기도 한다. 감동이라는 것은 마음이 움직인 것을 의미하는데 그 마음을 움직이게 한 것이 인간적인 의에 의한 것인지 아니면 영과 진리에 의하여 감동이 되었는지가 중요하다. 하나님께서는 하나님의 말씀에 감동한 자들을 통하여 성전이나 성막을 짓는 사역을 하게 하셨다. 그러므로 큰 그림으로 보면 하나님의 말씀을 전한다고 하는 것은 한 영혼 안에 하나님을 모시는 영적인 성전을 지어가는 것이기도 하지만 하나님 나라라고 하는 거대한 나라를 확장해 가는 일이기도 하다. 여기에는 기독교의 어떤 종파나 학파의 구분이 있을 수 없으며 오로지 영과 진리로 지어졌는가 하는 것이 중요한 것이다.

아울러 하나님의 군사가 되는 이유를 말하는 데 있어서 다른 사유가 존재할 수 없다. 예를 들어 아버지가 목사이기에 아들이 그 사역을 이어받아야 해서 사역자가 되었거나, 꿈에 어떤 계시를 받았거나, 또는 신령한 이적을 경험하였다고 해서 하나님이 자기를 부르셨다고 합리화를 해서는 안 된다. 오늘날에 하나님께 부름을 받은 종이라고 자칭하는 사람들 중에는 불법으로 분탕질을 하고 있는 것을 충분히 목도하고 있지 않은가? 이 모든 악한 일들이 바로 자기가 하나님의 감동을 받은 자라고 시끄럽게 종을 치는 자들에 의하여 자행이 되고 있는 일이다. 한마디로 하나님의 군사로 부르심을 받는다는 것은 영과 진리의 말씀에 의하여 감동이 되어 진 자들을 말하고 있다. 그들은 절대적으로 영과 진리의 말씀을 섬기지 아니하고 다른 교훈을 받들 수 없도록 하나님에 의하여 자기 마음이 움직여진 사람들이다.

출35:34-35 또 그와 단 지파 아히사막의 아들 오홀리압을 감동시키사 가르치게 하시며 지혜로운 마음을 그들에게 충만하게 하사 여러가지 일을 하게 하시되 조각하는 일과 공교로운 일과 청색 자색 홍색실과 가는 베실로 수놓는 일과 짜는 일과 그 외에 여러 가지 일을 하게 하시고 공교로운 일을 연구하게 하셨나니

이와 같이 강력한 그리스도의 군사라는 것은 설교를 잘하여 많은 사람을 이끌 수 있는 능력이 있는 것이나 사람들이 많이 모이는 대형 교회를 이루는 것과는 아무런 상관이 없다. 오로지 영과 진리로 깨끗하게 되어 그 진리에 충성을 하는 자들인데 이러한 자들이 하나님의 나라 확장을 위한 군사들임을 알아야 한다.

| 06 |
반드시 해야 할 순종 삼상15:1-23

삼상15:3 지금 가서 아말렉을 쳐서 그들의 모든 소유를 남기지 말고 진멸하되 남녀와 소아와 젖 먹는 아이와 우양과 약대와 나귀를 죽이라 하셨나이다

아말렉 족속은 에서의 후예인데 창36:12 성경에서는 "에서의 아들 엘리바스의 첩 딤나는 아말렉을 엘리바스에게 낳았으니" 창36:12 라고 기록하고 있다. 아말렉 족속들은 이스라엘이 애굽에서 나올 때 길에서 이스라엘을 대적한 족속으로 이들은 진리를 대적하는 악한 영들을 상징하고 있다 출17:8. 그리하여 하나님께서는 훗날 사울 왕에게 아말렉을 진멸하라고 하셨던 것이다.

1) 사울 왕의 불순종

삼상15:9 사울과 백성이 아각과 그 양과 소의 가장 좋은 것 또는 기름진 것과 어린양과 모든 좋은 것을 남기고 진멸키를 즐겨 아니하고

사울 왕이 하나님의 명령에 불순종하여 아말렉에 속한 모든 것을 다 죽이지 않고 보기에 좋은 것들을 하나님께 제물로 드리기 위하여 남겨 둔 것은 옳은 선택을 한 것으로 비춰질 수 있다. 상식적으로 보면 좋아 보이는 것까지 다 죽이는 것은 큰 손실이 아닐 수 없다. 그러나 하나님의 거룩의 차원에서 보면 아말렉에 속한 것을 다 진멸하라는 말씀에 대하여 사울 왕은 이스라엘을 위하여 반드시 순종을 했어야만 했다. 앞서 말했다시피 아말렉 족속은 이스라엘 백성들로 하여금 약속의 땅에 이르지 못하도록 방해를 하는 악한 영들이기 때문이다.

> 삼상15:15 사울이 가로되 그것은 무리가 아말렉 사람에게서 끌어 온 것인데 백성이 당신의 하나님 여호와께 제사하려 하여 양과 소의 가장 좋은 것을 남김이요 그 외의 것은 우리가 진멸하였나이다

좀 더 상세하게 살펴보면 아말렉에 속한 것들 중에는 좋은 것과 기름진 것이 있었는데 이것들은 이 세상에 속한 불법이 선하고 아름다운 모양새를 갖추고 있다는 것을 의미하고 있다.

그러므로 사울 왕은 아말렉에 속한 것들의 정체를 분별하지 못하고 겉으로 보아 좋게 보이는 것들을 가치가 있다고 판단한 잘못이 있는 것이다. 다시 말하면 인간적인 선(불법)에 대하여 그것을 하나님께 드릴만한 가치가 있는 것으로 바라보는 우매함이 있었다는 것이다. 이것이 바로 하나님께서 사울을 버리신 결정적인 이유이다. 영이신 하나님께서 보실 때는 아말렉에 속한 것들은 모두 육체를 따라간 에서와 함께 땅에 속한 것들이다. 이는 아말렉에서 끌어온 것을 하나님께 드리려고 하였던 사울 왕의 무지한 행위가 그의 영의 눈이 얼마나 어두웠는지를 드러낸 것이다. 그런데 오늘날에 백성을 인도할 만한 지도자로서의 영 안을 가지지 못한 채 이렇게 어처구니없는 일을 행하고 있는 사람들이 어디 한두 사람뿐이겠는가?

2) 우상이 차려놓은 음식

오늘날 사울 왕과 같이 우상이 좋아하는 '땅에 속한 의의 제물'을 신전 앞에 차려 놓고 세상이 부러워할 만큼 선한 명분을 내세우며 하나님께 드리는 것이라고 광고를 하는 어리석은 사람들이 많다. 물론 이러한 해석에 대하여 동의하고 싶지 않은 거부감이 자기 마음 속에서부터 올라오는 사람도 있을 수 있다. 그러나 자기의 영혼과 자신을 따르고 있는 영

혼들의 소중함을 생각한다면 아무런 가치도 없는 자기의 자존심을 잠시 내려놓고 성경을 통하여 말씀하시는 세미한 음성에 귀를 기울이기를 권면한다.

일반적으로 사람들은 이 세상의 선이나 의가 하나님께 속한다고 당연시하며 믿고 있기 때문에 그 본질 자체가 불법에서 나온 악이라는 것을 인정하지 않는다. 그들은 오히려 "예수를 믿는 사람들은 세상에 본을 보여야 하기에 선하고 착하게 살아야 하고 이런 것들을 본받아야 한다"라고 하며 인간의 행위적인 선을 하나님께 속한 선이라고 여기고 그런 것들을 열심히 하나님께로 가져가고 있다.

어쩌면 오늘날의 기독교회도 역시 기름지고 살찐 것들을 하나님께 드려야 한다고 선동을 하고 있는 실정이다. 그러나 반드시 알아야 하는 것은 하나님께서 받으시는 제물은 사람의 의가 아니며 그리스도의 율법(또는 자유하게 하는 율법)을 깨달아 소유하게 된 예수 그리스도의 의와 연합한 믿음만이 하나님께서 받으시는 향기로운 제물이 된다는 사실이다. 그러므로 그리스도인은 아담 안에서 먹은 선악과의 선(타락한 양심)을 의의 기준으로 삼아 연합해서는 안 된다.

아말렉을 진멸하라는 말씀은 불법에 속한 선악의 명분을 자기의 영 안에 들여놓지 말고 죽여야 한다는 말씀이다. 이 세상의 선이나 사람의 의라고 하더라도 그런 것들을 맛보지도 말고 붙잡지 말고 그런 것들에 얽매이지도 말아야 한다고 하시는 말씀을 우리는 새겨들어야만 한다. 이것이 우리가 싸워야 할 진정한 영적인 싸움이다.

3) 있을 수 없는 타협

악한 영인 원수는 아주 고운 모습을 하기도 하고 아름다운 모습으로 가장하기도 하지만 그리스도의 의(진리) 외에는 선한 것이 없음을 알고 속지 말아야 한다. 이렇게 겉으로 좋아 보이는 전술에 속은 사울 왕은 하나님이 죽이라고 하였던 아말렉 왕조차 죽이지 않고 사로잡기만 하였고 결국 하나님 앞에서 버림을 받게 되었다. 우리는 이 세상에서는 윤리나 도덕 안에서 인간적인 동정심과 자비심, 긍휼 등이 필요하겠지만 그것들이 완전한 진리에 속한 것들이 아니라는 것을 알아야 한다. 그로 인해 그리스도인이 불법에 대한 분별력이 약해져서 자기의 의로 삼는 순간에 그의 영이 다시 불법에 속하게 된다는 사실을 기억해야 한다. 우리는 언제든지 자기의 영 안에서 아말렉과 같은 불법의 영들이 공격하고 있음을 알고 아말렉의 왕 아각의 목은 반드시 진리이신 말씀의 검으로 내리쳐야만 한다. 오늘도 하나님은 우리에게 아말렉 족속에게 속한 것을 모두 다 진멸하라고 명령하고 계신다.

07
요시야의 개혁

히스기야의 뒤를 이어 유다 왕이 된 므낫세는 부친 히스기야가 헐어 버렸던 신당을 다시 세우며 이스라엘 왕 아합의 행위를 따라 바알신을 섬기고 아세라 목상을 만들며 일월성신을 경배하게 한 죄로 바벨론에 끌려갔다가 후일에 회개하여 유다로 돌아오게 된다^{대하 33:10-13}. 므낫세와 그의 아들 아몬이 죽은 후 요시야가 유다 왕위에 오른 후 그는 그의 조상 다윗의 길로 향하며 좌우로 치우치지 않았다^{왕하22:2}.

1) 요시야가 행한 개혁

대하34:3 유다와 예루살렘을 비로소 정결케 하여 그 산당과 아세라 목상들과 아로새긴 우상들과 부어 만든 우상들을 제하여 버리매

요시야는 우상을 제하여 버리고 하나님께 다시 제사를 드리게 되면서 예수 그리스도의 희생의 의미하는 제사를 드려 기념하게 하였다. 이는 유월절을 지키는 것인데 모형적으로 보면 예수 그리스도의 십자가의 보혈을 통한 대속의 신앙을 회복하게 한 것이며^{대하35:10-11}

우상을 버리게 함으로써 예루살렘을 정결하게 한 것이다. 여기서 그치지 않고 바알과 아세라와 일월성신을 위하여 만든 모든 그릇들을 성전에서 내어다가 예루살렘 바깥에 있는 기드론 밭에서 불살라 버렸다 왕하23:4.

왕하23:6 또 여호와의 전에서 아세라 상을 내어 예루살렘 바깥 기드론 시내로 가져다가 거기서 불사르고 빻아서 가루를 만들어 그 가루를 평민의 묘지에 뿌리고

악한 귀신의 가르침들도 그 나름대로는 조작하여 만들어 낸 시스템과 논리적인 구조를 가지고 있다. 그래서 거룩한 성전이 되어야 할 인간의 영혼 안에는 매우 논리적이고 진리처럼 보이는 귀신의 가르침이라는 시스템이 작동하고 있는 것이다. 그 당시에 더러운 우상이 여호와의 성전에 있었지만 정작 그 가르침을 따라가는 백성들은 신처럼 행세를 하고 있는 바알과 아세라가 불법인 줄을 모르고 있었다. 그래서 요시야는 이러한 우상(불법)을 끌어내어 불사르고 가루로 만들어서 무덤에 뿌렸는데 이는 철저한 정결, 정화와 개혁을 의미하며 이런 것들은 진리의 불로 태워 버려야 함을 나타내고 있다.

또한 바알과 아세라 제사장들을 다 제단 위에서 죽이고 그들의 해골을 제단 위에서 불살랐는데 왕하23:20, 이들은 거짓 교훈으로 백성들을 미혹하여 바알과 아세라에게 향하게 하는 사탄에 속한 악령들이기 때문이다. 오늘날에도 거짓 교훈을 가르치고 있는 자들의 영 안에는 악한 영이 배후에서 역사하고 있는 것이므로 진리로 그 불법의 권세들을 물리쳐야만 한다.

대하34:11 곧 목수와 건축하는 자에게 붙여 다듬은 돌과 연접하는 나무를 사며 유다 왕들이 헐어버린 전들을 위하여 들보를 만들게 하매

그런 다음 요시야는 성전의 보수 및 예배의 회복을 위해 여호와의 전의 헌금을 사용하여 일꾼들을 채용하여 여호와의 성전을 지키고 수리, 감독하게 하였다 대하34:9-13. 이처럼 오늘날에도 보이지 않은 성전, 즉 그리스도인의 무너진 성전을 위해 다듬은 돌로 수축해야 하는 하나님의 일꾼들이 필요하다. 이러한 일이 매우 소중하며 이것이 영적인 제사를 드리는 일이며 성전의 회복인 것이다.

왕하23:22-23 사사가 이스라엘을 다스리던 시대부터 이스라엘 열왕의 시대에든지 유다 열왕의 시대에든지 이렇게 유월절을 지킨 일이 없었더니 요시야왕 십팔 년에 예루살렘에

서 여호와 앞에 이 유월절을 지켰더라

'여호와의 율법책'을 읽으며 하나님의 진노의 원인이 말씀을 준행하지 않았던 것임을 깨달은 요시야는 백성들에게 이를 일깨우는 일을 하였다대하34:20~21. 그리고 이전 왕들로 인해 선지자 사무엘 이후 지키지 않았던 유월절을 다시 지키도록 하였다대하35:16~19.

2) 개혁이 필요한 성전

기독교인의 영혼 안에도 끄집어내어 불살라 버려야 할 우상의 제단, 그릇, 목상이 즐비하게 놓여 있을 수 있다. 다만 이것들이 가증한 불법에 속한 것들임을 깨닫지 못하고 오히려 우상을 숭배하는 데 사용하고 있을 수도 있다. 그런데 이런 것들이 문자 그대로 제단, 목상, 그릇 등의 유형적인 것이라면 오늘날에 누가 속아 넘어가겠는가? 그러나 금식, 봉사, 선행, 헌금, 철야기도, 작정기도, 일천번제, 사십 일 새벽기도회, 주일성수 등의 곱고 아리따운 자색 옷눅16:19을 걸쳐 입게 되면 저절로 좋은 믿음으로 착각하게 만들어 버린다. 그러므로 성전(영혼) 안에 숨겨진 불법을 모두 끌어내어 불사른 뒤 그리스도의 율법을 발견하여 완전한 하나님의 의 안으로 들어가는 것만이 하나님께서 원하시는 개혁이다. 이것이 요시야의 개혁을 통하여 오늘날의 그리스도인에게 전해 주고 있는 메시지이다. 그러나 요시야 이후에 이스라엘 민족은 하나님의 경고를 듣고도 돌이키지 않고 우상을 섬기고 있다가 하나님의 진노를 받아 바벨론(악령)에게 포로로 끌려가게 되었다.

| 08 |
다윗과 용사들 삼하21:15-22

삼하21:16 장대한 자의 아들 중에 삼백 세겔중 되는 놋창을 들고 새 칼을 찬 이스비브놉이 다윗을 죽이려 하므로

블레셋이 이스라엘을 공격하던 중에 블레셋의 거인족인 이스비브놉이라는 자가 다윗이 지쳐 있는 틈을 이용하여 그를 죽이려 하였다. 이렇게 성경에서 이스라엘을 대적하거나 죽이려고 하는 족속과 인물들은 영적 생명을 가진 그리스도인들을 죽이려고 하는 악한 영들을 상징하고 있는데, 사탄은 특별한 사명을 가진 사역자들이나 그리스도인들을 상대할 때에는 그의 군대 중에서도 강한 악령들을 보내어 공격하는 것을 나타내고 있다. 다윗 왕은 진리의 말씀을 소유한 자로서 신약 시대에 오실 예수 그리스도를 예표하는 인물이므로 사탄이 보기에는 반드시 죽여야 했던 것이다. 또한 성경에서는 다윗 왕이 끊임없이 치렀던 전투들을 통하여 악한 영들은 숨 쉴 새 없이 그리스도인들을 공격하고 있다는 사실을 잘 보여 주고 있다. 그러므로 이처럼 진리를 소유한 자들의 삶은 치열할 수밖에 없고 하나님 나라에 들어가기까지 연속적으로 영적인 전쟁을 하여야만 한다.

삼하21:15 블레셋 사람과 싸우더니 다윗이 피곤하매

그리스도인이 치러야 하는 영적인 싸움은 휴전이 있을 수 없는 격렬한 싸움이기에 사역자들이라고 할지라도 지치는 순간이 있을 수밖에 없다. 그러므로 하나님의 사역을 감당하고 있는 자들도 언제나 용감하거나 충만할 수 없기에 영적인 충전과 휴식이 필요한 것이다. 그래서 이러한 전쟁에서 용사들 간에 협력의 필요성은 일일이 열거할 필요가 없을 정도로 중요한 것이다. 그리스도의 군사들은 전열을 함께 가다듬고 적진을 함께 주시하여야 하고 대적의 공격으로부터 서로 보호해 주어야 한다는 공동체 의식을 가져야 한다. 이러한 공동체 의식은 가장 강력한 전투력을 발휘하게 하는 힘과 원동력이 된다고 하는 사실을 인류 역사상의 전쟁을 통하여 이미 입증이 되었다.

> 삼하21:17 스루야의 아들 아비새가 다윗을 도와 그 블레셋 사람을 쳐 죽이니 다윗의 종자들이 다윗에게 맹세하여 가로되 왕은 다시 우리와 함께 전장에 나가지 마옵소서 이스라엘의 등불이 꺼지지 말게 하옵소서 하니라

다윗이 싸움에서 지쳐 있을 때 아비새라는 용사가 다윗을 도와 이스비브놉과 싸워 그를 쓰러뜨렸고 용사들은 이스라엘을 위하여 다윗을 보호하여야 하기에 전쟁에 직접 나가지 말라고 충언을 하였던 것이다.

> 삼하21:22 이 네 사람 가드의 장대한 자의 소생이 다윗의 손과 그 신복의 손에 다 죽었더라

십브개는 거인족의 아들인 삽을 쳐 죽였고 엘하난은 골리앗의 아우 라흐미를 죽였으며 또한 다윗의 형 삼마의 아들 요나단이 거인족의 소생을 죽였다. 이와 같이 이스라엘에는 전쟁터에서 활약을 한 용사들이 있었기에 대적과의 싸움에서 승리할 수가 있었던 것이다.

이스라엘이 가나안을 정복하게 되는 과정을 보면 일반 백성들이 전쟁에 참여하여 가나안 땅의 정복을 이루어 낸 것이 아니라 백성 중에서 뽑혀진 용사나 군사들을 통하여 정복하게 되었다.

> 대상11:10 다윗에게 있는 용사의 두목은 이러하니라 이 사람들이 온 이스라엘로 더불어 다윗의 힘을 도와 나라를 얻게 하고 세워 왕을 삼았으니 이는 여호와께서 이스라엘에 대하여 이르신 말씀대로 함이었더라

오늘날에도 공중 권세를 잡은 사탄은 이스비브놉과 같이 막강한 힘을 자랑하는 악령들을 곳곳에 보내어 하나님의 용사들을 공격하고 있다. 그러므로 그리스도인들은 현실적으로 보이는 일들에만 집중하지 말고 모든 일의 배후에서 이스비브놉 같은 영이 역사하고 있음을 알고 전열을 가다듬어야 한다. 그리고 진리로 완전히 무장하여 강한 군사가 되어야 하고 기독교회는 하나님의 뜻에 따라 다음 시대를 대비하기 위한 그리스도의 군사들을 양성하는 데 힘써야 한다. 하나님께서는 거인 골리앗에게 진리의 돌을 들었던 다윗과 같이 진리로 무장된 용사들을 통하여 하나님의 나라를 확장해 가고 계신다.

결론적으로 하나님의 사역은 어느 개인의 우수한 능력이나 열심으로 이루어지는 것이 절대로 아니다. 개인이 능력이 부족하거나 연약한 측면이 있을지라도 생명인 진리를 소유한 사람들 간에 연합을 이루게 하심으로써 하나님의 뜻을 이루어 가게 하신다. 이것이 하

나님께서 진행해 가시는 하나님 나라 확장의 섭리이며 비밀인 것이다. 그러므로 그리스도인들은 하나님 나라를 확장하기 위하여 전투를 치러야 하는 군사 된 자들에 대하여 소중함을 알고 그들과 함께 동참하고자 하는 공동체 의식을 가져야 할 것이다.

| 09 |
포도원의 품꾼 마20:1-15

마20:1 천국은 마치 품군을 얻어 포도원에 들여보내려고 이른 아침에 나간 집 주인과 같으니

이 포도원의 비유는 아무런 공로나 의가 없는 세리나 죄인들도 역시 하나님의 자녀가 될 수 있다는 예수님의 말씀을 수긍하지 않으려는 당시 유대인들의 오만함을 드러내는 말씀이다.

마태복음 19장 3절을 보면 "바리새인들이 예수께 나아와 그를 시험하여"라고 기록하고 있다. 그들은 자기들은 선택을 받은 아브라함의 자녀라고 여기고 실제로 열심히 율법을 지키고 있었지만 그 율법이 모든 사람을 자유케 하려고 오신 예수 그리스도이심을 알지 못했던 것이다.

요8:56 너희 조상 아브라함은 나의 때 볼 것을 즐거워하다가 보고 기뻐하였느니라

성경에서는 믿음의 조상이라고 하는 아브라함도 예수 그리스도를 바라보았으며 그를 믿었다고 증언하고 있다[238]. 만일 유대인들과 바리새인들이 이러한 진리를 깨달았다면 아마도 예수 그리스도를 영접하고 받아들였을 것이다.

그러나 유대인들이 볼 때 의롭지 못한 자들도 구원을 받게 된다고 하는 예수 그리스도의 가르침은 도저히 받아들일 수가 없었다. 이른 아침에 포도원 주인을 만나 포도원에 들어서 열심히 일을 한 후 품삯을 받을 때 원망하는 품꾼들은 전체적으로 당시 유대인들을 가리키고 있다. 사실 포도원 주인은 품꾼들이 특별하거나 개인적인 노동력이 필요해서 들여보낸 것이 아님을 성경에서는 표현하고 있다. 오직 하루하루 일을 하지 않으면 생계가 끊어지는 불쌍한 형편을 긍휼히 여겨 품삯(구원)을 주기 위해서 포도원에 들여보내었던 것이다. 그러므로 이 포도원 비유의 핵심은 품꾼들의 열심이나 노력에 있는 것이 아니라 포도원 주인이 가진 마음을 이해하는 것에 있다.

포도원 주인은 이른 아침에 나가서 삼 시(오전 아홉 시)에 한 데나리온을 주기로 하고 약속하여 품꾼을 들여보냈고 이후 육 시(정오), 구 시(오후 세 시)에도 들여보냈다. 심지어 십일 시(오후 다섯 시)에도 포도원에 품꾼을 들여보냈다(유대에선 오후 여섯 시를 기점으로 다음 날이 시작된다).

마20:6-7 제 십일 시에도 나가 보니 섰는 사람들이 또 있는지라 가로되 너희는 어찌하여 종일토록 놀고 여기 섰느뇨 가로되 우리를 품군으로 쓰는 이가 없음이니이다 가로되 너희도 포도원에 들어가라 하니라

그리고 주인이 품삯을 정산할 때 뒤늦게 십일 시에 들어와서 한 시간만 일을 한 자를 비롯한 모든 자에게 한 데나리온씩을 주었는데 먼저 온 자들은 이를 보고 자기들은 더 받을 걸로 기대를 했지만 똑같이 한 데나리온씩 받게 되자 불평을 하였다. 이들은 자신들이 남들보다 더 오래 일했기에 수고를 덜한 자들보다도 품삯을 더 받아야 한다고 생각한 것이다.

마20:10-12 먼저 온 자들이 와서 더 받을 줄 알았더니 저희도 한 데나리온씩 받은지라 받은 후 집 주인을 원망하여 가로되 나중 온 이 사람들은 한 시간만 일하였거늘 저희를 종일 수고와 더위를 견딘 우리와 같게 하였나이다

유대인들은 확실히 복음이 이 땅에 전해지기 위하여 부름을 받은 특별한 민족임에는 틀림이 없다. 그러나 그들이 먼저 부름을 받아 들어가서 일을 했던 포도원은 모든 세상을 살리려는 하나님의 계획을 이루시는 진리의 사역이다. 먼저 포도원에 들어간 자들은 먼저 온 자나 나중에 온 자들 모두에게 한 데나리온씩을 주는 주인의 행위를 보고도 그 주인의 마음을 이해하지 못한 것이다. 이러한 원망과 불평의 원인은 세상의 의(인간의 열심)가 전혀 없어 보이는 예수 그리스도의 영과 진리에 대하여 인정을 하지 않으려는 현대판 유대인들에게도 하시는 동일한 말씀이다. 자기들의 의로운 행위로 인하여 하나님의 은혜(포도원 주

인의 마음)를 따르지 않게 될 위험성이 있지만 세상의 의가 없는 자들은 그리스도를 통하여 값없이 의롭다 하심을 받아 구원을 받게 될 수 있다.

마20:16 이와 같이 나중 된 자로서 먼저 되고 먼저 된 자로서 나중 되리라

10
원수의 의미

롬12:19-20 내 사랑하는 자들아 너희가 친히 원수를 갚지 말고 진노하심에 맡기라 기록되었으되 원수 갚는 것이 내게 있으니 내가 갚으리라고 주께서 말씀하시니라 네 원수가 주리거든 먹이고 목마르거든 마시우라 그리함으로 네가 숯불을 그 머리에 쌓아 놓으리라

1) 가변적인 선악의 개념

이 세상을 살아가는 동안에 원수처럼 여겨지는 이를 한 번쯤 만나 봤을 수도 있을 것이다. 그러나 세상에서 개인이 갖게 되는 원수라고 여기는 감정은 지극히 주관적이고 상대적이어서 어떤 사람이 나에게는 원수로 여겨질 수도 있지만 다른 누군가에게는 은인일 수도 있다. 또한 인간이 가지는 개념이나 감정은 상황에 따라 가변적이어서 나에게 은인이었던 사람이 원수로 변하기도 하고, 원수같이 여겨지던 사람이 뜻밖에도 나에게 은혜를 베풀기도 한다. 이런 현상은 본질적으로 인간이 가진 선이나 악의 개념이 완전한 것이 아니며 자기중심적인 속성을 갖고 있기에 서로 충돌하는 것에서 기인한다. 그러므로 인간이 가진 선의 개념은 자기 영의 공허와 허무를 채우려고 하는 자기중심적인 본성에서 돋아난 가시들이다.

이렇게 선의 표준과 잣대가 자기중심적으로 번복되는 것은 인간의 영 안에 자리 잡은 선악과의 법칙 그 자체가 곧 불법이기 때문이다. 그래서 세상에 보이는 모든 선이 불법이고 모든 악이 불법이기에 절대적일 수 없고 가변적일 수밖에 없다.

인간이 가진 본성은 비교적 마음이 편안하고 안정이 되었을 때는 자기 속에 있는 어두움의 정체를 절대로 밖으로 드러내지 않는다. 그러나 이러한 심리는 지극히 본성적인 것으로, 선악과를 먹은 결과 모든 인간의 마음속에 연합되어 있는 죄와 사망의 법칙 때문에 나타나는 것이다. 일반적으로 원수를 떠올릴 때 그를 저주하여 반드시 그가 저지른 행위에 합당한 고통을 되받아야 한다고 생각한다. 그리고 그 마음(땅)에서 정죄와 더불어 가시와 엉겅퀴(고통)가 돋아나오게 된다.

이처럼 어느 누구를 증오하고 미워하는 것은 내 안에 있는 선이 자기의 이익이나 자존심, 명예를 해치는 타인의 행위에 대하여 정죄하고 있는 상태이다. 물론 자기 스스로는 이러한 감정들이 매우 정당한 것이며 당연하다고 생각하겠지만, 자세히 들여다보면 이는 불법에 속한 선악과의 법칙이 마음속에 들어와서 왕 노릇을 하고 노예 상태로 가두어 놓고 조종을 하고 있는 것이다. 그러나 이 모든 것은 인간이 가지는 본성으로 인하여 드러나는 표면적인 현상을 말하는 것이며 성경에서 말씀하시는 원수라는 것의 본질적인 의미는 이렇게 자기주관적인 개념의 원한에 관한 일이 아니다.

2) 성경에서의 원수의 의미

고전12:1 형제들아 신령한 것에 대하여는 내가 너희의 알지 못하기를 원치 아니하노니

고전12:7 각 사람에게 성령의 나타남을 주심은 유익하게 하려 하심이라

사도 바울은 그리스도인들을 향하여 훼방과 조롱을 하며 박해를 서슴지 아니하는 그 악한 영에 대하여 '원수'라고 말하고 있다(행13:10). 성경에서 말씀하시는 원수라는 것은 윤리나 도덕의 이해관계로 인하여 발생한 자기중심적인 개념이 아니다. 이 원수는 불법으로 눈이 밝아진 자들인데 영(진리)을 소유한 사람을 만나게 되면 죽일 듯이 물어뜯으려고 달려드는 들개와 같은 영을 소유한 자들이다. 이들의 특징은 다른 세상일에는 별로 반응을 보이지

않지만 유독 영과 진리에 대해서는 눈을 희번덕이며 죽이려고 율법의 돌멩이를 손에 집어 드는 자들이다.갈4:5-6. 이처럼 원수들의 특징은 그리스도인이 가지고 있는 진리를 빼앗기 위해 그들이 할 수 있는 음모, 비방, 박해 등을 모두 동원한다. 이들의 기세는 마치 애굽 군대가 이스라엘을 추격해 오는 것과 같이 당당하며 무섭게 보이기도 한다.

롬12:17 아무에게도 악으로 악을 갚지 말고

살전5:15 누가 누구에게든지 악으로 악을 갚지 말게 하고

사탄은 그리스도인들이 영에 있지 않고 육체인 선악과와 불법에 다시 얽매이기를 기다리고 있으므로 매우 조심하여야 한다. 주의해야 할 것은 불법의 악을 행하는 그들의 행위로 인하여 동요가 되고 부지중에 그들을 향하여 동일한 불법의 잣대로 저주를 할 때 그의 영은 '영'이 아닌 불법이라는 '육(사망)'의 진흙탕 속에 발을 내딛는 꼴이 되고 마는 것이다.

그리스도인이 원수로 인하여 세상에 속한 율법적인 판단을 하여 동일하게 불법으로 갚으려 하는 순간에 그 불법의 법칙(거짓 영)에게 걸려들게 되는 것이므로 그리스도인들은 저 속이는 자의 계책에 속지 말아야 한다. 아래의 말씀에 귀를 기울여 보자.

롬12:20 네 원수가 주리거든 먹이고 목마르거든 마시우라 그리함으로 네가 숯불을 그 머리에 쌓아 놓으리라

원수는 사탄과 그를 따르는 악한 영이며 그의 본질이 본래 공허이기에 늘 주리고 있지만 불법의 영이기에 결코 진리를 소유하거나 먹고 마실 수가 없다. 원수들은 본질이 공허와 허무인 인간적인 선이나 악을 먹이로 삼고 그것을 착취해 가는 것이 그 영들의 기쁨이며 양식이다. 이것을 창세기에서는 뱀이 흙을 먹는 것으로 표현하고 있는 것이다. 그러므로 그리스도인은 오히려 원수로부터 공격이 있을 때에 진리로 대응하고 진리만을 온전히 소유하는 것이 이기게 되는 길이며 그들을 심판하게 되는 증표가 된다. 이것이 그 악한 영들의 머리 위에 숯불을 쌓아 놓는 일인 것이다. 이렇게 하여 악한 원수에게 훨씬 더 철저하고 완벽한 보응을 할 수 있게 되는 것이다. 자기가 부지중에 불법이라는 악에 속아서 눈에 보이는 원수에게 보응을 하려다가 함께 망하는 것이 아니라 오직 진리이신 주님께 맡길 때 악한 영인 원수에 대한 저주와 심판이 이루어지게 된다.

제11부
해와 달과 별

01

진동치 못할 나라 출19:1-25, 히12:28

하나님께서는 시내산에 강림하시기 전에 모세를 통하여 이스라엘 백성들에게 이르시길 먼저 오늘과 내일 성결하게 하라고 하셨으며 출19:10, 출19:14 옷을 빨고 예비하여 셋째 날을 기다리라고 하셨다. 또한 이르시길 백성을 위하여 산의 사면에 경계를 정하고 백성으로 하여금 산에 오르거나 경계를 침범하지 말 것을 이르셨고 이를 어기는 자는 죽임을 당할 것이라고 경고하셨다.

출19:12 너는 백성을 위하여 사면으로 지경을 정하고 이르기를 너희는 삼가 산에 오르거나 그 지경을 범하지 말찌니 산을 범하는 자는 정녕 죽임을 당할 것이라

1) 흑암과 빽빽한 구름이 머무는 산

출19:13 손을 그에게 댐이 없이 그런 자는 돌에 맞아 죽임을 당하거나 살에 쐬어 죽임을 당하리니 짐승이나 사람을 무론하고 살지 못하리라 나팔을 길게 불거든 산 앞에 이를 것이니라 하라

하나님께서 금하신 산에 오른 자에게는 손도 대지 말고 돌로 쳐 죽이거나 화살로 쏘아서 죽여야 한다고 하셨다. 그런데 하나님께서 왜 이렇게 말씀을 하셨을까? 이에 대한 일반적인 해석에 따르면 땅에 사는 이스라엘 백성들이 본래 부정하기에 거룩하신 하나님을 뵙게 되면 죽임을 당하게 된다고 하는 주장을 하기도 한다.

하지만 출애굽기 19장 10절과 14절에서 하나님의 명령을 따라 자신들을 스스로 성결케 한 이스라엘 백성들을 하나님께서 부정하다고 여겨 죽인다고 하는 해석은 석연치 않고 납득이 잘 되지 않는다. 더구나 이 말씀을 하시는 배경이 하나님께서 모세를 통하여 백성을 **'살리게 하는 율법'**을 주시려고 강림하시는 상황이기 때문이다. 하나님께서 자기 백성들로 하여금 산에 오르지 못하게 하신 이유가 무엇일까?

2) 해석의 열쇠

성경은 성경으로 해석할 수 있도록 연결이 되어 있으므로 이 말씀도 그러한 방법으로 추적을 해 보았다. 필자는 이 해석의 열쇠를 창세기 1장과 2장에서 찾게 되었다.

창1:2 땅이 혼돈하고 공허하며 흑암이 깊음 위에 있고

성경에서는 "흑암이 깊음 위에 있고"라는 말씀을 통하여 하늘(천국)이 아닌 땅(공중영계)에는 공중 권세자인 사탄이 활동하고 있었다는 것을 우리에게 나타내어 주시고 있다.

하나님께서는 에덴동산(땅)에 나무의 실과(영으로서의 법칙인데 여기서 영은 영생을 지칭하는 것이 아님)를 나게 하시고 아담으로 하여금 영생을 소유하도록 생명 실과로 받아먹고 빛으로 눈이 밝아지는 것을 계획하셨다. 그러나 흑암의 주관자인 사탄은 이러한 하나님의 계획을 망쳐 버리기 위해 먼저 하와에게 접근하여 그 실과(영으로서의 법칙)를 보이는 세상의 선악을 알게 하는 실과(어둠)로 먹도록 속이는 것에 성공을 하였다. 그리고 아담을 돕는 배필인 하와로 하여금 그것을 아담에게도 주어 먹게 함으로써 세상을 불법으로 죽였던 것이다. 이와 같이 흑암인 사탄은 아담을 창조하셔서 자녀로 삼으려던 빛이신 하나님을 조롱하는 행위를 하였고 세상을 자신의 불법으로 묶어 놓고 부리는 노예로 전락을 시켜 버린 것이다.

이 사실을 상기하며 위에서 말씀하신 시내산의 상황을 다시 살펴보도록 하자. 출애굽기에 따르면 시내산 위에는 우뢰와 번개와 빽빽한 구름이 있고 나팔소리가 크게 들렸고 출19:16, 히브리서에 따르면 만질 수 있는 불붙는 산과 흑운과 흑암과 폭풍과 나팔소리가 있었다고 기록한다 히12:18. 이는 하나님께서 백성들로 하여금 산에 오르는 것을 금하신 궁극적

인 이유를 발견하는 데 있어서 대단히 중요한 내용인데, 모세가 하나님의 율법을 받을 당시 그 산에는 어둠의 본체가 웅크리고 있었다는 중대하고도 무서운 내용이다.

바꿔 말하면 세상을 속이고 죽이려고 하는 뱀(흑암)이 시내산에 도사리고 있었던 상태를 말씀하여 주신 것이다. 이는 하나님께서 백성들에게 '살게 하는 율법(생명 실과)'을 주시려고 강림하시는 곳에 그 살리게 하는 율법을 '죽이는 율법 조문(선악의 실과)'으로 바꾸려고 하는 악한 영이 기다리고 있었으니 얼마나 부정하고 더러운 산인가?

그러므로 이스라엘 백성들에게는 이보다도 더 위험한 존재가 무엇이 있을까. 그래서 하나님께서 말씀하시기를 그 산에 오르거나 경계를 침범하는 자는 죽임을 당할 것 출19:12 이라고 경고의 말씀을 하셨던 것이다. 이 말씀은 에덴동산에서 아담과 하와에게 선악을 알게 하는 나무의 실과를 먹게 되면 정녕 죽으리라고 경고하셨던 것과 같은 이유이다 창2:17.

에덴동산에 있었던 실과(법칙)는 하나이지만 그것을 땅의 개념으로 받아먹게 되면 보이는 선악을 알게 하는 불법이 되는 것이다. 또한 그 반면에 영의 개념으로 받게 되면 살리게 하는 그리스도의 율법이 되어 하나님의 의를 발견하고 소유하게 하는 것이다. 그러므로 하나님께서 시내산에 강림하실 때 입산을 금하신 것은 에덴동산에서의 상황보다는 좀 더 진보되고 분명한 메시지를 세상으로 하여금 알게 하시는 내용이다. 이와 같이 하나님께서 시내산에 강림하시면서 세상에 주신 율법은 경우에 따라 살리는 율법이 될 수도 있지만 자칫 땅(흑암)의 개념으로 받아들이게 되면 세상을 정죄하고 죽이는 율법(불법)이 되는 것이다 롬7:10. 그래서 하나님께서는 흑암이 있는 그 산에는 오르지 말라고 말씀을 하셨던 것이다.

히12:18-19 너희의 이른 곳은 만질만한 불 붙는 산과 흑운과 흑암과 폭풍과 나팔 소리와 말하는 소리가 아니라 그 소리를 듣는 자들은 더 말씀하지 아니하시기를 구하였으니

히12:29 우리 하나님은 소멸하는 불이심이니라

하나님께서는 말씀이 임재하는 장소(영혼)에 '소멸하는 불'로 강림하시지만 뱀이 미리 알고 그곳에 등장하여 흑암(불법)으로 도사리고 있다는 것을 나타내신 말씀이다. 그러므로 진리가 임재하는 곳에는 사탄이 하나님의 역사를 훼방하기 위하여 자기도 하나님인 것처럼 행세를 하기 위해 어김없이 나타난다는 사실을 잊지 말아야 한다. 이러한 사건의 실례가 있는데 아담을 짓밟아 버린 사탄이 세상을 구원하시려는 하나님의 계획을 망쳐 버리고자 하여 굶주린 예수에게 번개처럼 빠르게 나타나서 유혹하기를 자기가 이 세상의 모든 영광을 다 줄 수 있는 하나님인 것처럼 행세를 한 것이다. 왜 수많은 사람이 그에게 미혹이 되어 멸망의 길로 가게 되는 것인가? 그것은 그 교활한 뱀은 언제나 자기의 본질을 감추고 하나님인 것처럼 위장을 하고 있기 때문이다.

그러므로 만약에 이스라엘 백성들이 하나님을 보려고 하여 그 산에 들어갔다면 이 세상 흑암의 주관자가 가르쳐 주는 부정한 육체의 율법을 진리로 여기고 그를 하나님으로 믿고 따라가게 되는 것이다. 그러므로 보이는 세상의 율법은 '살게 하는 율법'갈3:21이 아니라 영혼을 죽이는 사탄의 불법이기에 그 흑암의 율법을 따르게 되면 부정하여 멸망의 자식이 되는 것이다롬7:14.

> 히12:20-21 이는 짐승이라도 산에 이르거든 돌로 침을 당하리라 하신 명을 저희가 견디지 못함이라 그 보이는 바가 이렇듯이 무섭기로 모세도 이르되 내가 심히 두렵고 떨린다 하였으나

그래서 하나님께서는 흑암(사탄)의 궤계(간사하게 남을 속이려는 꾀)를 미리 아시고 그 산에 오르지 말라고 말씀하신 것이다. 반복하지만 이스라엘(인류)이 받아야 할 율법은 보이는 '이 세상의 교훈(육체)'이 아니라 보이지 않고 '살게 하는 율법(영)'으로 주신 그리스도의 율법이다. 그러므로 이스라엘 백성이 산에 오르거나 경계를 침범하면 죽이시겠다는 말씀은 이스라엘 백성들 자체가 부정하기에 죽이시겠다는 말씀이 아니다. 이 말씀은 흑암(불법)을 접촉하여 불법에 속한 자가 되면 저주받은 자식이 되어 죽일 수밖에 없으므로 율법에 대하여 제대로 분별을 해야 하는 것을 경고하신 말씀이다.

3) 성도들이 올라야 할 산

> 히12:22-23 그러나 너희가 이른 곳은 시온산과 살아계신 하나님의 도성인 하늘의 예루살렘과 천만 천사와 하늘에 기록한 장자들의 총회와 교회와 만민의 심판자이신 하나님과 및 온전케 된 의인의 영들과

이는 백성에게 보이는 산(세상의 율법)에 오르지 말고 보이지 않는 산(보이지 않은 율법)에 올라야 함을 말씀하신 것이다.

갈3:21 그러면 율법이 하나님의 약속들을 거스리느냐 결코 그럴 수 없느니라 만일 능히 살게 하는 율법을 주셨더면 의가 반드시 율법으로 말미암았으리라

시내산에서 모세를 통하여 백성들에게 주시고자 하는 율법은 흑암이 빽빽한 곳에서 사탄이 변개해 버린 보이는 세상의 율법(땅)이 아니다. 그것은 보이지 않은 의로운 시온산(하늘)으로부터 주시는 그리스도의 율법인데 이는 예수 그리스도 안에서 주시는 하나님의 의를 발견하게 하는 것이다_눅24:44_.

출19:18 온 산이 크게 진동하며

여기서 산이 '진동'하였다는 것은 '변화'를 의미하는데 그 해답은 히브리서 12장 26절과 27절에서 얻도록 하자.

히12:26 그 때에는 그 소리가 땅을 진동하였거니와 이제는 약속하여 가라사대 내가 또 한 번 땅만 아니라 하늘도 진동하리라 하셨느니라

'그 소리'는 진리의 말씀이며 온 세상을 변동(진동)시킬 때가 다가오고 있는 것을 의미한다. 이는 하나님의 의를 소유한 자들에게 신령한 영체로 변화(변동 또는 진동)시켜서 진동하지 못할 영존하는 영계로 들어가게 하시기 위함이다.

히12:27 이 또 한번이라 하심은 진동치 아니하는 것을 영존케 하기 위하여 진동할 것들 곧 만든 것들의 변동될 것을 나타내심이니라

이 세상은 아담이 불법 아래 속하게 되면서부터 지금 현재에 보이는 상태와 같이 제한을 받는 육체와 물질에 속한 존재로 변동(변화)이 되어 버렸다. 그러나 진동하지 못할 완전한 곳으로부터 내려온 진리를 받은 그리스도인들은 그 진리를 통하여 하나님의 영광을 보게 될 것이다. 그리고 다시 한번 땅과 하늘을 진동하신다고 하신 약속의 말씀은 이는 하나님의 의를 소유하여 구원을 받은 성도들이 천국에서 완전한 영체를 입게 될 것을 말씀하신 것이며 땅(공중영계 포함)에서의 진동은 땅속(지옥영계)에 들어갈 자들이 멸망에 속한 완전한 영체를 입게 될 것을 말씀하신 것이다.

히12:28 그러므로 우리가 진동치 못할 나라를 받았은즉 은혜를 받자 이로 말미암아 경건함과 두려움으로 하나님을 기쁘시게 섬길찌니

| 02 |
달과 같은 여자, 해와 같은 남자

롬1:20 창세로부터 그의 보이지 아니하는 것들 곧 그의 영원하신 능력과 신성이 그 만드신 만물에 분명히 보여 알게 되나니 그러므로 저희가 핑계치 못할찌니라

천지창조에 관한 말씀과 자연계를 통하여 비추어 주시는 영적인 의미를 살펴보겠다.

1) 그리스도의 신부인 교회

엡5:23 이는 남편이 아내의 머리 됨이 그리스도께서 교회의 머리 됨과 같음이니 그가 친히 몸의 구주시니라

엡5:30-32 우리는 그 몸의 지체임이니라 이러므로 사람이 부모를 떠나 그 아내와 합하여 그 둘이 한 육체가 될찌니 이 비밀이 크도다 내가 그리스도와 교회에 대하여 말하노라

이 땅에서의 남자와 여자가 결합하여 한 몸이 되는 원리 안에는 보이지 않는 영적인 진리를 표현하기 위한 비밀이 숨어 있다.

2) 여자는 남자를 돕는 배필

성경에서의 여자는 하나님의 의를 발견하도록 돕는 그리스도 율법의 역할을 표현하기 위하여 남자와 여자가 연합하게 되는 것을 통하여 계시해 주신 것이다. 그러므로 성경에서 말씀하시는 여자에 대하여 생물학적으로 말하는 여성이라고 성별로 판단을 해서는 안 된다. 성경에서 예를 들자면 만약 율법을 그리스도의 율법(영)으로 깨닫게 되면 이는 결과적으로 '현숙한 여인'잠31:10이자 '자유하는 여자'갈4:31를 만나게 된 것이다. 그리고 그 사람의 눈이 밝아지면 이 여자(율법)가 가리키고 있는 남편(진리)이신 예수 그리스도를 발견하게 되고 연합하여 그분 안에 있는 하나님의 완전한 의를 소유하게 된다. 이 여자(그리스도의 율법)는 진리의 본체는 아니지만 진리에서 난 것으로, 세상에 진리를 비추어 영이신 예수 그리스도 안에 있는 완전한 의(영)를 발견하고 소유할 수 있도록 돕는다. 이는 마치 하와가 아담의 몸에서 난 것처럼 그리스도의 율법(여자)도 돕는 배필의 역할을 하기 위해 그리스도(남자)에게서 난 것을 의미한다.

> 엡5:32 이 비밀이 크도다 내가 그리스도와 교회에 대하여 말하노라

그러나 반대로 율법을 세상의 율법(육체)으로 받아들이면 '음녀'잠23:27가 되는데 이렇게 육체로 눈이 밝아진 영혼은 거짓 남편인 세상(사탄)과 '간음'약4:4을 하게 되는 것이다잠7:10. 이로 보면 타락한 아담의 후손들은 이미 음녀의 자녀가 되었으므로 그 결과가 표면적으로 드러나고 있다. 남녀 간의 성적인 결합에 대하여 수치스럽고 부끄러운 것으로 여기며 이를 정죄하는 것은 인간의 영이 불법으로 눈이 밝아지고 불의와 연합하여 간음을 하였기에 부끄러운 상태인 것을 본능적으로 알고 있기 때문이다.

3) 수건을 쓴 여자

하나님이 지으신 자연과 피조물은 그분의 신성을 드러내고 있다롬1:20. 예를 들면, 해는 영생이신 예수 그리스도와 하나님 안에 있는 의의 빛을 나타내고 있다계21:23. 그런데 달은 스스로 빛을 발산하지 않지만 해로부터 받은 빛을 반사하여 해의 존재를 비추어 주고 있다. 이는 그리스도의 율법(여자)은 하나님 영광의 본체는 아니지만 그 율법이 하나님께로부

터 난 의로운 것이기에 그 자체가 영광을 가지고 있다.

롬7:12 이로 보건대 율법도 거룩하며 계명도 거룩하며 의로우며 선하도다

그래서 모세가 영으로 율법을 받을 때 그 율법이 하나님께로부터 난 것이기에 영광이 있지만 영광의 본체가 아니기에 수건으로 얼굴을 가렸었고 사도 바울도 여자(그리스도의 율법)들이 머리를 자르지 말고 그 머리를 쓰는 것으로 가려서 자기 영광을 가리라고 한 것이다.고전11:13-15. 이처럼 달과 같이 비추어 주는 역할을 하는 그리스도의 율법은 해와 같이 빛나는 하나님의 완전한 의를 세상에 비추어 세상으로 하여금 깨닫게 하기 위하여 주셨던 것이다.

고전11:9 또 남자가 여자를 위하여 지음을 받지 아니하고 여자가 남자를 위하여 지음을 받은 것이니

4) 성별에 대한 차별이 아니다

성경에서 "여자는 교회에서 잠잠하라"라고 하셨는데 고전14:34 이는 그리스도의 율법(여자)이 세상개념의 율법(음녀)처럼 세상에서 진리인 것같이 가르쳐서는 안 된다는 말씀이다. 그러한 행위는 곧 여자가 수건을 벗어 버리고 자기 영광을 세상에 드러내려고 하는 음녀(세상율법)가 되는 것이기 때문이다.

그러므로 오늘날 성경 말씀을 이 세상의 율법적인 개념으로 가르치는 자들은 음녀의 소행을 하는 마귀의 자녀인 것을 깨달아야 한다. 그리고 여자라는 단어를 문자적으로만 이해하여 그리스도의 사역에 있어 성별의 차등이 있는 것으로 주장하는 것은 옳지 않다. 성경에서 남자들만 하나님의 사역에서 직분을 받았던 것과 그리스도의 계보에 남자들만 기록이 된 것을 근거로 하여 남자와 여자가 차등이 있는 것으로 이해를 하고 있다면 이는 육체에 속한 율법으로 이해하여 눈이 밝아진 결과이다.

이처럼 성경에 기록이 된 여자의 의미는 영과 진리의 그리스도의 율법을 의미하고 있으며 남자는 그리스도의 진리(의)를 의미하고 있다. 그렇기에 생물학적으로 남자와 여자의 구별이 하나님의 사역에서는 의미가 있을 수 없으며 다만 개인마다 자기 영혼이 어떤 단계

의 빛에 속하게 되는지에 따라서 자기의 영광을 가지고 천국으로 들어가게 될 뿐이다 계21:24.

5) 해와 달과 별

고전15:41 해의 영광도 다르며 달의 영광도 다르며 별의 영광도 다른데 별과 별의 영광이 다르도다

이 말씀은 어떤 이는 해같이 빛나는 영광에 들어가기도 하고 또 어떤 이는 달같이 비치는 영광에 들어가기도 하는 것을 말씀하고 있다 사30:26. 그리고 창세기에서 밝히고 있듯이 공중 권세자가 활동하고 있는 땅(인간의 마음)은 흑암이 있는 곳이기에 하늘에서 빛이 세상에 비칠 때는 낮이 되었다가 빛이 없을 때는 밤이 되는 자전의 특성을 가지고 있다. 그리고 낮과 밤이 교차하는 자연의 현상은 땅(공중영계)의 주관자가 거짓된 선과 악으로 세상을 조종하고 있음을 또한 보여 주고 있다 창1:2. 그러므로 그리스도인들은 공허와 흑암이 본질인 땅의 영광을 버리고 하늘에 있는 해의 영광, 달의 영광, 별의 영광을 가진 자가 되어야만 한다. 그렇게 되기 위해서는 땅(공중영계)에 속한 옛사람이 예수 그리스도와 함께 십자가에서 죽고 하늘로부터 온 빛을 받은 새 영(그리스도의 의)을 받아야 한다 약1:17.

또한 성경에는 '하늘과 모든 하늘의 하늘'이라고 기록되어 있다 신10:14. 천국은 그 자체로 하나님이 성전이 되어 주시는 영계이지만 세 단계의 하늘로 구분이 되어 있는 것을 알 수 있다. 셋째하늘인 새 예루살렘에는 마치 구약 시대의 성전으로 비유하면 지성소에 해당이 되는 곳이기에 이곳에는 대제사장 반열에 들어간 자들이 들어갈 수 있으며 주님과 같이 해 같은 영광을 누리게 된다. 그 이기는 자들은 그리스도와 함께 왕의 영광을 누릴 자들이며 이 땅에서 백 배의 열매를 맺은 사람들이다. 둘째하늘에 들어갈 자들은 달이 비추어 주는 것 같은 은혜를 받아서 육십 배의 열매를 맺은 사람들이며 하늘영계인 성소에 들어가게 된다 마13:23.

또한 해와 달의 영광은 아니지만 그리스도의 빛을 받아 삼십 배의 열매를 맺어 별의 영광에 속하는 자들이 있는데 이들은 하늘영계인 뜰에 들어가게 된다. 이와 같이 하나님의 성전인 천국에 들어가는 사람들은 이들은 모두 다 이 땅에서 그리스도의 진리를 받아 무르익어 추수된 열매들이다 고전15:41.

> 마13:23 좋은 땅에 뿌리웠다는 것은 말씀을 듣고 깨닫는 자니 결실하여 혹 백 배, 혹 육십 배, 혹 삼십 배가 되느니라 하시더라

6) 영, 혼, 육의 조성

인간은 생물학적으로 남자와 여자로부터 각각 염색체를 받아 유기적 결합이 되는 그 순간부터 인간의 몸을 이루고 형체가 조성이 되기 시작한다. 또한 그와 동시에 영혼도 유전이 되어 영혼의 형체가 조성이 되기 시작한다. 그렇게 하여 육체와 영혼의 형체가 연합이 되어 출생이 되지만 영혼과 육체는 서로 체질이 다르므로 불완전한 결합의 상태로 출생이 된다. 그러나 이렇게 세상에 태어난 인간은 자기 영이 하늘로부터 내려오는 빛을 받지 못하면 쭉정이가 되어 버려지는 영혼이 되고 만다.

| 03 |
천국영계

> 행7:44 광야에서 우리 조상들에게 증거의 장막이 있었으니 이것은 모세에게 말씀하신 이가 명하사 저가 본 그 식대로 만들게 하신 것이라

1) 그리스도인의 성전을 의미하는 성막

성경에서 예루살렘을 칭할 때 하나님의 도성이며 시온산히12:22이라고 하는데 이는 약속의 가나안 땅인 천국의 거룩한 성을 나타내는 것이다계21:10.

구약 시대에서 하나님께서 보여 주신 성막(장막)은 이스라엘 백성들이 속죄의 제사를 통하여 하나님과 만나게 되어 화해하는 유일한 장소로, 하나님의 임재가 가능한 곳이다. 그와 동시에 성막의 양식과 구조를 통하여 천국영계를 나타내 주신 비밀이기도 하다.

> 히8:5 저희가 섬기는 것은 하늘에 있는 것의 모형과 그림자라 모세가 장막을 지으려 할 때에 지시하심을 얻음과 같으니 가라사대 삼가 모든 것을 산에서 네게 보이던 본을 좇아 지으라 하셨느니라

그리스도인이 가지는 믿음이란 진리의 말씀으로 비추어 주신 양식(성전 설계도)대로 영혼 안에서 거룩한 성전이 건축이 된 상태를 말한다. 한 개인의 영혼 안에 그리스도의 영이 거하게 되어 성전으로 건축이 되면 그 영혼은 비로소 완전한 성전인 하나님 나라에 들어갈 수 있게 된다. 그러므로 구약 시대의 성막과 제사법은 하나님 나라에 합당한 성전을 건축하기 위한 설계도이며 그 식양과 모양을 통하여 감추어진 하나님 나라의 개념을 모형적으로 알려 주고 계신다.

2) 성막을 통하여 보여 주신 완전한 속죄

> 출30:6 그 속죄소는 내가 너와 만날 곳이며

성막은 보이는 뜰 그리고 보이지 않는 성소와 지성소로 구분되어 있는데 백성의 죄를 대속하기 위한 희생의 제물은 뜰에서 죽이고 대제사장은 그 희생의 피를 가지고 성소를 지나 지성소에 들어가서 속죄의 제사를 완성하게 된다.

> 히9:11-12 그리스도께서 장래 좋은 일의 대제사장으로 오사 손으로 짓지 아니한 곧 이 창조에 속하지 아니한 더 크고 온전한 장막으로 말미암아 염소와 송아지의 피로 아니하고 오직 자기 피로 영원한 속죄를 이루사 단번에 성소에 들어가셨느니라

예수께서는 우리의 속죄를 위한 어린양으로 뜰(세상)에서 피를 흘리셨고 부활하신 후에는 대제사장으로서 자신이 흘린 피를 가지고 손으로 짓지 아니한 완전한 하늘 지성소(하나님의 보좌가 있는 곳)에 들어가셔서 우리를 위하여 하나님 앞에서 속죄의 제사를 완성하신 것이다. 이렇게 온전한 속죄 제사는 땅에서 완성이 된 것이 아니라 하늘 지성소에서 완성이 되어야 한다. 이 거룩한 제사를 하늘에서 성취하시기 이전에 부활하신 예수님께서는 막달라 마리아에게 다음과 같이 말씀하셨다.

> 요20:17 나를 만지지 말라 내가 아직 아버지께로 올라가지 못하였노라

속죄의 제사를 완성하기 위하여 부활하신 예수님은 대제사장이 되어 주셔서 자기가 흘린 희생의 공로를 가지고 반드시 하늘 지성소에 들어가셔야 했다^{히9:11}. 그런데 예수님이 들어가셔야 하는 '하늘 지성소'라고 하는 곳은 이 세상에서 지어진 성막의 지성소처럼 공간적으로 지어져 있는 장소가 아니다. 성막에서 보여 준 것처럼 하나님 나라는 지성소와 성소와 뜰로 구분이 되어 있다는 것인데 예수님은 대제사장으로서 지성소에 해당하는 새 예루살렘에 우리를 위하여 속죄하러 들어가셨다^{히9:24}. 그 완전한 속죄 제사를 드리기 위해 하늘나라에 들어가셔야 하므로 마리아에게 말씀하시기를 나를 만지지 말라고 하셨던 것이다.

> 고후12:2 내가 그리스도 안에 있는 한 사람을 아노니 십 사년 전에 그가 세째하늘에 이끌려 간 자라 그가 몸 안에 있었는지 몸 밖에 있었는지 나는 모르거니와 하나님은 아시느니라

하나님의 나라는 하나님의 빛으로 충만한 성전 자체이며 생명의 빛이 비치는 영광의 세계이다^{계21:23}. 그리고 연단을 받아 정결해진 정도에 따라 뜰(첫째하늘)에 들어가기도 하고 제사장의 단계에 속한 자는 성소(둘째하늘)에 들어가며 대제사장의 단계에 속한 자는 왕의 보좌가 있는 새 예루살렘(셋째하늘)에 들어갈 수가 있게 된다. 아래 고린도전서 15장의 말씀에서 각자의 빛의 분량에 따라 부활의 영광이 다르다는 사실을 분명히 드러내고 있다.

> 고전15:41 해의 영광도 다르며 달의 영광도 다르며 별의 영광도 다른데 별과 별의 영광이 다르도다

> 계21:24 만국이 그 빛 가운데로 다니고 땅의 왕들이 자기 영광을 가지고 그리로 들어오리라

그리스도 안에서 이기는 자는 자기 영광을 가지고 삼층천(셋째하늘)에 들어갈 수 있는데 하나님의 아들 예수님이 왕권을 가지심과 같이 이기는 자들에게도 왕의 보좌에 함께 앉게 하여 주신다. 그러므로 하나님의 의를 소유한 자가 된다는 것은 글이나 말로 형언할 수 없는 축복이다. 불법에 속하여 죄인이 된 것에 대하여 용서를 받고 하나님의 나라를 대가 없이 허락하시되 그의 보좌와 왕권까지도 주신다는 것은 하나님이 충만 자체이시기 때문이다.

셋째하늘에 관한 에피소드

어느 신학대학에서 한 학생이 교수님에게 물었다.

"교수님! 사도 바울이 본 하늘이 어디인가요?" 이 질문에 대해 교수님은 "첫째하늘은 지구를 감싸는 공중인 하늘이고 둘째하늘은 그보다 높은 우주 공간을 말하고, 셋째하늘은 그 우주 공간보다도 더 먼 곳에 있는 천국을 말하는 것입니다"라고 답변하셨고, 그러자 학생은 "아, 그런가요! 그렇다면 지금은 갈 수 없지만 나중에 기술이 발전되면 예수를 믿지 않아도 우주선을 타고도 천국에 갈 수 있는 날이 올 수 있겠군요"라고 대답하였다.

| 04 |

다윗의 성전 설계도 대상28:11-21

다윗은 아들 솔로몬에게 그가 지어야 하는 성전의 구조와 그릇, 섬기는 일, 금의 무게, 등잔, 등 기구, 상, 갈고리, 대접, 종지, 향단 등의 설계도를 건네주었다. 물론 다윗이 임의로 자기가 그린 것이 아니라 하나님께서 성전 건축에 대한 모든 방법을 알려 주신 설계도이다.

대상28:11-12 다윗이 전의 낭실과 그 집들과 그 곳간과 다락과 골방과 속죄소의 식양을 그 아들 솔로몬에게 주고 또 성신의 가르치신 모든 식양 곧 여호와의 전의 뜰과 사면의 모든 방과 하나님의 전 곳간과 성물 곳간의 식양을 주고

모세는 광야에서 성막(장막)의 설계도를 하나님께로부터 받았는데 이는 하늘에 있는 것의 모형과 그림자로서 보여 주신 것이며 다윗을 통하여서는 좀 더 영광스러운 성전의 면모를 알려 주셨던 것이다.

솔로몬이 건축하게 된 성전은 모세의 성막과 더불어 그리스도인의 심령에 건축해야 할 진리의 성전을 의미하기도 하고 하나님 나라를 나타내기도 한다. 다윗이 솔로몬에게 성전 건축을 위하여 준비한 은과 금과 모든 기구들은 영적으로 그리스도인의 영 안에서 깨달아진 진리들을 상징하는 것이다.

그리고 지성소에는 바르와임의 금으로 입혔고 대전 안의 성소에도 금으로 상이나 등대를 만들었다^{대하3:6}. 그러나 뜰에 있는 기둥이나 제단^{대하4:1}이나 물두멍, 수레, 바퀴 등은 모두 다 놋으로 만들었다. 성전을 건축하여 완성한 이후에 법궤를 지성소에 들이고 제사를 드리는 것은 그리스도인의 영에 하나님의 완전한 임재를 나타내며 완전한 연합을 의미한다. 이는 뜰의 과정(놋)을 지나 성소(금) 안에 들어가되 지성소(순금) 안에 들어가야 완전한 연합을 하게 되는 것을 성전 건축을 통하여 계시하여 주신 것이다. 그러므로 그리스도인은 주께서 주신 말씀으로 자기 영혼의 성전을 완성하여 하나님께 드려야 하는 것이다.

대상29:14 나와 나의 백성이 무엇이관대 이처럼 즐거운 마음으로 드릴 힘이 있었나이까 모든 것이 주께로 말미암았사오니 우리가 주의 손에서 받은 것으로 주께 드렸을 뿐이니이다

그리스도의 진리로 자신을 건축하는 일은 다윗이 솔로몬에게 보여 준 설계도대로 주 예수 그리스도에게서 나온 말씀으로 지어져 가야만 한다. 즉 성전 전체가 오로지 예수 그리스도의 진리만을 의미하며 주의 말씀을 깨달아 가면서 그것들이 진설병, 지성소, 등잔, 떡상 등이 되는 것이다.

05

사람의 공력 고전3:10-15

고전3:13 각각 공력이 나타날 터인데 그날이 공력을 밝히리니 이는 불로 나타내고 그 불이 각 사람의 공력이 어떠한 것을 시험할 것임이라

위의 말씀에 대하여 일반적인 해석에 의하면 그리스도인이 하나님께 대하여 헌신한 정도에 따라서 열정과 진심으로 봉사를 한 경우에 금, 은, 보석에 해당이 되고 헌신적이지 못한 경우에는 나무, 짚, 풀에 해당이 되어 상을 받지 못한다고 이해를 하고 있다.

본문의 배경을 보면 고린도 교회는 믿음의 성숙도가 장성하지 못하여 여러 가지의 문제가 발생되고 있었다.

고전1:10 형제들아 내가 우리 주 예수 그리스도의 이름으로 너희를 권하노니 다 같은 말을 하고 너희 가운데 분쟁이 없이 같은 마음과 같은 뜻으로 온전히 합하라

고린도 교회 내에 분쟁이 발생한 이유는 어떤 이는 바울의 가르침을 따르고 어떤 이는 아볼로의 가르침을 따르기도 하고 어떤 이는 게바의 가르침을 따르면서 서로 하나가 되지 못하였던 것이다. 또한 그들 중에 어떤 이들은 사도 바울에 대하여 적극적으로 비난하기도 하였다 고전4:6, 고전4:18. 이에 대하여 사도 바울은 자기가 어떤 사역자에게 속하였다고 하여 분쟁을 조장하는 행위들은 육신(불법)에 속한 행위라고 충고를 한다.

또한 고린도 교회의 어떤 사역자들은 사도 바울에게서 말씀을 배웠음에도 불구하고 마치 자기가 배우지 아니한 것처럼 왕 행세를 하기도 하였던 것이다 고전4:6-8. 바울은 복음을 전하며 수고를 하였지만 그들은 존귀함을 받고 인정을 받으며 자기 자신들을 높이는 데 신경을 쓰는 사역자들이었다. 심지어 그들은 바울에 대하여 사도가 아니라고 하며 비판하기도 하였다 고전9:2-3. 그러나 이러한 비방과 조롱에도 불구하고 바울은 고린도 교회의 성도들에게 전한 복음이 꿋꿋이 진리 안에서 성장이 되기를 바라는 마음뿐이었다.

하나님의 말씀을 누가 전하고 가르치느냐가 중요한 것이 아니라 예수 그리스도라고 하는 터 위에 진리의 말씀으로 성전이 세워져야 하는데 이는 그리스도인의 믿음이 금이나 은이나 보석으로 세우면 상을 받고 나무만 풀이나 짚으로 세우면 그 공적이 불타 버리게 되기 때문이다.

그렇다면 어떤 믿음이 금, 은, 보석에 속하는가? 그것은 성전이 되어야 할 인간의 심령에 오직 진리만을 심는 것이 금이나 은, 보석에 속한 것이며 세상에 속한 교훈들을 심었다면 없어질 짚이나 나무, 풀로 지은 것과 같다.

바울은 짚, 나무, 풀 등으로 지은 것들은 세상 지혜로 가르치는 거나 받아들이는 행위로 보았으며 비록 사람들에게는 지혜로워 보이나 하나님께는 우둔한 행위라고 한다. 그러므로 사람들 앞에 인정을 받기 위하여 세상의 지혜를 가르치는 사역은 매우 위험한 것이라고 바울이 강한 경고를 한 것이다.

고전3:17 누구든지 하나님의 성전을 더럽히면 하나님이 그 사람을 멸하시리라 하나님의 성전은 거룩하니 너희도 그러하니라

본문에서는 스스로 조심하여 오직 영으로서의 진리만을 전해야 하는 것과 이 세상의 지혜로 사역을 하지 말아야 하는 것을 말하고 있다. 이 말씀을 통하여 알 수 있는 것은 영적인 성전을 건축하는 사역에 대하여 그 건축자에게 대하여 책임이 따른다는 것을 성경에서는 밝히고 있다. 어떤 건축자가 지은 건물이나 구조물이 무너지거나 불타 버리게 될 경우에는 부실 공사를 한 자가 책임을 져야 한다. 그러므로 영혼을 인도하는 자들은 자신의 사역에 대하여 심판이 있음을 알고 두렵고 떨리는 마음으로 하나님의 사역에 임해야 한다.

이 세상은 '육신'에 속한 교훈이나 계명을 가르치면 오히려 더 좋아하고 은혜스럽다고 반긴다. 그러므로 사역자들은 하나님을 기쁘시게 할 것인지, 사람을 기쁘게 할 것인지 선택해야 한다. 이런 현실 속에서 만약 자신이 하나님께로부터 부르심을 받은 사역자라면 온 천지를 뒤덮고 있는 불법의 현실을 애통해하는 마음이 있어야 한다. 그리고 흑암과 싸우기 위하여 일어섰던 기드온과 같이 자신을 하나님께 드리는 일에 자원해야 할 것이다.6:32

| 06 |
안식과 큰 안식일

출23:15 너는 무교병의 절기를 지키라 내가 네게 명한대로 아빕월의 정한 때에 칠일 동안 무교병을 먹을찌니 이는 그 달에 네가 애굽에서 나왔음이라 빈 손으로 내게 보이지 말찌니라

이스라엘은 애굽 땅에서 급히 나온 것을 기억하게 하려 '유월절'신16:1과 무교절을 지켰는데 고대 유대력으로 정월 십사 일은 유월절이며 십오 일부터 칠 일간은 무교절로 지키었다민9:11-12.

매년마다 유월절과 무교절이 연이어 있기에 마치 하나의 명절처럼 대대로 지켜 오고 있었다레23:5-7.

예수 그리스도 안에서 성취된 유월절

막14:12 무교절의 첫날 곧 유월절 양 잡는 날에 제자들이 예수께 여짜오되 우리가 어디로 가서 선생님으로 유월절을 잡수시게 예비하기를 원하시나이까 하매

예수께서는 정월 십삼 일이 지나고 저녁 해가 지면서 유월절이 시작되는 십사 일 날에 제자들과 유월절 만찬을 하면서 떡과 잔을 제자들에게 나누어 주셨다. 그리고 밤중에 겟세마네 동산에 올라가셔서 땀방울이 핏방울이 되기까지 기도를 드리시고 새벽에 악한 자들에게 붙잡히셨다. 그리고 빌라도에게 사형 언도를 받고 제삼 시(오전 아홉 시)에 십자가에 못 박히셨는데 이날 해지기 전까지가 유월절이요, 안식일(무교절)의 전날인 예비일이다.

막15:42 이날은 예비일 곧 안식일 전날이므로 저물었을 때에

1) 예수님의 장례와 매장 ⁿ⁾눅23:50-56

요19:31 이날은 예비일이라 유대인들은 그 안식일이 큰 날이므로 그 안식일에 시체들을 십자가에 두지 아니하려 하여 빌라도에게 그들의 다리를 꺾어 시체를 치워 달라 하니

요19:33 예수께 이르러는 이미 죽은 것을 보고 다리를 꺾지 아니하고

이스라엘 규례상 큰 명절인 안식일(무교절)에 시체를 십자가에 달아 둘 수 없으므로 유월절이 지나기 전에 서둘러 매장을 하여야 했는데요19:31, 서둘러 죽이고자 하여 군병들이 다시 왔을 때 예수님은 이미 숨을 거두셨으므로 구약의 예언대로 다리를 꺾이지 않게 되셨다요19:12. 그리고 아리마대 요셉이 예수님의 시체를 세마포로 싸서 바위에 판 무덤에 매장을 하고 보니 "이날은 예비일이요 안식일이 거의 되었더라"눅23:54라고 하였다.

2) 세 가지의 의문과 성취

첫째, 왜 두 안식일이 존재하는가

막16:1 안식일이 지나매 막달라 마리아와 야고보의 어머니 마리아와 또 살로메가 가서 예수께 바르기 위하여 향품을 사다 두었다가

막16:2 안식 후 첫날 매우 일찌기 해 돋은 때에 그 무덤으로 가며

1절에는 '안식일이 지나매(when the sabbath was past: KJV)'로 기록하지만, 2절에는 '안식 후 첫날(the first day of the week: KJV)'로 안식일에 대하여 다르게 표현하고 있다. 이는 각각의 '안식'이 동일한 날이 아니고 다른 날이라는 점을 말하고 있다. 만약에 1절과 2절에선 언급한 안식일이 같은 날이고 매주 돌아오는 안식일이라면, 안식일이 지나서 향품을 살 수 있는 시간적 여유가 존재하지 않게 되는 모순이 발생한다.

둘째, 향품은 언제 사다 둔 것인가

마가복음 16장 1절에서는 **안식일이 지나고 향품**을 사다 두었다고 했으며 누가복음에서

는 예비일에 시체를 둔 것을 보고 돌아가서 향품과 향유를 준비하였으며 **안식일이 되기 전에 구입**을 하였다고 기록되어 있다_눅23:54-56_.

눅23:56 돌아가 향품과 향유를 예비하더라 계명을 좇아 안식일에 쉬더라

왜 향품을 구입한 날짜가 안식일 전과 후로 서로 일치하지 않게 기록이 되었는가? 어떤 이들은 향품을 두 번 샀을 것이라고 해석하기도 하지만 예수님이 돌아가신 당일인 유월절, 즉 안식일(무교절)의 전날은 시체를 매장하기에도 시간이 촉박하여 향품을 구입할 만한 시간적인 여유가 없었다.

아래의 〈도표 1〉을 살펴보자.

〈도표 1〉

이스라엘은 토요일이 매주 돌아오는 안식일이지만 정월 15일은 1년에 한 번 있는 무교절의 첫날인 큰 안식일이었다_창1:5_. 〈도표 2〉의 주장에 따른다면 예수의 장례를 치른 후에 안식일이 거의 되었기에 향품을 구입할 수 있는 시간적인 여유가 있었다고 볼 수 없다. 그러나 〈도표 1〉로 돌아가서 살펴보면 수요일이 유월절(십사 일)이었음을 알 수 있는데 이스라엘은 십삼 일 오후 여섯 시가 지나면서 십사 일이 시작이 되고 다음날 오후 여섯 시까지가 유월절이다. 예수께서는 유월절 날(십사 일), 즉 수요일에 죽임을 당하여 당일에 매장이 되셨고 그날 저녁 십오 일이 시작되는 때로부터 십육 일이 시작되는 저녁까지가 큰 안식(무교절)이며 장사를 지낸 지 '밤낮 하루'가 지났던 것이다.

〈도표 1〉에서 나타난 바와 같이 누가복음 23장 56절에서 안식 전에 향품을 샀다는 것은 매주 돌아오는 안식일이 되기 전에 샀다는 것이며 마가복음 16장 1절에서 안식일이 지난 후에 샀다고 한 것은 큰 안식일이 지난 다음 날에 샀다고 보면 이해가 된다. 현재까지 대부분의 해석에서는 큰 안식일과 매주 돌아오는 안식일을 구분하지 않고 단지 안식일이라는 단어만 보고 동일한 날로 이해를 하다 보니 정확한 해석을 할 수 없었던 것이다.

셋째, 밤낮 사흘을 땅속에 있어야 한다는 예언의 성취

마12:40 요나가 밤낮 사흘을 큰 물고기 뱃속에 있었던 것같이 인자도 밤낮 사흘을 땅속에 있으리라

그러므로 예수께서는 유월절 날에 십자가에서 돌아가시고 이날 해 지기 전에 바위를 판 무덤에 장사되셨다가 밤낮 사흘이 지나서 부활하셔야 되는 것이다. 여기서 '밤낮 사흘'이라는 단어는 저녁부터 다음 날 저녁이 되어야 밤낮 하루가 지나는 것이다. 그렇다면 오늘날 기독교회가 알고 있기로는 예수님께서 금요일(유월절)에 돌아가시고 토요일(안식일)이 지나고 일요일에 부활을 하셨다고 하는데 이러한 주장은 아래 〈도표 2〉와 같다.

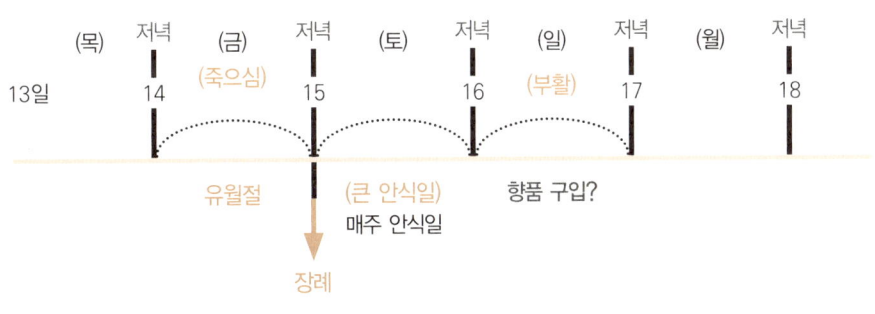

〈도표 2〉

이 견해는 예수께서 무교절 예비일인 유월절에 십자가에서 죽으시고 무교절 첫날 큰 안식이 시작이 되기 전에 매장이 되셨다고 보고 있다. 이러한 견해에 의하면 매주 첫날의 안식일(토)과 무교절의 큰 안식이 중복된 안식일이 지나서 예수님이 부활을 하셨다는 것인

데 장사 지낸 지 밤낮 하루가 지나서 부활을 하셨다고 하는 결론이 된다. 물론 이러한 주장을 하는 이들은 예수님이 매달리신 유월절 날을 **밤낮 하루**가 경과한 것으로 여기고 그 다음 날 안식일을 지나는 것을 **밤낮 이틀**이라고 하고 마지막 세 번째 날 새벽에 부활하신 것도 **밤낮 사흘**로 계산을 한다.

종합적인 정리

큰 안식일(무교절의 첫날)이 지나고 십육 일(금)에는 향품을 사서 예비하였다가 매주 돌아오는 안식일(십칠 일)을 지키되 십칠 일 해가 지기까지가 장사를 지낸 후 '밤낮 사흘'을 채웠으므로 그날 저녁 이후에는 예수님께서는 언제든지 예언대로 부활을 하실 수 있는 것이다.

위와 같이 **향품 구입의 날짜**와 두 번의 **안식의 문제** 그리고 **밤낮 사흘의 문제**가 완전하게 성취가 되는 해석이 되려면 예수님께서 수요일(유월절)에 못 박히셨으며 밤낮 사흘을 지나 매주 돌아오는 안식일이 지난 후에 부활하셨다고 보아야 마땅하다. 물론 신약 시대에서는 날과 절기 자체가 본질은 아니지만 십자가에서의 수난의 의미를 올바르게 전하기 위해서는 성경 말씀을 정확하게 이해해야 한다.

| 07 |
성도를 섬기는 방법

롬15:25 그러나 이제는 내가 성도를 섬기는 일로 예루살렘에 가노니

바울은 마게도냐의 성도들을 섬기기 위하여 고린도 교회로 하여금 일 년 전부터 연보를 준비하도록 하였다. 그리고 또한 로마서 15장 25절에서 바울은 성도를 섬기는 일로 인하여 예루살렘에 간다고 했는데, 바로 마게도냐와 아가야 사람들이 예루살렘의 가난한 성도들을 위하여 기쁘게 연보를 하였기 때문이다.

1) 교회 공동체를 연합하게 하는 섬김

바울은 이러한 섬김에 대하여 언급하기를 예루살렘 성도들로 인하여 영적인 것을 받았던 이방에 있는 성도들이 육신의 것으로 섬기는 것이 마땅하다고 말한다롬15:27.

또한 바울은 겐그레아 교회의 자매 뵈뵈를 추천하면서 성도들에게 합당한 예절로 그를 영접하고 그에게 필요한 것들을 도와주라고 부탁을 하였다롬16:1-2. 그렇다면 이렇게 성도에 대하여 섬기는 일은 어떤 역할을 하게 되는가?

생명과 진리를 소유한 형제들이 그리스도로 말미암아 서로 연결된 하나의 생명체인 것을 서로 확인하는 역할을 한다. 이러한 성도에 대한 섬김이 하나로 묶어 주어 연합을 하게 하고 공동체로 하여금 진리로 충만하게 하는 동력이 된다.

그리스도인들은 그리스도로 말미암아 영생을 얻은 자들로서 예수 그리스도께 모두 다 빚진 자들이다. 그렇기에 바울이 언급한 바와 같이 연보를 하여 지체들을 섬기는 일들은 마땅한 일이며 그리스도인들이 할 수 있는 일이다.

2) 복음 전하는 자들의 수고

그런데 복음을 전하는 사역자들은 예수 그리스도의 진리를 위하여 온갖 고난과 역경을 겪게 되는 것을 주저하지 않는다. 또한 하늘에 있는 '더 나은 본향'히11:16을 위하여 세상이 추구하는 것들에 대하여는 배설물로 여기고 인내하며 살아간 사람들이다.

그들은 그리스도께서 죄인을 위하여 죽임을 당하신 그 사랑을 알고 그리스도의 마음을 소유한 자들이다. 그들은 말씀만이 세상을 자유롭게 할 수 있는 유일한 열쇠라는 것을 알고 그것을 갇힌 자들에게 전해 주기 위하여 어떠한 희생도 감수하고자 하는 자들이다. 그리스도인들은 주님께 당연히 빚진 자들이지만 세상 속에 숨겨진 하나님의 사람들에게도 빚진 자들이다.

롬16:4 저희는 내 목숨을 위하여 자기의 목이라도 내어 놓았나니 나뿐 아니라 이방인의 모든 교회도 저희에게 감사하느니라

복음의 진수를 경험한 사역자들은 공통적으로 말씀이신 예수 그리스도를 위하여 세상의 어떠한 공격에도 물러서지 않으며 그로 인하여 당하게 될 세상의 수모나 역경을 기꺼이 감당한다히11:35. 브리스가와 아굴라는 사도 바울이 전하는 복음에 대하여 자기 목숨보다 더 중요하게 여기었기에 복음으로 인하여 밀려오는 시련과 고난을 바울과 함께 견디며 감당하였다롬16:4.

엡4:12 이는 성도를 온전케 하며 봉사의 일을 하게 하며 그리스도의 몸을 세우려 하심이라

3) 좋은 군사와 섬김의 필요성

엡6:12 우리의 씨름은 혈과 육에 대한 것이 아니요 정사와 권세와 이 어두움의 세상 주관자들과 하늘에 있는 악의 영들에게 대함이라

하나님 나라의 복음을 전하는 일은 그야말로 공중에 있는 악의 영들과의 영적인 전쟁을 치러야 하는 치열한 전투이다. 이러한 일들은 개인이 할 수 있는 것이 아니며 이 일을 수행하기 위한 모든 역량이 집결되어야 하기에 개개인이 하나님께로부터 받은 재능, 시간, 물질, 지혜 등의 모든 자원들이 하나님 나라를 위하여 사용이 되도록 협력을 하여야 한다. 이렇게 성도에 대한 섬김이란 군사들의 연약한 것을 담당해 주고 소용이 되는 바를 돕는 것이다.

이러한 전투를 수행하려면 보내는 자나 파송을 받는 자가 영적 전쟁이 무엇인지를 서로 충분히 인지하는 상태이어야 한다. 왜냐하면 이러한 사역은 겉으로 보이는 좋은 성과를 필요로 하는 것이 아니기 때문이다. 예수 그리스도의 사역의 목표는 사회적인 봉사 활동이나 인류로 하여금 풍요롭게 살게 하기 위한 구제 사업을 목표로 하는 것이 절대로 아니다. 그러한 일들은 단지 매개체일 뿐이며 사역의 본질이 아니다. 그러므로 좋은 군사들은 궁극적으로 승리를 하게 하는 핵심이 무엇인지를 분명하게 깨달은 사람이어야 한다. 하나님의 나라를 확장하기 위해서는 진리의 말씀으로만 무장을 한 좋은 군사들을 세상으로 보

내야 한다. 이런 것이 성도에 대한 섬김이며 본질이다.

> 딤후1:15-16 아시아에 있는 모든 사람이 나를 버린 이 일을 네가 아나니 그 중에 부겔로와 허모게네가 있느니라 원컨대 주께서 오네시보로의 집에 긍휼을 베푸시옵소서 저가 나를 자주 유쾌케 하고 나의 사슬에 매인 것을 부끄러워 아니하여

사도 바울의 경우 그를 따르거나 그가 전한 복음을 받았던 자들이 후에는 그를 버리거나 돌아보지 않고 그의 사역에도 무관심하였던 사람들이 있었음을 알 수 있다. 이는 바울이 "아시아에 있는 모든 사람이 나를 버린 이 일을 네가 아나니"딤후1:15라고 말한 것을 통하여 알 수가 있다. 또한 한때는 함께 복음을 가지고 전하러 동행을 하였던 데마는 세상으로 사랑하여 바울을 버리고 가 버리기도 했다. 이 땅에서 복음을 섬긴다고 하는 일이 매사에 순조로운 것이 아니라는 것을 잘 보여 주고 있다. 그러므로 군사들은 영적인 전투를 감당해 나가는 과정에서 자신뿐 아니라 타인의 영혼을 돌아보아야 하기에 싸움은 더 격렬할 것이며 힘이 들 수밖에 없는 것이다히13:17.

4) 군사에 대한 섬김의 자세

대부분의 사람은 사역자들에 대하여 섬김의 자세를 갖기보다는 비판하고 그들의 약점을 물어뜯기를 좋아한다. 그러나 결국 그러한 행위들이 하나님께 죄를 범하는 것과 동일하다는 사실을 모르고 있는 것이다.

> 갈4:13-14 내가 처음에 육체의 약함을 인하여 너희에게 복음을 전한 것을 너희가 아는 바라 너희를 시험하는 것이 내 육체에 있으되 이것을 너희가 업신여기지도 아니하며 버리지도 아니하고 오직 나를 하나님의 천사와 같이 또는 그리스도 예수와 같이 영접하였도다

위의 말씀에서 보이다시피 사도 바울에게 어떠한 결점이나 약함이 있었는지는 오늘날 명확하게 알 수 없으나 분명한 것은 남들이 볼 때 문제가 될 만한 심각한 약점이 있었다는 것이다. 그리스도인들은 사역자들에게 그들의 삶에서 율법적으로 완전하기를 요구해서는 안 된다. 왜냐하면 사역자들은 천사가 아니며 육신의 제한을 받는 연약한 인간일 뿐이기 때문이다. 그뿐만 아니라 하나님께서는 군사가 된 자의 개인적인 의로움이나 교육 수

준, 착한 성품, 외모나 교양을 보시고 사용을 하시는 것이 아니라 그 영혼이 소유하고 있는 완전한 의의 말씀을 보시고 하나님의 군사로 인정을 하신다. 그러나 악한 영이 볼 때는 그의 영 안에 있는 진리의 말씀이 자기를 찌르는 가시로 보이기에 수단과 방법을 가리지 않고 그를 죽이려고 하는 것이다.

그러므로 그들이 그리스도의 복음 전하는 것을 감당하기 위하여 어깨에 진리의 말씀을 걸머졌을 때에 그들의 인생이 평탄하도록 사탄이 가만히 내버려 둘 리가 만무한 것이다. 그들의 인생이 일반적으로 살아가는 이들과 같이 평범하게 전개가 될 가능성은 전혀 없다. 우리는 이러한 영적인 싸움의 실상을 이해하여야 하며 그들이 그리스도께서 가신 길을 걸어야 하는 전사들인 것을 알고 적극적인 지지를 아끼지 말아야 할 것이다. 특히 하나님의 군사들은 그리스도와 함께 뱀의 머리를 상하게 할 하나님의 군사들이다롬16:20. 그 군사들에게 필요한 말씀과 육신의 필요한 것으로 돌보는 것은 그리스도의 몸을 완전하게 하게 세워가는 성도 간의 영적 교제이다.

고전9:11 우리가 너희에게 신령한 것을 뿌렸은즉 너희 육신의 것을 거두기로 과하다 하겠느냐

그러므로 하나님 나라를 위하여 '심는다'는 것이 단순히 재능, 시간, 물질만을 심는 것으로 보이나 그러한 행실이 진리에 근거한 것이라면 그리스도의 의를 다른 이들에게 전하기 위한 의에 속한 사역인 것이다. 이는 복음의 씨를 뿌리는 사역을 통하여 의의 열매를 맺어 가는 것이기에 이것이 성도를 섬기는 궁극적인 봉사의 직무이다고후9:12.

마9:37-38 이에 제자들에게 이르시되 추수할 것은 많되 일군은 적으니 그러므로 추수하는 주인에게 청하여 추수할 일군들을 보내어 주소서 하라 하시니라

| 08 |
죄에 대하여 죽고 의에 대하여 살게 하심 벧전2:24

롬4:25 예수는 우리 범죄함을 위하여 내어줌이 되고 또한 우리를 의롭다 하심을 위하여 살아나셨느니라

1) 죄로 말미암아 죽은 자

위의 말씀에서 '범죄함'이라는 것은 겉으로 드러난 행위적인 죄를 말하는 것이 아니라 불법을 우리의 마음(영)에 받아들여 연합한 죄를 말하고 있다. 그리고 죄를 소유(연합)한 대가가 사망은 소위 말하는 죽음(영과 몸의 분리)이나 영혼의 소멸을 의미한 것이 아니라 인간의 영이 거짓의 영과 한 영이 된 것을 '육체(사망)'라고 한다 고전6:16.

이해를 돕기 위하여 반대로 설명을 하면 '영생'이라는 것은 빛이신 하나님께 속하게 된 것을 영생이라고 말하고 있는 것이다. 세상이 사망에 속하여 있는 증거는 거짓의 영인 땅의 율법으로 눈이 밝아져서 선악과를 따라가고 있는 것이다. 그러므로 세상에서 발생한 모든 고통은 인간의 영 안에 사탄이 심어 놓은 거짓 교훈에 얽매인 결과들이다. 우리는 이 세상이 얼마나 깊게 거짓의 영에게 속고 있는지 명확하게 알아야 한다.

2) 하나님의 의

많은 기독교인이 '의에 대하여 사는 것'이란 말씀 롬6:10, 벧전2:24을 이해하기를 아담이 범한 원죄와 자범죄를 용서하셨기에 죄가 없어졌으므로 의로워졌다고 믿고 있다. 이미 언급했다시피 예수께서는 누구나 다 알고 있는 불완전한 세상의 의를 우리에게 주신 것이 아니다. 만약 누구든지 이제까지 이런 교훈에 속아 왔다면 하나님의 말씀을 빙자한 세상 율법의 가르침에 속지 말아야 할 것이다. 사탄은 자기를 하나님으로 위장을 하고 영혼이라는 성전에 앉아 경배를 받으며 '세상의 의'를 '하나님의 의'라고 속이며 충성과 헌신을 요구하고 있다. 그러나 세상의 의는 인간을 정죄하고자 하는 불법(선악과)이 세상을 속이기 위하여 아름답게 보이고 있는 거짓이다. 세상의 의를 가지게 되면 믿음을 가진 하나님의 사람이라고 추켜세워 주지만 결국 뱀이 속이기 위하여 아름답게 보이도록 한 전술인 것이다딤전4:1-2.

심판의 날에 하나님 앞에서 외면을 당하게 되었던 자칭 그리스도인들은 평생을 하나님께 충성을 한다고 온갖 좋은 일들을 행하여 살아 왔었다마26:38-39. 그러나 그들이 하나님의 의라고 여기고 따르던 모든 옳은 행실들이 사탄이 속여서 가르쳐 준 인간의 의라는 사실을 알았을 때는 이미 모든 것이 이미 끝나 버린 순간이었다.

마25:41 저주를 받은 자들아 나를 떠나 마귀와 그 사자들을 위하여 예비된 영영한 불에 들어가라

이들은 세상에서 **지극히 큰 자**로 보이는 세상의 교훈을 좋아하여 하나님으로 여기고 온갖 좋은 것을 다 바치며 충성을 하였다마26:44. 그리고 자기들이 볼 때에 의롭게 보이지도 않은 **지극히 작은 자**에게는 아무런 관심이 없었다. 곧 그들의 인생은 지극히 작은 자이신 예수님을 단 한 번도 돌아보지 아니한 것이다. 이 모든 불행의 원인이 과연 무엇인가? 그것은 무엇이 하나님의 의 인가?를 제대로 알지 못하는 영적인 무지 때문이다.

3) 죄에 대하여 그리스도 안에서 죽게 됨

벧전2:24 친히 나무에 달려 그 몸으로 우리 죄를 담당하셨으니 이는 우리로 죄에 대하여 죽고 의에 대하여 살게 하려 하심이라 저가 채찍에 맞음으로 너희는 나음을 얻었나니

만약 예수 그리스도의 속죄의 피와 그로 인하여 얻게 된 완전한 의가 없었다면 사탄은 영혼의 뼛속에 감추어진 불법(죄)까지 찾아내어 사망의 청구서를 들이댈 명분을 유지할 수 있었을 것이다. 그러나 예수 그리스도의 흠 없는 피의 공로로 인하여 죄인인 우리도 그리스도와 함께 십자가에서 완전히 죽었으므로 사망의 권세는 끊어졌다. 다시 말해 사망과 한 영이 되어 죄인이 그 죄의 저주로부터 해방된 것을 말한다. 이로써 이제 예수 그리스도 안에 있는 자는 그 불법의 권세로부터 자유롭게 되었고 더 이상 그 지배를 받을 이유

가 완전하게 없어진 것이다.

벧전2:24 우리로 죄에 대하여 죽고 의에 대하여 살게 하려 하심이라

이렇게 예수 그리스도는 우리의 '완전한 의'가 되어 주시는데 그 말씀을 영으로 믿는 자가 바로 그리스도를 소유한 자이며 동시에 '하나님의 의'를 소유한 자이다. 그러므로 '의'란 인간에게 있는 어떠한 선한 행위나 보이는 선과 전혀 상관이 없다. 오직 하늘에서 내려 주신 '하나님의 의'를 소유한 자를 성경에서는 '영생'을 얻었다고 말씀하시는 것이다 롬9:30~32, 요3:15.

09
비밀의 경륜

엡3:9 영원부터 만물을 창조하신 하나님 속에 감추었던 비밀의 경륜이 어떠한 것을 드러내게 하려 하심이라

사도 바울은 자기 자신을 예수 그리스도의 '복음의 비밀'을 맡은 자라고 했는데 이 복음의 비밀은 사람에게 배운 것도 아니요 예수 그리스도의 계시로 말미암아 받은 것이라고 하였다. 오늘날에도 복음은 감추어져 있으며 고전2:7 종교적인 체계를 갖춘 교리는 오히려 하나님의 말씀이 잘 보이지 않게 하는 장애물이 되기도 한다. 왜냐하면 대부분의 신학적인 이론은 성경을 고정 관념 안에 갇혀 있는 율법적인 시각으로 해석을 하고 있기 때문이다.

엡3:4 이것을 읽으면 그리스도의 비밀을 내가 깨달은 것을 너희가 알 수 있으리라

혹자는 생각하기를 기독교라는 명분으로 예수 그리스도가 온 세상에 전파되었으므로 성경 말씀은 더 이상 비밀이 아니라고 생각할 것이다. 그러나 성경은 지금도 사람들에게 잘

보이지 않게 감추어져 있는 '비밀'인데^{마13:11} 진리를 찾고 구하는 자들에게는 영과 진리의 말씀이 보일 수 있도록 감추어 놓으신 것이다.

역사 이래로 수없이 많은 사람들이 율법의 선생이 되어 성경을 가르쳤지만 자기가 말하는 것이나 자기가 확증하는 것을 깨닫지 못했다^{딤전1:6-7}. 이를 증명하듯이 유대인들은 영과 생명으로 율법을 받아들이지 못하였으며^{고전9:21} 사람들은 육체(땅)의 교훈을 영이라고 믿고 따라갔다. 이렇게 하나님의 말씀을 영으로 깨닫지 못하는 이유는 탐욕(불법)이 마음눈을 가려 버렸기에 비밀이 되어 버린 것이다. 비록 성경을 믿고 있더라도 영과 진리로 깨닫는 자에게만 생명이 되지만 육체(불법)로 깨닫는 자에게는 오히려 사망이 되는 것이다^{요6:63}. 이것이 하나님께서 감추어 놓으신 비밀이다^{골2:2}.

마13:44 천국은 마치 밭에 감추인 보화와 같으니 사람이 이를 발견한 후 숨겨 두고 기뻐하여 돌아가서 자기의 소유를 다 팔아 그 밭을 샀느니라

대부분 인간이 보기에 아름다운 것들은 보화가 아니며 참된 보화는 보이지 않고 감추어져 있다. 결국 좋아 보이는 것(세상의 의)은 세상을 주관하는 자가 빼앗아 가게 되므로 결과적으로 자기의 소유가 되지를 않는다. 그러나 감추어져 있는 보화는 잘 보이지 않지만 사탄이 빼앗아 갈 수 없으며 영원히 자기의 소유가 될 수 있다.

| 10 |
양과 염소 _{마25:31-46}

마25:32 모든 민족을 그 앞에 모으고 각각 분별하기를 목자가 양과 염소를 분별하는 것 같이 하여

예수 그리스도께서 자기 영광의 보좌에 앉아 양과 염소로 구분할 때에 진리에 속하였거나 불의에 속한 자에 대하여 심판을 하시는 것을 말씀하셨다.

1) 오른편 양들의 반응

마25:37-39 이에 의인들이 대답하여 가로되 주여 우리가 어느 때에 주의 주리신 것을 보고 공궤하였으며 목마르신 것을 보고 마시게 하였나이까

이는 예수께서 오른편에 둔 양들은 나그네를 영접하였거나 병드신 것이나 옥에 갇히셨을 때 가서 돌아본 적이 없다고 고백을 하였다마25:38-39. 그러나 반면에 왼편에 두신 염소들은 매우 열정적이며 헌신적으로 하나님의 일에 충성을 다하였다고 고백을 하였다.

마25:44 저희도 대답하여 가로되 주여 우리가 어느 때에 주의 주리신 것이나 목마르신 것이나 나그네 되신 것이나 벗으신 것이나 병드신 것이나 옥에 갇히신 것을 보고 공양치 아니하더이까

성경 해석자들은 왼편에 있는 염소들이 진실을 말하는 것이 아니라 거짓을 말하고 있는 것이며 진심으로 주님을 향하여 일하지 않았던 자들이라고 해석하기도 한다. 그러나 그들은 분명히 열성적으로 하나님을 위하여 온갖 수고를 감당한 사람들임에 틀림이 없어 보인다. 성경에서는 이렇게 염소나 양들이 고백한 내용과는 서로 다른 심판의 결과가 나타나게 되는 것을 말씀하고 있다. 오른편에 두신 양들에게는 "너희가 여기 내 형제 중에 지극히 작은 자 하나에게 한 것이 곧 내게 한 것이니라"마25:40라고 하시고 왼편에 두신 염소들에게는 "이 지극히 작은 자 하나에게 하지 아니한 것이 곧 내게 하지 아니한 것이니라"마25:45라고 하셨다.

왜 이렇게 상반된 심판의 결과가 주어졌을까

이 말씀을 일반적으로 해석하기를 왼편의 염소들은 남들에게 보여 주고자 선을 행하였기에 진실성이 결여가 되었기 때문이라고 이해하기도 한다. 성경에서 왼편에 있는 자들에게 하시는 말씀을 위선을 경고하는 말씀으로 이해를 하고 있는 것이다. 그러나 양과 염소

의 비유는 진심이나 겸손한 마음으로 선을 행하라고 하는 의미가 아니다. 오직 이 비유의 말씀은 '하나님의 의'를 따라간 자와 '사람의 의'를 따라간 자들을 심판하시는 것을 나타내는 말씀이다.

2) 저주를 받게 된 염소

> 마25:41 또 왼편에 있는 자들에게 이르시되 저주를 받은 자들아 나를 떠나 마귀와 그 사자들을 위하여 예비된 영영한 불에 들어가라

왼편의 염소들은 자신들에 대한 하나님의 심판의 결과로 '마귀와 그 사자들을 위하여 예비된 영영한 불'에 들어가게 될 줄은 전혀 몰랐을 것이다. 그들은 실제로 나그네 된 자를 영접하였고 헐벗은 자에게 옷을 입혔고 병드신 것이나 옥에 갇힌 것을 돌보아 공양을 하였으며 그들이 고백을 한 대로 인간적인 의를 실천하며 살아온 사람들이었다. 그렇다면 왜 그들의 충성과 헌신한 삶을 인정하지 아니하시고 "저주를 받은 자들아"라고 하시는 것인가?

그 이유는 그들은 영으로서의 완전한 하나님의 의(영)를 따라간 것이 아니라 의롭게 보이는 세상의 행위를 따라갔는데 이 행위는 저주받은 땅(인간의 마음)에서 난 의(義)이기 때문이다.

> 마25:46 저희는 영벌에, 의인들은 영생에 들어가리라 하시니라

그들이 하나님께 헌신을 해 왔지만 버림을 받은 까닭은 그들이 한 모든 행위는 율법(선이나 악)의 의에 속하고 그리스도의 율법에 의하여 완성이 되는 하나님의 의에 속하지 않기 때문이다. 또한 염소들은 자기의 선한 행실이 하나님께 영광을 돌리는 것으로 믿었지만 결과적으로 사탄에게 미혹되어 살아온 것이다.

아직도 수많은 사람이 착각하기를 세상에서 열심히 선을 행하면 하나님을 기쁘게 할 것이라고 생각을 한다. 그러나 세상 사람들이 환호할 만큼 의로운 행실이나 선한 행위도 하늘에서 주신 완전한 의가 아닌 것을 알아야 한다. 그러나 그것을 하나님의 의라고 믿고 따르는 이유는 스스로가 정욕(불법)에 의하여 의롭게 보이는 땅의 교훈에 붙잡혀 있기 때문이다.

3) 축복을 받게 된 양

마25:35-36 내가 주릴 때에 너희가 먹을 것을 주었고 목마를 때에 마시게 하였고 나그네 되었을 때에 영접하였고 벗었을 때에 옷을 입혔고 병들었을 때에 돌아보았고 옥에 갇혔을 때에 와서 보았느니라

그런데 서두에서 언급한 바와 같이 양들은 이 세상에서 이렇게 선한 일을 행한 적이 없다고 고백을 한다. 그러나 하나님께서는 말씀하시기를 "내 형제 중에 지극히 작은 자 하나에게 한 것이 곧 내게 한 것이니라"라고 하신다. 그렇다면 '내 형제 중에 지극히 작은 자 하나에게 한 것'이라고 말하신 말씀의 의미를 살펴보자.

신15:9-10 네 궁핍한 형제에게 악한 눈을 들고 아무것도 주지 아니하면 그가 너를 여호와께 호소하리니 네가 죄를 얻을 것이라 너는 반드시 그에게 구제할 것이요, 구제할 때에는 아끼는 마음을 품지 말 것이니라

여기서 형제가 궁핍하다고 하는 것은 예수 그리스도 안에서 하나님의 의를 소유하게 하는 영적인 양식을 얻지 못하여 굶주리는 것을 의미한 것이다. 진정한 기근이란 육신적인 음식이 모자라는 것을 말하는 것이 아니라 영적인 양식이 없는 것이 기근인 것이다. 대하 28:8에 보면 북쪽 이스라엘이 남쪽 유다의 형제들을 이십만 명을 사로잡고 사마리아로 데려가게 된다. 이때 오뎃이라는 선지자가 북쪽 이스라엘을 책망하였다_{대하28:9-11}.

이에 하나님 앞에서 형제들의 물건을 빼앗고 노략질한 것에 대한 양심의 가책을 받은 자들이 포로와 노략한 물건을 방백들과 회중 앞에 놓아주고 돌려보내게 되었다.

대하28:15 이 위에 이름이 기록된 자들이 일어나서 포로를 맞고 노략하여 온 중에서 옷을 취하여 벗은 자에게 입히며 신을 신기며 먹이고 마시우며 기름을 바르고 그 약한 자는 나귀에 태워 데리고 종려나무 성 여리고에 이르러 그 형제에게 돌린 후에 사마리아로 돌아갔더라

이 구약 말씀은 얼핏 외적인 보살핌을 의미하는 것 같지만 영혼이 궁핍하고 헐벗은 형제들에게 먹이고 입히고 신겨야 하는 것은 '진리' 그 자체를 전해주는 것을 말한다. 이것이 바로 세상이 볼 때 지극히 작은 자로 보이시는 진리를 영접하고 다른 이들에게 전파하는 것을 말한다.

오른편 양들은 굶주린 자들에게 참된 영의 양식을 주어서 살리게 하는 의에 속한 행실은 하였지만 육신적으로 헐벗었을 때 옷을 입히거나 또는, 병들었을 때 돌아보았거나 옥에 갇혔을 때 돌아본 적이 없었다는 말씀이다. 반면에 염소들은 세상의 눈으로 볼 때 작은 것(진리의 영)은 무시해 버리고 크게 보이며 이 세상(육체에 속한 의)이 인정하는 사람의 선을 열심히 따라갔던 것이다.

오늘날의 기독교회가 영혼 속에 영과 진리를 비추어 주기는커녕 세상(육체)의 선을 하나님의 빛과 소금이라고 가르치는 것은 저주를 받게 될 악한 행위들이다. 그러나 예수 그리스도는 영적인 헐벗음과 병든 것과 옥에 갇힌 것에 대하여 안타깝게 여기시고 지금도 잘 보이지 않은 벳새다 들판에서 그들과 함께 동행하고 계신다.

마14:15-16 저녁이 되매 제자들이 나아와 가로되 이곳은 빈 들이요 때도 이미 저물었으니 무리를 보내어 마을에 들어가 먹을 것을 사먹게 하소서 예수께서 가라사대 갈것 없다 너희가 먹을 것을 주어라

빌립은 동네에 가서 세상(육체)의 것을 사서 먹이겠다고 생각을 하였으나 주님께서는 바로 앞에 계시는 자신(진리의 영)을 통하여 굶주린 백성들에게 먹을 것을 나누어 주라고 말씀을 하신 것이다. 이 말씀은 진리를 아는 자들이 진정으로 해야 할 일이 무엇인지 말씀하신 것이며 땅에 속한 의로 바벨탑을 열심히 쌓아 가고 있는 자들에 대하여 경고를 하시는 말씀이다.

| 11 |

하나님의 심판 롬14:10

고후5:10 이는 우리가 다 반드시 그리스도의 심판대 앞에 드러나 각각 선악간에 그 몸으

로 행한 것을 따라 받으려 함이라

세상의 모든 인간은 하나님의 심판대에서 심판을 받게 되는데 그리스도인은 생명 안에서 행위에 대한 심판을 받고 사망에 속한 자도 불법에 대하여 그 행위대로 심판을 받게 된다. 그렇다면 심판은 언제, 어디서, 무엇에 대한 심판을 받게 되는지 살펴보도록 하자.

1) 심판에 대한 일반적인 견해

일반적인 심판에 대한 견해는 인류 역사가 종결이 되는 때에 예수 그리스도께서 심판장으로 오셔서 단회적으로 심판을 하신 후에 천국이나 지옥으로 들어가게 된다고 믿고 있다. 이러한 견해에 의하여 현재까지 세상을 떠난 모든 사람들은 심판을 기다리며 잠을 자고 있다고 믿는 사람들도 있다.

또 다른 견해에 의하면 예비 천국이라고 알고 있는 낙원이나 예비 지옥이라고 여기는 음부에 들어가서 기다리고 있다가 최후의 심판을 받고 난 후에 천국이나 지옥으로 들어가게 된다고 믿고 있기도 하다. 그러나 이들의 주장처럼 예비로 만들어진 천국이 있거나 예비 지옥이 있다는 이론과 세상을 떠난 자의 영혼이 어딘가에서 잠을 자고 있다는 주장들은 석연치 않고 설득력이 없는 주장일 뿐이다.

2) 심판이 언제 진행이 되는가

과연 심판이 어떻게 진행이 되는지를 성경을 통하여 들여다보자.

단7:9-10 내가 보았는데 왕좌가 놓이고 옛적부터 항상 계신이가 좌정하셨는데 그 옷은 희기가 눈 같고 그 머리털은 깨끗한 양의 털 같고 그 보좌는 불꽃이요 그 바퀴는 붙는 불이며 불이 강처럼 흘러 그 앞에서 나오며 그에게 수종하는 자는 천천이요 그 앞에 시위한 자는 만만이며 심판을 베푸는데 책들이 펴 놓였더라

구약 시대에 다니엘은 이미 영계에서 하나님의 심판이 진행이 되고 있는 광경을 보게 된다. 단7:9-10에는 그리스도께서 심판을 하고 계시는 모습을 기록하고 있다.

계1:14 그 머리와 털의 희기가 흰 양털 같고 눈 같으며 그의 눈은 불꽃 같고

사도 요한이 보게 된 예수 그리스도와 다니엘이 바라다본 심판을 하시는 예수 그리스도의 모습은 서로 일치하고 있다. 이는 그리스도께서 운행하시는 심판은 단회적으로 지구 종말의 시간에 단 한 번만 진행이 되는 것이 아니라 영계에서 이미 심판이 진행이 되고 있음을 시사하고 있다. 이 주장에 대하여 또 다른 성경적인 근거를 살펴보도록 하자.

계19:20 짐승이 잡히고 그 앞에서 이적을 행하던 거짓 선지자도 함께 잡혔으니 이는 짐승의 표를 받고 그의 우상에게 경배하던 자들을 이적으로 미혹하던 자라 이 둘이 산채로 유황불 붙는 못에 던지우고

일반적인 이론이나 주장에 따르면 천년 왕국이 끝나고 계20:12-15에서의 최후의 심판이 단회적으로 진행이 되는 것으로 알고 있지만 계19:20에서 천년 왕국이 시작되기 전에 이미 적그리스도와 거짓 선지자가 유황 불 못(지옥)에 던져지는 심판이 기록되어 있으므로 이러한 주장은 이미 충분하게 설득력을 상실한 것이다.

그렇다면 계20:12-15에서 왜 심판을 하는 내용이 기록되어 있을까? 그것은 그리스도께서 운행하시는 심판에서 세상을 속이던 사탄이 지옥에 들어가게 되고 그를 따르던 자들도 함께 지옥에 들어가는 결말을 보여 주신 것일 뿐 심판이 마지막으로 단 한 번 진행된다는 뜻은 결코 아니다. 그러므로 지금도 죽은 자들이 예비 천당, 예비 지옥에 들어가서 심판의 때까지 어떤 장소에 머무르는 것이 아니라 언제든지 영계에 들어가면 곧바로 심판을 받고 지옥이나 천국으로 들어가게 되는 것이다. 그러므로 개념을 새로 정리할 필요가 있다. 낙원은 예비 천국이 아니라 천국의 다른 표현이며 천국 자체이다_{눅23:43}. 음부는 공중 영계이지만 그 음부 안에는 지옥이라는 영계가 따로 있는 것이다.

계2:7 내가 하나님의 낙원에 있는 생명나무의 과실을 주어 먹게 하리라

3) 그렇다면 음부는 어떤 곳인가

이미 공중의 개념에서 음부에 대하여 충분히 설명을 하였기에 여기서는 간단히 설명하도록 하겠다. 음부는 천국이 아닌 '땅'을 의미하는 공중이라는 영계이다. 그곳에 속해 있는

이 세상은 사탄이 그 권세를 잡고 있는 영역이다. 음부에는 신·불신자를 막론하고 죽은 자가 들어가는 영역이며 심지어는 우리를 대신하여 십자가를 지신 예수님도 음부에 들어가셨다.

구약 성경에서 야곱이나 다윗도 죽은 후에 자기들이 음부에 들어가는 것으로 묘사를 하였는데창37:35 누구든지 세상을 떠나면 즉시로 음부의 세계가 열리게 되어 들어가게 된다. 누가복음 16장 23절에서 부자가 음부에서 고통 중에 나사로를 보면서 아브라함에게 애원을 하는 장면을 보아서는 음부가 지옥이 아닌가 하는 궁금증이 있을 수도 있다. 그런데 음부의 영계에는 하나님의 심판이 진행되는 영역이 있으며 또한 심판을 받은 후 불신자들이 들어가게 될 '땅 깊은 곳'이라고 칭하는 무저갱이라는 영역도 있다삼9:18, 삼7:27.

그리고 심판은 보이는 물질 세상에서 진행이 되는 것이 아니며 공중이라고 하는 음부(땅)에서 그리스도의 심판이 이루어지는데 음부 안에는 지옥영계가 별도로 존재하고 있는 것이다. 지옥(불꽃)은 이 음부의 영계 안에 부속하여 존재하는 특정한 영역이기에 눅16:23에서는 부자가 '음부에서'라고 총칭을 하여 표현을 한 것이다. 이것이 고후5:10에서 말씀하시는 '그리스도의 심판'이며 롬14:10에서 기록한 '하나님의 심판'이 이루어지고 있는 공중영계이다.

> 행1:11 가로되 갈릴리 사람들아 어찌하여 서서 하늘을 쳐다보느냐 너희 가운데서 하늘로 올리우신 이 예수는 하늘로 가심을 본 그대로 오시리라 하였느니라

다시 오실 예수 그리스도는 이 세상 어느 나라인 물질계의 영공을 지칭하는 하늘이나 공중에 나타나게 되는 것이 아니다. 이렇게 보이지 아니하는 공중이라는 영계를 성경에서는 금세가 아닌 '오는 세상'이라고 표현하고 있다마12:32.

4) 어떤 심판이 진행이 되는가

> 계20:12 또 내가 보니 죽은 자들이 무론 대소하고 그 보좌 앞에 섰는데 책들이 펴 있고 또 다른 책이 펴졌으니 곧 생명책이라 죽은 자들이 자기 행위를 따라 책들에 기록된 대로 심판을 받으니

그리스도인들은 그의 영에 연합이 되었던 불법이라는 죄에 대하여 예수 그리스도께서 십자가에서 대신 저주를 받으셨으므로 그 죄에 대하여 용서를 받았다. 그 후로는 진리를 소유하게 됨으로써 그 의에 따른 상급의 심판이 있지만 정결케 되지 못한 '불의'에 속한 옛 구습들을 벗긴 후마5:26에야 천국에 들어가게 된다. 그러므로 그리스도인들은 예수 그리스도를 믿는 즉시로 불법에 대하여 용서를 받았다는 개념과 그 후 죄로부터 정결케 되는 개념을 제대로 이해를 하는 것이 필요하다. 예수 그리스도를 믿는 자들은 불법에 대하여 전부 용서를 받았지만 예수 그리스도를 믿는 즉시 그 불법이 그의 영 안에서 모두 씻겨 나가는 것이 아니라 살아가면서 평생 동안 영적인 싸움을 싸워야 하는 것이다.

그러나 어떤 기독교회에서 가르치기를 그리스도를 믿는 자는 죄가 씻겼기에 믿는 자의 영은 이미 깨끗하게 되었지만 육체적으로 죄를 짓는 이유는 겉으로 입고 있는 육체가 약하기에 범하는 것이라고 한다. 하지만 이것은 성경을 제대로 이해를 하지 못한 처사이다.

만약에 그렇다면 어차피 겉으로 입고 있는 썩어질 육체를 위하여 연단을 받을 이유가 있겠는가? 다시 반복하지만 이런 주장대로라면 각 개인의 영혼의 성장이나 밝기에 차이가 있을 수 있겠는가? 그러므로 올바르게 알아야 하는 것은 천국에 들어가는 그리스도인들도 반드시 영계에 들어가 자기의 영 안에 남아 있는 불법을 정결케 하는 심판을 받은 후에야 비로소 천국영계에 들어가게 되는 것이다. 그리고 불신자들은 계20:13-15에서 말씀을 하였듯이 자기가 속한 불법의 행위대로 심판을 받고 '불 못'이라는 지옥영계로 들어가게 되는 것이다.

마5:22 나는 너희에게 이르노니 형제에게 노하는 자마다 심판을 받게 되고 형제를 대하여 라가라 하는 자는 공회에 잡히게 되고 미련한 놈이라 하는 자는 지옥 불에 들어가게 되리라

여기서 형제는 그리스도(진리)를 지칭하고 있다. 이는 진리이신 그리스도에 대하여 핍박을 하거나 멸시한 것을 의미하며 진리가 아니라고 비방과 대적을 한 자들을 말씀하고 있다. 이와 같이 불의를 좋아하여 저주를 받는 자들은 영과 진리를 받아들이지 아니하고 유대인들이나 바리새인들이 고집을 부렸던 것처럼 자기의 의를 따라가다가 사망에 붙잡혀서 영원한 지옥영계에 들어가게 된다요5:29.

12

초청을 받은 자들 눅14:15-24

어떤 사람이 큰 잔치를 열어 많은 사람을 청하였지만 초대한 사람들이 모두 이런저런 핑계를 대며 잔치에 참여하는 것을 거절하였다. 그래서 잔치를 연 자가 그 비어 있는 잔치의 자리를 채우기 위해 골목에 있는 가난한 자들과 몸이 불편한 자, 앞을 보지 못하는 자, 다리를 저는 자들을 데려다가 잔치 자리를 채우게 된 것이다.

어떤 이들은 이 본문의 말씀에 대하여 바쁘고 할 일이 많은 삶이지만 하나님의 일이나 교회의 일이 있을 때는 모든 일을 제쳐두고 우선적으로 도와야 한다고 가르치기도 한다.

그러나 이 본문의 말씀을 성경을 통하여 진정한 의미를 살펴보도록 하자.

말씀의 배경부터 살펴보면 누가복음 14장 1절에 안식일에 한 바리새인의 지도자의 집에서 떡을 잡수실 때에 떡을 먹는 사람 중에 한 사람이 말하기를 "무릇 하나님의 나라에서 떡을 먹는 자는 복 되도다"눅14:15라고 하였다. 이에 예수께서는 또 다른 비유로 이야기를 하신 것이 바로 본문의 말씀이다.

이 이야기에서 초청을 받은 자들 중 한 사람은 "나는 밭을 샀으매 불가불 나가 보아야 하겠으니 청컨대 나를 용서하도록 하라"눅14:18라고 말했고 또 한 사람은 "나는 소 다섯 겨리를 샀으매 시험하러 가니 청컨대 나를 용서하도록 하라"눅14:19라고 말했으며 또 한 사람은 "나는 장가 들었으니 그러므로 가지 못하겠노라"눅14:20라고 하며 거절하였다.

그들이 잔치에 참여하지 못하겠다고 한 이유를 들어 보면 공통점이 있다. 밭을 살만한 돈이 있었으며 소 다섯 마리를 살 만한 재력이 있고 결혼을 하여 신부를 둘 만한 가정이 있다. 이들은 자기의 일들에는 중요하게 여기고 있었지만 모든 것을 준비해 놓고 잔치에 초청을 하는 초청자의 마음에는 전혀 관심이 없었다. 이들은 바리새인들을 지칭하고 있는 것인데 자기 스스로 율법에 속한 의를 쌓아 가고 있기에 예수 그리스도를 통하여 주시려고 하시는 하나님의 선물에 대하여 관심이 없는 바리새인의 모습을 드러내고 있는 말씀이다. 굳이 다른 이가 차려 놓은 잔치에 관심을 가질 만한 필요를 전혀 느끼지 못하는 이들이다. 그 잔치에 가지 않아도 자기들이 스스로 모은 재산(세상의 의)으로 인하여 먹을 것이 이미 충분하게 있다고 믿고 있는 자들이다.

> 눅14:1 안식일에 예수께서 바리새인의 한 두령의 집에 떡 잡수시러 들어가시니 저희가 엿보고 있더라

이 말씀이 의미하는 바가 무엇일까?

바리새인의 집에서 예수께서 식사를 하실 때 함께 앉은 자들은 자기들만이 특별하게 하나님의 선택을 받은 의로운 사람들이라고 확신을 하고 있었는데 그들은 자신이 불법에 속하여 있는 사실을 모르고 있었다. 심지어 그들은 예수께서 비유를 통하여 자기들을 향하여 경고하시는 것조차도 모르고 있었다.

그래서 이들에 대하여 마22:8에는 "청한 사람들은 합당치 아니하니"라고 기록한다. 결국 잔치에 참여하게 된 사람들은 '가난한 자들과 병신들과 소경들과 저는 자들'이었다 눅14:21. 이들은 재물도 없고 의지할 곳도 없는 부류의 사람들이었다. 이는 세상의 눈으로 볼 때 자기의 의가 없으며 오히려 더럽게 보이는 자들을 표현한 말씀이다.

그러나 결과적으로는 세상에서 의가 없는 영혼들이 오히려 잔치에 참여하게 되었으며 율법의 행위로 자기의 의를 쌓아 가는 자들은 오히려 잔치에 참여하는 것을 거절하는 모습을 나타내고 있다.

예수께서는 "모든 것이 준비되었나이다"라고 말씀하시면서 초청을 하고 계신다. 그런데 예수 곁에 앉아 있던 바리새인은 말하기를 "무릇 하나님의 나라에서 떡을 먹는 자는 복되도다"라고 하여 자기들은 넉넉히 하나님 나라에 들어갈 수가 있다고 자만을 하고 있었다. 그들은 자기들 나름대로 하나님의 사람들이라고 확신을 하고 있었기에 예수께서 준비하신 잔치(의, 진리)에는 전혀 관심이 없는 자들이다.

그런데 안타까운 것은 그들은 하나님께서 준비하신 잔치에 참여하는 것을 자기 스스로 거절하고 있는 것을 모르고 있었던 것이다. 오늘날도 이렇게 육체의 가르침을 따라 열심을 내는 것을 하나님께서 인정하실 것이라고 확신을 하는 영혼들이 많이 있다.

기독교회에서 가르칠 때도 확신을 가지라고 권유를 하지만 덮어놓고 확신을 갖는다고

해서 그것을 올바른 믿음이라고 볼 수는 없는 것이다. 그러므로 이 말씀은 보이는 세상 율법에 사로잡힌 까닭에 보이지 아니하는 영이신 그리스도의 의를 경시하고 자기의 의에 빠진 어리석은 자들에 대한 경고의 말씀이다. 또한, 이 말씀은 하나님께서 각 사람에 대하여 잔치에 들어가거나 들어가지 못하도록 정해 놓으신 것이 아니라 악(불의)을 더 좋아하는 자들이 초청을 거절하여 잔치에 들어가지를 못하는 것을 드러내어 주시는 말씀이다.

| 13 |

맡겨진 달란트 마25:14-30

어떤 해석에 따르면 달란트는 재능이나 은사로 이해하여 잘 감당하면 더 많은 상을 받게 되지만 게으르고 무익한 종은 천국의 변두리에 들어가게 된다고 가르치기도 한다. 그러나 미리 말씀드리지만 천국에서는 슬피 울며 이를 가는 곳이 있을 수 없는 것이다.

일반적인 해석의 모순

이처럼 하나님께서 주신 달란트를 각자가 가진 재능이나 각종 은사로 해석을 할 경우에는 다음과 같은 모순이 발생하게 된다. 위의 말씀을 보면 은사를 잘 감당하지 못한 자들은 바깥 어두운 곳으로 표현된 지옥에 던져지는 심판을 받게 된다고 한다. 만약에 달란트를 재능이나 은사로 해석을 하게 되면 은사를 잘 감당하는 행위가 있어야 천국에 들어갈 수 있다는 이상한 결론이 된다.

마25:30 이 무익한 종을 바깥 어두운데로 내어쫓으라 거기서 슬피 울며 이를 갊이 있으리라 하니라 그래서 성경을 육체의 개념으로 해석하는 자들은 이러한 모순을 피하기 위하여 바깥 어두운 곳은 지옥이 아니며 천국의 변두리인데 부끄러운 구원을 얻은 자가 들어가게 되는 곳이라고 주장을 한다. 그러나 분명한 것은 천국은 슬피 울며 이를 갈아야 하는 곳이 아니며 수치와 부끄러움을 간직한 상태로 들어가는 곳이 아니다. 한마디로 바깥 어두운 곳은 하나님께로부터 버림을 받아 저주를 받은 자들이 들어가게 되는 지옥을 가리키고 있는 것이다.

1) 이 무익한 종이 어떤 자인가

눅19:14 그런데 그 백성이 저를 미워하여 사자를 뒤로 보내어 가로되 우리는 이 사람이 우리의 왕 됨을 원치 아니하노이다 하였더라

이 비유의 목적은 율법을 따르는 자가 영과 진리를 인정하지 않는 것을 경고하시며 하나님이 주시는 완전한 의를 거부하는 자들에게 영벌에 처해질 것을 말씀하시는 것이다.

눅19:21 이는 당신이 엄한 사람인 것을 내가 무서워함이라 당신은 두지 않은 것을 취하고 심지 않은 것을 거두나이다

이 무익한 종은 그리스도를 왕으로 인정하지 않았으며 남의 것을 탈취하는 자로 평가를 하였다. 그들의 눈은 이미 세상 율법으로 밝아졌기에 세상에 속하지 않는 하나님의 의를 악한 것으로 여기고 멸시하는 태도를 여실히 드러낸 것이다.

2) 그렇다면 이 무익한 종은 왜 이런 반응을 보였는가

악한 종은 세상의 영(율법)을 진리보다도 더 좋아하는 자이기에 '진리의 영'이신 그리스도의 말씀(율법)에 대하여 대적하는 반응을 보였던 것이다. 이런 사람들에 대하여 성경에서 기록하기를 말씀(달란트)을 '**수건으로 싸두었었나이다**' 눅19:20 라고 표현을 하였다. 이는 그들의 마음이 완고하여 율법에 대하여 수건이 벗겨지지 않아 영과 진리의 율법(자유하게 하는 율법)으로 보지 못하고 썩어질 세상의 율법으로 받아들여 눈이 가려진 사람들임을 알 수가 있

다고후3:12-14.

이 해석이 확실한 것은 성경에서 기록하기를 악한 자가 주님이 주신 달란트(말씀)를 땅을 파고 감추어 두었다고 하였는데마25:18 그는 하나님의 말씀(달란트)을 육체와 불법이라는 개념인 땅(육체라는 불법) 속에 묻어 버리는 사탄의 자식이기 때문이다.

눅19:27 저 원수들을 이리로 끌어다가 내 앞에서 죽이라

그들은 장차 하나님의 심판을 받게 될 악한 종이나 그와 동일하게 불법의 계보에 속한 자들은 자신들에게 그렇게 엄중한 판결이 내려지게 될 줄은 상상도 못 하고 있는 실정이다. 그러므로 달란트(진리의 말씀)를 재능이나 은사로 이해를 하여 재능이나 은사에 열심을 내는 것이 하나님께 의가 되는 것처럼 가르치는 자들을 따라가서는 절대로 안 되는 것이다.

개인적으로 가지고 있는 재능이나 은사들을 사용하여 열심히 헌신을 하면 하나님께서 의로 여기시고 받으신다고 생각하는 자체가 사람의 의에 속하는 것이다. 그리스도인이 가지고 있는 '은사'들은 영적인 열매를 맺게 되기까지 사역적으로 쓰임을 받는 것일 뿐 그것들이 하나님께 속한 완전한 의와는 전혀 상관없는 것이다. 더구나 본문에서 말씀하시는 달란트는 재능이나 은사가 아니며 각자에게 허락하신 영과 진리로서의 말씀을 의미하고 있는 것이다.

3) 그렇다면 달란트는 무엇인가

눅19:26 무릇 있는 자는 받겠고 없는 자는 그 있는 것도 빼앗기리라

하나님께서는 각 개인에게 믿음의 장사를 할 수 있도록 진리라는 은전을 나누어 주시는데 그 진리를 깨닫고 그의 영으로 소유하여 장성하게 되었을 때는 진리는 그의 영 안에서 풍성한 결실을 맺게 된다. 그리고 그것은 본래 하나님의 것이지만 깨달아진 후에는 깨닫는 자의 영원한 자기의 소유가 되는 것이다. 그러므로 믿음(예수 그리스도)의 장사를 하게 하신 이유는 본래 하나님 안에 있는 의를 말씀을 순종하는 자들에게 소유하게 하시기 위한 것이다. 그리고 '각각 그 재능대로'마25:15라고 말씀하신 것은 사람이 가진 어떤 기술이나 재능을 의미하는 것이 아니라 진리를 갖게 된 자의 깨닫는 영적인 '지혜'를 의미하고 있는 것이다.

4) 열 고을 권세의 의미

"네가 작은 일에 충성하였으매 내가 많은 것으로 네게 맡기리니"마25:21라고 말씀하신 의미는 무엇인가?

이 땅에서의 우리가 해야 할 가장 중요한 일은 바로 하나님을 알아가는 것이다. 이 땅에서 성장한 진리의 분량은 사람마다 차이가 있으나 완전한 천국에서 하나님께로부터 주어지는 축복은 각 사람의 분량대로 만족하게 주어진다. 그리고 사람마다 생명과 진리의 빛의 밝기에 따라서 영광의 크기가 다름을 성경을 통하여 알 수가 있다. "열 고을 권세를 차지하라"눅19:17고 하심은 진리의 분량이 큰 자가 더 큰 권세와 영광을 누리게 됨을 의미하는데 물론 권세와 영광의 속성은 이 세상의 것들과는 다른 차원의 것이다. 그리고 하나님 나라에서의 축복이란 이 세상 물질의 소유가 아니라 완전한 하나님의 빛 가운데에서의 희락과 기쁨을 누리게 됨을 의미한다.

마25:21 네 주인의 즐거움에 참예할찌어다 하고

14
보이는 것과 보이지 않는 것

고후4:18 우리의 돌아보는 것은 보이는 것이 아니요 보이지 않는 것이니 보이는 것은 잠간이요 보이지 않는 것은 영원함이니라

본문을 보면 세상에서 보이는 것들인 물질, 명예, 건강 등 관심을 갖는 것이 아니라 천국에 있는 것들을 주목한다는 뜻으로 보인다. 그러나 좀 더 자세히 들여다보면 더 깊은

뜻이 감추어져 있다.

고후3:6 의문으로 하지 아니하고 오직 영으로 함이니 의문은 죽이는 것이요 영은 살리는 것임이니라

유대인들이 붙들고 있는 '의문(세상 율법)'은 보이는 선과 악으로 정죄를 하여 결과적으로 영혼을 죽이고자 하여 사탄이 사용하는 올가미이다 고전2:12. 바울은 그 불법의 주관자를 '이 세상의 신'이라고 했는데 그가 하나님의 율법(영)을 세상의 율법(육체)으로 받아들이게 하여 썩어질 세상의 의를 따라가게 하고 그리스도의 영광의 복음의 광채(하나님의 의)가 사람들에게 비치지 못하도록 마음을 혼미하게 하였다고 한다 고후4:3-5.

고후4:16 그러므로 우리가 낙심하지 아니하노니 겉사람은 후패하나 우리의 속은 날로 새롭도다

어떤 이들은 위의 말씀에서 '겉 사람'을 이해하기를 우리의 몸이 늙어지지만 영혼은 세상의 선으로 밝아지는 것으로 이해하고 있다. 성경에서는 육체(땅)라고 하는 타락한 본성의 법인 이 세상의 교훈에 순종을 하며 살아왔던 것을 옛사람 또는 겉 사람이라고 표현을 한다. 그리고 보이는 이 세상의 선을 따라가는 육체(땅)의 사람을 탐심과 정욕의 사람이라고 칭하고 있다.

자유하게 하는 율법을 발견하고 예수 그리스도를 통하여 그리스도인들에게 주시는 하나님의 의와 연합이 된 것을 '속사람'이라고 한다. 그래서 보이는 것(이 세상의 의)은 잠깐이요, 보이지 않은 것(예수 그리스도의 의)은 영원함이라고 하신 것이다. 그러나 많은 사람은 보이는 물질세계는 잠깐이요, 보이지 아니하는 세계는 영원하다는 뜻으로 이해를 하고 있지만 성경에서 말씀하시는 보이지 않은 것의 본뜻은 '그리스도 안에 있는 하나님의 의'를 강조하시는 말씀이다.

부록 1
성막의 구조

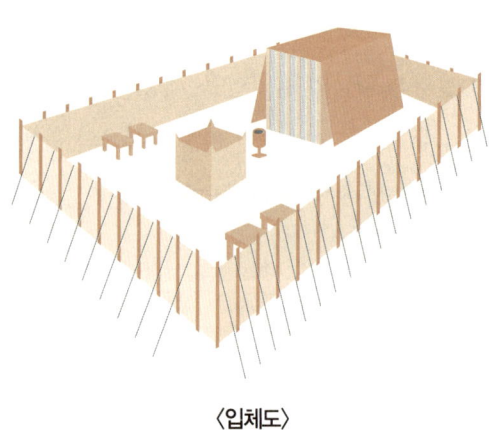

〈입체도〉

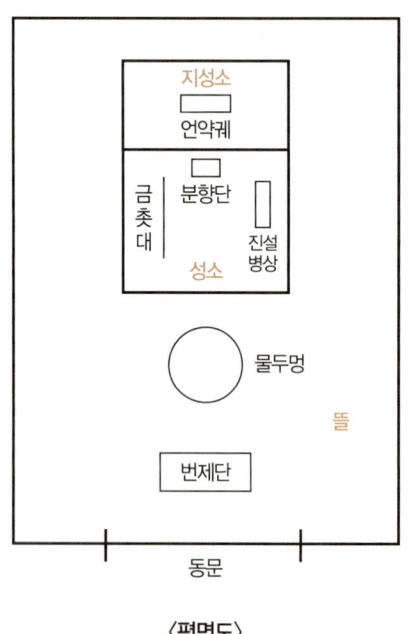

〈평면도〉

부록 2
영적 상태 변화

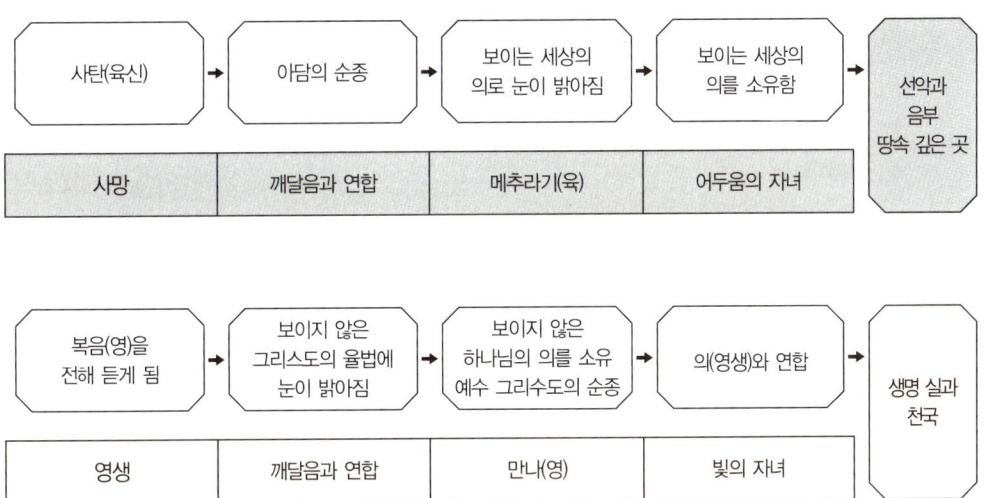

부록 3
하늘과 땅의 개념

영계 구분	천국영계			공중권세(음부, 땅)		
	해	달	별	물질세계	공중영계	땅의 지체
속성	충만, 희락			공허, 흑암		
창조	새 예루살렘	거룩		정욕, 탐심	천지창조	어두움
율법	생명과			선악과	동산 중앙 실과	불법
인간	영(지성소) 혼(성소)			육(뜰)		
성막	지성소	성소	뜰	이 세상	죽은 자가 들어가는 곳	땅 깊은 곳
범죄	그리스도의 완전			누룩	불완전	죄인
의	보이지 않는 진리			보이는 교훈	육심	사망
자유	그리스도의 율법, 하나님의 의			귀신의 교훈	미혹의 영	정죄
영과 육	영(자유)			육신(용, 옛뱀, 마귀)		
심판	천사, 영인(靈人)			가시와 엉겅퀴	영의 타락	영원한 형벌
부활	신령한 영체			보이는 세상	그리스도의 심판	저주받은 영체

자/유/하/게/하/는/율/법
The law of liberty